J. P. Thornton-Duesbery
July 1928.

SANCTI IRENÆI

EPISCOPI LUGDUNENSIS

Libros quinque adversus Haereses

TEXTU GRÆCO IN LOCIS NONNULLIS LOCUPLETATO, VERSIONE LATINA CUM CODICIBUS CLAROMONTANO AC ARUNDELIANO DENUO COLLATA, PRÆMISSA DE PLACITIS GNOSTICORUM PROLUSIONE, FRAGMENTA NECNON GRÆCE, SYRIACE, ARMENIACE, COMMENTATIONE PERPETUA ET INDICIBUS VARIIS

EDIDIT

W. WIGAN HARVEY, S.T.B.

COLLEGII REGALIS OLIM SOCIUS.

TOM. II.

Cantabrigiæ:

TYPIS ACADEMICIS.

M. DCCC. LVII.

CANTABRIGIAE: TYPIS ACADEMICIS EXCUDIT C. J. CLAY, A.M.

ARGUMENTA CAPITUM

LIBRI TERTII

CONTRA HÆRESES.

ERRATA ET ADDENDA. VOL. II.

PAGE	LINE	
54	,,	n. 4, *l.* 9, *read* *ἀποστάντα.*
149	,,	*heading of* c. IV. nostri.
336	,,	n. 2, *lin. ult.* for *τόπους*, *read* *τύπους.*
342	1	*for* psalmationem, *read* plasmationem.
427		add to note 6. TISCHENDORF, in his *Anecd. Sacr. et Prof.* p. 120, prints the extract, *φησὶν γὰρ* 'Ησαΐας... *παρέχει*, from the COISLIN. Cod. CXX. fol. 186; where Anastasius introduces the citation with the words, *ὅτι εἰς τρεῖς τάξεις καὶ καταστάσεις διαιρεθήσονται οἱ σωζόμενοι·* Εἰρηναίου *ἐκ τοῦ κατὰ αἱρέσεων ε' λόγου.* Passages from the Apocalypse xxi. 1—4, 10, 11, 21—23, 25, 27; xxii. 5, as indicated by Grabe, (cf. next note), replace the four words *ὡς οἱ πρεσβύτεροι λέγουσι*, and the passage then continues as in the printed text, p. 428. The *variæ lectiones* brought to light by TISCHENDORF are of no importance. In the text from Isaiah, *οὐρανὸς* and *γῆ* are *anarthrous*. *Ib.* *οὕτως*, similarly in the last line *πᾶσιν*. After the interpolation from the Apocalypse, the text is resumed with, *τότε γὰρ ὁ. μ. κ.* and the additions expressed p. 428, n. 1, are found also in the Cod. COISLIN.
428	8	*for διατρίψωσιν, read διατρίψουσιν.*

*** The following Greek fragments occur in a paper MS. of the Lambeth Collection, viz. the fragment found at p. 37 of Vol. II. omitting however the last line; Gr. Fr. IV. ib. p. 477; and Gr. Fr. XXXI. p. 495.

XXIIII· QUAE EST CARPOCRATIS DOCTRINA ET QUAE
OPERATIONES EORUM QUAE AB EO SUNT OMNIA·

CARPOCRATES AUTē ET QUI AB EO MUNDUM QUIDē
& ea quae in eo sunt ab angelis multo inferiorib; ingenito patre factū ēē dicunt
Ihm autē ex ioseph natū & cū similis reliquis hominib; fuerit distasse a reliquis
secundū id qđ anima eī firma & munda cū esset commemorata fuerit quae uisa
essent sibi in ea circūlatione quae fuisset ingenito dō., & ppt hoc ab eo
missā ēē ei uirtutē uti mundi fabricatores effugere posset & p omīs trans
gressa & in omnib; liberata ascenderet ad eū & eas quae similiter ei amplecte
animā
in cotidiana conuersatione; seducta quidē luxoriosae· sententiā autē impiam.
ad uelamē malitiae ipso nomine abutantur. Quorū iudiciū iustū recipientiū
dignā suis operib; a dō retributionē; & in tantū insania effrenati sunt ut & omnia.

SANCTI IRENÆI

ADVERSUS HÆRESES.

LIBER III.

PRÆFATIO.

M. 173. G. 198. Tu quidem, dilectissime, præceperas nobis, ut eas quæ a Valentino sunt sententias absconditas ut ipsi putant in manifestum proderem, et ostenderem varietatem ipsorum, et sermonem destruentem eos inferrem. Aggressi sumus autem nos, arguentes eos a Simone patre omnium hæreticorum, et doctrinas et successiones manifestare, et omnibus eis contradicere: propter quod cum sit unius operis traductio eorum et [1]destructio in multis, misimus tibi libros, ex quibus primus quidem omnium illorum sententias continet, et consuetudines et characteres ostendit conversationis eorum. In secundo vero destructa et eversa sunt quæ ab ipsis male docentur, et nudata et ostensa sunt talia qualia et sunt. In hoc autem tertio ex Scripturis inferemus ostensiones, ut nihil tibi ex his quæ præceperas, desit a nobis; sed et, præterquam opinabaris, ad arguendum et evertendum eos qui quolibet modo male docent, occasiones a nobis accipias. Quæ enim est in Deo caritas, dives et sine invidia exsistens, plura donat quam postulet quis ab ea. Memento igitur eorum quæ diximus in prioribus duobus libris; et hæc illis adjungens, plenissimam habebis a nobis adversus omnes hæreticos contradictionem, et fiducialiter ac instantissime resistes eis pro [2]sola vera ac vivifica fide, quam ab Apostolis Ecclesia percepit, et distribuit filiis suis. Etenim Dominus omnium dedit Apostolis suis potestatem Evangelii, per quos et veritatem, hoc est Dei Filii doctrinam, cognovimus; quibus et dixit Dominus: *Qui vos audit, me audit: et qui vos contemnit, me contemnit, et eum qui me misit.* Luc. x. 16.

[1] A more likely reading seems to be *detectio*, ἔλεγχος, and in the sequel I would certainly propose *detecta*, as being closely parallel with *nudata* following.

[2] Something definite is here evidently meant, received by the Apostles from Christ, and inherited from them, and handed on to her sons by the Church; this cannot be anything else than the Catholic Rule of Faith, or Creed, which was sketched out in the First Book, pp. 90, 91, the possession and jealous guarding of which should prove a sure safeguard against heresy.

LIB. III. i. 1.
GR. III. i.
MASS. III. i. 1.

CAP. I.

A quibus et quemadmodum Evangelium acceperit Ecclesia.

1. Non enim per alios dispositionem salutis nostræ cognovimus, quam per eos per quos Evangelium pervenit ad nos: quod quidem tunc [1] præconaverunt, postea vero per Dei voluntatem in Scripturis nobis tradiderunt, [2] fundamentum et columnam fidei nostræ futurum. Nec enim fas est dicere, quoniam ante prædicaverunt quam perfectam haberent agnitionem; sicut quidam audent dicere, gloriantes emendatores se esse Apostolorum. Postea M. 174.
enim quam surrexit Dominus noster a mortuis, et induti sunt [3] supervenientis Spiritus sancti virtutem ex alto, de omnibus adimpleti sunt, et habuerunt perfectam agnitionem; exierunt in fines terræ, ea quæ a Deo nobis bona sunt evangelizantes, et cœlestem pacem hominibus annuntiantes, qui quidem et omnes pariter et singuli eorum habentes Evangelium Dei [4].

[1] Arund. MS. *præconiaverunt.* See Vol. I. p. 97, note 2.

[2] 1 Tim. iii. 15, where these terms are predicated of the Church.

[3] Gen. abs. as in Acts i. 8. The Ar. copy has the ablative, and *virtutē.*

[4] In calling the reader's attention to the parallel testimony of Papias, in the history of Eusebius, it may be premised that it affords the earliest information that we possess respecting the composition of the two first Gospels; that although the historian speaks with little respect of his authority, Papias according to him having been *σφόδρα σμικρὸς τὸν νοῦν*, (see also 455, G.), still that it is impossible to treat with disrespect one whose sole wish was to ascertain the truth, and who took the best method of tracing it out, as he says: *οὐ γὰρ τοῖς τὰ πολλὰ λέγουσιν ἔχαιρον ὥσπερ οἱ πολλοί, ἀλλὰ τοῖς τἀληθῆ διδάσκουσιν· οὐδὲ τοῖς τὰς ἀλλοτρίας ἐντολὰς μνημονεύουσιν, ἀλλὰ τοῖς τὰς παρὰ τοῦ Κυρίου τῇ πίστει δεδομένας, καὶ ἀπ' αὐτῆς παραγινομένας τῆς ἀληθείας. Εἰ δέ που καὶ παρηκολουθηκώς τις τοῖς πρεσβυτέροις ἔλθοι, τοὺς τῶν πρεσβυτέρων ἀνέκρινον λόγους, τί Ἀνδρέας, ἢ τί Πέτρος εἶπεν κ.τ.λ.* Euseb. *H. E.* III. 39.

With respect to the Gospels of S. Matthew and of S. Mark, this highly ancient writer says: *Μάρκος μὲν ἑρμηνευτὴς Πέτρου γενόμενος, ὅσα ἐμνημόνευσεν, ἀκριβῶς ἔγραψεν· οὐ μέντοι τάξει τὰ ὑπὸ τοῦ Χριστοῦ ἢ λεχθέντα ἢ πραχθέντα, οὔτε γὰρ ἤκουσε τοῦ Κυρίου, οὔτε παρηκολούθησεν αὐτῷ· υστερον δὲ, ὡς ἔφην, Πέτρῳ, ὃς πρὸς τὰς χρείας ἐποιεῖτο τὰς διδασκαλίας, ἀλλ' οὐχ ὥσπερ σύνταξιν τῶν κυριακῶν ποιούμενος λόγων· ὥστε οὐδὲν ἥμαρτε Μάρκος, οὕτως ἔνια γράψας ὡς ἀπεμνημόνευσεν· ἑνὸς γὰρ ἐποιήσατο πρόνοιαν, τοῦ μηδὲν ὧν ἤκουσε παραλιπεῖν, ἢ ψεύσασθαί τι ἐν αὐτοῖς.*

Ταῦτα μὲν οὖν ἱστόρηται τῷ Παπίᾳ περὶ τοῦ Μάρκου· περὶ δὲ τοῦ Ματθαίου ταῦτ' εἴρηται· Ματθαῖος μὲν οὖν Ἑβραΐδι διαλέκτῳ τὰ λόγια συνεγράψατο, ἡρμήνευσε δ' αὐτὰ ὡς ἠδύνατο ἕκαστος. Euseb. *ibid.* See Dupin, *Diss. Bibl.* T. II. 1, 2.

2. [1]Ὁ μὲν δὴ Ματθαῖος ἐν τοῖς Ἑβραίοις τῇ ἰδίᾳ διαλέκτῳ αὐτῶν, καὶ [2]γραφὴν ἐξήνεγκεν εὐαγγελίου, [3]τοῦ Πέτρου καὶ LIB. III. i. 2. GR. III. i. MASS. III. i. 1.

2. Ita Matthæus in Hebræis ipsorum lingua scripturam Euseb. H. E. v. 8.
G. 199. edidit Evangelii, cum Petrus et Paulus Romæ evangelizarent, et

[1] In another place EUSEBIUS mentions the Hebrew Gospel of S. Matthew, in connexion with the missionary labours of Pantænus: ὧν (εὐαγγελιστῶν sc. τοῦ λόγου) εἷς γενόμενος καὶ ὁ Πάνταινος, καὶ εἰς Ἰνδοὺς ἐλθεῖν λέγεται· ἔνθα λόγος εὑρεῖν αὐτὸν προφθάσαν τὴν αὐτοῦ παρουσίαν τὸ κατὰ Ματθαῖον εὐαγγέλιον, παρά τισιν αὐτόθι τὸν Χριστὸν ἐπεγνωκόσιν· οἷς Βαρθολομαῖον τῶν ἀποστόλων ἕνα κηρύξαι, αὐτοῖς τε Ἑβραίων γράμμασιν, τὴν τοῦ Ματθαίου καταλεῖψαι γραφήν· ἣν καὶ σώζεσθαι εἰς τὸν δηλούμενον χρόνον. *H. E.* v. 10. S. JEROM speaks of a copy of S. Matthew's Gospel in Hebrew as existing in his day in the Library collected at Cæsarea by Pamphilus Mart. But VALESIUS says, *Vereor ne id potius fuerit Evangelium secundum Hebræos, quo utebantur Nazaræi;* and the learned have generally acquiesced in his notion; but it is difficult to imagine that S. JEROM should have mistaken an heretical compilation for a genuine production of the Evangelist. His words are remarkable: *De Novo nunc loquor Testamento, quod Græcum esse non dubium est; excepto Apostolo Matthæo, qui primus in Judæa Evangelium Christi Hebraicis literis edidit;* and afterwards, *Matthæus ... primus in Judæa propter eos qui ex circumcisione crediderunt, Evangelium Christi Hebraicis literis verbisque composuit quod quis postea in Græcum transtulerit non satis certum est. Porro ipsum Hebraicum habetur usque hodie in Cæsariensi Bibliotheca, quam Pamphilus Martyr studiosissime confecit. Mihi quoque a Nazaræis, qui in Berrhœa urbe Syriæ hoc volumine utuntur, describendi facultas fuit. In quo animadvertendum, quod ubicunque Evangelista, sive ex persona sua, sive ex persona Domini Salvatoris, Veteris Scripturæ testimoniis utitur, non sequatur Septuaginta Translatorum auctoritatem, sed Hebraicam, e quibus illa duo sunt,* Ex Ægypto vocavi Filium meum, *et* Quoniam Nazaræus vocabitur. See the *Præf. in Evang. ad Damasum,* and his *Catalog. Scr. Eccl. de Matth.* Compare also Vol. I. p. 213, note 2.

[2] *Traditio Irenæi de scripto S. Matthæi Evangelio isto demum tempore, quo Paulus Romæ fuit, in mentem mihi aliquando veniebat cogitanti, quid causæ subsit, ob quam Apostolus Ephes.* iv. 11, *scripserit: "Ipse dedit quosdam quidem Apostolos, quosdam autem Prophetas, alios vero Evangelistas, alios autem Pastores et Doctores;" ast in loco parallelo* 1 *Corinth.* xii. 28, *"Quosdam quidem posuit Deus in Ecclesia, primo Apostolos, secundo Prophetas, tertio Doctores;" omissis plane Evangelistis. Atqui si per Evangelistas cum Œcumenio scriptores SS. Evangeliorum accipias, plana juxta dictam traditionem datur ratio. Scripserat nempe Paulus ad Corinthios, priusquam Romam venisset, nulla adhucdum a quoquam Apostolorum, vel Apostolicorum, Evangelii Scriptura edita; ast epistolam ad Ephesios ex carcere dedit paulo antequam Româ discederet, ubi jam S. Matthæus Evangelium exaraverat; Marcus vero et Lucas in procinctu hujus operis erant. Cui tamen meæ conjecturæ non adeo multum confido, sed doctiorum judicio eam lubens submitto.* GRABE. From the words of IRENÆUS it would seem that the composition of S. Matthew's Gospel might almost synchronise with that of S. Luke; although Dr Burton has collected from this passage that S. Luke wrote subsequently to S. Matthew and S. Mark. Compare p. 6, n. 1.

[3] EUSEBIUS says that S. Peter's first visit to Rome was occasioned by the departure of Simon Magus for the

LIB. III. i. 2.
GR. III. i.
MASS. III. i. 1.

τοῦ Παύλου [1] ἐν Ῥώμῃ εὐαγγελιζομένων, καὶ θεμελιούντων τὴν ἐκκλησίαν. [2] Μετὰ δὲ τὴν τούτων ἔξοδον, [3] Μάρκος ὁ μαθητὴς

fundarent Ecclesiam. Post vero horum excessum, Marcus disci-

Metropolis when cast out of the Church in the East. He also defines the time approximately as being in the reign of Claudius. Οὐ μὴν εἰς μακρὸν αὐτῷ (τῷ Σίμωνι sc.) ταῦτα προὐχώρει· παραπόδας γοῦν ἐπὶ τῆς αὐτοῦ Κλαυδίου βασιλείας, ἡ πανάγαθος καὶ φιλανθρωποτάτη τῶν ὅλων πρόνοια, τὸν καρτερὸν καὶ μέγαν τῶν ἀποστόλων, τὸν ἀρετῆς ἕνεκα τῶν λοιπῶν ἁπάντων προήγορον Πέτρον, ἐπὶ τὴν Ῥώμην ὡς ἐπὶ τηλικοῦτον λυμεῶνα βίου χειραγωγεῖ. II. 16. He adds that upon this occasion he introduced the Gospel at Rome, which is hardly consistent with the terms of S. Paul's Epistle to the Christians of Rome written before the death of Claudius. But HIPPOLYTUS here again throws in a ray of light. He ascribes to collision with *the Apostles* that discomfiture of Simon at Rome, that the historian attributes to the zeal of S. Peter; for he says of the heresiarch, ἕως καὶ τῆς Ῥώμης ἐπιδημήσας ἀντέπεσε τοῖς ἀποστόλοις. *Phil.* VI. 20. Now it is very certain that Simon Magus was at Rome for some time before the arrival of any Apostle; so long indeed as to have secured the confidence of a considerable body of disciples, by whom a statue was inaugurated in his honour. HIPP. *Philos.* VI. 20; EUSEB. *H. E.* II. 16; see Vol. I. 191, 194. There can be little doubt, therefore, but that the impostor spread his poison in the imperial city during the reign of Claudius, and when, within little more than a year of that Emperor's death, the two Apostles visited Rome, and purged it from the Simonian taint, the historian would be very likely to refer to the days of Claudius events that took place as his successor was entering upon the second year of his reign. The imprisonment of S. Paul precludes the idea of anything like personal collision between this Apostle and Simon. It may be added that the chronology here followed is that of Burton.

[1] ἐν Ῥώμῃ εὐαγγελιζομένων. It is a necessary inference from this passage that S. Peter and S. Paul were at Rome at the same time, i. e. during the two years' captivity of S. Paul, that closes the history of the Acts of the Apostles. There were many disciples there before the commencement of his captivity, as is manifest from the Epistle to the Romans; but they appear neither to have had an Ecclesiastical Polity, nor to have been under the regular regimen of the Church. This irregular planting of the Gospel at Rome dated from the first Christian Pentecost, and several expressions in the Epistle seem to indicate a crude unsettled state of things there. (Compare GRABE, note 2.) Jealousies of caste still subsisted there, as between Gentile and Jew, c. XV. 8, &c. They are spoken of, as depending rather upon mutual exhortation and instruction, than upon any more authoritative communication of evangelical truth, *I am persuaded that you are... able also* ἀλλήλους νουθετεῖν, *v.* 14, (stronger than παρακαλεῖν), and the Apostle expresses his intention to visit them, according to a purpose entertained ἀπὸ πολλῶν ἐτῶν, with the hope that he might come ἐν πληρώματι εὐλογίας τοῦ εὐαγγελίου τοῦ Χριστοῦ, *v.* 29, i. e. in the collation of spiritual gifts, which as yet they had not, and in the establishment of that Apostolical order and government among them which should complete their incorporation with the Body Catholic of Christ's Church. But when S. Paul did at length visit them, he was in bonds, and though he possessed a restricted liberty of action, he could not superintend in person the systematic foundation

καὶ ἑρμηνευτὴς Πέτρου, καὶ αὐτὸς τὰ ὑπὸ Πέτρου κηρυσσόμενα LIB. III. i. 2. GR. III. i. MASS. III. i. 1.

pulus et interpres Petri, et ipse quæ a Petro annuntiata erant, per

of the Church in the Metropolis of the world. What could be more natural therefore than that some other Apostle should be associated with him in the work of reducing to order the confused materials of this, in primitive ages at least, most noble branch of Christ's Church? Christian antiquity points most clearly to S. Peter as his colleague, and it is a safe inference that these leading Apostles were at Rome conjointly εὐαγγελιζόμενοι καὶ θεμελιοῦντες τὴν Ἐκκλησίαν. The work of an Apostle was performed co-ordinately by both; but of these two terms, the first may apply more peculiarly to S. Paul *receiving those that came unto him, and preaching the kingdom of God for two whole years in his own hired house,* while the latter term may signify the more methodical exercise of Apostolical authority by S. Peter, in the orderly foundation of the Church of Rome.

[2] Μετὰ δὲ τὴν τούτων ἔξοδον. *Excessum non e vita, sed urbe Roma hic intelligendum esse patet ex iis, quæ ex Papia et lib.* 6 *Hypotyposeon Clementis Alex. affert Eusebius lib.* II. *Hist. Eccles. cap.* 15, *nempe B. Petrum Apostolum auctoritate sua S. Marci Evangelium ratum fecisse, quo in Ecclesiis passim prælegeretur. S. Lucas quoque post Pauli exitum ex urbe, non e mundo, Evangelium literis consignasse inde colligitur, quod narrationem Actorum Apostolicorum, quam quasi appendicem historiæ de Christo edidit, in biennio, quo Paulus primo Romæ fuit, finiverit, eam procul dubio ulterius continuaturus, si diu post discessum ab urbe, aut post martyrium B. Apostoli scripsisset. Nam iterum ei haud diu post junctum fuisse, eique ad finem usque vitæ adhæsisse, ultima B. Apostoli epistola, nempe* 2, *ad Timotheum cap.* iv. *v.* 11, *satis testatur, ubi scribit:* Lucas mecum est solus. *Imo vero Apostolus* 1 *ad Timoth.* v. 18, *verba quædam Lucæ ex cap.* x. *Evangelii v.* 8, *allegasse videtur. Neque enim alia Scriptura istud habet dictum:* Dignus est operarius mercede sua. *Cæterum quod aliqui vocem* ἔξοδος *hoc loco pro vitæ fine perperam acceperint, occasio procul dubio fuit mutationis in textu Irenæi, ab auctore Catenæ Patrum in Evangelium S. Marci, quam Petrus Possinus evulgavit, vel ab alio ante eum factæ. In illa quippe Irenæi verba ita expressa sunt pag.* 5, Μετὰ τὴν τοῦ κατὰ Ματθαῖον Εὐαγγελίου ἔκδοσιν, Μάρκος ὁ μαθητὴς καὶ ἑρμηνευτὴς Πέτρου, καὶ αὐτὸς τὰ ὑπὸ Πέτρου κηρυττόμενα ἐγγράφως ἡμῖν παραδέδωκε. *Post editionem Evangelii secundum Matthæum, Marcus discipulus et Interpres Petri, quæ a Petro prædicabantur, scripto nobis tradidit. Eandem lectionem ex conjectura in Eusebio substituit Christophorsonus, vapulans idcirco Valesio in notis ad Euseb. lib.* 5, *cap.* 8, *qui tamen et ipse in eo animadversionem meretur, quod* ἔξοδον *in Irenæo interitum interpretatus sit, indeque sanctos Patres commiserit inter se pugnantes.* GRABE. It is certain that S. Paul did not suffer martyrdom at the conclusion of his two years' imprisonment, *in libera custodia*, therefore the term ἔξοδος can hardly mean *decease*, and for the same reason it will signify no more than the departure of S. Peter from Rome upon some other Apostolical mission. EPIPHANIUS says expressly that S. Peter made frequent visits to Pontus. Vol. I. 214, note 2, end. This is also proved by the circumstances that attended the composition of S. Mark's Gospel.

[3] Μάρκος. Clement of Alexandria, EUS. *H. E.* VI. 14, states that S. Mark's Gospel is the substance of S. Peter's record of our Lord's ministry, delivered *viva voce* at Rome, which his hearers requested S. Mark to reduce to writing, ὡς μὴ τῇ εἰσάπαξ ἱκανῶς ἔχειν ἀρκεῖσθαι

LIB. III. i. 2. GR. III. i. MASS. III. i. 1, 2. ἐγγράφως ἡμῖν παραδέδωκε. [1]Καὶ Λουκᾶς δὲ ὁ ἀκόλουθος Παύλου, τὸ ὑπ' ἐκείνου κηρυσσόμενον εὐαγγέλιον ἐν βιβλίῳ κατέθετο. Ἔπειτα Ἰωάννης ὁ μαθητὴς τοῦ Κυρίου, ὁ καὶ [2]ἐπὶ τὸ στῆθος αὐτοῦ ἀναπεσὼν, καὶ αὐτὸς [3]ἐξέδωκε τὸ εὐαγγέλιον, ἐν Ἐφέσῳ τῆς Ἀσίας διατρίβων.

scripta nobis tradidit. Et Lucas autem sectator Pauli, quod ab illo prædicabatur Evangelium, in libro condidit. Postea et Johannes discipulus Domini, qui et supra pectus ejus recumbebat, et ipse edidit Evangelium, Ephesi Asiæ commorans. Et omnes isti unum Deum factorem cœli et terræ a lege et prophetis annuntiatum, et unum Christum filium Dei tradiderunt nobis: quibus si quis non assentit, spernit quidem participes Domini, spernit autem et ipsum Christum Dominum, spernit vero et Patrem, et est a semetipso damnatus, resistens et repugnans saluti suæ: quod faciunt omnes hæretici.

ἀκοῇ, μὴ δὲ τῇ ἀγράφῳ τοῦ θείου κηρύγματος διδασκαλίᾳ. He also adds, that the Gospel when written was approved by the Apostle, which supplies another proof that the word *ἔξοδος* must be interpreted of *departure* from Rome rather than of *decease*. EUSEB. *H. E.* II. 15, III. 39. PAPIAS gives very much the same account, as quoted by EUSEB. III. 39, adding, that the Evangelist's object was to give an exact account of S. Peter's statements, without so much considering the consecutive order of the history of our Lord. See p. 2, note 4. TERTULLIAN also says, *licet et Marcus quod edidit Petri affirmetur, cujus interpres Marcus. adv. M.* IV. 5. HIPPOLYTUS makes use of a term that would seem to imply that S. Mark had some defect, whether natural or accidental, in one of his hands, *τούτους* (*τοὺς λόγους* sc.) *οὔτε Παῦλος ὁ ἀπόστολος, οὔτε Μάρκος ὁ κολοβοδάκτυλος ἀνήγγειλαν.* The term having been used perhaps as one of reproach by Marcion, is repeated by HIPPOLYTUS, as being in no way pertinent to the question of the sacred writer's credibility. It is also possible that the term may have been a *catchword* of the day, meaning *clumsy-handed.*

[1] S. Luke's Gospel was written in all probability during the imprisonment of S. Paul at Cæsarea, A. D. 53—55; for it was evidently composed before the Acts of the Apostles, and this was written during the time that S. Paul remained in bonds at Rome. TERTULLIAN follows the account of IRENÆUS, *Nam et Lucæ digestum Paulo adscribere solent; capit autem magistrorum videri, quæ discipuli promulgarint. adv. Marc.* IV. 5.

[2] *ἐπὶ τὸ στῆθος.* S. AUGUSTIN frequently alludes to this circumstance, e. g. *Et si qua alia sunt quæ Christi divinitatem, in qua æqualis est Patri, recte intelligentibus intiment pæne solus Johannes in Evangelio suo posuit; tamquam qui de pectore ipsius Domini, super quod discumbere in ejus convivio solitus erat, secretum divinitatis ejus uberius et quodammodo familiarius biberit. De Consens. Evang.* I. § 7; cf. also *in Joh. Tr.* I. § 7, XX. 1, XXXVI. 1.

[3] *Id fecisse rogatum ab Episcopis Asiæ tradit Hieronymus, adversus Ebionis, Cerinthi, et Gnosticorum exorientes blasphemias, quod et Irenæus indicat cap.* 11. *hujus libri.* FEUARD. Cf. the fragment from CAIUS, Pr. *Vind. Cath.* I. 461.

LIB. III ii. 1. GR. III. ii. MASS. III. ii. 1.

CAP. II.

Quod neque Scripturis neque traditionibus obsequantur hæretici.

1. Cum enim ex Scripturis arguuntur, in accusationem convertuntur ipsarum Scripturarum, quasi non recte habeant, neque sint ex auctoritate, et quia varie sint dictæ, et quia non pos-
G. 200. sit ex his inveniri veritas ab his qui nesciant traditionem. Non enim per literas traditam illam, sed per vivam vocem: ob quam causam et Paulum dixisse: *Sapientiam autem loquimur* 1 Cor. ii. 6.
inter perfectos: sapientiam autem non mundi hujus. Et hanc sapientiam unusquisque eorum [1]esse dicit, quam a semetipso [2]adinvenit, fictionem videlicet, ut digne secundum eos sit veritas, aliquando quidem in Valentino, aliquando autem in Marcione, ali-
M. 175. quando in Cerintho, postea deinde in Basilide, fuit aut et [3]in illo qui contra disputat, qui nihil salutare loqui potuit. Unusquisque enim ipsorum omnimodo perversus, semetipsum regulam veritatis depravans prædicare non confunditur.

2. Cum autem ad eam iterum [4]traditionem, quæ est ab Apostolis, quæ per successiones [5]Presbyterorum in Ecclesiis

[1] The Clerm. copy omits *esse*, and the Greek would hardly require εἶναι.

[2] So the Clerm. and Ar. MSS., though Stieren, not Massuet, says that the former has *adinvenerit*.

[3] *in illo qui contra disputat*, i. e. indefinitely in any other opponent.

[4] *Traditionem, quæ est ab Apostolis.* Meaning, in the widest possible sense, the observance of whatever the Apostles taught in doctrine, or established in discipline, in the various Churches; such as the articles of the Catholic Faith contained in the Creeds, the establishment of an episcopate the safeguard of this Faith, the practice of admitting infants as well as adults into the pale of Christ's Church by baptism. Vol. I. p. 330, n. 3.

[5] *Presbyterorum.* The most ancient and Apostolical denomination for the highest order of the clergy. While the Apostles lived, and exercised control over the Churches that they established, the subordinate spiritual ruler of each Church was not distinguished in point of ecclesiastical title from the presbytery; but as each Church was able to maintain its ground, independently of the aid of the Apostles, this subordinate chief presbyter or προεστὼς, was commissioned to ordain and perform all the functions that had before been discharged by an Apostle. So Linus, Anencletus, and, in the third degree of succession, Clemens, were appointed bishops of Rome by S. Peter and S. Paul, and were invested with the full control that they had themselves exercised over that Church. So Timothy and Titus were respectively appointed bishops of Ephesus and of Crete by S. Paul. Hence also Irenæus, even after the lapse of a century, still speaks of the episcopal order as a presbytery, which in fact it was, only its regularly commissioned προεστῶτες were called to discharge a function that never pertained to the presbytery at large, that of ordination.

LIB. III. ii. 2. GR. III. ii. MASS. III. ii. 2.

custoditur, provocamus eos, adversantur traditioni, dicentes se non solum Presbyteris, sed etiam Apostolis exsistentes sapientiores, sinceram invenisse veritatem. Apostolos enim admiscuisse ea quæ sunt legalia Salvatoris verbis: et non solum Apostolos, sed etiam ipsum Dominum, modo quidem a Demiurgo, modo autem a medietate, interdum autem a summitate fecisse sermones: [1]se vero indubitate, et intaminate, et sincere absconditum scire mysterium: quod quidem impudentissime est blasphemare suum factorem. Evenit itaque, neque Scripturis jam, neque traditioni consentire eos. Adversus tales certamen nobis est, o dilectissime, more serpentum [2]lubrici [*l.* lubrice] undique effugere conantes. Quapropter undique resistendum est illis, si quos ex his retusione confundentes, ad conversionem veritatis adducere possimus. Etenim si non facile est ab errore apprehensam resipiscere animam, sed [3]non omnimodo impossibile est errorem effugere apposita veritate.

CAP. III.

De Apostolorum traditione, vel ab Apostolis in ecclesiis Episcoporum successione.

1. Traditionem itaque Apostolorum in toto mundo manifestatam, in omni Ecclesia [4]adest [5]perspicere omnibus qui vera velint videre, et habemus annumerare eos qui ab Apostolis instituti sunt Episcopi in ecclesiis, et [6]successiones eorum usque ad nos, qui nihil tale docuerunt, neque cognoverunt, quale ab his deliratur. Etenim si recondita mysteria scissent Apostoli, quæ seorsim et

[1] The Clerm. and Ar. MSS. omit *et*. *a summitate*, ἐκ τοῦ πληρώματος.

[2] The authority of MSS. Clerm., Ar., Voss. is in favour of *lubrici*. For this reason I suspect the adverb *lubrice* to have been written, as the translation of σφαλερῶς, itself a false reading perhaps for σφαλερῶν. *Græce*, κατὰ τοιούτων μάχη ἡμῖν ἐστιν, ὦ ἀγαπητὲ, ὄφεων δικὴν σφαλερῶν πάντῃ ἐκφεύγειν ἐπιχειρουμένων, the translator evidently connected the latter word with the wrong antecedent.

[3] Οὐκ ἀδύνατον, ἀληθείας παρατεθείσης, ἄγνοιαν φυγεῖν. Just. M. *A*. I. 12. Gr.

[4] πάρεστιν, or perhaps simply ἐστίν.

[5] So Clerm. and Ar. κατόπτεσθαι. *Respicere* would indicate ἀποβλέπειν, but then *Traditionem* would have been construed with *in*, the equivalent of εἰς.

[6] *Successiones* is restored from the Clerm. and Ar. MSS. in lieu of the *recepta lectio, successores*. Clem. Rom. may be compared. Καὶ οἱ Ἀπόστολοι ἡμῶν ἔγνωσαν διὰ τοῦ Κυρίου ἡμῶν Ἰησοῦ Χριστοῦ, ὅτι ἔρις ἔσται ἐπὶ τοῦ ὀνόματος τῆς ἐπισκοπῆς· διὰ ταύτην οὖν τὴν αἰτίαν πρόγνωσιν εἰληφότες τελείαν, κατέστησαν τοὺς προειρημένους, καὶ μεταξὺ ἐπινομὴν δεδώκασιν, ὅπως ἐὰν κοιμηθῶσιν, διαδέξωνται ἕτεροι δεδοκιμασμένοι ἄνδρες τὴν λειτουργίαν αὐτῶν. *Ep. ad Cor.* 44.

G. 201. latenter ab reliquis perfectos docebant, his vel maxime traderent ea quibus etiam ipsas ecclesias committebant. Valde enim perfectos et irreprehensibiles in omnibus eos volebant esse, quos et successores relinquebant, suum ipsorum locum magisterii tradentes: [1]quibus emendate agentibus fieret magna utilitas, lapsis autem summa calamitas. Sed quoniam valde longum est, in hoc tali volumine omnium ecclesiarum enumerare successiones, maximæ, et antiquissimæ, et omnibus cognitæ, a gloriosissimis duobus Apostolis [2]Petro et Paulo Romæ fundatæ et constitutæ ecclesiæ, eam quam [3]habet ab Apostolis [4]traditionem, et annuntiatam hominibus fidem, per successiones Episcoporum pervenientem usque ad nos indicantes, confundimus omnes eos, qui quoquo modo vel per [5]sibiplacentiam malam, vel vanam gloriam, vel per cæcitatem et malam sententiam, [6]præterquam oportet colligunt. Ad hanc enim ecclesiam propter [7]potentiorem principalitatem
M 176. necesse est omnem [8]convenire Ecclesiam, hoc est, [9]eos qui sunt undique fideles, [10]in qua semper ab his, qui sunt undique, conservata est ea quæ est ab Apostolis traditio.

LIB. III. iii. 1
GR. III. iii.
MASS. III. iii. 1.

1 Tim. iii. 2.
2 Tim. ii. 2.
Tit. i. 7.

[1] *ὧν ἀνορθουμένων.*

[2] *Paulo et Petro*, CLERM. and VOSS.

[3] The CLERM. and VOSS. MSS. have *habebat*, εἶχεν instead of ἔχει.

[4] *Traditionem*, here possibly the rule of faith, the Apostolical form of sound words, or Creed, (see I. ii. iii), which was sufficiently brief to be committed to memory by converts from among the most ignorant and barbarous tribes.

[5] *αὐταρεσκείαν*, THIERSCH.

[6] *præterquam oportet colligunt*, παρ' ὃ δεῖ συνάγουσι, for there scarcely seems any reason to compress the idea into the single word παρασυνάγουσι, as BILLIUS proposes; both the preceding and following words mark that the word refers to the unauthorised meetings of those that rejected the catholic traditions of the Church.

[7] *potentiorem principalitatem*. CLERM. *pontiorem*, διὰ τὴν διαφορωτέραν ἀρχήν, cf. διαφορώτερον, Vol. I. 279, or, as SALMASIUS imagined, διὰ τὸ ἐξαίρετον πρωτεῖον. GRABE proposes διὰ τὴν ἱκανωτέραν ἀρχήν, in allusion, as he imagines, to the seat of imperial rather than that of ecclesiastical government. STIEREN considers the words to represent διὰ τὴν ἱκανωτέραν ἀρχαιότητα, *wegen ihrer hinreichenden, tüchtigen, ansehnlichen Alterthümlichkeit, Ursprünglichkeit.* But where is there any trace of the notion that the Church of Rome was to be regarded for its higher antiquity? All the Churches traced back their origin to the Apostles, and all the principal Churches were alike *antiquissimæ*.

[8] συντρέχειν εἰς, i. e. *should agree*, not *assemble*, as in synodal action.

[9] *eos*, omitted in the AR. but retained in the CLERM. MS.

[10] *in qua.* ᾗ *inasmuch as;* if taken as the relative, ἐν ᾗ, it can hardly refer to the Church of Rome; for how was the Apostolical tradition preserved in the Church of Rome, by the members of foreign Churches? They preserved it in their own Churches. But ἐν ᾗ might refer to *omnem Ecclesiam*, and in either case, the holding of Apostolical tradition, *quod semper, quod ubique, quod ab omnibus*, is shewn to be the true ground of catholic consent.

LIB. III. iii. 2. GR. III. iii. MASS. III. iii. 3. Euseb. H. E. v. 6. Niceph. iv. 15.

2. [1] Θεμελιώσαντες οὖν καὶ οἰκοδομήσαντες οἱ μακάριοι G. 202. [2]Ἀπόστολοι τὴν ἐκκλησίαν, Λίνῳ τὴν τῆς ἐπισκοπῆς λειτουργίαν ἐνεχείρισαν. Τούτου τοῦ Λίνου Παῦλος ἐν ταῖς πρὸς Τιμόθεον ἐπιστολαῖς μέμνηται. Διαδέχεται δὲ αὐτὸν Ἀνέγκλητος· μετὰ τοῦτον δὲ τρίτῳ τόπῳ ἀπὸ τῶν Ἀποστόλων τὴν ἐπισκοπὴν κληροῦται [3]Κλήμης, ὁ καὶ ἑωρακὼς τοὺς μακαρίους Ἀποστόλους, καὶ συμβεβληκὼς αὐτοῖς, καὶ ἔτι ἔναυλον τὸ κήρυγμα τῶν Ἀποστόλων καὶ τὴν παράδοσιν πρὸ ὀφθαλμῶν ἔχων, οὐ μόνος· ἔτι γὰρ πολλοὶ ὑπελείποντο τότε ὑπὸ τῶν Ἀποστόλων δεδιδαγμένοι. Ἐπὶ τούτου οὖν τοῦ Κλήμεντος στάσεως οὐκ ὀλίγης τοῖς ἐν Κορίνθῳ γενομένης ἀδελφοῖς, ἐπέστειλεν ἡ ἐν Ῥώμῃ ἐκκλησία [4]ἱκανωτάτην γραφὴν τοῖς Κορινθίοις, εἰς εἰρήνην συμβιβάζουσα αὐτούς, καὶ

2. Fundantes igitur et instruentes beati Apostoli Ecclesiam, Lino episcopatum administrandæ Ecclesiæ tradiderunt. Hujus 2 Tim. iv. 21. Lini Paulus in his quæ sunt ad Timotheum epistolis meminit. Succedit autem ei Anacletus: post eum tertio loco ab Apostolis episcopatum sortitur Clemens, qui et vidit ipsos Apostolos, et contulit cum eis, et cum adhuc insonantem prædicationem Apostolorum et traditionem ante oculos haberet, non solus; adhuc enim multi supererant tunc ab Apostolis docti. Sub hoc igitur Clemente, dissensione non modica inter eos qui Corinthi essent fratres S. Clem. ad Cor. 2—6. 49. facta, scripsit quæ est Romæ Ecclesia potentissimas literas Corinthiis, ad pacem eos congregans, et reparans fidem eorum, et

[1] Upon the succession of the first bishops of the Church of Rome, cf. TILL. *Mem.* II. 480. Dr BURTON has correctly observed that *no point of ecclesiastical history is involved in so much perplexity and contradiction, as the succession of the early bishops of Rome.* A.D. 56—58. The chief cause of confusion has arisen from the succession being sometimes dated from the Apostles, sometimes from Linus, the first bishop that succeeded them. See Vol. I. 214, n. 2.

[2] The two Apostles, S. Peter and S. Paul, the joint founders of the Roman Church, who however left the Church in charge of Linus when they proceeded, S. Paul to the West, and S. Peter into Pontus. Vol. I. 214, n. 2.

[3] TERTULLIAN affirms that CLEMENS was appointed by S. Peter. *Sicut Romanorum Clementem a Petro ordinatum itidem. Præscr.* 32. Probably the Apostles foresaw the changes that would be caused by persecution, and they may from the first have nominated the succession to so important a see, and for several steps.

[4] STROTH. *einen sehr grundlichen Brief.* ST.

ἀνανεοῦσα τὴν πίστιν αὐτῶν, καὶ [1][ἀναγγέλλουσα] ἣν νεωστὶ LIB. III. iii. 2.
ἀπὸ τῶν 'Αποστόλων παράδοσιν εἰλήφει... GR. III. iii. MASS. III. iii. 3.

annuntians quam in recenti ab Apostolis acceperat traditionem, 54. 57.
annuntiantem unum Deum [2]omnipotentem, factorem cœli et terræ, 42. 47. 19.
plasmatorem hominis, qui induxerit cataclysmum, et advocaverit 20. 9.
Abraham, qui eduxerit populum de terra Ægypti, qui collocutus 10. 31. 17. 43.
sit Moysi, qui legem disposuerit, et prophetas miserit, qui ignem
præparaverit diabolo et angelis ejus. Hunc Patrem Domini 36.
nostri Jesu Christi ab ecclesiis annuntiari, ex ipsa [3]scriptura, qui
velint discere possunt, et apostolicam Ecclesiæ traditionem intel- 42.
ligere, cum sit vetustior epistola his qui nunc falso docent, et alterum Deum super Demiurgum et factorem horum omnium quæ sunt commentiuntur.

G 203. 3. Τὸν δὲ Κλήμεντα τοῦτον διαδέχεται Εὐάρεστος· καὶ τὸν Εὐάρεστον 'Αλέξανδρος· εἶθ' οὕτως ἕκτος ἀπὸ τῶν 'Αποστόλων καθίσταται Ξύστος· μετὰ δὲ τοῦτον Τελεσφόρος, ὃς καὶ ἐνδόξως ἐμαρτύρησεν· ἔπειτα [4]'Υγῖνος, εἶτα Πῖος· μεθ' ὃν 'Ανίκητος· διαδεξαμένου τὸν 'Ανίκητον Σωτῆρος, νῦν δωδεκάτῳ τόπῳ τὸν τῆς ἐπισκοπῆς ἀπὸ τῶν 'Αποστόλων κατέχει κλῆρον 'Ελεύθερος. Τῇ αὐτῇ τάξει καὶ τῇ αὐτῇ διδαχῇ [διαδοχῇ] ἥ τε ἀπὸ τῶν ἀποστόλων ἐν τῇ

3. Huic autem Clementi succedit Euaristus, et Euaristo Alexander, ac deinceps sextus ab Apostolis constitutus est Sixtus, et ab hoc Telesphorus, qui etiam gloriosissime martyrium fecit: ac deinceps Hyginus, post Pius, post quem Anicetus. Cum autem successisset Aniceto Soter, nunc duodecimo loco Episcopatum ab Apostolis habet Eleutherius. Hac ordinatione et successione ea quæ est ab Apostolis in Ecclesia traditio et veritatis [5]præconatio pervenit usque ad nos. Et est plenissima hæc ostensio, unam et

[1] ἀναγγέλλουσα is indicated, as having been in the texts used by the translator of IRENÆUS, and by RUFFINUS in rendering these words of EUSEBIUS.

[2] The CLERM. and VOSS. MSS. omit *omnipotentem*.

[3] Scriptura, *writing*, i. e. Epistle of CLEM. ROM., the various allusions to which are noted in the margin. The Epistle is found in Vol. III. p. 89, of the editor's *Vindex Cath.* The *Pastor* of Hermas is styled ἡ γραφή. IV. xxxiv.

[4] See Vol. I. p. 214, n. 2.

[5] See Vol. I. p. 97, n. 2.

LIB III. iii. 3. GR. III. iii. MASS. III. iii. 3.

ἐκκλησίᾳ παράδοσις καὶ τὸ τῆς ἀληθείας κήρυγμα κατήντηκεν εἰς ἡμᾶς.

Eus. H. E. iv. 14.

4. Καὶ Πολύκαρπος δὲ οὐ μόνον ὑπὸ Ἀποστόλων μαθητευθεὶς, καὶ συναναστραφεὶς πολλοῖς τοῖς τὸν Χριστὸν ἑωρακόσιν, ἀλλὰ καὶ ὑπὸ Ἀποστόλων κατασταθεὶς εἰς τὴν Ἀσίαν ἐν τῇ ἐν Σμύρνῃ ἐκκλησίᾳ ἐπίσκοπος, ὃν καὶ ἡμεῖς ἑωράκαμεν [1]ἐν τῇ πρώτῃ ἡμῶν ἡλικίᾳ, [2]ἐπιπολὺ γὰρ παρέμεινε, καὶ πάνυ γηραλέος, ἐνδόξως καὶ ἐπιφανέστατα [3]μαρτυρήσας, ἐξῆλθε τοῦ βίου, ταῦτα διδάξας ἀεὶ, ἃ καὶ παρὰ τῶν Ἀποστόλων ἔμαθεν, ἃ καὶ ἡ ἐκκλησία παραδίδωσιν, ἃ

eandem vivificatricem fidem esse, quæ in Ecclesia ab Apostolis usque nunc sit conservata, et tradita in veritate.

4. Et Polycarpus autem non solum ab Apostolis edoctus, et conversatus cum multis ex eis qui Dominum nostrum viderunt; sed etiam ab Apostolis in Asia, in ea quæ est Smyrnis Ecclesia constitutus Episcopus, quem et nos vidimus in prima nostra ætate, multum enim perseveravit, et valde senex gloriosissime et nobilissime martyrium faciens exivit de hac vita, hæc docuit semper quæ ab Apostolis didicerat, [4]quæ et Ecclesiæ tradidit, et sola sunt M. 177

[1] See the Epistle of IRENÆUS to Florinus in the Appendix; τῇ πρώτῃ ἡλικίᾳ will mean about the age of twenty years. Cf. Vol. I. p. 331. See also Dodwell, *Diss. in* IREN. III. 6.

[2] Polycarp suffered martyrdom about the year 167, in the early part of the reign of M. Aurelius. His great age of eighty-six years, during which, as he declared, he had served Christ, shews that he might have heard S. John when nearly twenty years of age. *Smyrnæorum ecclesia Polycarpum ab Johanne collocatum refert.* TERT. *Pr.* 32. It is remarkable that IRENÆUS speaks of his appointment as being ὑπὸ ἀποστόλων.

[3] The account of the martyrdom of S. Polycarp is found in the editor's *Vindex Cath.* III. 74.

[4] *Quæ et Ecclesiæ tradidit. Juxta Græca* ἃ καὶ ἡ ἐκκλησία παραδίδωσιν, *repone,* quæ et Ecclesia tradit. *Nam licet Ruffinus quoque Irenæi verba apud Eusebium transtulerit:* Et hæc Ecclesiæ tradebat; *scilicet Polycarpus; unde Usserius in Not. ad verba Irenæi inter Testimonia Veterum de Polycarpo, hujus Epistolæ præfixa, suspicatur, in veteris Interpretis et Ruffini Codicibus lectum fuisse,* ἃ καὶ τῇ Ἐκκλησίᾳ παρέδωκε; *priorem tamen lectionem genuinam esse patet ex sequentibus, ubi de eodem Polycarpo ait, quod testatus sit, se ab Apostolis accepisse* μίαν καὶ μόνην ταύτην ἀλήθειαν τὴν ὑπὸ τῆς ἐκκλησίας παραδεδομένην. *Quæ hisce, de quibus jam agimus, exacte sunt consona. Et totum insuper caput hocce traditionem Ecclesiæ sonat, de qua proinde et hæc verba accipio.* GRABE. The venerable Father seems to have had the following passages of his still more venerable preceptor's Epistle to the Philippians in his mind. Διὸ ἀπολιπόντες τὴν ματαιότητα τῶν πολλῶν, καὶ τὰς ψευδοδιδασκαλίας, ἐπὶ τὸν ἐξ ἀρχῆς ἡμῖν παραδοθέντα λόγον ἐπιστρέψω-

καὶ μόνα ἐστὶν ἀληθῆ. Μαρτυροῦσιν τούτοις αἱ κατὰ τὴν Ἀσίαν Ἐκκλησίαι πᾶσαι, καὶ οἱ μέχρι νῦν διαδεδεγμένοι τὸν Πολύκαρπον, πολλῷ ἀξιοπιστότερον καὶ βεβαιότερον ἀληθείας μάρτυρα ὄντα Οὐαλεντίνου καὶ Μαρκίωνος καὶ τῶν λοιπῶν κακογνωμόνων. Ὃς καὶ ἐπὶ [1]Ἀνικήτου ἐπιδημήσας τῇ Ῥώμῃ, πολλοὺς ἀπὸ τῶν προειρημένων [2]αἱρετικῶν ἐπέστρεψεν εἰς τὴν ἐκκλησίαν τοῦ Θεοῦ, μίαν καὶ μόνην ταύτην ἀλήθειαν κηρύξας ὑπὸ τῶν Ἀποστόλων παρειληφέναι, τὴν ὑπὸ τῆς ἐκκλησίας παραδεδομένην. [3]Καὶ εἰσὶν οἱ ἀκηκοότες αὐτοῦ, ὅτι Ἰωάννης ὁ τοῦ Κυρίου μαθητὴς ἐν τῇ Ἐφέσῳ πορευθεὶς λούσασθαι, καὶ ἰδὼν ἔσω Κήρινθον, ἐξήλατο τοῦ βαλανείου μὴ λουσάμενος, ἀλλ' ἐπειπών· φύγωμεν, μὴ καὶ τὸ βαλανεῖον συμπέσῃ, ἔνδον ὄντος Κηρίνθου τοῦ τῆς ἀληθείας ἐχθροῦ. [4]Καὶ αὐτὸς δὲ ὁ Πολύκαρπος Μαρκίωνι ποτὲ

LIB. III. iii. 4. GR. III. iii. MASS. III. iii. 4.

G. 204.

vera. Testimonium his perhibent quæ sunt in Asia ecclesiæ omnes, et qui usque adhuc successerunt Polycarpo: qui vir multo majoris auctoritatis, et fidelior veritatis est testis, quam Valentinus et Marcion, et reliqui qui sunt perversæ sententiæ. Is enim est qui sub Aniceto cum advenisset in urbem, multos ex his quos prædiximus, hæreticos convertit in Ecclesiam Dei, unam et solam hanc veritatem annuntians ab Apostolis percepisse se, quam et Ecclesiæ tradidit. Et sunt qui audierunt eum[5], quoniam Johannes Domini discipulus in Epheso iens lavari, cum vidisset intus Cerinthum, exsilierit de balneo non lotus, dicens, quod timeat ne balneum concidat, cum intus esset Cerinthus inimicus veritatis. Et

μεν, § 7. Παρακαλῶ οὖν πάντας ὑμᾶς πειθαρχεῖν τῷ λόγῳ τῆς δικαιοσύνης, καὶ ἀσκεῖν πᾶσαν ὑπομονήν, ἣν καὶ ἴδετε κατ' ὀφθαλμοὺς, οὐ μόνον ἐν τοῖς μακαρίοις Ἰγνατίῳ, καὶ Ζωσίμῳ καὶ Ῥούφῳ· ἀλλὰ καὶ ἐν ἄλλοις τοῖς ἐξ ὑμῶν, καὶ ἐν αὐτῷ Παύλῳ, καὶ τοῖς λοιποῖς ἀποστόλοις, § 9, *Vind. Cathol.* II. 192.

[1] A.D. 158. See the Epistle of IRENÆUS to Victor among the fragmentary remains, at the end of this Volume.

[2] The heretics here alluded to were followers of Valentinus, Cerdon, and Marcion, all of whom had passed some time in Rome.

[3] This same account is repeated by EUSEBIUS, *H. E.* III. 28. It is also related by EPIPHAN. *c. Hær.* XXX. 24, THEOD. *Hær. Fab.* II. 3, NICEPHOR. XXX. 3, although EPIPHANIUS tells the story of Ebion, not of Cerinthus. It is not at all improbable that there may have been some foundation of truth for the account, and that S. John may have met somewhere with the heresiarch; for we know but little of his apostolical labours. The account, however, is discredited by German theologians.

[4] S. Jerom says that this took place at Rome, *de Vir. Ill.* 17.

[5] *dicentem* is added in the AR. MS. but not in CL. and VOSS.

LIB. III. iii. 4. GR. III. iii. MASS. III. iii. 4.

εἰς ὄψιν αὐτῷ ἐλθόντι καὶ φήσαντι, [1] ἐπιγινώσκεις ἡμᾶς; ἀπεκρίθη· ἐπιγινώσκω [σε] τὸν πρωτότοκον τοῦ Σατανᾶ. Τοσαύτην οἱ Ἀπόστολοι καὶ οἱ μαθηταὶ αὐτῶν ἔσχον εὐλάβειαν, πρὸς τὸ μηδὲ μέχρι λόγου κοινωνεῖν τινὶ τῶν παραχαρασσόντων τὴν ἀλήθειαν, ὡς καὶ Παῦλος ἔφησεν· αἱρετικὸν ἄνθρωπον μετὰ μίαν καὶ [2] δευτέραν νουθεσίαν παραιτοῦ, εἰδὼς ὅτι ἐξέστραπται ὁ τοιοῦτος, καὶ ἁμαρτάνει, ὢν αὐτοκατάκριτος. Ἔστι δὲ καὶ ἐπιστολὴ Πολυκάρπου πρὸς Φιλιππησίους

ipse autem Polycarpus Marcioni aliquando occurrenti sibi, et dicenti, Cognoscis nos? respondit: Cognosco te primogenitum Satanæ. Tantum Apostoli et horum discipuli habuerunt timorem, [3] ut neque verbo tenus communicarent alicui eorum qui adulteraverant veritatem, quemadmodum et Paulus ait: *Hæreticum autem hominem post unam correptionem [2] devita, sciens quoniam perversus est qui est talis, et est a semetipso damnatus.* Est autem et epistola Polycarpi ad Philippenses scripta perfectissima, ex qua et charac-

Tit. iii. 10.

[1] ἐπιγινώσκεις. VALESIUS, in his notes on this passage in EUSEBIUS, considers the word to have been used in the sense of fraternal recognition; as the deacon, in the celebration of the eucharist in the discharge of his office, said to those approaching the Lord's table, ἐπιγινώσκετε ἀλλήλους. S. CHRYSOSTOM also interprets the word, 1 Cor. xvi. 18, as implying friendly regard. GRABE considers this interpretation to be inconsistent with the Apostle's reply, which would then mean, as he thinks, *Saluto te primogenitum Satanæ.* But there may be a similar play upon the word to that of Julian the Apostate, ἀνέγνων, ἔγνων, κατέγνων. The heretic having used the term in its conventional sense, the Apostle may have adopted it in his reply in its ordinary meaning, e.g. *Do you not know me? I know you to be,* &c. HIPPOLYTUS may be compared: Τουτέστι τὸ Γνῶθι σεαυτὸν, ἐπιγνοὺς τὸν πεποιηκότα Θεόν· τῷ γὰρ ἐπιγνῶναι ἑαυτὸν, ἐπιγνωσθῆναι συμβέβηκε τῷ καλουμένῳ ὑπ' αὐτοῦ. *Ph.* x. 34. The CLERM. reading, *cognosce me,* agrees remarkably with the *varia lectio* of the earlier Edd. of Eusebius, indicated also by Ruffinus and Nicephorus, ἐπιγίνωσκέ με.

[2] The Greek text, as at present, has καὶ δευτέραν, and the same Scripture is quoted similarly, I. xiii. 3, where the translator has *et secundam;* it is probable therefore that *et alteram* may have been removed from the translation in this passage, to bring it into harmony with the old Italic version, which omitted the words, as may be seen in TERTULL. *Præscr. Hær.* 6, S. CYPR. *ad Quir.* III. 78, *Ep.* LV. PSEUD-AMBROS. *in Tit.* iii. 10, &c. The Syriac Version agrees with the Greek text.

[3] *ut neque verbo tenus communicarent.* STIEREN'S reading having been adopted, his note is also added: *Sic* ERASM. GALL. GRYN. *et Codd.* MERC. II. *et* ARUND. (GRAB. *et* MASS. *editionum priorum lectiones non satis accurate referunt.*) *In Cod.* VOSS. *pro* neque *legitur* ne, *et omittitur* tenus. *In* CLAROM. *legitur,* ut ne verbo bonos communicarent; MASS. *conjicit pro* verbo bonos *scribendum* verbo bono *aut* verbo tenus. FEUARD. *omisit* ut *et pro* neque *scripsit* ne; GRAB. *restituit* nec *et delevit* tenus;

γεγραμμένη [1] ἱκανωτάτη, ἐξ ἧς καὶ τὸν χαρακτῆρα τῆς πίστεως αὐτοῦ, καὶ τὸ κήρυγμα τῆς ἀληθείας, οἱ βουλόμενοι καὶ φροντίζοντες τῆς ἑαυτῶν σωτηρίας δύνανται μαθεῖν. Ἀλλὰ καὶ ἡ ἐν Ἐφέσῳ ἐκκλησία ὑπὸ Παύλου μὲν τεθεμελιωμένη, Ἰωάννου δὲ παραμείναντος αὐτοῖς μέχρι τῶν Τραϊανοῦ χρόνων, μάρτυς ἀληθής ἐστι τῆς τῶν Ἀποστόλων παραδόσεως.

G. 205. M. 178.

LIB. III. iii. 4. GR. III. iii. MASS. III. iii. 4.

Euseb. H. E. iii. 23. Niceph. iii. 11. cf. Tom. I. p. 331.

terem fidei ejus, et prædicationem veritatis, qui volunt et curam habent suæ salutis, possunt discere. Sed et quæ est Ephesi ecclesia a Paulo quidem fundata, Johanne autem permanente apud eos usque ad Trajani tempora, testis est verus Apostolorum traditionis.

CAP. IV.

Testificatio eorum qui Apostolos viderunt de prædicatione veritatis.

1. Tantæ igitur ostensiones cum sint, non oportet adhuc quærere apud alios veritatem, quam facile est ab Ecclesia sumere; cum Apostoli, quasi in depositorium dives, plenissime in eam contulerint omnia quæ sint veritatis: uti omnis quicunque velit, sumat ex ea potum vitæ. Hæc est enim vitæ introitus; omnes autem reliqui fures sunt et latrones. Propter quod oportet devitare quidem illos; quæ autem sunt Ecclesiæ, cum summa diligentia diligere, et apprehendere veritatis traditionem. Quid enim? Et si de aliqua modica quæstione disceptatio esset, [2] nonne oporteret in

Mass. ut ne verbo tenus com. *Equidem vero* neque verbo tenus *excudi jussi, ut Græca et Latina omnino concinant.* The Clerm. and Ar. readings are correctly described.

[1] *ἱκανωτάτη*, interpreters have taken this word in an absolute sense; whereas it serves to introduce the remainder of the sentence. Hence the old version renders it *perfectissima*, Ruffinus *pervalida*, Valesius *luculentissima*, &c. But Irenæus having shewn the high authority of Polycarp as having conversed with an Apostle, and with apostolical men, winds up with the statement, *But his epistle is all-sufficient, ἱκανωτάτη, to teach those that are desirous to learn.*

[2] Tert. *de Pr. H. c.* 36. *Age jam qui voles curiositatem melius exercere in negotio salutis tuæ, percurre Ecclesias Apostolicas, apud quas ipsæ adhuc cathedræ Apostolorum suis locis præsidentur, apud quas ipsæ authenticæ literæ eorum recitantur, sonantes vocem et repræsentantes faciem uniuscujusque. Proxime est tibi Achaia, habes Corinthum. Si non longe es a Macedonia, habes Philippos, habes Thessalonicenses. Si potes in Asiam tendere, habes Ephesum. Si autem Italiæ adjaces, habes Romam,* &c. Grabe.

LIB. III. iv. 1. GR. III. iv. MASS. III. iv. 1.

antiquissimas recurrere ecclesias, in quibus Apostoli conversati sunt, et ab eis de præsenti quæstione sumere quod certum et re liquidum est? Quid autem si neque Apostoli quidem Scripturas reliquissent nobis, nonne oportebat ordinem sequi traditionis, quam tradiderunt iis quibus committebant ecclesias? Cui ordinationi assentiunt multæ gentes [1]barbarorum eorum qui in Christum credunt, sine [2]charta vel atramento scriptam habentes per Spiritum in cordibus suis salutem, et veterem traditionem diligenter custodientes, [3]in unum Deum credentes fabricatorem cœli et terræ, et omnium quæ in eis sunt, [4]per Christum Jesum Dei Filium. Qui propter eminentissimam erga figmentum suum dilectionem, eam quæ esset ex Virgine generationem sustinuit, ipse per se hominem adunans Deo, et passus sub Pontio Pilato, et resurgens, et in claritate receptus, in gloria venturus Salvator eorum qui salvantur, et judex eorum qui judicantur, et mittens in ignem æternum transfiguratores veritatis, et contemtores Patris sui et adventus ejus. Hanc fidem qui sine literis crediderunt, quantum ad sermonem nostrum, barbari sunt: quantum autem ad sententiam, et consuetudinem, et conversationem, propter fidem perquam sapientissimi sunt, et placent Deo, conversantes in omni justitia et castitate et sapientia. Quibus si aliquis annuntiaverit ea quæ ab hæreticis adinventa sunt, proprio sermone eorum colloquens,

G. 206.

[1] HIPPOLYTUS may be compared: Τούτου τοίνυν τοῦ λόγου κρατήσαντες μαθηταὶ Ἕλληνες, Αἰγύπτιοι, Χαλδαῖοι καὶ πᾶν γένος ἀνθρώπων, τί τὸ θεῖον καὶ ἡ τούτου εὔτακτος δημιουργία παρ' ἡμῶν τῶν φίλων τοῦ Θεοῦ, καὶ μὴ κομπολόγῳ τοῦτο ἠσκηκότων, ἀλλ' ἢ ἀληθείας γνώσει καὶ ἀσκήσει σωφροσύνης εἰς ἀπόδειξιν αὐτοῦ λόγους ποιουμένων. *Ph.* x. 31. In the same way he addresses the various families of the human race brought back to God in Christ: Τοιοῦτος ὁ περὶ τὸ θεῖον ἀληθὴς λόγος, ὦ ἄνθρωποι Ἕλληνές τε καὶ Βάρβαροι, Χαλδαῖοί τε καὶ Ἀσσύριοι, Αἰγύπτιοί τε καὶ Λίβυες, Ἰνδοί τε καὶ Αἰθίοπες, Κέλτοι τε καὶ οἱ στρατηγοῦντες Λατῖνοι, πάντες τε οἱ τὴν Εὐρώπην, Ἀσίαν τε καὶ Λιβύην κατοικοῦντες, οἷς σύμβουλος ἐγὼ γίνομαι, φιλανθρώπου Λόγου ὑπάρχων μαθητὴς κ.τ.λ. *Ph.* x. 34.

[2] *Quod ab Apostolis traditum non scribitur in charta et atramento, sed in tabulis cordis carnalibus.* S. HIERON. *Ep.* XXXVIII. al. LXI. *ad Pammach.*

[3] IRENÆUS exhibits an abstract of the Eastern Creed, rather than that of the Roman Church. See the editor's *Hist. of the Athanas. Creed*, p. 680. HIPPOLYTUS, in describing the faith of the Church Catholic, has rather the schools of philosophy in view, and he expresses himself accordingly: Θεὸς εἷς ὁ πρῶτος καὶ μόνος καὶ ἁπάντων ποιητὴς καὶ κύριος, σύγχρονον ἔσχεν οὐδὲν, οὐ χάος ἄπειρον, οὐχ ὕδωρ ἀμέτρητον, ἢ γῆν στεῤῥὰν, οὐχὶ ἀέρα πυκνὸν, οὐ πῦρ θερμὸν, οὐ πνεῦμα λεπτὸν, οὐκ οὐρανοῦ μεγάλου κυανέαν μορφήν· ἀλλ' ἦν εἷς μόνος ἑαυτῷ, ὃς θελήσας ἐποίησε τὰ ὄντα, οὐκ ὄντα πρότερον, πλὴν ὅτε ἠθέλησε ποιεῖν, ὡς ἔμπειρος ὢν τῶν ἐσομένων. *Ph.* x. 32.

[4] Κελεύοντος Πατρὸς γίνεσθαι κόσμον τὸ κατὰ ἓν Λόγος ἀπετελεῖτο ἀρέσκων Θεῷ. *Ph.* x. 33.

statim concludentes aures longo longius fugient, ne audire quidem sustinentes blasphemum colloquium. Sic per illam veterem Apostolorum traditionem, ne in conceptionem quidem mentis admittunt, quodcunque eorum portentiloquium est, neque [1]enim congregatio fuit apud eos, neque doctrina instituta. LIB. III. iv. 1. GR. III. iv. MASS. III. iv. 2.

2. Ante Valentinum enim non fuerunt, qui sunt a Valentino; neque ante Marcionem erant, qui sunt a Marcione; neque omnino erant reliqui sensus maligni, quos supra enumeravimus, antequam initiatores et inventores perversitatis eorum fierent. Tert Præscr. Hær 30.

Οὐαλεντῖνος μὲν γὰρ ἦλθεν εἰς Ῥώμην ἐπὶ Ὑγίνου· ἤκμασε δὲ ἐπὶ Πίου, καὶ παρέμεινεν ἕως Ἀνικήτου. Κέρδων δὲ ὁ πρὸ Μαρκίωνος, καὶ αὐτὸς ἐπὶ Ὑγίνου, ὃς ἦν [2]ἔνατος ἐπί- Euseb. H. E. iv. 11.
M. 179. σκοπος, εἰς τὴν ἐκκλησίαν ἐλθὼν καὶ [3]ἐξομολογούμενος, οὕτως διετέλεσε, ποτὲ μὲν λαθροδιδασκαλῶν, ποτὲ δὲ πάλιν ἐξομολογούμενος, ποτὲ δὲ ἐλεγχόμενος ἐφ' οἷς ἐδίδασκε κακῶς, [4]καὶ ἀφιστάμενος τῆς τῶν ἀδελφῶν συνοδίας.

Valentinus enim venit Romam sub Hygino; increvit vero sub Pio, et prorogavit tempus usque ad Anicetum. Cerdon autem qui ante Marcionem, et hic sub Hygino, qui fuit octavus episcopus, sæpe in ecclesiam veniens, et [3]exhomologesin faciens, sic consummavit, modo quidem latenter docens, modo vero exhomologesin faciens, modo vero ab aliquibus traductus in his quæ docebat male, [4]et abstentus est a religiosorum hominum conventu.

[1] GRABE, MASS. and STIEREN have *neque dum* on the sole authority of the Voss. MS., in which however *dum* is substituted for *enim*. It is therefore cancelled, and it is superfluous; the Greek reads naturally as, *οὐ γὰρ ἦν μετ' αὐτῶν ἡ ἐκκλησία, οὐδὲ ἡ διδασκαλία ἑδραιωμένη*. BILLIUS renders *congregatio* by *σύναξις*, but *Synagoga* and *Ecclesia* are synonymous terms in c. vi. He also expresses *doctrina* by *διδασκαλεῖον*, whereas that word means a school, which heretics unfortunately *had* formed.

[2] See Vol. I. p. 214, note 2, where the position of Hyginus in the Roman succession is discussed.

[3] *Exhomologesin.* Vol. I. 122, n. 1, and p. 126, n. 3.

[4] *Notanda sunt imprimis hæc Irenæi verba de Cerdone Hæretico: quem post confessionem hæreseos in Ecclesiam admissum fuisse dicit ab Hygino Romano Pontifice, ac deinceps in urbe Roma mansisse; nunc occulte doctrina suam spargentem, nunc rursus confitentem errorem suum, nunc convictum pravæ hæreticæque doctrinæ, eoque nomine ab Ecclesia segregatum. Ex quibus colligere licet, in hæreseos crimine secundæ confessioni locum fuisse; et hæreticos, qui post confessionem et abdicationem erroris sui ad pristinum dogma iterum rediissent, quos nunc relapsos vocamus, tunc temporis ad secundam confessionem et pænitentiam admissos fuisse. Tandem vero Cerdo, convictus quod post toties iteratam Exomologesin,*

LIB. III. iv. 3. GR. III. iv. MASS. III. iv. 3.

3. Marcion autem illi succedens invaluit sub Aniceto, [1] decimum locum episcopatus continente. Reliqui vero qui vocantur Gnostici, a [2] Menandro Simonis discipulo, quemadmodum ostendimus, accipientes initia, unusquisque eorum, cujus participatus est sententiæ, ejus et pater, et antistes apparuit. [3] Omnes autem hi multo posterius, mediantibus jam Ecclesiæ temporibus, insurrexerunt in suam apostasiam.

CAP. V.

Ostensio quod et Dominus et Apostoli in veritate ediderint doctrinam, et non secundum audientium opinionem.

1. Traditione igitur quæ est ab Apostolis, sic se habente in Ecclesia, et permanente apud nos, revertamur ad eam, quæ est ex Scripturis ostensionem eorum qui et Evangelium conscripserunt Apostolorum, ex quibus conscripserunt de Deo sententiam, osten-
Joh. xiv. 6. dentes quoniam Dominus noster Jesus Christus veritas est, et mendacium in eo non est. Quemadmodum et David eam quæ est ex Virgine generationem ejus, et eam quæ est ex mortuis resur- G. 207.
Ps. lxxxiv. 12. rectionem prophetans ait: *Veritas de terra orta est.* Et Apostoli autem disciputi veritatis exsistentes, extra omne mendacium sunt: non enim communicat mendacium veritati, sicut non communicant tenebræ luci; sed præsentia alterius excludit alterum. Veritas ergo Dominus noster exsistens, non mentiebatur: et quem sciebat

pestiferum virus erroris sui occulte spargeret, penitus se ab Ecclesia removit. Id enim sonant Irenæi verba; quæ Rufinus et Christophorsonus perperam meo judicio interpretati sunt. Neque enim Cerdonem ex Ecclesia ejectum fuisse dicit Irenæus; sed ipsum se ab Ecclesia penitus segregasse. Ex quo apparet, Cerdonem suo ipsius judicio condemnatum, prævenisse Ecclesiæ sententiam. Vales. *in not. ad Eus.* Here *abstentus est* seems to be equivalent to *abstinuit se;* but see Vol. I. p. 16, n. 1.

[1] *decimum.* This word helps to establish ἔνατος above, and *nonus* instead of *octavus* in the Latin. Possibly the translator read there, H for Θ.

[2] Simon himself is generally mentioned as the father of Gnosticism. Vol. I. pp. 195, 219, n. 3, 221, 249. Menander symbolised with Saturninus, and introduced many notions from the Cabbala.

[3] This last sentence is omitted in the Clermont and Voss. MSS. Massuet suspects that it is a marginal note. The supposition is perhaps strengthened by the omission of *autem* in the Ar. MS. But *hi*, as I imagine, refers to the Marcosians, and other branches of the Valentinian stock, μεσούντων τῆς Ἐκκλησίας χρόνων, and not to their predecessors.

labis esse fructum, non utique Deum confiteretur et Deum omnium et summum Regem et Patrem suum, perfectus imperfectum, spiritalis animalem, is qui in Pleromate esset eum qui extra Pleroma. Neque discipuli ejus alium quemdam Deum nominarent, aut Dominum vocarent præter eum, qui vere esset Deus et Dominus omnium: quemadmodum dicunt hi, qui sunt vanissimi sophistæ, quoniam Apostoli cum hypocrisi fecerunt doctrinam secundum audientium capacitatem, et responsiones secundum interrogantium [1]suspiciones, cæcis cæca confabulantes secundum cæcitatem ipsorum, languentibus autem secundum languorem ipsorum, et errantibus secundum errorem eorum: et putantibus Demiurgum solum esse Deum, hunc annuntiasse; his vero qui innominabilem Patrem capiunt, per parabolas et ænigmata inenarrabile[2] fecisse mysterium: uti non quemadmodum habet ipsa veritas, sed [3]et in hypocrisi, et quemadmodum capiebat unusquisque, Dominum et Apostolos edidisse magisterium.

LIB. III. v. 1. GR. III. v. MASS. III. v. 1.

2. Hoc autem non est sanantium, nec vivificantium, sed magis gravantium, et augentium ignorantiam ipsorum: et multo verior his Lex invenietur, maledictum dicens omnem, qui in errorem mittat cæcum in via. Qui enim ad inventionem missi erant errantium Apostoli, et ad visionem eorum qui non videbant, et ad medicinam languentium, utique non secundum præsentem opinionem colloquebantur eis, sed secundum veritatis manifestationem. Nec enim quilibet homines recte facient, si cæcos jamjamque per præcipitium ferri incipientes, adhortentur insistere illi periculosissimæ viæ, quasi vere rectæ, et quasi bene perventuri sint. Quis autem medicus volens curare ægrotum, faciet secundum concupiscentias ægrotantis, et non secundum quod aptum est medicinæ? Quoniam autem Dominus medicus venit eorum qui male habent, ipse testificatur, dicens: *Non est opus sanis medicus, sed male habentibus. Non veni vocare justos, sed peccatores ad pœnitentiam.* Quomodo ergo qui male habent confirmabuntur? et quomodo peccatores pœnitentiam agent? Utrum perseverantes in eisdem ipsis; an e contrario, magnam commutationem et transgressionem prioris conversationis accipientes, per quam et ægritudinem non

Deut. xxvii. 18.

Luc. v. 31, 32.

[1] *Græce ὑπολήψεις, pro opinionibus dixit Interpres.* MASSUET.

[2] Τοῖς δὲ τὸν ἀκατονόμαστον Πατέρα χωροῦσιν, διὰ παραβολῶν καὶ αἰνιγμάτων ἄῤῥητον πλάσασθαι τὸ μυστήριον. But may not the author have written *φράσασθαι*?

[3] *et* is carelessly omitted by MASS. and STIEREN, who follows the Benedictine text.

LIB. III. v. 2. GR. III. v. MASS. III. v. 2. modicam, et multa peccata sibimetipsis importaverunt? Ignorantia autem mater horum omnium per agnitionem evacuatur. Agnitionem ergo faciebat Dominus suis discipulis, per quam et curabat M. 180. laborantes, et peccatores a peccato coercebat. Non igitur jam secundum pristinam opinionem loquebatur eis, neque secundum suspicionem interrogantium respondebat eis; sed secundum doctrinam salutarem, et sine hypocrisi, et sine personæ [1]acceptatione.

3. Quod etiam ex Domini sermonibus ostenditur: qui quidem his qui erant ex circumcisione ostendebat Filium Dei, eum qui per prophetas prædicatus fuerat Christum, hoc est semetipsum, manifestabat, qui libertatem hominibus restauraverit, et attribuerit incorruptelæ hæreditatem. Gentes autem iterum docebant Apostoli,
Act. xiv. 14 seq. ut relinquerent vana ligna et lapides, quæ suspicabantur esse deos, et verum colerent Deum, qui constituisset et fecisset omne humanum genus, et per conditionem suam aleret et augeret et constabiliret, et eis esse præstaret; et ut exspectarent [2]filium ejus Jesum Christum, qui redemit nos de apostasia sanguine suo, ad hoc ut essemus et nos populus sanctificatus, de cœlis descensurum in virtute Patris, qui et judicium omnium facturus est, et ea quæ a Deo sunt bona donaturus his, qui servaverint præcepta ejus. Hic in novissimis temporibus apparens, lapis summus angularis, in unum
Ephes. ii. 17. collegit, et univit eos qui longe, et eos qui prope, hoc est, circum-
Gen. ix. 27. cisionem et [3]præputium, dilatans Japhet, [4]et constituens eum in domo Sem.

CAP. VI.

Ostensio quod in Scripturis nemo alius Deus nominatur, nec Dominus nuncupatur, nisi solus verus Deus Pater omnium et Verbum ejus.

1. Neque igitur Dominus, neque Spiritus sanctus, neque Apo- G. 208.
stoli eum qui non esset Deus, definitive et absolute Deum nominassent aliquando, nisi esset vere Deus; neque Dominum appellassent aliquem ex sua persona, [5]nisi qui dominatur omnium Deum

[1] *acceptatione*, as in the Clerm. MS. ἀπροσωπολήπτως, the Syriac *periphrasis* for ἀνυποκρίτως.

[2] The Clerm. MS. has *Filium Dei ejus in Christum Jesum*, which may have arisen out of *Filium Dei Jesum Christum*. The word *Jesum* having been lost in *ejus in*, would be added again after *Christum*.

[3] The Clerm. and Voss. MSS. have the not improbable reading *præputiationem*, ἀκροβυστίαν.

[4] *et*, inserted by Mass. from the Clerm. and Voss. MSS.

[5] εἰ μὴ τὸν πάντων κρατοῦντα Θεόν.

Patrem, et Filium ejus qui dominium accepit a Patre suo omnis conditionis, quemadmodum habet illud: [1]*Dixit Dominus Domino meo, Sede a dextris meis, quoadusque ponam inimicos tuos suppedaneum pedum tuorum.* (Ps. cix. 1.) Patrem enim Filio collocutum ostendit: qui dedit ei hæreditatem gentium, et subjecit ei omnes inimicos. Vere igitur cum Pater sit Dominus, et Filius vere sit Dominus, merito Spiritus sanctus Domini appellatione signavit eos. Et iterum in eversione Sodomitarum Scriptura ait: *Et pluit* [2]*Dominus super Sodomam et Gomorrham ignem et sulfur a Domino de cœlo.* (Gen. xix. 24.) Filium enim hic significat, qui et Abrahæ collocutus sit, a Patre accepisse [3]potestatem judicandi Sodomitas propter iniquitatem eorum. Similiter habet illud: *Sedes tua Deus in æternum; virga directionis, virga regni tui. Dilexisti justitiam, et odisti iniquitatem, propterea unxit te Deus, Deus tuus.* (Ps. xliv. 7 seq.) [4]Utrosque enim Dei appellatione signavit Spiritus, et eum qui ungitur Filium, et eum qui ungit, id est Patrem. Et iterum: *Deus stetit in synagoga Deorum, in medio autem deos discernit;* (Ps. lxxxi. 1.) de Patre, et Filio, et de [5]his qui adoptionem perceperunt, dicit: hi autem sunt

[1] *Iisdem Scripturæ dictis ad propositum suum utitur, quibus Justinus in Dialogo cum Tryphone, p. 277. edit. Paris. adeo ut hunc locum Irenæo præ oculis fuisse cum hæc scriberet, mihi nullum sit dubium.* GRABE. Upon this particular text see the Rabbinical gloss at p. 267 of the editor's work on the *Creeds*. FEUARD. remarks that Christ, Matt. xxii. 44, interprets this text of Himself and of the Father; S. Paul also makes the same application of it, 1 Cor. xv. 25, and Hebr. i. 13. The CLERM. MS. reads *Sede ad dextram meam quousque.*

[2] *Dominus...a Domino.* The early fathers have very generally produced this text in proof of the Godhead of the Son, as well as of his distinct hypostatic subsistence. "*No man hath seen the Father at any time, the only begotten Son he hath declared him;*" for this reason, wherever under the old dispensation God is said to have revealed himself to his favoured servants, this was considered to have been effected through the agency of the Son. TERTULLIAN expresses the primitive faith when he says, *Id Verbum Filius ejus appellatum in nomine Dei, varie visum Patriarchis, in Prophetis semper auditum; postremo delatum ex Spiritu Patris Dei,* &c. *Præscr.* 13. And as IRENÆUS soon after says, *Hoc est Filius, qui secundum manifestationem hominibus advenit,* &c. Hence, since God appeared to Abraham, it was the manifestation of God the Son, who subsequently rained down fire and brimstone upon the cities of the plain, *Dominus a Domino.* Cf. 2 Tim. i. 18.

[3] GRABE reads *potestatem ad judicandum*, the CLERM. MS. *potestatem adjudicandi.* The reading of the VOSS. MS., which is followed by STIEREN, is adopted also above. It corresponds more perfectly with that which we may imagine to have been in the Greek, *ἐξουσίαν τοῦ κρίνειν.*

[4] *Ita et Justinus M. in Dial. cum Tryph. p. 277, citatis iisdem Davidis verbis subdit: εἰ οὖν καὶ ἄλλον τινὰ θεολογεῖν καὶ κυριολογεῖν τὸ πνεῦμα τὸ ἅγιον φατὲ ὑμεῖς, παρὰ τὸν Πατέρα τῶν ὅλων καὶ τὸν Χριστὸν αὐτοῦ.* GRABE.

[5] TERTULLIAN gives a similar ex-

LIB. III. vi. 1. GR. III. vi. MASS. III. vi. 1. Ecclesia. Hæc enim est synagoga Dei, quam Deus, hoc est Filius ipse per semetipsum collegit. De quo iterum dicit: *Deus* Ps. xlix. 1. *deorum Dominus locutus est, et vocavit terram;* quis deus? de Ps. xlix. 3. quo dixit: *Deus manifeste veniet, Deus noster, et non silebit:* hoc est Filius, qui secundum manifestationem hominibus advenit, qui Esai. lxv. 1. dicit: *Palam apparui his qui me non quærunt.* Quorum autem Ps. lxxxi. 6. deorum? quibus dicit: *Ego dixi, Dii estis, et filii Altissimi omnes.* Rom. viii. 15. His scilicet qui adoptionis gratiam adepti sunt, per quam *clamamus: Abba Pater.*

2. Nemo igitur alius, quemadmodum prædixi, Deus nominatur, aut Dominus appellatur, nisi qui est omnium Deus et Exod. iii. 14. Dominus, qui et Moysi dixit: *Ego sum, qui sum. Et sic dices filiis Israel: Qui est, misit me ad vos:* et hujus Filius Jesus Christus Dominus noster, qui filios Dei facit credentes in nomen Exod. iii. 8. suum. [1]Et iterum, loquente Filio ad Moysen: *Descendi*, inquit, G. 209.

planation of this text from the Psalm, Et stetit Deus in ecclesia deorum; *ut si homines per fidem filios Dei factos, deos scriptura pronuntiare non timuit, scias illam multo magis vero et unico Dei Filio Domini nomen jure contulisse. adv. Prax.* 13. That more earnest subjection of the will of man to the will of God, which distinguished the primitive Church, and which caused Christians so lightly to regard the world and life itself, gave to them a far deeper appreciation than we can have of the scriptural assurance: *Beloved, now are we the sons of God, and it doth not yet appear what we shall be: but we know that, when He shall appear, we shall be like Him; for we shall see Him as He is. And every man that hath this hope in him purifieth himself, even as He is pure.* 1 John iii. 2, 3. Hence expressions which appeared very natural to the early members of Christ's Church, sound harsh and strange to us; and, in fact, shock the moral sense. So HIPPOLYTUS has not scrupled to say, Καὶ ταῦτα μὲν ἐκφεύξῃ, Θεὸν τὸν ὄντα διδαχθεὶς, ἕξεις δὲ ἀθάνατον τὸ σῶμα καὶ ἄφθαρτον ἅμα ψυχῇ βασιλείαν οὐρανῶν ἀπολήψῃ, ὁ ἐν γῇ βιοὺς καὶ ἐπουράνιον βασιλέα ἐπιγνοὺς, ἔσῃ δὲ ὁμιλητὴς Θεοῦ καὶ συγκληρονόμος Χριστοῦ, οὐκ ἐπιθυμίαις ἢ πάθεσι καὶ νόσοις δουλούμενος. Γέγονας γὰρ Θεός· ὅσα γὰρ ὑπέμεινας πάθη ἄνθρωπος ὤν, ταῦτα δίδου ὅτι ἄνθρωπος εἶς· ὅσα δὲ παρακολουθεῖ Θεῷ, ταῦτα παρέχειν ἐπήγγελται Θεὸς, ὅτε θεοποιηθῇς, ἀθάνατος γεννηθείς. Hence there can be little doubt how the author intended the sentence next following to be taken: Τουτέστι τὸ Γνῶθι σεαυτὸν, ἐπιγνοὺς τὸν πεποιηκότα Θεόν. It is explained beyond a doubt by the final sentence of his work, *Ph.* x. 34. Compare also the *Theophania* of EUSEBIUS, I. 47—69.

[1] GRABE remarks with surprise that IRENÆUS should interpret Exod. iii. 14, of God the Father, but *v.* 8, of God the Son; but the writer is drawing on to the conclusion that the Father is in the Son, as the Son is in the Father, and whatever revelation is made by the one is made by the other also. Having said, therefore, that none else is called God or Lord, but he whose name is I AM, (*nisi Qui Est*, εἰ μὴ ὁ ὬΝ, τῶν πάντων Θεὸς καὶ Κύριος, who revealed himself by that name to Moses), and Jesus Christ our Lord, he then shews that the Son was revealed upon mount Horeb, from the words used, *Descendi eripere populum*, for "*He that descended is the same also that ascended up far above all*

eripere populum hunc. Ipse est enim qui descendit, et ascendit LIB. III. vi. 2. GR. III. vi. MASS. III. vi. 2.
propter salutem hominum. Per Filium itaque qui est in Patre, et habet in se Patrem, is Qui est, manifestatus est Deus, Patre
M. 181. testimonium perhibente Filio, et Filio annuntiante Patrem. Quemadmodum et Esaias ait: *Et ego,* inquit, *testis, dicit Dominus* Esai. xliii. 10.
Deus, et puer quem elegi, uti cognoscatis, et credatis, et intelligatis, quoniam ego sum. Cum autem eos, qui non sunt dii, nominat, non
ἁπλῶς, p. 28. in totum, quemadmodum prædixi, Scriptura ostendit illos deos, sed cum aliquo additamento et significatione, per quam ostenduntur non esse dii. Quemadmodum apud David: *Dii Gentium, idola* Ps. xcv. 5.
dæmoniorum. Et *Deos alienos non sectabimini.* Ex eo enim quod Ps. lxxx. 10.
dicit, *dii Gentium,* Gentes autem verum Deum nesciunt, et *alienos deos* nominans eos, abstulit quod sint dii. A sua autem persona [1] quod est dicit de ipsis: Sunt enim *idola,* inquit, *dæmoniorum.* Et Esaias: *Confundantur omnes qui blasphemant Deum, et* Esai. xliv. 9.
sculpunt inutilia, [2] *et ego testis, dicit Dominus.* Abstulit quod sint dii; solo autem utitur nomine, ad hoc, ut sciamus de quo dicit. Hoc autem ipsum et Jeremias: *Dii,* inquit, *qui non fecerunt* Jer. x. 11.
cœlum et terram, pereant de terra [3] *quæ est sub cœlo.* Ex eo enim quod perditionem eorum adjecit, ostendit non esse eos Deos. Et Helias autem convocato universo Israël in Carmelum montem, volens eos ab idolatria avertere, ait eis: *Quousque claudicabitis vos* 3 Reg. xviii. 21.
in ambabus [4] *suffraginibus?* [5] *Si unus est Dominus Deus, venite post eum.* Et iterum super holocaustum sic ait idolorum sacerdotibus: *Vos invocabitis in nomine deorum vestrorum, et ego invocabo in* 3 Reg. xviii. 24.

heavens, that he might fill all things;" or, as it would seem, in allusion to the words of the Eastern Creed, *who for us men and for our salvation came down from heaven.* Viewing the context, therefore, it need not surprise us that IRENÆUS should have perceived in the account of Moses a manifestation of the Son as well as of the Father.

[1] *αὐτοπροσώπως ὅ ἐστι* (*εἴδωλα sc.*).

[2] These concluding words are an interpolation, having been repeated by the carelessness of the writer, as MASSUET supposes, from the preceding quotation from Isaiah.

[3] Chald. וּמִן תְּחוֹת שְׁמַיָּא אִלֵּה LXX. *καὶ ὑποκάτωθεν τοῦ οὐρανοῦ τούτου.* Vulg. *et de his quæ sub cœlo sunt.*

[4] *Suffraginibus.* The hock of a quadruped as distinguished from the knee by the backward bend. *Quæ animal generant, genua ante se flectunt, et suffraginum artus in aversum.... Aves, ut quadrupedes alas in priora curvant, suffragines in posteriora.* PLIN. *Hist. Nat.* XI. 45. The LXX. have here *ἐπ' ἀμφοτέραις ἰγνύαις.* The Hebrew עַל שְׁתֵּי הַסְּעִפִּים would have been rendered better by *ἐπ' ἀμφοτέροις μέρεσιν.* So GESENIUS, *auf die beiden Seiten.*

[5] *Si unus est Dominus.* LXX. *εἰ ἔστι Κύριος ὁ Θεός.* The word *unus* evidently arose from a corruption of *εἰ ἔστι.* MASSUET imagines that the translator read *εἷς* for *εἰ,* and that the particle *si* was added from the old Italic version.

LIB. III. vi. 2. GR. III. vi. MASS III. vi. 3.

nomine Domini Dei mei; et Deus qui exaudiet [1]*hodie, ipse est Deus.* In eo enim quod hæc dicebat propheta qui quidem apud ipsos putabantur dii, arguit deos non esse. Convertit autem eos ad eum Deum qui et credebatur ab eo, [2]et qui vere erat Deus, quem et invocans clamabat: *Domine Deus Abraham, Deus Isaac, et Deus Jacob, exaudi me hodie: et intelligat omnis populus hic, quoniam tu es Deus Israel.* (3 Reg. xviii. 36.)

3. Et ego igitur invoco te Domine Deus Abraham, et Deus Isaac, et Deus Jacob et Israel, [3]qui es Pater Domini nostri Jesu Christi, Deus qui per multitudinem misericordiæ tuæ [4]bene sensisti in nobis, ut te cognoscamus; qui fecisti cœlum et terram, qui dominaris omnium, qui es solus [5]et verus Deus, super quem alius Deus non est; per Dominum nostrum Jesum Christum dominationem quoque dona Spiritus Sancti: da omni legenti hanc scripturam, cognoscere te quia solus Deus es, et confirmari in te, et absistere ab omni hæretica et quæ est sine Deo et impia sententia.

Gal. iv. 9. 4. Et Apostolus autem Paulus, dicens: [6]*Si enim his qui non erant dii servistis, nunc cognoscentes Deum, imo cogniti a Deo,* separavit eos qui non erant, ab eo qui est Deus. Et iterum de
2 Thess. ii. 4. Antichristo dicens: *Qui adversatur et extollit se,* inquit, [7]*super omne quod dicitur deus, vel quod colitur,* eos qui ab ignorantibus Deum dii dicuntur significat, id est idola. Etenim Pater omnium Deus dicitur, et est: et non super hunc extolletur Antichristus; sed super eos qui dicuntur quidem, non sunt autem dii. Quoniam
1 Cor. viii. 4 seq. autem hoc verum est, ipse Paulus ait: *Scimus autem, quoniam nihil est idolum, et quoniam nemo Deus, nisi unus. Etenim si sunt qui dicuntur dii, sive in cœlo, sive in terra, nobis unus Deus Pater,* G. 210.
ex quo omnia, et nos in illum; et unus Dominus Jesus Christus, per quem omnia, et nos per ipsum. Distinxit enim, et separavit eos qui dicuntur quidem, non sunt autem dii, ab uno Deo Patre, ex quo omnia, et unum Dominum Jesum Christum ex sua persona firmissime confessus est. Quod autem *sive in cœlo, sive in terra,*

[1] HODIE arising from IGNE.

[2] *et qui.* The CLERM. MS. has *quia.*

[3] ὁ ὮΝ.

[4] ηὐδοκήσας.

[5] The CLERM. copy adds *qui,* and the Greek may have had ὁ ὢν μόνος, ὃς καὶ ὁ ἀληθινὸς Θεός.

[6] *si.* GRABE proposes to read *sed* as required by the original. The Syriac *varia lectio,* ܐܠܘ for ܗܠܘ would also explain the change.

[7] As GRABE remarks, this translation implies the reading of ἐπὶ πᾶν τὸ instead of ἐπὶ πάντα.

non quemadmodum exponunt hi, dicere eum [1]mundi fabricatores; LIB. III. vi. 4. GR. III. vi. MASS. III. vi. 5.
sed simile est ei quod a Moyse dictum est: *Non facies tibi omnem similitudinem in Deum, quæcunque in cœlo sursum, et quæcunque in terra deorsum, et quæcunque in aquis sub terra.* Quæ autem in cœlo sunt, quæ sint ipse exponit: *Ne quando*, inquit, *respiciens in cœlum, et videns solem et lunam et stellas, et omne ornamentum cœli, errans adores ea et servias eis.* Et ipse autem Moyses homo Dei exsistens, Deus quidem datus est ante Pharaonem: non autem vere Dominus appellatur, nec Deus vocatur a prophetis, sed *fidelis Moyses famulus et servus Dei*, dicitur a Spiritu, quod et erat. Deut. v. 8. Deut. iv. 19. Exod. vii. 1. Heb. iii. 5, et Num. xii. 7.

CAP. VII.

Quid sit quod a Paulo dicitur, In quibus Deus mundi hujus excæcavit mentes infidelium.

M. 182. 1. Quod autem dicunt, aperte Paulum in secunda ad Corinthios dixisse: *In quibus Deus sæculi hujus excæcavit mentes infidelium;* [2]et alterum quidem Deum esse sæculi hujus dicunt, alterum vero qui sit super omnem principatum, et initium, et potestatem: [3]non sumus nos in causa, si hi qui quæ super Deum sunt mysteria scire se dicunt, ne quidem legere Paulum sciunt. Si enim quis secundum Pauli consuetudinem, quemadmodum ex multis et [4]alibi ostendimus hyperbatis eum utentem, sic legerit: *in quibus Deus*, deinde subdistinguens et modicum diastematis faciens, simul et in unum reliqua legerit, *sæculi hujus excæcavit mentes infidelium*, inveniet verum; ut sit quod dicitur, *Deus excæcavit* 2 Cor. iv. 4.

[1] i. e. κοσμοποιοὺς ἀγγέλους. The reading followed is that of Massuet on the authority of the Clermont, Arund. and Merc. i. MSS. Gr. *fabricatorem.*

[2] Tertullian says, *Hanc (ambiguitatem) Marcion captavit sic legendo,* In quibus Deus ævi hujus, *ut Creatorem ostendens Deum hujus ævi alium suggerat Deum alterius ævi.* Tertull. c. *Marc.* v. 11, see also 5. His opponent does not exercise a sound criticism in altering the punctuation, *Nos contra sic distinguendum dicimus,* In quibus Deus, *dehinc,* ævi hujus excæcavit mentes infidelium, though he immediately after adds a truer interpretation, *Simpliciore responso præ manu erit, hujus ævi Dominum, Diabolum interpretari qui dixerit, Propheta referente,* Ero similis Altissimi, &c. Feuardent in his note shews that the former interpretation is followed by Chrysostom, Theophylact, and the Greek annotators, the latter by Cyril and Ambrose; while Augustin, preferring the former, indicates also the latter *modus interpretandi.* The Fathers are highly valuable as exhibiting the general sense in which the Church Catholic has always understood Scripture; but we must not expect unanimity in their expositions of particular texts.

[3] οὐκ αἴτιοι ἐσμεν.

[4] Cl. *aliis.*

LIB. III. vii. 1. GR. III. vii. MASS. III. vii. 1. *mentes infidelium hujus sæculi.* Et hoc per subdistinctionem ostenditur. Non enim Deum hujus sæculi dicit Paulus, quasi super illum alterum aliquem sciens; sed Deum quidem Deum confessus est: infideles autem sæculi hujus dicit, quoniam venturum incorruptelæ non hæreditabunt sæculum. Quemadmodum autem Deus excæcavit mentes infidelium, ex ipso Paulo ostendemus, proficiente nobis sermone, ut non nunc in multum avocemus mentem nostram a proposito.

2. Quoniam autem hyperbatis frequenter utitur Apostolus, propter velocitatem sermonum suorum, et propter impetum qui in ipso est Spiritus, ex multis quidem aliis est invenire. Sed et in ea quæ est ad Galatas, sic ait: *Quid ergo* [1]*lex factorum? posita est, usquequo veniat semen cui promissum est, disposita per angelos*
Gal. iii. 19. *in manu Mediatoris.* Ordinatio enim sic est: *Quid ergo lex factorum? disposita per angelos in manu Mediatoris posita est, usquedum veniat semen cui promissum est:* ut sit homo interrogans et Spiritus respondens. Et iterum in secunda ad Thessaloni-
2 Thess. ii. 8. censes, de Antichristo dicens, ait: *Et tunc revelabitur iniquus,* G. 211.
quem Dominus Jesus Christus interficiet spiritu oris sui, et destruet præsentia adventus sui illum, cujus est adventus secundum operationem Satanæ, in omni virtute et signis et portentis mendacii. Etenim in his ordinatio dictorum sic est: *Et tunc revelabitur iniquus, cujus est adventus secundum operationem Satanæ, in omni virtute, et signis, et portentis mendacii, quem Dominus Jesus interficiet spiritu oris sui, et destruet præsentia adventus sui.* Non enim adventum Domini dicit secundum operationem Satanæ fieri; sed adventum iniqui, quem et Antichristum dicimus. Si ergo non attendat aliquis lectioni, et intervalla aspirationis manifestet in quo dicitur, erunt non tantum incongruentia, sed et [2]blasphemat legens, quasi Domini adventus secundum operationem fiat Satanæ. Sicut ergo in talibus oportet per lectionem hyperbaton ostendi, et consequentem Apostoli servari sensum, sic et ibi non Deum

[1] *Lex factorum* GR. *παραβάσεων χάριν προσετέθη ἄχρις οὗ κ.τ.λ.* The Interpreter adopts the old Italic version, for as GRABE says, the reading *πράξεων* is nowhere found in any Greek MS. or authority. The same observation will apply to the quotation, repeated at v. xxi. I. MASSUET says, that in the S. Germain copy of the N. T. of the ninth century, in Greek and Latin, the Greek text has *τῶν παραβάσεων χάριν*, while the Latin, as here, reads *factorum:* a clear proof, as he says, that in some ancient copies *πράξεων* must have been written, but none omitted *χάριν*.

[2] *blasphemat*, CL., AR., MERC. II., GR.; but MASS. follows the VOSS. reading *blasphema*, cf. *incongruentia*.

sæculi hujus legimus, sed Deum, [1]quem vere Deum dicimus: incredulos autem et excæcatos sæculi hujus audiemus, quoniam venturum vitæ non hæreditabunt sæculum. LIB. III. vii. 2. GR. III. vii. MASS. III. vii. 2.

CAP. VIII.

Quid est Mammonas.

1. SOLUTA igitur et hac illorum calumnia, manifeste ostensum est, quoniam nunquam neque prophetæ neque Apostoli alium Deum nominaverunt, vel Dominum appellaverunt, præter verum et solum Deum. [2]Multo magis ipse Dominus, qui et *Cæsari* quidem, Matt. xxii. 21.
quæ Cæsaris sunt reddi jubet, *et quæ Dei sunt Deo:* Cæsarem quidem Cæsarem nominans, Deum vero Deum confitens. Similiter et illud quod ait, *Non potestis duobus dominis servire*, ipse inter- Matt. vi. 24.
pretatur, dicens: *Non potestis Deo servire, et Mammonæ;* Deum
M. 183. quidem confitens Deum, Mammonam autem nominans, hoc quod et est. Non Mammonam dominum vocat, dicens: *Non potestis duobus dominis servire;* sed discipulos docet servientes Deo, non subjici Mammonæ, neque dominari ab eo. *Qui* enim, inquit, *facit* Joh. viii. 34.
peccatum, servus est peccati. Quemadmodum igitur servientes peccato servos peccati vocat, non tamen ipsum peccatum Deum appellat, sic et eos qui Mammonæ serviunt, servos Mammonæ appellat, non Deum appellans Mammonam. [3]Mammonas autem

[1] The ARUND. and MERC. II. MSS. read *quidem;* and CLERM. and VOSS. *quidem jure.* The Greek original may have been ἀλλὰ Θεὸν μὲν, τὸν ἀληθῶς Θεόν.

[2] *multo magis*, πολλῷ μᾶλλον, referring to the preceding sentence, are affected also by the negative; the words ἄλλον τινα οὐκ ἐκάλεσεν Θεὸν, therefore, would be supplied by the reader.

[3] *Mammonas.* IRENÆUS seems to speak of this word as an Aramaic term, but not in strict propriety Hebrew. It occurs nowhere in the Hebrew Bible, though the Chaldee paraphrases adopt it in explanation of such words as בֶּצַע *gain*, Jud. v. 19, כֹּפֶר *redemption price*, Exod. xxi. 30, הוֹן *substance*, Ps. xliv. 13, חַיִל *means*, Ps. xlix. 11, &c. Hence also a pecuniary mulct was דִּינֵי מָמוֹנוֹת, in contradistinction to the personal infliction that was the result of conviction in criminal cases, and which was called דִּינֵי נְפָשׁוֹת. The word itself, in all probability, was imported from Babylon; if so, it is scarcely necessary to seek for its ἔτυμον in the Hebrew. The Greek form μαμμῶνα is evidently the Syriac מָמוֹנָא. S. AUGUSTIN speaks of it as a Phœnician word. *Mammona apud Hebræos divitiæ appellari dicuntur. Congruit et Punicum nomen; nam lucrum Punice Mammon dicitur. de Serm. Dom. in M.* II. In Psalm xxxvii. 3, unless the *varia lectio* ממונה be indicated, the term אֱמוּנָה is rendered by the LXX. πλοῦτος, which gives countenance to the notion of Drusius, that אמן is the root of the word; i. e. that which gives assurance to a man; from which the א might be considered to disappear, as it is elided in מֵימְרָא, from אֲמַר.

LIB. III. viii. 1. GR. III. viii. MASS. III. viii. 1.

est secundum Judaicam loquelam, qua et Samaritæ utuntur, *cupidus*, et plus quam oportet habere volens. Secundum autem Hebraicam, adjunctive dicitur [1] Mamuel, et significat *gulosum*, id est, qui non possit a gula continere. Secundum utraque igitur quæ significantur, non possumus Deo servire, et Mammonæ.

2. Sed et Diabolum cum dixisset fortem, non in totum, sed vel p. 23, marg.
ut in comparationem nostram; semetipsum in omnia et vere fortem
Matt. xii. 29. ostendit Dominus, dicens: non aliter aliquem posse *diripere vasa fortis, si non prius ipsum alliget fortem, et tunc domum ejus diripiet.* Vasa autem ejus et domus nos eramus, cum essemus in apostasia: utebatur enim nobis quemadmodum volebat, et spiritus immundus

[1] *Mamuel.* It is difficult to make anything of this word, though that would be a bad reason for assuming that IRENÆUS was ignorant of Hebrew, as GRABE has done: *Irenæo Hebrææ linguæ ignaro certe quidam imposuit;* and the imputation is echoed by STIEREN, *Ex hoc aliisque locis apparet, Irenæum linguæ Hebraicæ parum peritum fuisse.* For, in the first place, are we sure that scribes have been careful? Does not the term *adjunctive* indicate the addition rather than the substitution of a terminal syllable? For this reason I propose *Mamnuel;* the inserted *n* would easily be lost either in the Greek or in the Latin from its close similarity with the following character. But this word very nearly expresses the term in S. Luke's Gospel *μαμμωνᾶ ἀδικίας, Hebraice* מַמּוֹן עָוֶל, to which, I imagine, the author refers. Or the Greek may have been *κατὰ δὲ τὴν* Ἑβραϊκὴν *προσθετικῶς λέγεται* Μαμ. *υὴλ, καὶ μηνύει τὸ ἀκόρεστον· gulosum* expresses the abstract neuter, upon which the subsequent gloss was added, *id est qui non possit a gula continere.* This would be in close keeping with the context, as defining supplementally the evil nature of *Mammon*, just as heathen idols had been defined, *cum aliquo additamento,* to be *idola dæmoniorum.*

Two other solutions are added. If the author wrote the word Μαμυλὴ, the very first copyist perhaps would transpose the two final letters, and give the word a more Hebrew cast as Μαμυήλ. But the former word, as the passive participle of the intensive form מְמֻלָּא, from מלא *to fill,* might with no great strain of meaning be explained as *gulosus.* Compare the Arabic term مملو *impletus.* Or *μαμυὴλ* may be a verbal noun from מעל, a scriptural root meaning *to transgress.* By a peculiar application, the Talmud limits it to the sin of subtracting and appropriating any thing from the sacred offerings; this sin was מעילה, and the book of the Talmud that treats of it bears that name. But these offerings were for the most part meat and drink offerings; hence there would be a close relation between this sin and that of gluttony. *Mamuel* would be very nearly the Pihel participle of the root מעל, i. e. מְמַעֵל, Μεμᾶηλ. These solutions, however, involve a transition from the word *Mammon*, and are offered with a scruple, neither do they pretend to have satisfied the terms of the learned Benedictine's challenge, *Nodus est, quem nec* GRABIUS *nec quisquam alter facile solverit.*

MASSUET'S note is added, that the reader may have his choice of difficulties; and a great difficulty it is that the term *adjunctive* is left unexplained, while by a *disjunctive* process the first syllable *Mam* is taken *per se,* and the termina-

habitabat in nobis. Non enim adversus eum qui se alligabat, et LIB. III. viii. 2.
G. 212. domum ejus diripiebat, fortis erat; sed adversus eos qui in usu GR. III. viii. MASS. III. viii. 2.
ejus erant homines, quoniam abscedere fecerat sententiam eorum
a Deo, quos eripuit Dominus. Quemadmodum et Jeremias ait;
Redemit Dominus Jacob, et eripuit eum de manu fortioris ejus. Si Jer. xxxi. 11.
igitur non significasset eum qui alligat, et diripit ejus vasa, hoc
autem solum eum fortem dixisset, esset fortis invictus. Sed et
adjecit [1]obtinentem; tenet enim qui alligat, tenetur autem qui
alligatus est. Et hoc sine comparatione fecit, ut non compararetur
Domino servus apostata exsistens: non enim tantum hic, sed nec
quidquam ex his quæ constituta sunt, et in subjectione sunt,
comparabitur Verbo Dei, per quem facta sunt omnia, qui est
Dominus noster Jesus Christus.

3. Quoniam enim [2]sive Angeli, sive Archangeli, sive Throni,
sive Dominationes, ab eo qui super [3]omnes est Deus, et constituta
sunt, et facta per Verbum ejus, Johannes quidem sic significavit.
Cum enim dixisset de Verbo Dei, quoniam erat in Patre, adjecit:
Omnia per eum facta sunt, et sine eo factum est nihil. David Joh. i. 3.
quoque cum laudationes enumerasset, nominatim universa quæ-
cunque diximus, et cœlos et omnes virtutes eorum, adjecit: *Quo-* Ps. xxxii. 9 & cxlviii. 5.
niam ipse præcepit, et creata sunt: ipse dixit, et facta sunt. [4]Cui
ergo præcepit? Verbo scilicet: *per quod*, inquit, *cœli firmati sunt,* Ps. xxxii. 6.
et spiritu oris ejus omnis virtus eorum. Quoniam autem ipse
omnia fecit libere, et quemadmodum voluit, ait iterum David:
Deus autem noster in cœlis sursum, et in terra, omnia quæcunque Ps. cxvi. 3.
voluit, fecit. Altera autem sunt quæ constituta sunt ab eo qui

tion *uel* is then converted into the Latin particle *vel*. He says, *Malim ergo verba hæc,* secundum Hebraïcam adjunctive dicitur *Mam, parenthesi includere; et* vel significat gulosum, *ad* Mammonas *referre. Huc enim trahi potest ea vox. Nam si Lexico Origeniano fides, quod edidit eruditus* MARTIANÆUS *noster Tom.* II. *Operum D.* HIERONYMI, *col.* 223. Μαμῶνας· πλοῦτος, ἢ μῶμος, δῶρα, ἢ πέμματα. Mamonas, *divitiæ, vel vituperatio, dona vel bellaria, seu cupedia. Quemadmodum igitur vocem* Mammonas *a divitiis ad significandum* cupidum *transtulit Irenæus; sic pariter a* cupedia *ad significandum* gulosum *transferre potuit. Quod vero dicit, eam vocem secundum Hebraïcam linguam* adjunctive dici Mam, *peritioribus explicandum relinquo.*

[1] *obtinentem*, κρατοῦντα, meaning not only to *gain possession*, but to *retain* it.

[2] *Omnia* seems once to have stood in the text; for the CLERM. MS. (the writer of which has left many *lacunæ* from resuming upon similar words differently placed) here omits a line; *facta sunt omnia* [...] *Archangeli.*

[3] An allusion to Rom. ix. 5, as quoted below, p. 239, G. the Greek having ἐπὶ πάντας instead of πάντα.

[4] GRABE says, *Ne hæc verba male accipias, lege egregiam plane fidei Nicænæ defensionem, G. Bulli p.* 133.

LIB. III. viii. 3. GR. III. viii. MASS. III. viii. 3.

constituit, et quæ facta sunt ab eo qui fecit. Ipse enim infectus et sine initio et sine fine et nullius indigens, ipse sibi sufficiens, et adhuc reliquis omnibus, ut sint, hoc ipsum præstans: quæ vero ab eo sunt facta, initium sumserunt. Quæcunque autem initium sumserunt, et dissolutionem possunt percipere, et subjecta sunt et indigent ejus qui se fecit, necesse est omnimodo, uti differens vocabulum habeant apud eos etiam, qui vel modicum sensum in discernendo talia habent: ita ut is quidem qui omnia fecerit, cum Verbo suo juste dicatur Deus et Dominus solus; quæ autem facta sunt, non jam ejusdem vocabuli participabilia esse, neque juste id vocabulum sumere debere, quod est Creatoris.

CAP. IX.

Quam habuerunt de Deo scientiam Apostoli, qui nobis Evangelium tradiderunt.

1. OSTENSO hoc igitur hic plane, et adhuc ostendetur manifestius, neminem alterum Dominum vel Deum, neque prophetas, neque Apostolos, neque Dominum Christum confessum esse ex sua persona, sed præcipue Deum et Dominum: prophetis quidem et Apostolis Patrem et Filium confitentibus; alterum autem neminem, neque Deum nominantibus, neque Dominum confitentibus: et ipso Domino Patrem tantum Deum et Dominum eum, M. 184.
qui solus est Deus et dominator omnium, tradente discipulis; sequi nos oportet, si quidem illorum sumus discipuli, testimonia illorum ita se habentia. Matthæus enim Apostolus, unum et eundem sciens Deum, qui promissionem fecerit Abrahæ, facturum se
Gen. xv. 5. semen ejus quasi stellas cœli, qui per Filium suum Christum Jesum a lapidum cultura in suam nos agnitionem vocaverit, uti
Rom. ix. 25, ex Oseæ i. 10, & ii. 23. fieret *qui non populus, populus; et non dilecta, dilecta*, ait Johannem, præparantem Christo viam, his qui in carnali quidem cognatione gloriabantur, [1]varium autem et omni malitia completum sensum habebant, eam pœnitentiam quæ a malitia revocaret, annun-
Matt. iii. 7 seqq. tiantem dixisse: *Progenies viperarum, quis vobis monstravit fugere ab ira ventura? Facite ergo* [2]*fructum dignum pœnitentiæ: et*

[1] ποικίλον δὲ καὶ πάσης ῥᾳδιουργίας πλήρη τὸν νοῦν ἔσχον.

[2] *fructum dignum pœnitentiæ. In vulgatis quidem S. Matthæi Codd. Græcis nunc legimus,* καρποὺς ἀξίους. *Olim autem in singulari numero scriptum fuisse* καρπὸν ἄξιον, *præter hunc Irenæi locum, et varias versiones, aperte docet Origenes Tom.* VII. *Commentar. in Johannem pag.* 119, *ubi postquam dixerat a S. Matthæo Johannem Baptistam introduci loquentem ad Pharisæos et Saddu-*

G. 213. *nolite dicere in vobis ipsis, Patrem habemus Abraham. Dico enim vobis, quoniam potens est Deus, ex lapidibus istis suscitare filios Abrahæ.* Pœnitentiam igitur eis eam, quæ esset a malitia, præconabat, sed non alterum Deum annuntiabat, præter eum qui fecisset promissionem Abrahæ, ille præcursor Christi; de quo iterum ait Matthæus, similiter autem et Lucas: *Hic enim est qui dictus est a Domino per prophetam: Vox clamantis in deserto, Parate viam Domini, rectas facite semitas Dei nostri. Omnis vallis implebitur, et omnis mons et collis humiliabitur, et erunt tortuosa in directa, et aspera in vias planas: et videbit omnis caro salutare Dei.* LIB. III. ix. 1. GR. III. ix. MASS. III. ix. 1. Matt. iii. 3 seq.

2. Unus igitur et idem Deus est, Pater Domini nostri, qui et præcursorem per prophetas missurum se promisit: et salutare suum, id est Verbum suum, visibile effecit omni fieri carni, incarnatum et ipsum, ut in omnibus manifestus fieret Rex eorum. Etenim ea quæ judicantur oportebat videre judicem, et scire hunc a quo judicantur: et ea quæ gloriam consequuntur oportebat scire eum, qui munus gloriæ eis donat. Iterum autem de Angelo dicens Matthæus, ait: *Angelus Domini apparuit Joseph in somnis;* Matt. i. 20, & ii. 13. cujus Domini, ipse interpretatur: *Uti adimpleatur quod dictum est a Domino per prophetam, Ex Ægypto vocavi filium meum.* Cap. ii. 15. *Ecce* [1] *Virgo* [2] *in utero accipiet, et pariet filium, et vocabunt nomen ejus Emmanuel, quod est interpretatum, Nobiscum Deus.* Cap. i. 23. De hoc qui est ex Virgine Emmanuel, dixit David: *Non avertas faciem Christi tui. Juravit Dominus David veritatem, et non dispernet eum, De fructu ventris tui ponam super sedem tuam.* Ps. cxxxi. 10, 11. Et iterum: *Notus in Judæa Deus, et factus est in pace locus ejus, et habitaculum ejus in Sion.* Ps. lxxv. 2 seq. Unus igitur et idem Deus, qui a prophetis prædicatus est, et ab evangelio annuntiatus, et hujus Filius qui ex fructu ventris David, id est ex David Virgine, et Emmanuel: cujus et stellam [3] Balaam quidem sic prophetavit: *Orietur stella ex Jacob, et surget dux in Israel.* Numb. xxiv. 17.

cæos; a Luca vero narrari, quod turbis ad baptismum confluentibus pœnitentiam prædicaverit, porro id quoque observat: πρὸς μὲν τοὺς Φαρισαίους καὶ Σαδδουκαίους, ποιήσατε, εἴρηται ἑνικῶς, καρπὸν ἄξιον τῆς μετανοίας· πρὸς δὲ τοὺς ὄχλους πληθυντικῶς, ἀξίους καρποὺς τῆς μετανοίας. GRABE.

[1] The reader may consult the remarks upon this text in the editor's work upon the *Creeds*, p. 278.

[2] The Syriac ܬܩܒܠ expresses either ἐν γαστρὶ ἕξει of the N. T. or λήψεται of the LXX., which latter reading is followed by S. CYPRIAN *adv. Jud.* I. 9, S. AMBROS. *Præf. in Ps.* xxxv. LEO M., as MASSUET observes, has *concipiet. in Nat.* III.

[3] The CLERM. and VOSS. copies have *Ysaias*, by a similarity of error.

LIB. III. x.
GR. III. x.
MASS. III. ix. 2.

CAP. X.

Quæ sunt quæ a Magis Domino nostro oblata sunt munera.

MATTHÆUS autem Magos ab Oriente venientes ait dixisse:
Matt. ii. 2. *Vidimus enim stellam ejus in Oriente, et venimus adorare eum:*
deductosque a stella in domum Jacob ad Emmanuel, per ea quæ
obtulerunt munera ostendisse, quis erat qui adorabatur: [1] *Myrrham*
quidem, quod ipse erat, qui pro mortali humano genere moreretur
Luc. i. 33. et sepeliretur: *Aurum* vero, quoniam Rex, *cujus Regni finis non*
Ps. lxxv. 2. *est; Thus* vero, quoniam Deus, qui et *notus in Judæa factus est,*
Rom. x. 20, ex Esai. lxv. 1. et manifestus eis qui non quærebant eum. Adhuc ait in baptis-
Matt. iii. 16 seq. mate Matthæus: *Aperti sunt* [2] [*ei*] *cœli, et vidit Spiritum Dei*
quasi columbam venientem super eum. Et ecce vox de cœlo, dicens:
Hic est Filius meus dilectus, in quo mihi [3] *bene complacui.* Non
enim Christus tunc descendit in Jesum; neque alius quidem
Christus, alius vero Jesus: sed Verbum Dei, qui est Salvator omnium, et dominator cœli et terræ, qui est Jesus, quemadmodum
[4] ante ostendimus, qui et assumsit carnem, et unctus est a Patre
Esai. xi. 1 seq. Spiritu, Jesus Christus factus est; sicut et Esaias ait: *Exiet*
virga de radice Jesse, et flos de radice ejus ascendet, et requiescet
super eum Spiritus Dei, spiritus sapientiæ et intellectus, spiritus
consilii et fortitudinis, spiritus scientiæ et pietatis, et implebit eum G. 214.
spiritus timoris Dei. [5] *Non secundum gloriam judicabit, neque*
secundum loquelam arguet, sed judicabit humili judicium, et arguet M. 185.

[1] *Myrrham quidem &c. Mirum in modum hæc mystica donorum intelligentia Patribus universis placuit, Justino, Tertulliano, Cypriano, Origeni. Celebrat Hieronymus pulcherrimum Juvenci Presbyteri versiculum, quo munerum istorum sacramenta comprehendit his verbis: Thus, aurum, myrrham, Regique, Hominique, Deoque. Huic unico duos alios ex Sedulio adjungere non erit injucundum: Aurea nascenti fuderunt munera Regi, Thura dedere Deo, Myrrham tribuere sepulchro.* FEUARD.

[2] *ei* is bracketed, as omitted in the CLERM. and AR. MSS. The Syr. ܠܗ corresponds with the Greek αὐτῷ.

[3] *bene.* This word is omitted in the CLERM. MS. and its satellite VOSS., and the omission brings the translation into closer connexion with the Syriac ܐܨܛܒܝܬ than with the Greek εὐδόκησα.

[4] c. VI.

[5] *Non secundum gloriam,* Vulg. *visionem,* LXX. οὐ κατὰ τὴν δόξαν, as the translation of the Hebrew, לֹא לְמַרְאֵה עֵינָיו, δόξα was evidently intended by the Greek translator in the sense of *opinio,* not of *gloria. He shall not judge after the sight of his eyes,* is our own accurate translation.

gloriosos terræ. Et iterum ipse Esaias unctionem ejus, et propter quid unctus est, præsignificans ait: *Spiritus Dei super me, quapropter unxit me, evangelisare* [1]*humilibus misit me, curare comminutos corde, præconare captivis remissionem, et cæcis visionem, vocare annum Domini acceptabilem, et diem retributionis, consolari omnes plangentes.* Nam secundum id quod Verbum Dei homo erat ex radice Jesse, et filius Abrahæ, secundum hoc requiescebat Spiritus Dei super eum, et ungebatur ad evangelisandum humilibus. Secundum autem quod Deus erat, non secundum gloriam judicabat, neque secundum loquelam arguebat: *non enim opus erat illi, ut quis* [2]*ei testimonium diceret de homine, cum ipse sciret quid esset in homine.* Advocabat autem omnes homines plangentes, et remissionem his qui a peccatis in captivitatem deducti erant donans, solvebat eos a vinculis, de quibus ait Salomon: *Restibus autem peccatorum suorum unusquisque constringitur.* Spiritus ergo Dei descendit in eum, [3]ejus qui per prophetas promiserat uncturum se eum, ut de abundantia unctionis ejus nos percipientes salvaremur. Et sic quidem Matthæus.

LIB. III. x. GR. III. x. MASS. III. ix. 3.

Esai. lxi. 1 seq.

Joh. ii. 25.

Prov. v. 22.

CAP. XI.

Ostensio quod neque plura, nec minus quam quatuor possunt esse Evangelia.

1. LUCAS autem sectator, et discipulus Apostolorum, de Zacharia, et Elizabeth, ex quibus secundum repromissionem Dei Johannes natus est, referens ait: *Erant autem justi ambo ante Deum, incedentes in omnibus mandatis et justitiis Domini sine querela.* Et iterum de Zacharia dicens: *Factum est autem, cum sacerdotio fungeretur in ordine vicis suæ ante Deum, secundum consuetudinem sacerdotii, sorte exivit ut incensum poneret,* [4]et venit

Luc. i. 6.

Luc. i. 8 seq.

[1] *humilibus.* The LXX. render עֲנָוִים by πτωχοῖς, the other Greek translators AQ. THEOD. and SYMMACHUS by ταπεινοῖς, the reading here followed. As GRABE remarks, the same word is found in the Ep. of BARNABAS, § 14, where the text is quoted.

[2] *ei* is restored to the text, for it is found in the CLERM. copy, and as STIEREN says, in the VOSS. MS. It is also expressed in the Syriac ܕܐܢܫ ܢܣܗܕ ܠܗ.

[3] I restore the text after the CLERM. copy, the only variation being, that it has *eu* as an imperfect abbreviation for *ejus.* The usual reading is impracticable: *ejus qui eum.*

[4] *et venit uti sacrificaret,* either the interpolation of an inaccurate memory,

LIB. III. xi. 1. GR. III. xi. MASS. III. x. 1.

uti sacrificaret, *intrans in templum Domini.* Qui præest in conspectu Domini, simpliciter et absolute et firme Deum et Dominum confitens ex sua persona, eum qui elegerit Jerusalem, et legisdationem sacerdotii fecerit, cujus est et angelus Gabriel. Etenim alterum super hunc nesciebat: si enim intellectum perfectioris alicujus Dei et Domini præter hunc habuisset, non utique hunc quem sciebat labis esse fructum, absolute et in totum, Dominum et Deum confiteretur, sicut ante ostendimus. Sed et
Luc. i. 15 seq. de Johanne dicens sic ait: *Erit enim magnus in conspectu Domini, et multos filiorum Israel convertet ad Dominum Deum ipsorum, et ipse præcedet in conspectu ejus, in spiritu et virtute Heliæ, præparare Domino plebem* [1]*perfectam.* Cui ergo populum præparavit, et in cujus Domini conspectu magnus factus est? Utique ejus qui
Matt. xi. 9, 11. dixit: Quoniam et *plus quam propheta* habuit aliquid Johannes, *et nemo in natis mulierum major est Johanne* [2]*Baptisatore:* qui et populum præparabat ad adventum Domini, conservis prænuntians, et pœnitentiam ipsis præconans, uti remissionem a Domino præsente perciperent, conversi [3]ad eum, a quo propter peccata et transgressionem erant abalienati; quemadmodum et David ait,
Ps. lvii. 4. *Alienati sunt peccatores ab utero, erraverunt a ventre.* Et propter hoc convertens eos ad Dominum eorum, præparabat Domino populum perfectum, in spiritu et virtute Heliæ. Et iterum de
Luc. i. 26, 30. angelo referens ait: *In ipso autem tempore missus est angelus Gabriel a Deo, qui et dixit Virgini; Noli timere Maria, invenisti*
Luc. i. 32 seq. *enim gratiam apud Deum.* Et de Domino dicit: *Hic erit magnus, et Filius Altissimi vocabitur, et dabit ei Dominus Deus thronum David patris sui, et regnabit in domo Jacob in æternum, et regni ejus non erit finis.* Quis est autem alius qui regnat in domo Jacob sine intermissione in æternum, nisi Christus Jesus Dominus noster, Filius Dei Altissimi, qui per Legem et Prophetas promisit, [4]salutarem suum facturum se omni carni visibilem, ut fieret Filius G. 215.
Hominis, ad hoc, ut et homo fieret filius Dei? Propter quod exul-
Luc. i. 46, 54, 55. tans Maria, clamabat pro Ecclesia prophetans: *Magnificat anima mea Dominum, et exultavit spiritus meus in Deo salutari meo.* [5]*Assumsit enim Israel puerum suum,* [6]*reminisci misericordiæ*

or added, as MASSUET imagines, *explicationis gratia.*

[1] *perfectam.* Syr. ܡܬܩܢܐ. Gr. *κατεσκευασμένον.*

[2] *Baptisatore,* CL. but AR. MERC. II. *Baptistore* [ST. in error *Baptistare*].

[3] CL. AR. VOSS. but GR. *ad Deum.*

[4] *τὸ σωτήριον* read as *τὸν σωτήριον.*

[5] *assumsit, ἀντελάβετο.*

[6] *reminisci* as in the CLERM. and

suæ, quemadmodum locutus est ad patres nostros, Abrahæ et semini ejus in æternum. LIB. III. xi. 1. GR. III. xi. MASS. III. x. 2.

2. Per hæc igitur et tanta monstrat Evangelium, quoniam qui locutus est patribus Deus, hic est qui per Moysem [1]legisdationem fecit, per quam [1]legisdationem cognovimus, quoniam patribus locutus est. Hic idem Deus secundum magnam bonitatem suam effudit misericordiam in nos, in qua misericordia *conspexit* Luc. i. 78 seq. *nos Oriens ex alto, et apparuit his qui in tenebris et umbra mortis sedebant, et direxit pedes nostros in viam pacis;* quemadmodum et Zacharias desinens mutus esse, quod propter infidelitatem passus fuerat, novello spiritu adimpletus nove benedicebat Deum. Omnia
M. 186. enim nova aderant, Verbo nove disponente carnalem adventum, uti eum hominem qui extra Deum abierat, ascriberet Deo: propter quod et nove Deum colere docebantur, sed non alium Deum, quoniam quidem *unus Deus, qui justificat circumcisionem ex fide,* Rom. iii. 30. *et præputium per fidem.* Prophetans autem Zacharias dicebat: *Benedictus Dominus Deus Israel, quia visitavit et fecit redem-* Luc. i. 68 seq. *tionem populo suo. Et erexit cornu salutis nobis in domo David pueri sui. Sicut locutus est per os sanctorum prophetarum suorum, qui a sæculo sunt. Salutem ex inimicis nostris, et ex manu omnium qui oderunt nos. Ad faciendam misericordiam cum patribus nostris, et reminisci testamenti sancti sui. Jusjurandum quod juravit ad Abraham patrem nostrum, uti det nobis sine timore ex manu inimicorum ereptos servire sibi in sanctitate et justitia, in conspectu suo* [2]*omnes dies nostros.* Deinde ad Johannem dicit: *Et* Luc. i. 76 seq. *tu puer, Propheta Altissimi vocaberis: præibis enim ante faciem Domini parare vias ejus. Ad dandum intellectum salutis populo ejus, in remissionem peccatorum eorum.* Hæc enim est salutis agnitio quæ deerat eis, [3]quæ est Filii Dei, quam faciebat Johannes, dicens: *Ecce agnus Dei, qui aufert peccatum mundi. Hic* Joh. i. 29 seq.

Voss. MSS. which omit *suæ*. But it is retained as found in the Ar. copy, and in the Syriac. Ar. *reminiscens*.

[1] So the Voss. but Clerm. twice *legis donationem*. Ar. and Grabe *legislationem*.

[2] *omnes dies nostros*. The words τῆς ζωῆς must be supplied according to the reading of our present text; but several ancient versions omit them, as the Vulgate, Syriac, Coptic, Persian, Æthiopic. The words might easily be omitted in quotation from memory, for they add nothing to the sense.

[3] *quæ est Filii*, i. e. γνῶσις. The word *faciebat* scarcely makes sense without some such supplementary term as *palam*. But the original Greek may have run as follows: αὐτὴ γὰρ ἡ γνῶσις ἐστι τῆς σωτηρίας, ἡ λειπούσῃ αὐτοῖς, ἡ τοῦ υἱοῦ τοῦ Θεοῦ, ἣν ἐνεποίησεν ὁ Ἰωάννης, λέγων.

LIB. III. xi. 2. *erat de quo dicebam, [1]Post me venit vir qui ante me factus est,*
GR. III. xi. MASS. III. x. 3. *quoniam prior me erat: omnesque de plenitudine ejus accepimus.*
Hæc itaque salutis agnitio; sed non alter Deus, nec alter Pater,
Joh. i. 16. neque Bythus, neque Pleroma triginta Æonum, nec Mater [2]ogdoados: sed agnitio salutis erat agnitio Filii Dei, qui et salus, et Salvator, et salutare vere et dicitur et est. Salus quidem, sic:
Gen. xlix. 18. *In salutem tuam sustinui te Domine.* Salvator autem iterum:
Esai. xii. 2. *Ecce Deus meus, Salvator meus, fidens ero in eum.* Salutare autem
Ps. xcvii. 2. sic: *Notum fecit Deus salutare suum in conspectu gentium.* Est enim Salvator quidem, quoniam Filius et Verbum Dei; salutare
Thren. iv. 20. autem, quoniam Spiritus: [3]*Spiritus,* enim inquit, *faciei nostræ,*
Joh. i. 14. *Christus Dominus;* Salus autem, quoniam caro: *Verbum enim caro factum est, et habitavit in nobis.* Hanc igitur agnitionem salutis faciebat Johannes pœnitentiam agentibus, et credentibus in agnum Dei, qui tollit peccatum mundi.

Luc. ii. 11. 3. Apparuit, inquit, et pastoribus angelus Domini, annuntians gaudium eis, *quoniam generatus est in* [4]*domo David*
Luc. ii. 13 seq. *Salvator, qui est Christus Dominus. Deinde multitudo exercitus cœlestis laudantium Deum et dicentium; Gloria in excelsis Deo,* G. 216.
et in terra pax hominibus [5]*bonæ voluntatis.* Hos angelos [6]falsarii Gnostici dicunt ab ogdoade venisse, et descensionem superioris Christi manifestasse. Sed corruunt iterum dicentes eum qui sursum sit, Christum et Salvatorem, non natum esse, sed et post baptisma ejus qui sit [7]de dispositione Jesu, [8]ipsum sicut columbam

[1] Compare *The Hist. and Theol. of the Three Creeds*, p. 238. The Syriac expresses priority in point of time ܕܩܕܡܝ ܗܘܐ, but our translation without reason makes it the precedence of honour, *was preferred before me.* Gr. *πρῶτός μου.*

[2] *inferioris* sc.

[3] The translation after the LXX. of the Hebrew text רוּחַ אַפֵּינוּ מְשִׁיחַ יְהוָה.

[4] *domo.* Quoting apparently from memory, the author substitutes this word as used before by Zechariah for *civitate.*

[5] *bonæ voluntatis,* the translation of the Vulgate from the reading *εὐδοκίας,* which scarcely seems to have been adopted by IRENÆUS, because he indicates in the sequel the *recepta lectio,* *εὐδοκία, qui...hominibus suam benignitatem salutis de cœlo misit.* The Syriac similarly has ܣܒܪܐ ܛܒܐ *ἐλπὶς ἀγαθή.* The Latin translation, either from design or inadvertence of transcribers, would easily incorporate the Vulgate readings.

[6] *falsarii,* AR. *falsi,* which is preferable; for *ψευδογνώστικοι* reads more like the original than *καπηλεύοντες,* of which *ἀγγέλους* would be the object.

[7] *de dispositione,* appears to have the testimony of MSS. in its favour, as also a few lines lower, though GRABE prints *ex* in conformity with the Greek text, Vol. I. 62, 151, and below, 42. For the meaning of *de dispositione Jesu,* see the Marcosian notions, Vol. I. 150, 151.

[8] *ipsum,* the *Christ* of the Pleroma, being distinct from *Soter,* an ambiguity

in eum descendisse. Mentiuntur ergo ogdoados angeli secundum eos, dicentes: *Quoniam generatus est hodie vobis Salvator, qui est Christus Dominus* [1]*in civitate David.* Neque enim Christus, neque Salvator, tunc natus est secundum eos: sed ille, qui [2]est de dispositione Jesus, qui est mundi fabricatoris, in quem post baptisma descendisse, hoc est post triginta annos, [3]supernum Salvatorem dicunt.

LIB. III. xi. 3. GR. III. xi. MASS. III. x. 4.

Luc. ii. 11.

4. Εἰς τί δὲ καὶ τὸ ἐν πόλει Δαβὶδ προσέθηκαν, εἰ μὴ ἵνα τὴν ὑπὸ Θεοῦ γεγενημένην τῷ Δαβὶδ ὑπόσχεσιν, ὅτι ἐκ καρποῦ τῆς κοιλίας αὐτοῦ αἰώνιός ἐστι βασιλεὺς, πεπληρωμένην εὐαγγελίσωνται; ἣν ὁ δημιουργὸς τοῦδε τοῦ παντὸς πεποίηται ἐπαγγελίαν. . . .

Theod. Dial. I, et in Catena in S. Luc. Bibl. Reg. Cod. 2440. Mass. Cat. in S. Luc. Cod. MS. Cantabr. 2103.

4. Quid autem *in civitate David* apposuerunt, nisi ut eam pollicitationem quæ a Deo facta est David, quoniam ex fructu ventris ejus æternus erit Rex, adimpletam evangelisarent? Etenim fabricator totius universitatis fecerat promissionem David, quemadmodum ipse David ait: *Adjutorium meum a* Ps. cxxiii. 8.
M. 187. *Domino, qui fecit cœlum et terram.* Et iterum: *In manu ejus* Ps. xciv. 4 seq.
fines terræ, et altitudines montium ipsius sunt. Quoniam ipsius est mare et ipse fecit illud, et aridam manus ejus fundaverunt. Venite adoremus, et procidamus ante eum, et [4]*ploremus in conspectu Domini qui fecit nos, quia ipse est Dominus Deus noster.* Manifeste pronuntians Spiritus sanctus per David audientibus eum, quoniam erunt qui contemnant eum qui plasmavit nos, qui et solus est Deus. Propter quod et dicebat quæ prædicta sunt, significans, [5]quoniam ne erraveritis, præter hunc aut super hunc alius non est Deus, cui magis intendere oporteat, religiosos nos et gratos præparans in eum qui fecerit et constituerit et

would arise from the use of *αὐτόν*. May not *ipsum*, therefore, represent *Xpm*?

[1] *in civitate David*, cf. p. 36, n. 4, as also the sequel.

[2] The body of flesh *κατ' οἰκονομίαν*, and the psychic principle derived from Demiurge, alone were born into the world, and with these, in the Valentinian theory, Christ the spiritual seed of Achamoth was united at baptism by the descent of Soter. See Vol. I. p. 61, note I.

[3] *supernum Salvatorem.* The Benedictine editor is followed; the reading *superni Salvatoris*, as in GRABE, is manifestly an error. Appeal is made to the preceding context, *sed corruunt...descendisse*, and to a similar passage at the commencement of p. 208 M. The Greek may have had the *genitive absolute*, *κατερχομένου εἰς αὐτὸν...τοῦ ἄνωθεν Σωτῆρος.*

[4] *ploremus*, LXX. *κλαύσωμεν*, נברכה having been read as נבכה.

[5] *μηνύων ὅτι μὴ πλανᾶσθε.*

LIB. III. xi. 4. GR. III. xi. MASS. III. x. 4. enutriat. Quid ergo erit his qui tantum blasphemiæ adversus suum factorem adinvenerunt? Hoc idem autem et angeli. In eo enim quod dicunt, *Gloria in altissimis Deo, et in terra pax*, eum qui sit altissimorum, hoc est supercœlestium factor, et eorum quæ super terram omnium conditor, his sermonibus glorificaverunt: qui suo plasmati, hoc est hominibus, suam
Luc. ii. 20. benignitatem salutis de cœlo misit. Propter quod et *pastores*, ait, *revertebantur*, [1]*glorificantes Deum in omnibus quæ audierant et viderant, quemadmodum et narratum est ad eos.* Non enim alterum Deum glorificabant Israelitæ pastores, sed illum qui a lege et prophetis annuntiatus est, factorem omnium, quem et glorificabant angeli. Si autem alterum quidem angeli qui erant ab ogdoade glorificabant, alterum vero pastores; errorem eis et non veritatem detulerunt hi qui ab ogdoade erant angeli.

Cap. ii. 22, 23, 24. 5. Adhuc ait Lucas de Domino: *Cum impleti essent dies purgationis,* [2]*imposuerunt eum in Hierusalem,* [3]*adstare Domino, quemadmodum scriptum est in lege Domini: Quoniam omne masculinum adaperiens vulvam, sanctum Domino vocabitur: et ut darent sacrificium, secundum quod dictum est in lege Domini, par turturum, aut duos pullos columbarum;* ex sua persona manifestissime Dominum appellans eum qui legisdationem fecerit. Et G. 217.
Cap. ii. 29, 30, 31, 32. Simeon autem inquit, *benedixit Deum, et ait: Nunc dimittis servum tuum, Domine, in pace. Quia viderunt oculi mei salutare tuum. Quod parasti ante faciem omnium populorum. Lumen* [4]*in*
Cap. ii. 36. *revelationem gentium, et gloriam populi tui Israel.* Et *Anna*
Cap. ii. 38. autem *prophetissa*, ait, similiter clarificabat Deum, videns Christum; *et loquebatur de eo omnibus, qui exspectabant redemtionem Hierusalem.* Per hæc autem omnia unus Deus demonstratur, [5]nullam [novam illam] libertatis dispositionem per novum adventum Filii sui testamentum hominibus aperiens.

[1] *glorificantes*, N. T. δοξάζοντες καὶ αἰνοῦντες.

[2] *imposuerunt*. There can be little doubt that this is the translation of ἀνέθεντο, the equivalent of ܐܣܩܘܗܝ in the Syriac copy. This verb in its simple form ܣܠܩ, means *ascendit*; in the *Aphel* or *causative* form, ܐܣܩ, it signifies either *to take up*, ἀνάγειν, or *to offer* in a sacred sense, ἀναθέσθαι. Of the two meanings IRENÆUS seems to have adopted the latter.

[3] *adstare*. For παραστῆσαι the translator read παραστῆναι.

[4] The reading of the ARUND. and MERC. MSS. The particle would be very liable to be absorbed in the termination of *lumen;* some transcriber then inserted *ad*, the CLERM. reading.

[5] The text here has suffered damage, though not perhaps to the extent usually imagined. *Nullam* may be considered to incorporate $\overline{nm}$. *illam*, i.e. *novam illam*.

6. Quapropter et [1] Marcus interpres et sectator Petri, initium LIB. III. xi. 6.
Evangelicæ conscriptionis fecit sic: *Initium Evangelii Jesu* GR. III. xi. MASS. III. x. 6.
Christi Filii Dei, quemadmodum scriptum est in prophetis: Ecce,
mitto angelum meum ante faciem tuam, qui præparabit viam [2] *tuam.* Marc. i. 1 seq.
Vox clamantis in deserto: Parate viam Domini, rectas facite semitas [3] *ante Deum nostrum.* Manifeste initium Evangelii esse dicens sanctorum prophetarum voces, et eum quem ipsi Dominum et Deum confessi sunt, hunc Patrem Domini nostri Jesu Christi præmonstrans, qui et promiserit ei angelum suum ante faciem ejus
missurum: qui erat Johannes, *in spiritu et virtute Heliæ* clamans Luc. i. 17.
in eremo; *Parate viam Domini, rectas facite semitas* [3] *ante Deum nostrum.* Quoniam quidem non alium et alium prophetæ annuntiabant Deum, sed unum et eundem, variis autem significationi-
M. 188. bus, et multis appellationibus. [4] Multus enim et dives Pater quemadmodum in eo libro qui ante hunc est, ostendimus; et ex ipsis autem prophetis procedente nobis sermone ostendemus. In fine
autem Evangelii ait Marcus: *Et quidem Dominus Jesus, postquam* Cap. xvi. 19.
locutus est eis, receptus est in cælos, et sedet ad dexteram Dei;
confirmans quod a propheta dictum est: *Dixit Dominus Domino* Ps. cix. 1.

Testamentum, as GRABE says, may be cancelled, being explanatory of *dispositio*, the less usual equivalent for *διαθήκη*. IRENÆUS calls the Gospel *libertatis novum Testamentum*, pp. 70, 71, and again G. 366. But may not *οἰκονομίαν* have been in apposition with *διαθήκην* in the following construction? *εἷς Θεὸς ἀποφαίνεται, καινὴν ταύτην, τὴν τῆς ἐλευθερίας οἰκονομίαν διὰ τῆς προσφάτου ἐλεύσεως τοῦ υἱοῦ αὐτοῦ, τὴν διαθήκην ἀνθρώποις ἀποκαλύπτων.*

[1] See note 3, p. 4.

[2] *Gr. ἔμπροσθέν σου.* The Syr. and other versions also omit these words.

[3] *ante Deum nostrum.* *τὰς τρίβους αὐτοῦ* are the words of S. Mark, which ORIGEN also read: *ὅπερ δὲ ἐποίησεν ὁ Ἰωάννης ἐπιτεμνόμενος ὃ παρέθετο ῥητὸν, τοῦτο ἐπ' ἄλλης λέξεως ὁ Μάρκος καὶ αὐτὸς ἐνέφηνεν. Ὁ μὲν γὰρ προφήτης φησίν· ἑτοιμάσατε τὴν ὁδὸν Κυρίου, εὐθείας ποιεῖτε τὰς τρίβους τοῦ Θεοῦ ἡμῶν. ὁ δὲ Μάρκος· ἑτοιμάσατε τὴν ὁδὸν Κυρίου, εὐθείας ποιεῖτε τὰς τρίβους αὐτοῦ. c. Cels.* II. The Hebrew original, however, is לֵאלֹהֵינוּ, which is accordingly expressed by the LXX. *τὰς τρίβους τοῦ Θεοῦ ἡμῶν*, and by Symmachus. The Vulgate also has *semitas Dei nostri.* The text of IRENÆUS, therefore, recurs to the fountain head, unless indeed his copy of the Gospel of S. MARK exhibited the reading of the *Codex* BEZÆ, *τὰς τρίβους τοῦ Θεοῦ ὑμῶν*, the latter word in error for *ἡμῶν*. In the Syr. ܕܐܠܗܢ may have been absorbed in ܒܫܒܝܠܘܗܝ.

[4] MASSUET'S reading, as here given, is preferable to GRABE'S *Multis enim et diversis.* It is the reading of the VOSS. and CLERMONT MSS., only that the first word is *multos;* and it agrees with the author's words in the sequel, *Dominus noster unus quidem et idem exsistens, dives autem et multus; diviti enim et multæ voluntati Patris deservit, cum sit ipse Salvator.... et Dominus.... et Deus... et unigenitus Patris... et Christus... et Verbum Dei*, p. 242 G. The Greek words were, perhaps, *Πολὺς γὰρ καὶ περιούσιος ὁ Πατήρ*, i. e. *varied and rich in attribute is the Father.*

LIB. III. xi. 6. GR. III. xi. MASS. III. x. 6. *meo: Sede a dextris meis, quoadusque ponam inimicos tuos suppedaneum pedum tuorum.* [1]Sic quidem unus et idem Deus et Pater G. 218. est, qui a prophetis quidem annuntiatus, ab Evangelio vero traditus, quem Christiani colimus et diligimus ex toto corde, factorem cœli et terræ, et omnium quæ in eis sunt.

7. Hanc fidem [2]annuntians Johannes Domini discipulus, volens per Evangelii annuntiationem auferre eum, qui a Cerintho inseminatus erat hominibus errorem, et multo prius ab his qui dicuntur Nicolaitæ, qui sunt [3]vulsio ejus quæ falso cognominatur [4]scientiæ, ut confunderet eos, et suaderet quoniam unus Deus qui omnia fecit per Verbum suum; et non, quemadmodum [5]illi dicunt, alterum quidem fabricatorem, alium autem Patrem Domini: et alium quidem fabricatoris filium, alterum vero [6]de superioribus Christum, quem et impassibilem perseverasse, descendentem in Jesum filium fabricatoris, et iterum revolasse in suum Pleroma: et [7]initium quidem esse monogenem; Logon autem verum filium unigeniti: et eam conditionem quæ est secundum nos, non a primo Deo factam, sed a virtute aliqua valde deorsum subjecta, et abscissa ab eorum communicatione quæ sunt invisibilia et innominabilia. Omnia igitur talia [8]circumscribere volens discipulus

[1] *Sic quidem unus et idem Deus.* The Clerm. MS. has *sic idem et unus Deus.* The word *quidem* having by mutilation become *idem,* the transcriber displaced *et,* and cancelled the second *idem.*

[2] *annuntians...annuntiationem,* κήρυγμα. The Syriac version of S. John's Gospel bears the superscription, ܐܘܢܓܠܝܘܢ ܩܕܝܫܐ ܟܪܘܙܘܬܐ ܕܝܘܚܢܢ ܟܪܘܙܐ ܕܡܠܠ ܘܐܟܪܙ ܝܘܢܐܝܬ ܒܐܦܣܘܣ *Sanctum Evangelium prædicationis* (κηρύγματος) *Johannis præconis* (κήρυκος) *quod protulit ac prædicavit* (ἐκήρυξεν) *Græce in Epheso.* It was in this town that the Evangelist, according to Irenæus, came into contact with Cerinthus, p. 13, and to this place also tradition assigned the honour of receiving the last breath of the Blessed Virgin. *Act. conc. Eph.* Labbe, III. 574.

[3] *vulsio. Hoc est,* ἀπόσπασμα, *uti puto; Glossæ vet.* 'Αποσπασθὲν, *Avulsum.* 'Απόσπασις, *Avulsus; ut sæpe loquitur Epiphanius:* 'Ανέστη πάλιν Θεόδοτός τις, ἀπόσπασμα ὑπάρχων ἐκ τῆς προειρημένης ἀλόγου αἱρέσεως. *Et,* 'Εκ τούτου οἱ Νοητιανοὶ, ἀπόσπασμα ὄντες αὐτοῦ. Pearson. *Part.* 2. *Vindic. Epist. S. Ignatii, cap.* 6. Grabe. The term perhaps is borrowed *de re rustica,* but it had better have been written *avulsio. Sabina herba propagine seritur, et avulsione.* Plin. *H. N.* XVII. 13, i. e. by *offsets* of the root.

[4] So the MSS. i. e. τῆς ψ. γνώσεως.

[5] So also Cerinthus, p. 111, and the Valentinians. The Nicolaitans, from this passage, would also seem to have held that the world was created by angels.

[6] *de superioribus Christum,* τὸν ἄνωθεν Χριστόν.

[7] *initium...filium.* ἀρχὴ was a distinctive name of Μονογενὴς or Νοῦς, Vol. I. 9, 10. Logos, therefore, was from Μονογενὴς by filiation, and the opinion stated Vol. I. 82, n. 3, must be modified. See also Vol. I. 312, n. 2.

Domini, et [1] regulam veritatis constituere in Ecclesia, quia est LIB. III. xi. 7.
unus Deus omnipotens, qui per Verbum suum omnia fecit, et GR. III. xi.
visibilia et invisibilia; significans quoque, quoniam per Verbum, MASS. III. xi. 1.
per quod Deus perfecit conditionem, in hoc et salutem his qui in conditione sunt præstitit hominibus; sic inchoavit in ea quæ est secundum Evangelium doctrina: *In principio erat Verbum, et* Joh. i. 1–5.
Verbum erat apud Deum, et Deus erat Verbum: hoc erat in principio apud Deum. Omnia per ipsum facta sunt, et sine ipso factum est nihil. [2]*Quod factum est, in ipso vita erat, et vita erat lux hominum, et lux in tenebris lucet, et tenebræ eam non comprehenderunt.* *Omnia*, inquit, *per ipsum facta sunt;* in *omnibus* ergo est et hæc quæ secundum nos est conditio: non enim concedetur eis, *omnia* dici ea quæ sunt [3]infra Pleroma ipsorum. Si enim et hæc Pleroma ipsorum continet, non extra est tanta ista conditio, quemadmodum ostendimus in eo libro qui ante hunc est; si autem extra Pleroma sunt hæc, quod quidem impossibile visum est, jam non est *omnia* Pleroma ipsorum: non est ergo *extra* hæc tanta conditio. Abstulit autem a nobis dissensiones omnes ipse Johannes, dicens: [4]*In hoc mundo erat, et mundus per ipsum factus* Joh. i. 10 et 11.
est, et mundus eum non cognovit. In sua propria venit, et sui eum non receperunt. Secundum autem [5]Marcionem et eos qui similes sunt ei, neque mundus per eum factus est; neque in sua venit, sed in aliena. Secundum autem quosdam Gnosticorum, [6]ab angelis

[8] *circumscribere, περιγράφειν* in the sense of cancelling by obliteration, as the word is used by ÆSCHINES, *περιγράψετέ με ἐκ τῆς πολιτείας.*

[1] Once more we may observe that in the earliest age of the Church the Rule of Truth or Creed had a co-ordinate rank assigned to it with Holy Scripture; and for the simple reason, that the Creed in some form existed in the infant Church, when as yet it possessed not the inspired Canon of the New Testament. See I. iii. xv. III. i.—iv., and cf. *Hist. and Theol. of the Creeds*, 1—33.

[2] *Quod factum est, in ipso vita erat. Ita S. Joannis textum juxta Codd. Arundel. ac Voss. distinguere placuit, ex mente non solum Tertulliani, Origenis, Hilarii, Gregorii Nazianzeni, Cyrilli, Augustini, Hieronymi; sed et ipsius Irenæi: quam satis expressam vides supra lib.* I. *cap.* 19 [I. 77], *et lib.* II. *cap.* 2 [I. 256], *prope finem, nec non in hoc ipso capite* [II. 48]. *Unde non recte in editt. periodus istis clauditur verbis,* quod factum est. GR. It may be observed that the Syriac agrees with the received punctuation of the Sacred Text.

[3] *Infra*, as elsewhere, in the sense of *intra*, an usage of later Latinity; whence the Italian *fra, inter.*

[4] *In hoc mundo.* The quotation is similarly made below, p. 428 G., indicating either *ἐν τούτῳ τῷ κόσμῳ ἦν* in the Greek, or ܒܥܠܡܐ ܗܢܐ ܗܘܐ in the Syriac.

[5] *Marcionem...aliena*, Vol. I. p. 216.

[6] The CLERM. copy here inserts *si*, to which the *apodosis* follows, *et non*, &c. perhaps *at non*, *ἀλλ' οὐ.*

LIB. III. xi. 7. GR. III. xi. MASS. III. xi. 2. factus est iste mundus, et non per Verbum Dei. Secundum autem eos qui sunt a Valentino, iterum non per [1]eum factus est, sed per Demiurgum. [2]Hic enim operabatur similitudines tales fieri, ad imitationem eorum quæ sunt sursum, quemadmodum dicunt: Demiurgus autem perficiebat fabricationem conditionis. Emissum G. 219. enim dicunt eum a matre Dominum et Demiurgum ejus dispositionis quæ est secundum conditionem, per quem hunc mundum factum volunt: cum Evangelium manifeste dicat, quoniam per Verbum, quod in principio erat apud Deum, omnia sunt facta: Joh. i. 14. quod *Verbum*, inquit, *caro factum est, et habitavit in nobis.*

8. Secundum autem illos, [3]neque Verbum caro factum est, neque Christus, neque qui ex omnibus factus est Salvator. Etenim Verbum et Christum nec advenisse in hunc mundum volunt: M. 189. Salvatorem vero non incarnatum neque passum; descendisse autem quasi columbam in eum Jesum qui factus est ex dispositione, et cum annuntiasset incognitum Patrem, iterum ascendisse in Pleroma. Incarnatum autem et passum quidam quidem eum qui ex dispositione sit dicunt Jesum, quem per Mariam dicunt pertransisse, [4]quasi aquam per tubum: alii vero [5]Demiurgi filium, in quem descendisse eum Jesum qui ex dispositione sit: alii rursum Jesum quidem [6]ex Joseph et Maria natum dicunt, et in hunc descendisse Christum qui [7]de superioribus sit, sine carne et impassibilem exsistentem. Secundum autem nullam sententiam hæreticorum, Verbum Dei caro factum est. Si enim quis regulas ipsorum omnium perscrutetur, inveniet quoniam sine carne et impassibilis ab omnibus illis inducitur Dei Verbum, et qui est in superioribus Christus. Alii enim putant manifestatum eum, quemadmodum hominem transfiguratum; neque autem natum, neque incarnatum dicunt illum: alii vero neque figuram eum assumsisse hominis; sed quemadmodum columbam descendisse

[1] The concord being with λόγος instead of with *Verbum*.

[2] *Hic enim*, i. e. Soter. Cf. Vol. I. p. 28, and p. 266, n. 2.

[3] *neque Verbum caro... neque Christus.* The Æon Logos was one emanation, and Christ another; as denizens of the Pleroma, neither of them descended into the world. It would seem, therefore, where Christ is said to have descended as the holy dove on Jesus in baptism, that Soter is intended. And where Christ is said to have been born, that the psychic Christ emanating from Demiurge is meant. See Vol. I. pp. 60, 61, 113, 211, 239.

[4] ὡς διὰ σωλῆνος. Vol. I. p. 60, n. 2.

[5] *Demiurgi filium*, Vol. I. p. 60.

[6] *Ex Joseph et Maria*, i. e. Carpocrates, Vol. I. 204, Cerinthus, 211.

[7] See p. 40, n. 6. *de superioribus Christum*, τὸν ἄνωθεν Χριστόν.

in eum Jesum, qui natus est ex Maria. Omnes igitur illos falsos testes ostendens discipulus Domini, ait: *Et Verbum caro factum est, et habitavit in nobis.* Et ut non inquiramus, cujus Dei Verbum caro factum est, ipse insuper docet, dicens: *Fuit homo missus a Deo, erat ei nomen Johannes: hic venit in testimonium, ut testaretur de lumine.* [1]*Non erat ipse lumen, sed ut testaretur de lumine.* Præcursor igitur Johannes, qui testatur de lumine, a quo Deo missus est? Utique ab eo cujus [2]Gabriel est angelus, qui etiam evangelisavit generationem ejus: qui et per prophetas promisit angelum suum missurum ante faciem Filii sui, et præparaturum viam ejus, hoc est, testificaturum de lumine, *in spiritu et virtute Heliæ.* Helias autem rursus cujus Dei servus et propheta fuit? [3]Ejus qui fecit cœlum et terram, quemadmodum et ipse confitetur. A conditore igitur et fabricatore hujus mundi missus Johannes, quemadmodum poterat testificari de eo lumine, quod ex his quæ sunt innominabilia et invisibilia descenderit? Omnes enim hæretici decreverunt, Demiurgum ignorare eam quæ sit super eum virtutem, cujus testis et ostensor invenitur Johannes. Propter hoc Dominus *plus quam prophetam* dixit eum habuisse. Reliqui enim omnes prophetæ annuntiaverunt adventum paterni luminis; concupierunt autem digni esse videre eum quem prædicabant: Johannes autem et prænuntiavit similiter sicut alii, et advenientem vidit et demonstravit, et credere in eum suasit multis, ita ut ipse et prophetæ et apostoli locum habuerit. [4]Hoc est enim plus quam propheta: quoniam *primo apostoli, secundo prophetæ;* omnia autem ex uno et eodem ipso Deo.

LIB. III. xi. 8. GR. III. xi. MASS. III. xi. 3.

Joh. i. 6.

Marc. i. 2, ex Mal. iii. 1. Luc. i. 17.

3 Reg. xvii. 1, et xviii 15.

Matt. xi. 9, et Luc. vii. 26.

1 Cor. xii. 28.

9. [5]Bonum enim et illud quod per conditionem a Deo in vinea factum est, et primo bibitum est vinum. Nemo enim illud vituperavit ex his qui biberunt; sed et Dominus accepit de eo: melius autem quod per Verbum [6]compendialiter ac simpliciter ex

Joh. ii. 3 seq.

[1] The CLERM. MS. omits this verse, but it is found in the AR. MS., from whence GRABE restored it to the text.

[2] *Gabriel,* one of the twelve πατρικοὶ ἄγγελοι of the Gnostic Justin, Vol. I. 224.

[3] *ejus qui fecit. Nusquam quidem in S. Scriptura, quantum memini, Elias Deum suum, creatorem cœli et terræ diserte professus legitur; bene tamen inde colligitur, quod supra* [Tom. II. p. 24] *invocet Deum Abraham, Deum Isaac, Deum Jacob; quodque Deum Israel et Dominum exercituum, locis supra indicatis appellet: quem creatorem mundi esse, ipsi hæretici statuebant.* GRABE.

[4] I adopt the CLERM. reading *hoc,* instead of *hic* as in the ARUND. MS.

[5] The translation here is so abrupt, that GRABE suspects a *lacuna* in the text. The section works off into the general subject too naturally to allow of the supposition that it is transposed.

[6] *Compendialiter,* συντόμως, with reference to the simple act of converting

LIB. III. xi. 9. GR. III. xi. MASS. III. xi. 5.

aqua ad usum eorum qui ad nuptias convocati erant, factum est vinum. Quamvis enim possit Dominus ex nullo subjacente eorum quæ sunt conditionis, præbere epulantibus vinum, et esca complere esurientes, hoc quidem non fecit: accipiens autem eos qui a terra essent panes, et gratias agens, et iterum aquam faciens vinum, saturavit eos qui recumbebant, et potavit eos qui invitati erant ad nuptias; ostendens [2]quoniam Deus qui fecit terram, et jussit eam fructus ferre, et constituit aquas, et edidit fontes, hic et benedictionem escæ, et gratiam potus in novissimis temporibus per Filium suum donat humano generi, incomprehensibilis per comprehensibilem, et invisibilis per visibilem, cum extra eum non sit, sed in sinu Patris exsistat. *Deum enim*, inquit, *nemo vidit unquam*, [3]nisi *unigenitus Filius Dei, qui est in sinu Patris, ipse enarravit.* G. 220.
Patrem enim invisibilem exsistentem, ille qui in sinu ejus est Filius omnibus enarrat. Propter hoc [4]cognoscunt eum hi quibus revelaverit Filius, et iterum Pater per Filium, Filii sui dat agnitionem his qui diligunt eum. A quo et Nathanaël discens cognovit, cui [5]et testimonium reddidit Dominus, quoniam *verus Israelita est, in quo dolus non est.* Cognovit Israelites suum Regem, [6]in quo et ait ei: *Rabbi, tu es Filius Dei, tu es Rex Israel.* A quo et Petrus edoctus, cognovit Christum Filium Dei vivi, dicentis: *Ecce Filius*

Joh. vi. 11. Joh. i. 18. Joh. i. 47.

water into wine by the word of Divine power, as compared with the more gradual and slow process of the ordinary course of nature. So at p. 49, the word σύντομον is rendered *compendiosam*, having reference to the more *compendious* character of S. Mark's Gospel, as contrasted with the other three. But at p. 241 G., the term has a more sacramental meaning; it is said of the Virgin upon the occasion of this same miracle, *Ante tempus volente participare compendii poculo*, where *compendium* must refer to the symbolical character of the cup of Eucharist, as setting forth the Saviour evidently crucified to the eye of faith. The word is used in connexion with the other Sacrament of Baptism by TERTULLIAN, but it is simply in its ordinary sense of *saving*, the correlative term of *dispendium*. The Apostles, he says, had no need of baptism, as being *primæ adlectionis, et exinde individuæ familiaritatis prærogativa compendium baptismi conferre posset. de Bapt.* 12. It is as the equivalent of συντόμως that the word is now used. So in PRUDENTIUS we have, *Mortis citæ compendiosus exitus.* There is a remarkable idiom preserved by AUGUSTIN, *Qu. in Jud.* VII. 56: *Solet et vulgo apud nos dici, Compendiavit illi, quod est, Occidit illum. Et hoc nemo intelligit, nisi qui audire consuevit.* It is the Greek τὸν βίον συνέταμεν αὐτῷ, *he cut short his life.*

[2] The CLERM. and VOSS. MSS. omit *quoniam*, but it is indispensable.

[3] *nisi*, of no scriptural authority.

[4] *cognoscunt...hi.* The CLERM. reads *cognoscent*, and omits *hi.*

[5] *et* is omitted in the CLERM. copy.

[6] *in quo*, not being found in the CL. and VOSS. MSS. is cancelled by MASS. But GRABE following the AB. retains the words; they express the Greek ἐφ' ᾧ, *propter quod.*

[1] *meus dilectissimus, in quo bene sensi: ponam Spiritum meum super eum, et judicium gentibus annuntiabit. Non contendet, neque clamabit, neque quisquam audiet vocem ejus in plateis: calamum quassatum non confringet, et linum fumigans non extinguet, usque-quo emittat* [2] *in contentionem judicium, et in nomine ejus gentes sperabunt.* LIB. III. xi. 9. GR. III. xi. MASS. III. xi. 6. Joh. i. 49. Joh. vi. 69. Matt. xii. 18 seq. ex Esai. xlii. 1 seq.

10. Et hæc quidem sunt principia Evangelii, unum Deum fabricatorem hujus universitatis, eum qui et per prophetas sit annuntiatus, et qui per Moysem legis dispositionem fecerit, Patrem Domini nostri Jesu Christi annuntiantia, et præter hunc alterum Deum nescientia, neque alterum Patrem. Tanta est autem circa Evangelia hæc firmitas, ut et ipsi hæretici testimonium reddant eis, et ex ipsis [3] egrediens unusquisque eorum conetur suam confirmare doctrinam. Ebionei etenim eo Evangelio quod est secundum [4] Matthæum solo utentes, ex illo ipso convincuntur, non
M. 190. recte [5] præsumentes de Domino. [6] Marcion autem id quod est secundum Lucam circumcidens, ex his quæ adhuc servantur penes

[1] *Filius meus...bene sensi.* The Greek has ὁ παῖς μου, ὃν ᾑρέτισα· ὁ ἀγαπητός μου, εἰς ὃν εὐδόκησεν ἡ ψυχή μου. The Syriac renders the words ܗܐ ܒܪܝ ܕܐܨܛܒܝܬ ܒܗ ܚܒܝܒܝ ܕܨܒܬ ܒܗ ܢܦܫܝ.

[2] *in contentionem*, the reading νεῖκος being followed instead of νῖκος, *victoria*. The Syriac has ܙܟܘܬܐ, *victory* in a forensic sense, *acquittal, innocence.*

[3] προβαίνων.

[4] See Vol. I. 213, n. 2. The Hebrew Gospel of which IRENÆUS spoke in the opening of this book; for EUSEBIUS says, *H. E.* III. 27, of the Ebionites, Εὐαγγελίῳ δὲ μόνῳ τῷ καθ' Ἑβραίους χρώμενοι τῶν λοιπῶν σμικρὸν ἐποιοῦντο λόγον. Only certain subtractions were made; as, for example, the genealogy and history of the nativity were suppressed, and a few interpolations were added, as appears from the account of EPIPHANIUS, *Hær.* XXX. 13. Ebionite patronage caused this document to be treated as apocryphal, ἐν τούτοις τινὲς καὶ τὸ καθ' Ἑβραίους εὐαγγέλιον κατέλεξαν, ᾧ μάλιστα Ἑβραίων οἱ τὸν Χριστὸν παραδεξάμενοι χαίρουσι. EUS. *H. E.* III. 25, see also 39, and IV. 22. The *Theophania* of EUSEBIUS preserves a text from this ancient writing, ܐܝܟܢܐ ܕܒܕܘܟܬܐ ܐܫܟܚܢ ܒܐܘܢܓܠܝܘܢ ܕܒܝܬ ܝܗܘܕܝܐ ܐܝܬܘܗܝ ܒܟܬܒ ܠܫܢܐ ܥܒܪܝܐ ܕܒܗ ܐܡܪ ܕܓܒܐ ܐܢܐ ܠܝ ܗܢܘܢ ܫܦܝܪܐ ܫܦܝܪܐ ܗܢܘܢ ܕܝܗܒ ܠܝ ܐܒܝ ܕܒܫܡܝܐ *As we have found in a place of the Gospel of the Jews, written in* (*lit. daughter of*) *the Hebrew tongue, in which it is said, "These I choose for myself, very excellent are they, whom my Father which is in heaven has given to me."* IV. 12.

[5] οὐκ ὀρθῶς ὑποτιθέμενοι, *docentes.*

[6] *Marcion.* Vol. I. 217, notes. Marcion founded his false gospel upon that of S. Luke, and rejected the other three. *Itaque...omissis eis, Lucæ potius institerit, quasi non et hæc a primordio fuerint, quemadmodum et Lucæ.* TERT. *adv. Marc.* IV. 5. His followers seem to have admitted the Gospel of S. Mark to a certain degree of favour, possibly because it contained no genealogy of Christ.

LIB. III. xi. 10. GR. III. xi. MASS. III. xi. 7.

eum, blasphemus in solum exsistentem Deum ostenditur. [1]Qui autem Jesum separant a Christo, et impassibilem perseverasse Christum, passum vero Jesum dicunt, id quod secundum Marcum est præferentes Evangelium, cum amore veritatis legentes illud, corrigi possunt. Hi autem qui a Valentino sunt, eo quod est secundum [2]Johannem plenissime utentes ad ostensionem conjugationum suarum, ex ipso detegentur nihil recte dicentes, quemadmodum ostendimus in primo libro. Cum ergo hi qui contradicunt, nobis testimonium perhibeant, et utantur his, firma et vera est nostra [3]de illis ostensio.

11. Neque autem plura numero quam hæc sunt, neque rursus pauciora capit esse Evangelia. Quoniam enim quatuor regiones

HIPPOLYTUS, at least, suggests such an assumption, *ἐπειδὰν οὖν Μαρκίων, ἤ τῶν ἐκείνου κυνῶν τις, ὑλακτῇ κατὰ τοῦ Δημιουργοῦ, τοὺς ἐκ τῆς ἀντιπαραθέσεως ἀγαθοῦ καὶ καλοῦ προφέρων λόγους, δεῖ αὐτοῖς λέγειν, ὅτι τούτους οὔτε Παῦλος ὁ ἀπόστολος, οὔτε Μάρκος ὁ κολοβοδάκτυλος ἀνήγγειλαν. Τούτων γὰρ οὐδὲν ἐν τῷ κατὰ Μάρκον εὐαγγελίῳ γέγραπται.* *Ph.* VII. 30. See p. 4, n. 3.

[1] *Qui autem.* GRABE imagines that the Cerinthians are here intended, but as MASSUET justly observes, this heresy used only the Gospel of S. Matthew, as EPIPHANIUS, *Hær.* XXVIII. 4, XXX. 5, and PHILASTRIUS, c. 36, affirm. Some heresy previously mentioned is certainly indicated. The Basilidians can scarcely be meant, for the author ascribes to them the monstrous notion that Simon the Cyrenian, and not Jesus, suffered. The fragmentary view here given would suit the Ophite tenets, which may be called the primitive Gnostic stock; I. 241, n. 1: the same idea thence pervaded the whole body. Vol. I. 238, 239. But it does not appear that the Ophites paid any particular veneration to the Gospel of S. Mark, unless indeed they identified with his name, as founder of the see of Alexandria, the false Gospel of the Egyptians, upon which they principally relied, as HIPPOLYTUS declares: *τὰς δὲ ἐξαλλαγὰς ταύτας τὰς ποικίλας ἐν τῷ ἐπιγραφομένῳ κατ' Αἰγυπτίους εὐαγγελίῳ κειμένας ἔχουσιν.* *Ph.* V. 7, and which was received even by catholic Christians as possessing a certain degree of authority. See I. 383, n. 1. It is mentioned as heretical by ORIG. *Proœm. in Luc.* CLEMENT of Alexandria quotes it several times, *Strom.* III. (cf. BEVEREG. *Cod. Can.* II. vii.), and a passage that he transcribes, is found in the spurious though highly ancient fragment of the second epistle, attributed to CLEM. ROM.

[2] See Vol. I. pp. 75—83.

[3] *de illis* omitted in the AR. MS.

[4] *Ἐπειδὴ...τέσσαρα κλίματα.* *Hæc Irenæi de quatuor Evangeliis pericopa Græce, tacito licet Irenæi nomine, paucisque mutatis, responsionis loco datur ad* cxliv *Anastasii Quæstionem: cujus editio cum hinc inde sit vitiosa, exemplar MS. Cod.* 206 *Barocciani, in Bibliotheca Bodleiana, in subsidium vocavi, nec non istud quod ex Florentino Codice descripsit, ac Notis in N. T. inseruit Alexander Morus, haud animadvertens tamen, id Anastasii ἀποσπασμάτιον esse. Atque istud cum Germano quoque contuli, quod hic in Theoria rerum Ecclesiasticarum, Tom.* II *Auctarii Bibliothecæ Patrum, Paris,* 1624. *p.* 146, *hunc Irenæi locum magna ex parte compilarit: ex quo, ut et argumento quodam in S. Marci Evangelium, Tom.* I *Auctarii Novissimi Bibliothecæ Patrum a Combefisio, Paris,*

G. 221. [4]Ἐπειδὴ τέσσαρα κλίματα τοῦ κόσμου ἐν ᾧ ἐσμὲν εἰσὶ, καὶ τέσσαρα καθολικὰ πνεύματα, κατέσπαρται δὲ ἡ ἐκκλησία ἐπὶ πάσης τῆς γῆς, [1]στύλος δὲ καὶ στήριγμα ἐκκλησίας τὸ εὐαγγέλιον, καὶ πνεῦμα ζωῆς· εἰκότως τέσσαρας ἔχειν αὐτὴν στύλους, πανταχόθεν πνέοντας τὴν ἀφθαρσίαν, καὶ ἀναζωπυροῦντας τοὺς ἀνθρώπους. Ἐξ ὧν φανερὸν, ὅτι ὁ τῶν ἁπάντων τεχνίτης Λόγος, ὁ καθήμενος ἐπὶ τῶν Χερουβὶμ καὶ συνέχων τὰ πάντα, φανερωθεὶς τοῖς ἀνθρώποις, ἔδωκεν ἡμῖν τετράμορφον τὸ εὐαγγέλιον, ἑνὶ δὲ πνεύματι συνεχόμενον. Καθὼς ὁ Δαβὶδ αἰτούμενος αὐτοῦ τὴν παρουσίαν, φησίν· *ὁ καθήμενος ἐπὶ τῶν Χερουβὶμ, ἐμφάνηθι. Καὶ γὰρ τὰ Χερουβὶμ* τετραπρόσωπα· καὶ τὰ πρόσωπα αὐτῶν εἰκόνες τῆς πραγματείας τοῦ Υἱοῦ τοῦ Θεοῦ. Τὸ μὲν γὰρ πρῶτον ζῶον, φησὶν, ὅμοιον λέοντι· τὸ ἔμπρακτον αὐτοῦ καὶ ἡγεμονικὸν καὶ βασιλικὸν χαρακτηρίζον· τὸ δὲ δεύτερον ὅμοιον μόσχῳ, τὴν ἱερουργικὴν καὶ ἱερατικὴν τάξιν

LIB. III. xi. 11.
GR. III. xi.
MASS. III. xi. 8.

Anastas. Quæst. et Respons. cxliv. e Cod. Cant. καὶ πνεύματα ζωῆς εἰκότως τέσσαρα.

C. C. κριτής.

C. C. deest καί.

in C. C. abest pericopa. ὁ καθήμ.... Χερουβίμ.

C. C. non habet τοῦ υἱοῦ.

mundi sunt in quo sumus, et quatuor principales spiritus, et deseminata est Ecclesia super omnem terram, columna autem et firmamentum Ecclesiæ est Evangelium, et spiritus vitæ; consequens est, quatuor habere eam columnas, undique flantes incorruptibilitatem, et vivificantes homines. Ex quibus manifestum est, quoniam [2]qui est omnium artifex Verbum, qui sedet super Cherubim, et continet omnia, [2]declaratus hominibus, dedit nobis quadriforme Evangelium, quod uno spiritu continetur. Quemadmodum et David postulans ejus adventum, ait: *Qui sedes super Cherubim, appare.* Et enim Cherubim quadriformia; et formæ ipsorum imagines sunt dispositionis Filii Dei. *Primum enim animal*, inquit, *simile leoni*, efficabile ejus et principale et regale significans: *Secundum* vero *simile vitulo*, sacrificalem et sacerdotalem

Ps. lxxix. 2.

S. Joh. Apocalyps. iv. 7.

1672. *editi, p.* 436, *insuper lacunam aliquam in Anastasio explere licuit.* GRABE. The fragment is also found in the Cambridge MS. *Cod.* Ll. 5. 2. fol. 99. The *variæ lectiones* that are noted in the margin occur in it, and they shew that the copy was made from the Florentine MS. of ANASTASIUS, as transcribed by A. Morus. Also, *Exstat in Bibliotheca Regia Cod. MS.* 2910 *Anastasii Quæstionum et Responsionum, et alter in Bibl. Colbert. num.* 1450, *uterque septingentorum circiter annorum, quos ipse contuli, et cum Bodleiano fere convenire deprehendi.* MASS.

[1] There is an evident allusion to the words of the Apostle, 1 Tim. iii. 15. As the Church of the living God is there styled the *pillar and ground of truth*, so here the Gospel and the Spirit of life are the pillar and foundation on which the Church rests.

[2] *qui . . . declaratus*, i. e. Λόγος.

LIB. III. xi. 11. GR. III. xi. MASS. III. xi. 8.

ἐμφαῖνον· τὸ δὲ τρίτον ἔχον πρόσωπον [1]ἀνθρώπου, τὴν G. 222.
κατὰ ἄνθρωπον αὐτοῦ παρουσίαν φανερώτατα διαγράφον·
τὸ δὲ τέταρτον ὅμοιον ἀετῷ πετωμένῳ, τὴν τοῦ πνεύματος ἐπὶ τὴν ἐκκλησίαν ἐφιπταμένου δόσιν σαφηνίζον. Καὶ τὰ εὐαγγέλια οὖν τούτοις σύμφωνα, ἐν οἷς ἐγκαθέζεται Χριστός [Int. Ἰησοῦς]. Τὸ μὲν γὰρ κατὰ Ἰωάννην, τὴν M. 191.
ἀπὸ τοῦ Πατρὸς ἡγεμονικὴν αὐτοῦ, ... καὶ ἔνδοξον γενεὰν διηγεῖται, λέγον· Ἐν ἀρχῇ ἦν ὁ λόγος..... [2]καὶ πάντα δι' αὐτοῦ ἐγένετο· καὶ χωρὶς αὐτοῦ ἐγένετο οὐδὲ ἕν.....
Τὸ δὲ κατὰ Λουκᾶν, ἅτε ἱερατικοῦ χαρακτῆρος ὑπάρχον, ἀπὸ τοῦ Ζαχαρίου τοῦ ἱερέως θυμιῶντος τῷ Θεῷ ἤρξατο. Ἤδη γὰρ ὁ σιτευτὸς ἡτοιμάζετο μόσχος, ὑπὲρ *τῆς ἀνευρέσεως τοῦ νεωτέρου* παιδὸς μέλλων θύεσθαι. Ματθαῖος δὲ τὴν κατὰ ἄνθρωπον αὐτοῦ γέννησιν κηρύττει, λέγων· Βίβλος γενέσεως Ἰησοῦ Χριστοῦ, υἱοῦ Δαβὶδ, υἱοῦ Ἀβραάμ. [2]Καὶ, τοῦ δὲ Ἰησοῦ Χριστοῦ ἡ γέννησις οὕτως ἦν· ἀνθρωπόμορφον οὖν τὸ εὐαγγέλιον τοῦτο...................

C. C. φανεροῦται. C. C. πετομένῳ. γνῶσιν. C. C. ἐκ τοῦ. Cod. Cant. indicat lacunas h. l. nullas. C. C. τοῦ bis abest. hiatus obelis notatus. τὸ δὲ κατὰ Ματθαῖον. C. C. Πίστιν ἐπικηρύττει λέγον. C. C. καὶ Ἀβρ.

ordinationem significans: *Tertium vero animal habens faciem quasi humanam*, qui est secundum hominem adventum ejus manifeste describens: *Quartum* vero *simile aquilæ volantis*, Spiritus in Ecclesiam advolantis gratiam manifestans. Et Evangelia igitur his consonantia, in quibus insidet Christus Jesus. Aliud enim illam quæ est a Patre principalem, et efficabilem, et gloriosam
Joh. i. 1 seq. generationem ejus enarrat, dicens sic: *In principio erat Verbum, et Verbum erat apud Deum, et Deus erat Verbum.* Et, *Omnia per ipsum facta sunt, et sine ipso factum est nihil.* Propter hoc et omni fiducia plenum est Evangelium istud; talis est enim persona ejus. Id vero quod est secundum Lucam, quoniam quidem sacerdotalis characteris est, [3]a Zacharia sacerdote sacrificante Deo inchoavit. Jam enim saginatus parabatur vitulus, qui pro inventione minoris filii inciperet mactari. Matthæus vero eam quæ
Matt. i. 1 et 18. est secundum hominem, generationem ejus enarrat: *Liber*, [4]dicens,

[1] The Latin version indicates the ὡσεὶ that has been probably absorbed in the two last syllables of πρόσωπον.

[2] *Hæc a Grabio nescio cur, omissa, ex Germano supplevi.* Mass. The Cambridge MS. is written consecutively as though nothing had been missed.

[3] *a*, omitted in the Ar. MS.

[4] *dicens.* For this word, which is not expressed in the Greek, the Ar. has *getlicus*, i. e. *genethliacus*.

[1]Μάρκος δὲ ἀπὸ τοῦ προφητικοῦ πνεύματος, τοῦ ἐξ ὕψους ἐπιόντος τοῖς ἀνθρώποις, τὴν ἀρχὴν ἐποιήσατο, λέγων· Ἀρχὴ τοῦ Εὐαγγελίου Ἰησοῦ Χριστοῦ, ὡς γέγραπται ἐν [2]Ἡσαΐα τῷ προφήτῃ· *τὴν πτερωτικὴν εἰκόνα τοῦ Εὐαγγελίου δεικνύων· διὰ τοῦτο δὲ καὶ σύντομον καὶ παρατρέχουσαν τὴν καταγγελίαν πεποίηται· προφητικὸς γὰρ ὁ χαρακτὴρ οὗτος*. Καὶ αὐτὸς δὲ ὁ λόγος τοῦ Θεοῦ, τοῖς
G. 223. μὲν πρὸ Μωϋσέως πατριάρχαις, κατὰ τὸ θεϊκὸν καὶ ἔνδοξον ὡμίλει· τοῖς δὲ ἐν τῷ νόμῳ, ἱερατικὴν [*suppl.* καὶ λειτουργικὴν] [3]τάξιν ἀπένειμεν· μετὰ δὲ ταῦτα ἄνθρωπος γενόμενος,

LIB. III. xi. 11. GR. III. xi. MASS. III. xi. 8.

C. C. τὸ δὲ κατὰ Μάρκον. C. C. ἐξαίφνης λέγον. C. C. καὶ γεγρ. ἐν βίβλῳ λόγων Ἡσαΐου τοῦ προφήτου. * lacuna.* C. C. καὶ αὐτὸς δὲ ὁ Λόγος τοῖς θνητοῖς. GERM. *al.* ἀπένεμεν.

generationis Jesu Christi, [3]*filii David, filii Abraham.* Et iterum: *Christi autem generatio sic erat.* Humanæ formæ igitur hoc Evangelium: propter hoc [4]et per totum Evangelium humiliter sentiens, et mitis homo servatus est. Marcus vero a prophetico spiritu, ex alto adveniente hominibus, initium fecit: *Initium*, dicens, *Evangelii*, Marc. i. 1.
quemadmodum scriptum est in Esaia propheta; volatilem [4]et [5]pennatam imaginem Evangelii monstrans: propter hoc et compendiosam et præcurrentem annuntiationem fecit: propheticus enim character est hic. Et ipsum autem Verbum Dei, illis quidem qui ante Moysem fuerunt patriarchis, secundum divinitatem et gloriam colloquebatur: his vero qui in Lege, sacerdotalem et ministerialem [6]actum præbebat: post deinde nobis homo factus, munus cœlestis

[1] Μάρκος δὲ—λέγων] *Sic iterum Germanus Latinæ versioni consonus. Sed Anast.* τὸ δὲ κατὰ Μάρκον—λέγον, *excepto, quod in Bodlei. rursus exstet* λέγων. *Germani lectionem confirmat quoque argumentum in S. Marci Evangelium, ex Cyrilli Alex. sive Victoris Antiocheni Commentario in ipsum, Tom.* I. *Auctarii novissimi Bibliothecæ Patrum a Combefisio editi p.* 436 C. *ubi hæc Irenæi de S. Marco periodus, in Anastasio et Germano manca, plene allegatur cum hac honoris præfatione:* Καὶ Εἰρηναῖος δὲ ὁ Λουγδούνων ἐπίσκοπος, μαθητὴς τῶν Ἀποστόλων γενόμενος, ἐν τῷ τρίτῳ κατὰ τῶν αἱρέσεων λόγῳ φησὶν, ἑκάστου Εὐαγγελίου τὸν χαρακτῆρα ἐκθέμενος. Μάρκος, &c. cf. EUS. *Theoph.* v. 40.

[2] The Syriac has the same ܕܟܬܝܒ ܒܐܫܥܝܐ ܢܒܝܐ elsewhere the same text is quoted in the translation, but in conformity with the Greek, *in prophetis*, pp. 217, 240 G. The agreement however of the Greek with the translation in this place still supports the view, so often advanced in these notes, that the Father quotes with the Syriac version of Scripture in his mind.

[3] *filii David*, omitted by GRABE.

[4] *et* (*bis*), omitted in the AR.

[5] *pennatam* reads like a gloss upon *volatilem*.

[6] *actum*, expressing, as GRABE considers, the false reading πρᾶξιν, MASSUET follows him, and STIEREN says the same thing: but it may be a question whether

LIB. III. xi. 11. GR. III. xi. MASS. III. xi. 8.

τὴν δωρεὰν τοῦ ἁγίου Πνεύματος εἰς πᾶσαν ἐξέπεμψε τὴν γῆν, σκεπάζων ἡμᾶς ταῖς ἑαυτοῦ πτέρυξιν. Ὁποία οὖν ἡ πραγματεία τοῦ Υἱοῦ τοῦ Θεοῦ, τοιαύτη καὶ τῶν ζώων ἡ μορφή· καὶ ὁποία ἡ τῶν ζώων μορφὴ, τοιοῦτος καὶ ὁ χαρακτὴρ τοῦ Εὐαγγελίου. Τετράμορφα γὰρ τὰ ζῶα, τετράμορφον καὶ τὸ Εὐαγγέλιον καὶ ἡ πραγματεία τοῦ Κυρίου. Καὶ [1] διὰ τοῦτο τέσσαρες ἐδόθησαν καθολικαὶ διαθῆκαι τῇ ἀνθρωπότητι· μία μὲν τοῦ κατακλυσμοῦ τοῦ Νῶε, ἐπὶ τοῦ τόξου· δευτέρα δὲ τοῦ Ἀβραὰμ, ἐπὶ τοῦ σημείου τῆς περιτομῆς· τρίτη δὲ ἡ νομοθεσία ἐπὶ τοῦ Μωϋσέως· τετάρτη δὲ ἡ τοῦ Εὐαγγελίου, διὰ τοῦ Κυρίου ἡμῶν Ἰησοῦ Χριστοῦ.

12. Τούτων δὲ οὕτως ἐχόντων, μάταιοι πάντες καὶ ἀμαθεῖς, M. 192.
προσέτι δὲ καὶ τολμηροὶ, οἱ ἀθετοῦντες τὴν ἰδέαν τοῦ Εὐαγγελίου, καὶ εἴτε πλείονα, εἴτε ἐλάττονα τῶν εἰρημένων

Spiritus in omnem misit terram, protegens nos alis suis. Qualis igitur dispositio Filii Dei, talis et animalium forma: et qualis animalium forma, talis et character Evangelii. Quadriformia autem animalia, et quadriforme Evangelium, et quadriformis dispositio Domini. Et propter hoc quatuor data sunt testamenta humano generi; unum quidem ante cataclysmum sub Adam; secundum vero, post cataclysmum sub Noe; tertium vero, legislatio sub Moyse; quartum vero, quod renovat hominem, et recapitulat in se omnia, quod est per Evangelium, elevans et pennigerans homines in cœleste regnum.

12. His igitur sic se habentibus, vani omnes, et indocti, et insuper audaces, qui frustrantur speciem Evangelii, et vel plures

τάξιν be not the false reading; for in the context three several dispensations are compared, and the operation of the Word in each is described in such a way as to lead to the supposition, that the ministerial significative act, and not the ministerial order, would be instanced, πρᾶξις in fact, and not τάξις. In the first or patriarchal dispensation the Word revealed himself κατὰ τὸ θεϊκὸν καὶ ἔνδοξον· in the Christian dispensation he brooded over the face of the whole earth, conferring spiritual gifts, καὶ σκεπάζων ἡμᾶς ταῖς ἑαυτοῦ πτέρυξιν. How frigid an exposition to say that, midway between these glorious manifestations of the Deity, the Word shewed himself as the dispenser of priestly rank under the law! The ministerial acts that foreshadowed Christ seem to be in much better keeping.

[1] *Anastasius et Germanus, omisso pacto Dei cum Adamo, aliud cum Abrahamo interserunt: unde Græca a Latinis in uno atque altero commate sunt diversa.* GRABE.

παρεισφέροντες Εὐαγγελίων πρόσωπα· οἱ μὲν, ἵνα πλείονα δόξωσι τῆς ἀληθείας ἐξευρηκέναι· οἱ δὲ, ἵνα τὰς οἰκονομίας τοῦ Θεοῦ ἀθετήσωσιν. LIB. III. xi. 12. GR. III. xi. MASS. III. xi. 9.

quam dictæ sunt, vel rursus pauciores inferunt personas Evangelii: quidam ut plus videantur quam est veritatis adinvenisse: quidam vero, ut reprobent dispositiones Dei. Etenim Marcion totum rejiciens Evangelium, imo vero seipsum abscindens ab Evangelio, [1]partem gloriatur se habere Evangelii. [2]Alii vero ut donum Spiritus frustrentur, quod in novissimis temporibus secundum Act. ii. 16, 17. placitum Patris effusum est in humanum genus, illam speciem non admittunt, quæ est secundum Johannis Evangelium, in qua Paracletum se missurum Dominus promisit; sed simul et Evangelium, Joh. xiv. 16 et 26, xv. 26, xvi. 7. et propheticum [3]repellunt Spiritum. Infelices vere, qui pseudoprophetæ quidem esse volunt, [4]prophetiæ vero gratiam repellunt ab Ecclesia: [5]similia patientes his, qui propter eos qui in hypocrisi veniunt, etiam a fratrum communicatione se abstinent. Datur autem intelligi, quod hujusmodi neque Apostolum Paulum recipiant. In ea enim Epistola quæ est ad Corinthios, de propheticis charismatibus diligenter locutus est, et scit viros et 1 Cor. xi. 4, 5. mulieres in Ecclesia prophetantes. Per hæc igitur omnia peccantes

[1] *partem*, CL., AR., VOSS., but MASS. following the earlier Edd. and OTTOB. MERC. II. MSS. has *pariter*, thinking that *partem* gave a sense inconsistent with the Marcionite curtailment of S. Luke. But the *Gospel* here means the *blessings of the Gospel*, in which Marcion certainly claimed a share.

[2] *Alii*, i.e. the Montanists, who laid claim to the exclusive possession of the spirit of prophecy, which they denied to the Church; and called Catholic believers *psychici*, while themselves were *pneumatici*. We learn from this passage that the Montanists rejected the Gospel of S. John, because it contained an express promise to the Apostles of the Paraclete, whereas Montanus affirmed that himself was the recipient of the Paraclete; as the author of the Libellus at the foot of TERTULLIAN'S *Præscr. Hær.* says: *in Apostolis quidem Spiritum S. fuisse, Paracletum non fuisse, et Paracletum plura in Montano dixisse, quam Christum in Evangelio protulisse; nec tantum plura, sed etiam meliora atque majora*, § 52. It is difficult to see how the writer of this passage could have had that leaning towards Montanism, which NEANDER and others have imagined.

[3] *repellunt*, ἀποπέμπουσι. Vol. I. 1.

[4] AR., but CL., VOSS. *propheticam*.

[5] *similia patientes his*, ὅμοια παθόντες, i.e. *agentes*, meaning the Encratitæ or perhaps the Severiani, the precursors of Novatian, who slighted the Pauline Epistles, as EUSEBIUS states, *H. E.* IV. 29: Βλασφημοῦντες δὲ Παῦλον τὸν Ἀπόστολον, ἀθετοῦσιν αὐτοῦ τὰς ἐπιστολὰς, μηδὲ τὰς Πράξεις τῶν Ἀποστόλων καταδεχόμενοι. Still the Encratitæ may have received the Epistles of S. Paul, with the polish given to them by their founder TATIAN. τοῦ δὲ ἀποστόλου φασὶ τολμῆσαι τινὲς αὐτῶν μεταφράσαι φωνὰς, ὡς ἐπιδιορθουμένων αὐτῶν τὴν τῆς φράσεως σύνταξιν. EUSEB. *Ibid.*

LIB. III. xi. 12. GR. III. xi. MASS. III. xi. 9.

Matt. xii. 31.

in Spiritum Dei, in irremissibile incidunt peccatum. Hi vero qui sunt a Valentino, iterum exsistentes extra omnem timorem, suas conscriptiones proferentes, plura habere gloriantur, quam sint ipsa Evangelia. Siquidem in tantum processerunt audaciæ, uti quod ab his non olim conscriptum est, veritatis Evangelium, titulent, in nihilo conveniens Apostolorum Evangeliis, ut nec Evangelium quidem sit apud eos sine blasphemia. Si enim quod ab eis profertur, veritatis est Evangelium, dissimile est autem hoc illis, quæ ab Apostolis nobis tradita sunt; qui volunt, possunt discere, quemadmodum ex ipsis Scripturis ostenditur, jam non esse id quod ab Apostolis traditum est veritatis Evangelium. Quoniam autem sola illa vera et firma, et non capit neque plura præterquam prædicta sunt, neque pauciora esse Evangelia, per tot et tanta ostendimus. Etenim cum omnia composita et apta Deus fecerit, oportebat et speciem Evangelii bene compositam, et bene compaginatam esse. Examinata igitur sententia eorum qui nobis tradiderunt Evangelium, ex ipsis principiis ipsorum, veniamus et ad reliquos Apostolos, et perquiramus sententiam eorum de Deo: post deinde, ipsos Domini sermones audiamus. G. 224.

CAP. XII.

Quæ sit reliquorum Apostolorum doctrina.

1. Petrus igitur Apostolus post resurrectionem Domini, et assumtionem in cœlos, volens adimplere duodecim Apostolorum numerum, et [1]allegere pro Juda alterum, qui electus esset a Deo, his qui aderant, dixit: *Viri fratres, oportebat impleri Scripturam hanc, quam prædixit Spiritus sanctus ore David de Juda, qui factus est dux his qui apprehenderunt Jesum, quoniam annumeratus fuit inter nos: Fiat habitatio ejus deserta, et non sit qui inhabitet in ea; et, Episcopatum ejus accipiat alter:* adimpletionem Apostolorum ex his quæ a David dicta sunt, faciens. Rursus cum Spiritus sanctus descendisset in discipulos, uti omnes prophetarent, M. 193.

Act. i. 16, 17, 20.

Ps. lxviii. 26.

Ps. cviii. 8.

τὴν ἀναπλήρωσιν τῶν Ἀποστόλων [2]ἐκ τῶν ὑπὸ Δαβὶδ εἰρημένων ποιούμενος.

Grabius, e catena in Act. Ap. apud Coll. Nov. Oxon. Ed. Cramer. p. 11.

[1] *vocabulum jurisconsultis usitatum, quo in cœtum adjungere, adscribere, et quasi cooptare significant. Nam et* legi *dicebantur, qui in Senatorum numerum adscribebantur.* Sueton. *Instanti sæpius, ut civitate donatum in decurias allegeret, Tiberius negavit se allecturum.* G.

[2] ἐκ τῶν, i.e. *juxta.* Grabe first

et loquerentur linguis, et quidam irriderent eos, quasi a musto LIB. III. xii. 1.
ebrios; dixit Petrus, non ebrios quidem illos esse, cum sit hora GR. III. xii. MASS. III. xii. 1.
tertia diei; esse autem hoc, quod dictum est per prophetam: *Erit in novissimis diebus, dicit Dominus, effundam de Spiritu meo in* Joel. ii. 28.

Ὁ οὖν διὰ τοῦ προφήτου ἐπαγγειλάμενος Θεὸς πέμψειν τὸ Πνεῦμα αὐτοῦ ἐπὶ τὴν ἀνθρωπότητα, οὗτος καὶ ἔπεμψε· καὶ Θεὸς ὑπὸ Πέτρου καταγγέλλεται τὴν ἰδίαν ἐπαγγελίαν πεπληρωκώς. GR. ex eod. Cod. MS. CRA. p. 31.

omnem carnem, et prophetabunt. Deus igitur, qui per prophetam promisit missurum se Spiritum suum in humanum genus, ipse et misit [1][ei] et ipse Deus a Petro annuntiatur, suam promissionem adimplesse.

2. *Viri*, enim inquit Petrus, *Israelitæ, audite sermones* [2]*meos: Jesum Nazarenum, virum approbatum a Deo in vobis virtutibus et prodigiis et signis, quæ fecit per ipsum Deus in medio vestrum, quemadmodum ipsi scitis: hunc definito consilio et præscientia Dei* [3]*traditum per manus iniquorum affigentes interfecistis: quem Deus excitavit, solutis doloribus* [4]*inferorum, quoniam non erat possibile teneri eum ab eis. David enim dicit in ipsum: Providebam Dominum in conspectu meo semper, quoniam a dextris meis est,* [5]*ne movear. Propter hoc lætatum est cor meum, et exultavit lingua mea, insuper et caro mea requiescet in spe. Quoniam non derelinques animam meam in inferno, neque dabis sanctum tuum videre corrup-* Act. ii. 22—27. Ps. xv. 8 seq.
G. 225. *tionem.* Dehinc rursum fiducialiter illis dicit de patriarcha David, quoniam mortuus est et sepultus, et sepulchrum ejus sit apud eos usque in hunc diem. *Propheta autem*, inquit, *cum esset, et sciret quoniam jurejurando ei juravit Deus,* [6]*de fructu ventris ejus sedere in throno ejus, providens locutus est de resurrectione Christi,* Act. ii. 30—37. Ps. cxxxi. 11.

printed this and the following fragments of the Greek text from the *Catena* in *Act. Ap.* in the MS. collection of New College, Oxford, edited by Dr Cramer.

[1] *ei* is included within brackets, having evidently grown out of *et*.

[2] S. CHRYSOSTOM read in his copy μου for τούτους, *Hom.* VI. *in Act. Ap.*

[3] *Traditum*] Λαβόντες *non agnoscit Irenæus, uti nec Cod. Alexandr. neque Latina et Arab. versiones.* GR. The Syriac seems to express ἔκδοντες.

[4] *Inferorum*] *Vocem* ᾅδου *loco* θανάτου *habent* POLYC. *ad Phil.* EPIPH. *in Anc.* 34. *Vulg. et Syr. Interpretes.*

[5] CL., VOSS., FEU. in marg. But STIEREN *ut non.*

[6] *De fructu ventris ejus sedere.* ܡܢ ܦܐܪܐ ܕܟܪܣܗ but *Gr.* ὀσφύος. *Nota, Irenæum verba ista,* τὸ κατὰ σάρκα ἀναστήσειν τὸν Χριστὸν, *quæ in modernis exemplaribus vers.* 30, *exstant, non agnovisse: uti nec in Cod. Alexandrino, neque in Latina Vulgata, Syriaca atque Æthiopica versionibus reperiuntur.*

LIB. III. xii. 2. GR. III. xii. MASS. III. xii. 2. *quoniam* [1] *neque derelictus est apud inferos, neque caro ejus vidit corruptionem. Hunc Jesum*, inquit, *excitavit Deus, cujus nos omnes sumus testes:* [2]*qui dextera Dei exaltatus, repromissionem sancti Spiritus accipiens a Patre, effudit* [3] *donationem hanc quam vos nunc videtis et auditis. Non enim David ascendit in cœlos; dicit*
Ps. cix. 1. *autem ipse: Dixit Dominus Domino meo, Sede ad dexteram meam, quoadusque ponam inimicos tuos suppedaneum pedum tuorum. Certissime ergo sciat omnis domus Israel, quoniam et Dominum eum, et Christum, Deus fecit hunc Jesum, quem vos crucifixistis.* Cum dix-
Act. ii. 37. issent igitur turbæ; *Quid ergo faciemus?* Petrus ad eos ait:
Act. ii. 38. *Pœnitentiam agite, et baptisetur unusquisque vestrum in nomine Jesu in remissionem peccatorum, et accipietis donum Spiritus sancti.*

GR. ut sup. CRA. p. 49. . . . . . οὐκ ἄλλον Θεὸν . . . . κατήγγελλον οἱ ἀπόστολοι· οὐδὲ ἄλλον μὲν παθόντα καὶ ἐγερθέντα Χριστὸν, ἄλλον δὲ τὸν [4]ἀναστήσαντα καὶ ἀπαθῆ διαμεμενηκότα· ἀλλ' ἕνα καὶ τὸν αὐτὸν Θεὸν καὶ [5]σωτῆρα, καὶ Χριστὸν Ἰησοῦν τὸν ἐκ M. 194.

Sic non alium Deum, nec aliam plenitudinem annuntiabant Apostoli; nec alterum quidem passum et resurgentem Christum, alterum vero qui sursum volaverit, et impassibilis perseveraverit; sed unum et eundem Deum Patrem, et Christum Jesum, qui a mor-

[1] *Neque derelictus est apud inferos Nostra Græca exemplaria habent: οὐ κατελείφθη ἡ ψυχὴ αὐτοῦ εἰς ᾅδου. Verum ἡ ψυχὴ omittitur non solum ab Irenæo, sed et Didymo Lib.* III. *de Spiritu S. inque Cod. Alex. nec non Latina Vulgata et Syriaca versionibus.*

[2] *qui, Syr.* ܘܗܘܝܘ but *Gr.* οὖν. For *repromissionem* both the *Gr.* and *Syr.* indicate *et promissionem.*

[3] The word δῶρον or δώρημα very evidently existed in the earliest state of the Greek text, though now it has disappeared. It is recognised in the Latin quotation of this text made by DIDYMUS AL. *de Sp. S.* III.; RUFFINUS on the Art. *Ascendit in cœlos;* RUPERTUS, *de Op. Sp. S.* VI.; BEDE, *in Act. Ap.* To which we may add that the Syriac version indicates the same reading ܘܐܫܕ ܡܘܗܒܬܐ ܗܕܐ and that CHRYSOSTOM, perhaps, only fails to express it, by stopping short in his exposition at ἐξέχεε, for he proceeds, λοιπὸν γὰρ θαῤῥοῦντως μετὰ τὴν τοῦ πνεύματος δόσιν καὶ περὶ τῆς εἰς τοὺς οὐρανοὺς ἀναλήψεως, κ.τ.λ.

[4] Since the translation has *sursum volaverit*, GRABE imagines the Greek text to have had ἀναπτήσαντα. It might have been added that ἀποστῆναι, I. 212, rendered by the translator *revolasse*, was read by him as ἀναπτῆναι. But as Christ is said to have left Jesus at the crucifixion, I. 200, the word ἀποστῆναι in that passage, and ἀποστήσαντα here, would give an unexceptionable meaning.

[5] σωτῆρα. GRABE justly observes, that πατέρα is the more probable reading, as rendered by the translation. It harmonises better with the commencement of this fragment.

νεκρῶν ἐγερθέντα· καὶ τὴν εἰς αὐτὸν πίστιν ἐκήρυσσον τοῖς μὴ πιστεύουσιν εἰς τὸν υἱὸν τοῦ Θεοῦ, καὶ ἐκ τῶν προφητῶν συνεβίβαζον αὐτοὺς, ὅτι ὃν ἐπηγγείλατο ὁ Θεὸς πέμψειν Χριστὸν, ἔπεμψε τὸν Ἰησοῦν, ὃν αὐτοὶ ἐσταύρωσαν, καὶ Θεὸς ἤγειρε. LIB. III. xii. 2. GR. III. xii. MASS. III. xii. 2.

tuis resurrexit; et eam quæ in eum est, fidem annuntiabant his, qui non credebant in filium Dei, et ex prophetis cohortabantur eos, quoniam eum, quem promisit se Deus missurum Christum, misit Jesum, quem ipsi crucifixerunt, quem Deus excitavit.

3. Rursus cum Petrus simul cum Johanne vidisset eum qui a nativitate claudus erat, ante portam templi, quæ dicitur speciosa, sedentem et petentem eleemosynam, dixit ei: *Argentum et aurum non est mihi; quod autem habeo, hoc tibi do: In nomine Jesu Christi Nazareni surge et ambula. Et statim ejus confirmati sunt gressus et plantæ, et ambulabat, et introivit cum ipsis in templum, ambulans, et saliens, et glorificans Deum.* Multitudine autem universa collecta ad eos propter inopinatum factum, Petrus dixit eis: *Viri Israelitæ, quid miramini in hoc, et nos quid intuemini, quasi nostra virtute fecerimus hunc ambulare? Deus Abraham, Deus Isaac, et Deus Jacob, Deus patrum nostrorum, glorificavit Filium suum, quem vos quidem tradidistis* [1]*in judicium, et negastis ante faciem Pilati, cum remittere eum* [2]*vellet. Vos autem sanctum et justum* [3]*aggravastis, et petistis virum homicidam donari vobis: ducem autem vitæ occidistis, quem Deus excitavit a mortuis, cujus nos testes sumus. Et in fide nominis ejus hunc quem videtis et scitis, confirmavit nomen ejus, et fides quæ est per ipsum, dedit ei incolumitatem coram vobis omnibus. Et nunc, fratres, scio quoniam secundum ignorantiam fecistis* [4]*nequam. Deus autem quæ prædixit*

Act. iii. 2. Act. iii. 6, 7, 8. Act. iii. 12, usque ad finem.

[1] *In judicium.* Εἰς κρίσιν *addit quoque MS. Codex Cantabrigiensis. Quod glossema utrum jam Irenæi ætate Græco textui insertum fuerit, an vero postea in Latinam versionem irrepserit, et ex ea a veteri Irenæi interprete transsumptum fuerit, definire haud ausim.* GR.

[2] *vellet*, κρίναντος, but Cod. BEZ. θέλοντος. Syr. ܨܒܐ ἠξίωσεν.

[3] *rursum cum Irenæo, vel ejus Interprete convenit Cod. Cantabrigiensis, in quo legitur*, ἐβαρύνατε. GR. The cause of the *varia lectio* may be traced, as I imagine, to the similarity of the two Syriac verbs, ܟܦܪ ἀρνεῖσθαι, and ܟܒܪ βαρύνειν.

[4] *nequam.* Cod. BEZÆ πονηρὸν, for which there is nothing corresponding in the received text. The omission of the clause, ὥσπερ καὶ οἱ ἄρχοντες ὑμῶν, induces the belief that the cause of corruption may be traced to the similarity of the Syriac words ܒܝ̈ܫܐ πονηροί, and ܪ̈ܫܐ ἄρχοντες.

LIB. III. xii. 3. GR. III. xii. MASS. III. xii. 3.

ore omnium prophetarum [1]*pati Christum suum* [2]*adimplevit. Pœnitentiam igitur agite, et convertimini, uti deleantur peccata vestra,* [3]*et veniant vobis tempora refrigerii a facie Domini, et mittat* [4]*præparatum vobis Jesum Christum, quem oportet quidem cœlum suscipere usque ad tempora* [5]*dispositionis omnium quæ locutus est Deus* G. 226. *per sanctos prophetas suos.* [6]*Moyses quidem dicit ad patres nostros: Quoniam Prophetam excitabit vobis Dominus Deus vester ex fratribus vestris, quemadmodum me, ipsum audietis in omnibus quæcunque locutus fuerit ad vos. Erit autem omnis anima quæcunque non audierit Prophetam illum, peribit de populo. Et omnes a Samuel et deinceps, quotquot locuti sunt, et annuntiaverunt dies istos. Vos estis filii prophetarum, et testamenti quod Deus disposuit ad patres nostros, dicens ad Abraham: Et in semine tuo benedicentur omnes tribus terræ. Vobis primum Deus excitans* [7]*Filium suum misit benedicentem vos,* [8]*ut convertat se unusquisque a nequitiis suis.*

Gen. xii. 3, et xxii. 18.

GRABIUS ex eadem Cat. fol. 23, CRA. p. 61.

Φανερὸν τὸ κήρυγμα, ὃ Πέτρος σὺν Ἰωάννῃ ἐκήρυσσεν αὐτοῖς, τὴν ὑπόσχεσιν, ἣν ἐποιήσατο ὁ Θεὸς τοῖς πατράσι, δι' Ἰησοῦ πεπληρῶσθαι εὐαγγελιζόμενος· ἀλλ' οὐκ ἄλλον Θεὸν καταγγέλλων, ἀλλὰ τὸν Υἱὸν τοῦ Θεοῦ, τὸν καὶ ἄνθρωπον γεγονότα, καὶ παθόντα, εἰς ἐπίγνωσιν ἄγων τὸν [τοῦ] Ἰσραὴλ, καὶ ἐν Ἰησοῦ τὴν ἀνάστασιν τῶν νεκρῶν κηρύσσων, καὶ σημαίνων, ὅτι ὅσα οἱ προφῆται κατήγγειλαν περὶ τοῦ πάθους τοῦ Χριστοῦ, ταῦτα ἐπλήρωσεν ὁ Θεός.

Manifestam ergo præconationem Petrus cum Johanne præconavit eis, repromissionem quam fecit Deus patribus, per Jesum adimpletam evangelisans: non quidem alterum Deum annuntians, sed Filium Dei, qui et homo factus est, et passus, in agnitionem

[1] αὐτοῦ is ignored in the Syriac version, ܒܦܘܡܐ ܕܟܠܗܘܢ ܢܒܝܐ or rather it refers the pronoun to Χριστὸν, for it proceeds, as in the text, ܕܢܚܫ ܡܫܝܚܗ *ut pateretur Christus ejus.*

[2] *adimplevit,* perhaps for *ita implevit,* ἐπλήρωσεν οὕτω.

[3] *et veniant,* ὅπως ἂν ἔλθωσι, Syr. ܘܢܐܬܘܢ.

[4] *Præparatum vobis. Irenæus non legit προκεκηρυγμένον ὑμῖν, sed προκεχειρισμένον, prout multa quoque MSS. Græca habent.* TERT. *prædesignatum.* The Syr. has ܕܡܛܝܒ ܗܘܐ *quem præparavit.*

[5] *dispositionis,* a free translation of ἀποκαταστάσεως. The Syriac equally so ܠܡܫܠܡܘܬܐ *ad complementum.*

[6] The words ἀπ' αἰῶνος, omitted here, are omitted also in the Codex BEZÆ.

[7] *Filium suum,* omitting *Jesum,* as also the Syriac.

[8] ἐν τῷ ἀποστρέφειν, the blessing being the co-ordinate of conversion, as above, *ut convertat;* the Syriac by a more doubtful theology represents it as the

adducens Israel, et in Jesu resurrectionem quæ est a mortuis, LIB. III. xii. 3.
annuntians, et significans quoniam omnia quæ prophetæ annun- GR. III. xii. MASS. III. xii. 4.
tiaverunt de passione Christi, hæc adimplevit Deus.

4. Propter quod rursus convocatis principibus sacerdotum, fiducialiter Petrus dixit ad eos: *Principes populi et* [1]*seniores Israelitæ, si nos hodie redarguimur a vobis in benefacto hominis infirmi, in quo hic* [2]*salvatus est; cognitum sit omnibus vobis et omni populo Israel, quoniam in nomine Jesu Christi Nazareni, quem vos crucifixistis, quem Deus excitavit a mortuis, in hoc hic adstat in conspectu vestro sanus. Hic est lapis* [3]*spretus a vobis ædificantibus, qui factus est in caput anguli. Et non est* [4]*aliud nomen sub cælo, quod datum sit hominibus, in quo oporteat salvari* Act. iv. 8–12. Ps. cxvii. 22.

Οὕτως οἱ ἀπόστολοι οὐ τὸν Θεὸν ἤλλασσον, ἀλλὰ τὸν Χριστὸν κατήγγελλον τῷ λαῷ εἶναι τὸν Ἰησοῦν τὸν ἐσταυρωμένον, ὃν ὁ Θεὸς, ὁ τοὺς προφήτας πέμψας, αὐτὸς Θεὸς ὢν, ἤγειρε, καὶ τὴν σωτηρίαν ἐν αὐτῷ ἔδωκε τοῖς ἀνθρώποις. GR. ut sup. CRA. p. 74.

nos. Sic Apostoli non Deum mutabant, sed Christum annuntiabant populo esse Jesum qui crucifixus est, quem Deus [excitavit,] qui prophetas misit, idem Deus, excitavit, et salutem in eo dedit hominibus.

5. Confusi igitur et per curationem, (*annorum enim,* inquit Scriptura, *plusquam* XL *erat homo in quo factum est signum cura-* Act. iv. 22.
M. 195. *tionis*) et per doctrinam Apostolorum, et prophetarum expositionem, cum remisissent summi sacerdotes Petrum et Johannem, et reversi essent ad reliquos coapostolos et discipulos Domini, id est in Ecclesiam, et enarrassent quæ fuerant facta, et quemadmodum fiducialiter egissent in nomine Jesu. *Audientes*, inquit, tota Ecclesia, *unanimes extulerunt vocem ad Deum, et dixerunt: Domine,* Act. iv. 24–28.

effect and consequence of conversion, ܐܢ ܬܬܬܦܢܘܢ *si convertamini.*

[1] πρεσβύτεροι τοῦ Ἰσραήλ. Syr. ܩܫܝܫܐ ܕܒܝܬ ܐܝܣܪܝܠ.

[2] *salvatus* is the reading of the MSS., *Gr.* σέσωσται.

[3] *spretus*, CLERM., VOSS., which must be considered to represent the genuine reading rather than the AR. *pretiosus, reprobatus;* the former of which, as a corruption of the word in the text, involved the introduction of *reprobatus.* It may be remarked however, that the Syriac word ܟܐܦܐ means a *gem* as well as a *rock.*

[4] Supply the words, *in quoquam alio salus, neque enim est,* an omission caused apparently by the recurrence of the word *est.*

LIB. III. xii. 5. GR. III. xii. MASS. III. xii. 5. *tu es Deus qui fecisti cœlum, et terram, et mare, et omnia quæ in eis sunt, qui* [1] *per Spiritum sanctum ore David patris nostri, pueri tui, dixisti: Quare fremuerunt gentes, et populi meditati sunt*
Ps. ii. 1 et 2. *inania? Adstiterunt reges terræ, et principes congregati sunt in unum adversus Dominum, et adversus Christum ejus. Convenerunt enim vere* [2] *in hac civitate adversus sanctum Filium tuum Jesum quem unxisti, Herodes et Pontius Pilatus, cum gentibus et populis Israel, facere quæcunque manus tua et voluntas tua prædestinaverat fieri.*

GR. ut sup. CRA. p. 78. Αὗται φωναὶ τῆς Ἐκκλησίας, ἐξ ἧς πᾶσα ἔσχηκεν ἐκκλησία τὴν ἀρχήν· αὗται φωναὶ τῆς μητροπόλεως τῶν τῆς καινῆς διαθήκης πολιτῶν, αὗται φωναὶ τῶν ἀποστόλων, αὗται φω- G. 227.
ναὶ τῶν μαθητῶν τοῦ Κυρίου, τῶν ἀληθῶς τελείων, μετὰ τὴν ἀνάληψιν τοῦ Κυρίου διὰ Πνεύματος τελειωθέντων, καὶ ἐπικαλουμένων τὸν Θεὸν, τὸν ποιήσαντα τὸν οὐρανὸν, καὶ τὴν γῆν, καὶ τὴν θάλασσαν, τὸν διὰ τῶν προφητῶν κεκηρυγμένον, καὶ τὸν τούτου παῖδα δὲ, ὃν ἔχρισεν ὁ Θεὸς, καὶ ἄλλον οὐκ εἰδότων. Οὐ γὰρ ἦν τότε Οὐαλεντῖνος ἐκεῖ, οὐδὲ Μαρκίων, οὐδ' οἱ λοιποὶ ἑαυτῶν τε καὶ τῶν πειθομένων αὐτοῖς καταστροφεῖς. Διὸ καὶ ἐπήκουσεν αὐτῶν ὁ ποιητὴς τῶν ἁπάντων Θεός. Ἐσαλεύθη γάρ, φησιν, ὁ τόπος, ἐν ᾧ ἦσαν συνηγμένοι, καὶ ἐπλήσθησαν ἅπαντες τοῦ ἁγίου Πνεύματος, καὶ ἐλάλουν τὸν λόγον τοῦ Θεοῦ μετὰ παῤῥησίας παντὶ τῷ θέλοντι πιστεύειν.

6. Hæ voces Ecclesiæ, ex qua habuit omnis ecclesia initium: hæ voces civitatis magnæ, novi testamenti civium: hæ voces Apostolorum, hæ voces discipulorum Domini, eorum qui post assumtionem Domini per Spiritum et perfecti exstiterunt, et invocaverunt Deum qui fecit cœlum et terram et mare, qui per prophetas annuntiatus est, et ejus Filius Jesus [Filium Jesum], quem unxit Deus, et alterum autem nescientes. Non enim erat ibi tunc Valentinus, nec Marcion, nec reliqui sui vel eorum qui assentiunt eis eversores. Propter quod et exaudivit eos factor
Act. iv. 31. omnium Deus. *Commotus est enim*, inquit, *locus, in quo erant*

[1] These words are no portion of the present text, but they are expressed in the Syriac version, and some Greek MSS.; not so however the words *Patris nostri.*

[2] *in hac civitate,* words recognised again in the Syriac, ܒܡܕܝܢܬܐ ܗܕܐ

collecti, et repleti sunt omnes Spiritu sancto, et loquebantur verbum Dei cum fiducia, omni volenti credere. *Virtute enim magna,* inquit, *reddebant testimonium Apostoli resurrectionis Domini Jesu,* dicentes ad eos: *Deus patrum nostrorum excitavit Jesum, quem vos* [1]*apprehendistis, et interfecistis suspendentes in ligno. Hunc Deus principem et Salvatorem exaltavit* [2]*gloria sua, dare pœnitentiam Israel, et remissionem peccatorum: et nos in eo testes* [3]*sumus sermonum horum, et Spiritus sanctus, quem dedit Deus credentibus ei. Omni quoque die,* inquit, *in templo, et* [4]*in domo non cessabant docentes et evangelisantes Christum Jesum* Filium Dei. Hæc enim erat salutis agnitio, quæ perfectos ad Deum efficit eos, qui cognoscunt Filii ejus adventum.

LIB. III. xii. 6. GR. III. xii. MASS. III. xii. 6.

Act. iv. 33. Act. v. 30.

Act. v. 42.

7. Quoniam autem impudenter quidam eorum dicunt, apud Judæos præconantes Apostoli non poterant alterum eis Deum annuntiare præter eum, qui creditus fuerat ab ipsis; dicimus ad eos, quoniam si secundum olim insitam opinionem hominibus loquebantur Apostoli, nemo ab his cognovit veritatem, multo autem prius a Domino; etenim ipsum sic locutum dicunt. Nec hi ergo ipsi veritatem sciunt, sed sententia eorum de Deo cum esset talis, exceperant doctrinam, quemadmodum audire poterant. Secundum hunc igitur sermonem apud neminem erit regula veritatis, sed omnes discipuli omnibus imputabunt, quoniam quemadmodum unusquisque sentiebat, et quemadmodum capiebat, sic et sermo ad eum factus est. Superfluus autem et inutilis adventus Domini parebit, si quidem venit permissurus et servaturus uniuscujusque olim insitam de Deo opinionem. Adhuc etiam et multo durius erat, quem hominem viderant Judæi, et cruci affixerant, annuntiari hunc esse Christum Filium Dei, æternum ipsorum Regem. Non igitur jam secundum pristinam eorum opinionem loquebantur ad eos. Qui enim in faciem interfectores eos esse Domini dicebant, multo magis fiducialiter eum Patrem, qui super Demiurgum est, et [5]ipsi annuntiarent, et non id quod putabat unusquisque; et multo minus erat peccatum, siquidem superiorem Salvatorem, ad quem ascendere eos oporteret, quoniam esset

[1] *apprehendistis et interfecistis.* Gr. διεχειρίσασθε, the latter verb being added supplementally.

[2] *gloria sua. Interpres pro* δεξιᾷ *perperam legit* δόξῃ. Gr.

[3] The Clerm. MS. omits *sumus,* and the substitution of *in eo* instead of *ejus,* indicates in the Greek ἡμεῖς ἐν αὐτῷ, instead of ἡμεῖς ἐσμὲν αὐτοῦ.

[4] *in domo. Gr.* κατ' οἶκον. Syr. ܒܒܝܬܐ.

[5] *ipsi,* Gr. from the Voss. *al. ipsis.*

LIB. III. xii. 7. GR. III. xii. MASS. III. xii. 7.

impassibilis, non affixissent cruci. Quemadmodum enim gentibus non secundum sententiam illorum loquebantur, sed cum fiducia dicebant, quoniam dii ipsorum non essent dii, sed idola dæmoniorum; simili modo et Judæis annuntiassent, si alterum majorem et perfectiorem scissent Patrem, non adnutrientes, neque augentes eorum non veram de Deo opinionem. Et [1] Ethnicorum autem solventes errorem, et auferentes eos a suis diis, non utique alterum eis inferebant errorem; sed auferentes eos qui non erant dii, eum qui solus erat Deus et verus Pater, ostenderunt.

8. Ex verbis Petri igitur, quæ fecit in Cæsarea ad Cornelium centurionem, et eos qui cum eo erant gentiles, quibus primo enarratus est sermo Dei, cognoscendum est nobis, quæ annuntiabant Apostoli, et qualis fuit prædicatio ipsorum, et quam habuerunt
Act. x. 1—5. de Deo sententiam. Erat enim, inquit, Cornelius hic *religiosus, et timens Deum cum tota domo sua, et faciens eleemosynas multas in populo, et orans Deum semper. Vidit ergo circa horam nonam diei, angelum Dei* [2]*introeuntem ad se, et dicentem:* [3]*Eleemosynæ tuæ ascenderunt in recommemorationem in conspectu Dei. Propter quod mitte ad Simonem, qui vocatur Petrus.* Petrus autem cum vidisset M. 196. G. 228.

GR. ut sup. CRA. p. 180. Τοῦ Πέτρου τὴν ἀποκάλυψιν ἰδόντος, ἐν ᾗ ἡ οὐράνιος εἶπεν αὐτῷ φωνή· ἃ ὁ Θεὸς ἐκαθάρισε, σὺ μὴ κοίνου, [4]τοῦθ' ὅτι διὰ τοῦ νόμου μεταξὺ καθαρῶν καὶ ἀκαθάρτων διαστείλας ὁ Θεὸς, οὗτος ἐκαθάρισε τὰ ἔθνη διὰ τοῦ αἵματος τοῦ παιδὸς αὐτοῦ, [5]ὃν καὶ ὁ Κορνήλιος ἐσέβετο.......

Act. x. 15. revelationem, in qua respondit ad eum cœlestis vox: *Quæ Deus emundavit, tu ne commune dixeris;* hoc ideo, quoniam qui per legem inter munda et immunda distinxit Deus, hic emundavit gentes per sanguinem Filii sui, quem et Cornelius colebat. Ad
Act. x. 34, 35. quem Petrus veniens dixit: *In veritate comperi, quoniam non est personarum acceptor Deus, sed in omni gente, qui timet eum et operatur justitiam, acceptabilis ei est.* Manifeste significans,

[1] GRABE first added *et*, from the Voss. MS., and it seems more probable that καὶ ... δὲ should have been in the Greek, than that *et* should have been educed from *ethnicorum*, with *autem* following.

[2] CLERM. *al. intrantem.*

[3] A summary only of the narration is given.

[4] τοῦθ' for τοῦτο μὲν, i. e. γέγονεν.

[5] ὃν, the antecedent being αὐτοῦ, not παιδός.

.......Τρανῶς σημαίνων, ὅτι ὃν πρότερον Θεὸν ἐφοβεῖτο ὁ Κορνήλιος, τὸν [ὃν] διὰ τοῦ νόμου καὶ τῶν προφήτων κατηχεῖτο, δι' ὧν [ὃν] καὶ τὰς ἐλεημοσύνας ἐποίει, οὗτος ἐπ' ἀληθείας ἔστι Θεός. Ἔλειπε δὲ αὐτῷ ἡ τοῦ Υἱοῦ γνῶσις.

LIB. III. xii. 8. GR. III. xii. MASS. III. xii. 7.

GR. ut sup. CRA. p. 185.

quoniam quem antea Deum timebat Cornelius, quem per legem et prophetas audierat, propter quem et eleemosynas faciebat, hic in veritate est Deus. Deerat autem ei [1][Filii] agnitio. Propter quod adjecit: *Vos scitis quod factum est verbum per omnem Judæam.* (Act. x. 37—44.) *Incipiens enim a Galilæa post baptismum quod prædicavit Johannes, Jesum a Nazareth, quemadmodum unxit eum Deus Spiritu sancto et virtute: ipse circuivit benefaciens et curans omnes qui oppressi erant a diabolo, quoniam Deus erat cum eo. Et nos testes* [2]*sumus omnium eorum quæ fecit et in regione Judæorum, et in Hierusalem: quem interfecerunt suspendentes in ligno. Hunc Deus excitavit tertia die, et dedit eum manifestum fieri, non omni populo, sed testibus nobis prædestinatis a Deo, qui cum eo et manducavimus, et bibimus post resurrectionem a mortuis. Et præcepit nobis annuntiare populo et testificari, quoniam ipse est prædestinatus a Deo Judex vivorum et mortuorum. Huic omnes prophetæ testimonium reddunt, remissionem peccatorum accipere per nomen ejus omnem credentem in eum.*

9. Filium ergo Dei quem ignorabant homines, annuntiabant Apostoli, et adventum ejus, his qui ante instructi erant de Deo; sed non alterum Deum inferebant. Si enim tale aliquid sciret Petrus, libere gentibus prædicasset, alterum quidem Judæorum, alterum autem Christianorum esse Deum; qui quidem propter visionem angeli conterriti omnes, quodcunque eis dixisset, credidissent. Ex verbis autem Petri manifestum est, quoniam præcognitum quidem eis Deum custodivit, Filium autem Dei Jesum Christum esse testificatus est ipsis, judicem vivorum et mortuorum, in quem et baptizari eos jussit in remissionem peccatorum: et non tantum hoc, sed et Jesum ipsum esse Filium Dei testificatus est, qui et unctus Spiritu sancto, Jesus Christus dicitur. Et est hic idem ex Maria natus, quemadmodum Petri continet testificatio. An numquid perfectam tunc cognitionem nondum habebat Petrus, quam postea adinvenerunt hi? Imperfectus igitur secundum hos Petrus, imperfecti autem et reliqui Apostoli: et

[1] *Filii,* as *FI,* absorbed in *EI.* [2] *sumus,* omitted by STIEREN.

LIB. III. xii. 9. GR. III. xii. MASS. III. xii. 7. oportebit eos reviviscentes, horum fieri discipulos, ut et ipsi perfecti fiant. Sed et hoc quidem ridiculum est. Arguuntur vero isti non quidem Apostolorum, sed suæ malæ sententiæ esse discipuli. Propter hoc autem et variæ sententiæ sunt uniuscujusque eorum, recipientis errorem quemadmodum capiebat. Ecclesia vero per universum mundum ab Apostolis firmum habens initium, in una et eadem de Deo et de Filio ejus perseverat sententia.

Act. viii. 26 seq. 10. Philippus autem rursus spadoni reginæ Æthiopum revertenti a Hierosolymis, et legenti Esaiam prophetam, solus soli, G. 229.
Act. viii. 32. Esai. liii. 7, 8. quem annuntiavit? Nonne eum de quo dixit propheta: *Tanquam ovis ad occisionem ductus est, quemadmodum agnus ante tondentem se sine voce, sic non aperuit os? Nativitatem autem ejus quis*

GR. ut sup. CRA. p. 144. Τοῦτον εἶναι Ἰησοῦν, καὶ πεπληρῶσθαι ἐν αὐτῷ γραφὴν, ὡς αὐτὸς ὁ εὐνοῦχος πεισθεὶς, καὶ παραυτίκα ἀξιῶν βαπτισθῆναι, ἔλεγε· [1] Πιστεύω τὸν Υἱὸν τοῦ Θεοῦ εἶναι Ἰησοῦν Χριστόν. Ὃς καὶ ἐπέμφθη εἰς τὰ κλίματα Αἰθιοπίας, κηρύξων τοῦτο, ὅπερ ἐπίστευσε, Θεὸν μὲν ἕνα, τὸν διὰ τῶν προφητῶν κεκηρυγμένον· τούτου δὲ τὸν Υἱὸν τὴν κατὰ ἄνθρωπον ἤδη πεποιῆσθαι παρουσίαν, καὶ ὡς πρόβατον εἰς σφαγὴν ἤχθη [*l.* ἠχθῆναι], καὶ τὰ λοιπὰ, ὅσα οἱ προφῆται M. 197.
λέγουσι περὶ αὐτοῦ.

GR. ibid. CRA. p. 160. 11. Παῦλος . . . μετὰ τὸ ἐκ τοῦ οὐρανοῦ λαλῆσαι αὐτῷ

enarrabit? quoniam tolletur a terra vita ejus. Hunc esse Jesum, et impletam esse in eo Scripturam; quemadmodum ipse eunuchus
Act. viii. 37. credens, et statim postulans baptisari dicebat: *Credo Filium Dei esse Jesum.* Qui et missus est in regiones Æthiopiæ, prædicaturus hoc quod ipse crediderat, Deum quidem unum per prophetas prædicatum; hujus vero Filium [2] [*adj.* jam] fecisse secundum hominem adventum, et ut ovem ad victimam ductum, et reliqua, quæcunque prophetæ dicunt de eo.

Act. ix. 4. 11. Paulus quoque et ipse, posteaquam de cœlo locutus est

[1] *Credo Filium Dei esse, &c. Ex hoc, et parallelo loco lib.* IV. *cap.* 40, *patet, Irenæum versum* 37, *cap.* 8, *Act. Apostol. in Alexandrino aliisque MSS. Codd. ipsiusque Chrysostomi Commentario omissum, in suo Codice legisse.* Here however IRENÆUS supplies the similar defect of the Syriac version, in which also v. 37 is wanting.

[2] *jam* perhaps is lost in *Filium.*

τὸν Κύριον, καὶ ἐπιδεῖξαι ὅτι τὸν ἴδιον δεσπότην ἐδίωκε, διώκων τοὺς μαθητὰς αὐτοῦ, καὶ πέμψαι Ἀνανίαν πρὸς αὐτὸν, καὶ ἀναβλέψαι, καὶ βαπτισθῆναι, ἐν ταῖς συναγωγαῖς, φησὶν, ἐν Δαμασκῷ ἐκήρυσσε μετὰ πάσης παῤῥησίας τὸν Ἰησοῦν, ὅτι οὗτός ἐστιν ὁ Υἱὸς τοῦ Θεοῦ ὁ Χριστός. Τουτέστι τὸ μυστήριον, ὃ λέγει κατὰ ἀποκάλυψιν ἐγνωρίσθαι αὐτῷ, ὅτι ὁ παθὼν ἐπὶ Ποντίου Πιλάτου, οὗτος Κύριος τῶν πάντων, καὶ βασιλεὺς, καὶ Θεὸς, καὶ κριτής ἐστιν . . . . . LIB. III. xii. 11. GR. III. xii. MASS. III. xii. 9.

ad eum Dominus, et ostendit quoniam suum Dominum persequeretur, persequens discipulos ejus, et misit Ananiam ad eum, ut iterum videret et baptisaretur: *In synagogis*, ait, *in Damasco prædicabat cum omni fiducia Jesum, quoniam hic est Christus Filius Dei.* Act. ix. 20. Hoc est mysterium quod dicit per revelationem manifestatum sibi, quoniam qui passus est sub Pontio Pilato, hic Dominus est omnium, et Rex, et Deus, et Judex; ab eo qui est omnium Deus, accipiens potestatem, quoniam *subjectus factus est usque ad mortem, mortem autem crucis.* Phil. ii. 8. Et quoniam hoc verum est, Atheniensibus evangelisans in Areopago, ubi Judæis non assistentibus, licebat ei cum fiducia verum prædicare Deum, dixit eis: *Deus qui fecit mundum et omnia quæ in eo sunt, hic cœli et terræ Dominus exsistens, non in manufactis templis inhabitat, nec a manibus humanis* [1]*tractatur, tanquam alicujus indigens, cum ipse omnibus dederit vitam et spiritum, et omnia* [2][*fecerit,*] *qui fecit ex uno sanguine omne* [3]*genus hominum inhabitare super faciem* [4]*totius terræ, præfiniens* Act. xvii. 24—32.

[1] *tractatur. Mira sane versio verbi θεραπεύεται.* GRABE. But this word supplies an undoubted proof that IRENÆUS occasionally quotes Scripture by retranslating from the Syriac. In Acts xvii. 25, the Greek term is *θεραπεύεται.* The Syriac closely copies it in the word ܡܬܦܠܚ Now if for this we substitute the word of very similar sound ܡܬܦܠܓ this would be exactly expressed by the Greek word *ψαύεται*, and gives a conclusive proof that IRENÆUS, here at least, had the Syriac text in his mind, containing however this one faulty reading. Further, since this latter word means also *to be comprehended or closed in*, the *varia lectio* agrees well with the proceding words, and lessens the unlikelihood that IRENÆUS should have mistaken the one word for the other.

[2] *fecerit* is an interpolation. The Syriac omits also *καὶ πάντα*, and gives simply ܚܕ ܕܡܐ The CLERM. MS. has *omnia fecerit qui ex uno.*

[3] *genus.* The Syriac also instead of *ἔθνος*, the *recepta lectio*, expresses *γένος.* At least ܟܠܗ ܥܠܡܐ ܕܒܢܝܢܫܐ *The whole world of Mankind*, implies the more comprehensive term.

[4] *totius.* The Greek has *ἐπὶ πᾶν τὸ πρόσωπον τῆς γῆς.* The Syriac ܥܠ ܐܦܝ ܐܪܥܐ ܟܠܗ.

LIB. III. xii. 11. GR. III. xii. MASS. III. xii. 9.

tempora secundum [1]*determinationem inhabitationis eorum, quærere* [2]*illud quod est divinum, si quo modo tractare possint illud aut invenire, quamvis etiam non longe sit ab unoquoque nostrum: in ipso enim vivimus, et movemur, et sumus: et quemadmodum* [3]*quidam secundum vos dixerunt: Hujus enim et genus sumus. Genus igitur cum simus Dei, non oportet nos putare, id quod est divinum simile esse auro vel argento, vel lapidi per artem vel concupiscentiam hominis deformato. Tempora ergo ignorantiæ despiciens Deus, nunc præcipit hominibus omnibus ubique pœniteri* [4]*in ipsum, quoniam constituit diem judicari orbem terræ in justitia,* [5]*in viro Jesu, in quo statuit fidem, excitans eum a mortuis.* Hoc autem in loco non solum factorem mundi Deum eis annuntiat, non G. 230.
assistentibus Judæis; sed et quoniam unum genus humanum fecit inhabitare super omnem terram; quemadmodum et Moyses
Deut. xxxii. 8. ait: *Quando divisit Altissimus gentes, quemadmodum dispersit filios Adam, statuit terminos gentium secundum numerum* [6]*angelorum*

[1] IRENÆUS here quotes Scripture very loosely, neither can the defects be wholly charged to the translator; he omits προτεταγμένους, unless indeed the Syriac equivalent for that word, ܒܦܘܩܕܢܗ *secundum jussum ejus*, be considered to be expressed by *secundum determinationem ejus*. In that case there is an omission of the words καὶ τὰς ὁροθεσίας, which the Syriac renders ܘܣܡ ܠܬܚܘ̈ܡܐ καὶ ἱστὰς τὰς ὁροθεσίας τ. κ. α., a reading that may have been followed by IRENÆUS, but either rendered or copied carelessly in the translation. The transition from καὶ ἱστὰς τὰς to καὶ τὰς is very easy. GRABE's note is however added; *Fallor, an Irenæus legerit,* κατὰ ὁροθεσίαν τῆς κατοικίας αὐτῶν, *prout et in MS. Cantabrigiensi Codice Actorum exstat (sed* GRIESB. *illam lectionem non adnotavit). Miror autem* προτεταγμένους *vel* προστεταγμένους *hoc loco excidisse.*

[2] Τὸ θεῖον *habet* CL. AL. *Str.* I. *et Cod. Cant. in quo etiam legitur* ψηλαφήσειαν αὐτὸ, *pro* αὐτὸν, *et* ὑπάρχοντος, *non* ὑπάρχοντα. G. The Syr. has ܐܠܗܘܬܐ

[3] ποιητῶν is omitted in the Codex BEZÆ, and in the Æthiopic version, as GRABE has not failed to observe.

[4] *in ipsum.* The insertion of these words induces the suspicion that for ܢܬܘܒܘܢ *pœniteat,* the author must have had in his mind ܢܬܘܒܘܢ ܠܗ *revertatur ad eum.*

[5] *in viro Jesu, in quo statuit fidem excitans,* ἀνδρὸς Ἰησοῦ *quoque scriptum in Cod. Cantabrig. Sed in solo Irenæo desunt duo verba* παρέχων πᾶσιν, *quæ exciderunt forte, occasione præcedentis vocis* πίστιν, *quæ iisdem literis terminatur.*

[6] *angelorum Dei.* The LXX. rendering is followed by as many Fathers as have occasion to quote this text; except, as GRABE remarks, that S. CLEM. ROM. omits the word Θεοῦ, *ad Cor.* § 29. The object of the original passage seems to have been, to recal the people of God to a sense of their privileges, by reminding them that from the time of the division of the earth in the days of Peleg and Joktan, the stock of the former of these two sons of Eber was made the peculiar people of Jehovah; while the latter, establishing themselves as they might in the general division, were the בְּנֵי אָדָם, whose number, Gen. x. 26—29, was that of

Dei: populum autem qui credit [1]Deo, jam non esse sub ange- LIB. III. xii. 11.
lorum potestate, sed sub Domini. *Facta est enim portio Domini* GR. III. xii. MASS. III.
populus ejus Jacob, funiculum hæreditatis ejus Israel. xii. 9.

12. Et iterum Lystris [2]Lyciæ cum esset Paulus cum Barnaba, Deut. xxxii. 9.
et a nativitate claudum in nomine Domini nostri Jesu Christi ambulare fecisset, et cum turba honorare eos vellet quemadmodum deos, propter admirabile factum, ait eis: *Nos similes vobis sumus* Act. xiv. 15—17.
homines, evangelisantes vobis Deum, uti ab eis vanis simulachris convertamini ad Deum vivum, qui fecit cœlum, et terram, et mare, et omnia quæ in eis sunt: qui in præteritis temporibus permisit omnes gentes abire vias suas, quamquam non sine testimonio semetipsum reliquit, benefaciens, de cœlo dans [3]*vobis pluvias et tempora fructifera, adimplens cibo et hilaritate corda* [3]*vestra.* Quoniam autem his annuntiationibus ejus omnes epistolæ consonant, ex ipsis epistolis ostendimus [ostendemus] apto in loco, exponentes apostolum. Nobis autem collaborantibus his ostensionibus quæ ex Scripturis sunt, et quæ multifarie dicta sunt, breviter et compendiose annuntiantibus, et tu cum magnanimitate intende eis, et non longiloquium [4]putare: hoc intelligens quoniam ostensiones quæ sunt in Scripturis, non possunt ostendi, nisi ex ipsis Scripturis.

13. Stephanus autem iterum qui electus est ab Apostolis primus diaconus, qui et primus ex omnibus hominibus sectatus est vestigia martyrii Domini, propter Christi confessionem primus interfectus, fiducialiter loquens in populo, et docens eos, dicens: *Deus gloriæ visus est patri nostro Abrahæ, et dixit ad* Act. vii. 2—8.
eum: Exi de terra tua et de cognatione tua, et veni in terram quam demonstrabo tibi: et transtulit illum in terram hanc, quam nunc et vos inhabitatis, et non dedit ei hæreditatem in ea, nec gressum

the children of Israel, among whom the land of Canaan was apportioned, i. e. 13, Joseph being represented by Ephraim and Manasseh. But the LXX. in translating this passage lost sight of any allusion to the history of Peleg and Joktan, and taking the *Sons of Israel* to mean the seventy and two souls that were the sons and grandsons of Jacob, inclusive of Er and Onan, Gen. xlvi. 12, bearing in mind also that each tribe of the children of men had its tutelary angel, according to the popular notion derived from Babylon; they paraphrased the Hebrew words, and for לְמִסְפַּר בְּנֵי יִשְׂרָאֵל they wrote κατ' ἀριθμὸν ἀγγέλων Θεοῦ. Each of these angels had one peculiar people in charge; but Israel was the *peculium* of Jehovah. Cf. AUG. *Civ. Dei,* XVI. 9.

[1] CLERM. *Deum.* GRABE, *credidit Deum,* as in VOSS., but MASSUET'S reading is followed.

[2] In error for *Lycaoniæ.*

[3] *vobis... vestra.* Gr. ἡμῖν... ἡμῶν. The Syr. seems more likely to be right with ܠܗܘܢ...ܗܘܢ i.e. *eis... eorum.*

[4] *putare,* so the MSS.; *noli* is proposed by GRABE for *non,* who however prints *puta.*

LIB. III. xii. 13. GR. III. xii. MASS. III. xii. 10. *pedis, sed promisit dare* [1]*ei in possessionem eam, et semini ejus post eum. Locutus est autem sic Deus ad eum, quoniam erit semen ejus peregrinans in terra aliena, et in servitutem redigentur, et vexabun-* M. 19 *tur annis quadringentis, et gentem cui servient, judicabo ego, dicit Dominus. Et postea exient et servient mihi in isto loco. Et dedit ei testamentum circumcisionis, et sic generavit Isaac.* Et reliqua autem verborum ejus eundem Deum annuntiant, qui fuit cum Joseph, et cum patriarchis, qui et collocutus est Moysi.

14. Et omnem Apostolorum doctrinam unum et eundem Deum annuntiasse, qui transtulit Abraham, qui promissionem hæreditatis ei fecit, qui testamentum circumcisionis apto tempore dedit, qui ex Ægypto vocavit semen ejus, servatum manifeste per circumcisionem, in signo enim dedit eam, ut non similes essent Ægyptiis, hunc factorem omnium, hunc Patrem Domini nostri Jesu Christi, hunc Deum claritatis, ex ipsis sermonibus et Actibus Apostolorum volentes discere possunt, et contemplari quoniam unus hic Deus, super quem alius non est. Si autem et erat super hunc alius Deus, ex abundanti per comparationem diceremus, hic illo melior est. Melior enim ex operibus apparet, quemadmodum et [2]prædiximus: et cum illi nullum Patris sui opus habeant osten-
1 Tim. vi. 4. dere, hic solus ostenditur Deus. Si quis autem *ægrotans circa quæstiones*, ea quæ ab Apostolis de Deo dicta sunt, allegorisanda existimat, prædictos sermones nostros discutiat, in quibus unum Deum conditorem et factorem omnium ostendimus, et ea quæ ab illis dicuntur destruximus et denudavimus, et [3]inveniet consonantes eos Apostolorum doctrinæ, et sic habere quemadmodum docebant et persuadebantur, quoniam unus est fabricator omnium Deus: et cum repulerit a sententia sua tantum errorem, et eam G. 23 quæ est adversus Deum blasphemiam, et a semetipso inveniet rationem, cognoscens et eam quæ est secundum Moysem legem, et gratiam Novi Testamenti, utraque apta temporibus, ad utilitatem humani generis ab uno et eodem præstita Deo.

15. Omnes enim qui sunt malæ sententiæ, moti ab ea legisdatione, quæ secundum Moysem, dissimilem eam et contrariam Evangelii doctrinæ arbitrantes, jam [4]non sunt conversi, uti differentiæ utriusque Testamenti inquirerent causas. Deserti

[1] *ei, αὐτῷ,* omitted by CL. and MASS.

[2] Vol. I. p. 362.

[3] CLERM. *invenies.* Possibly also the translator read *εὑρήσει συμφώνους* as *εὑρήσεις*, embodying the following letter.

[4] *Non sunt conversi.* Interpres *οὐκ ἐτράπησαν*, debebat vertere: *non eo animum appulerunt.* GRABE.

igitur cum sint a paterna dilectione, et inflati a Satana, conversi in Simonis Magi doctrinam, abstiterunt sententiis suis ab eo qui est Deus, et putaverunt quid [1]semetipsos plus invenisse quam Apostoli, alterum Deum adinvenientes; et Apostolos quidem adhuc quæ sunt Judæorum sentientes, annuntiasse Evangelium, se autem sinceriores et prudentiores Apostolis esse. Unde et Marcion, et qui ab eo sunt, ad intercidendas conversi sunt Scripturas, [2]quasdam quidem in totum non cognoscentes, [3]secundum Lucam autem Evangelium et Epistolas Pauli decurtantes, hæc sola legitima esse dicunt, quæ ipsi minoraverunt. Nos autem etiam ex his quæ adhuc apud eos custodiuntur, arguemus eos, donante Deo, [4]in altera conscriptione. Reliqui

LIB. III. xii. 15. GR. III. xii. MASS. III. xii. 12.

[1] *semetipsos plus invenisse.* MASSUET's reading on the authority of the CLERM. MS. GRABE reads *quod a semetipsis plus invenissent.* The CLERM. also has *quid*, τι... εὑρηκέναι.

[2] *Utramque Epistolam ad Timotheum, et eam quæ est ad Titum, Marcionem penitus rejecisse scribit lib.* V. *in eundem Tertullianus.* FEUARD. *Sed et S. Lucæ Acta Apostolica atque Apocalypsin S. Joannis quasi falsa rejecisse scribit non modo Auctor Appendicis ad lib. Tertulliani de Præscript. adversus hæreticos cap.* 51, *sed ipse quoque Tertullianus idem testatur; de Apocalypsi quidem lib.* IV. *adversus Marcionem cap.* 5, *de Actis Apostolorum vero lib.* V. *contra ipsum cap.* 2, *ex quo loco illustrandus alter lib. de Præscript. adversus hæreticos cap.* 22 *et* 23. *Imo de Actis res clara est ex ipsius Irenæi mox seq. cap.*14. GR.

[3] *Qui decurtationes hasce atque corruptiones Evangelii Lucæ ac Epistolarum Pauli, omnes et singulas cognoscere cupit, legat Epiphanii Hæresin* XLII. *Marcionitarum; atque Tertulliani lib.* IV. *et* V. *contra Marcionem; in quorum priori ex eis Evangelii S. Lucæ partibus, quas Marcion agnoverat, eundem refellit; posteriori autem ex reliquiis epistolarum Pauli adversus eum disputat. Præsertim ex lib.* IV. *cap.* 7, *patet, hunc hæreticum tribus prioribus Lucæ capitibus integris, et maxima quarti parte, resectis, ita Evangelium suum incepisse:* Anno quinto decimo principatus Tiberiani, Deus descendit in civitatem Galilææ Capharnaum. *Unde Irenæo* I. 29 [Tom. I. 217], *dicitur,* Id quod est secundum Lucam Evangelium circumcidens, et omnia quæ sunt de generatione (nativitate) Domini conscripta, auferens. *Dum vero mox addidit:* Et de doctrina sermonum Domini multa auferens, in quibus manifestissime conditorem hujus universitatis suum Patrem confitens Dominus conscriptus est; *respexit præcipue ad versum* 21, *capitis* X. *Lucæ.* Confiteor tibi Pater Domine cœli et terræ &c. *ubi vocem* Patris *expunxit Marcion, ut ex Tertulliani lib.* IV. *cap.* 25, *liquet; cum quo confer Epiphanium in dicta hæresi* XLII. *Confutat.* 22. GRABE.

[4] *Respexit hunc locum Eusebius lib.* V. *Hist. cap.* 8, *ita de Irenæo scribens:* Ἐπήγγελται δὲ ὁ αὐτὸς, ἐκ τῶν Μαρκίωνος συγγραμμάτων ἀντιλέξειν αὐτῷ ἐν ἰδίῳ σπουδάσματι. GRABE. If such a work had been composed by IRENÆUS, HIPPOLYTUS must certainly have mentioned it. But in the *Philosophumena* we find little that reminds us of IRENÆUS, so far as the Marcionite heresy is concerned; this system is traced back to Empedocles, and is exhibited in a philosophical rather than a theological point of view. Again, if antiquity had preserved any trace of such a work, we may be sure that TERTULLIAN would have used it in working out

LIB. III. xii. 15. GR. III. xii. MASS. III. xii. 12. vero omnes falso scientiæ nomine inflati, Scripturas quidem confitentur, interpretationes vero convertunt, quemadmodum ostendimus in primo libro. Et quidem hi qui a Marcione sunt statim blasphemant fabricatorem, dicentes eum malorum fabricatorem, propositum initii sui [1]tolerabiliorem habentes, duos naturaliter dicentes deos, distantes ab invicem, alterum quidem bonum, alterum autem malum: hi autem qui sunt a Valentino, nominibus honestius utentes, et Patrem, et Dominum, et Deum, hunc qui est fabricator, ostendentes, propositum sive sectam blasphemiorem habent, neque ab aliquo ex his quæ sunt intra plenitudinem Æonibus dicentes eum emissum, sed ab ea labe quæ extra Pleroma expulsa est. Hæc autem omnia contulit eis scripturarum et dispositionis Dei ignorantia. Nos autem et causam differentiæ testamentorum, et rursum unitatem et consonantiam ipsorum, in his quæ deinceps futura sunt, referemus.

16. Quoniam autem et Apostoli et [2]discentes ipsorum, sic docebant, quemadmodum Ecclesia prædicat, et sic docentes Heb. ii. 10; vii. 28; viii. 1. perfecti fuerunt, propter quod et evocabantur ad [3]perfectum: Stephanus hæc docens, adhuc cum super terram esset, vidit Act. vii. 56. gloriam Dei, et Jesum ad dexteram, et dixit: *Ecce, video cœlos apertos, et Filium hominis* [4]*stantem a dexteris Dei.* Et hæc dixit, et lapidatus est, et sic perfectam doctrinam adimplevit, per omnia martyrii magistrum imitans, et postulans pro eis qui se interficie-Act. vii. 60. bant, et dicens: *Domine, ne statuas illis hoc peccatum.* Sic erant perfecti, qui unum et eundem Deum, ab initio usque ad finem variis dispositionibus assistentem humano generi, sciebant; quem-Osea xii. 10. admodum ait Osee propheta, *Ego visiones implevi, et in manibus* G. 232.
prophetarum similatus sum. Qui ergo usque ad mortem tradiderunt animas propter Evangelium Christi, quomodo poterant secundum insitam opinionem hominibus loqui? Quod ipsum si

his five books *adv. Marc.*, since he confessedly makes a liberal use of this work of IRENÆUS in his treatise *c. Valent.* But we hear nothing of it. Cf. *c. Val.* c. 5, and Vol. I. 219, n. 2.

[1] *Omnia exemplaria habent,* intolerabiliorem, *excepto* ARUND. *ex quo contrariam lectionem eligere placuit. Quippe Irenæus, comparatis inter se Valentini et Marcionis sectis, hanc prima voce blasphemiam in Creatorem ejaculari ait, reipsa tamen tolerabiliorem esse illa; utpote quæ non statim quidem adeo horrenda sonet, ast majorem in recessu habeat blasphemiam. Debuisset autem Interpres, siquidem* πρόθεσιν propositum *vertere ei placuit,* tolerabilius *adjicere.* GR. Marcion taught that these two intelligent principles, and matter, were three distinct eternal principles. See TERT. *c. Marc.* I. 2, &c.; HIPP. *Ph.* VII. 29—31, X. 19.

[2] μαθηταί, as in c. xv. and elsewhere.

[3] διὸ καὶ ἐξεκλήθησαν εἰς τὸν τετελειωμένον.

[4] CL., MASS. *ad dexteram adstantem Dei.*

fecissent, non paterentur: sed quoniam contraria his qui non LIB. III. xii. 16.
M. 199. assentiebant veritati prædicabant, ideo et passi sunt. Manifestum GR. III. xii. MASS. III. xii. 13.
est ergo, quoniam non derelinquebant veritatem, sed cum omni fiducia Judæis et Græcis prædicabant; Judæis quidem, Jesum eum qui ab ipsis crucifixus est esse Filium Dei, judicem vivorum et mortuorum, a Patre accepisse æternum regnum in Israel, quemadmodum ostendimus; Græcis vero unum Deum qui omnia fecit, et hujus Filium Jesum Christum annuntiantes.

17. Manifestius autem hoc ostenditur ex Apostolorum Epistola, quam neque Judæis, neque Græcis, sed ipsis qui ex gentibus in Christum credebant, confirmantes fidem ipsorum, miserunt. Cum enim descendissent quidam a Judæa in Antiochiam, in qua et primum omnium discipuli Domini pro fide, quam in Christo habebant, vocati sunt Christiani, et suaderent eis qui crediderant in Dominum circumcidi, et reliqua secundum legis observationem perficere; et ascendissent Paulus et Barnabas Hierosolymam ad alteros Apostolos propter hanc quæstionem, et universa Ecclesia convenisset in unum, Petrus dixit eis: *Viri fratres, vos scitis* Act. xv. 7—11.
quoniam a diebus antiquis [1]*in vobis Deus elegit, ut ex ore meo audirent gentes verbum Evangelii, et crederent: et cordis inspector Deus testimonium perhibuit eis, dans eis Spiritum sanctum, sicut et nobis, et nihil discrevit inter nos et ipsos, emundans per fidem corda illorum. Nunc igitur quid tentatis Deum, imponere jugum super cervicem discipulorum, quod neque patres nostri, neque nos valuimus portare? Sed per gratiam Domini* [2]*nostri Jesu Christi credimus nos posse salvari, quomodo et illi.* Post quem Jacobus dixit: *Viri* Act. xv. 14—20.
fratres, Simon retulit, quemadmodum [3]*Deus excogitavit accipere ex gentibus populum nomini suo.* [4]*Et sic conveniunt sermones prophetarum, sicut scriptum est: Post hæc revertar, et reædificabo taber-* Amos ix. 11, 12.
naculum David quod cecidit, et disturbata ejus ædificabo, et erigam illud, uti requirant reliqui hominum Dominum, et omnes gentes, in quibus invocatum est nomen meum super eos, dicit Dominus, faciens

[1] *in vobis.* As GRABE remarks, the ALEX. MS. has ὑμῖν in lieu of the more usual ἡμῖν, which is also read in the *Const. Apost.* VI. 12, and in the Commentary of CHRYSOSTOM. The Syriac takes ἐν ἡμῖν as applied to himself by S. Peter, ܡܢ ܦܘܡܝ ܕܝܠܝ *ex ore meo, meo inquam.*

[2] *nostri.* So the Syriac ܕܡܪܢ

[3] The ALEX. MS. also omits πρῶτον. The Syriac embodies πρῶτον ἐπεσκέψατο in ܦܪܫ which means both *to begin* and *to purpose.*

[4] *Et sic. Pro τούτῳ Irenæus vel interpres ejus legit οὕτως, quomodo etiam primitus in Cod. Cantabrig. scriptum fuit, sed recentiori manu correctum.* GRABE.

LIB. III. xii. 17. GR. III. xii. MASS. III. xii. 14. [1]*hæc. Cognitum a seculo est Deo* [2]*opus ejus: propterea ego secundum me judico, non molestari eos qui ex gentibus convertuntur ad Deum, sed præcipiendum eis, uti abstineant a* [3]*vanitatibus idolorum, et a fornicatione, et* [4]*a sanguine: et quæcunque nolunt sibi fieri, aliis ne faciant.* Et cum hæc dicta essent, et omnes consensissent,
Act. xv. 23–29. scripserunt eis sic: *Apostoli et Presbyteri* [5]*fratres, his qui sunt in Antiochia et Syria et Cilicia fratribus ex gentibus, salutem. Quoniam audivimus, quia ex nobis quidam exeuntes turbaverunt vos sermonibus, destruentes animas vestras,* [6]*quibus non præcepimus, dicentes, Circumcidimini et servate Legem; placuit nobis convenientibus in unum, electos viros mittere ad vos cum dilectissimis nostris Barnaba et Paulo, hominibus qui tradiderunt animam suam pro nomine Domini nostri Jesu Christi. Misimus igitur Judam et Silam, et ipsos per sermonem annuntiantes* [7]*nostram sententiam. Placuit enim sancto Spiritui, et nobis, nullum amplius vobis pondus imponere, quam hæc quæ sunt necessaria, ut abstineatis ab idolothytis, et sanguine, et fornicatione: et quæcunque non vultis fieri vobis, aliis ne faciatis: a quibus custodientes vos ipsos, bene agetis,* [8]*ambulantes in Spiritu sancto.* Manifestum est igitur ex his omnibus, quoniam non alterum Patrem esse docebant, sed libertatis

[1] *ταῦτα πάντα* is the received text. The latter word, from its similarity, was lost in the Alexandrian and other copies, as was the case with that of IRENÆUS.

[2] So also the Codex BEZÆ; and since the one work of the conversion of the heathen is here considered, the singular is not inapplicable. Syr. *Opera.*

[3] Gr. *τῶν ἀλισγημάτων τῶν εἰδώλων.* The quotation is apparently affected by *vanis simulachris*, p. 65. The Syr. read *εἰδωλοθύτων*, with which the sequel agrees.

[4] *Quemadmodum Irenæus vel ejus Interpres, hic et paulo post, ita et Cod. Cantabrig. utroque in loco omittit, καὶ πνικτοῦ, atque addit: καὶ ὅσα μὴ θέλωσιν ἑαυτοῖς γίνεσθαι, ἑτέροις μὴ ποιεῖτε, posteriori loco, ποιεῖν. Agnoscit quoque hanc appendicem* CYPR. *ad Quir.* 3, *c.* 119. GRABE.

[5] The ALEX. and CAMBRIDGE MSS. omit the word *καὶ*, but the term *ἀδελφοὶ* corresponds with the collective description in v. 22, *σὺν ὅλῃ τῇ ἐκκλησίᾳ*, and requires the copula, as in the Syriac.

[6] *quibus non præcepimus.* These words are transposed, and should follow the word *Legem.*

[7] N. T. *τὰ αὐτά.*

[8] *ambulantes in Sp. s. Hæc iterum est appendix, et in Cod. Cant. exarata, et a* TERT. *de Pud.* 12, *his expressa verbis:* Vectante vos Spiritu sancto. GR. The word in the Gr. text is *ἔρρωσθε*, which the Syriac also renders paraphrastically ܗܘܘ ܡܫܪܪܝܢ ܒܡܪܢ *Be firm in our Lord;* but some transcriber mistook the middle term for the customary Rabbinical *valete* אשורין, which in the Talmud Tr. *Gittin* is interpreted by the Gloss, התחזקו, *ἔρρωσθε*. The word having been so written, was rendered into Greek by *φερόμενοι*, as though it were referrible to אשר *βαδίζειν*, Prov. ix. 6. So the Codex BEZÆ has *φερόμενοι ἐν τῷ ἁγίῳ Πνεύματι*, which TERTULLIAN rendered as *φέροντος τοῦ ἁγίου Πνεύματος.*

novum testamentum dabant his, qui nove in Deum per Spiritum LIB. III. xii. 17.
sanctum credebant. Ipsi autem ex eo quod quærerent, an opor- GR. III. xii. MASS. III.
teret circumcidi adhuc discipulos necne, manifeste ostenderunt xii. 14.
non habuisse se alterius Dei contemplationem.

18. Cæterum non talem timorem circa primum habuissent Testamentum, ut nec cum ethnicis quidem convesci vellent. Nam et Petrus, quamvis ad catechizandos eos missus esset, et tali visione [1]conterritus fuisset, cum timore tamen multo locutus est
G. 233. ad eos dicens: *Ipsi scitis quoniam non est fas viro Judæo conjungi,* Act. x. 28, 29.
aut convenire cum allophylo: mihi autem Deus ostendit, neminem communem aut immundum dicere hominem: quapropter sine contra-

Διὰ τῶν λόγων τούτων σημαίνων, ὅτι οὐκ ἂν ἐπεπόρευτο πρὸς αὐτοὺς, εἰ μὴ κεκέλευστο. Ἴσως γὰρ οὐδὲ τὸ βάπτισμα οὕτως εὐχερῶς ἔδωκεν αὐτοῖς, εἰ μὴ τοῦ Πνεύματος τοῦ ἁγίου ἐπαναπαύοντος αὐτοῖς, προφητεύοντας αὐτοὺς ἀκηκόει. Καὶ διὰ τοῦτο ἔλεγε· Μήτις τὸ ὕδωρ κωλῦσαι δύναται τοῦ μὴ βαπτισθῆναι τούτους, οἵτινες τὸ Πνεῦμα τὸ ἅγιον ἔλαβον, ὡς καὶ ἡμεῖς; πείθων ἅμα τοὺς συμπαρόντας, καὶ σημαίνων, ὅτι εἰ μὴ τὸ Πνεῦμα τὸ ἅγιον ἐπ' αὐτοὺς ἐπαναπέπαυτο, ἦν ὁ κωλύσων αὐτοὺς τοῦ βαπτίσματος.

dictione veni; his sermonibus significans, quoniam non abisset ad eos, nisi jussus fuisset. Sic æque ne baptisma quidem facile dedisset, nisi, Spiritu sancto requiescente super eos, prophetantes
eos audisset. Et propter hoc dixit: [2]*Num quis aquam vetare* Act. x. 47.
potest ad baptizandum hos, qui Spiritum sanctum acceperunt, quemadmodum et nos? Suadens simul his qui secum erant, et significans, quoniam nisi Spiritus sanctus super eos requievisset, exsisteret qui eos prohiberet a baptismate.

M. 200. 19. Hi autem qui [3]circa Jacobum Apostoli gentibus quidem libere agere permittebant, concedentes nos Spiritui Dei. Ipsi

[1] *conterritus.* Since one of MERCER'S MSS. has the reading *contritus*, and the present is not at all suited to the sense; since also S. Peter himself speaks of being constrained by that which he saw in his trance, Acts xi. 17; I consider *constrictus* to be the true reading, as the translation of συνεχόμενος.

[2] CL., VOSS., MASS., *numquid aliquis.*

[3] *Græca phrasis* οἱ περὶ δεῖνα *sæpe non unicum hominem, sed eos quoque qui cum ipso sunt, denotet; hic cum Jacobo reliquos simul Apostolos intelligo, præsertim quia sequitur:* Ipsi vero scientes, *&c. Cæterum Irenæus hoc loquendi genere primatum inter Apostolos S. Jacobo tribuisse videtur, tamquam Episcopo Hierosolymitanæ Ecclesiæ, ex qua habuit omnis Ecclesia initium, et* μητροπόλεως τῶν τῆς καινῆς διαθήκης πολιτῶν, 226 G. GR.

LIB. III. xii. 9. GR. III. xii. MASS. III. xii. 15. vero eundem scientes Deum, perseverabant in pristinis observationibus, ita ut et Petrus quoque timens ne culparetur ab ipsis, ante manducans cum gentibus propter visionem et propter Gal. ii. 12, 13. Spiritum qui requieverat super eos, cum tamen advenissent quidam ab Jacobo, separavit se, et non manducavit cum eis; hoc ipsum autem dixit Paulus et Barnabam fecisse. Sic Apostoli, quos Joh. xv. 27. Act. i. 8. universi actus et universæ doctrinæ Dominus testes fecit, ubique enim simul cum eo assistentes inveniuntur Petrus et Jacobus et Johannes, religiose agebant circa dispositionem legis, quæ est secundum Moysem, ab uno et eodem significantes esse Deo. Quod quidem non fecissent secundum quæ prædiximus, si præter eum qui legis dispositionem fecit, alterum Patrem a Domino didicissent.

CAP. XIII.

Adversus eos qui dicunt, tantum Paulum ex Apostolis, cognovisse veritatem.

1. [1] Eos autem qui dicunt, solum Paulum veritatem cognovisse, cui per revelationem manifestatum est mysterium, ipse Gal. ii. 8. Paulus convincat [1] eos, dicens, unum et ipsum Deum operatum Petro in apostolatum circumcisionis, et sibi in gentes. Ipsius ergo Dei Petrus erat Apostolus, cujus et Paulus; et quem Petrus in circumcisione annuntiabat Deum, et Dei Filium, hunc et Paulus in gentes. Neque enim ut solum Paulum [2] salvaret, venit Dominus noster; nec sic pauper Deus, ut unum solum haberet Apostolum, qui dispositionem Filii sui cognosceret. Et Paulus Rom. x. 15, ex Esai. lii. 7. autem dicens: *Quam speciosi pedes evangelisantium bona, evangelisantium pacem*, manifestum facit, quoniam non unus, sed plures erant, qui veritatem evangelisabant. Et rursus in ea epistola quæ est ad Corinthios, cum prædixisset omnes qui [3] Deum post resur-

[1] i. e. the Marcionites, who admitted the Pauline Epistles to be genuine, and the Gospel of S. Luke, as having been written under the eye of S. Paul. *eos ... eos*, τοὺς δὲ λέγοντας ... ἐλέγχῃ τούτους.

[2] CLERM., MASS., *salvare* without *ut*, which appears however in the VOSS. and MERC. II. MSS. GRABE's reading therefore is retained. Scripture says Θεὸν οὐδεὶς ἑώρακε πώποτε, and IRENÆUS can scarcely have written Θεόν· the word *Deum* must have arisen out of *Dnm*, the abbreviation of *Dominum*. The text that he is about to adduce would never have caused the author to write Θεὸν, for although it speaks of seeing the Father, this is only collaterally to the main argument, which establishes the fact that Christ gave the Apostolical commission, not to S. Paul alone, but to the entire *collegium* of the Apostles; to all of

rectionem viderunt, intulit: *Sive autem ego, sive illi, sic annuntiamus, et sic credidistis:* unam et eandem prædicationem confitens LIB. III. xiii. 1. GR. III. xiii. MASS. III. xiii. 1.
G. 234. omnium eorum qui Deum viderunt post resurrectionem a mortuis. 1 Cor. xv. 11.

2. Et Dominus autem Philippo volenti Patrem videre, respondit: *Tanto tempore vobiscum sum, et me non cognovisti, Philippe? qui videt me, videt et Patrem. Quomodo tu dicis, Ostende nobis Patrem? Ego enim in Patre, et Pater in me, et a modo cognovistis eum, et vidistis.* Joh. xiv. 7, 9, 10. Quibus ergo Dominus testimonium dixit, quoniam et cognoverunt in ipso et viderunt Patrem, Pater autem veritas, hos dicere non cognovisse veritatem, est hominum falsa testantium, et eorum qui alienati sunt a Christi doctrina. Ad quid enim mittebat Dominus duodecim Apostolos Matt. x. 6. ad oves quæ perierant domus Israel, si veritatem non cognoverunt? Quomodo autem et septuaginta prædicabant, nisi ipsi prius veritatem prædicationis cognovissent? Aut quomodo Petrus ignorare potuit, cui Dominus testimonium dedit, quoniam caro et Matt. xvi. 17. sanguis non revelavit ei, sed Pater qui in cœlis est? [1] Sicut ergo *Paulus Apostolus non ab hominibus, neque per hominem, sed per* Gal. i. 1. *Jesum* [2] *Christum et Deum Patrem;* Filio quidem adducente eos ad Patrem, Patre vero revelante eis Filium.

3. Quoniam autem his qui ad Apostolos vocaverunt eum de quæstione, acquievit Paulus, et ascendit ad eos cum Barnaba in Hierosolymam, non sine causa, sed ut [3] ab ipsis libertas

whom he addressed himself when he said, ἀπ' ἄρτι γινώσκετε αὐτὸν, καὶ ἑωράκατε αὐτόν, Joh. xiv. 7. It is surprising that editors should have allowed this reading to pass unnoticed; but this perhaps makes it less surprising that some transcriber should have been caught by the apparent similarity of idea contained in S. John's words, and instead of *Dominum* have written *Deum*. The Cl. for *qui Deum* reads *quidem*.

[1] *sicut ergo*, καθὼς ἄρα, connecting the case of S. Paul with the preceding. Grabe however imagines that something has been lost. *Nullus nostrorum MSS. Codd. supplet defectum, quem hoc loco facile deprehendas. Deest enim apodosis, qua de reliquis Apostolis idem prædicetur, quod de S. Paulo dictum est, nempe eos missos fuisse a Jesu et ipso Deo Patre: quæ postrema vox forte recurrens omissi commatis fuit occasio.* No apodosis is required, and *eos* will refer to the Apostles, the seventy disciples, S. Peter and S. Paul collectively. The text from S. John served to introduce the mention of the several instances in which God had revealed himself by his Apostles, and then the entire period is summed by words that refer back the reader to the text, from whence the sense had so naturally flowed.

[2] *Christum*, restored by Grabe from the Ar. MS., but cancelled again by Mass.

[3] *et* is added in the Clerm. MS.

LIB. III. xiii. 3. GR. III. xiii. MASS. III. xiii. 3. gentilium confirmaretur, ipse ait in ea quæ ad Galatas est epistola: *Deinde post* XIV *annos ascendi in Hierosolymam cum Barnaba, assumens et Titum. Ascendi autem secundum revelationem, et contuli cum eis Evangelium quod prædico inter gentes.* Et iterum ait: [1]*Ad horam cessimus subjectioni, uti veritas Evangelii perseveret apud vos.* Si quis igitur diligenter [2]ex Actibus Apostolorum scrutetur tempus, de quo scriptum est [3]ascendisse Hierosolymam propter prædictam quæstionem, inveniet eos qui prædicti sunt a Paulo annos concurrentes. Sic est consonans et velut eadem tam Pauli annuntiatio, quam et Lucæ de Apostolis testificatio.

Cap. ii. 1, 2. Cap. ii. 5. M. 201.

CAP. XIV.

De sectatore Apostolorum Luca, et quæ sunt quæ in Evangelio per solum Lucam cognovimus.

1. QUONIAM autem is Lucas inseparabilis fuit a Paulo, et cooperarius ejus in Evangelio, ipse facit manifestum, non glorians, sed ab ipsa [4]productus veritate. Separatis enim, inquit, a Paulo, et Barnaba et Johanne, qui vocabatur Marcus, et cum navigassent Cyprum, *nos venimus in Troadem:* et cum vidisset Paulus per

Act. xv. 39. Act. xvi. 8 seq.

[1] IRENÆUS evidently quotes Gal. ii. 5, as giving a very different sense from that which it has, when affected as in the received text with the negative. In this form it can only mean that S. Paul, in the matter of the circumcision of Titus, did not so admit the authority of the other Apostles, as to disparage his own divine commission. Whereas as it stands in IRENÆUS, it refers to the collation at Jerusalem of the Gospel preached by S. Paul, with that declared by the other Apostles; in reference to which collation he says, *In horam cessimus subjectioni,* &c. It is remarkable that TERTULLIAN having quoted this text in the negative form, proceeds to argue as if the reading were corrupt, and the Apostle's words could only be expressed with truth by the removal of the negative, *adv. Marc.* v. 3. *Intendamus enim et sensui ipsi, et causæ ejus, et apparebit vitiatio Scripturæ ... Dicas velim si non subintroissent falsi illi fratres ... cessissent subjectioni? non opinor. Ergo cesserunt, quia fuerunt propter quos cederetur.* MASSUET observes that S. JEROM speaks of a great variance in the copies of Scripture, as regards this text, some reading and some omitting the negative. He also states that the S. GERMAIN Latin MS., supposed to be of the old Italic version, prior to the Vulgate, agrees with this reading of IRENÆUS. The Syriac has the negative ܐܦܠܐ.

[2] The reader is referred by GRABE to Bp PEARSON'S *Annales Paulini,* prefixed to the dissertations on the succession of the first Roman bishops. There is also much useful and compendious matter in Dr BURTON'S treatise *On the Chronology of the Acts of the Apostles.*

[3] CLERM., VOSS., *ascendi.*

[4] *Productus.* Προαγμένος *hoc loco verti debebat,* compulsus. GR.

somnium virum Macedonem, dicentem; *Veniens in Macedoniam opitulare nobis Paule; statim*, ait, *quæsivimus proficisci in Macedoniam, intelligentes quoniam provocavit nos Dominus evangelisare eis. Navigantes igitur a Troade, dereximus navigium in Samothracen:* et deinceps reliquum omnem ipsorum usque ad Philippos adventum diligenter significat, et quemadmodum primum sermonem locuti sunt: *Sedentes enim*, inquit, *locuti sumus mulieribus quæ convenerant;* et quinam crediderunt, et quam multi. Et iterum ait: *Nos autem navigavimus post dies azymorum a Philippis, et venimus Troadem, ubi et commorati sumus diebus septem.* Et reliqua omnia ex ordine cum Paulo refert, omni diligentia demonstrans et loca et civitates et quantitatem dierum, quoadusque Hierosolymam ascenderent: et quæ illic contigerint Paulo, quemadmodum vinctus Romam missus est; et nomen centurionis qui suscepit eum, et parasema navium, et quemadmodum naufragium fecerunt, et in qua liberati sunt insula; et quemadmodum humanitatem ibi perceperunt, Paulo curante principem ipsius insulæ; et quemadmodum inde Puteolos navigaverunt, et inde Romam pervenerunt, et quanto tempore Romæ commorati sunt. Omnibus his cum adesset [1]Lucas, diligenter conscripsit ea, uti neque mendax, neque [2]elatus deprehendi possit, eo quod omnia hæc constarent, et seniorem eum esse omnibus qui nunc aliud docent, neque ignorare veritatem. Quoniam non solum [3]prosecutor, sed et cooperarius fuerit Apostolorum, maxime autem Pauli, et ipse autem Paulus manifestavit in epistolis, dicens: *Demas me dereliquit, et abiit [4]in Thessalonicam, Crescens in Galatiam, Titus in Dalmatiam: Lucas est mecum solus.* Unde ostendit quod semper junctus ei et inseparabilis fuerit ab eo. Et iterum in [5]ea epistola quæ est ad Colossenses, ait: *Salutat vos Lucas medicus dilectus.* Si autem Lucas quidem, qui semper cum Paulo prædicavit, et dilectus ab eo est dictus, et cum eo evangelisavit, et creditus est referre nobis Evangelium, nihil aliud ab eo [6]didicit, sicut ex verbis ejus ostensum est, quemadmodum hi qui

LIB. III. xiv. 1. GR. III. xiv. MASS. III. xiv. 1.

Act. xvi. 13.

G. 235.

Act. xx. 5, 6.

Act. xxi. seq.

Act. xxvii. 1.

Act. xxviii. 11.

2 Tim. iv. 10, 11.

Col. iv. 14.

[1] *Lucas*, omitted in the Ar. MS.

[2] *elatus*, ἐλεγχθεὶς, rendered as ἐνεχθεὶς, which has escaped notice.

[3] *prosecutor*, παράπομπος. Gr. but ἀκόλουθος was more probably the word.

[4] *in* is replaced in the text, as read in the Clerm., Arund., and Merc. MSS.

[5] *ea*, omitted in the Ar. MS., is read in the Clerm.

[6] The Arund. reading is followed as preferable to the Clerm. MS. *dicit;* it agrees better with the sequel; the Greek may have been, καὶ οὐδὲν ἕτερον ἀπ' αὐτοῦ (τοῦ Παύλου, sc.) ἔμαθεν.

LIB. III. xiv. 2. GR. III. xiv. MASS. III. xiv. 2.

nunquam Paulo adjuncti fuerunt, gloriantur abscondita et inenarrabilia didicisse sacramenta?

2. Quoniam autem Paulus simpliciter quæ sciebat, hæc et docuit, non solum eos qui cum eo erant, verum omnes audientes se, ipse facit manifestum. In Mileto enim convocatis [1] episcopis et presbyteris, qui erant ab Epheso et a reliquis proximis civitatibus, quoniam ipse festinaret Hierosolymis Pentecosten agere, multa testificans eis, et dicens quæ [2] oporteret ei Hierosolymis evenire, adjecit: *Scio quoniam jam non videbitis faciem meam: testificor igitur vobis hac die, quoniam mundus sum a sanguine omnium. Non enim subtraxi uti non annuntiarem vobis omnem sententiam Dei. Attendite igitur et vobis, et omni gregi, in quo vos Spiritus sanctus præposuit episcopos,* [3] *regere ecclesiam* [4] *Domini, quam* [5] *sibi constituit per sanguinem suum.* Deinde significans futuros malos doctores, dixit: *Ego scio quoniam advenient post discessum meum lupi graves ad vos, non parcentes gregi. Et ex vobisipsis exsurgent viri loquentes perversa, uti convertant discipulos post se. Non subtraxi,* inquit, *uti non annuntiarem omnem sententiam Dei vobis.* Sic Apostoli simpliciter, et [6] nemini invidentes, quæ didicerant ipsi a Domino, hæc omnibus tradebant. Sic igitur et Lucas nemini invidens, ea quæ ab eis didicerat, tradidit nobis, sicut ipse testificatur dicens: *Quemadmodum tradiderunt nobis qui ab initio contemplatores et ministri fuerunt Verbi.*

Act. xx. 25–28.

Act. xx. 29, 30. M. 202.

Luc. i. 2.

3. Si autem quis [7] refutet Lucam, quasi non cognoverit veritatem, manifestus erit projiciens Evangelium, cujus [8] dignatur esse discipulus. Plurima enim et magis necessaria Evangelii per hunc cognovimus, sicut Johannis generationem, et de Zacharia historiam, et adventum angeli ad Mariam, et [9] exclamatio-

Cap. i.

[1] *Episcopis et Presbyteris. Non contradicit Irenæus S. Lucæ, qui Act.* xx. *Episcopos et Presbyteros eosdem facere videtur. Quippe alterutro horum vocabulorum utrumque ordinem S. Lucas significare potuit.* Gr. cf. p. 7, n. 5.

[2] Mass. has *oportet,* but the error is one of the press, which is followed by Stieren; both the Clerm. and Ar. have *oporteret.*

[3] *regere,* ποιμαίνειν, Syr. V. ܠܡܪܥܐ The translator renders the word in its poetical sense.

[4] *Domini,* the Codex Bezæ agrees with Irenæus; other MSS. have Κυρίου καὶ Θεοῦ, and the Syriac has *Christi,* ܠܥܕܬܗ ܕܡܫܝܚܐ

[5] *sibi constituit,* περιεποιήσατο, Syr. ܕܩܢܗ *quam acquisivit.*

[6] We observe here no trace of any *disciplina arcani,* which was from the first the device of heresy.

[7] *refutet,* παραπέμπῃ, Vol. I. 1, n. 3. *et* following is cancelled as in the Cl., Ar., Voss. MSS.

[8] Here Cl., Voss., Mass. omit *non,* and it is better away; *dignatur,* will represent, ἀξιοῖ, *claims to be.*

[9] *exclamationem,* ἐκφώνησιν.

nem Elizabeth, et angelorum ad pastores descensum, et ea quæ
ab illis dicta sunt, et Annæ et Simeonis de Christo testimonium,
et quod duodecim annorum in Hierusalem relictus sit, et baptismum Johannis, et quot annorum Dominus baptisatus sit, et quia Cap. ii. Cap. iii.
in quintodecimo anno Tiberii Cæsaris. Et in [1]magisterio illud
quod ad divites dictum est: *Væ vobis divites, quoniam percipitis* Cap. vi. 24,25, 26.;
consolationem vestram. Et, *væ vobis qui satiati estis, quoniam esu-
rietis: et qui ridetis nunc, quia plorabitis.* Et, *væ vobis cum bene-
dixerint vos homines omnes. Secundum hæc enim faciebant et
pseudoprophetis patres vestri.* Et omnia hujusmodi per solum
Lucam cognovimus, (et plurimos actus Domini per hunc didicimus, [2]quibus et omnes utuntur:) ut [3]et multitudinem piscium, Cap. v.
quam concluserunt hi qui cum Petro erant, jubente Domino ut
mitterent retia: et illa quæ per octodecim annos passa, curata Cap. xiii.
G. 236. fuerat mulier die sabbatorum: et de hydropico, quem curavit Cap. xiv.
Dominus die sabbatorum, et quemadmodum disputavit quod
curavit in hac die: et quemadmodum docuit discipulos primos
discubitus non appetere: et quoniam pauperes et debiles vocare
oportet, qui non habent retribuere: et qui [4]pulsavit nocte sumere Cap. xi.
panes, et propter instantiam importunitatis sumit: et quoniam Cap. vii.
apud Pharisæum recumbente eo, peccatrix mulier osculabatur
pedes ejus et unguento ungebat, et quæcunque propter eam
dixit ad Simonem Dominus de duobus debitoribus: et de parabola Cap. ii.
divitis illius qui reclusit quæ ei [5]nata fuerant, cui et dictum est,
*In hac nocte [6]expostulabunt animam tuam a te: Quæ autem præpa-
rasti, cujus erunt?* similiter autem et divitis qui vestiebatur Cap. xvi.
purpura, et jocundabatur nitide, et egenum Lazarum: et eam Cap. xvii. 5.

[1] *παραινέσει*, and cf. I. 143, n. 2, end. GRABE however suggests *διδασκαλίᾳ*.

[2] *quibus et omnes utuntur*, *οἷς καὶ πάντες* (*Evangelistæ* sc.) *χρῶνται, καθὼς κ.τ.λ.* The author having instanced certain sayings of our Lord that are recorded only by S. Luke, adds parenthetically that he also mentions many events in common with the other Evangelists, and then details other circumstances peculiar to S. Luke, resuming his subject with *καθὼς καί.*

[3] There is authority both for *et*, AR. MS., and *ut*, CLERM. and VOSS. Both may have been written by the translator.

[4] MASS. prints *pulsat*, and quotes the authority of the CLERM. MS. It is singular that by mistake *et quoniam pauperes...sumit* is there written twice, and both times with *pulsavit*. The second time also we have *noctu* for *nocte*.

[5] *τὰ γεννήματα.*

[6] *Expostulabunt animam. Cyprianus in orationem Dominic.* Stulte, hac nocte expostulatur anima tua. *Tertullianus libro quarto adversus Marcionem*, reposcent. *Græce est ἀπαιτοῦσι.* FEUARD.

LIB. III. xiv. 3. GR. III. xiv. MASS. III. xiv. 3. quam ad discentes suos dixit responsionem, quando dixerunt ei: *Adjice nobis fidem:* et eam quæ ad Zacchæum publicanum facta est confabulationem: et de Pharisæo et publicano, qui simul Cap. xix. Cap. xviii. adorabant in templo: et de decem leprosis, quos simul emundavit Cap. xvii. in via: et quoniam de vicis et plateis claudos et [1]luscos jussit Cap. xiv. colligi ad nuptias; et parabolam judicis qui Deum non timebat, Cap. xviii. quem instantia viduæ fecit ut vindicaret eam: et de arbore fici Cap. xiii. quæ erat in vinea, quæ non faciebat fructum. Et alia multa sunt quæ inveniri possunt a solo Luca dicta esse, quibus et Marcion et Valentinus utuntur. Cap. xxiv. Et super hæc omnia post resurrectionem in via ad discipulos suos quæ locutus est, et quemadmodum cognoverunt eum in fractione panis.

4. Necesse est igitur et reliqua quæ ab eo dicta sunt, recipere eos, aut et his renuntiare. Non enim conceditur eis ab his qui sensum habent, quædam quidem recipere ex his quæ a Luca dicta sunt, quasi sint veritatis; quædam vero [2]refutare, quasi non cognovisset veritatem. Et si quidem refutaverint hi qui a Marcione sunt, non habebunt Evangelium: hoc enim quod est secundum Lucam quemadmodum [3]prædiximus, decurtantes, gloriantur se habere Evangelium; hi vero qui a Valentino sunt, cessabunt a plurimo vaniloquio suo: ex hoc enim multas occasiones subtililoquii sui acceperunt, interpretari audentes male, quæ ab hoc bene sunt dicta: si autem et reliqua suscipere cogentur, intendentes perfecto Evangelio, et Apostolorum doctrinæ, oportet eos pœnitentiam agere, ut salvari a periculo possint.

CAP. XV.

Adversus eos qui frustrantur Paulum Apostolum.

1. EADEM autem dicimus iterum et [4]his, qui Paulum Apostolum non cognoscunt, quoniam aut reliquis verbis Evangelii, M. 203. quæ per solum Lucam in nostram venerunt agnitionem, renuntiare debent, et non uti eis; aut si illa recipiunt omnia, habent necessitatem recipere etiam eam testificationem, quæ est de Paulo, dicente ipso, primum quidem Dominum ei de cœlo locu-

[1] AR. *cæcos.*
[2] See Vol. I. 1, n. 3.
[3] See pp. 50, 67.
[4] Among others the Ebionites who considered him to be an apostate from the Law, Vol. I. 213.

LIB. III. xv. 1. GR. III. xv. MASS. III. xv. 1.

tum: *Saule, Saule, quid me persequeris? Ego sum Jesus* [1] *Christus, quem tu persequeris:* deinde Ananiæ de eo [2] dicente: *Vade, quoniam vas electionis mihi est iste, ut portet nomen meum* [3] *in gentibus, et regibus, et filiis Israel. Ego enim demonstrabo ei* [4] *ex ipso, quanta oporteat eum pati propter nomen meum.* Qui igitur non recipiunt eum qui sit electus a Deo ad hoc, ut fiducialiter portet nomen ejus, quod sit missus ad quas prædiximus gentes, electionem Domini contemnunt, et seipsos segregant ab Apostolorum conventu. Neque enim contendere possunt Paulum non esse
G. 227. Apostolum, quando in hoc sit electus: neque Lucam mendacem esse, possunt ostendere, veritatem nobis cum omni diligentia annuntiantem. Fortassis enim et propter hoc operatus est Deus plurima Evangelia ostendi per Lucam, quibus necesse haberent omnes uti, ut [5] sequenti testificationi ejus, quam habet de actibus et doctrina Apostolorum, omnes sequentes, et regulam veritatis inadulteratam habentes, salvari possint. Igitur testificatio ejus vera, et doctrina Apostolorum manifesta et firma, et nihil subtrahens, neque alia quidem in abscondito, alia vero in manifesto docentium.

Act. xxii. 8; xxvi. 15; ix. 15, 16.

2. Hoc enim fictorum et prave seducentium et hypocritarum est molimen, quemadmodum faciunt hi qui a Valentino sunt. Hi enim ad multitudinem propter eos qui sunt ab Ecclesia, quos [6] communes [7] et Ecclesiasticos ipsi dicunt, inferunt sermones, per

[1] Gr. T. and Syr. *Nazaræus.*

[2] Dicentem *legendum patet, quia non ad Lucam, sed ad Dominum refertur.* GRABE. But the construction is dependent upon μαρτύριον, though the translator has failed to observe it, e.g. εἶτα τῷ Ἀνανίᾳ περὶ αὐτοῦ λέγοντος (τοῦ Χριστοῦ sc.)

[3] ἐν in error for ἐνώπιον, but Syr. ܒܥܡ̈ܡܐ *in gentibus.*

[4] *ex ipso.* These words representing ἐκ τούτου (τοῦ χρόνου sc.) were inserted carelessly, the quotation having been made from memory. There is no authority of any kind for the interpolation.

[5] *sequenti.* MASSUET observes that the translator follows the Greek concord, the verb ἀκολουθεῖν governing the dative.

[6] *communes*, καθολικοὺς, the word *Catholicus* not yet having been added to the Latin in its ecclesiastical sense. TERTULLIAN makes use of the word, but in the sense of *general, public,* &c. So, *quam catholice in medium proferebant. Præscr. Hær.* c. XXVI. The goodness of God is *catholica et summa illa bonitas. adv. Marc.* II. 17. It is the correlative term of *ex parte,* e.g. *ab eo permittetur... catholice fieri hæc, a quo et ex parte. de Fug.* 3. Hence the word not having been as yet adopted by the Church when the translator wrote, the Greek term is rendered by *communes.* If so, the name of Catholic may have been applied first to the Church of Christ by the Gnostic party, as a contemptuous term for the οἱ πολλοί.

[7] *et* is restored to the text from the CLERM. copy, whereby *Ecclesiasticos* is

LIB. III. xv. 2. GR. III. xv. MASS. III. xv. 2.

quos capiunt simpliciores, et illiciunt eos, [1]simulantes nostrum tractatum, ut sæpius audiant; qui [2]et jam quæruntur de nobis, quod cum similia nobiscum sentiant, sine causa abstineamus nos a communicatione eorum, et cum eadem dicant, et eandem habeant doctrinam, vocemus illos hæreticos: et cum dejecerint aliquos a fide per quæstiones, quæ fiunt ab eis, et non contradicentes auditores suos fecerint, his separatim inenarrabile plenitudinis suæ enarrant mysterium. Decipiuntur autem omnes, qui quod est in verbis verisimile, se putant posse [3]discere a veritate. Suasorius enim et verisimilis est, et exquirens fucos error: sine fuco autem est veritas, et propter hoc pueris credita est. Et si aliquis quidem ex his qui audiunt eos, quærat solutiones, vel contradicat eis, hunc quasi non capientem veritatem, et non habentem de superioribus a matre sua semen affirmantes, in totum nihil dicunt ei, mediarum partium dicentes esse illum, hoc est psychicorum. Si autem aliquis quasi [4]parvam ovem, deditum semetipsum ipsis præbeat, [5]imitationem illorum, et redemtionem illorum consecutus, est in-

shewn to be the interpretation of *καθολικοὺς* preceding. And that such was the primitive meaning of the term is clearly shewn by MASSUET, who says in his note: Nec Valentinianis peculiaris fuit ea nominis *Ecclesiasticus* acceptio. Veteres non raro eo nomine designabant *Catholicos*. Sic *Const. Ap.* II. 58. Jubetur, ut, *si frater aut soror ex alia parœcia advenerit, qui commendatitias afferant, diaconus quæ ad eos spectant, probet inquirens, εἰ πιστοὶ, εἰ ἐκκλησιαστικοὶ, εἰ μὴ ἀπὸ αἱρέσεώς εἰσι μεμολυσμένοι, an fideles sint, an ecclesiastici, an nulla hæresi contaminati.* Sic etiam ORIGENES, Tom. XVI. Explanationum in Johannis Evangelium, *Dicet profecto Heracleon, et secum fortassis sentiens alius Ecclesiasticus.* Eodem sensu accepit et HIERON. *Pr. in Mat. et in Ez.* 13.

[1] *Simulantes nostrum tractatum.* Tractatum, *intellige* sermonem, *et hæc explica per ista in Proœmio lib.* I., *ὅμοια μὲν λαλοῦντας, ἀνόμοια δὲ φρονοῦντας; nec non illa* [*c.* XVI. I] *hujus libri:* Lingua quidem unum Christum Jesum confitentes, divisi vero sententia. GR. Cf. I. 301, ut sæpius audiant, *ἵνα πολλάκις ἀκροῶνται.*

[2] *et jam*, from the AR. MS. *οἱ καὶ δή.*

[3] *discere.* This word is restored again instead of *discernere*, a mere conjectural reading of BILLIUS, but adopted by FEUARDENT, MASSUET and STIEREN. The testimony of MSS. is wholly in favour of *discere*, and in fact it makes a better sense; for *omnes*, however, *omnino* would seem to be required; the translator having read *πάντες* for *παντῶς*. The meaning then would be, *But they are altogether deceived, who imagine that they may learn from the Scriptural texts adduced by heretics, that which their words plausibly teach.*

[4] *Nulla textui vi illata*, quasi parvam ovem, *ex vet. Codd. Feuard. Arund. et Merc.* II. *eligo* (*adde et Clarom.*): *quanquam in Arund. duæ tantum literæ* *ōū*, *annexo abbreviationis signo sint exaratæ, ita ut utrovis modo legere possis et in eodem ac Merc.* II. parvum *sit scriptum. Nam προβάτιον pro homine simplicissimo, qui præceps in pericula instar oviculæ ruit, accipitur, velut apud Aristophanem in Pluto.* GR. But ERASM., GALL., FEU., have *parvum ovum.*

[5] *imitationem.* GRABE has *imita-*

flatus iste talis, neque in cœlo, neque in terra putat se esse, sed intra Pleroma introisse, et complexum jam angelum suum, cum [1] institorio, et supercilio incedit, gallinacei elationem habens. Sunt autem apud eos, qui dicunt oportere bonam conversationem assequi eum hominem, qui sit desuper [2] veniens: propter hoc et fingunt quodam supercilio gravitatem. Plurimi autem et contemtores facti, quasi jam perfecti, sine reverentia, et in contemtu viventes, semetipsos spiritales vocant, et se nosse jam dicunt eum qui sit intra Pleroma ipsorum refrigerii locum.

LIB. III. xv. 2. GR. III. xv. xvi. MASS. III xv. 2.

M. 204.

G. 238. 3. Nos autem revertamur ad eundem tractatum. Cum enim declaratum sit manifeste, quoniam neminem alium Deum vocaverunt vel Dominum nominaverunt, qui veritatis fuerunt prædicatores et Apostoli libertatis, nisi solum verum Deum Patrem et Verbum ejus, qui in omnibus principatum habet, manifeste erit ostensum, factorem cœli et terræ, et qui locutus sit cum Moyse, et legis dispositionem ei dederit, qui convocaverit patres, Dominum Deum confiteri eos, et alterum neminem nosse. Manifesta igitur et Apostolorum et [3] discentium eorum ex verbis ipsorum de Deo facta est sententia.

CAP. XVI.

Quæ sit Apostolorum sententia de Domino nostro Jesu Christo.

Quoniam autem sunt qui dicunt, Jesum quidem receptaculum Christi fuisse, in quem desuper quasi columbam descendisse Christum, et cum indicasset innominabilem Patrem incomprehensibiliter et invisibiliter intrasse in Pleroma: non enim solum ab hominibus, sed ne ab his quidem, quæ in cœlo sunt, potestatibus et virtutibus apprehensum eum, et esse quidem filium Jesum, [4] patrem vero Christum, et Christi patrem, Deum: alii vero putative

tioni, Mass. *imitatione;* but the Clerm. MS. *imitationē*, which I imagine to have arisen out of *imitationē*. The Greek may have been, τὴν τούτων ἀκολουθίαν καὶ τὴν τούτων ἀπολύτρωσιν τετυχηκώς.

[1] *institorio*, a word used of dealers in puffing off their goods. Here it may mean a *strutting gait*. Compare *Præf.* Lib. I. It is difficult to trace the Greek unless it expresses δι' ἀλαζονείας καὶ τύφου ἐμβαίνει.

[2] *adveniens* is perhaps preferable as in the Clerm. MS., τὸν ἄνωθεν ἐπιόντα, i. e. *spiritalem*.

[3] *discentium*, i. e. μαθητῶν, as at 68, n. 2, meaning S. Luke and S. Mark.

[4] See Vol. I. p. 113.

LIB. III. xvi. GR. III. xvii. MASS. III. xvi. 1.

eum passum, naturaliter impassibilem exsistentem: qui autem a Valentino sunt, Jesum quidem qui sit ex dispositione, ipsum esse qui per Mariam transierit, in quem illum de superiori Salvatorem descendisse, quem et [1] Christum dici, quoniam omnium qui emisissent eum, haberet vocabula: participasse autem cum eo qui esset ex dispositione de sua virtute et de suo nomine, [2] ut mors per hunc evacuaretur, cognosceretur autem Pater per eum Salvatorem [3] quidem qui desuper descendisset, quem et ipsum [4] receptaculum Christi et universæ plenitudinis esse dicunt, lingua quidem unum Christum Jesum confitentes, divisi vero sententia; (etenim hæc est ipsorum regula, quemadmodum prædiximus, ut alterum quidem Christum fuisse dicant, qui ab Unigenito ad [5] correctionem plenitudinis præmissus; alterum vero Salvatorem esse [6] ad glorificationem Patris missum; alterum vero ex dispositione, quem et passum dicunt, [7] recurrentem in Pleroma Salvatorem qui Christum portabat); necesse habemus, universam Apostolorum de Domino nostro Jesu Christo sententiam adhibere, et ostendere eos non solum nihil tale sensisse de eo, verum amplius et significasse per Spiritum sanctum, [8] qui inciperent talia docere, [9] submissi a Satana, uti quorundam fidem everterent, et abstraherent eos a vita.

CAP. XVII.

Ostensio quoniam unus et idem ipse Christus Verbum sit Dei.

1. Et quoniam Johannes unum et eundem novit Verbum Dei, et hunc esse Unigenitum, et hunc incarnatum esse pro salute nostra, Jesum Christum Dominum nostrum, sufficienter ex ipsius Johannis sermone demonstravimus. Sed et Matthæus unum et eundem Jesum Christum cognoscens, eam, quæ est G. 230.

[1] *Christum.* May *Totum* (Πάντα, I. 24) have been read here as *Xpm?* See I. p. 279, n. 2.

[2] See I. 151, n. 1. Καὶ καθεῖλε μὲν τὸν θάνατον ὁ ἐκ τῆς οἰκονομίας σωτὴρ, ἐγνώρισε δὲ τὸν πατέρα Χριστόν. Grabe.

[3] *quidem* is not wanted, and may have grown out of the two following words; unless it represents δή.

[4] *receptaculum,* perhaps ἐκδοχεῖον. See Vol. I. 127.

[5] *correctionem,* καταρτισμὸν, Cf. καταρτισθῆναι, Vol. I. 21.

[6] *ad,* Clerm., Voss. and Feuard. marg. *in.*

[7] Grabe conjectures *recurrente.... Salvatore.* See I. 61, 62. But the reading in the text is that found in all the MSS., and is therefore retained; φορήσαντα τὸν Χριστὸν τὸν ἀναδραμόντα εἰς τὸ πλήρωμα Σωτῆρα, may be the construction.

[8] τοὺς μέλλοντας τοιαῦτα διδάσκειν, ὑποβληθέντας ὑπὸ τοῦ Σατανᾶ.

[9] *f. l. submitti.*

secundum hominem, generationem ejus ex Virgine exponens, LIB. III. xvii. 1.
sicut promisit Deus David ex fructu ventris ejus excitaturum se GR. III. xviii. MASS. III.
æternum Regem, multo prius Abrahæ eandem faciens promis- xvi. 2.
sionem, ait: *Liber generationis Jesu Christi, filii David, filii* Ps. cxxxi. 11. Matt. i. 1.
Abraham. Dehinc ut liberaret mentem nostram a suspicione
quæ est circa Joseph, ait: [1]*Christi autem generatio sic erat. Cum* Matt. i. 18—23.
esset desponsata mater ejus Joseph, priusquam convenirent, inventa est in utero habens de Spiritu sancto. Dehinc cum Joseph cogitaret dimittere Mariam, quoniam prægnans erat, [2]assistentem ei Angelum Dei, et dicentem: *Ne timueris assumere Mariam conjugem tuam: quod enim habet in utero, de Spiritu sancto est. Pariet autem Filium, et vocabis nomen ejus Jesum: hic enim salvabit populum suum a peccatis suis. Hoc autem factum est, ut impleretur quod dictum est a Domino per prophetam: Ecce, virgo accipiet in utero, et pariet filium, et vocabunt nomen ejus Emmanuel, quod* [3]*est, Nobiscum Deus;* manifeste significans, et eam promissionem quæ fuerat ad patres [4]adimpletam, ex virgine natum Filium Dei, et hunc ipsum esse Salvatorem Christum, quem prophetæ prædicaverunt: non, sicut ipsi dicunt, Jesum quidem ipsum esse qui ex Maria sit natus, Christum vero qui desuper descendit. Cæterum potuerat dicere Matthæus, *Jesu vero generatio sic erat;* sed prævidens Spiritus sanctus depravatores,
M. 205. et præmuniens contra fraudulentiam eorum, per Matthæum ait: *Christi autem generatio sic erat;* et quoniam hic est *Emmanuel*,
ne forte tantum eum hominem putaremus; *non* enim *ex voluntate* Joh. i. 13, 14.
carnis, neque ex voluntate viri, sed ex voluntate Dei, Verbum caro [5]*factum est*, neque alium quidem Jesum, alterum autem Christum suspicaremur fuisse, sed unum et eundem sciremus esse.

[1] Christi autem. *Ex hac citatione indeque deducto argumento patet, Irenæum nomen* Ἰησοῦ, *quod in nostris N. T. exemplaribus Græcis expressum exstat, haud legisse, uti nec vulgata Latina, neque Persica versio illud habet.* GRABE.

[2] παρεστηκότα (*sub.* λέγει).

[3] *interpretatum* is cancelled by MASS. as omitted in the MSS.

[4] *adimpletam*, CL., but *al. impletam.*

[5] factum est. *Ex hoc loco et cap.* 21, [p. 249 G.] *liquet, Irenæum Joan.* I. 13, *legisse,* ἐγεννήθη, *pro* οἱ ἐγεννήθησαν: *quomodo et Tertullianus Lib. de Carne Christi cap.* 19 *et* 24, *allegavit.* GRABE. The passages quoted indicate the reading, *sed ex voluntate Dei natus est, et Verbum caro factum est.* It is remarkable that this *varia lectio* may have arisen most naturally from the Syriac text, where the plural termination ܘ is followed immediately by the *copula* ܘ, e. g. ܐܬܝܠܕܘ ܘܡܠܬܐ, ἐγεννήθησαν, καὶ ὁ Λόγος: the first perhaps was absorbed in the copy followed by IRENÆUS. Further, the preceding relative, ܕ, in the Syriac, carries no mark of *number*, but

LIB. III. xvii. 2. GR III. xviii. MASS. III. xvi. 2.

2. Hoc ipsum interpretatus est Paulus, scribens ad Romanos: *Paulus Apostolus Jesu Christi*, [1]*prædestinatus in Evangelium Dei, quod promisit per prophetas suos in Scripturis sanctis de Filio suo,* Rom. i. 1–4. *qui factus est ei ex semine David secundum carnem, qui prædestinatus est Filius Dei in virtute per Spiritum sanctificationis ex resurrectione mortuorum* [1]*Jesu Christi Domini nostri.* Et Rom. ix. 5. iterum ad Romanos scribens de Israel, dicit: *Quorum patres, et ex quibus Christus secundum carnem, qui est Deus super omnes benedictus in sæcula.* Et iterum in epistola quæ est ad Galatas, Gal. iv. 4, 5. ait: *Cum autem venit plenitudo temporis, misit Deus Filium suum,* [2]*factum ex muliere, factum sub lege, ut eos qui sub lege erant redimeret, ut adoptionem percipiamus:* manifeste significans unum quidem Deum, qui per prophetas promissionem de Filio G. 240. fecerit; unum autem Jesum Christum Dominum nostrum, qui de semine David secundum eam generationem quæ est ex Maria; hunc destinatum Filium Dei Jesum Christum in virtute, secundum Spiritum [3]sanctificationis ex resurrectione mortuorum, ut sit Col. i. 14, 15. primogenitus [4]mortuorum, quemadmodum primogenitus in omni conditione; Filius Dei, Hominis Filius factus, ut per eum adoptionem percipiamus, portante homine et capiente et complectente Filium Dei.

Marc. i. 1. 3. Propter hoc et Marcus ait: *Initium Evangelii Jesu Christi Filii Dei, quemadmodum scriptum est in* [5]*prophetis*: unum et eundem sciens Filium Dei Jesum Christum, qui a prophetis Esai. ix. 6. annuntiatus est, qui ex fructu ventris David Emmanuel, [6]*magni* Jer. xxiii. 5. *consilii* Patris *nuntius*, per quem [7]oriri fecit Deus domui David

in the Greek the alteration of *οἱ* into *ὃς* would be involved.

[1] *προωρισμένος* for *ἀφωρισμένος*. *Jesu Christi D. n.* also added in the Syr.

[2] GRABE reads *natum* without sufficient authority. CLERM., AR., VOSS. and MERC. I. have *factum;* the best MSS. of the N. T. also read *γενόμενον*.

[3] So the AR. as in the scriptural quotation; but CLERM., VOSS., *sanctitatis.*

[4] CL. omits the next three words.

[5] See p. 49, n. 2.

[6] *μεγάλης βουλῆς ἄγγελος*, LXX. The LXX. render אבי עד, by *ἄξω γὰρ*, E. V. *the Everlasting Father*. SYMM. and THEOD. are much to be preferred, agreeing as they do in the translation *πατὴρ αἰῶνος*. That the Prince of Peace should be termed *absolutely, the Everlasting Father*, grates upon the religious sense; but that *relatively* to us he should be styled the *Father of eternity*, as being *the way, the truth, and the life*, causes no such shock. It is but a very usual Orientalism. IRENÆUS evidently felt some such difficulty, for afterwards, p. 250 GR., he renders the words so as to bear the translation *decorus specie*, deriving אבי from אבה *to desire*, and rendering עד as though it were written עדי, *an object of beauty*.

[7] Is. xli. 2: מִי הֵעִיר מִמִּזְרָח צֶדֶק

Orientem et justum, et erexit ei cornu salutis, et *suscitavit testi-* LIB. III. xvii. 3.
monium in Jacob, quemadmodum David causas generationis ejus GR. III. xviii. MASS. III.
disserens ait, *et legem posuit in Israel, ut cognoscat generatio altera*, xvi. 3.
filii qui nascentur ex his, et ipsi exsurgentes enarrabunt filiis suis, Luc. i. 69. Ps. lxxvii. 5,
ut ponant in Deum spem suam, et præcepta ejus exquirant. Et 6, 7.
rursus angelus evangelisans Mariæ, ait: *Hic erit magnus, et* Luc. i. 32.
Filius Altissimi vocabitur, et dabit ei Dominus thronum David
patris sui; eum qui sit Filius Altissimi, hunc eundem et David
filium confitens. Cujus et David dispositionem adventus per
Spiritum cognoscens, per quam dominans est omnium vivo- Rom. xiv. 9.
rum et mortuorum, Dominum eum confessus est, sedentem ad Ps. cix. 1.
dextram Patris altissimi. Et Simeon autem ille, qui responsum
acceperat a Spiritu sancto, non visurum eum mortem, nisi prius
videret Christum Jesum, hunc manibus accipiens Virginis primogenitum, benedixit Deum, et dixit: *Nunc dimittis servum tuum* Luc. ii. 29—32.
Domine, secundum verbum tuum in pace: quia viderunt oculi mei
salutare tuum: quod præparasti ante faciem omnium populorum,
lumen [1] *in revelationem gentium, et gloriam populi tui Israel*; infantem quem in manibus portabat Jesum, natum ex Maria, ipsum
confitens esse Christum Filium Dei, lumen [2] omnium, et gloriam
ipsius Israel, et pacem et refrigerium eorum qui in dormitionem
ierunt.

4. Jam enim exspoliabat homines, auferens ignorantiam
ipsorum, suam autem agnitionem eis donans, et dispartitionem
faciens eorum qui cognoscebant eum, quemadmodum Esaias:
Voca, inquit, *nomen ejus Velociter spolia, Celeriter dispartire*. Esai. viii. 3.
Hæc sunt autem opera Christi. Ipse igitur erat Christus, quem
portans Simeon benedicebat Altissimum; quem pastores cum Luc. ii. 20.
vidissent, glorificabant Deum, quem Johannes, cum adhuc in Luc. i. 44.
ventre matris suæ esset, et ille in vulva Mariæ, Dominum cog-
noscens, exsultans salutabat; quem Magi videntes, et adorantes, et Matt. ii. 11, 12.
afferentes munera, quæ prædiximus, et substernentes semetipsos
æterno Regi, per alteram abierunt viam, non jam per Assyriorum
revertentes viam. [3] *Priusquam enim cognoscet puer vocare patrem* Esai. viii. 4.
aut matrem, accipiet virtutem Damasci, et spolia Samariæ, contra

[1] *in*, CLERM., *al. ad*.

[2] CL., VOSS., *hominum*, but cf. Joh. i. 9.

[3] This text of the prophet Isaiah was considered at a very early date to bear mystical reference to the adoration of the Magi. See JUST. M. *Dial.* c. 77, 78; TERTULL. *adv. Jud.* 9; *c. Marc.* III. 13. The reader may compare the interpretation offered in the Editor's *Opusc. on the Creeds*, p. 278.

LIB. III. xvii. 4. GR. III. xviii. MASS. III. xvi. 4. *Regem Assyriorum;* occulte quidem, sed potenter [1]omnia manifestans, quoniam [2]absconsa manu expugnabat Dominus Amalech. Propter hoc et pueros eripiebat, qui erant in domo David, bene
Exod xvii. 16. juxta LXX. sortiti illo tempore nasci, ut eos præmitteret in suum regnum; ipse infans cum esset, [3]infantes hominum martyres parans, propter Christum, qui in Bethleem natus est Judæ in civitate
Matt. ii. 16. David, interfectos secundum Scripturas.

5. Propter quod et Dominus discipulis post resurrectionem
Luc. xxiv. 25, 26. dicebat: *O insensati, et tardi corde ad credendum in omnibus quæ locuti sunt prophetæ. Nonne hæc oportebat pati Christum, et*
Luc. xxiv. 44, 45, 46, 47. *introire in claritatem suam?* Et iterum ait eis: *Hi sunt sermones* M. 206.
quos locutus sum ad vos, cum adhuc essem vobiscum, quoniam oportet impleri omnia scripta in lege Moysi, et Prophetis, et Psalmis de me. Tunc adaperuit eorum sensum, ut intelligerent Scripturas, et dixit ad eos: Quoniam sic scriptum est, [4][*et sic oportebat*] *Christum pati, et resurgere a mortuis, et prædicari in nomine ejus* [*penitentiam in*] *remissionem peccatorum in omnes* G. 241.
Marc. viii. 31, et Luc. ix. 22. *gentes.* Hic autem est, qui ex Maria natus est. *Oportet enim,* inquit, *Filium hominis multa pati, et reprobari, et crucifigi, et die tertio resurgere.* Non ergo alterum Filium Hominis novit Evangelium, nisi hunc qui ex Maria, qui et passus est, sed neque Christum avolantem ante passionem ab Jesu; sed hunc qui natus est, Jesum Christum novit Dei Filium, et eundem hunc passum resurrexisse, quemadmodum Johannes Domini discipulus con-
Joh. xx. 31. firmat, dicens: *Hæc autem scripta sunt, ut credatis quoniam Jesus est* [5]*Christus Filius Dei, et ut credentes vitam* [6]*æternam habeatis in nomine ejus;* providens has blasphemas regulas, quæ dividunt Dominum, quantum ex ipsis attinet, ex altera et altera substantia dicentes eum factum. Propter quod et in epistola sua sic testifi-
1 Joh. ii. 18, 19, 21, 22. catus est nobis: *Filioli, novissima hora est, et quemadmodum*

[1] MASSUET cancels *omnia* as in the AR. MS., but testimony is in its favour. It may represent the adverbial πάντα, for κατὰ πάντα, the preceding δυνατῶς precluding the use of πάντως.

[2] AR. *occulta,* by assimilation.

[3] *Martyrum flores,* as CYPRIAN very beautifully calls the martyred innocents. CLERM. *Martyras.*

[4] The words included within brackets were restored by FEUARDENT, and retained by GRABE, observing however, *quas tamen nullus nostrorum MSS. Codex habet, quasque plura N. T. exemplaria bonæ notæ non agnoscunt.* They are, therefore, marked as doubtful. The Syriac has them.

[5] *Christus,* cancelled by MASS. as missed in the CL., VOSS. MSS., but the AR. has it, as also the Syr. and Vulg.

[6] æternam. *Vocem αἰώνιον, quæ in nostris Evangelicis Codd. non exstat, Irenæus in suo additam habuisse videtur, ut et Syrus, Arabs, aliique Or. Int.* GRABE.

audistis quoniam Antichristus venit, nunc Antichristi multi facti sunt: unde cognoscimus quoniam novissima hora est. Ex nobis exierunt, sed non erant ex nobis: si enim fuissent ex nobis, permansissent utique nobiscum: sed ut manifestarentur quoniam non sunt ex nobis. Cognoscite ergo quoniam omne mendacium extraneum est, et non est de veritate. Quis est mendax, nisi qui negat quoniam Jesus non est Christus? hic est Antichristus.

6. Quia autem omnes qui prædicti sunt, etsi lingua quidem confitentur unum Jesum Christum, [1]semetipsos derident, aliud quidem sentientes aliud vero dicentes; etenim argumenta illorum varia, quemadmodum ostendimus, alterum quidem passum, et natum hunc esse Christum annuntiant, et esse alterum eorum Demiurgi [2]autem, qui sit ex dispositione, vel eum qui sit ex Joseph, quem [3]et passibilem argumentantur, alterum vero eorum ab invisibilibus et inenarrabilibus descendisse, quem et invisibilem et incomprehensibilem, et impassibilem esse confirmant, errantes a veritate, eo quod absistat sententia eorum ab eo qui est vere Deus, nescientes quoniam hujus Verbum [4]unigenitus, qui semper humano generi adest, unitus et [5]consparsus suo plasmati secundum placitum Patris, et caro factus, ipse est Jesus Christus Dominus noster, qui et passus est pro nobis, et surrexit propter nos, et rursus venturus [6]est in gloria Patris, ad resuscitandam universam carnem, et ad ostensionem salutis, et regulam justi judicii ostendere omnibus qui sub ipso facti sunt. Unus igitur Deus Pater, quemadmodum ostendimus, et unus Christus Jesus Dominus noster, veniens per universam dispositionem, et Eph. i. 10. omnia in semetipsum recapitulans. In omnibus autem est et homo plasmatio Dei: et hominem ergo in semetipsum recapitulans est, [7]invisibilis visibilis factus, et incomprehensibilis factus

[1] *semetipsos derident.* GRABE considers that *καταγελῶσι* was in the Greek text, as a play upon the word *καταγγέλλουσι* that follows; but four lines intervene, and the point, if any, evaporates. The word represents perhaps *μωραίνονται*, or *μυκτηρίζουσι*.

[2] *autem* is bracketed for omission by MASSUET; but we may imagine the Greek to have run as follows: *ἄλλον μὲν παθόντα, καὶ γεννηθέντα τόνδε τὸν Χριστὸν, καταγγέλλουσι, καὶ εἶναι αὐτῶν ἄλλον, τοῦ Δημιουργοῦ δὴ, τὸν κατ' οἰκονομίαν, ἢ τὸν ἐξ Ἰωσὴφ, ὃν καὶ παθητὸν ἐξαγορεύουσι· ἄλλον δέ.* See pp. 42, 82, 92.

[3] *et* CLERM., but AR., VOSS. and EDD. *quemque.*

[4] *Μονογενὴς* in apposition with *λόγος*, which gives the concord. Sub. *est.*

[5] consparsus. *Græce πεφυρμένος, uti conjicio,* commixtus, *id est,* intime unitus, *quomodo a Plutarcho in Romulo dicitur, πεφυρμένη σώματι ψυχή.* GRABE.

[6] *est,* omitted by MASS. carelessly.

[7] invisibilis visibilis factus, &c. *Ita plane et S. Ignatius in Epist. ad*

LIB. III. xvii. 6. GR. III. xviii. MASS. III. xvi. 6.

comprehensibilis, et impassibilis passibilis, et Verbum homo, universa in semetipsum recapitulans: uti sicut in supercœlestibus et spiritalibus et invisibilibus princeps est Verbum Dei; sic et in visibilibus, et corporalibus principatum habeat, in semetipsum primatum assumens, et apponens semetipsum caput Ecclesiæ, universa attrahat ad semetipsum apto in tempore.

7. Nihil enim incomtum atque intempestivum apud eum, quomodo nec incongruens est apud Patrem. Præcognita sunt enim [1]hæc omnia a Patre, perficiuntur autem a Filio, sicut congruum et consequens est, apto tempore. Propter hoc properante Maria ad admirabile vini signum, et ante tempus volente participare [2]compendii poculo, Dominus repellens ejus [3]intempestivam festinationem, dixit: *Quid mihi et tibi est mulier? nondum venit hora mea;* exspectans eam horam quæ est a Patre præcognita. Propter hoc cum sæpe vellent eum homines apprehendere, *Nemo*, inquit, *immisit manus ei: nondum enim venerat hora* apprehensionis, nec tempus passionis, quod præcognitum fuerat a Patre, quemadmodum et Abacuc propheta ait: *In eo cum*

Joh. ii. 4. Joh. vii. 30. Abac. iii. 2.

Polycarpum, c. 3, scribit, τὸν ἀόρατον, τὸν δὲ δι' ἡμᾶς ὁρατόν· τὸν ἀψηλάφητον (*supple ex interpolato exemplari,* δι' ἡμᾶς δὲ ψηλαφητόν·) τὸν ἀπαθῆ, τὸν δὲ δι' ἡμᾶς παθητόν. *Confer inf. p.* 341. GR.

[1] *hæc.* This word is omitted by CLERM., ARUND., VOSS. and MERC. I., and therefore also by MASSUET. προεγνωσμένα γὰρ τὰ πάντα, perhaps had been altered through carelessness into τάδε π., in which case the word forms part of the translation.

[2] *compendii poculum.* See p. 43, n. 6: *Compendialiter... ex aqua... factum est vinum.* There the meaning is more clear; that the wine, *ex vinea*, first tasted by the guests was good, but that the wine, *compendialiter ex aqua factum* (i. e. by the immediate act of Divine Power, as compared with the slower process of nature), was better; συντόμως seems to have been the word; as at 95, n. 4. Here, ἀνακεφαλαιώσεως is preferable. The cup, that *recapitulates* the suffering of Christ, was manifestly *intempestivum* before the Passion of our Lord.

[3] intempestivam festinationem. *Imperfectionem itaque humanæ naturæ, peccatorum venialium matrem, in B. Virgine Maria agnovit Irenæus, alioquin eam pro merito laudans. Similiter Chrysostomus, Theophylactus, Euthymius, diu post Irenæum, intempestivos affectus sanctæ Virgini adscripserunt, ut ipse Feuard. ad hunc locum annotat; sed huic opinioni anathema recentissimæ Synodi Tridentinæ frustra opponit.* A still more recent decree also of the Church of Rome is in direct opposition to the teaching of the great light of the Western Church, S. AUGUSTIN, with whom upon this point S. BERNARD also is agreed. He says: *Et hinc apparet illam concupiscentiam, per quam Christus concipi potuit, fecisse in genere humano propaginem mali; quia Mariæ corpus quamvis inde venerit, tamen eam non trajecit in corpus, quod non inde concepit. c. Jul. Pelag.* v. 52. And again: *Maria quidem mater ejus, de qua carnem sumsit, de carnali concupiscentia parentum nata est. Op. Imperf. c. Jul.* VI. 22. The Church of Rome now denounces such doctrine.

G. 242. *appropinquarint anni cognosceris, in adventu temporis ostenderis,* LIB III. xvii. 7. GR. III. xviii. MASS III. xvi. 7.
in eo quod turbetur anima mea in ira, misericordiæ tuæ memoraberis. Sed et Paulus ait: *Cum autem venit plenitudo temporis, misit Deus filium suum.* Gal. iv. 4. Per quod manifestum est, quoniam omnia quæ præcognita erant a Patre, ordine et tempore et hora præcognita et apta perfecit Dominus noster, unus quidem et idem exsistens, dives autem et multus. Diviti enim et multæ voluntati Patris deservit, cum sit ipse Salvator eorum qui salvantur, et Dominus eorum qui sunt sub dominio, et Deus eorum quæ constituta sunt, et unigenitus Patris, et Christus qui prædicatus est, et Verbum Dei incarnatus, cum advenisset plenitudo temporis, in quo Filium Hominis fieri oportebat Filium Dei.

M. 207. 8. Igitur omnes [1] extra dispositionem sunt, qui sub obtentu agnitionis [2] alterum quidem Jesum intelligunt, alterum autem Christum, et alterum Unigenitum, ab hoc autem rursum est Verbum, et alterum Salvatorem, quem etiam eorum qui in [3] deminoratione facti sunt Æones emissionem esse dicunt hi qui sunt erroris discipuli: qui a foris quidem oves, per eam enim quam habent extrinsecus loquelam similes nobis apparent, eadem nobiscum loquentes, intrinsecus vero lupi. Sententia enim eorum homicidialis, Deos quidem plures confingens, et patres multos simulans; comminuens autem et per multa dividens Filium Dei: quos et Dominus nobis cavere prædixit, Matt. vii. 15. et discipulus ejus Johannes in [4] prædicta epistola fugere eos præcepit, dicens; 2 Joh. 7, 8. *Multi seductores exierunt in hunc mundum, qui non confitentur Jesum Christum in carne venisse. Hic est seductor et Antichristus. Videte eos, ne perdatis quod operati estis.* Et rursus in [5] epistola ait: *Multi pseudo-* 1 Joh. iv. 1, 2, 3.

[1] *extra dispositionem,* ἔξω τῆς οἰκονομίας, they are without the Christian dispensation, who divide Christ; the word being used in the scriptural sense as in the fragment in c. XIX., rather than the ecclesiastical. So we read afterwards, c. XIX. *dispensationem... salutis nostræ.* Cf. *dispensationem adventus,* p. 85.

[2] From this and similar passages we easily perceive the *rationale* of the clause in the Eastern creeds, expressing faith in *One Lord Jesus Christ;* it estopped Gnostic impiety as regards the Son, as faith in one God the Father and Creator of all was asserted in the opening clause. See *Hist. and Theol. of Creeds.*

[3] *deminoratione,* ἐλαττώσει, i. e. *in labe.*

[4] *prædicta. Memoria lapsus est Irenæus, siquidem ante non ex secunda, sed prima S. Joannis epistola quædam allegaverat: nisi dicere velis, eum longius ad* [Tom. I. 162] *respexisse; quod tamen vero haud videtur simile.* GRABE. If, as there is reason to suppose, IRENÆUS makes frequent use of the Syriac Version, these quotations from the second Ep. of S. John have a peculiar interest, since the Syriac only contains the first Epistle.

[5] τῇ for ταύτῃ, i. e. *hac.*

LIB. III. xvii. 8. GR. III. xviii. MASS. III. xvi. 8.

prophetæ exierunt [1] *de sæculo. In hoc cognoscite Spiritum Dei. Omnis spiritus qui confitetur Jesum Christum in carne venisse, ex Deo est. Et omnis spiritus* [2] *qui solvit Jesum* [3] *Christum, non est ex Deo, sed* [4] *ex Antichristo est.* Hæc autem similia sunt illi, quod in Joh. i. 14. Evangelio dictum est, quoniam *Verbum caro factum est, et habitavit*

Theod. Dial. II. Ἀσύγχυτος. Διὸ πάλιν ἐν τῇ ἐπιστολῇ φησί· Πᾶς ὁ πιστεύων ὅτι Ἰησοῦς Χριστὸς, ἐκ τοῦ Θεοῦ γεγένηται, ἕνα καὶ τὸν αὐτὸν εἰδὼς Ἰησοῦν Χριστὸν, ᾧ ἠνοίχθησαν αἱ πύλαι τοῦ οὐρανοῦ διὰ τὴν ἔνσαρκον ἀνάληψιν αὐτοῦ· ὃς καὶ ἐν τῇ αὐτῇ σαρκὶ ἐν ᾗ καὶ ἔπαθεν, ἐλεύσεται, τὴν δόξαν ἀποκαλύπτων τοῦ πατρός.

1 Joh. v. 1. *in nobis.* Propter quod rursus in epistola clamat: *Omnis qui credit quia Jesus est Christus, ex Deo natus est;* unum et eundem sciens Jesum Christum, cui apertæ sunt portæ cœli propter carnalem ejus assumtionem: qui etiam in eadem carne in qua passus est veniet, gloriam revelans Patris.

9. Et Paulus autem his consentiens, Romanos alloquens, ait: Rom. v. 17. *Multo magis hi qui abundantiam* [5] *gratiæ et justitiæ accipiunt in vitam, regnabunt per unum Jesum Christum.* Nescit ergo eum qui evolavit Christum a Jesu; neque eum novit Salvatorem qui sursum est, quem impassibilem dicunt. Si enim alter quidem passus est, alter autem impassibilis mansit; et alter quidem natus est, alter vero in eum qui natus est, descendit, et rursus reliquit eum; non unus, sed duo monstrantur. Quoniam autem unum eum, et qui natus est et qui passus est, Christum Jesum novit Apostolus, Rom. vi. 3, 4. in eadem epistola iterum dicit: *An ignoratis quoniam quotquot baptisati sumus in Christo Jesu, in morte ejus baptisati sumus? ut*

[1] Gr. εἰς τὸν κόσμον.

[2] *qui solvit Jesum Christum. Dubium est, utrum Interpres ex vulgata Latina ita reposuerit, an ipse Irenæus jam in suo exemplari legerit,* ὃ λύει τὸν Ἰησοῦν, *quod sane in vetustissimis Codd. locum habuisse fidem facit Socrates lib.* VII. *Hist. Eccles. cap.* 32, *nec dubitare nos sinit post vulgatum Interpretem Tertullianus lib.* V. *contra Marcionem cap.* 16, *ubi memorat Antichristi spiritus, negantes Christum in carne venisse, et solventes Jesum. Ubi utramque lectionem jungere videtur, tam modo dictam, quam alteram in nostris exempl.* ὃ μὴ ὁμολογεῖ τὸν Ἰησοῦν Χριστὸν ἐν σαρκὶ ἐληλυθότα, *quæ maxime confirmatur per Epist. Polycarpi ad Philippenses,* § 8. GRABE.

[3] *Christum,* omitted in CL., AR., VOSS.

[4] *ex,* omitted in the CLERM. copy.

[5] Vulg. *gratiæ et donationis et justitiæ.* ORIGEN, *Comm. in Joh.*, omits the words τῆς δωρεᾶς, and they are not recognised by S. AUGUSTIN, *de Bapt.* c. 13.

G. 243. *quemadmodum resurrexit Christus a mortuis,* [1]*sic et nos in novitate vitæ ambulemus.* Rursus autem significans Christum passum, et ipsum esse Filium Dei, qui pro nobis mortuus est et sanguine suo redemit nos in præfinito tempore, ait: [2]*Ut quid enim Christus, cum adhuc essemus infirmi, secundum tempus pro impiis mortuus est? Commendat autem suam dilectionem Deus in nobis, quoniam cum adhuc essemus peccatores, pro nobis Christus mortuus est: multo magis justificati nunc in sanguine ejus, salvi erimus per ipsum ab ira. Si enim cum essemus inimici, reconciliati sumus Deo per mortem Filii ejus, multo magis reconciliati, salvi erimus in vita ejus.* Hunc eundem qui apprehensus et passus est, et effudit sanguinem suum pro nobis, hunc Christum, hunc Filium Dei manifestissime annuntians, qui etiam surrexit et assumtus est in cœlos, quemadmodum ipse ait, [3]simul autem, *Christus mortuus est, imo* [4]*qui et resurrexit, qui est in dextera Dei;* et iterum, *Scientes quoniam Christus* [5]*resurgens a mortuis, jam non moritur.* Prævidens enim et ipse per Spiritum subdivisiones malorum magistrorum, et omnem ipsorum occasionem dissensionis volens abscindere, ait quæ prædicta sunt: *Si autem Spiritus ejus qui suscitavit Jesum a mortuis, habitat in vobis,* [6]*qui suscitavit Christum a mortuis vivificabit et mortalia corpora vestra.* [7]Unum quod non exclamat ad eos qui volunt audire, [8]Quoniam nolite errare; unus et idem est Christus Jesus Filius Dei, qui per passionem reconciliavit nos Deo, et resurrexit a mortuis, qui est in dextera Patris, et perfectus in omnibus: qui cum vapularet, non repercutiebat; *qui cum pateretur, non est* [9]*minatus;* et cum tyrannidem pateretur, rogabat Patrem ut ignosceret his qui se crucifixerant. Ipse enim vere salvavit: ipse est enim Verbum Dei, ipse unigenitus a Patre, Christus Jesus [10]Dominus noster.

LIB. III. xvii. 9. GR. III. xviii. MASS. III. xvi. 9.

Rom. v. 6, 8, 9, 10.

Luc. xxii. 54. Joh. xviii. 12.

Rom. viii. 34.

Rom. vi. 9.

Cap. viii. 11.

1 Pet. ii. 23.

Luc. xxiii. 34

[1] *διὰ τῆς δόξης τοῦ Πατρὸς* are omitted by TERTULLIAN, *de Res. Carnis,* c. 47.

[2] *ut quid,* *εἴτι,* Gr. *ἔτι,* Syr. *εἰ δέ.* ܐܠܘ ܕܝܢ ܡܫܝܚܐ *Si autem Christus.*

[3] *simul autem.* These words have hitherto been printed as though they formed the commencement of the scriptural quotation; but the construction is, *ὡς καὶ αὐτὸς λέγει, ἅμα μὲν ... ἔτι δέ.*

[4] *qui.* This word seems to have been transposed, its proper place being before *mortuus,* unless indeed we cancel it altogether with the CLERM., VOSS. and ARUND. MSS., which would bring the text into nearer conformity with the Syriac ܡܫܝܚܐ ܡܠܟܐ ܩܘܡ

[5] *resurgens,* a loose translation of *ἐγερθεὶς,* but nearer to the Syriac ܩܡ, identical in sound with ܩܐܡ

[6] CL. inserts *his,* meaning *is qui.*

[7] *μόνον οὐκ ἐκφωνεῖ.*

[8] *quoniam,* expunged by MASS., but it is read in the CL., AR. MSS., as also in the earlier Edd. VOSS. indicates it in, *Deum.*

[9] CLERM., VOSS. *minitatus.*

[10] The reading of the CLERM., AR.

LIB. III. xviii. 1. GR. III. xix. MASS. III. xvii. 1.

CAP. XVIII.

De eo qui descendit in ipsum Spiritu.

1. Etenim potuerunt dicere Apostoli, Christum descendisse M. 208.
in Jesum; aut illum superiorem Salvatorem, in eum qui sit dispositionis; aut illum qui est ab invisibilibus, in eum qui est Demiurgi: sed nihil quidem tale neque scierunt, neque dixerunt; si enim scissent, [1]et dixissent utique: quod autem erat, hoc et
Matt. iii. 16. Luc. iii. 22. dixerunt, Spiritum Dei sicut columbam descendisse in eum; hunc
Esai. xi. 2. Spiritum, de quo ab Esaia dictum est, *Et requiescet super eum*
Esai. lxi. 1. *Spiritus Dei*, sicut prædiximus. Et iterum: *Spiritus Domini super me, propter quod unxit me.* Iste Spiritus, de quo ait
Matt. x. 20. Dominus: *Non enim vos estis qui loquimini, sed Spiritus Patris vestri qui loquitur in vobis.* Et iterum potestatem [2]regenerationis
Matt. xxviii. 19. in Deum [3]dans discipulis, dicebat eis: *Euntes docete omnes gentes, baptisantes eos in nomine Patris, et Filii, et Spiritus sancti.* Hunc enim promisit per prophetas effundere in novissimis tempori-
Joel ii. 29. bus super servos et ancillas, ut prophetent: unde et in Filium Dei, Filium Hominis factum, descendit, cum ipso [4]assuescens habitare in genere humano, et requiescere in hominibus, et habitare in plasmate Dei, voluntatem Patris operans in ipsis, et renovans eos a vetustate in novitatem Christi. Hunc Spiritum [5]petiit David
Ps. l. 13. humano generi, dicens: *Et Spiritu principali confirma me.* Quem
Act ii. et descendisse Lucas ait post ascensum Domini super discipulos in Pentecoste, habentem potestatem omnium gentium ad introitum vitæ, et [6]ad apertionem novi Testamenti: unde et omnibus linguis conspirantes hymnum dicebant Deo, Spiritu ad unitatem redigente distantes tribus, et primitias omnium gentium offerente Patri. G. 244.
Joh. xvi. 7. Unde et Dominus pollicitus est mittere se Paracletum, qui nos aptaret Deo. Sicut enim de arido tritico massa una fieri non potest sine humore, neque unus panis: ita nec nos multi unum

and Voss. MSS. Earlier editions and Grabe have, *Deus.*

[1] *et* is properly replaced in the text by Mass., for it is found in the Voss. MS., while the Clerm. has *et dixerunt.* καὶ εἶπον ἄν, would be the Greek.

[2] The sacrament of Baptism is therefore ἡ δύναμις τῆς ἀναγεννήσεως εἰς Θεόν. Compare Vol. I. 181, n. 1; 182, n. 1.

[3] Earlier Edd. *demandans,* by the amalgamation of *Deum.*

[4] εἐθισμένος.

[5] Clerm., Ar., but Voss. *petit.*

[6] *ad apertionem...conspirantes.* The Clerm. and Voss. readings. Ar. *apertionem...conspiranter.*

fieri in Christo Jesu poteramus, sine aqua quæ de cœlo est. Et LIB. III. xviii. 1.
sicut arida terra, si non percipiat humorem, non fructificat: sic et GR. III. xix. MASS. III.
nos, lignum aridum exsistentes primum, nunquam fructificaremus xvii. 2.
vitam, sine superna voluntaria pluvia. Corpora enim nostra per Ps. lxvii. 10.
lavacrum illam, quæ est ad incorruptionem, unitatem acceperunt,
animæ autem per Spiritum. Unde et utraque necessaria, cum
utraque proficiunt in vitam Dei, miserante Domino nostro [1] Sa- Joh. iv. 7.
maritanæ illi prævaricatrici, quæ in uno viro non mansit, sed
fornicata est in multis nuptiis, et ostendente ei, et pollicente
aquam vivam, ut ulterius non sitiret, neque occuparetur ad humectationem aquæ laboriosæ, habens in se potum [2]salientem in vitam
æternam, [3]quam Dominus accipiens munus a Patre, ipse quoque
his donavit qui ex ipso participantur, in universam terram mittens
Spiritum sanctum.

2. Hanc muneris gratiam prævidens Gedeon ille Israelita,
quem elegit Deus, ut salvaret populum Israel de potentatu
alienigenarum, demutavit petitionem, et super vellus lanæ, in Jud. vi. 37 seq.
quo tantum primum ros fuerat, quod erat typus populi, ariditatem
futuram prophetans; hoc est, non jam habituros eos a Deo
Spiritum sanctum, sicut Esaias ait: *Et nubibus mandabo ne pluant* Esai. v. 6.
super eam; in omni autem terra fieri ros, quod est Spiritus Dei,
qui descendit in Dominum, *spiritus sapientiæ et intellectus, spiritus* Esai. xi. 2.
consilii et virtutis, spiritus scientiæ et pietatis, spiritus timoris Dei:
quem ipsum iterum dedit Ecclesiæ, in omnem terram mittens de
cœlis Paracletum, ubi et diabolum tamquam fulgur projectum ait Luc. x. 18.
Dominus. Quapropter necessarius nobis est ros Dei, ut non comburamur, neque infructuosi efficiamur, et ubi accusatorem habemus,
illic habeamus et [4]Paracletum; commendante Domino Spiritui
sancto suum [5]hominem, qui inciderat in latrones, cui ipse misertus Luc. x. 35.
est, et ligavit vulnera ejus, dans duo denaria regalia, ut per
Spiritum imaginem et inscriptionem Patris et Filii accipientes,
fructificemus creditum nobis denarium, multiplicatum Domino Matt. xxv. 16 seq.
annumerantes.

[1] *Samaritanæ illi*, i. e. the multitude of Gentile idolaters; the Samaritans ever since the substitution of Babylonians and Assyrians, 2 Kings xvii. 24, for the ten tribes carried away by Shalmaneser, were an idolatrous race, so that to the Jews, *Samaritan* and *idolater* were convertible terms. Hence the Samaritan woman is represented as a type of the heathen world.

[2] CLERM. *saliens*, possibly as πόμα ἀλλόμενον.

[3] CL., VOSS., MASS. *quod.*

[4] καὶ ἐάν τις ἁμάρτῃ παράκλητον ἔχομεν κ.τ.λ. 1 Joh. ii. 1.

[5] i.e. *the human race.* CLERM. *omnem.*

LIB. III. xviii. 3. GR. III. xix. MASS. III. xvii. 4.

Theod. Dial. I. Ἄτρεπτος. Ed. Schultz, IV. 54.

3. Τοῦ πνεύματος οὖν κατελθόντος διὰ τὴν προωρισμένην οἰκονομίαν, καὶ τοῦ Υἱοῦ τοῦ Θεοῦ μονογενοῦς, ὃς καὶ λόγος ἐστὶ τοῦ Πατρὸς, ἐλθόντος τοῦ πληρώματος τοῦ χρόνου, σαρκωθέντος ἐν ἀνθρώπῳ [*adde*, δι' ἄνθρωπον], καὶ πᾶσαν τὴν κατὰ ἄνθρωπον οἰκονομίαν ἐκπληρώσαντος, τοῦ Κυρίου ἡμῶν [1] Ἰησοῦ, ἑνὸς καὶ τοῦ αὐτοῦ ὄντος, ὡς αὐτὸς ὁ Κύριος μαρτυρεῖ, καὶ οἱ ἀπόστολοι ὁμολογοῦσι καὶ οἱ προφῆται κηρύττουσι· ψευδεῖς ἀπεδείχθησαν πᾶσαι αἱ διδασκαλίαι τῶν τὰς ὀγδοάδας, καὶ τετράδας, [2] καὶ δοκήσεις παρεξευρηκότων.

3. Spiritu itaque descendente [3] super prædictam dispositionem, et Filio Dei unigenito, qui et Verbum est Patris, veniente plenitudine temporis, incarnato in homine propter hominem, et omnem secundum hominem dispositionem implente Jesu Christo Domino nostro, uno et eodem exsistente, sicut et ipse Dominus testatur, et Apostoli confitentur, et prophetæ annuntiant, mendaces ostensæ sunt universæ doctrinæ eorum, qui octonationes et quaternationes putativas adinvenerunt, et sub- M. 209.
divisiones excogitaverunt: qui Spiritum quidem interimunt, alium autem Christum, et alium Jesum intelligunt, et non unum Christum, sed plures fuisse docent: et si unitos eos dixerint, iterum ostendunt [4] eum quidem participasse passionem, hunc autem impassibilem perseverasse; et hunc quidem ascendisse in Pleroma, hunc autem in medietate remansisse; et hunc quidem in invisibilibus et innominabilibus epulari et oblectari, hunc autem assidere Demiurgo, evacuantem eum virtute. Unde et oportebit et te, et omnes qui intendunt huic Scripturæ, et sollicitti G. 245.
sunt pro sua salute, non, quum audiunt forinsecus eorum sermones, sponte succumbere; similia enim loquentes fidelibus, sicut prædiximus, non solum dissimilia sapiunt, sed et contraria, et per omnia plena blasphemiis, per quæ interficiunt eos, qui per similitudinem verborum dissimile [5] affectionis eorum in se attrahunt

[1] Schultz adds Χριστοῦ, merely observing that GRABE omits the word.

[2] καὶ δοκήσεις, *f. leg.* καταδοκήτους.

[3] *super*, ἐπὶ must have been in the translator's copy; we should say, *under the promised dispensation.*

[4] *eum quidem...hunc autem*, τὸν μὲν...τὸν δέ.

[5] GRABE suggests *infectionis*, but there is no necessity for this. The Greek παθήματος makes very good sense. οἱ δι' ὁμοιότητος τῶν ῥημάτων ἀνόμοιον τὸ τοῦ παθήματος αὐτῶν φάρμακον ἐπισπῶνται εἰς ἑαυτούς.

venenum: sicut quis aquæ mixtum [1]gypsum dans pro lacte, seducat per similitudinem coloris, sicut [2]quidam dixit superior nobis, de omnibus qui quolibet modo depravant quæ sunt Dei, et adulterant veritatem; [3]*In Dei lacte gypsum male miscetur.* LIB. III. xviii. 3. GR. III. xix. MASS. III. xvii. 4.

CAP. XIX.

Quæ causa fuit, ut verbum Dei caro fieret: et, Adversus eos qui dicunt illum putative apparuisse.

1. OSTENSO manifeste, quod in principio Verbum exsistens apud Deum, per quem omnia facta sunt, qui et semper aderat generi humano, hunc in novissimis temporibus secundum præfinitum tempus a Patre, unitum suo plasmati, passibilem hominem factum, exclusa est omnis contradictio dicentium: Si ergo tunc natus est, non erat ergo ante Christus. Ostendimus enim, quia non tunc cœpit Filius Dei, exsistens semper apud Patrem; sed quando incarnatus est, et homo factus, longam hominum expositionem in seipso recapitulavit, in [4]compendio nobis salutem præstans, ut quod perdideramus in Adam, id est, secundum imaginem et similitudinem esse Dei, hoc in Christo Jesu reciperemus.

2. Quia enim non erat possibile, eum hominem qui semel victus fuerat et elisus per inobedientiam, replasmare, et obtinere [5]bravium victoriæ, iterum autem impossibile erat ut salutem perciperet qui sub peccato ceciderat, utraque operatus est Filius, Verbum Dei exsistens, a Patre descendens, et incarnatus, et usque ad mortem descendens, et dispensationem consummans salutis nostræ, cui credere nos indubitate adhortans, iterum [6]dicit: *Ne dixeris in corde tuo, Quis ascendit in cælum? hoc est Christum deducere. Aut, Quis descendit in abyssum? hoc est Christum a* Rom. x. 6, 7.

[1] PLINY relates the case of a man of rank who killed himself by drinking a liquid preparation of gypsum. *Exemplum illustre C. Proculeium Augusti Cæsaris familiarem subnixum in maximo stomachi dolore gypso poto, conscivisse sibi mortem. H. N.* XXXVI. 24.

[2] See Vol. I. 3, n. 3.

[3] GRABE considers these final words to be a marginal note, but they read more like the *dictum*, τοῦ κρείττονος ἡμῶν.

[4] *in compendio.* The meaning of the term will be best seen through the Greek, τὴν χρονίαν ἀνθρώπων ἀπόθεσιν ἐν ἑαυτῷ ἀνεκεφαλαίωσεν, συντόμως ἡμῖν τὴν σωτηρίαν χαριζόμενος. Cf. 88, n. 2.

[5] *bravium*, βραβεῖον. I Cor. ix. 24.

[6] The subject of c. XVII. is resumed, and the subject of the verb *dicit* is S. Paul, whose testimony is there adduced.

LIB. III. xix. 2. GR. III xx. MASS. III. xviii. 2. *mortuis* [1]*liberare;* deinde infert: *Quoniam si confitearis in ore tuo Dominum Jesum, et credideris in corde tuo, quoniam Deus illum excitavit a mortuis, salvus eris.* Et rationem reddidit

Rom. x. 9. Rom. xiv. 9. propter quam [2]causam hæc fecit Verbum Dei, dicens: *In hoc enim* [3]*Christus et vixit, et mortuus est, et resurrexit, ut vivorum et mortuorum dominetur.* Et iterum ad Corinthios scribens ait:

1 Cor. i. 23. *Nos autem annuntiamus Christum* [4]*Jesum crucifixum.* Et infert:

1 Cor. x. 16. *Calix benedictionis quem benedicimus, nonne communicatio sanguinis est Christi?* Quis est autem qui communicavit nobis de escis? Utrum is qui ab illis affingitur sursum Christus, superextensus Horo, [5]id est fini, et formavit eorum matrem: an

Psal. vii. 14, 15. vero qui ex virgine est Emmanuel, qui butyrum et mel mandu-

Jer. xvii. 9. cavit, de quo ait [6]propheta: *Et homo est, et quis cognoscet eum?*

1 Cor. xv. 3, 4. Hic idem a Paulo annuntiabatur: *Tradidi enim,* inquit, *vobis in* G. 246.
primis, quoniam Christus mortuus est pro peccatis nostris secundum Scripturas, et quoniam sepultus est, et resurrexit tertia die secundum Scripturas.

Theod. Dial. III. Ἀπαθής. 3. Φανερὸν οὖν, ὅτι Παῦλος ἄλλον Χριστὸν οὐκ οἶδεν, ἀλλ' ἢ τοῦτον τὸν καὶ παθόντα, καὶ ταφέντα, καὶ ἀναστάντα, καὶ γεννηθέντα, ὃν καὶ ἄνθρωπον λέγει. Εἰπὼν γὰρ, εἰ δὲ Χριστὸς κηρύσσεται, ὅτι ἐκ νεκρῶν ἐγήγερται,

3. Manifestum est igitur, quoniam Paulus alterum Christum nescit, nisi hunc solum, qui et passus est, et sepultus est, et resurrexit, qui et natus est, quem et hominem dixit. Cum enim

1 Cor. xv. 12. dixisset: *Si autem Christus annuntiatur quoniam a mortuis*

[1] *liberare.* IRENÆUS seems to have followed the Syriac analogy, rendering ܐܣܩ in its derivative, and not in its primary sense; *to bring up, from captivity,* is *to set free.*

[2] *καὶ λόγον παρέστησεν δι' ἣν αἰτίαν.* CL., VOSS., and therefore MASS., omit *causam.*

[3] The order in the received version is as follows: *εἰς τοῦτο γὰρ Χριστὸς καὶ ἀπέθανε καὶ ἀνέστη καὶ ἀνέζησεν,* but a more natural order is observed in the Syriac ܡܝܬ ܘܚܝܐ ܘܩܡ *mortuus est, et vixit, et resurrexit:* the first two terms of which order are here transposed; and the change would seem to have been made in the simple Syriac, for if the word *re-vixit* had stood second in order, it is scarcely possible that any amount of carelessness should have placed it first before *mortuus est;* the same will apply to *ἀν-έζησεν.*

[4] GRABE observes that CLEM. AL. also inserts the word Ἰησοῦν.

[5] *id est fini,* the translator's interpolation.

[6] Compare TERTULLIAN, *c. Judæos,* 14; *de Carne Chr.* 15; *c. Marc.* III. 7; CYPRIAN, *Testim. c. Jud.* II. 10; also HIERONYM. in loc.

ἐπιφέρει, τὴν αἰτίαν ἀποδιδοὺς τῆς σαρκώσεως αὐτοῦ· ἐπειδὴ γὰρ δι' ἀνθρώπου ὁ θάνατος, [1]καὶ δι' ἀνθρώπου ἀνάστασις [2]ἐκ νεκρῶν. Καὶ πανταχοῦ ἐπὶ τοῦ πάθους τοῦ Κυρίου ἡμῶν, καὶ τῆς ἀνθρωπότητος αὐτοῦ, καὶ τῆς νεκρώσεως, τῷ τοῦ Χριστοῦ κέχρηται ὀνόματι, ὡς ἐπὶ τοῦ, Μὴ τῷ βρώματί σου ἐκεῖνον ἀπόλλυε, ὑπὲρ οὗ Χριστὸς ἀπέθανε· καὶ πάλιν, LIB. III. xix. 3. GR. III. xx. MASS. III. xviii. 3.
M. 210. *Νυνὶ δὲ ἐν Χριστῷ, οἱ ποτὲ ὑμεῖς ὄντες μακρὰν, ἐγενήθητε ἐγγὺς, ἐν τῷ αἵματι τοῦ Χριστοῦ· καὶ πάλιν, Χριστὸς ἡμᾶς ἐξηγόρασεν ἐκ τῆς κατάρας τοῦ νόμου, γενόμενος ὑπὲρ ἡμῶν κατάρα· γέγραπται γὰρ, ἐπικατάρατος πᾶς ὁ κρεμάμενος ἐπὶ ξύλου.*

resurrexit, intulit, rationem reddens incarnationis ejus: *Quoniam per hominem mors, et per hominem resurrectio mortuorum.* (1 Cor. xv. 21.) Et ubique in passione Domini nostri, et humanitate, et mortificatione ejus, Christi usus est nomine, quemadmodum in illo: *Noli esca tua perdere illum, pro quo Christus mortuus est.* (Rom. xiv. 15.) Et iterum: *Nunc autem in Christo vos qui aliquando fuistis longe, facti estis proximi in sanguine Christi.* (Ephes. ii. 13.) Et iterum: *Christus nos redemit de maledicto Legis, factus pro nobis maledictum: quoniam scriptum est, Maledictus omnis qui pendet in ligno.* (Gal. iii. 13. Deut. xxi. 23.) Et iterum: *Et periet infirmus in tua scientia frater, propter quem Christus mortuus est;* (1 Cor. viii 11.) significans, quoniam non Christus impassibilis descendit in Jesum, sed ipse, [3]Jesus Christus cum esset, passus est pro nobis, qui decubuit et resurrexit, qui descendit et ascendit, Filius Dei, filius hominis factus: quemadmodum et ipsum nomen significat. In Christi enim nomine subauditur qui unxit, et ipse qui unctus est, et ipsa unctio in qua unctus est. Et unxit quidem Pater, unctus est vero Filius, in Spiritu, qui est unctio; quemadmodum per Esaiam ait sermo: *Spiritus Dei super me, propter quod unxit me;* (Esai. lxi. 1.) significans et unguentem Patrem, et unctum Filium, et unctionem, qui est Spiritus.

4. Et ipse autem Dominus manifestum [4]facit eum qui est passus. Cum enim interrogasset discipulos: *Quem me homines dicunt esse Filium Hominis?* (Matt. xvi. 13 seq.) [5]et Petrus cum respondisset: *Tu es*

[1] *καὶ*, SCHULTZ, and INT.

[2] The particle *ἐκ* is here cancelled by STIEREN on the authority of SCHULTZ; the translation also ignores it.

[3] CL. inserts *est*, indicating its usual order, *Christus Jesus*.

[4] CL., VOSS., FEUARD. *marg.*, al. *fecit*.

[5] CLERM. omits *et*.

LIB. III. xix. 4. GR. III. xx. MASS. III. xviii. 4. *Christus Filius Dei vivi;* et cum laudatus esset ab eo, *Quoniam caro et sanguis non revelavit ei, sed Pater qui est in cœlis*, manifestum fecit, quoniam Filius Hominis hic est Christus Filius Dei
Matt. xvi. 21. vivi: *Ex eo enim*, inquit, *cœpit demonstrare discentibus, quoniam oportet illum Hierosolymam ire, et multa pati a sacerdotibus*, [1]*et reprobari, et crucifigi, et tertia die resurgere.* Ipse qui agnitus est a Petro Christus, qui eum beatum dixit, quoniam Pater ei revelavit Filium Dei vivi, dixit, semetipsum oportere multa pati et crucifigi: et tunc Petro increpavit, [2]secundum opinionem hominum [3]putanti eum esse Christum, et passionem ejus aversanti, et
Matt. xvi. 24, 25. dixit discipulis: *Si quis vult post me venire, neget se, et tollat crucem suam, et sequatur me. Qui enim voluerit animam suam* [4]*salvare, perdet illam: et qui eam perdiderit propter me, salvabit eam.* Hæc enim Christus manifeste dicebat, ipse exsistens Salvator eorum, qui propter suam confessionem in mortem traderentur, et perderent animas suas. Si autem ipse non erat passurus, sed [5]avolaret a Jesu, quid et adhortabatur discipulos tollere crucem, et sequi se, quam ipse non tollebat secundum ipsos, sed relinquebat [6]dispositionem passionis? Quoniam enim non de agnitione superioris crucis dicit hoc, quemadmodum quidam audent exponere; sed de passione, quam oportebat illum pati, et ipsi discipuli ejus futurum erat ut paterentur, intulit: *Quicunque enim salvaverit animam suam, perdet eam: et qui perdiderit, inveniet eam;* et G. 247.
quoniam passuri erant discipuli ejus propter eum, dicebat Judæis:
Matt. xxiii. 34. *Ecce, ego mitto ad vos prophetas, et sapientes, et doctores, et ex his*
Matt. x. 17, 18. *interficietis, et crucifigetis;* et discipulis dicebat, *Ante duces et reges stabitis propter me,* [7]*et ex vobis flagellabunt, et interficient, et persequentur a civitate in civitatem;* sciebat igitur et eos qui persecutionem passuri essent, sciebat et eos qui flagellari et occidi haberent propter eum: et [8]non altera de cruce, sed de passione,

[1] et reprobari, *Irenæus ex Marc.* viii. 31, *et Luc.* ix. 22, *inseruit, nisi et quidam S. Matthæi Codd. id olim habuerint.* GRABE.

[2] i. e. Thinking that if he was Christ, a death of suffering would be inconsistent with his mission. Joh. xii. 34.

[3] *putanti...aversanti,* governed, as GRABE points out, by ἐπετίμησε. The CLERM. MS. has *Petro,* of which GRABE was not aware in leaving *Petrum.*

[4] *salvare...salvabit.* The readings of the CLERM., AR., VOSS. MSS., except that the latter has *salvavit.* GRABE and the earlier EDD. have *salvam facere... inveniet.* The text as quoted below is also in accordance with MSS.

[5] *avolaret,* cf. I. 62, 212; II. 54, 4.

[6] f. l. *dispositio,* ἀπέλιπεν, *deficiebat.*

[7] IRENÆUS applies our Lord's words without formally quoting Scripture.

[8] *non altera de cruce,* i. e. the *crux superior* or *Horus,* of which he had spoken in the commencement of this period of

quam passurus esset ipse prior, post deinde discipuli ejus. Erat LIB. III. xix. 4. GR. III. xx. MASS. III. xviii. 5.
ergo sermo ejus [1]adhortans etiam illos: *Nolite timere eos qui occidunt corpus, animam autem non possunt occidere: timete autem magis eum, qui habet potestatem et corpus et animam mittere in gehennam;* Matt. x. 28. et [2]servare eas quæ essent ad eum confessiones. Etenim ipse confessurum se promittebat coram Patre [3]eos qui confiterentur Matt. x. 32 seq. nomen suum coram hominibus; negaturum autem eos qui negarent eum, [4]et confusurum qui confunderentur confessionem Marc. viii. 38. ejus. Et cum hæc ita se habeant, ad tantam temeritatem progressi sunt quidam, ut etiam martyres spernant, et vituperent eos qui propter Domini confessionem occiduntur, et sustinent omnia a Domino prædicta, et secundum hoc conantur vestigia [5]assequi passionis Domini, [6]passibilis martyres facti; quos et [7]concedimus ipsis martyribus. Cum enim inquiretur sanguis eorum, et gloriam consequentur, tunc a Christo confundentur omnes qui inhonoraverunt eorum martyrium.

5. Et ex hoc [8]autem quod Dominus in cruce dixerit: *Pater* Luc. xxiii. 34. [9]*dimitte eis, non enim sciunt quid faciunt*, longanimitas, et patientia, et misericordia, et bonitas Christi ostenditur, [10]ut et ipse pateretur, et ipse excusaret eos qui se male [11]tractassent. Verbum enim Dei quod nobis dixit: *Diligite inimicos vestros, et orate pro eis qui vos* Matt. v. 44. *oderunt*, ipse hoc fecit in cruce, in tantum diligens humanum
M. 211. genus, ut etiam pro his qui se interficerent, postularet. Si quis autem [12]quasi duorum exsistentium, judicium de his faciat, invenietur multo melior, et patientior, et vere bonus, qui in vulneribus ipsis, et plagis, et reliquis quæ in eum commiserunt, beneficus est, nec memor est in se commissæ malitiæ, eo qui avolavit, nec ullam injuriam, neque opprobrium passus est. Hoc autem idem et illis occurrit, qui dicunt eum putative passum. Si enim non vere passus est, nulla gratia ei, cum nulla fuerit passio: et nos, cum incipiemus vere pati, seducens videbitur, adhortans nos Matt. v. 39.

twelve lines; the words *dicit hoc* may be considered as still filling out the sense.

[1] AR., but CLERM., VOSS. *adhortantis*.

[2] *τηρεῖν*, *observare*, as well as *servare*.

[3] CLERM. and VOSS. omit *suo*, which the AR. has. The CL. reads *confitentur*.

[4] *καὶ ἐπαισχυνθησόμενον τοὺς ἐπαισχυνθέντας τὴν ὁμολογίαν αὐτοῦ.*

[5] CL., VOSS., AR., FEU. *marg.*, al. *sequi*.

[6] *τοῦ παθητοῦ*, *Christi* sc.

[7] *οὓς καὶ συγχωροῦμεν τοῖς μάρτυσι*, i. e. *connumeramus*.

[8] The AR. copy omits *autem*.

[9] CLERM. and VOSS. *remitte*.

[10] GR. *ut ipse et;* the CL. *et ipse*, but *ut* was easily lost in the preceding syllable. Gr. *ὥστε ὁ αὐτὸς καὶ ἔπαθεν, καὶ ὁ αὐτὸς παρῃτήσατο τοὺς κακοποιήσαντας αὐτόν.*

[11] CL. *tract' sunt.*

[12] *ὡσεὶ δύο ὑπαρχόντων*, i. e. Χριστῶν.

LIB. III. xix. 5. GR. III. xx. MASS. III. xviii. 6. vapulare, et alteram præbere maxillam, si ipse illud non prior in veritate passus est: et quemadmodum illos seduxit, ut videretur eis ipse hoc quod non erat, et nos seducit, adhortans perferre ea, quæ ipse non pertulit. Erimus autem et super magistrum, dum patimur et sustinemus quæ neque passus est neque sustinuit magister. Sed quoniam solus vere magister Dominus noster, et bonus vere Filius Dei et patiens, Verbum Dei Patris Filius Hominis factus. Luctatus est enim, et vicit: erat enim homo [1] pro patribus certans, et per [2] obedientiam, inobedientiam [3] persolvens:
Matt. xii. 29. alligavit enim fortem, et solvit infirmos, et salutem donavit plasmati suo, destruens peccatum. Est enim piissimus et misericors Dominus, et amans humanum genus.

Theod. Dial. II. Ἀσύγχυτος. 6. .....ἥνωσεν οὖν, καθὼς προέφαμεν, τὸν ἄνθρωπον τῷ Θεῷ. Εἰ γὰρ μὴ ἄνθρωπος ἐνίκησεν τὴν ἀντίπαλον G. 248.
τοῦ ἀνθρώπου, οὐκ ἂν δικαίως ἐνικήθη ὁ ἐχθρός. Πάλιν τε, εἰ μὴ ὁ Θεὸς ἐδωρήσατο τὴν σωτηρίαν, οὐκ ἂν βεβαίως ἔσχομεν αὐτήν. Καὶ [4] εἰ μὴ συνηνώθη ὁ ἄνθρωπος τῷ Θεῷ, οὐκ ἂν ἠδυνήθη μετασχεῖν τῆς ἀφθαρσίας. Ἔδει γὰρ τὸν μεσίτην Θεοῦ τε καὶ ἀνθρώπων, διὰ τῆς ἰδίας πρὸς ἑκατέ-

6. Hærere itaque fecit et adunivit, quemadmodum prædiximus, hominem Deo. Si enim homo non vicisset inimicum hominis, non juste victus esset inimicus. Rursus autem nisi Deus [5] donasset salutem, non firmiter haberemus eam. Et nisi homo [6] conjunctus fuisset Deo, non potuisset particeps fieri incorruptibilitatis. Oportuerat enim Mediatorem Dei et hominum, per suam ad utrosque

[1] *pro patribus*, ἀντὶ τῶν πατρῶν. The reader will here observe, the clear statement of the doctrine of the Atonement, whereby alone sin is done away.

[2] AR. *obaud.... inobaudientiam.*

[3] *persolvens*, διαλύων.

[4] JUSTIN MARTYR had already expressed the same idea in his treatise κατὰ Ἑλλήνων, a fragment of which is found in the passage of his *Spicileg.*, to which GRABE refers the reader: φύσει δὲ τῆς φθορᾶς προσγενομένης, ἀναγκαῖον ἦν, ὅτι σῶσαι βουλόμενος ἦ τὴν φθοροποιὸν οὐσίαν ἀφανίσας. Τοῦτο δὲ οὐκ ἦν ἑτέρως γενέσθαι, εἰ μήπερ ἡ κατὰ φύσιν ζωὴ προσεπλάκη τῷ τὴν φθορὰν δεξαμένῳ, ἀφανίζουσα μὲν τὴν φθορὰν, ἀθάνατον δὲ τοῦ λοιποῦ τὸ δεξάμενον διατηροῦσα. Διὰ τοῦτο τὸν Λόγον ἐδέησεν ἐν σώματι γενέσθαι, ἵνα τοῦ θανάτου τὴν κατὰ φύσιν ἡμᾶς φθορᾶς ἐλευθερώσῃ. Tom. I. p. 172.

[5] CL. *donans est.*

[6] *conjunctus.* CLERM., VOSS. *counitus*, but that word occurs nowhere else. It should have been *adunatus*, or simply *unitus*. I have, therefore, retained the word adopted by GRABE from earlier editions, where it was printed no doubt upon sufficient MS. authority. AR., MERC. II. and ERASM. have *cognitus.*

ρους οἰκειότητος, εἰς φιλίαν καὶ ὁμόνοιαν τοὺς ἀμφοτέρους συναγαγεῖν· καὶ Θεῷ μὲν παραστῆσαι τὸν ἄνθρωπον, ἀνθρώποις δὲ γνωρίσαι τὸν Θεόν. LIB. III. xix. 6. GR. III. xx. MASS. III. xviii. 7.

domesticitatem, in amicitiam et concordiam utrosque reducere, [1]et facere, ut et Deus assumeret hominem, et homo se dederet Deo. Qua enim ratione filiorum adoptionis ejus participes esse possemus, nisi per Filium eam quæ est ad ipsum recepissemus ab eo communionem, nisi verbum ejus communicasset nobis caro factum? Quapropter et [2]per omnem venit ætatem, omnibus restituens eam quæ est ad Deum communionem. Igitur qui dicunt eum putative manifestatum, neque in carne natum, neque vere hominem factum, adhuc sub veteri sunt damnatione, [3]advocationem præbentes peccato, non devicta secundum eos morte, quæ *regnavit ab Adam* Rom. v. 14. *usque ad Moysem, etiam in eos qui non peccaverunt in similitudinem transgressionis Adæ.* Veniens autem lex, quæ data est per Moysem, et testificans de peccato, quoniam peccator est, regnum quidem ejus abstulit, latronem et non regem eum detegens, et homicidam eum ostendit: [4]oneravit autem hominem qui habebat peccatum in se, reum mortis ostendens eum. Spiritalis enim cum Rom. vii. 14. lex esset, manifestavit tantummodo peccatum, non autem interemit: non enim Spiritui dominabatur peccatum, sed homini. Oportebat enim eum qui inciperet occidere peccatum, et mortis reum redimere hominem, id ipsum fieri quod erat ille, id est hominem: qui a peccato quidem in servitium tractus fuerat, a morte vero tenebatur, ut peccatum ab homine interficeretur, et

Ὥσπερ γὰρ διὰ τῆς παρακοῆς τοῦ ἑνὸς ἀνθρώπου, τοῦ πρώτως ἐκ γῆς ἀνεργάστου πεπλασμένου, ἁμαρτωλοὶ κατεστάθησαν Theod. Dial. I. Ἄτρεπτος.

homo exiret a morte. Quemadmodum enim per inobedientiam unius hominis, qui primus de terra [5]rudi plasmatus est, peccatores

[1] *Latinus textus a Græco multum hoc loco discrepat, ac videtur Interpres mutilo Codice usus, supplementum ex ingenio suo fecisse. Græca enim Theodoreti genuina esse vix dubitare me sinit locus parallelus infra p.* 333, G. *ubi itidem de Christo dicitur:* Hominibus quidem ostendens Deum, Deo autem exhibens hominem. GRABE.

[2] See Vol. I. p. 330.

[3] *advocationem.* GRABE refers the reader to his note on *advocata*, p. 429, G. Probably the word *advocata* there represents προστάτις, *a patroness.* Here the idea being evidently that of *dominion*, the word προστασίαν, (rendered by the translator in its forensic sense of *patronage*,) would give a very suitable meaning. Cf. 130, n. 7.

[4] ἐβάρυνεν.

[5] *rudi.* The existing MSS. read

LIB. III. xix. 6. GR. III. xx. MASS. III. xviii. 7.

οἱ πολλοί, καὶ ἀπέβαλον τὴν ζωήν· οὕτως ἔδει καὶ δι' ὑπακοῆς ἑνὸς ἀνθρώπου, τοῦ πρώτως ἐκ παρθένου γεγενημένου, δικαιωθῆναι πολλοὺς καὶ ἀπολαβεῖν τὴν σωτηρίαν.

facti sunt multi, et amiserunt vitam; ita oportuit et per obedientiam unius hominis, qui primus [1]ex virgine natus est, justificari multos, et percipere salutem. Sic igitur Verbum Dei homo factus est, quemadmodum et Moyses ait: *Deus, vera opera ejus.* (Deut. xxxii. 4.) Si autem non factus caro [2]parebat quasi caro, non erat verum opus ejus. Quod autem [2]parebat, hoc et erat; Deus, hominis antiquam plasmationem in se recapitulans, ut occideret quidem peccatum, evacuaret autem mortem, et vivificaret hominem: et propter hoc vera opera ejus.

CAP. XX.

Adversus eos qui dicunt eum ex Joseph generatum.

1. Rursus autem qui nude [3]tantum hominem eum dicunt ex [4]Joseph generatum, perseverantes in servitute pristinæ inobedientiæ moriuntur, nondum [5]commixti Verbo Dei Patris, neque per Filium percipientes libertatem, quemadmodum ipse ait: *Si Filius vos manumiserit, vere liberi eritis.* (Joh. viii. 36.) Ignorantes autem eum qui ex Virgine est Emmanuel, privantur munere ejus, quod est vita æterna: non recipientes autem Verbum incorruptionis, perseverant in carne mortali, et sunt debitores mortis, antidotum vitæ non accipientes. Ad quos Verbum ait, suum munus gratiæ narrans: [6]*Ego dixi, Dii estis, et filii Altissimi omnes: vos autem* (Ps. lxxxi. 6, 7.)

M. 212. G. 249.

rudis, but the term applies not to man but to the earth of which man was formed; and the word *ἀνεργάστου* in this sense is the correlative of *παρθένου* that follows. There is an allusion perhaps to the Rabbinical conceit indicated in Vol. I. p. 235, n. 3. Cf. 120, n. 1.

[1] *ex.* Cl., Ar., Merc. 1., al. *de.*

[2] i. e. *apparebat.*

[3] *ψιλῶς μόνον*, as at p. 116, 8.

[4] See I. 204—212.

[5] *commixti.* This word in uncial characters would not be very unlike *CONIVNCTI*, and there is something harsh and strained in the assertion, that sinful man should be, *commixtus Verbo Dei;* even of the human nature of Christ the term could not be used with propriety. See next page, n. 4. I suggest, therefore, *conjuncti*, and cf. the translation of *συνηνώθη* at p. 100, n. 6. The corruption was followed almost as a natural consequence by *commixtus*, 103, 4, which we know to be a false translation.

[6] Irenæus, quoting this text from memory, has transposed its members, which the translator has restored to its proper order, from the Italic version.

Ἐγὼ εἶπα, υἱοὶ ὑψίστου ἐστὲ πάντες καὶ Θεοί· ὑμεῖς δὲ ὡς ἄνθρωποι ἀποθνήσκετε. Ταῦτα λέγει πρὸς τοὺς μὴ δεξαμένους τὴν δωρεὰν τῆς υἱοθεσίας, ἀλλ' ἀτιμάζοντας τὴν σάρκωσιν τῆς καθαρᾶς γεννήσεως τοῦ λόγου τοῦ Θεοῦ, καὶ ἀποστεροῦντας τὸν ἄνθρωπον τῆς εἰς Θεὸν ἀνόδου, καὶ ἀχαριστοῦντας τῷ ὑπὲρ αὐτῶν σαρκωθέντι λόγῳ τοῦ Θεοῦ. Εἰς τοῦτο γὰρ [1] ὁ λόγος ἄνθρωπος,...ἵνα ὁ ἄνθρωπος τὸν λόγον χωρήσας, καὶ τὴν υἱοθεσίαν λαβὼν, υἱὸς γένηται Θεοῦ.

LIB. III. xx. 1. GR. III. xx. MASS. III. xix. 1.

Theod. Dial. I. Tom. IV. p. 53. Ed. Schultz.

sicut homines moriemini. Ad eos indubitate dicit, qui non [2]percipiunt munus adoptionis, sed contemnunt incarnationem puræ generationis Verbi Dei, fraudantes hominem ab ea ascensione quæ est ad Dominum, et ingrati exsistentes Verbo Dei, [3]qui incarnatus est propter ipsos. Propter hoc enim Verbum Dei homo; et qui Filius Dei est, Filius Hominis factus est,...[4]commixtus Verbo Dei, [5]et adoptionem percipiens fiat filius Dei. Non enim poteramus aliter incorruptelam et immortalitatem [6]percipere, nisi adunati fuissemus incorruptelæ et immortalitati. Quemadmodum autem adunari possemus incorruptelæ et immortalitati, nisi prius incorruptela et immortalitas facta fuisset id quod et nos, ut absorberetur quod erat corruptibile ab incorruptela, et quod erat mortale ab immortalitate, ut filiorum adoptionem perciperemus?

2. Propter hoc *Generationem ejus quis enarrabit?* quoniam *homo est, et quis agnoscet eum?* Cognoscit autem illum is, cui Pater qui est in cœlis revelavit, ut intelligat quoniam is qui *non ex voluntate carnis neque ex voluntate viri natus* [7]*est* Filius Hominis, hic est Christus Filius Dei vivi. Quoniam enim nemo in totum ex

Esai. liii. 8. Jer. xvii. 9. Matt. xvi. 16, 17. Joh. i. 13.

[1] *Juxta Latinum lege,* ὁ λόγος Θεοῦ ἄνθρωπος, *et adde insuper:* καὶ ὁ υἱὸς Θεοῦ υἱὸς ἀνθρώπου ἐγεννήθη. GR. Cf. n. 4.

[2] ARUND. *Recipiunt.*

[3] λόγος sc. CLERM., VOSS., MERC. I., but AR. *quod incarnatum.*

[4] *commixtus* is a very inaccurate translation of χωρήσας, and bears the taint of Eutychianism. GRABE should be consulted; he supposes that THEODORET'S orthodoxy may have caused him to substitute χωρήσας for συγκραθεὶς, or for whatever other word was read by the translator in his copy. The Greek indicates the loss of *ut homo* before the word *commixtus;* while the translation expresses a member that has disappeared from the Greek text. Unless indeed there has boen a dislocation, these words having been brought forward from the last line of the next page.

[5] CLERM. *et.* The other MSS. *ut.*

[6] *percipere,* CLERM., VOSS., FEUARD. *marg.*, al. *accipere;* the AR. and MERC. II. omit the verb altogether.

[7] CL. omits *est.*

LIB. III. xx. 2. GR. III. xxi. MASS. III. xix. 2. filiis Adæ, Deus appellatur [1]secundum eum, aut Dominus nominatur, ex Scripturis demonstravimus. Quoniam autem [2]est ipse proprie præter omnes qui fuerunt tunc homines, Deus, et Dominus, et Rex æternus, et Unigenitus, et Verbum incarnatum [3]prædicatum et a prophetis omnibus, et Apostolis, et ab ipso Spiritu, adest videre omnibus qui vel modicum de veritate attigerint. Hæc autem non testificarentur Scripturæ de eo, si, similiter ut omnes, homo tantum fuisset. Sed quoniam præclaram præter omnes
Esai. liii. 8. habuit in se eam quæ est ab Altissimo Patre genituram, præclara
Esai. vii. 14. autem functus est et ea quæ est ex Virgine generatione, utraque
Esai. liii. 2. Scripturæ divinæ de eo testificantur: et quoniam homo indecorus
Zach. ix. 9. Ps. lxviii. 22. et passibilis, et super pullum asinæ sedens, aceto et felle potatur,
et spernebatur in populo, et usque ad mortem descendit; et quo- G. 250.
Esai. ix. 6. niam Dominus sanctus, et Mirabilis, Consiliarius, et [4]Decorus
Dan. vii. 13 et 26. specie, et Deus fortis, super nubes veniens universorum Judex, omnia de eo Scripturæ prophetabant.

Theod. Dial. III. Ἀπαθής. Ed. Schultz. IV. 232. 3. Ὥσπερ γὰρ ἦν ἄνθρωπος ἵνα πειρασθῇ, οὕτω καὶ λόγος ἵνα δοξασθῇ· ἡσυχάζοντος μὲν τοῦ λόγου ἐν τῷ M. 213.
πειράζεσθαι[5], ... καὶ σταυροῦσθαι, καὶ ἀποθνήσκειν· συγγινομένου δὲ τῷ ἀνθρώπῳ ἐν τῷ νικᾷν, καὶ ὑπομένειν, καὶ χρηστεύεσθαι, καὶ ἀνίστασθαι, καὶ ἀναλαμβάνεσθαι.

3. Sicut enim homo erat, ut tentaretur: sic et Verbum, ut glorificaretur: requiescente quidem Verbo, ut posset tentari, et inhonorari, et crucifigi, et mori; [6]absorpto autem homine in eo quod vincit, et sustinet, ... et resurgit, et assumitur. Hic igitur Filius Dei Dominus noster, exsistens Verbum Patris, et Filius Hominis, quoniam ex Maria, quæ ex [7]hominibus habebat genus, quæ et ipsa erat homo, habuit secundum hominem generationem,
Esai. vii. 13. [8]factus est Filius hominis. Propter hoc et ipse Dominus dedit

[1] κατ' αὐτὸν for καθ' αὑτὸν, *absolutely, per se.*

[2] *est* is cancelled by MASSUET *pro arbitrio;* but it is restored as being found in the MSS.

[3] *prædicatum,* CL., AR., GR., but MASS., without assigning his authority, has *prædicatur.* For *et,* f. l. *est.*

[4] See p. 84, n. 3, the representative of אֲבִי־עֲדִי

[5] The verb ἀτιμάζεσθαι was lost, owing to the similar termination of the preceding πειράζεσθαι.

[6] *absorpto,* i. e. in the immenseness of the Deity.

[7] CLERM. pessime *omnibus.*

[8] I suspect here the loss of, *et qui Filius Dei est.* See p. 103, n. 4.

nobis [1]signum in profundum, in altitudinem sursum, quod non postulavit homo, quia nec speravit virginem prægnantem fieri, [2]posse quæ erat virgo et parere filium, et hunc partum *Deum esse nobiscum*, et descendere in ea quæ sunt [3]deorsum terræ, quærentem ovem quæ perierat, quod quidem erat proprium ipsius plasma, et ascendere in altitudinem, offerentem et commendantem Patri eum hominem qui fuerat inventus, primitias resurrectionis hominis in semetipso faciens: ut quemadmodum caput resurrexit a mortuis, sic et reliquum corpus omnis [4]hominis qui invenitur in vita, impleto tempore condemnationis ejus, quæ erat propter inobedientiam, resurgat, per compagines et conjunctiones coalescens et confirmatum augmento Dei, unoquoque membrorum habente propriam et aptam in corpore positionem. Multæ enim mansiones apud Patrem, quoniam et multa membra in corpore.

LIB. III xx. 3. GR. III. xxi. MASS. III. xix. 3.

Ephes. iv. 9. Luc. xv. 4.

Ephes. iv. 16.

Joh. xiv. 2.

CAP. XXI.

Quare magnanimus fuit Deus in inobedientia hominis: et ostensio quoniam pro eo qui salvatur homine factum est, ut projiceretur in hunc mundum de Paradiso.

1. MAGNANIMUS igitur fuit Deus deficiente homine, eam quæ per Verbum esset victoriam reddendam ei prævidens. Cum enim perficiebatur virtus in infirmitate, benignitatem Dei et magnificentissimam ostendebat virtutem. Sicut enim patienter sustinuit absorberi Jonam a ceto, non ut absorberetur et in totum periret, sed ut evomitus magis subjiceretur Deo, et plus glorificaret [5]eum qui insperabilem salutem ei donasset, et firmam pœnitentiam faceret Ninivitis, ut converterentur ad Dominum qui eos liberaret a morte, conterritos ab eo signo quod factum erat circa Jonam, quemadmodum Scriptura de his dicit: *Et reversi sunt unusquisque*
231. *a via sua mala, et injustitia, quæ erat in manibus eorum, dicentes: Quis scit si pœnitebit Deus, et avertat iram suam a nobis, et non peribimus?* Sic et ab initio fuit patiens Deus hominem [6]absorbi a magno ceto, qui fuit auctor prævaricationis, non ut absorptus in totum periret, sed præstruens et præparans adinventionem salutis,

2 Cor. xii. 9.

Jon. ii. 1 seq.

Jon. iii. 8, 9.

[1] See *H. and Th. of the Creeds*, p. 278.

[2] τὸ δύνασθαι παρθένον οὖσαν καὶ τίκτειν υἱόν.

[3] See *H. and Th. of the Creeds*, p. 343.

[4] Cf. p. 106, n. 8.

[5] CL., VOSS., FEU. *marg. eum.* AR. *Deum.*

[6] CLERM. has *absorbi*, as MERC. II. a few lines previously. Cf. I. p. 6, n. 3.

LIB. III. xxi. 1. GR. III. xxii. MASS. III. xx. 1.

quæ facta est a Verbo per signum Jonæ, his qui eandem cum Jona de [1]Domino sententiam habuerunt, et confessi fuerunt, et dixerunt, [2]*Servus Domini ego sum, et Dominum Deum cœli ego colo,* (Jon. i. 9.) *qui fecit mare et aridam:* ut insperabilem homo a Deo percipiens salutem, resurgat a mortuis, et clarificet Deum, et eam quæ a (Jon. ii. 2.) Jona prophetata est dicat vocem: *Clamavi ad Dominum Deum meum in tribulatione mea, et exaudivit me de ventre inferni;* et semper permaneat glorificans Deum, et sine intermissione gratias (1 Cor. i. 29.) referens pro ea salute quam consecutus est ab eo: *ut non glorietur in conspectu Domini omnis caro,* nec unquam de Deo contrarium sensum accipiat homo, [3]propriam naturaliter arbitrans eam quæ circa se esset incorruptelam, et non tenens veritatem, inani supercilio jactaretur, quasi naturaliter similis esset Deo. Ingratum enim magis eum [4]hoc ei qui eum fecerat perficiens, et dilectionem quam habebat Deus in hominem obfuscabat, [5]et excæcabat sensum suum ad non sentiendum quod sit de Deo dignum, comparans et æqualem se judicans Deo.

2. Hæc ergo fuit magnanimitas Dei, ut per omnia pertransiens homo, et [6]morum agnitionem percipiens, dehinc veniens ad resurrectionem quæ est a mortuis, et experimento discens unde liberatus est, semper gratus exsistat Domino, munus in- (Luc. vii. 43.) corruptelæ consecutus ab eo, ut plus diligeret eum, cui enim plus dimittitur plus diligit, cognoscat autem semetipsum, quoniam mortalis et infirmus est; intelligat autem et Deum, quoniam in (M. 214.) tantum immortalis et potens est, uti et mortali immortalitatem, et temporali æternitatem donet: intelligat autem et reliquas virtutes Dei omnes in semetipsum ostensas, per quas edoctus sentiat de Deo, quantus est Deus. Gloria enim hominis, Deus, [7]operationes vero Dei; et omnis sapientiæ ejus et virtutis receptaculum, homo. Quemadmodum medicus in his qui ægrotant, probatur; sic et Deus in hominibus manifestatur. Quapropter et Paulus (Rom. xi. 32.) ait: *Conclusit autem Deus [8]omnia in incredulitate, ut omnium*

[1] *Domino,* Cl., Voss., Feu. *marg.,* al. *Deo.*

[2] *Servus Domini. Juxta LXX.* δοῦλος Κυρίου εἰμὶ ἐγώ. *Illi enim* עבד י״ *legisse videntur pro* עברי *Hebræus.* Grabe.

[3] ἰδίαν ἐκ φύσεως νομισθείς. The remainder of this section is repeated in substance, B. v. end of § ii. and iii.

[4] τούτῳ.

[5] *et excæcabat* omitted, Cl. and Voss.

[6] i. e. *moral discipline.* Cf. 133, n. 2.

[7] Grabe proposes to read *operationis,* but an alteration of the punctuation, as above, makes all clear. αἱ δὲ πράξεις τοῦ Θεοῦ.

[8] Τὰ πάντα *Irenæum legisse, non* τοὺς πάντας, *prout in nostris Codd. habemus,*

misereatur; non de spiritalibus Æonibus dicens [1]hoc, sed de homine qui fuit inobediens Deo, et projectus de immortalitate, dehinc misericordiam consecutus est, per Filium Dei eam quæ est per ipsum percipiens adoptionem. Hic enim tenens sine inflatione et jactantia veram gloriam [2]de his quæ facta sunt, et de eo qui fecit, qui est potentissimus omnium Deus, quique omnibus ut sint præstitit; et manens in dilectione ejus, et subjectione, et gratiarum actione, majorem ab eo gloriam percipiet [3]provectus, accipiens dum consimilis fiat ejus qui pro eo mortuus est; quoniam et ipse in [4]similitudine carnis peccati factus est, uti condemnaret peccatum, et jam quasi condemnatum projiceret illud extra carnem; provocaret autem in similitudinem suam hominem, imitatorem eum assignans Deo, et [5]in paternam imponens regulam ad videndum Deum, et capere Patrem donans; Verbum Dei quod habitavit in homine, et Filius Hominis factus est, ut assuesceret hominem percipere Deum, et assuesceret Deum habitare in homine, secundum placitum Patris: propter hoc ergo signum salutis nostræ [6]eum qui ex Virgine Emmanuel est, ipse Dominus, quoniam ipse Dominus erat qui salvabat eos, quia per semetipsos [7]non habebant salvari: et propter hoc Paulus infirmitatem hominis annuntians, ait: *Scio enim quoniam non habitat* [8]*in carne mea bonum;* significans,

LIB. III. xxi. 2. GR. III. xxii. MASS. III. xx. 2.

Rom. viii. 3.

Esai. vii. 14.

Rom. vii. 18.

ex hoc loco, magis autem ex [I. 96, n. 1] *patet.* GRABE. It is more probable that IRENÆUS wrote either simply πάντα, or τὸν πάντα, for it is interpreted, *de homine qui fuit inobediens Deo.* The Syriac has ܠܟܠܐܢܫ *unumquemque.*

[1] CL., AR., VOSS., FEU. *marg.*, but GRABE, *dicens hæc.*

[2] The CLERM. copy omits *de.*

[3] *provectus.* GRABE considers this to be the participle; MASSUET the noun plural. The genitive singular seems to give a more natural flow: e. g. μείζονα τὴν δόξαν τῆς προκοπῆς παρ' αὐτῷ λήψεται, ἐκδεχόμενος ἕως ἂν, *expectans dum.* STIEREN renders the passage, *Er wird von ihm eine grössere Herrlichkeit erlangen, und fortschreiten, bis er dem ähnlich wird, der für ihn gestorben ist.* The term *provectus accipiens* being loosely rendered, *und wird fortschreiten.* GRABE reads *accipiet provectus, dum.*

[4] CLERM., VOSS., MERC. I. *similitudinem.* GRABE retains the AR. reading, as being more scriptural; and the idea conveyed is more true to the analogy of faith.

[5] *in paternam.* The preposition seems superfluous. STIEREN proposes to read *ei;* but, without altering the text, it may be explained through the Greek, εἰς τὸν πατρικὸν ἀνατιθῶν νόμον, i. e. consecrating him to the service and obedience of the Divine Law.

[6] *eum.* MASSUET says that *eum* is used by the translator as *illud,* and connects it with *signum,* but gives no proof of so remarkable a κατάχρησις, GRABE would supply *dedit,* but both these editors place a full stop at *Patris,* whereas the sense continues, *eum* being in apposition with *signum,* and *Dominus* with *Verbum.* I point, therefore, with a colon, the Greek words being, διὰ τοῦτο ἄρα τὸ σημεῖον τῆς σωτηρίας ἡμῶν, τὸν ἐκ τῆς παρθένου Ἐμμανουήλ.

[7] οὐκ εἶχον σωθῆναι.

[8] Suppl. *in me, hoc est.*

LIB. III. xxi. 3. GR. III. xxii. MASS. III. xx. 3.

Rom. vii. 24. Rom. vii. 25. Esai. xxxv. 3, 4.

quoniam non a nobis, sed a Deo est bonum salutis nostræ. Et iterum: *Miser ego homo, quis me liberabit de corpore mortis hujus?* Deinde infert liberatorem; [1]*Gratia Jesu Christi Domini nostri.* Hoc autem[2] et Esaias: *Confortamini*, inquit, *manus reso-* G. 252. *lutæ et genua debilia: adhortamini, pusillanimes sensu, confortamini, ne timeatis: ecce, Deus noster judicium retribuit, et retributurus est: ipse veniet, et salvabit nos.* Hoc, quoniam non a nobis, sed a Dei adjumento habuimus salvari.

CAP. XXII.

Ostensio quoniam Verbum Dei caro factum est.

RURSUS, quoniam neque homo tantum erit, qui salvabit nos, neque sine carne, [3]sine carne enim angeli sunt, prædicavit [4]enim, Esai. lxiii. 9. dicens: *Neque [5]senior, neque angelus, sed ipse Dominus salvabit eos, quoniam diligit eos, et parcet eis, ipse liberabit eos.* Et quoniam hic ipse homo verus visibilis incipiet esse, quum sit Verbum salutare, Esai. xxxiii. 20. rursus Esaias ait: *Ecce, Sion civitas, salutare nostrum oculi tui videbunt.* Et quoniam non solum homo erat, qui moriebatur pro nobis, [6]Esaias [Hieremias] ait: *Et commemoratus est Dominus sanctus Israel mortuorum suorum qui dormierant in terra sepultionis: [7]et descendit ad eos evangelisare salutem quæ est ab eo, ut*

[1] Gratia Jesu Christi Domini nostri. *Differt a nostra lectione non solum in eo, quod pro* εὐχαριστῷ *exprimatur* χάρις Gratia, *sed et* τῷ Θεῷ διὰ *prorsus omittatur. Cæterum magna hic est exemplarium varietas, quam diligenter collectam exhibuit doctissimus D. Millius in not. ad hunc locum.* GRABE. There is no reason, however, to suppose that the author intended any thing more than an application of Scripture.

[2] *idem* is here inserted in GRABE'S text from the AR., but it is omitted in the CLERM. and VOSS. copies. Cf. the first line of the next page.

[3] *Carnem utique Angelis adimit hoc loco Irenæus: corpus vero in iisdem una cum aliis Patribus supponit infra lib.* IV. *cap.* 70. GRABE.

[4] The sense requires *quidem.*

[5] *Vocem* πρέσβυς *hic non seniorem, sed mediatorem, vel legatum, significare, ex sequenti* ἄγγελος *colligo.* GRABE.

[6] Esaias ait. *Non dubito nomen Isaiæ, pro nomine Jeremiæ, in hunc locum irrepsisse, quoniam dixisset, ut paulo antea:* Et Esaias rursus. *Insuper lib.* IV. *cap.* 39, *hunc eundem locum adscribit Jeremiæ; libr. item* V. *cap.* 31, *eundem locum, paulo licet aliter, citans, Isaiæ non meminit. Sed et Justinus Martyr in Dialogo, velut ex Jeremia locum allegat. Scribit porro Judæos odio Christianorum sententiam istam pluresque alias e sacris Bibliis sustulisse. Et revera hic locus nec apud LXX. nec apud vulgatam lectionem Latinam nunc occurrit.* FEUARD.

[7] *Ita Græce legitur in Justini Dialogo cum Tryphone* 72. Ἐμνήσθη δὲ Κύριος ὁ Θεὸς ἀπὸ Ἰσραὴλ τῶν νεκρῶν αὐτοῦ τῶν κεκοιμημένων εἰς γῆν χώματος,

salvaret eos. Hoc autem idem et Amos [Micheas] propheta ait: LIB. III. xxii. GR. III. xxiii. MASS. III. xx. 4.
Ipse convertetur, et miserebitur nostri: dissolvet injustitias nostras, et projiciet in altitudinem maris peccata nostra. Et rursus significans locum adventus ejus, ait: *Dominus ex Sion locutus est, et ex Hierusalem dedit vocem suam.* Mic. vii. 19. Joel iii. 16, et Amos i. 2.
Et quoniam ex ea parte, quæ est secundum Africum hæreditatis Judæ, veniet Filius Dei, qui Deus est, et qui erat ex Bethleem, ubi natus est Dominus, in omnem terram emittet laudationem ejus, sicut ait Habacuc propheta: [1]*Deus ab Africo veniet, et Sanctus de monte Effrem. Cooperuit cœlum virtus ejus, et laudatione ejus plena est terra. Ante faciem ejus præibit Verbum, et progredientur in campis pedes ejus.* Abac. iii. 3, 5.
Manifeste significans, quoniam Deus, et quoniam in Bethleem adventus ejus, et ex monte Effrem, qui est secundum Africum hæreditatis, et quoniam homo. *Progredientur enim*, inquit, *in campis pedes ejus:* hoc autem signum proprium hominis.

καὶ κατέβη πρὸς αὐτοὺς, εὐαγγελίσασθαι αὐτοῖς τὸ σωτήριον αὐτοῦ. Vitiose quoad vocem ἀπὸ, quam a recentiore scriba ex genuina ἅγιος, quadratis literis scripta, et quoad ultimam literam ς abbreviata, perperam factam haud dubito. Cæterum hanc ipsam Jeremiæ prophetiam S. Petrus in mente habuisse videtur, dum scriberet 1 *Epist.* iv. *versum* 6. GRABE. The reader may compare the article upon the descent into hell in *The Hist. and Theol. of the Three Creeds*, p. 333. JUSTIN M. accuses the Jews of having suppressed this testimony of the prophet, Ἀπὸ τῶν λόγων τοῦ αὐτοῦ Ἱερεμίου ὁμοίως ταῦτα περιέκοψαν, Ἐμνήσθη δὲ κ.τ.λ. The fact, however, that the passage is not only ignored in the Hebrew text, but also in the LXX., the Vulgate, the Hexapla, the Targums, and all other ancient versions of Scripture, is a conclusive proof of its spuriousness. Cf. 2 Esdr. ii. 31.

[1] The Hebrew of this verse is as follows, אֱלוֹהַּ מִתֵּימָן יָבוֹא וְקָדוֹשׁ מֵהַר פָּארָן סֶלָה which our E. Version renders *God came from Theman, and the Holy One from mount Paran, Selah;* in allusion to God leading his people through the wilderness of the south to the land of promise. The LXX. express these same proper names, but add words that shew that they read the word *Selah* as מְצֻלָּה, *umbrosum;* they also add δασέος, an equivalent for which we may trace in the *varia lectio* supplied by *Cod. Kenn.* 384, תופיע. This word indeed does not occur in the Hebrew text, and was therefore misunderstood by the translator, but the Arabic gives the suitable interpretation يَافِعٌ *mons altus.* Ὁ Θεὸς ἐκ Θαιμὰν ἥξει, καὶ ὁ ἅγιος ἐξ ὄρους Φαρὰν κατασκίου δασέος. Other Greek versions, as Α. Σ. Ε., agree with the LXX., only omitting their two last words. The Vulgate renders תֵּימָן, as the geographical term, *Austro*, and reads סֶלָה as כָּלָה, *semper* for *omnino*, a (reading indicated in *Cod. Kenn.* 107, כלא). Hence also the reading *Africo* in the old Italic version, followed by the translator of IRENÆUS. This version however is peculiar, in having *Effrem* for *Paran*, neither has Dr Kennicott noticed such a variation in the Hebrew; but it has manifestly arisen from a confusion between אפרי, *Ephraim*, and פארן, *Paran*. NOVATIAN, *de Trin.* 12, partly agrees with this, partly with the LXX. *Deus ab Africo veniet, et Sanctus de monte opaco et condenso.*

LIB. III. xxiii.
GR. III. xxiv.
MASS. III. xxi. 1.

CAP. XXIII.

Ostensio, quia Ecce Virgo in utero accipiet, sed non, Ecce adolescentula, sicut quidam interpretantur.

Euseb. H. E. v. 8. Niceph. IV. 14.

῾Ο Θεὸς οὖν ἄνθρωπος ἐγένετο· καὶ αὐτὸς ὁ Κύριος ἔσωσεν M. 215.
ἡμᾶς, δοὺς τὸ τῆς παρθένου σημεῖον. Ἀλλ' οὐχ' ὡς [1]ἔνιοί G. 253.
φασι τῶν νῦν [2]μεθερμηνεύειν τολμώντων τὴν γραφήν· ἰδοὺ ἡ νεᾶνις ἐν γαστρὶ ἕξει, καὶ τέξεται υἱὸν ὡς [3]Θεοδοτίων ἡρμήνευσεν ὁ Ἐφέσιος, καὶ [4]Ἀκύλας ὁ Ποντικὸς, ἀμφότεροι Ἰουδαῖοι προσήλυτοι· οἷς κατακολουθήσαντες οἱ Ἐβιωναῖοι, ἐξ Ἰωσὴφ αὐτὸν γεγενῆσθαι φάσκουσι.

Deus igitur homo factus est, et ipse Dominus [5]salvavit nos, ipse dans Virginis signum. Non ergo vera est quorundam interpretatio, qui ita audent interpretari Scripturam: *Ecce adolescentula in ventre habebit, et pariet filium;* quemadmodum [6]Theodotion Ephesius est interpretatus, et Aquila Ponticus, utrique Judæi proselyti; quos sectati Ebionei, ex Joseph eum generatum dicunt: tantam dispositionem Dei dissolventes, quantum ad ipsos est; frustrantes prophetarum testimonium, quod operatus est Deus.

[1] This section supplies a mark of date. For EPIPHANIUS, *de Mensur.* XVII. says that Theodotion, a Jewish proselyte, (called by Euseb. III. 8, an Ebionite), put forth his version of Scripture in the second year of the reign of Commodus, i.e. A.D. 181. IRENÆUS, therefore, must have written subsequently to this date.

[2] *Eandem audaciam notat Justinus M. in Dial. cum Tryphone, p. 262, his verbis: ὑμεῖς καὶ οἱ διδάσκαλοι ὑμῶν τολμᾶτε λέγειν, μηδὲ εἰρῆσθαι ἐν τῇ προφητείᾳ τοῦ Ἡσαΐου, ἰδοὺ ἡ παρθένος ἐν γαστρὶ ἕξει, ἀλλ' ἰδοὺ ἡ νεᾶνις ἐν γαστρὶ λήψεται, καὶ τέξεται υἱόν.* GRABE. For a more full discussion of this text, and the proof that עַלְמָה in this verse must mean בְּתוּלָה, *Virgo,* see the editor's work *On the Creeds*, pp. 277—284.

[3] The Hexapla, as edited by BARDT, shews that Theodotion and Aquila, and also Symmachus, translate the word by νεᾶνις.

[4] Aquila translated the Scriptures half a century earlier than Theodotion, i.e. immediately preceding the commencement of the Jewish war, (EPIPH. *de Mensur.* XIV.), about 129 A.D. He made two translations, according to S. JEROM, the last of which was the closest to the Sacred Text. Possibly the other version may have been one of those two anonymous translations, that made up the *Octapla* of ORIGEN, and of which Dr BURTON has truly said, "If the work had come down to us entire, instead of being preserved in only a few fragments, it would not only have been the most important biblical work ever undertaken, but would have assisted us materially in interpreting the Scriptures." L. 24.

[5] EDD. and MSS. *salvabit.*

[6] CLERM. inserts *et.*

Prophetatum est quidem, priusquam in Babylonem fieret [1] populi transmigratio, id est, antequam Medi et Persæ acciperent principatum: interpretatum vero in Græco ab ipsis Judæis multum ante tempora adventus Domini nostri, ut nulla relinquatur suspicio, ne forte morem nobis gerentes Judæi, hæc ita sint interpretati. Qui quidem si cognovissent nos futuros, et usuros his testimoniis quæ sunt ex Scripturis, nunquam dubitassent ipsi suas comburere Scripturas, quæ et reliquas omnes gentes manifestant participare vitæ, et eos qui gloriantur domum se esse Jacob et populum Israel exhæreditatos ostendunt a gratia Dei.

CAP. XXIV.

Quemadmodum interpretatæ sunt Scripturæ in Græcam linguam, et quando.

I. Πρὸ γὰρ τοῦ Ῥωμαίους κρατῦναι τὴν ἀρχὴν αὐτῶν, ἔτι τῶν Μακεδόνων τὴν Ἀσίαν κατεχόντων, [2] Πτολεμαῖος

1. Prius enim quam Romani possiderent regnum suum, adhuc Macedonibus Asiam possidentibus, Ptolemæus Lagi filius,

[1] *populi*, omitted in the Clerm. and Voss. MSS. But cf. p. 114.

[2] Πτολεμαῖος ὁ Λάγου. *Clemens Alex. Strom.* I. 22, *hanc Irenæi de LXX. Interpretibus historiam recitaturus, istud sententiarum divortium prius memorat:* ἑρμηνευθῆναι τὰς γραφὰς, τάς τε τοῦ νόμου, καὶ τὰς προφητικὰς, ἐκ τῆς τῶν Ἑβραίων διαλέκτου εἰς τὴν Ἑλλάδα γλῶττάν φασιν ἐπὶ βασιλέως Πτολεμαίου τοῦ Λάγου, ἤ, ὥς τινες, ἐπὶ τοῦ Φιλαδέλφου ἐπικληθέντος, τὴν μεγίστην φιλοτιμίαν εἰς τοῦτο προσενεγκαμένου Δημητρίου τοῦ Φαληρέως, καὶ τὰ περὶ τὴν ἑρμηνείαν ἀκριβῶς πραγματευσαμένου. *Posterioris sententiæ auctor fuisse videtur sive genuinus, sive spurius, uti videtur, Aristæas; sectatores Philo Judæus lib.* II. *de Vita Mosis, pag.* 658. *Josephus lib.* XII. *Antiqu. Jud. cap.* 2. *Tertullianus in Apologetico cap.* 18, *ad Aristæi historiam provocans, ac alii Patres recentiores. Sed Irenæus alterum, nescio quem, auctorem secutus, Ptolemæo Lagi id tribuit, quod illi Philadelpho. De Justino Martyre res est incerta, siquidem is Ptolemæum sine addito nominat; ac quamvis in Parænesi ad Græcos pag.* 14, *Philonem ac Josephum alleget, addit tamen et alios, tacitis licet eorum nominibus: ex quibus procul dubio hausit, quod de duplici legatione ipse solus memorat Apol.* II. *pag.* 72. *Utrum igitur quoad auctorem legationis cum Philone et Josepho, an cum aliis senserit, dubium manet. Forte autem istud sententiarum divortium exinde natum est, quod legatio ad Judæos acquirendorum sacrorum librorum causa isto facta sit tempore, quo Ptolemæus Lagi filium Philadelphum in regni societatem adsumpserat; adeo ut utrique adscribi potuerit, et reapse a diversis auctoribus adscripta sit. Quæ opinio, uti plurimorum recentiorum calculo approbatur, ita etiam confirmatur testimonio Anatolii Episcopi Laodiceni Sec.* III. *cujus multiplicem eruditionem laudans*

LIB. III. xxiv. 1. GR. III. xxv. MASS. III. xxi. 2.

ὁ Λάγου, [1] φιλοτιμούμενος τὴν ὑπ᾽ αὐτοῦ κατεσκευασμένην βιβλιοθήκην ἐν Ἀλεξανδρείᾳ κοσμῆσαι τοῖς πάντων ἀνθρώπων συγγράμμασιν, ὅσα γε σπουδαῖα ὑπῆρχεν, ᾐτή-

cupiens eam bibliothecam, quæ a se fabricata esset in Alexandria, omnium hominum dignis conscriptionibus ornare, petiit ab Hie-

Eusebius, lib. VII. *Hist.Eccl. cap.* 32, *fragmentum Canonum Paschalium ejusdem ibi conservavit, in quo Philonem, Josephum, Musæum, suam in rem citat, aliosque antiquiores scriptores Judaicos nominat, nempe duos Agathobulos, quibus Magistrorum cognomen hæsit, atque Aristobulum, quem ista occasione ita describit loco citato pag.* 234, ὃς ἐν τοῖς ἑβδομήκοντα κατειλεγμένος τοῖς τὰς ἱερὰς καὶ θείας Ἑβραίων ἑρμηνεύσασι γραφὰς Πτολεμαίῳ τῷ Φιλαδέλφῳ καὶ τῷ τούτου πατρί, καὶ βίβλους ἐξηγητικὰς τοῦ Μωϋσέως νόμου τοῖς αὐτοῖς προσεφώνησε βασιλεῦσιν. *Ubi in eo quidem forte erravit, quod Aristobulum multo juniorem, explanationum legis Mosaicæ auctorem a Clemente Alex. et Eusebio de Præparat. Evangel. allegatum, cum illo seniore, uno τῶν ὁ confundit (nisi duo Aristobuli diversos in Mosen commentarios scripserint); ast in eo recte omnino sentire videtur, quod versio librorum Biblicorum, regnante Ptolemæo Lagi et filio ejus Philadelpho, facta sit. Atque id vel inde quoque probatur, quod opus istud procuraverit Demetrius Phalereus, teste ipso Aristobulo juniore apud Clementem Alex. lib.* I. *Strom. pag.* 342, *et Euseb. lib.* XIII. *Præparat. Evang. cap.* 12. *Atqui illum, defuncto Ptolemæo Lagi, a filio ejus Ptolemæo Philadelpho ab aula relegatum fuisse, celebratissimo illo Hermippi apud Diogenem Laertium testimonio constat. Necesse igitur est, ut, cum Ptolemæus Lagi adhuc in vivis, et Demetrius inter amicos regis esset, versio τῶν ὁ si non ad finem perducta, saltem cœpta fuerit.* GRABE.

The law was most probably translated into Greek by the Jews of Alexandria for liturgical use, during the joint reign of Ptolemy Lagus and Philadelphus, and when the reading of the law was prohibited by Antiochus Epiphanes the translation of the prophets followed.

[1] φιλοτιμούμενος τὴν ὑπ᾽ αὐτοῦ κατεσκευασμένην βιβλιοθήκην. *Dices, Philadelpho plurimos istud amplissimæ Bibliothecæ condendæ studium tribuere scriptores, non autem Ptolemæo Lagi. Respondeo, utrique idem fuisse studium, licet forte in illo, adhuc juvene, magis ardens. Cum enim Ptolemæum Lagi apprime eruditum non solum plurimas Epistolas, easque ad viros doctos datas, sed et Historiam de Expeditionibus Alexandri M. scripsisse constet, adeo ut pacis artibus quam militiæ major et clarior dicatur a Curtio, lib.* IX. *cap.* 8, *nullum est dubium, quin et libris undique conquirendis fuerit intentus. Et sane eo regnante Bibliothecam Alexandriæ fuisse, eique præfuisse Zenodotum Ephesium, versificatorem et Grammaticum, refert Suidas in voce* Ζηνόδοτος. *Quod non parum confirmatur e Strabonis lib.* XIII. *Geogr. p.* 608, *ubi memoriæ proditum est, quod Aristoteles docuerit* τοὺς ἐν Αἰγύπτῳ βασιλέας βιβλιοθήκης σύνταξιν. *Atqui Aristoteles non ultra Ptolemæi Lagi regnum vitam produxit; adeo ut ipsi primus forte auctor condendæ Bibliothecæ fuerit. Fuit sane, licet non primus, Demetrius Phalereus, de quo Plutarchus in Apophthegmatibus p.* 189, *ait:* Πτολεμαίῳ τῷ βασιλεῖ παρῄνει τὰ περὶ βασιλείας καὶ ἡγεμονίας βιβλία κτᾶσθαι καὶ ἀναγινώσκειν. *Quæ vix de alio quam Ptolemæo Lagi accipi possunt; et licet ad Philadelphum referantur, Ptolemæo tamen Lagi adhuc vivo istud Demetrii consilium datum est, ut ex præcedenti annotatione liquet.* GRABE.

σατο παρὰ τῶν Ἱεροσολυμιτῶν εἰς τὴν Ἑλληνικὴν διάλεκτον LIB. III. xxiv. 1.
G. 255. σχεῖν αὐτῶν [1] μεταβεβλημένας τὰς γραφάς. Οἱ δὲ, ὑπήκουον GR. III. xxv. MASS. III. xxi. 2.
γὰρ ἔτι τοῖς Μακεδόσι τότε, τοὺς παρ' αὐτοῖς ἐμπειροτάτους τῶν γραφῶν καὶ ἀμφοτέρων τῶν διαλέκτων [2] ἑβδομήκοντα πρεσβυτέρους ἔπεμψαν Πτολεμαίῳ, ποιήσαντος τοῦ Θεοῦ ὅπερ ἐβούλετο. Ὁ δὲ ἰδίᾳ πεῖραν αὐτῶν λαβεῖν θελήσας, εὐλαβηθεὶς τε μήτι ἄρα συνθέμενοι ἀποκρύψωσι τὴν ἐν ταῖς γραφαῖς διὰ τῆς ἑρμηνείας ἀλήθειαν, [3] χωρίσας αὐτοὺς ἀπ' ἀλλήλων, ἐκέλευσε τοὺς πάντας τὴν αὐτὴν ἑρμηνείαν γράφειν· καὶ τοῦτ' ἐπὶ πάντων τῶν βιβλίων ἐποίησε. Συνελθόντων δὲ αὐτῶν ἐπὶ τὸ αὐτὸ παρὰ τῷ Πτολεμαίῳ, καὶ συναντιβαλόντων ἑκάστου τὴν ἑαυτοῦ ἑρμηνείαν, ὁ μὲν

rosolymitis in Græcum sermonem interpretatas habere Scripturas eorum. Illi vero, obediebant enim tunc adhuc Macedonibus, eos quos habebant perfectiores Scripturarum intellectores, et utriusque loquelæ, septuaginta seniores miserunt Ptolemæo [4] facturos hoc quod ipse voluisset. Ille autem experimentum eorum sumere volens, et metuens ne forte consentientes, eam veritatem quæ esset in Scripturis, absconderent per interpretationem, separans eos ab invicem, jussit omnes eandem interpretari Scripturam: et hoc in omnibus libris fecit. Convenientibus autem ipsis in unum apud Ptolemæum, et comparantibus suas interpretationes, Deus

[1] Compare GRABE's note discussing the point whether the entire Scriptures of the Old Testament, or merely the Mosaical books of the Law, were so translated, as JOSEPHUS imagined.

[2] ARISTÆAS gives the names of seventy-two scribes, six being taken from each tribe. Cf. FEUARD. *not.*

[3] *Et nescio quis primus auctor septuaginta cellulas Alexandriæ mendacio suo exstruxerit, quibus divisi eadem scriptitarunt; cum Aristæas ejusdem Ptolemæi ὑπερασπιστὴς, et multo post tempore Josephus nihil tale retulerint.* HIERONYM. *Præf. in Pentat.* PHILO, however, believed the account: Καθάπερ ἐνθουσιῶντες προεφήτευον, οὐκ ἄλλα ἄλλοι, τὰ δὲ αὐτὰ πάντες ὀνόματα καὶ ῥήματα, ὥσπερ ὑποβολέως ἑκάστοις ἀοράτως ἐνηχοῦντος. PHILO JUD. *Vit. Mos.* II. JUSTIN M. follows his statement. Τοὺς ἑβδομήκοντα ἄνδρας μὴ μόνον τῇ αὐτῇ διανοίᾳ, ἀλλὰ καὶ αὐταῖς λέξεσι χρησαμένους, καὶ μηδὲ ἄχρι μιᾶς λέξεως τῆς πρὸς ἀλλήλους συμφωνίας διημαρτηκότας, ἀλλὰ τὰ αὐτὰ περὶ τῶν αὐτῶν γεγραφότας. JUST. M. *Parænes. ad Gr.* 13. CLEM. AL. *Strom.* I. 22. Cf. HOD. *Dissert. c. Hist. Aristææ.* Also the parallel account in JUST. M. *Apol.* I. 31.

[4] The translation reads most like the original, ποιήσαντας τοῦτο ὅπερ, although, as GRABE thinks, the present text, as preserved by EUSEBIUS, harmonises with the words of CLEM. AL., who wrote, with this passage of IRENÆUS before him, Θεοῦ γὰρ ἦν βούλημα, *Strom.* I. 23; but the words quoted are the pious conclusion of the writer, that the whole was done by God's will.

LIB. III. xxiv. 1. GR. III. xxv. MASS. III. xxi. 2.

Θεὸς ἐδοξάσθη, αἱ δὲ γραφαὶ ὄντως θεῖαι ἐγνώσθησαν, τῶν πάντων τὰ αὐτὰ ταῖς αὐταῖς λέξεσι καὶ τοῖς αὐτοῖς ὀνόμασιν ἀναγορευσάντων ἀπ' ἀρχῆς μέχρι τέλους, ὥστε καὶ τὰ παρόντα ἔθνη γνῶναι, ὅτι κατ' ἐπίπνοιαν τοῦ Θεοῦ εἰσὶν ἡρμηνευμέναι αἱ γραφαί. Καὶ οὐδέν γε θαυμαστὸν, τὸν Θεὸν τοῦτο ἐνηργηκέναι, ὅς γε καὶ ἐν τῇ ἐπὶ Ναβουχοδονόσορ αἰχμαλωσίᾳ τοῦ λαοῦ διαφθαρεισῶν τῶν γραφῶν, καὶ μετὰ ἑβδομήκοντα ἔτη τῶν Ἰουδαίων ἀνελθόντων εἰς τὴν χώραν αὐτῶν, ἔπειτα ἐν τοῖς χρόνοις Ἀρταξέρξου τοῦ Περσῶν βασιλέως, ἐνέπνευσεν [1]Ἔσδρᾳ τῷ ἱερεῖ ἐκ τῆς φυλῆς Λευὶ, τοὺς τῶν προγεγονότων προφητῶν πάντας ἀνατάξασθαι λόγους, καὶ ἀποκαταστῆσαι τῷ λαῷ τὴν διὰ Μωσέως νομοθεσίαν. M. 216. G. 256.

glorificatus est, et Scripturæ vere divinæ creditæ sunt, omnibus eadem, et eisdem verbis, et eisdem nominibus, recitantibus ab initio usque ad finem; uti et præsentes gentes cognoscerent, quoniam per aspirationem Dei [2]interpretatæ sunt Scripturæ. Et non esse [3]mirabile Deum hoc in eis operatum, quando in ea captivitate populi quæ facta est a Nabuchodonosor corruptis Scripturis, et post septuaginta annos Judæis descendentibus in regionem suam, post deinde temporibus Artaxerxis Persarum regis, inspiravit Hesdræ, sacerdoti tribus Levi, præteritorum prophetarum omnes rememorare sermones, et restituere populo eam legem quæ data est per Moysem.

4 Reg. xxv. Jer. xxxix. et lii.

1 Esdr. iv. 6, et 3 Esdr. ii. 16. 4 Esdr. xiv. 30 seq.

2. Cum tanta igitur veritate et gratia Dei [2]interpretatæ sint Scripturæ, ex quibus præparavit et reformavit Deus fidem nostram quæ in Filium ejus est, et servavit nobis simplices Scripturas in Ægypto, in qua adolevit et domus Jacob effugiens famem, quæ

Gen. lxvi. 3 et seq.

[1] Irenæus follows the statement given to him by Jews, who referred all, for which they could not otherwise account, to the operation of *Ezra the Scribe;* as with us the legal memory dates from a particular reign, so with the Jews, the ecclesiastical memory dates from the conclusion of the captivity, and much grateful regard, that was in fact due to the prophets in the captivity, was transferred to Ezra the scribe. Tertullian says the same thing: *Hierosolymis Babylonica expugnatione deletis, omne instrumentum Judaicæ literaturæ per Esdram constat restauratum. de Hab. Mul.* 3, *et Clem. Al.* Ἐπίπνους Ἔσδρας ὁ Λευίτης ὁ ἱερεὺς γενόμενος, πάσας τὰς παλαιὰς αὖθις ἀνανεούμενος προεφήτευσε γραφάς. *Strom.* I. 22, fin. vers.

[2] As a passive; but deponent, pp. 113, 116.

[3] Grabe proposes to read *est; esset* perhaps might be preferable, only the words ἂν ᾖ would then have been expected in the Greek; but may not οὐδέν γε represent οὐκ ἂν ᾖ?

fuit in Chanaan, in qua et Dominus noster servatus est, effugiens eam persecutionem quæ erat ab Herode; et hæc earum Scripturarum interpretatio, priusquam Dominus noster descenderet, facta sit, et, antequam Christiani ostenderentur, interpretata sit; (natus est enim Dominus noster circa [1]primum et quadragesimum annum Augusti imperii, multo autem vetustior fuit Ptolemæus, sub quo interpretatæ sunt Scripturæ) vere impudorati et audaces ostenduntur, qui nunc volunt aliter interpretationes facere, quando ex ipsis Scripturis arguantur a nobis, et in fidem adventus Filii Dei concludantur.

LIB. III. xxiv. 2. GR. III. xxv. MASS. III. xxi. 3.

Matt. ii. 13 seq.

CAP. XXV.

Ostensio quoniam Virgo in utero accipiet, et non adolescentula.

1. FIRMA est autem, et non ficta, et sola vera, quæ secundum nos est fides, manifestam ostensionem habens ex his Scripturis, quæ interpretatæ sunt illo modo quo prædiximus; et Ecclesiæ annuntiatio sine interpolatione. Etenim Apostoli, cum sint his omnibus vetustiores, consonant prædictæ interpretationi, et interpretatio consonat Apostolorum traditioni. Etenim [2]Petrus, et Johannes, et Matthæus, et Paulus, et reliqui deinceps, et horum [3]assectatores, prophetica omnia ita annuntiaverunt, quemadmodum Seniorum interpretatio continet. Unus enim et idem Spiritus Dei, qui in prophetis quidem præconavit quis et qualis esset adventus Domini, in Senioribus autem interpretatus est bene quæ bene prophetata fuerant; ipse et in Apostolis annuntiavit, plenitudinem temporum adoptionis venisse, et proximasse regnum cœlorum, et inhabitare intra homines credentes in eum qui ex Virgine natus est Emmanuel. Quemadmodum ipsi testificantur,

[1] *Scilicet a J. Cæsaris nece.* MASS. The parenthesis reads like a gloss.

[2] Petrus et Johannes. *Dum Irenæus Apostolos, quorum Scripturas habemus, justo ordine recensens, Jacobum principem eorum omisit, ejus epistolam non vidisse aut agnovisse haud vane conjicitur, præsertim cum nusquam eam diserte allegarit.* GR. More probable reasons may be assigned for the omission; it was either because S. James has little occasion to quote the Old Testament in his highly practical epistle, only two direct quotations being made from it, at ii. 23 and iv. 6; or, which is, I think, the truer cause, the author had only the four Gospels in his mind, the Gospel of S. Mark being, in a certain sense, referrible to S. Peter, and that of S. Luke to S. Paul. See pp. 4, 5, 6, and notes.

[3] *assectatores,* so the CLERM., AR. and VOSS. MSS. The EDD. *sectatores.*

LIB. III. xxv. 1. GR. III. xxvi. MASS. III. xxi. 4.

Matt. i. 18. Luc. i. 35. Matt. i. 23.

quoniam priusquam convenisset Joseph cum Maria, manente igitur ea in virginitate, *inventa est in utero habens de Spiritu sancto;* et quoniam dixit ei Gabriel Angelus: *Spiritus sanctus adveniet in te, et virtus Altissimi obumbrabit te: quapropter* [1] *quod nascetur ex te sanctum, vocabitur Filius Dei;* et quoniam Angelus in somnis dixit ad Joseph: *Hoc autem factum est, ut adimpleretur quod dictum est ab Esaia Propheta: Ecce virgo in utero concipiet.*

Esai. vii. 10–17.

2. [2] Seniores autem sic interpretati sunt dixisse Esaiam; *Et adjecit Dominus loqui ad Achaz: Pete tibi signum a Domino Deo tuo* [3] *in profundum deorsum, aut in altitudinem sursum. Et dixit* M. 217.
Achaz: Non petam, et non tentabo Dominum. Et dixit: Non pusillum vobis agonem præbere hominibus, et quemadmodum Dominus præstat agonem? Propter hoc Dominus ipse dabit vobis signum. Ecce, Virgo in ventre accipiet, et pariet filium, et [4] *vocabitis nomen* G. 257.
ejus Emmanuel. Butyrum et mel manducabit: priusquam cognoscat aut eligat mala, commutabit bonum: quoniam priusquam cognoscat infans bonum vel malum, non consentiet nequitiæ, uti eligat bonum. Diligenter igitur significavit Spiritus sanctus per ea quæ dicta sunt generationem ejus quæ [5] est ex Virgine, et [6] substantiam, quoniam Deus: (Emmanuel enim nomen [7] hoc significat), et manifestat, quoniam homo, in eo quod dicit: *Butyrum et mel manducabit;* et in eo quod infantem nominat eum, et, *priusquam cognoscat bonum et malum:* hæc enim omnia signa sunt hominis infantis. Quod autem *non consentiet nequitiæ, ut eligat bonum,* proprium hoc est Dei, uti non per hoc quod manducabit butyrum et mel [8] nude solummodo eum hominem intelligeremus, neque rursus per nomen Emmanuel, sine carne eum Deum suspicaremur.

[1] Gr. *διὸ καὶ τὸ γεννώμενον ἅγιον κληθήσεται,* compare the Syriac, *ex te natum,* ܕܡܬܝܠܕ ܡܢܟܝ

[2] i. e. *οἱ ὁ πρεσβύτεροι.*

[3] In profundum deorsum, aut in altitudinem sursum. *Quam putarim germanam esse Irenæi lectionem, cum ita habere Septuaginta indicet Hieronymus; quorum lectionem hanc cum Irenæo amplexantur veteres, Justin. Dial. Cypr. Lib.* II. *c. Jud.* 9. *Bas. et Cyr. in hunc Is. locum; et Ambros. Serm.* VIII. *in Ps.* 118. FEU.

[4] *vocabitis,* the reading of all the MSS., TERTULL. and CYPRIAN. Vulg. *vocabit.* The LXX. and Hexaplar versions have *καλέσεις.* The variation arising from similarity of inflexion in the second person present, masculine gender, and the third feminine קראת, while an additional letter expresses the second plural קראתם *Variæ lectiones* are easily multiplied by the emendations of scribes.

[5] *est* added by GRABE, and confirmed by the CLERM. MS.

[6] Indicating the *ὁμοουσία* of the Son with the Father; also the Platonic distinction of *γένεσις* and *οὐσία.*

[7] The CLERM. omits *hoc.* *Græce, τὸ ὄνομα γὰρ Ἐμμανουὴλ τοῦτο σημαίνει.*

[8] *ψιλῶς μόνον,* cf. p. 102, n. 3.

CAP. XXVI.

LIB. III. xxvi. 1. GR. III. xxvii. MASS. III. xxi. 5.

Quid est quod dictum est ad David: De fructu ventris tui ponam in throno meo.

I. Καὶ ἐν τῷ εἰπεῖν, Ἀκούσατε δὴ οἶκος Δαβὶδ, ση- Theod. Dial. I. Ἄτρεπτος.
μαίνοντος ἦν, ὅτι ὃν ἐπηγγείλατο τῷ Δαβὶδ ὁ Θεὸς, ἐκ καρποῦ τῆς κοιλίας αὐτοῦ αἰώνιον ἀναστήσειν βασιλέα, οὗτός ἐστιν ἐκ τῆς ἀπὸ Δαβὶδ παρθένου γενόμενος.

1. Et in eo quod dicit, *Audite domus David*, significantis Esai. vii. 13.
erat, quoniam quem promisit Deus David, de fructu ventris ejus Ps. cxxxi. 11.
æternum suscitaturum se Regem, hic est qui ex Virgine, quæ fuit de genere David, generatus est. Propter hoc enim et de fructu ventris ejus Regem promisit, quod erat proprium virginis prægnantis; et non de fructu lumborum ejus, nec de fructu renum ejus, quod est proprium viri generantis, et mulieris ex viro conceptionem facientis. [1]Circumscripsit igitur genitalia viri in promissione Scriptura: imo vero nec commemoratur, quoniam non ex voluntate viri erat, qui nascebatur. Statuit autem et confirmavit fructum ventris, ut generationem ejus qui erat futurus ex virgine, pronuntiaret, quemadmodum Elizabeth impleta Spiritu sancto testificata est, dicens ad Mariam: *Benedicta tu inter mulieres, et* Luc. i. 42.
benedictus fructus ventris tui; significante Spiritu sancto audire volentibus, repromissionem quam repromisit Deus, de fructu ventris ejus suscitare Regem, impletam esse in Virginis, hoc est in Mariæ, partu. Qui igitur transmutant id quod apud Esaiam, *Ecce, adolescentula in ventre concipiet*, et Joseph filium eum volunt esse, illud transmutent quod est repromissionis, quod apud David positum est, ubi promisit illi Deus, de fructu ventris ejus suscitare cornu Christi [2]Regis. Sed non intellexerunt: cæterum [3]etiam hoc quoque ausi fuissent demutare.

2. Quod autem dixerit Esaias, *In profundum deorsum, vel in* Esai. vii. 11.
altitudinem sursum, significantis fuit, quoniam *qui descendebat* Ephes. iv. 10.

[1] *circumscripsit*, as Æschin. περιγράψετέ με ἐκ τῆς πολιτείας.

[2] Massuet, on the authority of the Clermont and Voss. MSS., reads *regnum*, and puts a comma after *cornu*. May not the two readings meet in *Christum Regem?* having reference to Luke i. 69, as before, p. 85.

[3] *etiam*. Grabe adopts *autem* from the Voss. MS. It is also in the Clerm., but there is no tautology in *etiam... quoque;* the former being rendered *even;* the Ar. reading expresses ἐπεὶ καὶ τοῦτό γε ἐτόλμησαν ἂν ἀλλάσσειν. Cf. 153, 3.

LIB. III. xxvi. 2, xxvii. GR. III. xxvii. xxviii. MASS. III. xxi. 5. *ipse erat et qui ascendebat.* In eo autem quod dixerit: *Ipse Dominus dabit* [1]*signum,* id quod erat inopinatum generationis ejus significavit, quod nec factum esset aliter, nisi Deus Dominus omnium Deus ipse dedisset signum in domo David. (Esai. vii. 14.) Quid enim magnum, aut quod signum fieret in eo quod adolescentula concipiens ex viro peperisset, quod evenit omnibus quæ pariunt mulieribus? (G. 258.) Sed quoniam inopinata salus hominibus inciperet fieri, Deo adjuvante, inopinatus et partus Virginis fiebat, Deo dante signum hoc, sed non homine operante illud.

CAP. XXVII.

Quid est apud Danielem lapis sine manibus excisus.

Dan. ii. 34. Propter hoc autem et Daniel prævidens ejus adventum, lapidem sine manibus abscissum [2]advenisse in hunc mundum. Hoc est enim quod *sine manibus* significabat, quod non operantibus humanis manibus, hoc est, virorum illorum qui solent lapides cædere, in hunc mundum ejus adventus erat, id est, non operante in eum Joseph, sed sola Maria cooperante dispositioni. Hic enim lapis a terra, [3]et ex virtute et arte constat Dei. Propter hoc autem et Esaias ait: (Esai. xxviii. 16.) *Sic dicit Dominus: Ecce, ego mitto in fundamenta Sion lapidem pretiosum, electum, summum, angularem, honorificum:* uti non ex voluntate viri, sed ex voluntate Dei, adventum ejus qui secundum hominem est intelligamus.

CAP. XXVIII.

Quare virga Moysi projecta, coluber facta est.

Exod. vii. 9 seq. Propter hoc autem et Moyses ostendens typum, projecit virgam in terram, ut ea incarnata, omnem Ægyptiorum prævaricationem, quæ insurgebat adversus Dei dispositionem, argueret et absorberet: (Exod. viii. 19.) et ut ipsi Ægyptii testificarentur, quoniam digitus

[1] With respect to the sign announced to Ahaz, the reader is referred to the editor's work on the *Creeds*, pp. 278, 279. It was no sign to the faithless king, of which he had shewed himself unworthy; but it was a sign that should be verified after the lapse of many generations; it was a renewed promise of the Messiah notwithstanding present appearances, and as Ahaz was of the house of David, it should reassure the faithful that their trial should be overruled for good in the providence of God.

[2] f. l. *ait venisse.*

[3] *et,* Ar., Othob., Merc. ii., but the particle is missing in the Cl. and Voss. MSS.

est Dei qui salutem operatur populo, et non Joseph filius. Si enim Joseph filius esset, quemadmodum plus poterat quam Solomon, aut plus quam Jonas habere, aut plus esse David, cum esset ex eadem seminatione generatus, et proles exsistens ipsorum? Ut quid autem et beatum dicebat Petrum, quod eum cognosceret esse Filium Dei vivi? LIB. III. xxviii. xxix. GR. III. xxix. xxx. MASS. III. xxi. 8. Matt. xii. 41, 42.

CAP. XXIX.

Ostensio quoniam si Joseph filius fuisset Dominus, non rex esse potuisset.

M. 218. SUPER hæc autem nec rex esse posset, si quidem Joseph filius fuisset; nec hæres, secundum Hieremiam. Joseph enim Joacim et Jechoniæ filius ostenditur, quemadmodum et Matthæus generationem ejus exponit. Jechonias autem, et qui ab eo omnes, abdicati sunt a regno, Hieremia dicente sic: *Vivo ego, dicit Dominus, si factus fuerit Jechonias filius Joacim, rex Juda, signaculum in manu dextera mea, inde abstraham eum,* [1]*et tradam eum in manu quærentium animam* [2]*tuam.* Et iterum: Matt. xxii. 45. Matt. xvi. 17. Matt. i. 12, 16. Jer. xxii. 24, 25.

G. 259. *Inhonoratus est Jechonias, quemadmodum vas* [3]*quod non est opus, quoniam projectus est in terram, quam non sciebat. Terra audi sermonem Domini: scribe virum hunc abdicatum hominem, quoniam non augebit de semine ejus sedens super thronum David, princeps in Juda.* Et iterum Deus ait super Joacim patrem ejus: *Propter hoc sic dicit Dominus super Joacim patrem ejus, regem Judææ: Non enim erit ex eo sedens super thronum David; et* [4]*mortificatum ejus erit projectum in æstu diei, et in glacie noctis, et respiciam super eum, et super filios ejus, et inferam super eos, et super inhabitantes Hierusalem, super terram Juda, omnia mala, quæ locutus sum super eos.* Qui ergo eum dicunt ex Joseph generatum, et in eo habere spem, abdicatos se faciunt a regno, sub maledictione et increpatione decidentes, quæ erga Jechoniam et in semen ejus. Propter hoc enim dicta sunt hæc de Jechonia, Spiritu præsciente ea quæ a malis doctoribus dicuntur; uti discant, quoniam ex semine ejus, id est ex Joseph, non erit natus, sed secundum repromissionem Dei de ventre David suscitatur Rex æternus, qui recapitulatur omnia in se. Jer. xxii. 28, 29, 30. Jer. xxxvi. 30, 31.

[1] *et tradam eum,* omitted in the CL.

[2] *tuam* MSS., *ejus* GR.

[3] *quod,* needs no alteration, as proposed in the several editions.

[4] *mortificatum ejus,* τὸ θνησιμαῖον αὐτοῦ, i. e. *cadaver.*

LIB. III. xxx. GR. III. xxxi. MASS. III. xxi. 10.

CAP. XXX.

Ostensio quoniam per quæ projectus est homo de Paradiso, per hæc iterum intrat in Paradisum.

Eph. i. 10 Lib. v. 1, sub fin. Rom. v. 19.

ET antiquam plasmationem in se recapitulatus est. Quia quemadmodum per inobedientiam unius hominis introitum peccatum habuit, et per peccatum mors obtinuit; sic et per obedientiam unius hominis justitia introducta vitam fructificet his, qui olim mortui erant, hominibus. Et quemadmodum protoplastus ille Adam de [1]rudi terra, et de adhuc virgine, (*nondum enim pluerat Deus, et homo non erat operatus terram*) habuit substantiam, et plasmatus est manu Dei, id est, Verbo Dei, *omnia enim per ipsum facta sunt*, et sumsit Dominus limum a terra, et plasmavit hominem: ita recapitulans in se Adam ipse Verbum exsistens, ex Maria quæ adhuc erat Virgo, recte accipiebat generationem Adæ recapitulationis.

Gen. ii. 5. Joh. i. 3. Gen. ii. 7.

CAP. XXXI.

Adversus eos qui dicunt, eum nihil de Maria accepisse.

Theod. Dial. I. Ἄτρεπτος.

I. [2]Εἰ τοίνυν ὁ πρῶτος Ἀδὰμ ἔσχε πατέρα ἄνθρωπον, καὶ ἐκ σπέρματος ἐγεννήθη, εἰκὸς ἦν καὶ τὸν δεύτερον Ἀδὰμ λέγειν ἐξ Ἰωσὴφ γεγεννῆσθαι. Εἰ δὲ ἐκεῖνος ἐκ γῆς ἐλήφθη, πλάστης δὲ αὐτοῦ ὁ Θεὸς, ἔδει καὶ τὸν ἀνακεφαλαιούμενον [3]εἰς αὐτὸν, ὑπὸ τοῦ Θεοῦ πεπλασμένον ἄνθρω-

1. SI igitur primus Adam habuit patrem hominem, et ex semine viri natus est; merito dicerent, et secundum Adam ex Joseph esse generatum. Si autem ille de terra quidem sumtus est, et Verbo Dei plasmatus est, oportebat id ipsum Verbum recapitulationem Adæ in semetipsum faciens, ejusdem generationis

[1] See p. 101, n. 5.

[2] *Exprimitur et a Macario Chrysocephalo Orat.* II. εἰς ἑορτὴν τοῦ Εὐαγγελιστοῦ, *MS. Cod.* 211. *Barocciano, cujus varias lectiones hic sisto.* GRABE. MASSUET found the same fragment in a Catena on S. Luke. *Bibl. Royale,* 2440.

[3] εἰς ... ἄνθρωπον, *loco illorum unicam vocem* ἐκεῖνον, *in Macario reperio.* GRABE. The Catena collated by MASSUET also has ἀνακεφαλαιούμενον ἐκεῖνον.

που, τὴν αὐτὴν ἐκείνῳ τῆς γεννήσεως ἔχειν ὁμοιότητα. Εἰς LIB. III. xxxi. 1. GR. III. xxxi. MASS. III. xxii. 1.
τί οὖν πάλιν οὐκ ἔλαβε χοῦν ὁ Θεὸς, ἀλλ' ἐκ Μαρίας ἐνήργησε τὴν πλάσιν γενέσθαι; Ἵνα μὴ ἄλλη πλάσις γένηται, μηδὲ ἄλλο τὸ σωζόμενον ᾖ, ἀλλ' [1] αὐτὸς ἐκεῖνος ἀνακεφαλαιωθῇ, τηρουμένης τῆς ὁμοιότητος. Ἄγαν οὖν πίπτουσι
G. 260. καὶ οἱ λέγοντες, αὐτὸν μηδὲν εἰληφέναι ἐκ τῆς παρθένου, ἵν' ἐκβάλωσι τὴν τῆς σαρκὸς κληρονομίαν, καὶ ἀποβάλωνται τὴν ὁμοιότητα.

habere similitudinem. Quare igitur non iterum sumsit limum Deus, sed ex Maria operatus est plasmationem fieri? Ut non alia plasmatio fieret, neque alia esset plasmatio quæ salvaretur, sed eadem ipsa recapitularetur, servata similitudine. Errant igitur qui dicunt, eum nihil ex Virgine accepisse, ut abjiciant carnis hæreditatem, abjiciant autem et similitudinem. Si enim ille quidem de terra, et manu et artificio Dei, plasmationem et substantiam habuit, hic autem non manu et artificio Dei; jam non servavit similitudinem hominis, qui factus est secundum imaginem ipsius et similitudinem, et [2] inconstans artificium videbitur, non habens circa quod ostendat sapientiam suam. Hoc autem dicere est, et putative apparuisse eum, et tanquam hominem, cum non esset homo: et factum eum hominem, nihil assumentem de homine. Si enim non accepit ab homine substantiam carnis, neque homo factus est, neque Filius Hominis: et si hoc
M. 219. non factus est quod nos eramus, non magnum faciebat quod passus est et sustinuit. Nos autem quoniam corpus sumus de terra acceptum, et anima accipiens a Deo spiritum, omnis quicunque confitebitur. Hoc itaque factum est Verbum Dei, suum plasma [3] in semetipsum recapitulans: et propter hoc Filium Hominis se confitetur, et beatificat *mites, quoniam ipsi hæreditabunt terram.* Matt. v. 5.
Et Apostolus autem Paulus in epistola quæ est ad Galatas, manifeste ait: *Misit Deus Filium suum, factum de muliere.* Et rursus Gal. iv. 4.
in ea quæ est ad Romanos: *De Filio autem*, inquit, *ejus, qui* Rom. i. 3, 4.
factus est ex semine David secundum carnem, qui prædestinatus est Filius Dei in virtute, secundum Spiritum sanctificationis, ex resurrectione mortuorum, Jesu Christi Domini nostri.

[1] αὐτὸς ἐκεῖνος, *Adam* sc. Cf. c. XXX. MACARIUS after σωζόμενον reads ᾖ, which agrees with the translation.

[2] As MASSUET observes, the translation of ἀσύστατον, *inconsistent*.

[3] εἰς ἑαυτόν. Cf. 123, n. 2.

LIB. III. xxxi. 2. GR. III. xxxii. MASS. III. xxii. 2.

2. Ἐπεὶ περισσὴ καὶ ἡ εἰς τὴν Μαρίαν αὐτοῦ κάθοδος. [1]Τί γὰρ καὶ εἰς αὐτὴν κατῄει, εἰ μηδὲν ἔμελλε λήψεσθαι παρ' αὐτῆς; Ἔτι τε εἰ μηδὲν εἰλήφει παρὰ τῆς Μαρίας, οὐκ ἂν τὰς ἀπὸ γῆς εἰλημμένας προσίετο τροφὰς, δι' ὧν τὸ ἀπὸ γῆς ληφθὲν τρέφεται σῶμα· [2]οὐδ' ἂν εἰς τεσσαράκοντα ἡμέρας, ὁμοίως ὡς Μωϋσῆς καὶ Ἡλίας, νηστεύσας ἐπείνησε, τοῦ σώματος ἐπιζητοῦντος τὴν ἰδίαν τροφήν· οὐδ' ἂν Ἰωάννης ὁ μαθητὴς αὐτοῦ περὶ αὐτοῦ γράφων εἰρήκει· ὁ δὲ Ἰησοῦς κεκοπιακὼς ἐκ τῆς ὁδοιπορίας, ἐκαθέζετο· οὐδ' ἂν ὁ Δαβὶδ προαναπεφωνήκει περὶ αὐτοῦ· Καὶ ἐπὶ τὸ ἄλγος τῶν τραυμάτων μου προσέθηκαν· οὐδ' ἂν ἐδάκρυσεν ἐπὶ τοῦ Λαζάρου· [3]οὐδ' ἂν ἵδρωσε θρόμβους αἵματος· οὐδ' ἂν εἰρήκει, ὅτι περίλυπός ἐστιν ἡ ψυχή μου· οὐδ' ἂν νυγείσης αὐτοῦ τῆς πλευρᾶς, ἐξῆλθεν αἷμα καὶ ὕδωρ. Ταῦτα γὰρ πάντα σύμβολα σαρκὸς τῆς ἀπὸ γῆς εἰλημμένης, ἣν εἰς αὐτὸν ἀνακεφαλαιώσατο, τὸ ἴδιον πλάσμα σώζων.

2. Cæterum supervacua est in Mariam descensio ejus. Quid enim in eam descendebat, si nihil incipiebat sumere ab ea? Aut si nihil sumsisset ex Maria, nunquam eas quæ a terra erant percepisset escas, per quas id quod a terra sumtum [4]est nutritur corpus: nec quadriginta diebus, quemadmodum Moyses et Helias, jejunans esurisset corpus ejus, suam quærens escam: sed nec
Joh. iv. 6. Johannes discipulus ejus de eo scribens dixisset, *Jesus autem*
Ps. lxviii. 27. *fatigatus in itinere* [5]*sedebat:* nec David præclamasset in eum, *Et super dolorem vulnerum meorum apposuerunt:* nec lacrymasset
Joh. xi. 35. super Lazarum: nec sudasset globos sanguinis: nec dixisset,
Luc. xxii. 44. Matt. xxvi. 38. [6]quod *Tristis est anima mea:* nec percusso latere exisset sanguis
Joh. xix. 34. et aqua. Hæc enim omnia signa carnis, quæ a terra sumta est, quam in se recapitulatus est, suum plasma salvans.

[1] *τί γὰρ καὶ εἰς αὐτὴν...τεσσαράκοντα ἡμέρας*, in MASSUET'S *Catena*.

[2] Compare HIPPOLYT. *c. Noet.* 18.

[3] Οὐδ' ἂν ἵδρωσε θρόμβους αἵματος. *Hunc Irenæi locum respexit Epiphanius in Ancoratu*, § 31, *ubi citaturus verba Lucæ de sudore Christi sanguineo, hæc sua præfatur:* Κεῖται ἐν τῷ κατὰ Λουκᾶν Εὐαγγελίῳ ἐν τοῖς ἀδιορθώτοις ἀντιγράφοις, καὶ κέχρηται τῇ μαρτυρίᾳ ὁ ἅγιος Εἰρηναῖος ἐν τῷ κατὰ αἱρέσεων, πρὸς τοὺς δοκήσει τὸν Χριστὸν πεφηνέναι λέγοντας· Ὀρθόδοξοι δὲ ἀφείλαντο τὸ ῥητὸν, φοβηθέντες, καὶ μὴ νοήσαντες αὐτοῦ τὸ τέλος καὶ ἰσχυρότατον· Καὶ γενόμενος ἐν ἀγωνίᾳ ἵδρωσε. κ.τ.λ. GRABE.

[4] CLERM. *sumptum nutriretur.*

[5] CLERM. *sedit.*

[6] The CLERM. MS. inserts *quod*, and it agrees with the Greek; VOSS. *quid.*

LIB. III. xxxii 1. GR. III. xxxiii. MASS. III. xxii. 3.

CAP. XXXII.

Quare Lucas a Domino inchoans genealogiam, in Adam retulit: et quot sint ab Adam usque ad Dominum generationes.

G. 261. 1. PROPTER hoc Lucas genealogiam, quæ est a generatione
Domini nostri usque ad Adam, [1] septuaginta duas generationes Luc. iii. 23 seq.
habere ostendit, finem conjungens initio, et significans quoniam ipse est qui omnes gentes exinde ab Adam dispersas, et universas linguas, et generationem hominum cum ipso Adam in semetipso
recapitulatus est. Unde et a Paulo *typus futuri* dictus est ipse Rom. v. 14.
Adam: quoniam futuram circa Filium Dei humani generis dispositionem [2] in semetipsum fabricator omnium Verbum præformaverat, prædestinante Deo primum animalem hominem, videlicet ut a spiritali salvaretur. Cum enim præexisteret salvans, oportebat et quod salvaretur fieri, uti non vacuum sit salvans. Consequenter autem et Maria virgo [3] obediens invenitur, dicens: [4] *Ecce* Luc. i. 38.
ancilla tua Domine, fiat mihi secundum verbum tuum. Eva vero inobediens: non obaudivit enim, adhuc cum esset virgo. Quemadmodum illa virum quidem habens Adam, [5] virgo tamen adhuc
exsistens (*erant enim utrique nudi* in Paradiso, *et non confunde-* Gen. ii. 25.
bantur, quoniam paulo ante facti, non intellectum habebant filiorum generationis; oportebat enim illos primo adolescere, dehinc
M. 220. sic multiplicari) inobediens facta, et sibi, et universo generi humano causa facta est mortis: sic et Maria habens prædestinatum virum, et tamen virgo, [6] obediens, et sibi et universo generi

[1] *Omissis v.* 24, τοῦ Ματθὰτ *et* τοῦ Λευὶ *ac v.* 36, τοῦ Καϊνᾶν, *perinde ut Jul. Afr., citatum ab Eus. H. E.* I. 7. *Greg. Naz. Carm.* XXXVIII. *de Gen. Christi, Ambros. in Luc., aliosque.* GRABE.

[2] *in semetipsum .. præformaverat, prædestinante...* εἰς ἑαυτὸν ... προεμόρφωσε, προορίσαντος. κ.τ.λ. The AR. MS. has *prædestinante,* but the CLERM., VOSS. and FEU. *marg. præformante.* The next sentence partly confirms the AR. reading.

[3] CL., VOSS., but AR. *obaudiens.* The same MSS. write the word both ways.

[4] So the CLERM., AR. and VOSS. MSS., al. *Ecce ancilla Domini.* Compare S. AUGUSTIN: *Solus sine peccato natus est, quem... sola obedientia mentis Virgo concepit. de Pecc. M. et R.* I. 57.

[5] Cf. TERTULLIAN. *de Carne Chr.* 17. *In virginem adhuc Evam irrepserat verbum ædificatorium mortis; in virginem æque introducendum erat Dei Verbum exstructorium vitæ: ut quod per ejusmodi sexum abierat in perditionem, per eundem sexum redigeretur in salutem. Crediderat Eva serpenti: credidit Maria Gabrieli. Quod illa credendo deliquit, hæc credendo delevit.* FEU. The parenthetical passage reads like an interpolation.

LIB. III. xxxii. 1. GR. III. xxxiii. MASS. III. xxii. 4.

humano causa facta est salutis. Et propter hoc Lex eam quæ desponsata erat viro, licet virgo sit adhuc, uxorem ejus qui desponsaverat vocat, eam quæ est a Maria in Evam [1]recirculationem significans: (Gen. iii. 8, 17, 20 et 21.) quia non aliter quod colligatum est solveretur, nisi ipsæ [2]compagines alligationis reflectantur retrorsus; ut primæ conjunctiones solvantur per secundas, secundæ rursus liberent primas. Et evenit primam quidem compaginem a secunda colligatione solvere, secundam vero colligationem primæ solutionis habere locum. (Matt. xix. 30, et xx. 16.) Et propter hoc Dominus dicebat primos quidem G. 262. novissimos futuros et novissimos primos. Et propheta autem hoc idem significat, dicens: (Ps. xliv. 17.) *Pro patribus nati sunt tibi filii.* [3]*Primogenitus* enim *mortuorum* natus Dominus, et in sinum suum recipiens pristinos patres, regeneravit eos in vitam Dei, ipse [4]initium viventium factus, (Col. i. 18.) quoniam Adam initium morientium factus est. Propter hoc et Lucas initium generationis a Domino inchoans in Adam retulit, (1 Cor. xv. 20, 21, 22.) significans quoniam non illi hunc, sed hic illos in Evangelium vitæ regeneravit. Sic autem et Evæ inobedientiæ nodus solutionem accepit per [5]obedientiam Mariæ. Quod enim alligavit virgo Eva per incredulitatem, hoc virgo Maria solvit per fidem.

(Luc. xv. 4.) 2. Necesse ergo fuit, Dominum ad perditam ovem venientem, et tantæ dispositionis recapitulationem facientem, et suum plasma requirentem, illum ipsum hominem salvare, qui factus fuerat secundum imaginem et similitudinem ejus, id est, Adam [6]adim-

[1] *recirculationem*, ἀναπεριφορὰν, for ἀνεπιφορὰν, *relatio*. STIEREN renders the word well by *Zurückbeziehung*, in English, *a back-reference*.

[2] *compagines*, &c., rendered into Greek: *εἰ μὴ αὐτὰ τὰ συνάμματα τῆς ἐπιπλοκῆς ἀναστρέφηται εἰς τὰ ὀπίσω, ἵνα αἱ πρότεραι δέσεις διὰ τῶν δευτέρων ἀναλύωνται, κ.τ.λ.*

[3] *Primogenitus.* The firstborn being consecrated to the Lord, the term *πρωτότοκος* in living things expressed the same idea as *ἀπαρχαὶ* in inanimate things, a term applied to our Lord with reference to the wave-offering of the Paschal solemnity; see *Hist. and Theol. of the Creeds*, pp. 375—377. The Greek perhaps ran as follows: Πρωτότοκος γὰρ ἐκ νεκρῶν (Col. i. 18, Rev. i. 5) γεγενημένος ὁ Κύριος, εἰς τὸν κόλπον αὐτοῦ μεταλαβὼν τοὺς πατριάρχας κ.τ.λ. The reader may also compare the several instances, quoted at pp. 334—336 of *The Creeds*, in which the early Fathers expressed the belief that Christ in Hades proclaimed remission of sins to the spirits of patriarchs and just men there confined. See also the false gospel of Nicodemus, § XVIII. &c.

[4] GRABE restores the word *initium* as *ἀπαρχή*, but since Adam is more properly the *first* of the dying, than the *firstfruits*, it seems preferable to consider the word as simply representing *ἀρχή*.

[5] The VOSS. reading, *audientiam*, *ἀκοήν*, is not an improbable one; and for *per* read *ob*. Cf. Gal. iii. 2.

[6] *adimplentem*. AR., CLERM., VOSS., MERC. II., al. *implentem*.

plentem tempora ejus condemnationis, quæ facta fuerat propter LIB. III. xxxii. 2.
inobedientiam, *quæ Pater posuit in sua potestate:* quoniam et omnis GR. III. xxxiii.
dispositio salutis, quæ circa hominem fuit, secundum placitum MASS. III. xxiii. 1.
fiebat Patris, uti non vinceretur Deus, neque infirmaretur ars ejus. Act. i. 7.
Si enim qui factus fuerat a Deo homo ut viveret, hic amittens vitam læsus [1] a serpente qui depravaverat eum, jam non reverteretur ad vitam, sed in totum projectus esset morti, victus esset Deus, et superasset serpentis nequitia voluntatem Dei. Sed quoniam Deus invictus et magnanimis est, magnanimem quidem se exhibuit ad correptionem hominis et probationem omnium, quemadmodum prædiximus; per secundum autem hominem alli- Matt. xii. 29.
gavit fortem, et diripuit ejus vasa, et evacuavit mortem vivificans eum hominem qui fuerat mortificatus. Primum enim possessionis ejus vas Adam factus est, quem et tenebat sub sua potestate, hoc est, prævaricationem inique inferens ei, et per [2] occasionem immortalitatis mortificationem faciens in eum. Etenim promit- Gen. iii. 5.
tens futuros eos tanquam deos, quod ei non est omnino possibile, mortem fecit in eis: unde et juste a Deo [3] recaptivatus, qui hominem captivum duxerat; solutus est autem condemnationis vinculis, qui captivus ductus fuerat homo.

CAP. XXXIII.

Ostensio quoniam Adam prior salvatur a Domino.

1. Hic est autem Adam, si oportet verum dicere, primiformis Cf. I. 134, n. 2.
ille homo, de quo Scriptura ait dixisse Dominum: *Faciamus* Gen. i. 26.
hominem ad imaginem et similitudinem nostram; nos autem omnes ex ipso: et quoniam sumus ex ipso, propterea quoque ipsius hæreditavimus appellationem. Cum autem salvetur homo, oportet salvari eum qui prior formatus est homo. Quoniam nimis irrationabile est, illum quidem, qui vehementer ab inimico læsus [4] est, et prior captivitatem passus est, dicere non eripi ab eo qui vicerit inimicum, ereptos vero filios ejus, quos in eadem captivitate generavit. Nec victus quidem adhuc [5] parebit inimicus, ipsis

[1] Mass., St. accidentally omit *a*.

[2] *per occasionem*, Grabe considers to be the translation of *προφάσει*. But compare Rom. vii. 11, 13. There in the Syriac, the word ܥܠܬܐ would correspond either with the word *ἀφορμὴν*, as used by the Apostle, or *προφάσει* as expressed by the context in this place, and also in the opening of c. xxxv.

[3] *recaptivatus*, *ἀναδουλωθείς*.

[4] *est*, MSS., but Grabe *erat*.

[5] i.e. *apparebit*.

LIB. III. xxxiii. 1. GR. III. xxxiv. MASS. III. xxiii. 2.

veteribus spoliis manentibus apud eum. Quemadmodum si hostes expugnaverint quosdam, et [1]vinctos duxerint captivos, et multo tempore in servitute possederint eos, ita ut generent apud eos; et aliquis dolens pro his qui servi facti sunt, eosdem hostes expugnet: non tamen juste faciet, si filios quidem eorum qui captivi ducti sunt, liberet de potestate eorum qui in servitutem deduxe- G. 263.
rant patres eorum, ipsos vero qui captivitatem sustinuerunt subjectos relinquat inimicis, propter quos et [2]ultionem fecit; consecu- M. 221.
tis libertatem filiis ex causa paternæ vindicationis, sed [3]non relictis ipsis patribus, qui ipsam captivitatem sustinuerunt. Neque enim infirmus est Deus neque injustus, qui opitulatus est homini et in suam libertatem restauravit eum.

2. Propter hoc et in initio transgressionis Adæ, sicut enarrat
Gen. iii. 17. Scriptura, non ipsum maledixit Adam, sed terram in operibus ejus, quemadmodum ex veteribus quidam ait: "Quoniam quidem transtulit Deus maledictum in terram, ut non perseveraret in homine." Condemnationem autem transgressionis accepit homo tædia et terrenum laborem, et manducare panem in sudore vultus sui, et
Gen. iii 16. converti in terram, ex qua assumtus est; similiter autem et mulier tædia, et labores, et gemitus, et tristitias partus, et servitium, [4]id est, ut serviret viro suo: ut neque maledicti a Deo in totum perirent, neque sine increpatione perseverantes Deum contemnerent. Omnis autem maledictio decurrit in serpentem, qui sedux-
Gen iii. 14. erat eos. *Et dixit*, inquit, *Deus serpenti: Quoniam fecisti hoc, maledictus tu ab omnibus pecoribus, et ab omnibus bestiis terræ.* Hoc idem autem et Dominus in Evangelio, his qui a sinistris
Matt. xxv. 41. inveniuntur, ait: *Abite maledicti in ignem æternum, [5]quem præparavit Pater meus diabolo et angelis ejus;* significans quoniam non homini principaliter præparatus est æternus ignis, sed ei qui seduxit et offendere fecit hominem, [6]et, inquam, qui princeps apostasiæ est, [7]principi abscessionis, et his angelis qui apostatæ facti sunt cum eo: quem quidem juste percipient etiam hi qui [8]similiter ut illi sine pœnitentia et sine regressu in malitiæ perseverant operibus.

[1] *vinctos*, CL., VOSS.; AR. *victos*.

[2] *ultionem*, AR. from the Greek, δι' οὓς καὶ τὴν ἀμύνην ἐποίησεν, but CL., VOSS., FEU. *marg. tuitionem*.

[3] *non*, found in the MSS., is objected to by GRABE, but justified by MASS. upon no very critical ground; οὐκ ἀνειλημμένων was perhaps read as οὐκ ἀναλελειμμένων, by the translator.

[4] A mitigated servitude.

[5] The reading of the CODEX BEZÆ agrees with IRENÆUS. See I. 268, note 2, where the *varia lectio* is traced in the Syriac. Cf. p. 325, G.

[6] *et*, f. l. *ei*.

[7] As MASS. observes, an interpolation.

[8] *Similiter ut illi*, indicating the faulty reading, ὁμοίως ὡς αὐτῷ.

LIB. III. xxxiv. GR. III. xxxvi. MASS. III. xxiii. 4.

CAP. XXXIV.

De Cain qui fratrem suum occidit.

QUEMADMODUM Cain, cum accepisset consilium a [1]Deo, uti [2]quiesceret in eo quod non recte divisisset eam quæ erga fratrem erat communicationem, sed cum zelo et malitia suspicatus est posse dominari [3]ejus, non solum [4]non acquievit, sed et adjecit peccatum super peccatum, manifestans [5]sententiam suam per operationem suam. Quod enim cogitavit hoc et operatus est, dominatus est et interfecit eum, subjiciente Deo justum injusto, ut ille quidem [6]ex iis quæ passus est justus ostendatur; hic vero per ea quæ commisit, detegeretur injustus. Et ne sic quidem mitigatus est, nec quievit super factum malum; sed interrogatus ubi esset [7]frater ejus, *Nescio,* ait; *numquid custos fratris mei sum ego?* extendens et multiplicans malum per responsionem. Etenim G. 264. si malum est occidere fratrem, multo pejus sic audacter et irreverenter respondere omnia scienti Deo, quasi possit frustrari eum. Propter hoc et ipse maledictionem portavit, quoniam [8]a se peccatum attulit, non reveritus Deum, neque confusus in [9]parricidio.

Gen. iv. 7, sec. LXX.

Gen. iv. 9.

[1] *Deo* has the authority of the CLERM., ARUND. and VOSS. MSS. in its favour. GRABE adopted *Domino* from other sources.

[2] In allusion to the LXX. translation, *οὐκ ἐὰν ὀρθῶς προσενέγκῃς, ὀρθῶς δὲ οὐ διέλῃς, ἥμαρτες; ἡσύχασον.*

[3] Following the Greek construction.

[4] CLERM. *non solum acquievit, sed et accessit.*

[5] *ἔννοιαν* perhaps is a more likely word for the original text, than either *βουλὴν* or *γνώμην*, as suggested by GR.

[6] CLERM., VOSS. *per ea;* but *ἐκ τῶν πεπονθότων* certainly seems the more likely construction. The same MSS. read *ex iis* in the next line for *per ea.*

[7] The EDD. here insert *Abel,* but the word is not read in any MS.

[8] GRABE reads *ad se,* but allusion is made to Cain's wilful and sullen denial of the truth, and to his sin in harbouring malice in his heart while offering sacrifice to God. The Greek text perhaps had *ἀφ' ἑαυτοῦ*, i. e. *ultro, gratuitously,* rendered by the translator *a se;* in the word *peccatum* there may be a play upon the double sense of the term חַטָּאת, *sin,* and *sin-offering;* the original being, *ὅτι ἀφ' ἑαυτοῦ τὴν ἁμαρτίαν προσήνεγκεν*, meaning, not an *offering for,* but, *of sin.* The CLERMONT MS. has the passage as given in the text, but MERC. II. *tulit;* which, without sufficient reason, has been adopted by MASSUET.

[9] The term found in the CLERM., AR. and VOSS. MSS. is restored in place of *fratricidio,* as found in the EDD. The crime of *parricide* alone was known to the law, but it embraced the case of any degree of affinity, e. g. *In ipso fraterno parricidio nullum scelus prætermisisse videtur.* CIC. *pro Clu.* II. *Parricidium filii.* LIV. VIII. II. The author, as subject to Roman law, may have used the corresponding Greek term, but it is more likely that *ἀδελφοκτονία* stood in the original.

LIB. III. xxxv. 1. GR. III. xxxvii. MASS. III. xxiii. 5.

CAP. XXXV.

Quare folia fici circumcinxit se Adam; Et, *Quare de Paradiso Adam projecit Deus.*

1. CIRCA Adam autem nihil tale factum est, sed omnia in contrarium. Ab altero enim seductus sub occasione immortalitatis, statim timore corripitur et absconditur: non quasi possit effugere Deum, sed confusus, quoniam transgressus præceptum ejus indignus est venire in conspectum et colloquium Dei. *Timor* autem *Domini initium intelligentiæ;* intellectus vero transgressionis fecit pœnitentiam: pœnitentibus autem largitur benignitatem suam Deus. Etenim per succinctorium in facto ostendit suam pœnitentiam, [1]foliis ficulneis semetipsum contegens, exsistentibus et aliis foliis multis, quæ minus corpus ejus vexare potuissent: condignum tamen inobedientiæ amictum fecit, conterritus timore Dei; et retundens petulantem carnis impetum, quoniam indolem et puerilem amiserat sensum, et in cogitationem pejorum venerat, frænum continentiæ sibi et uxori suæ circumdedit, timens Deum et adventum ejus exspectans, et velut tale quid significans: Quoniam, inquit, eam quam habui a Spiritu sanctitatis stolam amisi per inobedientiam, et nunc cognosco quod sim dignus tali tegumento, quod delectationem quidem nullam præstat, mordet autem et pungit corpus. Et hoc videlicet semper habuisset indumentum, humilians semetipsum, nisi Dominus qui est misericors tunicas pelliceas pro foliis ficulneis induisset eos.

(Ps. cx. 10, et Prov. i. 7, ix. 10. — Gen. iii. 7.)

2. Propter hoc autem et interrogat eos, uti ad mulierem veniret accusatio; et illam rursus interrogat, uti ad serpentem transmitteret [2]causam. Dixit enim quod fuerat factum: *Serpens,* ait, *seduxit me, et manducavi.* Serpentem vero non interrogavit; sciebat enim eum principem transgressionis factum; sed maledictum primo immisit in eum, uti secunda increpatione veniret in hominem. Eum enim odivit Deus, qui seduxit hominem; ei vero qui seductus est, sensim paulatimque misertus est. Quapropter et ejecit eum de Paradiso, et a ligno vitæ longe transtulit: non invidens ei lignum vitæ, quemadmodum audent [3]quidam dicere; sed

(Gen. iii. 13. — M. 222. — Gen. iii. 23 et 24.)

[1] *Quod quamvis fructus ficulneus suavior cæteris est, at folia duriora.* PHILO, *Qu. in Gen.* I. 41.

[2] ἀναφέρῃ τὴν αἰτίαν, i. e. *culpam.*

[3] *Si Marcion id, quod hic reprehenditur, asserere ausus fuit, uti facile crediderim, virus istud omnino hausit a maligni serpentis primogenito, sicut a S. Ignatio appellatur, Simone Mago.* CL. *audent,* but VOSS., FEU. *marg.* have *audet,* omitting the mark of abbreviation. AR. *quemadmodum quidam dicunt.*

miserans ejus, ut non perseveraret semper transgressor; neque immortale esset quod esset circa eum peccatum, et malum interminabile et insanabile. [1]Prohibuit autem ejus transgressionem, interponens mortem, et cessare faciens peccatum, finem inferens ei per carnis resolutionem, quæ fieret in terra; uti cessans aliquando homo vivere peccato, et moriens ei, inciperet vivere Deo. LIB. III. xxxv. 2. GR. III. xxxvii. MASS. III. xxiii. 6. G. 265.

CAP. XXXVI.

Quid est quod a propheta dictum est, Super aspidem et basiliscum ambulabis.

Quapropter inimicitiam posuit inter serpentem et mulierem, et semen ejus, observantes invicem: [2]illo quidem cui morderetur planta, et potente calcare caput inimici; altero vero mordente, et occidente, et interpediente ingressus hominis, quoadusque venit semen prædestinatum calcare caput ejus, quod fuit partus Mariæ, de quo ait propheta: *Super aspidem et basiliscum ambulabis, et conculcabis leonem et draconem;* significans quia illud quod erigeretur et dilataretur adversus hominem peccatum, et [3]frigidum reddebat eum, evacuaretur cum regnante morte, et conculcaretur ab eo in novissimis temporibus insiliens humano generi [4]leo, hoc est, Antichristus; et draconem illum serpentem vetustum alligans, et subjiciens potestati hominis, qui fuerat victus, ad calcandam omnem ejus virtutem. Victus autem erat Adam, ablata ab eo omni vita: propter hoc victo rursus inimico recepit vitam Adam; *novissima* autem *inimica evacuatur mors*, quæ primum possederat hominem. Quapropter liberato homine, *fiet quod scriptum est, Absorpta est mors in victoria.* [5]*Ubi est mors victoria tua? Ubi est mors aculeus tuus?* Quod non poterit juste dici, si non ille liberatus

Gen. iii. 15. Ps. xc. 13. Luc. x. 19. 1 Cor. xv. 26. 1 Cor. xv. 54, 55.

Per invidiam prohibuit Adamum ab arbore vitæ gustanda, nempe ne immortalis fieret. Ad quæ Mosis Bar-cephæ responsum p. 311, sequitur, quadam parte Irenæo adeo consonum, ut ex eo descripsisse diceres: Ea de causa, inquit, ab arbore vitæ coërcuit, ne perpetuo viveret in peccato, essetque ipsius malitia una cum ipso immortalis, &c. Vide ibi plura. Grabe. Καὶ τοῦτο δὲ ὁ Θεὸς μεγάλην εὐεργεσίαν πάρεσχε τῷ ἀνθρώπῳ, τὸ μὴ διαμεῖναι αὐτὸν εἰς τὸν αἰῶνα ἐν ἁμαρτίᾳ ὄντα, ἀλλὰ τρόπῳ τινὶ ἐν ὁμοιώματι ἐξορισμοῦ ἐξέβαλεν αὐτὸν ἐκ τοῦ Παραδείσου. Theoph. *ad Aut.* II. 26.

[1] ἐκώλυε δὲ αὐτοῦ τὴν παράβασιν.

[2] τοῦ μὲν...οἷου τε.

[3] *frigidum reddebat*, ἀπέψυξεν, the author having written ἀπεψύχωσεν. For *et* the Clerm. MS. repeats *quod*.

[4] ΔΚΩΝ (δράκων) may have been read as ΛΕΩΝ.

[5] The same change in the words of Scripture recurs at p. 419, G.

LIB. III. xxxvi. xxxvii. GR. III. xxxviii. MASS. III. xxiii. 7.

fuerit, cui primum dominata est mors. Illius enim salus, evacuatio est mortis. Domino igitur vivificante hominem, id est [1]Adam, evacuata est et mors.

CAP. XXXVII.

Adversus Tatiani doctrinam.

MENTIUNTUR ergo omnes qui contradicunt ejus saluti, semper seipsos excludentes a vita, in eo quod non credant inventam ovem quæ perierat. Si autem illa non est inventa, adhuc possidetur in perditione omnis hominis generatio. Mendax ergo is qui prior hanc sententiam, imo hanc ignorantiam et cæcitatem induxit, [2]Tatianus: [3]connexio quidem factus omnium hæreticorum, quemadmodum ostendimus; hoc autem a semetipso adinvenit, uti novum aliquid præter reliquos inferens, vacuum loquens, vacuos a fide auditores sibi præpararet, affectans magister haberi, tentans et subinde uti hujusmodi a Paulo assidue dictis: Quoniam *in Adam omnes morimur;* ignorans autem, quoniam *ubi abundavit peccatum, superabundavit gratia.* Ostenso ergo hoc manifeste, erubescant omnes qui ab eo sunt, et [4]concertant de [5]Adam, quasi magnum aliquid lucrentur, si ille non salvetur: quando magis nihil proficiant, quemadmodum et serpens nihil profecit suadens homini, nisi illud quod eum transgressorem ostendit, initium et materiam apostasiæ suæ habens hominem; Deum autem non [6]vidit. Sic et hi qui contradicunt saluti Adæ, nihil proficiunt, nisi hoc, quod semetipsos hæreticos et apostatas faciunt veritatis, et [7]advocatos se serpentis et mortis ostendunt.

Luc. xv. 4. — G. 266. — 1 Cor. xv. 22. — Rom. v. 20.

[1] See the false gospel of Nicodemus, § XIX. &c.

[2] Tatian was a Syrian by birth, of some renown as a rhetorician; he established himself at Rome, and under the auspices of JUSTIN M. he did good work for the Church, in defending the faith from the attacks of Crescens the Cynic. EUSEBIUS, *H. E.* IV. 27, informs us that he compiled the first harmony of the Gospels, under the name διὰ τεσσάρων, and left a large number of writings, of which a work against the Gentiles was the most remarkable. After the martyrdom of JUSTIN he swerved from the faith, and returned to the East. The mixture of water in the eucharistic cup was usual in the primitive Church, but he used no wine at all, and his followers were called on this account Hydroparastatæ. Compare I. 116, n. 1, and I. 220.

[3] *Connexio*, συμπλοκή.

[4] *Concertant*, ἐρίζουσιν Ἀδὰμ περί.

[5] HIPPOLYTUS also says of Tatian: Τὸν δὲ Ἀδὰμ φάσκει μὴ σώζεσθαι, διὰ τὸ ἀρχηγὸν παρακοῆς γεγονέναι. *Philos.* VIII. 16.

[6] οἶδεν having been read as εἶδεν.

[7] *advocatos*, προστάτας, with a play of sound. Cf. p. 101, n. 3.

LIB. III. xxxviii. 1. GR. III. xl. MASS. III. xxiv. 1.

CAP. XXXVIII.

Adversus eos qui ex quacunque causa schisma faciunt.

1. Traductis igitur omnibus, qui nefandas inferunt sententias de factore et plasmatore nostro, qui et hunc mundum fabricatus est, super quem alius Deus non est; et ipsis ostensionibus eversis his, qui de substantia Domini nostri, et de dispositione quam fecit propter hominem suum, falsa docent; prædicationem vero Ecclesiæ [1]undique constantem, et æqualiter perseverantem, et testimonium habentem a prophetis et ab Apostolis, et ab omnibus discipulis, [2]quemadmodum ostendimus, [3]per initia, et medietates, et finem, et per universam Dei dispositionem, et eam quæ secundum salutem hominis est [4]solidam operationem, quæ est in fide nostra; quam perceptam ab Ecclesia
M. 223. custodimus, et quæ semper a Spiritu Dei, quasi in vase bono eximium quoddam [5]depositum juvenescens, et juvenescere faciens ipsum vas in quo est. Hoc enim Ecclesiæ creditum est Dei munus, quemadmodum [6]aspiratio plasmationi, ad hoc [7]ut omnia membra percipientia vivificentur: et in eo disposita est [8]communicatio Christi, id est Spiritus sanctus, arrha incorruptelæ, et confirmatio fidei nostræ, et scala ascensionis ad Deum. *In Ecclesia* 1 Cor. xii. 28.
enim, inquit, *posuit Deus Apostolos, prophetas, doctores*, et universam reliquam operationem Spiritus: cujus non sunt participes

[1] Scribes occasionally substitute synonyms by mistake, and here the reading of the Clerm. MS. *utique*, indicates *ubique*. We may note a precursor of the Vincentian canon, *quod semper quod ubique quod ab omnibus*.

[2] *quemadmodum ostendimus* are parenthetical words.

[3] The construction is still dependent upon *testimonium habentem;* these three terms meaning the Prophets, Apostles, and Church Catholic. See Plato, p. 135.

[4] Massuet reads *solitam* on the authority of the Clerm. and Voss. MSS., but *solidam* as connected with the foundation of faith is preferable, καὶ τὴν τὸ κατὰ σωτηρίαν ἀνθρώπου στερεὰν ἐνεργείαν, τὴν ἐν πίστει ἡμετέρᾳ, κ. τ. λ. Cf. στερεοὶ τῇ πίστει, 1 Pet. v. 9. εἰωθυῖαν, *solitam*, would hardly be suitable.

[5] *depositum*. The Clerm. MS. has *dispositum*, but the original no doubt was καλήν τινα παρακαταθήκην, as in 2 Tim. i. 14, meaning the deposit of faith. Compare I. ii. iii.

[6] Massuet, following the Clermont MS. has *ad inspirationem;* other authority is in favour of Grabe's reading, *aspiratio*, and also scriptural analogy; the idea in the writer's mind being very perceptibly, the inspiration of the breath of life into man, when first created.

[7] Cl. omits *ut;* which, however, has escaped the Benedictine's notice.

[8] Cl. *commutatio*, ἡ (διὰ) τοῦ Χριστοῦ καταλλαγή, but the spirit of sanctification is the evidence of our *communion* with Christ; it is not the atonement.

LIB. III. xxxviii. 1. GR. III. xi. MASS. III. xxiv. 1.

omnes, qui non [1]concurrunt ad Ecclesiam, sed semetipsos fraudant a vita, per sententiam malam, et operationem pessimam. Ubi enim Ecclesia, ibi et Spiritus Dei; [2]et ubi Spiritus Dei, illic Ecclesia, et omnis gratia: Spiritus autem veritas. Quapropter qui non participant eum, neque a mammillis matris nutriuntur in vitam, neque percipiunt de corpore Christi procedentem nitidissimum fontem: sed effodiunt sibi lacus detritos de fossis terrenis, (Jer. ii. 13.) et de cœno putidam bibunt aquam, effugientes fidem Ecclesiæ, ne traducantur; rejicientes vero Spiritum, ut non erudiantur.

2. Alienati vero a veritate, digne in omni volutantur errore, fluctuati ab eo, aliter atque aliter per tempora de eisdem sentientes, et nunquam scientiam [3]stabilitam habentes, sophistæ verborum magis volentes esse quam discipuli veritatis. Non enim sunt fundati super [4]unam petram, sed super arenam, habentem in (Matt. vii. 24 et 26.) seipsa lapides multos. Propter hoc et multos Deos fingunt, et G. 267. quærere quidem semper in excusatione habent, cæcutiunt enim, invenire vero nunquam possunt. Blasphemant enim fabricatorem, hoc est, [5]eum qui est vere Deus, qui et præstat invenire; putantes se super Deum alterum invenisse Deum, vel alteram plenitudinem, vel alteram dispositionem. Quapropter et lumen, quod est a Deo, non [6]lucet eis, quoniam inhonoraverunt et spreverunt Deum, [7]minimum arbitrantes eum, quoniam propter dilectionem suam et immensam benignitatem in agnitionem venit hominibus: ([8]agnitionem autem non secundum magnitudinem, nec secundum substantiam; nemo enim mensus est eam, nec palpavit; sed secundum illud, ut sciremus, quoniam qui fecit, et plasmavit, et insufflationem vitæ insufflavit [9]in eis, et per conditionem nutrit nos, Verbo suo confirmans, et Sapientia compingens omnia, hic

[1] Cl., Voss., Feu. *marg. currunt;* but Ar. *concurrunt,* implying harmonious action.

[2] *et ubi Spiritus Dei.* By a very common error with the transcriber of the Clerm. MS. these four words are omitted, his eye having passed on from the close of one similar combination of words to its counterpart. This is the writer's weakest point; in many places several lines have disappeared.

[3] So the Clerm., al. *stabilem.*

[4] Grabe first adopted *unam* from the Ar. and Voss. MSS. It displaces *vivam.* The emendation is confirmed by the Cl., which Massuet fails to note.

[5] *τὸν ὄντως Θεὸν, τὸν καὶ χαρίζοντα εὑρεῖν.*

[6] Clerm. *licet.*

[7] Id est *ὑστερήματος καρπὸν, labis fructum* arbitrantes eum, ut alibi passim dicit. Mass. But in all probability the Greek had *ἥκιστου ἀξιοῦντες αὐτὸν,* read by the translator as *ἥκιστον.*

[8] in, *addidi auctoritate Cod.* Cl. Mass. The particle however is not there.

[9] *in* is omitted by Erasm., Gall. and in Merc. ii. MSS., and it would not be required, the original being *ἐνεφύσησε αὐτοῖς.* But f. l. *in eos.*

est qui est solus [1]verus Deus:) eum vero qui non est, somniantes super hunc, ut magnum Deum putentur adinvenisse, quem nemo possit cognoscere, humano generi communicantem, nec terrena administrantem: Epicuri videlicet invenientes Deum, neque sibi, neque aliis aliquid præstantem, id est, nullius providentiam habentem. LIB. III. xxxviii. 2. GR. III. xli. MASS. III. xxv. 2.

CAP. XXXIX.

Ostensio quoniam providentia Dei regatur hic mundus.

PROVIDENTIAM autem habet Deus omnium, propter hoc et consilium dat: consilium autem dans adest his, qui morum [2]providentiam habent. Necesse est igitur ea quæ providentur et gubernantur, cognoscere suum [3]directorem: quæ quidem non sunt [4]irrationalia, neque vana, sed habent sensibilitatem perceptam de providentia Dei. Et propter hoc ethnicorum quidam, qui minus illecebris ac voluptatibus servierunt, et non in tantum superstitione idolorum [5]coabducti sunt, providentia ejus moti licet tenuiter, tamen conversi sunt, ut dicerent fabricatorem hujus universitatis Patrem omnium providentem, et disponentem secundum nos mundum.

CAP. XL.

Quoniam neque justitia sine bonitate constare potest, neque bonitas sine justitia. Quoniam sapiens idem et Judex. Ostensio quod Verbum Dei et justum, et bonum sit.

1. RURSUS ut [6]increpativum auferrent a Patre et judiciale, indignum id Deo putantes, et sine iracundia et bonum arbitrantes se adinvenisse Deum, alterum quidem judicare, et alterum quidem salvare dixerunt, [7]nescientes utrorumque auferentes sensum et justitiam. Si enim judicialis non et bonus sit, ad [8]donandum quidem his quibus debet, et ad exprobrandum his quibus oportet, neque justus [9]neque sapiens videbitur judex; [10]rursus bonus, si hoc

[1] The CLERM. MS. confirms this reading, cf. Joh. xvii. 3. al. *vere*.

[2] *τοῖς τῶν ἠθῶν προνοουμένοις*. 106, n. 6.

[3] CL., VOSS., FEU. *marg.*, but AR., MERC. II., EDD. *rectorem*.

[4] CLERM., but AR. *irrationabilia*.

[5] CLERM., VOSS., but AR. *abducti*.

[6] *τὸ ἐπιτιμητικόν...καὶ τὸ κριτικόν*.

[7] f. l. *nescienter*, *ἀγνῶς ἑκατέρων περιαιροῦντες νοῦν καὶ δικαιότητα*.

[8] CL., VOSS., FEU. *marg.*, but AR., MERC. II. *addo nondum*. al. *ad dandum*.

[9] The CL. has *nequam*, possibly from *neque quidem*, *οὐδὲ μήν*.

[10] *πάλιν ἀγαθὸς, εἰ τοῦτο μόνον ἂν ᾖ ἀγαθός*.

LIB. III. xl. 1. GR. III. xlii. MASS. III. xxv. 2.

tantum sit, bonus, non et probator in quos immittat bonitatem, extra justitiam erit et bonitatem, et infirma bonitas ejus videbitur, M. 224. non omnes salvans, si non cum judicio fiat.

2. [1] Marcion igitur ipse dividens Deum in duo, alterum qui- G. 268. dem bonum, et alterum judicialem dicens, ex utrisque interimit

[1] *Μαρκίων δὲ ὁ Ποντικός...ἐπὶ τὸ ἀναιδέστερον ὁρμήσας, δύο ἀρχὰς τοῦ πάντος ὑπέθετο, ἀγαθόν τινὰ λέγων, καὶ τὸν ἕτερον πονηρόν.* HIPPOLYT. VII. 29. HIPPOLYTUS professes to trace the Marcionite theory back to its remote origin in EMPEDOCLES: *ἡ μὲν οὖν πρώτη καὶ καθαρωτάτη Μαρκίωνος αἵρεσις, ἐξ ἀγαθοῦ καὶ κακοῦ τὴν σύστασιν ἔχουσα, Ἐμπεδοκλέους ἡμῖν εἶναι πεφανέρωται.* The introduction of a *mean* between the two antagonising principles he ascribes to one Prepon an Assyrian. *Ἐπεὶ δὲ, ἐν τοῖς καθ' ἡμᾶς χρόνοις, νῦν κενώτερόν τι ἐπεχείρησε Μαρκίων, νῆστίς* (*ita* MILLER. *l.* Μαρκιωνίστης) *τις Πρέπων Ἀσσύριος πρὸς Ἀρδησιάνην τὸν Ἀρμένιον ἐγγράφως ποιήσασθαι λόγους περὶ τῆς αἱρέσεως, οὐδὲ τοῦτο σιωπήσομαι. Τρίτην φάσκων δίκαιον εἶναι ἀρχὴν καὶ μέσην ἀγαθοῦ καὶ κακοῦ τεταγμένην. κ.τ.λ.* *Ph.* VII. 31. The reader will observe that HIPPOLYTUS is not quite consistent with himself, for he gives a slightly varied account in a subsequent book. See I. 216, n. 2. The present statement seems the most like the truth, that *τὸ δίκαιον* was a subsequent intercalation between the principles of good and evil. TERTULLIAN also slightly varies his account; for MARCION asserted not only the existence of two eternal intelligent principles, but also the eternity of matter, and this involved as well the eternity of space; hence in one place we find the statement, Lib. I. c. *Marc.* c. 6, *Marcionem dispares deos constituere, alterum, judicem ferum bellipotentem, alterum, mitem placidum et tantummodo bonum atque optimum;* again, *Duos Ponticus deos affert, tamquam duas symplegadas naufragii sui;* ibid. 2; and in another these eternal principles are extended by inference to nine, *in superioribus tres substantias divinitatis* (viz. the God respectively of *Christians*, of the *Jews*, and of the *Gentiles*), *in inferioribus quatuor*, (the *Demiurge*, *matter*, *space*, and *evil*), which with the addition of the *Christ* that had already appeared, and of the *Christ* still promised by the Creator, make the number; and he adds, *manifestam jam fraudem Marcion patitur ab eis, qui duos illum deos inferre præsumunt, cum novem assignet licet nesciens. adv. Marc.* I. 15. It does not appear, however, that MARCION himself said any thing about more than two principles of intelligent substance, though Rhodon, EUS. *H. E.* V. 13, referred to his follower Syneros, as HIPPOLYTUS did to Prepon, the assertion of three, *ἕτεροι δὲ, καθὼς καὶ αὐτὸς ὁ ναύτης Μαρκίων, δύο ἀρχὰς εἰσηγοῦνται· ἄλλοι δὲ πάλιν αὐτῶν ἐπὶ τὸ χεῖρον ἐξοκείλαντες, οὐ μόνον δύο, ἀλλὰ καὶ τρεῖς ὑποτίθενται φύσεις· ὧν ἐστὶν ἀρχηγὸς καὶ προστάτης Συνέρως, καθὼς οἱ τὸ διδασκάλιον αὐτοῦ προβαλλόμενοι λέγουσιν.* Hence the Marcionite Megethius, in the Dialogue ascribed to ORIGEN, as quoted by GRABE, says: *Ἐγώ φημι εἶναι τρεῖς ἀρχὰς, Θεὸν τὸν πατέρα τοῦ Χριστοῦ ἀγαθὸν, καὶ ἄλλον τὸν δημιουργὸν, καὶ ἕτερον τὸν πονηρόν*, p. 3. And p. 4, *ἡ ἀγαθὴ ἀρχὴ τῶν Χριστιανῶν ἄρχει· ἡ δὲ δημιουργικὴ τῶν Ἰουδαίων· ἡ δὲ πονηρὰ τῶν Ἐθνικῶν.* With the addition of *matter* THEODORET counts four Marcionite principles: *τέτταρας γὰρ ἀγεννήτους οὐσίας τῷ λόγῳ διέπλασε, καὶ τὸν μὲν ἐκάλεσεν ἀγαθόν τε καὶ ἄγνωστον, ὃν καὶ πατέρα προσηγόρευσε τοῦ Κυρίου· τὸν δὲ δημιουργόν τε καὶ δίκαιον, ὃν καὶ πονηρὸν ὠνόμαζε· καὶ πρὸς τούτοις τὴν ὕλην κακήν τε οὖσαν, καὶ ὑπ' ἄλλῳ κακῷ τελοῦσαν. Hær. Fab.* I. 24. *q.d.* the *Good*, the *Just* or *Severe*, the *Evil*, and *Matter*.

Deum. Hic enim qui judicialis, si non et bonus sit, non est Deus, [1]quia Deus non est, cui bonitas desit: et ille rursus qui bonus, si non et judicialis, idem quod hic patietur, ut auferatur ei ne sit Deus. Quemadmodum autem et sapientem dicunt Patrem omnium, si non et judiciale ei assignent? Si enim sapiens, et probator est; probatori autem subest judiciale, judiciale autem assequitur justitia, ut juste probet; justitia provocat judicium: judicium autem, cum fit cum justitia, transmittet ad sapientiam. Sapientia igitur præcellet Pater super omnem humanam et angelicam sapientiam, quoniam Dominus, et judex, et justus, et dominator super omnes. Est enim et bonus, et misericors, et patiens, et salvat quos oportet: neque bonum ei deficit [2]juste effectum, neque sapientia deminoratur: salvat enim quos debet salvare, et judicat dignos judicio: neque justum immite ostenditur, præeunte scilicet et præcedente bonitate.

LIB. III. xl. 2. GR. III. xliii. MASS. III. xxv. 3.

3. Qui igitur solem suum oriri facit omnibus benigne Deus, et pluit super justos et injustos, judicabit eos, qui ex æquo benignitatem ejus percipientes, non [3]similiter secundum dignationem munerationis ejus conversati sunt; sed in deliciis et luxuriis versati sunt adversus benevolentiam ejus, adhuc et blasphemantes eum, qui tanta beneficia in eos fecerit. Matt. v. 45.

CAP. XLI.

Quemadmodum religiosior Plato quam hæretici ostendatur.

G. 269. Quibus religiosior Plato ostenditur, qui eundem Deum et justum et bonum confessus est, habentem potestatem omnium,

Ὁ μὲν δὴ Θεὸς, ὥσπερ καὶ ὁ παλαιὸς λόγος, ἀρχήν τε καὶ τελευτὴν καὶ μέσα τῶν ὄντων ἁπάντων ἔχων, [4]εὐθεῖαν Plato de Leg. IV.

ipsum facientem judicium, sic dicens: [5]*Et Deus quidem, quemadmodum et vetus sermo est, initium, et finem, et medietates omnium*

[1] So Origen says: οἱ δὲ ἕτερον θεὸν φάσκοντες παρὰ τὸν δημιουργὸν, δίκαιον μὲν αὐτὸν θέλουσι, καὶ οὐκ ἀγαθὸν, σφόδρα ἰδιωτικῶς ἅμα καὶ ἀσεβῶς ἐνεχθέντες, ἐν τῷ χωρίζειν δικαιοσύνην ἀγαθότητος, καὶ ἀγαθότητα δίχα δικαιοσύνης. *in Ex.* i. 17.

[2] οὐδὲ τἀγαθὸν λείπει αὐτῷ δικαίως γενόμενον. Ar. however has *justi effectu*, *qu.* τῇ τοῦ δικαίου ἐνεργείᾳ.

[3] ὁμοίως, *correspondingly.*

[4] εὐθεῖαν (γνώμην sc.). Stieren's interpretation can hardly stand, Ficinus *reddit* recta peragit, *ego forsan melius dixerim*, recta pergit.

[5] The Orphic fragment quoted by Proclus expresses a similar theology. Ζεὺς

LIB. III. xli. GR. III. xlv MASS. III. xxv. 5.

In Timæo, Tom. III. p. 29.

περαίνει, κατὰ φύσιν περιπορευόμενος· τῷ δὲ ἀεὶ ξυνέπεται δίκη τῶν ἀπολειπομένων τοῦ θείου νόμου τιμωρός. . . . . . [1] ἀγαθῷ δὲ οὐδεὶς περὶ οὐδενὸς οὐδέποτε ἐγγίγνεται φθόνος.

quæ sunt habens, recte perficit, secundum naturam circumiens: hunc autem semper consequitur justitia ultrix in eos, qui deficiunt a lege divina. Et iterum factorem et fabricatorem hujus universitatis bonum ostendit. *Bono autem*, inquit, *nulla unquam de quoquam nascitur invidia:* hoc initium et causam fabricationis mundi constituens bonitatem Dei; sed non ignorantiam, nec Æonem qui erravit, [2] nec labis fructum, nec matrem plorantem et lamentantem, nec alterum Deum vel Patrem.

CAP. XLII.

Quemadmodum secundum suam regulam qui a Valentino sunt extra veritatem ostendantur.

Dan. xiii. 55 et 59, Apocr.

1. Juste autem eos mater planget, talium excogitatores et adinventores: digna enim [3] commentiti sunt in capita sua, quoniam mater ipsorum extra Plenitudinem est, id est, extra Dei agnitionem, et [4] collectio eorum abortio facta est informis et sine specie:

πρῶτος γένετο, Ζεὺς ὕστατος ἀργικέραυνος, Ζεὺς κεφαλὴ, Ζεὺς μέσσα, Διὸς δ' ἐκ πάντα τέτυκται. The old patriarchal faith, expressed by Jethro, Job, Balaam, may have become known to the more spiritual intellects of Greece, and have been received in a purely traditional manner by PLATO. See Pref. Remarks.

[1] *Locus est in Timæo, ubi expresse ait, quod* ὁ δημιουργὸς ἀγαθὸς, *mundi opifex bonus sit, quodque contrarium dictu nefas existat,* μηδ' εἰπεῖν τινι θέμις. *Et alia, habet, quibus et ista ab Irenæo allegata continentur:* λέγομεν δὴ, δι' ἥν αἰτίαν γένεσιν, καὶ τὸ πᾶν τόδε ὁ ξυνιστὰς ξυνέστησεν· ἀγαθὸς ἦν, ἀγαθῷ δὲ οὐδεὶς περὶ οὐδενὸς οὐδέποτε ἐγγίγνεται φθόνος· τούτου δ' ἐκτὸς ὢν, πάντα ὅτι μάλιστα ἐβουλήθη γενέσθαι παραπλήσια αὐτῷ. Ταύτην δὲ γενέσεως κόσμου μάλιστ' ἄν τις ἀρχὴν κυριωτάτην παρ' ἀνδρῶν φρονίμων ἀποδεχόμενος, ὀρθότατα ἀποδέχοιτ' ἄν. *Timæ.* p. 29. Compare also other passages from the writings of PLATO, quoted by GRABE in his note.

[2] CL. *nec de labiis*, al. *de his.*

[3] *commentati et.* These two words were first inserted in the text by FEUARDENT, but they are not found in the CLERM. or AR. copies; the VOSS. MS. has *commentati* alone; the MERC. II. MSS. *commenti.* The play of sound subsisting only in the Latin, and vanishing in the Greek, marks them o be spurious.

[4] *collectio*, rendered by GRABE as σύστασις, but he omits to define the sense that he attaches to the word. It is more probably the translation of ἐνθύμημα, which in rhetoric means an *imperfect syllogism*, see QUINTIL. V. 14, 16, and *collectio* is also a *syllogism. Collectionem* quæ apud illum est συλλογισμὸς, inter figuras sententiarum enumerat. *Rutil. in* QUINTIL. IX. 2. Cf. also SENEC. *Ep.* XLVIII. CL. *factus est.*

nihil enim de veritate apprehendit; in vacuum et in umbram decidit; vacua enim [1]doctrina ipsorum et intenebrata: et Horus eam non permisit [1]introire in Pleroma; non enim recepit eos [2]Spiritus in refrigerium. Pater enim ipsorum ignorantiam generans, mortis
G. 270. [3]passiones in eis operatus est. Hæc non nos diffamamus, sed ipsi confirmant, ipsi docent, gloriantur in ipsis, [4]altum sentiunt de matre, quam sine patre dicunt genitam, hoc est sine Deo, [5]fœminam a fœmina, quod est ex errantia corruptelam.

2. Nos autem precamur non perseverare eos in fovea, quam ipsi foderunt, sed segregari ab hujusmodi matre, et exire a Bytho, et absistere a vacuo, et umbram derelinquere: et legitime eos generari conversos ad Ecclesiam Dei, et formari Christum in eis, et cognoscere eos fabricatorem et factorem hujus universitatis, solum verum Deum et Dominum omnium. Hæc precamur de illis, [6]utilius eos diligentes, quam ipsi semetipsos putant diligere. Quæ enim est a nobis dilectio, cum sit vera, salutaris est eis si quidem eam recipiant. Est enim austero medicamini similis, absumens [7]improbiorem ac superfluam vulneris carnem: elationem enim illorum et inflationem evacuat. Quapropter tentantes [8]omni virtute manum porrigere eis, non tædebit nos. [9]Prorogavimus autem super hæc quæ dicta sunt, in sequenti libro Domini sermones inferre, si quos ex his per ipsam Christi doctrinam convincentes, suadere possimus cessare ab ejusmodi errore, et absistere ab ea blasphemia, quæ est in fabricatorem ipsorum, qui et solus est Deus, et Pater Domini nostri Jesu Christi. Amen.

[1] *doctrina*, Σοφία, cf. *Horus eam non permisit*, and I. 33. II. iii. vii. AR. *interiore*.

[2] *Spiritus*, a name given to *Achamoth*, I. 33, 46.

[3] CL., VOSS., VET., τὰ τοῦ θανάτου πάθη, AR. *et regenerans,... passionem*.

[4] *altum*. Cf. I. 4, n. 4. II. 276. I.

[5] *fœminam a fœmina*, cf. I. 163. I.

[6] CL. *ut illius*, χρηστότερον αὐτοὺς φιλοῦντες ἢ ἑαυτοὺς δοκοῦσι φιλεῖν.

[7] *improbiorem*. This word was restored to the text from the AR. by GR., but rejected by MASSUET for *impropriorem*, which can make no sense, and the MS. authority for the word is insufficient. *Improbus* is used in Latin of that which is excessive and redundant; so PLIN. XIV. I. *Vites improbo reptatu pampinorumque superfluitate atria media complentes*. Here it is used in the pathological sense of *proud flesh*. AR. *carnis*.

[8] παντοδυναμῶς.

[9] CLERM. *prorogabimus*. AR. *prærogavimus*.

ARGUMENTA CAPITUM

LIBRI QUARTI

CONTRA HÆRESES.

SANCTI IRENÆI
CONTRA HÆRESES.

LIBER IV.

PRÆFATIO.

1. Hunc quartum librum, dilectissime, transmittens tibi G. 274.
operis quod est de [1]detectione et eversione falsæ cognitionis, M. 227.
quemadmodum promisimus, per Domini sermones ea quæ prædiximus [2]confirmabimus, uti et tu, sicut postulasti, undique a nobis accipias occasiones ad confutandos omnes hæreticos, et eos omnimodo retusos non longius sinas in erroris [3]procedere profundum, neque ignorantiæ præfocari pelago, sed convertens eos in veritatis portum, facias suam percipere salutem. Eum autem qui velit eos convertere, oportet diligenter scire regulas sive argumenta ipsorum. Nec enim possibile est alicui curare quosdam male habentes, qui ignorat [4]passionem eorum qui male valent. Quapropter hi qui ante nos fuerunt, et quidem multo nobis meliores, non tamen satis potuerunt contradicere his qui sunt a Valentino, quia ignorabant regulam ipsorum, quam nos cum omni diligentia in primo libro [5]tibi tradidimus; [6]in quo et ostendimus doctrinam eorum recapitulationem esse omnium hæreticorum. [7]Quapropter et in secundo tamquam speculum habuimus eos totius eversionis. Qui enim [8]his contradicunt secundum quod oportet, contradicunt omnibus qui sunt malæ sententiæ; et qui hos [9]evertunt, evertunt omnem hæresim.

2. Super omnes est enim blasphema regula ipsorum, quandoquidem factorem et fabricatorem, qui est unus Deus, secundum quod ostendimus, de labe sive defectione [10]eum emissum dicunt.

[1] The title indicated, Vol. I. 250, and in the Syriac Fragments at the end.

[2] *confirmabimus* is found also in the Clerm., al. *confirmavimus*.

[3] *procedere*, Clerm., Voss. φθάσαι, seems more natural than the Ar. reading *procidere*, *προπίπτειν*, the metaphor being from the ocean deep.

[4] *τὸ πάθος τῶν κακῶς ἐχόντων.*

[5] *tibi*, Cl., not in the Ar. and Voss.

[6] See I. 98, 243.

[7] See I. 369.

[8] The Clerm. omits *his;* and the Greek verb may have been used absolutely, e.g. *ἀντιλέγοντες γὰρ δεόντως*, *qui ut decet disputant.*

[9] MSS. *evertent.* Stieren by mistake *hoc.*

[10] *eum*, to be merged perhaps in the following syllable.

Blasphemant autem et in Dominum nostrum, abscindentes et divi- LIB. IV.
dentes Jesum a Christo, et Christum a Salvatore, et Salvatorem
rursum a Verbo, et Verbum ab Unigenito. Et quemadmodum
fabricatorem ex labe sive defectione emissum dicunt, sic et
Christum et Spiritum sanctum propter labem emissum docuerunt,
et Salvatorem ab his Æonibus qui [1] a labe emissi sunt, fructifi-
G. 275. cationem esse; ut nil sit apud eos sine blasphemia. In eo igitur
qui ante hunc est libro ostensa est de his omnibus sententia Apostolorum, quoniam non solum nihil tale senserunt *qui ab initio* Luc. i. 2.
[2] *speculatores et ministri fuerunt verbi* veritatis; sed et prædicave-
M. 228. runt nobis fugere hujusmodi sententias, Spiritu providentes eos qui
seducturi erant simpliciores.

3. Quemadmodum enim serpens Evam seduxit, promittens ei Gen. iii. 5.
quod non habebat ipse; sic et [3] hi prætendentes majorem agnitionem et mysteria inenarrabilia, et promittentes eam quam dicunt
intra Pleroma esse receptionem, in mortem demergunt sibi credentes, apostatas eos constituentes ab eo qui eos fecit. Et tunc
quidem apostata angelus per serpentem inobedientiam hominum Apoc. xii. 9; xx. 2.
operatus, existimavit latere se Dominum: quapropter eandem ei
formam et appellationem tribuit Deus. Nunc autem, quoniam
novissima sunt tempora, extenditur malum in homines, non solum
apostatas eos faciens, sed et blasphemos in plasmatorem instituit
multis machinationibus, id est, per omnes hæreticos qui prædicti
sunt. Hi enim omnes, quamvis ex differentibus locis egrediantur,
et differentia doceant, in idem tamen blasphemiæ concurrunt propositum, letaliter vulnerantes, docendo blasphemiam in Deum
factorem et nutritorem nostrum, et derogando salutem hominis.
Homo est autem temperatio animæ et carnis, qui secundum similitudinem Dei formatus est, et per manus ejus plasmatus est, hoc
est, per Filium et Spiritum [4] sanctum, quibus et dixit: *Faciamus* Gen. i. 26.
hominem. Hoc ergo propositum est ejus qui vitæ nostræ invidet,

[1] The entire Pleroma, in a modified degree, emanated *in Labe*. The πάθος of Sophia was aboriginal, and pervaded the entire body of Æons. See Vol. I. 14, 16, n. 5, 309, n. 4, 321, and TERT. *c. Val.* 9.

[2] speculatores et ministri. Ἐπισκόπους καὶ διακόνους *Græce Irenæum scripsisse conjectavit in margine sui Irenæi Reverendus admodum Pearsonus. Sed mihi nullum dubium est, quin ab Irenæo dicti sint* οἱ ἀπ' ἀρχῆς αὐτόπται καὶ ὑπηρέται γενόμενοι τοῦ λόγου, *ex Luc.* i. 2, *quem locum idcirco subnotare visum fuit*. GRABE. So the Syriac has ܚܙ̈ܝܐ *spectatores*.

[3] In allusion to the Ophite, I. 241.

[4] *Sanctum* is inserted from the CL. MS. Obs. again the great tenet of our faith.

LIB. IV. i. 1. GR. IV. i. MASS. IV. i. 1.

incredulos suæ salutis efficere homines, et blasphemos in plasmatorem Deum. Quæcunque enim cum gravitate summa dixerint omnes hæretici, in ultimum ad hoc deveniunt, ut blasphement fabricatorem, et contradicant saluti plasmatis Dei, quod quidem est caro: propter quam omnem dispositionem fecisse Filium Dei, multis modis ostendimus, et manifestavimus neminem alium Deum appellari a Scripturis, nisi Patrem omnium, et Filium, et [1]eos qui adoptionem habent.

CAP. I.

Ostensio quoniam Dominus unum solum Deum et Patrem cognoscebat.

1. Cum sit igitur hoc firmum et constans, neminem alterum Deum et Dominum a Spiritu prædicatum, nisi eum qui dominatur
Ps. lxxxi. 6. omnium Deus, cum Verbo suo, et [1]eos qui adoptionis Spiritum accipiunt, hoc est, eos qui credunt in unum et verum Deum, et Christum Jesum Filium Dei; similiter et Apostolos neminem alium a semetipsis Deum appellasse, aut Dominum cognominasse; multo autem magis Dominum nostrum, qui et nobis præcepit
Matt. xxiii. 9. neminem Patrem confiteri, nisi eum qui est in cœlis, qui est unus Deus, et unus Pater: manifeste falsa ostenduntur ea quæ dicunt circumventores et perversissimi sophistæ, dicentes naturaliter et Deum et Patrem esse, quem ipsi adinvenerunt; Demiurgum vero naturaliter neque Deum, neque Patrem esse, sed verbo tenus dici, eo quod dominetur [2]conditionis, sicut dicunt perversi [3]grammatici, [4]excogitantes in Deum: et doctrinam quidem Christi prætermit- G. 276.
tentes, et a semetipsis autem falsa divinantes, adversus universam Dei dispositionem argumentantur. Etenim Æonas suos, et deos [5]et patres et dominos, adhuc etiam et cœlos vocari dicunt, cum Matre sua, quam et [6]terram et Hierusalem appellant, multisque aliis vocabulis eam cognominantes.

2. Cui autem non sit manifestum, quoniam si Dominus multos patres scisset et deos, non præcepisset discipulis suis unum scire Deum, et hunc eundem solum vocare Patrem? Sed potius dis-
Joh. x. 35. tinxit eos qui sunt verbo tenus dii, ab eo qui sit vere Deus, ut

[1] See p. 21, n. 5.

[2] *conditionis*, Cl., Voss. ὅτι κρατεῖ τῆς κτίσεως, al. *conditioni*. Cf. 141, n. 2.

[3] *grammatici*, Mythologians, *Pandoræ perversissimi sophistæ*, 147.

[4] ἐπινοοῦντες κατὰ τὸν Θεόν.

[5] Cl. omits *et*.

[6] *terram*, I. 46, and 368, n. 2.

non errent secundum doctrinam ejus, neque alterum pro altero audiant. Si autem nobis quidem præcepit unum vocare Patrem et Deum, ipse autem interdum alteros confitetur patres et deos eodem modo, alia quidem præcipiens videbitur discipulis, alia vero ipse faciens. Non est autem hoc magistri boni, sed seductoris et invidi. Et Apostoli autem secundum eos transgressores ostenduntur præcepti, Demiurgum Deum et Dominum et Patrem confitentes, quemadmodum ostendimus, si non hic solus est Deus et Pater. Jesus ergo transgressionis auctor et magister erit eis, qui præcepit unum vocari Patrem, imponens eis necessitatem Demiurgum confiteri suum Patrem, quemadmodum ostensum est.

LIB. IV. i. 2. GR. IV. i. MASS. IV. i. 2.

CAP. II.

Quæstio de eo quid sit, confiteor tibi Pater Domine cœli et terræ.

M. 229. Moyses igitur recapitulationem universæ legis, quam acceperat a Demiurgo, in Deuteronomio faciens, sic ait: *Attende cœlum, et loquar: et audiat terra verba ex ore meo.* Rursum David adjutorium suum dicens a Domino fieri: *Adjutorium*, inquit, *meum a Domino, qui fecit cœlum et terram.* Et Esaias confitetur a [1]Deo, qui fecit cœlum et terram et [2]dominatur eorum, fieri sermones: *Audi*, inquit, *cœlum, et auribus percipe terra, quoniam Dominus locutus est.* Et iterum: *Sic ait Dominus Deus qui fecit cœlum, et affixit illud; qui confirmavit terram, et quæ in ea sunt: et qui dat afflatum populo, qui est super eam, et spiritum his qui calcant illam.* Rursum Dominus noster Jesus Christus eundem hunc Patrem suum confitetur, in eo quod dicit: *Confiteor tibi Pater, Domine cœli et terræ.* Quem Patrem volunt nos audire hi, qui sunt Pandoræ perversissimi sophistæ? Utrumne Bythum, quem a semetipsis finxerunt; an Matrem eorum; an Unigenitum? An quem Marcionitæ, vel cæteri adinvenerunt Deum? (quem quidem non esse Deum, per multa demonstravimus) an, quod est verum, fabricatorem cœli et terræ? quem et prophetæ prædicaverunt, quem et Christus suum Patrem confitetur, quem et lex annuntiat, dicens: *Audi Israel! Dominus Deus* [3]*tuus* [4]*Deus unus est.*

Deut. xxxii. 1. Ps. cxxiii. 8. Esai. i. 2. Esai. xlii. 5. Matt. xi. 25, et Luc. x. 21. Deut. vi. 4.

[1] Clerm., Ar., Voss. *Deo.* Gr. *Domino.*

[2] *dominatur eorum*, cf. 146, n. 2.

[3] LXX. ἡμῶν.

[4] *Deus* added by Grabe from the Ar. MS.

LIB. IV. iii. 1.
GR. IV. iii.
MASS. IV. ii. 3.

CAP. III.

Ostensio quod per Moysem legisdatio sermones sint Christi. Expositio parabolæ Divitis et pauperis Lazari.

1. Quoniam autem Moysi literæ verba sint Christi, ipse ait ad G. 277.
Judæos, quemadmodum Johannes in Evangelio commemoratus est: *Si credidissetis Moysi, credidissetis et mihi: de me enim ille scripsit. Si autem illius literis non creditis,* [1] *neque meis sermonibus credetis.* Manifestissime significans Moysi literas suos esse sermones. Ergo si Moysi, et reliquorum sine dubio prophetarum sermones ipsius sunt, quemadmodum demonstravimus. Et iterum ipse Dominus ostendit Abraham dixisse diviti de his omnibus, qui adhuc erant in vita: *Si Moysi et prophetis non obediunt, nec si quis a mortuis resurgens ad illos eat,* [2]*credent ei.*

Joh. v. 46, 47.
Luc. xvi. 31.

2. Non autem fabulam retulit nobis pauperis et divitis; sed primum quidem docuit neminem oportere deliciis uti, neque in secularibus oblectamentis et multis epulis degentes, servire suis voluptatibus, et oblivisci Deum. *Erat enim,* inquit, *dives, qui vestiebatur purpuram et byssum, et* [3] *delectabatur epulis splendidis.* De talibus autem et per Esaiam dixit Spiritus: *Cum citharis, et tympanis, et psalteriis, et tibiis vinum bibunt: opera autem Dei non intuentur, et opera manuum ejus non considerant.* Ne ergo in eandem pœnam cum his veniamus, finem eorum ostendit Dominus; simul significans, quod obedientes Moysi et prophetis crederent in eum quem ipsi prædicassent Dei Filium, qui resurrexit a mortuis, et vitam nobis donat, et demonstrat ex una substantia esse [4]omnia, id est Abraham, et Moysem, et prophetas, etiam ipsum Dominum qui resurrexit a mortuis, in quem credunt et multi qui sunt ex circumcisione, qui et Moysem et prophetas audiunt prædicantes adventum Filii Dei. Qui autem [5]spernunt, ab altera substantia eos esse dicunt, neque primogenitum mortuorum sciunt; separatim Christum intelligentes, tamquam impassibilem perseve-

Luc. xvi. 19.
Esai. v. 12.
Colos. i. 18.

[1] Gr. πῶς τοῖς ἐμοῖς ῥήμασι πιστεύσετε;

[2] *credent ei.* So Syr. ܘܠܐ ܡܗܝܡܢܝܢ ܠܗ.

[3] Gr. εὐφραινόμενος καθ' ἡμέραν λαμπρῶς.

[4] ἐκ μιᾶς οὐσίας εἶναι πάντα l. (πάντας).

[5] *spernunt, ab,* Cl., Voss. The Ar. MS. has *dispernunt, et ab.*

rantem, et separatim eum qui passus est Jesum. Non enim a Patre accipiunt cognoscere Filium, nec a Filio discunt Patrem, manifeste et sine parabolis [1] eum Deum, qui est vere, docente. LIB. IV. iii. 2. GR IV. v. MASS. IV. ii. 5.

CAP. IV.

Ostensio quoniam cœlum quidem et terra transient, Dominus autem qui fecit ea, manet in æternum: et ipse Pater est Domini nostra.

G. 278. 1. *Ne*, inquit, *juraveritis in totum, neque in cœlum, quoniam thronus est Dei: neque in terram, quoniam scabellum est pedum ejus: neque per Hierusalem, quoniam civitas est magni regis.* (Matt. v. 34, 35.) Hæc enim in fabricatorem manifeste dicta sunt, quemadmodum et Esaias ait: *Cœlum mihi sedes est,* [2] *terra suppedaneum pedum meorum.* (Esai. lxvi. 1.) Et præter hunc alius non est Deus; cæterum a Domino neque Deus, neque magnus rex diceretur: hujusmodi enim nec comparationem, nec ullam recipit superlationem. Qui enim super se habet aliquem superiorem, et sub alterius potestate est, hic neque Deus neque magnus rex dici potest. Sed nec per ironiam quidem hæc dicta esse, poterunt dicere, cum convincantur [3] ab ipsis dictis, quoniam in veritate dicta sunt. Etenim veritas erat ipse qui loquebatur, et vere vindicabat suam domum, projiciens ex ea nummularios, qui et emebant et vendebant, dicens eis: *Scriptum est, Domus mea domus orationis vocabitur; vos autem fecistis eam speluncam latronum.* (Matt. xxi. 13.) Et quam causam habuit hoc facere et dicere, et domum suam vindicare, si alterum Deum annuntiabat? sed ut ostenderet transgressores paternæ Legis; neque enim domum incusabat, neque legem reprehendebat, quam (Matt. v. 17.)
M. 230. venerat adimplere; sed eos qui non bene utebantur domo, et eos qui legem transgrediebantur, arguebat. Et ideo Scribæ et Pharisæi, qui cœperant a temporibus legis contemnere Deum, nec Verbum ejus receperunt, id est, non crediderunt Christo, de quibus Esaias ait: *Principes tui* [4] *indicto-audientes sunt, socii furum,* (Esai. i. 23.)

[1] τὸν ἀληθῶς ὄντα Θεόν.

[2] Terra. *Vox autem, unico ā abbreviata, occasione ejusdem literæ præcedentis excidisse videtur.* GRABE. Or, since the Vatican text reads καὶ ἡ, and not ἡ δὲ, *et* was very probably merged in *est*.

[3] CL. omits *ab i. d. quoniam.*

[4] The Hebrew is סוֹרְרִים, LXX. ἀπειθοῦντες. The translator in other passages has *indicto-audientes* for *inobedientes*, and 348, l. 3, G. *indicto-audientiam* for *inobedientiam*. See 319, G. and 384, G.; *dicto-audientia* also, for *obedientia*, occurs in the same page, G.

LIB. IV. iv. 1. GR. IV. v. MASS. IV. ii. 6.

diligentes munera, sectantes retributionem, pupillis non judicantes, et judicium viduarum non attendentes. Et Hieremias autem similiter: *Qui præsunt*, inquit, *populo meo, me nesciebant: filii insensati et*
Jer. iv. 22. *imprudentes sunt, sapientes sunt in malefaciendo, bene autem facere non cognoverunt.*

2. Quotquot autem timebant Deum, et solliciti erant circa legem ejus, ipsi accucurrerunt Christo, et salvati sunt omnes: *Ite,*
Matt. x. 6. enim inquit discipulis, *ad oves quæ perierunt domus Israel.* Et Samaritæ autem, inquit, cum mansisset Dominus apud eos biduo,
Joh. iv. 41, 42. *multo plures crediderunt propter sermones ejus, et mulieri dicebant, Jam non propter tuam loquelam credimus: ipsi* [1] *enim audivimus, et scimus quoniam hic est vere Salvator mundi.* Et Paulus autem
Rom. xi. 26. Gal iii. 24. ait: *Et sic omnis Israel salvabitur.* Sed et legem pædagogum nostrum in [2] Christum Jesum dixit. Non ergo quorundam infidelitatem legi adscribant: non enim lex prohibebat eos credere in
Num. xxi. 8. Filium Dei, sed et adhortabatur, dicens, [3] non aliter salvari homines ab antiqua serpentis plaga, nisi credant in eum, qui secundum
Joh. xii. 32. Joh. iii. 14. similitudinem carnis peccati in ligno martyrii exaltatur a terra, et [4] omnia trahit ad se, et vivificat mortuos.

3. Quoniam malignantes dicunt: si enim cœlum thronus Dei G. 279.
est, et terra suppedaneum ejus, dictum est autem præterire cœlum
Luc. xxi. 33. et terram, hisque prætereuntibus [5] oportere etiam hunc Deum, qui super sedeat, præterire; et ideo non hunc esse Deum qui sit super omnia; primo quidem nesciunt quid sit cœlum thronus, et terra suppedaneum. Nec enim sciunt quid sit Deus, sed putant [6] eum more hominis sedere, et contineri, non autem conti-

[1] GRABE inserts *enim* from the VOSS. MS., but it is also found in the CLERM.: the Gr. T. and Syr. confirm it.

[2] *Christum* is placed first as in the CLERMONT copy; possibly *Jesum* was a subsequent addition.

[3] Non aliter salvari. *Augustinus pro assertione peccati originalis adversus Julianum Pelagianum decertans, inter undecim Patrum antiquiorum sententias, quas Pelagianis opponit, hujus loci ita meminit Lib.* I. *cap.* 2. Irenæus Lugdunensis Episcopus, non longe a temporibus Apostolorum fuit. Iste ait, non aliter salvari homines ab antiqua serpentis plaga, nisi credant in eum, qui secundum similitudinem carnis peccati in ligno martyrii exaltatus a terra, et omnia traxit ad se, et vivificavit mortuos. FEUARD. The last words *et vivificat mortuos*, are omitted in the CLERM. MS.

[4] Omnia trahit ad se. *Ex hoc loco* [*et p.* 88,] *colligo, Irenæum, non πάντας, sed πάντα legisse, quomodo et alii Patres ac Codices MSS. habent.* GRABE. The Syriac seems to have read *πάντα*, but renders it as the masc. sing. ܠܟܠܢܫ *unumquemque.*

[5] *oportere*, CL., AR. and VOSS. MSS. EDD. earlier than GRABE, *oportet.*

[6] *eum.* This word is omitted in the CLERM. MS.

nere. Sed et præteritionem cœli et terræ ignorant; Paulus autem non ignoravit, dicens: [1]*Præterit enim figura hujus mundi.* Deinde quæstionem ipsorum solvit David. Figura enim hujus mundi prætereunte, non solum Deum ait perseverare, sed et servos ejus, in centesimo primo psalmo dicens ita: *Initio terram tu fundasti Domine, et opera manuum tuarum sunt cœli. Ipsi peribunt; tu autem perseverabis, et omnes sicut vestimentum veterascent, et sicut cooperimentum* [2]*mutabis eos, et mutabuntur. Tu autem idem*[3] *es, et anni tui non deficient. Filii servorum tuorum inhabitabunt, et semen eorum in æternum dirigetur;* manifeste ostendens quæ sint quæ prætereunt, et quis est qui semper perseverat, Deus cum servis suis. Et Esaias autem similiter: *Allevate,* inquit, *oculos vestros in cœlum, et attendite in terram deorsum, quoniam cœlum sicut fumus* [4]*confirmatum est, terra autem sicut vestimentum veterascet: qui autem inhabitant in eis, quemadmodum hæc, morientur. Salutare autem meum in æternum erit, justitia autem mea non deficiet.*

LIB. IV. iv. 3. GR. IV. vi. MASS. IV. iii.

1 Cor. vii. 31.

Ps. ci. 25, 26, 27, 28.

Esai. li. 6.

CAP. V.

Quare derelicta est Hierosolyma.

M. 231. G. 280.

ADHUC et de Hierusalem, et de Domino audent dicere, quoniam si esset *magni Regis civitas,* non derelinqueretur. Simile autem est, si quis diceret, quoniam si esset stipula conditio Dei, nunquam a frumento derelinqueretur: et sarmenta vineæ, si a Deo facta essent, nunquam a botris destituta abscinderentur. Quemadmodum autem hæc non propter se principaliter facta sunt, sed propter crescentem in eis fructum, quo maturo facto et ablato, derelinquuntur, et e medio auferuntur [5]quæ jam non sunt utilia ad fructificationem: sic et Hierosolyma, quæ jugum in se servitutis

Matt. v. 35, ex Ps. xlvii. 3.

[1] CLERM. *præteriet.*

[2] mutabis. *Irenæus forte legit* ἀλλάξεις, *non* ἑλίξεις, *uti nostra,* τῶν ό, *exemplaria habent.* GRABE. The translator, however, expresses with truth the original תַּחֲלִיפֵם, which THEODORET also follows closely: ἀλλάξεις αὐτοὺς καὶ ἀλλαγήσονται. There can be little doubt but that the LXX. also rendered the Hebrew in the same way, although we now read ἑλίξεις.

[3] *ipse,* here inserted in all the editions, is not read in the CLERM. or AR. MSS.; the Vulgate has supplied it.

[4] *confirmatum est,* LXX. ἐστερεώθη, as the translation of נִמְלָחוּ. AQ. ἠλοήθησαν, *beaten small as the dust of the threshing-floor.* SYM. ἀλίσουσι. The Rabbinical authorities, more correctly, as KIMCHI, ענין השחתה, *in the sense of destruction,* and JARCHI, נמלחו נתבלו כמו בליי הסחבות והמלחים בגד הנשחת the reference being to Jer. xxxviii. 11.

[5] CL. *qui,* indicating *quia.*

LIB. IV. v. GR. IV. vii. MASS. IV. iv. 1.

portaverat, in quo domitus est homo, qui antea non subjiciebatur Deo cum mors regnabat, et domitus habilis factus est ad libertatem, adveniente fructu libertatis, et aucto et demesso et in horreum recepto, et [1]apportatis ab ea his qui fructificare possunt, et in omni

Theodoret. Dial Ἀσύγχυτος. Ed. Schultz. IV. p. 129.

Καθὼς Ἡσαΐας φησί· τέκνα Ἰακὼβ βλαστήσει, καὶ ἐξανθήσει Ἰσραὴλ, καὶ πλησθήσεται ἡ οἰκουμένη τοῦ καρποῦ αὐτοῦ. Εἰς ὅλην οὖν τὴν οἰκουμένην τοῦ καρποῦ αὐτοῦ διασπαρέντος, εἰκότως ἐγκατελείφθη, καὶ ἐκ μέσου ἐγένετο τὰ ποτὲ μὲν καρποφορήσαντα καλῶς· ἐξ αὐτῶν γὰρ τὸ κατὰ σάρκα ὁ Χριστὸς ἐκαρποφορήθη, καὶ οἱ ἀπόστολοι· νῦν δὲ μηκέτι εὔθετα ὑπάρχοντα πρὸς καρποφορίαν.

Esai. xxvii. 6. mundo disseminatis. Quemadmodum Esaias ait: *Filii Jacob germinabunt, et [2]floriet Israel, et fructu ejus adimplebitur universa terra.* In universa enim terra fructu disseminato, merito derelicta est, et de medio ablata est, quæ aliquando quidem fructificaverat

Rom ix. 5. bene: ex ipsa enim secundum carnem Christus fructificatus est, et Apostoli; nunc autem jam utilis non est ad fructificationem. [3]Quæcunque enim temporale initium habent, necesse est ea et finem habere temporalem.

CAP. VI.

Ostensio quod temporalis lex data sit: Quæ causa est quod cælum et terra transient.

[4]QUONIAM igitur a Moyse lex inchoavit, consequenter in Johannem desivit, [5]ad impletionem ejus advenerat Christus: et

Luc. xvi. 16. propter hoc *Lex et Prophetæ* apud eos *usque ad Johannem.* Et Hierusalem itaque [6]inchoans a David, et adimplens tempora sua, legisdationis finem oportuit habere, manifestato novo Testamento;

[1] καὶ ἐπιφερομένων ἐξ αὐτῆς (Hierosol. sc.) τῶν καρποφορεῖν δυναμένων. The construction then follows τέκνα in the Greek, and *Hierosolyma* in the Latin.

[2] CL., VOSS. *floriet*, MERC. II. *floret.*

[3] So Plato extended even to subordinate deities the principle, that generated substance is subject to dissolution. *Timæus*, p. 41.

[4] *Vid. Bull. Def. Fi. Nic.* 129. GR.

[5] GRABE supplies *ubi* or *postquam.* The best medium for reading doubtful passages is through the Greek: Ὅτι δὴ ἀπὸ Μωϋσέως ὁ νόμος ἤρχετο, ἀκολουθῶς εἰς Ἰωάννην ἐτελεύτησεν, ἐπεὶ πλήρωμα αὐτοῦ εἰσεληλύθει ὁ Χριστός. Tr. ἐπί.

[6] inchoans a David. *Primus David Jebusæis expulsis hanc urbem Hieroso-*

Ἅπαντα μέτρῳ καὶ τάξει ὁ Θεὸς ποιεῖ, καὶ οὐδὲν ἄμετρον παρ' αὐτῷ, ὅτι μηδὲν ἀναρίθμητον. LIB. IV. vi. GR. IV. viii. MASS. IV. xii. 2.

E Joh. Damasc. Parallelis.

omnia enim mensura et ordine Deus facit, et nihil non mensum Sap. xi. 22.
G. 281. apud eum, quoniam nec incompositum. Et bene, qui dixit ipsum immensum Patrem in Filio mensuratum: mensura enim Patris Filius, quoniam et capit eum. Quoniam autem temporalis erat illorum administratio, Esaias ait; *Derelinquetur filia Sion sicut* Esai. i. 8.
casa in vinea, et velut [1]*custodiarium in cucumerario.* Quando autem hæc derelinquentur? Nonne cum fructus aufertur, et derelinquentur folia sola quæ jam fructificare non possunt? Et quid de Hierusalem dicimus, quandoquidem et figuram mundi universi 1 Cor. vii. 31.
oporteat præterire, adveniente tempore præteritionis ipsius, ut fructus quidem in horreum colligatur, paleæ autem derelictæ comburantur? *Dies enim Domini quasi clibanus ardens, et erunt* Mal. iv. 1.
stipula omnes [2]*peccatores, qui faciunt injusta, et comburet eos dies veniens.*

CAP. VII.

Ostensio quoniam Christus est, qui superinducit diem velut clibanum ardentem.

Quis est autem hic Dominus, qui talem importat diem, Johannes Baptisator significat, dicens de Christo: *Ipse vos baptisabit in Spiritu sancto et igni; palam habens in manu ejus ad emundandam aream suam, et fructum congregabit in horreum, paleas autem comburet igni inextinguibili.* Non ergo alius est, qui Matt. iii. 11 seq. et Luc. iii. 16 seq.

lymam nuncupavit. Nam sub Abrahamo parente nostro (*ait Josephus* 7 *Antiquit. cap.* 3) Solyma vocabatur. Illam vero quondam Chananæorum quidam potens condiderat, *scribit* HEGESIPPUS, *lib.* v. 9, qui patrio sermone Melchisedec, *id est*, Rex justus vocabatur. FEU. The reader is referred to the *Hist. and Theol. of the Creeds*, 200—205, where reasons are assigned for considering Melchizedek to have been of the stock of Shem, rather than of Ham. MASSUET reads *legislationem*, as in the CLERM. copy, and commences with it after a full period; but the construction becomes too abrupt; added to which τὸν νόμον would have been required, not τὴν νομοθεσίαν. For these reasons GRABE'S reading, from the AR. MS., and his punctuation, are retained.

[1] S. CYPRIAN similarly: *Sicut casa in vinea, et sicut custodiarium in cucumerario. Adv. Judæos*, I. 6. The Vulgate has *tugurarium*.

[2] *peccatores* is omitted in the CLERM. MS., apparently to bring the text into closer conformity with the Vulgate; but the Hebrew has זֵדִים, for which the LXX. read זָרִים, ἀλλογενεῖς. AQ. ὑπερηφανοῦς.

LIB. IV. vii. GR. IV. ix. MASS. IV. iv. 3.

frumentum facit, et alius qui paleas; sed unus et idem, et judicans ea, id est separans. Sed frumentum quidem et paleæ, inanimalia et irrationabilia exsistentia, naturaliter talia facta sunt: homo vero rationabilis, et secundum hoc [1]similis Deo, liber in arbitrio factus et suæ potestatis, ipse sibi causa est ut aliquando quidem M. 232.
frumentum aliquando autem palea fiat. Quapropter et juste condemnabitur, quoniam rationabilis factus amisit veram rationem, et irrationabiliter vivens, adversatus est justitiæ Dei, tradens se omni terreno spiritui, et omnibus [2]serviens voluptatibus; quem-
Ps. xlviii. 21. admodum propheta ait: *Homo cum in honore esset non intellexit, comparatus est jumentis insipientibus, et similis factus est illis.*

CAP. VIII.

Ostensio eundem Deum et præsentia et æterna fecisse.

Esai. xxxiv. 4. Unus igitur et idem Deus, qui plicat cœlum quemadmodum
Ps. ciii. 30. librum, et renovat faciem terræ: qui temporalia fecit propter hominem, ut maturescens in eis fructificet immortalitatem, et qui
Ephes. ii. 7. æterna superducit propter suam benignitatem, *ut ostendat* [3]*sæculis supervenientibus inenarrabiles divitias benignitatis suæ:* qui a Lege et prophetis annuntiatus est, quem Christus suum Patrem confessus est. Ipse est autem fabricator; et ipse est qui super omnia
Esai. xliii. 10, 11, 12. est Deus, quemadmodum Esaias ait: [4]*Ego testis, dicit Dominus Deus, et puer* [5]*meus quem elegi, ut cognoscatis, et credatis, et intelligatis, quia ego sum. Ante me non fuit alius Deus, et post me non erit. Ego Deus, et non est absque me salvans. Annuntiavi, et*
Esai. xli. 4. *salvavi.* Et iterum: *Ego sum Deus primus, et super ventura ego sum.* Neque enim varie, neque elate, neque glorians dicit hæc: G. 282.
sed quoniam impossibile erat sine Deo discere Deum, per Verbum

[1] *Liberum, et sui arbitrii, et suæ potestatis invenio hominem a Deo institutum, nullam magis imaginem et similitudinem Dei in illo animadvertens, quam ejusmodi status formam.* Tert. *c. Marc.* II. 5. *Oportebat imaginem et similitudinem Dei, liberi arbitrii et suæ potestatis institui, in qua hoc ipsum imago et similitudo Dei deputaretur, arbitrii scilicet libertas et potestas.* c. 6.

[2] *serviens*, not in the Cl. or Voss.

[3] The Syriac version is indicated ܠܥܠܡ̈ܐ ܕܐܬܝܢ *to future ages*, rather than the *recepta lectio*, ἐν τοῖς αἰῶσι τοῖς ἐρχομένοις.

[4] *Ego testis. LXX. lectionem sequitur, quæ hic ab Hebraica veritate et communi editione nonnihil deflectit.* Feuard.

[5] *meus* omitted in the Cl. as in the *Cod.* Alex.

suum docet homines scire Deum. His igitur qui nesciunt hæc, et propter hoc alterum advenisse putant Patrem, juste quis dicit: *Erratis, nescientes Scripturas, neque virtutem Dei.* LIB. IV. viii. GR. IV. x. MASS. IV. v. 1. Matt. xxii. 29.

CAP. IX.

Quemadmodum Dominus eum qui de rubo locutus est ad Moysem confitetur esse Deum viventium.

1. DOMINUS enim noster et magister in ea responsione, quam habuit ad Sadducæos, qui dicunt resurrectionem non esse, et propter hoc inhonorantes Deum atque Legi detrahentes, et resurrectionem ostendit et Deum manifestavit, dicens eis: *Erratis,* Matt. xxii. 29, 31, 32. *nescientes Scripturas, neque virtutem Dei. De resurrectione enim,* inquit, *mortuorum non legistis quid dictum est a Deo dicente: Ego* Exod. iii. 6. *sum Deus Abraham, et Deus Isaac, et Deus Jacob?* et adjecit: *Non est* [1]*Deus mortuorum, sed viventium:* omnes enim ei vivunt. Per hæc utique manifestum fecit, quoniam is qui de rubo locutus est Moysi, et manifestavit se esse Deum patrum, hic est viventium Deus. Quis enim est vivorum Deus, nisi qui est [2]Deus, et super quem alius non est Deus? Quem et Daniel propheta, cum dixisset ei Cyrus rex Persarum, *Quare non adoras Bel?* annun- Dan. xiv. 3. tiavit, dicens: *Quoniam non colo idola manufacta, sed vivum Deum,* Dan. xiv. 4. *qui constituit cœlum et terram, et habet omnis carnis dominationem.* Iterum dixit: *Dominum Deum meum adorabo, quoniam hic est* Dan. xiv. 24. *Deus vivus.*

2. Qui igitur a prophetis adorabatur Deus vivus, hic est vivorum Deus, [3]et [4]Verbum ejus, qui et locutus est Moysi, qui et Sadducæos redarguit, qui et resurrectionem donavit: utraque his qui cæcutiunt ostendens, id est, resurrectionem et Deum. Si enim Deus mortuorum non est, sed vivorum, hic autem dormientium patrum Deus dictus est, indubitate vivunt Deo, et non perierunt,

[1] *Deus* semel Syr. bis Græce.

[2] MERC. II., but no other MSS., here insert *super omnia,* so printed also in the earlier editions, and GRABE.

[3] *et Verbum ejus...ipse igitur Christus. Aperte constanterque Christum profitetur unum esse cum Patre Deum vivorum, qui cum Patribus et Mose locutus sit: quod tam veterum, quam novorum Ebionitarum, Cerinthianorum, Samosatenianorum, et Arianorum hæreses plane refellit. Is enim qui locutus est Mosi, seipsum appellat* JEHOVA, *quo nomine Judæi simul et hæretici confitentur æternam Dei essentiam et majestatem significari. Christus autem cum Patre ille Deus est. Igitur natura et gloria cum eo unus Deus est, licet personali proprietate distinctus.* FEUARD.

[4] *Verbum...qui,* ὁ Λόγος sc.

cum sint filii resurrectionis. Resurrectio autem ipse Dominus noster est, quemadmodum ipse ait: *Ego sum resurrectio et vita.* Patres autem, ejus filii; dictum est enim a propheta: *Pro patribus tuis facti sunt tibi filii tui.* Ipse igitur Christus cum Patre vivorum est Deus, qui locutus est Moysi, qui et patribus manifestatus est.

Joh. xi. 25. Ps. xliv. 17.

CAP. X.

Quoniam Abraham vidit Christum;
Quoniam una est et eadem Abrahæ fides, et nostra.

Joh. viii. 56. 1. Et hoc ipsum docens dicebat Judæis: *Abraham pater vester exultavit ut videret diem meum, et vidit, et gavisus est.*

E Catena in Gen. descripsit Combefis Auct. nov. B. Patr. I. 298.

. . . . . . ἐπίστευσε δὲ Ἀβραὰμ τῷ Θεῷ, καὶ ἐλογίσθη αὐτῷ εἰς δικαιοσύνην· πρῶτον μὲν, ὅτι αὐτός ἐστιν G. 283.
ὁ ποιητὴς οὐρανοῦ καὶ γῆς, μόνος Θεός· ἔπειτα δὲ, ὅτι ποιήσει τὸ σπέρμα αὐτοῦ ὡς τὰ ἄστρα τοῦ οὐρανοῦ. Τουτέστι τὸ ὑπὸ τοῦ Παύλου εἰρημένον· Ὡς φωστῆρες ἐν κόσμῳ. Δικαίως οὖν καταλιπὼν τὴν ἐπίγειον συγγένειαν, ἠκολούθησε τῷ Λόγῳ [*adj.* [1]μετ'] αὐτοῦ ξενιτεύων, ἵνα σὺν τῷ Λόγῳ [2]πολιτευθῇ. Δικαίως δὲ καὶ οἱ Ἀπόστολοι, ἐξ Ἀ- M. 233.
βραὰμ τὸ γένος ἔχοντες, καταλιπόντες τὸ πλοῖον καὶ τὸν πατέρα, ἠκολούθουν τῷ Λόγῳ. Δικαίως οὖν καὶ ἡμεῖς, τὴν

Rom. iv. 3, ex Gen. xv. 9. *Quid enim?* [3]*Credidit Abraham Deo, et deputatum est ei ad justitiam;* primum quidem, quoniam ipse est factor cœli et terræ, solus Deus: deinde autem, quoniam faciet semen ejus quasi
Phil. ii. 15. stellas cœli. Hoc est quod a Paulo dicitur: *Quemadmodum luminaria in mundo.* Juste igitur derelinquens terrenam cognationem omnem, sequebatur Verbum Dei; cum Verbo peregrinans, ut cum Verbo moraretur. Juste autem et Apostoli, ex
Matt. iv. 22. Abraham genus habentes, derelinquentes naviculam et patrem, sequebantur Verbum Dei. Juste autem et nos, eandem fidem acci-

[1] In uncial writing the first three letters of αὐτοῦ would be sufficiently like the apocopate preposition, μετ', to cause the absorption of this latter. The translation indicates τῷ λόγῳ τοῦ Θεοῦ.

[2] *Irenæus respexisse videtur ad πόλιν, civitatem, fundamenta habentem, cujus artifex et conditor est Deus, quam Abrahamum exspectasse scribit Apostolus Hebr.* xi. 10. Grabe. Or Irenæus may have had the words of the Apostle in his mind, ἡμῶν γὰρ τὸ πολίτευμα ἐν οὐρανοῖς. Phil. iii. 20.

[3] N. T. *dicit Scriptura.*

αὐτὴν τῷ Ἀβραὰμ πίστιν ἔχοντες, ἄραντες τὸν σταυρὸν, ὡς καὶ Ἰσαὰκ τὰ ξύλα, ἀκολουθοῦμεν.... LIB. IV. x. 1. GR. IV. xiii. MASS. IV. v. 4.

....προθύμως τὸν ἴδιον μονογενῆ καὶ [1] ἀγαπητὸν παραχωρήσας θυσίαν τῷ Θεῷ, ἵνα καὶ ὁ Θεὸς εὐδοκήσῃ, ὑπὲρ τοῦ σπέρματος αὐτοῦ πάντος τὸν ἴδιον μονογενῆ καὶ ἀγαπητὸν υἱὸν θυσίαν παρασχεῖν εἰς λύτρωσιν ἡμετέραν.

pientes quam habuit Abraham, tollentes crucem, quemadmodum ligna Isaac, sequimur eum. In Abraham enim [2] prædidicerat et assuetus fuerat homo sequi Verbum Dei. Etenim Abraham secundum fidem suam secutus præceptum verbi Dei, prono animo unigenitum et dilectum filium suum concessit sacrificium Deo; ut et Deus beneplacitum habeat, pro universo semine ejus dilectum et unigenitum filium suum præstare sacrificium in nostram redemtionem. Gen. xxii. 6. Gen. xxii. 1 seq.

2. Propheta ergo cum esset Abraham, et videret in Spiritu diem adventus Domini, et passionis dispositionem, per quem ipse quoque et omnes, qui, similiter ut ipse credidit, credunt Deo, salvari inciperent, exultavit vehementer. Non incognitus igitur erat Dominus Abrahæ, cujus diem concupivit videre: sed neque Pater Domini; didicerat enim a Verbo Domini, et credidit ei: quapropter et deputatum est ei ad justitiam a Domino. Fides enim [3] quæ est ad Deum [4] justificat hominem: et propter hoc dicebat: *Extendam manum meam ad Deum altissimum, qui* [5] *constituit cœlum et terram.* Hæc autem omnia conantur evertere illi qui sunt malæ sententiæ, ob unum dictum, quod quidem apud eos non bene intellectum est. Gen. xv. 6. Gen. xiv. 22.

[1] ἀγαπητὸς is not unfrequently rendered by the LXX. for the Hebrew יָחִיד, μονογενής, and therefore does not of necessity require the term υἱὸς to be connected with it to make out the sense, Jer. vi. 26, Zech. xii. 10, where it is parallel with πρωτοτόκῳ.

[2] προέμαθεν, CLERM. *perdidicerat.*

[3] *quæ est* is omitted in the VOSS. MS.

[4] *altissimum,* omitted in the CLERM. and AR. MSS., is here cancelled.

[5] LXX. ὃς ἔκτισε. The inaccuracy of this translation of the verb קָנָה, here and at Prov. viii. 22, has been shewn in the editor's *Prælectio Academica* upon the latter text. קָנָה is to acquire by generation, as Eve named her first-born *Cain,* for she said, קָנִיתִי *I have gotten a man from the Lord,* Gen. iv. 1. The creation of the world is frequently spoken of as a generative act, Gen. ii. 4, Deut. xxxii. 18, 19, Ps. xc. 2, Job xxxviii. 29, and in this sense קָנָה might here mean *create;* but it is by no means an equivalent for בָּרָא. It is not improbable, however, that the true meaning of the root, as used here, is preserved in the Æthiopic ቀነየ, *dominus fuit, dominii jure possedit.* The ancient Coptic seems to have had the same word for

LIB. IV. xi. 1.
GR. IV. xiv.
MASS. IV. vi. 1.

CAP. XI.

Quid est quod nemo cognoscit Patrem nisi Filius, et per quot occasiones revelat Filius Patrem.

1. DOMINUS enim ostendens semetipsum discipulis, quoniam ipse est Verbum, qui agnitionem Patris facit, et [1] exprobrans Judæis putantibus se habere Deum, cum et [2] frustrentur Verbum ejus, per quem cognoscitur Deus, dicebat: *Nemo cognoscit Filium nisi Pater, neque Patrem quis cognoscit nisi Filius, et cui* [3] *voluerit Filius revelare.* Sic et Matthæus posuit, et Lucas similiter, [4] et Marcus idem ipsum: Johannes enim præterit locum hunc. [5] Hi autem qui peritiores Apostolis volunt esse, sic describunt: *Nemo cognovit Patrem nisi Filius, nec Filium nisi Pater, et cui voluerit Filius revelare;* et interpretantur, quasi a nullo cognitus sit verus Deus ante Domini nostri adventum: et eum Deum qui a prophetis sit annuntiatus, dicunt non esse Patrem Christi. Si autem Christus tunc inchoavit esse, quando et secundum hominem adventum suum egit, et a temporibus Tiberii Cæsaris commemoratus est Pater providere hominibus, et non semper Verbum ejus una cum plasmate fuisse ostendebatur; nec tunc quidem oportuit alterum Deum annuntiari, sed causas tantæ incuriæ et negligentiæ ejus inquiri. Nullam enim oportet quæstionem talem esse, et tantum invalescere, ut et Deum quidem mutet, et eam quæ est erga fabricatorem, qui nos alit per suam conditionem, fidem nostram evacuet. Sicut enim in Filium fidem nostram dirigimus, sic et in Patrem dilectionem firmam et immobilem habere debemus.

Matt. xi. 27. Luc. x. 22. — G. 300.

Euseb. H. E. iv. 17.

2. Καὶ καλῶς Ἰουστῖνος ἐν τῷ [6] πρὸς Μαρκίωνα συν-

2. Et bene Justinus in eo libro qui est ad Marcionem ait:

dominus, for EUSTATHIUS says, Τὸν Ἡρακλῆν φασι κατὰ τὴν Αἰγυπτίων διάλεκτον ΚΩΝΑ λέγεσθαι. It may be observed also, that in the *Etym. M.* Κοιὼς is a synonym of Δεσπότης, as Κοινὸς Ἑρμῆς. Altogether our E. V. *possessor*, is far more satisfactory than the LXX. ὃς ἔκτισε. The Chald. agrees, דְקָנְיָנֵיהּ *cujus possessio.*

[1] CL. vitiose, *eo probrans.*

[2] As BILLIUS suggests, the equivalent for ἀθετοῦσι.

[3] See p. 162, n. 1.

[4] Not now read in S. Mark.

[5] See I. 67.

[6] *πρός, contra.* PHOTIUS, 125, makes mention of JUSTIN'S λόγοι κατὰ Μαρκίωνος. This dictum has a parallel in TERTULLIAN'S *Deus si non unus est, non est...;* and AUG. *Evangelio non crederem, nisi me Catholicæ Ecclesiæ commoveret auctoritas. c. Ep. Manich.* 6.

τάγματι φησίν· ὅτι αὐτῷ τῷ Κυρίῳ οὐδ' ἂν ἐπείσθην, ἄλλον Θεὸν καταγγέλλοντι παρὰ τὸν δημιουργόν.... LIB. IV. xi. 2. GR. IV. xiv. MASS. IV. vi. 2.

Quoniam ipsi quoque Domino non credidissem, alterum Deum annuntianti, præter fabricatorem et factorem et nutritorem nostrum.
M. 234. *Sed quoniam ab uno Deo, qui et hunc mundum fecit, et nos plasmavit, et omnia continet et administrat, unigenitus Filius venit ad nos, suum plasma in semetipsum recapitulans, firma est mea ad eum fides, et immobilis erga Patrem dilectio, utraque Deo nobis præbente.* Neque enim Patrem cognoscere quis potest, nisi Verbo Dei, id est, nisi Filio revelante; neque Filium, nisi Patris beneplacito. Bonum autem placitum Patris Filius perficit: mittit enim Pater; mittitur autem et venit Filius. Et Patrem quidem invisibilem et [1]indeterminabilem, quantum ad nos est, cognoscit suum ipsius Verbum, et cum sit inenarrabilis, ipse enarrat eum nobis: rursum autem Verbum suum solus cognoscit Pater: utraque autem hæc sic se habere manifestavit Dominus. Et propter hoc Filius revelat agnitionem Patris per suam manifestationem. Agnitio enim Patris est Filii manifestatio: omnia enim per Verbum manifestantur. Ut ergo cognosceremus quoniam qui advenit Filius, ipse est qui agnitionem Patris facit credentibus sibi, dicebat discipulis: *Nemo cognoscit [2]Filium nisi Pater, neque Patrem nisi Filius, et quibuscunque Filius revelaverit;* docens semetipsum et Patrem sicut est, ut alterum non recipiamus Patrem, nisi eum qui a Filio revelatur.

3. Hic autem est fabricator cœli et terræ, quemadmodum ex sermonibus ejus ostenditur; et non is qui a Marcione, vel a Valentino, aut a Basilide, aut a Carpocrate, aut Simone, aut reliquis falso [3]cognominatis Gnosticis adinventus est falsus Pater. Nemo enim illorum Filius fuit Dei, sed Christus Jesus Dominus noster, adversus quem et [4]contrariam exercent disciplinam, incognitum Deum audentes annuntiare. Debent autem in semetipsos audire:
G. 301. quemadmodum enim incognitus, qui ab ipsis cognoscitur? quodcunque enim vel a paucis cognoscitur, non est incognitum. Dominus autem non in totum non posse cognosci et Patrem et Filium dixit: [5]cæterum supervacuus fuisset adventus ejus. Quid enim huc veniebat? an uti diceret nobis: Nolite quærere Deum;

[1] CL., VOSS. *indeterminabilem*, AR. MERC. II. *interminabilem*.

[2] MSS. *Patrem nisi Filius, neque Filium nisi Pater.*

[3] CL., VOSS., FEU. *marg.* al. *cognomine.*

[4] ἐναντίαν, ἀσκοῦσι διδασκαλίαν.

[5] *cæterum*, ἐπεὶ ἐπλεόνασεν ἄν.

LIB. IV. xi. 3. GR. IV. xiv. MASS. IV. vi. 4.

incognitus est enim, et non invenietis eum: quemadmodum et Christum [1] Æonibus eorum dixisse mentiuntur hi qui sunt a Valentino? Sed hoc quidem vanum est. Edocuit autem Dominus, quoniam Deum scire nemo potest, nisi Deo docente, hoc est, sine Deo non cognosci Deum: hoc ipsum autem cognosci eum, voluntatem esse Patris. [2] Cognoscunt enim eum quibuscunque revelaverit Filius. Et ad hoc Filium revelavit Pater, ut per eum omnibus manifestetur, et eos quidem qui credunt ei justi, in incorruptelam et in æternum refrigerium recipiat; [3] credere autem ei, est facere ejus voluntatem; eos autem qui non credunt, et propter hoc fugiunt lumen ejus, in tenebras quas ipsi sibi elegerunt juste recludet. Omnibus igitur revelavit se Pater, omnibus Verbum suum visibile faciens: et rursus Verbum omnibus ostendebat Patrem et Filium, cum ab omnibus videretur. Et ideo justum judicium Dei super omnes [4] qui similiter quidem viderunt, non autem similiter crediderunt.

Ex Parallel. Joh. Damasc.

'Εδίδαξεν ἡμᾶς ὁ Κύριος, ὅτι Θεὸν εἰδέναι οὐδεὶς δύναται, μὴ οὐχὶ Θεοῦ δοξάζοντος [l. διδάξαντος], τουτέστιν, ἄνευ Θεοῦ μὴ γινώσκεσθαι τὸν Θεόν· αὐτὸ δὲ τὸ γινώσκεσθαι τὸν Θεὸν, θέλημα εἶναι τοῦ πατρός. Γνώσονται γὰρ αὐτὸν, οἷς ἂν ἀποκαλύψῃ ὁ υἱός.

4. [5] Etenim per ipsam conditionem revelat Verbum conditorem Deum, et per mundum fabricatorem mundi Dominum, et per plasma eum qui plasmaverit artificem, et per Filium eum Patrem qui generaverit Filium: et hæc omnes similiter quidem [6] colloquuntur, non autem similiter credunt. Sed per Legem et prophetas similiter Verbum et semetipsum et Patrem prædicabat: et audivit quidem universus populus similiter; non similiter autem omnes crediderunt. Et per ipsum Verbum [7] visibilem et palpabilem factum, Pater ostendebatur, etiamsi non omnes similiter credebant ei; sed omnes viderunt in Filio Patrem: [8] invisibile

[1] See Vol. I. p. 21.

[2] Leg. *cognoscent.*

[3] Similarly S. AUGUSTIN, *Hoc est ergo credere in Deum, credendo adhærere ad bene cooperandum bona operanti Deo. En. in Ps.* lxxvii. 8.

[4] MASSUET here omits *eos* on the faith of the ARUND. and VOSS. MSS. Neither is it found in the CLERM. copy.

[5] The reader may compare the argument from Natural Theology in the editor's work upon *The Creeds*, 89—122.

[6] *colloquuntur*, σύμφασι.

[7] The concord being with Λόγον.

[8] *invisibile*, τὸ ἀόρατον γὰρ τοῦ Υἱοῦ Πατὴρ, τὸ δὲ ὁρατὸν τοῦ Πατρὸς Υἱός.

etenim Filii Pater, visibile autem Patris Filius. Et propter hoc omnes Christum [1]loquebantur præsente eo, et Deum nominabant. Sed et dæmones videntes Filium, dicebant: *Scimus te qui es, Sanctus Dei.* Et tentans Diabolus, videns eum, dicebat: *Si tu es Filius Dei;* omnibus quidem videntibus et loquentibus Filium et Patrem, non autem omnibus credentibus.

LIB. IV. xi. 4. GR. IV. xiv. MASS. IV. vi. 6.

Marc. i. 24, et Luc. iv. 34. Matt. iv. 3, et Luc. iv. 3.

5. Oportebat enim veritatem ab omnibus accipere testimonium, et esse judicium in salutem quidem credentium, in condemnationem autem non credentium, ut omnes juste judicentur, et ea quæ est in Patrem et Filium fides, ab omnibus comprobetur, [2]id est, ab omnibus confirmetur ab omnibus accipiens testimonium, et a domesticis quoniam et amici; et ab [3]extraneis quo-
G. 302. niam et inimici. Illa est enim vera et sine contradictione probatio, quæ etiam ab adversariis ipsis [4]singula testificationis profert: in ipsa quidem manifesta sua visione convictis de præsenti negotio, et testificantibus, et [4]signantibus; postea vero ad inimicitiam erumpentibus, et accusantibus, et volentibus non esse verum suum testimonium. Non ergo alius erat qui cognoscebatur, et alius qui
M. 235. dicebat: *Nemo cognoscit Patrem;* sed unus et idem, omnia subjiciente ei Patre, et ab omnibus accipiens testimonium, quoniam vere homo, et quoniam vere Deus, a Patre, a Spiritu, ab angelis, ab ipsa conditione, ab hominibus, et ab apostaticis spiritibus, et dæmoniis, et [5]ab inimico, et novissime ab ipsa morte. Omnia autem Filius [6]administrans Patri, perficit ab initio usque ad finem, et sine illo nemo potest cognoscere Deum. Agnitio enim Patris Filius; agnitio autem Filii in Patre, et per Filium revelata: et propter hoc Dominus dicebat: *Nemo cognoscit Filium,*

EX QUIBUS EST UNUS CHRISTUS, VERUS DEUS ET VERUS HOMO. Art. II.

Matt. xi. 27. Luc. x. 22.

[1] *loquebantur*, Χριστὸν ἔφασαν πάροντος αὐτοῦ.

[2] The five following words are generally treated as gloss, but the author having set down a less usual word, explains it; ὑπὸ πάντων κυρῶται, τούτεστιν ὑπὸ πάντων βεβαιῶται, ὑπὸ πάντων λαβοῦσα τὴν μαρτυρίαν, κ.τ.λ.

[3] FEUARDENT cites the doubtful or spurious testimonies of JOSEPHUS, *Ant.* XVIII. 6; the *Acta Pilati* as quoted by TERTULLIAN, *Apol.* 21; the false Gospel of *Nicodemus;* the *Ep.* of Abgarus, king of Edessa, to Christ, with the answer, EUS. *H. E.* I. 13; as also passages from Porphyry, EUSEB. *Præp. Ev.* V. 1, 6, 8.

[4] *singula testificationis.* τὰς καθ' ἓν μαρτυρίας either was read by the translator as τὰ..., or *singulas testificationes* written. GRABE reads *sigilla,* to be in keeping with *signantibus*, which he restores from the AR. MS., though σημαινόντων is there indicated by the context. The CLERM. copy unfortunately omits *et signantibus*, and the seven following words.

[5] ἐχθρὸς, ὁ διάβολος, Matt. xiii. 39.

[6] On the subordination of the Son to the Father, the reader may compare *The Creeds*, pp. 136—140, 415—420.

LIB. IV. xi. 5. GR. IV. xiv. MASS. IV. vii. 1. *nisi Pater: neque Patrem, nisi Filius, et quibuscunque Filius revelaverit.* [1]*Revelaverit* enim, non solum in futurum dictum est, quasi tunc [2]inceperit Verbum manifestare Patrem, cum de Maria natus; sed communiter per totum tempus positum est. Ab initio enim assistens Filius suo plasmati, revelat omnibus Patrem, quibus vult, et quando vult, et quemadmodum vult Pater: et propter hoc in omnibus, et per omnia unus Deus Pater, et unum Verbum, et [3]unus Filius, et unus Spiritus, et una [4]salus omnibus credentibus in eum.

CAP. XII.

Quemadmodum Abraham a Verbo doctus est.

Et Abraham ergo a Verbo cognoscens Patrem, qui [5]fecit
Gen. xiv. 22. cœlum et terram, hunc Deum confitebatur: et doctus [6]repræsentatione, quod inter homines homo futurus esset Filius Dei, per
Gen. xv. 5. cujus adventum semen ejus erat futurum quasi stellæ cœli, concupivit eam diem videre, uti et ipse complecteretur Christum: et per
Gen. xvii. 17. spiritum prophetiæ eam videns exultavit. Propter quod et Simeon ex semine ejus [7]reimplebat gratulationem patriarchæ, et dicebat:
Luc. ii. 29–33. *Nunc* [8]*dimittis servum tuum, Domine, in pace; quoniam viderunt*

[1] It is remarkable that this text, having been quoted correctly at p. 158, Gr. *ᾧ ἐὰν βούληται ὁ υἱὸς ἀποκαλύψαι*, the translator now not only uses the single verb *revelaverit*, but says pointedly that it was so written by the venerable author; and cf. p. 159. It is probable, therefore, that the previous passage has been made to harmonise with the received text by a later hand; with which however the Syriac form agrees ܕܠ ܢܨܒܐ ܒܪܐ ܕܢܓܠܐ.

[2] *inceperit*, the reading of the Clerm. and Voss. MSS., al. *inciperet*.

[3] Massuet cancels *unus* because it is omitted in the Cl., Ar., and Voss. MSS. Stieren conjectures that *Filius* should also be removed from the text; but these liberties quite mar the order of the passage, which, as it stands, presents a sequence of the two correlative members; one Father and one Word; one Son and one Spirit; and it was no uncommon mode of thought in primitive theology, to say that the Spirit is to the Son, as the Word [irrespective of filiation] is to the Father. Cf. p. 164, 8. It may be added that the words *et unum Verbum*, are omitted in Merc. ii.

[4] *fides et*, here cancelled by Mass. and ignored by the existing MSS.

[5] See p. 157, note 5.

[6] *repræsentatione*, *ἀναδείξει*. Feuard. sees in this an allusion to the three angels that appeared to Abram on the plain of Mamre. But the preceding scriptural allusion leads us back to the interview with Melchisedek, and to the promise that the Messiah should be of his seed, which is so plainly announced in the succeeding chapter.

[7] Printed by Stieren *re implebat*, but it evidently represents *ἀνεπλήρωσεν*.

[8] *dimittis*, as at pp. 38, 85. Ar. *remittis*.

oculi mei salutare tuum, quod parasti [1]*in facie omnium populorum: lumen in revelationem* [2]*oculorum; et gloriam populi Israel.* Et angeli autem gratulationem magnam vigilantibus [3]nocte pastoribus enuntiaverunt. Sed et [4]Maria ait: *Magnificat anima mea Dominum, et exultavit spiritus meus in Deo salutari meo:* descendente quidem exultatione Abrahæ in eos qui erant ex semine ejus, vigi-
G. 203. lantes et videntes Christum, et credentes ei; reciproca autem rursus et regrediente exultatione a filiis in Abraham, qui et concupierat diem adventus Christi videre. Bene igitur Dominus noster testimonium reddebat ei, dicens: *Abraham pater vester exultavit, ut videret diem meum, et vidit et gavisus est.*

LIB. IV. xii. GR. IV. xv. MASS. IV. vii. 1.

Luc. ii. 8 seq. Luc. i. 46. Luc. ii. 8, 17. Joh. viii. 56.

CAP. XIII.

Quemadmodum promissionem quam promisit Deus Abrahæ, Christus perfecit.

Non enim tantum propter Abraham hæc dixit: sed [5]et ut ostenderet quoniam omnes qui ab initio cognitum habuerunt Deum, et adventum Christi prophetaverunt, revelationem acceperunt ab ipso Filio; qui et in novissimis temporibus visibilis et passibilis factus est, et cum humano genere locutus est, uti ex lapidibus excitaret filios Abrahæ, et adimpleret repromissionem, quam promiserat illi Deus, et faceret semen ejus tanquam stellas cœli, quemadmodum ait Johannes Baptista: [6]*Potens est enim Deus ex lapidibus istis suscitare filios Abrahæ.* Hoc autem fecit Jesus, a lapidum religione extrahens nos, et a [7]duris et infructuosis cogitationibus transferens nos, et similem Abrahæ fidem in nobis constituens. Quemadmodum et Paulus testificatur, dicens, nos esse filios Abrahæ secundum similitudinem fidei, et repromissionem hæreditatis. Unus igitur et idem Deus, qui advocavit Abraham et repromissionem ei dedit. Hic est autem fabricator, qui et per Christum præparat luminaria in mundo, eos qui ex gentibus credunt. *Vos* autem, inquit, *estis lumen mundi*, hoc est, quasi stellæ cœli. Hunc ergo recte ostendimus a nemine cognosci, nisi a Filio, et quibuscunque Filius revelaverit. Revelat [8]autem omnibus

1 Pet. i. 11. Gen. xv. 5, et xxii. 17. Matt. iii. 9, et Luc. iii. 8. Rom. iv. 12, 13, 16, ix. 8, et Gal. iv. 28. Matt. v. 14, cf. Dan. xii. 3.

[1] Cl., Voss., so the Syr. ܩܕܡ ܦܪܨܘܦܐ al. *ante faciem.* Cl. *præparasti.*

[2] Clerm., Ar., Voss., al. *populorum.*

[3] Cl., Voss. *noctem, νύκτα, acc. adv.*

[4] The Clerm. and Voss. copies strangely read *Elizabeth.*

[5] *et* omitted by Grabe.

[6] Gr. *δύναται*, Syr. ܡܫܟܚ *potens.*

[7] *nostris* is inserted by Feuard. and Grabe, on the authority of the Voss. MS., but Cl., Ar. and Merc. II. omit it. *n̄ris* may have grown out of *duris.*

[8] *autem*, Cl., Voss., but Ar. *enim.*

LIB. IV. xiii. GR. IV. xvi. MASS. IV. vii. 3. Filius, quibus velit cognosci, Patrem, et neque sine bona voluntate Patris, neque sine administratione Filii cognoscet quisquam Deum.
Joh. xiv. 6, 7. Et propter hoc dicebat discipulis Dominus: *Ego sum via, veritas, et vita. Et nemo venit ad Patrem, nisi per me. Si cognovissetis me, et Patrem meum* [1]*cognovissetis, et amodo cognovistis eum, et* M. 236.
vidistis eum. Ex quibus manifestum est, quoniam per Filium, id est per Verbum, cognoscitur.

CAP. XIV.

Quare Judæi abscesserunt a Deo.

Propter hoc Judæi excesserunt a Deo, Verbum [2]ejus non recipientes, sed putantes [3]per seipsum Patrem, sine Verbo id est sine Filio, posse cognoscere, Deum [4]nescientes eum qui in figura
Gen. xviii. 1 seq. locutus est humana ad Abraham, [5]et iterum ad Moysem, dicen-
Exod. iii. 7, 8. tem: *Videns vidi vexationem populi mei in Ægypto, et descendi liberare eos.* Hæc enim Filius qui est Verbum Dei ab initio præstruebat, non indigente Patre angelis, uti faceret conditionem G. 304.
et formaret hominem, propter quem et conditio fiebat: neque rursus indigente ministerio ad fabricationem eorum quæ facta sunt, [6]ad dispositionem eorum negotiorum, quæ secundum hominem erant; sed habente copiosum et inenarrabile ministerium. Mi-
Phil. ii. 6. nistrat enim [7]ei ad omnia sua progenies et [8]figuratio sua, id est Filius, et Spiritus sanctus, Verbum et Sapientia; quibus serviunt et subjecti sunt omnes angeli. Vani igitur sunt qui propter hoc
Matt. xi. 27, et Luc. x. 22. quod dictum sit, *Nemo cognoscit Patrem, nisi Filius*, alterum introducunt incognitum Patrem.

[1] The Clerm. here inserts *utique* and omits *eum*, the last word of the quotation.

[2] *ejus.* Cl., Ar., Voss., Merc. i., al. *Dei.*

[3] *per seipsum*, for *per se*, *καθ' αὐτόν.*

[4] Θεὸν ἀγνοοῦντες τόνδ' ἐν σχήματι ἀνθρωπίνῳ εἰρηκότα.

[5] *et Aaron.* These words, printed in Grabe's text, are expunged, as omitted in the Cl., Ar. and Voss. MSS.

[6] *aut* here seems to be lost.

[7] Bearing on the Gnostic notion that the world was made by creative angels. *ei* omitted in the Clerm. MS.

[8] *figuratio*, i. e. the Holy Spirit; as Massuet observes, the Fathers call the Spirit the similitude of the Son. So S. Athanasius speaks of the Spirit as the seal of the Son, *Ep.* i. *ad Serap.*, and S. Basil says, that he is the likeness of the Son, as the Son is of the Father, εἰκὼν μὲν Θεοῦ Χριστὸς, ὅς ἐστί, φησιν, εἰκὼν τοῦ Θεοῦ τοῦ ἀοράτου, εἰκὼν δὲ τοῦ Υἱοῦ τὸ Πνεῦμα. Cf. 162, 3.

LIB. IV. xv. GR. IV. xvii. MASS. IV. viii. 1.

CAP. XV.

Ostensio quoniam Abraham hæreditate percipit regnum cœlorum.

VANUS autem et Marcion et qui ab eo, expellentes ab hæreditate Abraham, cui Spiritus per multos, jam autem et per Paulum testimonium reddit, quoniam *credidit Deo, et deputatum est ei ad justitiam:* (Rom. iv. 3, et Gal. iii. 6, ex Gen. xv. 6.) et Dominus, primum quidem de lapidibus excitans filios ei, (Matt. iii. 9, et Luc. iii. 8.) et faciens semen ejus quasi stellas cœli, dicens: (Gen. xv. 5, et xxii. 17.) *Quoniam venient ab Oriente, et Occidente, ab Aquilone, et Austro, et recumbent cum Abraham, et Isaac, et Jacob in regno cœlorum;* (Matt. viii. 11, et Luc. xiii. 29.) iterum dicens [1] Judæis: *Cum videritis Abraham, et Isaac, et Jacob, et omnes prophetas in regno* [2] *cœlorum, vos autem projici foras.* (Luc. xiii. 28.) Manifestum est ergo, quoniam qui contradicunt saluti ejus, et alterum præter eum qui promissionem fecerit Abrahæ formant Deum, extra regnum Dei sunt, et exhæredes sunt [3] ab incorruptela, frustrantes et blasphemantes Deum, qui in regnum cœlorum introducit Abraham, [4] et semen ejus quod est Ecclesia, per Christum Jesum, cui et adoptio redditur et hæreditas quæ Abrahæ promissa est.

CAP. XVI.

Quoniam Dominus Sabbatis curans secundum Legem faciebat.

VINDICABAT enim semen ejus Dominus, [5] solvens a vinculis, et advocans ad salutem, quemadmodum fecit in muliere, quæ ab eo curata est, manifeste dicens his qui non similem Abrahæ habebant fidem: [6] *Hypocrita, unusquisque vestrum die sabbatorum* (Luc. xiii. 15, 16.)

[1] The CLERM. MS. inserts *eis.*

[2] MERC. II. *Dei.* The reading having been adopted from the Sacred Text.

[3] *ab incorruptela,* so the CLERM., AR., VOSS. MSS., but GRABE *incorruptelæ.* The Greek perhaps ran, καὶ ἀπόκληροι τῆς ἀφθαρσίας, ἀθετοῦντες, κ.τ.λ.

[4] καὶ τὸ σπέρμα αὐτοῦ, τὴν ἐκκλησίαν, δι' Ἰησοῦ Χριστοῦ, ᾧ καὶ ἀποδίδοται ἡ υἱοθεσία, καὶ ἡ τῷ Ἀβρὰμ ἐπηγγελμένη κληρονομία.

[5] λύσας ἐκ δεσμῶν, καὶ συνηγορήσας ἐπὶ σωτηρίαν.

[6] *Hypocrita.* GRABE and MASS. print *hypocritæ,* because of the *his* preceding, but the saying of our Lord is applied indefinitely to all who stood in the same category. The Gr. has ὑποκριτά, the Syr. also has the singular ܢܣܒ ܒܐܦܐ προσωποληπτά. The Vulgate,

LIB. IV. xvi. GR. IV. xix. MASS. IV. viii. 2.

bovem suum, vel asinum non solvit, et ducit, et adaquat? Hanc G. 305.
autem, cum sit filia Abrahæ, quam alligaverat Satanas decem et octo annis, non oportuerat solvi ab hoc vinculo in die sabbatorum? Manifestum est igitur, quoniam eos qui similiter ut Abraham credebant ei, solvit, et vivificavit, nihil extra Legem faciens, curans in die sabbatorum. Non enim prohibebat Lex curari homines sabbatis, quæ et circumcidebat eos in hac die, et pro populo jubebat ministeria sacerdotibus perficere; sed et mutorum animalium
Joh. ix. 14. curationem non prohibebat. [1]Et Siloa, et jam sæpe sabbatis curavit: et propter hoc assidebant ei multi die sabbatorum. Continere se enim jubebat eos Lex ab omni opere servili, id est ab omni avaritia, quæ per negotiationem et reliquo terreno actu agitatur: animæ autem opera, quæ fiunt per sententiam, et sermones [2]bonos, in auxilium eorum qui proximi sunt, adhortabatur fieri. Et propter hoc Dominus arguebat eos, qui injuste exprobrabant ei, quia sabbatis curabat. Non enim solvebat, sed adimplebat
Num. xxxv. 25. Legem, summi Sacerdotis opera perficiens, propitians pro homini-
Josh. xx. 6. bus Deum, et emundans leprosos, infirmos curans, et ipse moriens, uti [3]exiliatus homo exiret de condemnatione, et reverteretur intrepide ad suam hæreditatem.

CAP. XVII.

Quoniam non contra Legem faciebant discipuli Domini sabbatis spicas legentes: et quoniam Levitæ omnes discipuli Domini.

SED et esurientes accipere sabbatis escas ex his quæ adjacebant
non vetabat Lex: metere autem et colligere in horreum vetabat. M. 237.

as well as the *Cod.* AL. has the plural. In other respects the text is apparently quoted from memory, and differs in a trifling degree from the original.

[1] *Et Siloa.* Siloa is the ablative of locality. If we follow the ordinary reading, *et Siloa etiam*, the difficulty arises, that we only read of one cure being performed by the waters of Siloam; for GRABE'S supposition is not tenable, that many such cures may have been performed of which IRENÆUS had a traditional knowledge; neither is MASSUET'S hypothesis more satisfactory, that the Father, by lapse of memory, confused the miracle at Bethesda with the restoration of sight to the blind man in Joh. ix. The common reading *etiam* can hardly be expressed in Greek, *et* having preceded; *etiam*, therefore, has been resolved into *et jam*. καὶ τῷ Σιλωάμ, καὶ δὴ πολλάκις, ἐν τοῖς Σάββασι ἐθεράπευσεν.

[2] The CLERM. has *bonum*, which might express χρηστὴν ἐπ' ἄρκεσιν τῶν γειτόνων: with *bonos* we might expect to have read *sententiam piam*. May ἀρκέσεως have been written where αἰνέσεως now stands in the text at I. 143?

[3] *exiliatus homo*, ἐξωθούμενος.

Et ideo Dominus his qui incusabant discipulos ejus, quoniam vellentes spicas manducabant, [1] dixit: *Nec hoc legistis, quod fecit David cum esurisset, quemadmodum introivit in domum Dei, et panes propositionis manducavit, et dedit eis qui cum eo erant, quos non licebat manducare, nisi solis sacerdotibus?* per Legis verba suos discipulos excusans, et significans licere sacerdotibus libere agere. [2] Sacerdos autem scitus fuerat David apud Deum, quamvis Saul persecutionem faceret ei. Omnes enim justi sacerdotalem

LIB. IV. xvi. GR. IV. xix. MASS. IV. viii. 3.

Luc. vi. 3, 4, ex I Reg. xxi. 4 seq.

[3] Πᾶς βασιλεὺς δίκαιος ἱερατικὴν ἔχει τάξιν.

Antonius Melissa et Joh. Damasc. in Parall.

G. 306 habent ordinem. [4] Sacerdotes autem sunt omnes Domini Apostoli,

[1] The CLERM. MS. reads *condixit*, συνεῖπεν. The following quotation is defective as having been made *memoriter*.

[2] *Sacerdos autem scitus. Scisco* must be understood as the origin of *scitus*, and not *scio*, the sense being *decreed, appointed;* the Greek being, ἱερεὺς δὲ κατεστάθη ὁ Δαβὶδ ὑπὸ τοῦ Θεοῦ.

[3] Πᾶς βασιλεὺς δίκαιος. The patriarchal simplicity of the priestly office in the earliest times should be borne in mind, when the head of every family was also priest over his whole household in things pertaining to God, and the chief of every tribe was high priest over the entire community. So Melchizedek, king of Salem, (see *Hist. and Theol. of Creeds*), was priest of the most high God, Gen. xiv. 18; so Abraham and the patriarchs sacrificed to God, Gen. xv. 9, 10, xxii. 13, and performed those functions that afterwards were limited to the priesthood, Gen. xvii. 23. So Jethro was priest of the descendants of Midian, Exod. xviii. 1, and before the giving of the law the firstborn generally had a sacerdotal character by right of birth, e.g. Exod. xxiv. 5. Hence by the earliest traditions of the human race it was not only true of Melchizedek, but in every other case, that πᾶς βασιλεὺς δίκαιος ἱερατικὴν εἶχε τάξιν. Still, after the formal appointment of the Levitical priesthood, it was only in cases of extreme emergency, and in strict conformity with the declared will of God, that the royal and priestly functions could be united for any particular act. Thus David not only partook of the shewbread, but when the ark was established in the tabernacle, *he offered burnt offerings and peace offerings before the Lord,... and blessed the people in the name of the Lord of Hosts.* 2 Sam. vi. 17, 18. David, therefore, exercised the functions of a royal priesthood, and Christ, his descendant according to the flesh, was also a Priest after the order of Melchizedek. But he is the head of the Church, and by virtue of their union with him, his people in every age are *a royal priesthood,* ἀνενέγκαι πνευματικὰς θυσίας εὐπροσδέκτους τῷ Θεῷ διὰ Ἰησοῦ Χριστοῦ. 1 Pet. ii. 5, 9.

[4] *Sacerdotes.... Apostoli.* Nothing here said by the venerable father can be so twisted as to imply that because the Levitical priesthood had ceased and determined, therefore that no distinct order of men was ordained by Christ as the stewards of his holy mysteries, or that every member of Christ was, as it were, his own priest before God. The context flows on naturally from the Greek original, as also from the Latin version; and the author having shewn that David, though of no priestly lineage, was of a royal priesthood, proceeds to say, But the Apostles of the Lord are in like manner all dedicated to God as a holy priesthood.

LIB. IV. xvi. GR. IV. xix. MASS. IV. viii. 3. qui neque agros, neque domus hæreditant hic, [1]sed semper altari et Deo serviunt. De quibus et Moyses in Deuteronomio, in bene-
Deut. xxxiii. 9. dictione Levi ait: *Qui dicit patri suo, et matri suæ, Non novi te, et fratres suos non agnovit, et filios suos abdicavit: custodivit præcepta tua, et testamentum tuum servavit.* Qui autem sunt qui dereliquerunt patrem et matrem, et omnibus proximis renuntiaverunt, propter verbum Dei et testamentum ejus, nisi discipuli Domini?
Num. xviii. 20, et Deut. x. 9. Deut. xviii. 1. De quibus iterum Moyses: *Hæreditas autem*, inquit, *non erit eis. Dominus enim ipse hæreditas ipsorum.* Et iterum: *Non erit sacerdotibus Levitis in tota tribu Levi pars, neque substantia cum Israel: fructificationes Domini substantia eorum, manducabunt eas.*
Phil. iv. 17. Propter hoc et Paulus: *Non inquiro*, inquit, *datum; sed inquiro fructum.* Discipulis, inquit, Domini Leviticam substantiam habentibus, licebat eis esurientibus, a seminibus accipere escam.
Matt. x. 10. *Dignus* [2]*est enim operarius esca sua.* Et sacerdotes in templo sabbatum prophanabant, et rei non erant. Quare ergo rei non erant? [3]Quia cum essent in templo, non secularia, sed Dominica perficiebant ministeria, Legem adimplentes, non autem prætereuntes
Num. xv. 32 seqq. Legem; quemadmodum is qui a semetipso arida ligna attulit in
Matt. iii. 10, et vii. 19. Luc. iii. 9. 1 Cor. iii. 17. castra Dei, [4]juste lapidatus est. *Omnis enim arbor quæ non facit fructum bonum, abscindetur, et in ignem mittetur*; et, *Quicunque templum Dei violaverit, violabit illum Deus.*

CAP. XVIII.

Ostensio unius et ejusdem substantiæ esse ea quæ secundum Legem sunt, et ea quæ secundum Evangelium: et quemadmodum novum Testamentum prædicatum est a Prophetis.

Unius igitur et ejusdem [5]substantiæ sunt omnia, hoc est, ab uno
Matt. xiii. 52. et eodem Deo, quemadmodum et Dominus ait discipulis: *Prop-*

[1] *Sed semper altari.*] *Vel hinc profecto facile est videre, Christianos a temporibus Christi, Apostolorum, Martyrum, et deinceps, sua in templis altaria servasse, quibus Deo sacrificium incruentum corporis et sanguinis Christi in perpetuam mortis ejus recordationem offerrent: quod etiam hujus libri cap. 34, confirmat noster Irenæus his Christi verbis:* Cum offers munus tuum ad altare *etc.* Feuard.

[2] *est*, omitted in the Clerm. MS. *Esca*, so the Syr. ܣܝܒܪܬܗ

[3] *quia*, omitted in the Clerm. MS.

[4] Mass. inserts *qui et* on the Clerm. authority; the words are there written, but by a later hand, and for this reason the addition is cancelled.

[5] ἐκ μιᾶς καὶ τῆς αὐτῆς οὐσίας. Compare c. xix.

terea omnis scriba doctus in regno cœlorum similis est homini LIB. IV. xviii.
patrifamilias, qui profert de thesauro suo nova et vetera. Non GR. IV. xxi. MASS. IV. ix. 1.
alterum quidem vetera, alterum vero proferentem nova docuit;
G. 307. sed unum et eundem. Paterfamilias enim Dominus est, qui universæ domui paternæ dominatur: et servis quidem et adhuc indisciplinatis condignam tradens legem; liberis autem et fide justificatis congruentia dans præcepta, [1] et filiis adaperiens suam hæreditatem. Scribas autem et doctores regni cœlorum, suos dicebat discipulos, de quibus et alibi ait Judæis: *Ecce mitto ad* Matt. xxiii. 34.
vos sapientes, et scribas, et [2] *doctores, et ex eis occidetis, et effugabitis a civitate in civitatem.* [3] Sic itaque quæ de thesauro proferuntur nova et vetera, sine contradictione duo testamenta dicit: vetus quidem quod ante fuerat legisdatio; [4] novum autem, quæ secundum Evangelium est conversatio, ostendit, de qua David ait: *Cantate* Ps. xcv. 1, et xcvii. 1.
Domino canticum novum. Et Esaias: [5] *Cantate Domino hymnum* Esai. xlii. 10 et 12.
novum. Initium ejus, glorificatur nomen ejus a summo terræ: virtutes ejus in insulis annuntiant. Et Hieremias ait: *Ecce disponam,* Jer. xxxi. 31, 32.
inquit, *testamentum novum, non quemadmodum disposui patribus vestris* in monte Oreb. Utraque autem testamenta unus et idem paterfamilias produxit, Verbum Dei, Dominus noster Jesus Christus, qui et Abrahæ et Moysi collocutus est, qui nobis in novitate restituit libertatem, et multiplicavit eam, quæ ab ipso est, gratiam.

CAP. XIX.

Quid est, Plus quam templum, et, Plus quam Salomon hic.

1. *Plus est enim,* inquit, *templo hic.* Plus autem et minus Matt. xii. 6.
non in his dicitur, quæ inter se communionem non habent, et sunt contrariæ naturæ, et pugnant adversus se; sed in his quæ ejusdem sunt substantiæ, et communicant secum, solum autem multitudine et magnitudine differunt: quemadmodum aqua ab aqua, et lumen a lumine, et gratia a gratia. Major est igitur legisdatio quæ in libertatem, quam quæ data est in servitutem: et ideo non in

[1] The CLERM. and VOSS. MSS. supply *et.*

[2] *doctores.* This term is substituted for *prophetas,* and transposed from first to last in order.

[3] The reading of the CLERM. MS. is adopted instead of the usual *ea autem.*

[4] *nova,* in the MSS. originally perhaps *novū.*

[5] Quoted from memory.

LIB. IV. xix. 1. GR. IV. xxii. MASS. IV. ix. 2. unam gentem, sed in totum mundum diffusa est. Unus autem et M. 238.
idem Dominus, qui plus quam templum est, et plus quam Salomon,
et plus quam Jonas donat hominibus, id est, suam præsentiam et
Matt. xii. 41, 42. resurrectionem a mortuis: sed non Deum immutans, nec alium
prædicans Patrem, sed eundem ipsum, qui semper habet plura
[1]metiri domesticis, et proficiente eorum erga Deum dilectione,
plura et majora donans, quemadmodum et Dominus discipulis
Joh. i. 50. dicebat: *Quoniam et majora horum videbitis.* Et Paulus ait:
Phil. iii. 12. 1 Cor. iv. 4; xiii. 9, 10. [2]*Non quod jam acceperim, aut quod justificatus sim, aut jam perfectus sim: ex parte enim scimus, et ex parte prophetamus. Cum
autem venerit quod perfectum est, quæ sunt ex parte, destruentur.*
Sicut igitur adveniente perfecto, non [3]alterum Patrem videbimus,
sed hunc quem nunc videre concupimus: *Beati enim* [4]*mundi
corde, quoniam ipsi Deum videbunt;* neque alium Christum et
Dei Filium exspectabimus, sed hunc qui ex Maria [5]Virgine, qui et
passus est, in quem et credimus, quem et diligimus; quemadmo-
Esai. xxv. 9. dum Esaias ait: *Et dicent in illa die: Ecce, Dominus Deus noster,
in quem speravimus, et exultavimus in salute nostra.* Et Petrus
1 Pet. i. 8. ait in epistola sua: *Quem non videntes diligitis,* inquit, *in quem
nunc non videntes* [6]*credidistis, gaudebitis gaudio inenarrabili;* neque G. 308.
alium Spiritum sanctum percipimus, nisi hunc qui est nobiscum,
Rom. viii. 15. et qui clamat, *Abba, Pater;* et in iisdem ipsis augmentum habe-
1 Cor. xiii. 12. bimus, et [7]proficiemus, ut jam non per speculum, et per ænigmata,
sed facie ad faciem fruamur muneribus Dei: sic et nunc plus tem-
Cf. I. 90. 3. plo, et plus Salomone percipientes, quod est adventus Filii Dei,
non alterum didicimus Deum, præter fabricatorem et factorem
omnium, qui ab initio nobis demonstratus est; neque alterum
Christum Dei Filium, præter eum qui a prophetis prædicatus est.

2. Novo enim Testamento cognito et [8]prædicato per prophetas, et ille qui illud dispositurus erat secundum placitum Patris prædi-

[1] ἀπομετρεῖσθαι, f. l. ἀπομείρεσθαι.

[2] These words of scripture are supplied by memory from Phil. iii. 12, 1 Cor. iv. 4, and xiii. 9, 10. The second is incorporated with the preceding in a similar way, in the ancient Italic version, known as the S. Germain copy; and as GRABE says, *Hæc Interpretem vel vetustum scribam ex Italica versione adjecisse puto, cui hoc interpretamentum ex* 1 *Corinth.* iv. 4, *citato loco insertum fuisse, ex Hilarii Comment. aliisque constat.*

[3] *alterum .... sed,* ἄλλον .... πλήν, below, *alterum præter.*

[4] CLERM., al. *mundo.*

[5] The AR. and CLERM. MSS. omit *Virgine,* which was first inserted in the text by FEUARDENT. VOSS. has it.

[6] *credidistis.* The words *credentes autem,* inserted from the Vulgate, p. 409, G., are omitted in the Syriac.

[7] *proficiemus,* προχωρήσομεν. The CL. has the worse reading, *perficiemus.*

[8] CL. *prædicatione.*

cabatur, manifestatus hominibus quemadmodum voluit Deus; ut possint semper proficere credentes in eum, et [1]per testamenta maturescere profectum salutis. Una enim salus et unus Deus; quæ autem formant hominem, præcepta multa, et non pauci gradus qui adducunt hominem ad Deum. [2]Terreno quidem et temporali regi, cum sit homo, licet aliquoties majores profectus attribuere his qui sunt subjecti: Deo autem non licebit, cum sit idem, et semper majorem gratiam præstare humano generi [3]velit, et pluribus muneribus assidue honorare eos qui placent ei? Si autem hoc est [4]proficere, alterum adinvenire Patrem præter eum qui ab initio annuntiatus est, et rursum, præter eum qui putatur secundo inventus esse, [5]alterum tertium adinvenire; et ejusdem erit [4]profectus et a tertio in quartum, et ab hoc rursum alterum et alterum: et sic semper putans proficere talis sensus, nunquam in uno stabit Deo. Expulsus enim ab eo qui est, et reversus retrorsum, quæret quidem semper, inveniet autem nunquam Deum; sed

[1] *per testamenta*, etc. These διαθηκαὶ were the Mosaic dispensation, under which Christ was foretold, and the Christian, under which those prophecies were fulfilled. The reading *profectum* for *perfectum* seems here to be indispensable. The Greek would then run as follows, ἵνα δυνήθωσιν κατὰ πάντα προκόπτειν οἱ πιστεύοντες εἰς αὐτὸν, καὶ διὰ τῶν διαθηκῶν τελειοῦσθαι τὴν τῆς σωτηρίας προκοπήν, where *maturescere* by a very likely solecism may have been written for *maturare*. There is something no less harsh in GRABE's proposed reading, *ad perfectum salutis*, i. e. *ad perfectam salutem*. The same objection applies to MASSUET's explanation, that the words are equivalent to *perfectione salutis;* besides, where would there be any probable solution in the Greek? The alteration now proposed scarcely deserves the name, for in most MSS. *perfectum* and *profectum* would be written alike. Compare the *varia lectio* p. 162, n. 4, and *homo vero profectum percipiens et augmentum a Deo*, c. XXI. 2. MASSUET's quotation of the words some way above, *sicut igitur adveniente perfecto*, is not at all to the purpose, the passage being evidently an application of S. Paul's words, ὅταν δὲ τὸ τέλειον ἔλθῃ, they are in no way of parallel import with the words now under consideration.

GRABE's note is as follows: Perfectum salutis. *Ita vet. Codex Feuard. et Voss. Sed Erasm. Gallas. Arundel. Merc.* 2, *habent* per effectum *pro* perfectum. *Denique Feuardentio utrumque retinere visum est. Sed, nisi me conjectura fallit, legendum*, ad perfectum salutis, *id est*, ad perfectam salutem; *quomodo pag.* 380, *lin.* 6, *de homine loquitur, velut per diversos gradus pervenientc ad perfectum*, πρὸς τέλειον ἀνερχομένου. *Et inferius pag.* 409, *col.* 1, *lin.* 22. Nunc autem partem aliquam Spiritus ejus sumimus ad perfectionem et præparationem incorruptelæ, paulatim assuescentes capere et portare Deum.

[2] CL. inserts *ante*, from the syllables on either side. The COD. VET. of FEUARD. and VOSS. have *ante terrenum*.

[3] *velit* inserted by MASS. from the CLERM. MS.

[4] *proficere .... profectus*, here perhaps, τὸ προχωρεῖν ... προχώρησις. Cf. *proficiet ad*, XXI. 2.

[5] *alterum tertium*, τρίτον ἄλλον.

LIB. IV. xix. 2. GR. IV. xxii. MASS. IV. ix. 3. semper [1]incomprehensibilitatis profundo natabit, nisi per pœnitentiam conversus, unde et abjectus erat, revertatur, unum Deum Patrem Demiurgum confitens et credens, qui a Lege et prophetis annuntiatus est, qui a Christo testificatus est, quemadmodum ipse ait ad eos qui accusabant ejus discipulos, quasi non servarent traditionem seniorum: (Matt. xv. 3, 4.) *Quare vos frustramini præceptum Domini propter traditionem vestram? Deus enim dixit: Honora patrem et matrem; et, Qui maledixerit patri aut matri, morte moriatur.* Et iterum [2]secundo ait eis: (Matt. xv. 6.) *Et frustrati estis [3]sermonem Dei propter traditionem vestram;* manifestissime Patrem et Deum confitens Christus eum qui in Lege dixit: (Exod. xx. 12, juxta LXX.) *Honora patrem et matrem, ut tibi bene sit.* [4]Verbum enim Dei confessus est Legis præceptum verax Deus, et neminem alterum Deum appellavit, quam suum Patrem.

CAP. XX.

Quemadmodum Moyses adventum Christi significavit, et tempus passionis et locum in quo passus est.

1. Bene igitur et Johannes meminit dicentem Dominum Judæis: (Joh. v. 39, 40.) *Scrutamini Scripturas, [5]in quibus putatis vos vitam æternam habere: illæ sunt quæ testimonium perhibent de me. Et non vultis venire ad me, ut vitam habeatis.* Quomodo igitur testabantur de eo Scripturæ, nisi ab uno et eodem essent Patre, præinstruentes homines de adventu Filii ejus, et prænuntiantes salutem, quæ est ab eo? (Joh. v. 46.) *Si enim crederetis Moysi, crederetis et mihi: de me enim ille scripsit;* scilicet quod inseminatus est ubique in Scripturis ejus Filius Dei; (Gen. xviii. 5.) aliquando quidem cum Abraham [6]loquens, cum eodem comesurus: (Gen. vi. 15. Cf. ix. 27. Gen. iii. 9.) aliquando cum Noë, dans ei [7]mensuras: aliquando (M. 239. G. 309.)

[1] Cf. S. J. Chrysostom *de Incompr.* Ἀκατάληπτον λέγεται πέλαγος, εἰς ὃ καθιέντες ἑαυτοὺς οἱ κολυμβηταί, καὶ πρὸς πολὺ καταφερόμενοι βάθος, τὸ πέρας ἀδυνατοῦσιν εὑρεῖν.

[2] *secundo,* cancelled by Massuet, is found in the Arund., Voss., and Merc. ii. MSS., but not in the Clerm. πάλιν δεύτερον stood perhaps in the original.

[3] Sermonem Dei, *Ita cum Irenæo habent Syrus, Persicus, et Æthiopicus Interpretes, nec non Cod. Cantabrigiensis; cum edita S. Matthæi exemplaria ἐντολήν, non λόγον Θεοῦ sonent.* Grabe.

[4] ὡμολόγησε γὰρ τὸν λόγον Θεοῦ τὴν τοῦ νόμου ἐντολὴν ὁ ἀληθινὸς Θεός. Compare the preceding note.

[5] *in quibus,* as the Syr. ܕܒܗܘܢ, but Gr. ὅτι ἐν αὐταῖς.

[6] Tert. *c. Prax.* 11, 12, cf. c. xxvii.

[7] *mensuras,* i. e. the dimensions of the ark, Gen. vi. 15, 16. But the true reading in this passage is very doubtful. The text of Grabe is followed; Massuet omits *cum eodem comesurus,* and reads *eis* before *mensuras,* on the faith of the Clerm. and Voss. MSS. Erasm., Gall., Ar. and Merc. ii. read *aliquando* before *cum eodem,* but omit *aliquando*

autem quærens Adam: aliquando autem Sodomitis inducens judicium: et rursus cum [1]videtur, et in viam dirigit Jacob: et de rubo loquitur cum Moyse. Et non est numerum dicere in quibus a Moyse ostenditur Filius Dei: cujus et diem passionis non ignoravit, sed figuratim prænuntiavit eum, [2]Pascha nominans: et in eadem ipsa, quæ ante tantum temporis a Moyse prædicata est, passus est Dominus adimplens Pascha. Non solum autem diem descripsit, sed et locum, et extremitatem temporum, et signum occasus solis, dicens: *Non poteris immolare Pascha in ulla alia civitatum tuarum, quas Dominus Deus dat tibi, nisi in eo loco, quem delegerit Dominus Deus tuus invocari nomen suum ibi: immolabis Pascha vespere ad occasum solis.*

LIB. IV. xx. 1. GR. IV. xxiii. MASS. IV. x. 1.

Gen. xix. 24. Gen. xviii. 13 seq., et xxxi. 11 seq. Exod. iii. 4 seq. Exod. xii. 3 seq. Deut. xvi. 5, 6.

2. Jam autem et manifestaverat ejus adventum, dicens: *Non deerit princeps in Juda, neque dux ex femoribus ejus, quoadusque veniat cui [3]repositum est, et ipse est spes gentium; alligans ad vitem pullum suum, et ad helicem pullum asinæ. Lavabit in vino stolam suam, et in sanguine uvæ pallium suum: lætifici oculi ejus [4]a vino, et candidi dentes ejus [5]quam lac.* Inquirant enim hi qui omnia

Gen. xlix. 10, 11, 12.

cum Noë ... Adam, the mention of Abraham immediately preceding the judgment of the cities of the plain; the instances of Adam and Noah may have been transposed or interpolated from the margin.

[1] CLERM., VOSS., MASS., *videretur*. There is an allusion to a favourite derivation of the name *Israel* from איש . ראה . אל, *Homo videns Deum*. So HIPP. *c. Noet.* Ἰσραὴλ δὲ τίς ἐστιν ἀλλ' ἢ ἄνθρωπος ὁρῶν τὸν Θεόν. 5. The fathers can scarcely be blamed in following the lead of PHILO, who must have known better; he says, ὁ μὲν Ἰακὼβ πτερνιστὴς, ὁ δὲ Ἰσραὴλ ὁρῶν τὸν Θεὸν καλεῖται. *de Mut. Nom.* 12.

[2] *Ex hoc quoque loco existimatur Irenæus judicasse, vocem Paschatis deductam esse a Græco verbo πάσχειν, quod* pati *significat: quod certe illi commune fuerit cum Tert. c. Jud.* 10, *Naz. Or.* 2, *de Pasch. Lact.* IV. 26. *Arn. Rom. in conflictu cum Serapione, et aliquot aliis; cum tamen vere Hebraica, vel potius Chaldaica sit, et* transitum *significet, vel* Angeli *percutientis Ægyptios, juxta Hieron. in Mich. et Matth. vel* populi Israelitici *ex Ægypto per medium mare transeuntis in desertum, ut est Naz. et Aug. sententia. Sed veteres illi dicentes* Pascha *a* πάσχειν *deduci, non tam ipsius vocis etymon, quam mysterii rationem habuerint.* FEU. In this place if IRENÆUS had considered that *Pascha* was a derivative ἀπὸ τοῦ πάσχειν, he would have stated this plainly. As it is he only adduces the Paschal solemnity, as typifying the time of Christ's Passion. That he here makes no verbal comparison between πάσχειν and *Pascha*, is another good proof of his knowledge of Hebrew.

[3] CODD. VET., VOSS., *repromissum*, as in NOV. *de Trin.* 9. LXX. τὰ ἀποκείμενα αὐτῷ. l. al. ᾧ ἀπόκειται. i.e. שִׁילֹה *Helicem*, CLERM. *illicem*.

[4] *A vino*] *Irenæus itaque non* ὑπὲρ οἶνον, *ut editt.* τῶν ό *habent, sed* ἀπὸ οἴνου *legit, quomodo et in Cod. Alexandr. exaratum est.* GRABE. The construction, however, is in imitation of the Hebrew comparative, חַכְלִילִי עֵינַיִם מִיָּיִן.

[5] *tam* is here inserted in the CLERM. copy, but *ab alia manu*.

LIB. IV. xx. 2. GR. IV. xxiii. MASS. IV. x. 2. scrutari dicuntur, id tempus in quo defecit princeps et dux ex Juda, et qui est gentium spes, et qui vitis, et qui pullus ejus, et quod indumentum, et qui oculi, et qui dentes, et quod vinum, et unumquodque ex dictis exquirant; et invenient non alium, nisi G. 310. Dominum nostrum [1]Christum Jesum, annuntiatum. Quapropter Deut. xxxii. 6. Moyses increpans populum, quod ingratus exsisteret, ait, *Sic populus fatuus, et non sapiens, hæc Domino retribuistis!* Et rursus significans, quoniam [2]qui ab initio condidit et fecit eos Verbum, et in novissimis temporibus redimens nos et vivificans, ostenditur Deut. xxviii. 66. pendens in ligno, et non credent ei. Ait enim: [3]*Et erit vita tua* Iterum Deut. xxxii. 6. *pendens ante oculos tuos, et non credes vitæ tuæ.* Et iterum: *Nonne hic idem Pater tuus [4]possedit te, et fecit te, et creavit te?*

CAP. XXI.

Quoniam et prophetæ, et justi, ante adventum Domini, cognoverunt adventum ejus.

1. Quoniam autem non solum prophetæ et justi multi, præscientes per Spiritum sanctum adventum ejus, oraverunt in illud tempus venire, in quo facie ad faciem viderent Dominum suum, et sermones audirent ejus, Dominus fecit manifestum, dicens disci- Matt. xiii. 17. pulis: *Multi prophetæ et justi cupierunt videre quæ videtis, et non viderunt, et audire quæ auditis, et non audierunt.* Quemadmodum igitur concupierunt et audire, et videre, nisi præscissent futurum ejus adventum? Quomodo autem præscire potuerunt, nisi ab ipso M. 240. præscientiam ante accepissent? Quomodo autem Scripturæ testificantur de eo, nisi ab uno et eodem Deo omnia semper per Verbum revelata et ostensa fuissent credentibus; aliquando quidem colloquente eo cum suo plasmate, aliquando autem dante legem, aliquando vero exprobrante, aliquando vero exhortante, ac deinceps liberante servum, et adoptante in filium, et apto tempore 1 Pet. i. 4. incorruptelæ hæreditatem præstante, ad perfectionem hominis? Plasmavit enim eum in augmentum et incrementum, quemad- Gen. i. 28. modum et Scriptura dicit: *Crescite et multiplicamini.*

[1] *Christum Jesum,* the Clerm. order.

[2] *qui... Verbum,* ὁ ἀπ' ἀρχῆς κτίσας καὶ ποιήσας αὐτοὺς ὁ Λόγος.

[3] Et erit vita tua pendens. *Hunc locum de crucis mysterio, post Irenæum interpretantur Cyprianus lib.* II. *adversus Judæos cap.* 20, *Ruffinus in Exposit. Symb. Tertullianus lib. contra Judæos, Athanasius lib. de Incarnatione Verbi, Augustinus lib.* XII. *contra Faustum cap.* 5, *Novat. lib. de Trinit. et Lactantius lib.* IV. *cap.* 18. Feuard.

[4] *possedit te,* Hebr. קָנֶךָ. See p. 157, note 5.

2. Et hoc Deus ab homine differt, quoniam Deus quidem facit, homo autem fit: et quidem qui facit, semper idem est: quod autem fit, et initium, et medietatem, et adjectionem, et augmentum accipere debet. Et Deus quidem bene facit, bene autem fit homini. Et Deus quidem perfectus in omnibus, ipse sibi æqualis et similis; [1]totus cum sit lumen, et totus mens, et totus substantia, et fons omnium bonorum: homo vero profectum percipiens et augmentum ad Deum. Quemadmodum enim Deus semper idem est; sic et homo in Deo inventus, semper proficiet ad Deum. Neque enim Deus cessat aliquando in benefaciendo, et locupletando hominem: neque homo cessat beneficium accipere, et ditari a Deo. [2]Exceptorium enim bonitatis, et organum clarificationis ejus, homo gratus ei qui se fecit: et iterum exceptorium justi judicii ejus homo ingratus, et spernens plasmatorem, et non subjectus Verbo ejus: qui plurimum semper fructificantibus, et plus habentibus dominicum argentum, daturum se pollicitus est. *Euge*, inquit, *serve bone, et fidelis, quia in modico fidelis fuisti, super multa te constituam; intra in gaudium Domini tui:* ipse Dominus plurimum promittens.

LIB. IV. xxi. 2. GR. IV. xxiv. MASS. IV. xi. 1.

Matt. xxv. 21 et 23.

3. Sicut ergo nunc fructificantibus, plurimum daturum se pollicitus est, secundum munerationem gratiæ suæ, sed non secundum commutationem agnitionis; [3]ipse enim Dominus perseverat, et idem Pater revelatur; sic ergo et posterioribus majorem

G. 311. quam quæ fuit in veteri Testamento munerationem gratiæ attribuit unus et idem Dominus per suum adventum. Et illi enim per famulos audiebant venturum regem, et mediocriter gaudebant, secundum quod sperabant venturum eum: qui autem præsentem viderunt, et libertatem adepti et potiti sunt ejus muneratione, majorem gratiam et abundantiorem exultationem habent, gaudentes de regis adventu, quemadmodum et David dicit: *Anima mea exultabit in Domino, jucundabitur in salutari ejus.* Et propter hoc Hierosolymam introëunte eo, omnes qui erant in via David, [4]in dolore animæ cognoverunt suum regem, et substraverunt ei

Ps. xxxiv. 9.

Matt. xxi. 8 seq.

[1] A passage already occurring in Greek, vol. I. p. 111, and in Latin, pp. 282, 354.

[2] *Exceptorium*, ἐκδοχεῖον, vol. I. p. 127.

[3] *κατὰ δόσιν χάριτος, ἀλλ' οὐ κατ' ἀμοιβὴν γνώσεως, ὁ αὐτὸς γὰρ Κύριος διαμένει*, *idem* not *ipse*.

[4] *in dolore animæ;* the Psalm from whence the preceding quotation had been made, is directly prophetical of the sorrows of Christ, and of his humiliation in the hall of judgment; all, therefore, who were *in via David*, recognised

LIB. IV. xxi. 3. GR. IV. xxiv. MASS. IV. xi. 3. vestimenta, et [1]ramis viridibus adornaverunt viam, cum magna lætitia et exultatione clamantes: *Osanna filio David, Benedictus qui venit in nomine Domini, Osanna in excelsis.* Zelantibus
Ps. cxviii. 25. autem malis [2]dispensatoribus, qui circumveniebant inferiores, et
Joh. vii. 49. dominabantur eorum quibus ratio non constabat, et propter
Matt. xxi. 16. hoc nolentibus venisse regem, et dicentibus ei, *Audis quid isti*
Ps. viii. 3. *dicunt?* ait [3]Dominus: *Nunquam legistis, Ex ore infantium et lactentium perfecisti laudem?* id quod a David in Filium Dei dictum erat, in se factum ostendens, et significans, illos quidem nescire virtutem Scripturæ, et dispositionem Dei; se autem esse
Ps. viii. 2. qui a prophetis annuntiatus sit Christus, cujus nomen in omni terra laudatur, ex ore infantium et lactentium laudem [4]perficientis suo Patri: quapropter et elevata est magnificentia ejus super cœlos.

4. Si ergo idem ipse adest, qui prædicatus est a prophetis, Dominus [5]noster Jesus Christus, et adventus ejus pleniorem gratiam et majorem munerationem attribuit his qui susceperunt eum, manifestum, quoniam et Pater idem ipse est, qui a prophetis annuntiatus est, et non alterius Patris agnitionem fecit veniens Filius, sed ejusdem qui ab initio prædicatus est; a quo et libertatem detulit his qui legitime, et prono animo, et toto corde deserviunt ei: contemtoribus autem, et non subjectis Deo, sed in [6]gloriam hominum exteriores munditias sectantibus, ([7]quæ in figuram
Col. ii. 17. Heb. x. 1. futurorum traditæ erant, velut [8]umbræ cujusdam descriptionem faciente Lege, atque deliniante de temporalibus æterna, de terrenis cœlestia), fingentibus plusquam quæ dicta sunt sese observare, tanquam diligentiam suam etiam ipsi Deo præferentibus, intus

Messiah the King in his humiliation and sorrow of soul; ἐν ταπεινώσει τῆς ψυχῆς, meaning either *humiliation* or *affliction;* so also the Syr. ܡܟܝܟ Matt. xxi. 5, means either *meek* or *sorrowful.*

[1] Upon this usage of the Jews at their principal feasts, and their particular acclamation on the present occasion, the reader is referred to the Rabbinical and other references in the editor's work upon the *Three Creeds*, pp. 254—257. Also to a Visitation Sermon upon Ps. cxviii. 26. 1853.

[2] ζηλωσάντων δὲ τῶν κακῶν οἰκονόμων.

[3] Clerm. *Jesus.*

[4] MSS. *perficienti,* the final letter being lost in *suo* following.

[5] The Clerm. MS. adds *Deus,* which Cod. Vet., Ar., Voss. substitute for *Dominus.* The rest have the more probable reading of the text.

[6] Clerm. ἐπὶ τὴν τῶν ἀνθρώπων δόξαν, *in opinionem hominum.* al. *gloria.*

[7] Cl. *quod.*

[8] *umbræ cujusdam,* ὥσπερ σκιᾶς τινας ὑποτυποῦντος τοῦ νόμου, but read by the translator as σκιᾶς τινος.

autem plenis hypocrisi, et cupiditate, et omni malitia, [1]sempiternam attulit perditionem, abscindens eos a vita. LIB. IV. xxii. 1. GR. IV. xxv. MASS. IV. xii. 1.

CAP. XXII.

Matt. xxiii. 25 et 28.

Quemadmodum seniorum traditio contraria erat Legi quæ data est per Moysem.

M. 241. 1. SENIORUM enim ipsorum traditio, quam ex Lege observare fingebant, contraria erat Legi [2]datæ per Moysem. Propter hoc et Esaias ait: *Caupones tui miscent vinum aqua;* ostendens Esai. i. 22. quod austero Dei præcepto miscerent seniores aquatam traditionem, id est, [3]aggredientes adulteram legem, et contrariam Legi, sicut et Dominus fecit manifestum, dicens eis: *Quare vos transgredimini præceptum Dei propter traditionem vestram?* Matt. xv. 3. Non solum autem per prævaricationem frustrati sunt Legem Dei, [4]miscentes vinum aqua; sed et suam [5]legem e contrario statuerunt, quæ usque adhuc Pharisaica vocatur. In qua quædam quidem auferunt, quædam vero addunt, quædam autem, quemadmodum G. 312. volunt, interpretantur; quibus utuntur singulariter magistri eorum: quas traditiones volentes vindicare, Legi Dei instituenti eos [6]ad adventum Christi non subjecti esse voluerunt; sed et Dominum arguebant in sabbatis curantem, quod quidem sicut prædiximus, Lex non prohibebat. Etenim ipsi secundum aliquid [7]curabant, circumcidentes hominem in sabbato; se autem ipsos non redarguebant, per traditionem et prædictam Pharisaicam legem transgredientes præceptum Dei, et præceptum Legis non habentes, id est dilectionem quæ est [8]erga Deum.

[1] The MSS. insert *in*.

[2] CL., AR., MERC. II., but *quæ data est*, VOSS., GRABE.

[3] *aggredientes*. MASSUET explains the word as the translation of *ἐπιχειροῦντες* or *ἐγχειροῦντες*. But the author in all probability wrote *ἐπιβάλλοντες*, which the translator read as *ἐπιλαβόντες*, and rendered by its equivalent *aggredientes*, in the sense of *taking in hand*. Comp. also p. 183, n. 4, where the word recurs. I consider that *νόμον* was introduced by some later hand in the following passage, *τουτέστιν ἐπιβάλλοντες νόθον* [*νόμον*], *καὶ ἐναντίαν τῷ νόμῳ*, the word *νόθον* referring to *παράδοσιν*. See p. 183, n. 4.

[4] It was at a later date that the Jews learned to compare the Word to *water*, the Mishna to *wine*, and the Gemara to *Hippocras*.

[5] *νόμος* scarcely has the extended meaning of the Chaldaic נמוס or Syr. ܢܡܘܣܐ, both of which terms might express the Greek term *αἵρεσις*.

[6] *παιδαγωγοῦντι αὐτοὺς εἰς τὴν τοῦ Χριστοῦ ἔλευσιν*. *ad*, therefore, seems to be a genuine reading, but it is discarded by MASSUET on the faith of the CLERM. and VOSS. MSS.; though it is found in the AR. and MERC. II. MSS.

[7] *ἐθεράπευον*, *ministrabant*.

[8] AR. *circa*. Cf. I. 313, n. 1.

LIB. IV xxii. 2. GR. IV. xxv. MASS. IV. xii. 2. 2. Quoniam autem hoc primum et maximum præceptum est, [1]sequens autem erga proximum, Dominus docuit, totam legem et prophetas pendere dicens ex ipsis præceptis. Et ipse autem aliud majus hoc præcepto non detulit: sed hoc ipsum renovavit suis discipulis, jubens [2]eis Deum diligere ex toto corde, et cæteros quemadmodum se. Si autem ab alio descendisset [3]Patre, nunquam ex Lege primo et summo usus esset præcepto, sed utique omnimodo eniteretur majus hoc a perfecto Patre deferre, non [2]eo uti quod a Deo Legis fuisset datum. Et Paulus autem: *Adimpletio*, inquit, *Legis dilectio:* et omnibus cæteris evacuatis, manere fidem, spem, dilectionem; majorem autem esse omnium dilectionem: et neque agnitionem sine dilectione quæ est erga Deum præstare aliquid; neque mysteriorum comprehensionem neque fidem neque prophetiam, sed omnia vacua et frustra esse sine dilectione: dilectionem vero perficere perfectum hominem; et eum qui diligit Deum esse perfectum, et in hoc ævo et in futuro. Nunquam enim desinimus diligentes Deum; sed quanto plus eum intuiti fuerimus, tanto plus eum diligimus.

Matt. xxii. 37—40. Rom. xiii. 10. 1 Cor. xiii. 13. 1 Cor. xiii. 2.

CAP. XXIII.

De Pharisaica lege: quæ sunt particularia præcepta, et quæ catholica.

1. In Lege igitur et in Evangelio cum sit primum et maximum præceptum, diligere Dominum Deum ex toto corde; dehinc simile illi, diligere proximum sicut seipsum: unus et idem ostenditur Legis et Evangelii conditor. Consummatæ enim vitæ [4]præcepta in utroque Testamento cum sint eadem, eundem [5]ostenderunt Deum: qui particularia quidem præcepta apta utrisque præcepit; sed eminentiora et summa, sine quibus salvari non est, in utroque eadem suasit. Quem autem non confundat Dominus, ostendens non ab altero Deo esse Legem, sic dicens eis qui a se docebantur, turbæ et discipulis: *Super cathedram Moysi sederunt scribæ et Pharisæi. Omnia itaque quæcunque dixerint vobis, custodite et facite; secundum autem opera eorum nolite facere: dicunt enim et*

Matt. xxiii. 2—4.

[1] *sequens autem*, ἀκόλουθος δὲ ἡ περὶ τὸν πλησίον, *consentaneum.*

[2] *eis* and *eo* infr. omitted in the Cl.

[3] Cl. *ex Patre.*

[4] *præcepta.* The Clerm. adds *et Evangelii*, but evidently as a repetition from the preceding sentence.

[5] Cl. *ostenderent.*

LIB. IV. xxiii. 1. GR. IV. xxvi. MASS. IV. xii. 4.

non faciunt. Alligant enim [1]*sarcinas graves, et imponunt super humeros hominum; ipsi autem nec digito quidem volunt eas movere.* Non ergo eam Legem, quæ est per Moysem data, incusabat, quam adhuc salvis Hierosolymis suadebat fieri; sed illos redarguebat, quod verba quidem Legis enuntiarent, essent autem sine dilectione, et propter hoc injusti in Deum et in proximos exstiterunt. Quemadmodum et Esaias ait: *Populus hic labiis me honorat,* Esai. xxix. 13.
cor autem eorum longe est a me. Frustra autem colunt me, docentes doctrinas et præcepta hominum. Non per Moysem datam Legem dicens præcepta hominum, sed traditiones [2]presbyterorum ipsorum, quas finxerant, quas vindicantes frustrabantur Legem Dei, et propter hoc nec Verbo ejus subjecti sunt. Hoc enim est quod
G. 313. et a Paulo dicitur de istis: *Ignorantes enim justitiam Dei, et suam* Rom. x. 3, 4.
justitiam volentes statuere, justitiæ Dei non sunt subjecti. Finis enim [3]*Legis Christus* [4]*ad justitiam omni credenti.* Et quomodo finis [3]Legis Christus, si non et [5]initium ejus esset? Qui enim finem intulit, hic et initium operatus est; et ipse est qui dicit Moysi:
Videns vidi vexationem populi mei qui est in Ægypto, et descendi ut Exod. iii. 7, 8.
eruam eos: ab initio assuetus Verbum Dei ascendere et descendere, propter salutem [6]eorum qui male haberent.

2. Quoniam autem Lex prædocuit hominem sequi oportere Christum, ipse facit manifestum ei qui interrogavit, quid faciens vitam æternam hæreditaret, sic respondens: *Si vis in vitam in-* Matt. xix. 17—22.
troire, custodi præcepta. Illo autem interrogante, *Quæ?* rursus Dominus: *Non mæchaberis, non occides, non furaberis, non falsum testimonium reddes, honora patrem et matrem, et diliges proximum*
M. 242. *tanquam teipsum;* velut gradus proponens præcepta Legis introitus in vitam, volentibus sequi eum: quæ uni tum dicens, omnibus dicebat. Ille autem cum dixisset: *Omnia feci,* (et forte [7]non fecerat, nam utique non diceretur ei, *Custodi præcepta,*) arguens Dominus cupiditatem ejus, dixit ei: *Si vis perfectus esse, vade, vende omnia quæ habes, et divide pauperibus, et veni, sequere me;* Apostolorum partem promittens eis, qui sic fecerint: et non alterum Deum Patrem annuntiabat eis qui sequebantur eum, præter

[1] The Syriac also takes no account of *δυσβάστακτα.*

[2] *presbyterorum,* previously rendered *seniorum,* c. XXII.

[3] The CLERM. MS. unaccountably omits *Legis* in both these places.

[4] CL. *in.*

[5] *initium,* the final cause.

[6] *τῶν κακῶς ἐχόντων.*

[7] The CLERM. interlines *si,* but in another hand; probably from *fortasse, καὶ ἴσως οὐκ ἐτήρησεν, ἐπεί γ' οὐκ ἄν...*

LIB. IV. xxiii. 2. GR. IV. xxvi. MASS. IV. xii. 5. eum qui ab initio a Lege annuntiatus est; nec alium Filium, nec matrem, Enthymesin Æonis, qui fuit in passione et in defectione; nec triginta Æonum plenitudinem, quæ vacua et inconstans ostensa est; nec eam fabulam quæ a reliquis hæreticis ficta est; sed docebat, ut facerent præcepta quæ ab initio præcepit Deus, [1]et ut veterem cupiditatem per opera bona solverent, et sequerentur Christum. Quoniam autem ea quæ possidentur pauperibus divisa, solutionem faciunt præteritæ cupiditatis, Zacchæus fecit manifestum: *Ecce*, dicens, *dimidium ex bonis meis do pauperibus, et si cujus quid fraudavi, reddo quadruplum.* (Luc. xix. 8.)

CAP. XXIV.

Quemadmodum Dominus, quæ de Lege comprehendebantur, superextendit discipulis et non dissolvit: et secundum quid plus abundat justitia nostra, quam Scribarum et Pharisæorum.

1. Et quia Dominus naturalia Legis, per quæ [2]homo [3]justificatur, quæ etiam [4]ante legisdationem custodiebant qui fide justificabantur et placebant Deo, non dissolvit, sed extendit et

[1] In a theological point of view it should be observed, that no saving merit is ascribed to almsgiving; it is spoken of here as the negation of the vice of covetousness, which is wholly inconsistent with the state of salvation to which we are called.

[2] *homo, the natural man*, Rom. ii. 27, keeping the spirit of the law by the degree of light still retained.

[3] Per quæ homo justificatur, *id est*, justus a Deo declaratur et pronuntiatur; *id quod patet ex Ezech.* xviii. 9, *ubi Deus de viro, qui in præceptis ejus ambulaverit etc. ait:* Hic justus est, vita vivet. *Et* 1 *Joan.* iii. 7. Filioli, nemo vos seducat; qui facit justitiam, justus est. *Hinc et Paulus Rom.* ii. 13. Non auditores legis justi sunt apud Deum, sed factores legis justificabuntur. *Idem ex instituto contra hæreticos, jam Apostolico ævo exortos, docet S. Jacobus cap.* 2, *Epistolæ Catholicæ. Quomodo vero hæc assertio concilianda sit cum eo, quod Paulus citatæ Epistolæ cap.* 3, *vers.* 28, *et partim Irenæus hac ipsa periodo subjungit,* fide *hominem justificari* sine operibus legis, *a pluribus, et Pontificiis et Anglicanis Theologis abunde monstratum est, præcipue a doctissimo G. Bullo in Harmonia Pauli ac Jacobi, ejusque defensione contra Tullium pag.* 37 *seq.* Grabe.

[4] *Ante legem Moysi, inquit, scriptam in tabulis lapideis, legem contendo fuisse non scriptam, quæ naturaliter intelligebatur, et a patribus custodiebatur. Nam unde Noë* justus inventus, *si non illum naturalis legis justitia præcedebat? Unde Abraham* amicus Dei *deputatus, si non de æquitate et justitia legis naturalis? Unde Melchisedec* Sacerdos Summi Dei *nuncupatus, si non ante Leviticæ legis sacerdotium fuerunt, qui sacrificia Deo offerebant.* Tertull. *adv. Jud.* 2.

G. 314. implevit, ex sermonibus ejus ostenditur. *Dictum est enim*, inquit, LIB. IV. xxiv. 1.
antiquis, Non mœchaberis. Ego autem dico vobis, Quoniam omnis GR. IV. xxvii.
qui viderit mulierem ad concupiscendum eam, jam mœchatus est MASS. IV. xiii. 1.
eam in corde suo. Et iterum: *Dictum est, Non occides. Ego* Matt. v. 27, 28.
autem dico vobis, Omnis qui irascitur fratri suo [1]*sine causa, reus* Matt. v. 21, 22.
erit judicio. Et, *Dictum est, Non perjurabis. Ego autem dico* Matt. v. 33, 34, 37.
vobis, Neque jurare in totum. Sit autem vobis sermo, Etiam etiam, et Non non. Et quæcunque sunt talia. Omnia enim hæc non contrarietatem et dissolutionem præteritorum continent, sicut qui a Marcione sunt vociferantur; sed plenitudinem et extensionem, sicut ipse ait: *Nisi abundaverit justitia vestra plus quam Scri-* Matt. v. 20.
barum et Pharisæorum, non intrabitis in regnum cælorum. Quid autem erat plus? Primo quidem [2]non tantum in Patrem, sed et in Filium ejus jam manifestatum credere; hic est enim, qui [3]in communionem et unitatem Dei hominem ducit. Post deinde non solum dicere, sed et facere; illi enim dicebant, sed non faciebant: Matt. xxiii. 3.
et non tantum abstinere a malis operibus, sed etiam a concupiscentiis eorum. Hæc autem non quasi contraria Legi docebat; sed adimplens Legem, et infigens justificationes Legis in nobis. Illud autem fuisset Legi contrarium, si quodcunque Lex vetasset fieri, idipsum discipulis suis jussisset facere. Et hoc autem quod præcepit, non solum vetitis a Lege sed etiam a concupiscentiis eorum abstinere, non contrarium est, quemadmodum diximus, neque solventis Legem, sed adimplentis et extendentis et dilatantis.

2. Etenim Lex, quippe servis posita, per ea quæ foris erant corporalia animam erudiebat; velut per vinculum attrahens eam ad obedientiam præceptorum, uti disceret homo servire Deo: Verbum autem [4]liberans animam, et per ipsam corpus voluntarie

[1] *Sine causa,* εἰκῇ *a Græcis Codd. abfuisse, suo tempore notarunt Hieronymus in Comment. ad Matth.* v. *et Augustinus lib.* I. *Retractat. cap.* 19, *nec Irenæi ævo lectum fuisse, ex Justini M. Apolog.* I. *ad Antoninum pag.* 30, *lin.* 18, *colligitur; adeo ut citationis in Epistola ad Zenam et Serenum, aliunde quoque dubia, nulla habenda sit ratio. Quid multis? ipse Irenæus se non legisse, manifeste in hujus capitis progressu indicat. A Scribis itaque tam hoc loco, quam supra* [Tom. I. p. 372], *ac infra* [Tom. II. p. 320, G.] *addita videtur; sicut et in Latinam vulgatam irrepsit, in qua olim haud exstitisse, Tertullianus Apol. cap.* 45, *indicat. Neque in Arab. et Æthiop. versionibus reperitur. Mill. N. Test.* GRAB. It may be observed that the Syriac has the Greek word ܐܝܩܐ, εἰκῇ.

[2] See p. 340, G.

[3] ὁ εἰς κοινωνίαν καὶ ἑνότητα Θεοῦ τὸν ἄνθρωπον ἄγων. Compare p. 21, n. 5.

[4] *Thy people shall be* willing *in the day of thy Power,* Ps. cx. 3, was the

LIB. IV. xxiv. 2. GR. IV. xxvii. MASS. IV. xiii. 2.

emundari docuit. Quo facto, necesse fuit auferri quidem vincula servitutis, quibus jam homo assueverat, et sine vinculis sequi Deum; superextendi vero decreta libertatis, et augeri subjectionem quæ est ad regem, ut non retrorsus quis revertens indignus appareat ei qui se liberavit: eam vero pietatem et obedientiam, quæ est erga patremfamilias, esse quidem eandem et servis et liberis; majorem autem fiduciam habere liberos, quoniam sit major et gloriosior operatio libertatis, quam ea quæ est in servitute obse-
Matt. v. 21 seq. quentia. Et propter hoc Dominus pro eo quod est, *Non mœchaberis*, nec concupiscere præcepit: et pro eo quod est, *Non occides*,
Matt. xix. 21. neque irasci quidem: et pro eo quod est decimare, omnia quæ M. 243.
sunt pauperibus dividere; et non tantum proximos, sed etiam
Matt. v. 43, 44. inimicos diligere: et non tantum bonos datores et communicatores esse, sed etiam adversus eos qui tollunt [1]nostra gratuito donatores.
Luc. vi. 29—31. *Tollenti enim tibi tunicam*, ait, *remitte ei et pallium: et ab eo qui tollit tua, non reposcas: et quemadmodum vultis ut faciant vobis homines, facite eis;* ut non quasi nolentes fraudari [2]contristemur, sed, quasi volentes donaverimus, gaudeamus, gratiam magis præ-
Matt. v. 41. stantes in proximos, quam [3]necessitati servientes. *Et si quis te*, inquit, *angariaverit mille passus, vade cum eo alia duo;* uti non quasi servus sequaris, sed quasi liber præcedas, [4]aptum te in omnibus et utilem proximo præstans: non illorum malitiam intuens,
Matt. v. 45. sed tuam bonitatem perficiens, configurans temetipsum Patri, *qui solem suum oriri facit super malos et bonos, et pluit super justos et* G. 315.
injustos.

3. Hæc autem omnia, quemadmodum prædiximus, non dissolventis erant Legem, sed adimplentis et extendentis et dilatantis in nobis: tanquam si aliquis dicat, majorem libertatis operationem, et pleniorem erga liberatorem nostrum infixam nobis subjectionem et affectionem. Non enim propter hoc liberavit nos, ut ab eo abscedamus; nec enim potest quisquam extra dominica constitutus

prophetical forecasting of the perfect law of liberty, the Gospel; in which the restraints of God's law are compatible with perfect liberty of action; for the will is reclaimed and brought into a *progressive* conformity with the will of God. *Practically* this change wrought in man's will is his reconciliation with the Father. Cf. *Creeds*, 518—521.

[1] The CLERM. MS. omits *nostra*, but the Greek must have had ἀλλὰ καὶ ἐπὶ τοὺς αἴροντας τὰ ἡμέτερα δωρεὰν χαριζόμενοι.

[2] FEU. marg., CLERM., VOSS., AR., *contristemini*.

[3] l. al. *necessitate*.

[4] *aptum*. MASSUET proposes as the original term ἐπιτήδειον, but the idea being *well disposed*, would rather seem to indicate εὔθετον...καὶ χρηστόν.

bona, sibimetipsi acquirere salutis alimenta: sed ut plus gratiam ejus adepti, plus eum diligamus. Quanto autem plus eum dilexerimus, hoc majorem ab eo gloriam accipiemus, cum simus semper in conspectu Patris. Quia igitur naturalia omnia præcepta communia sunt nobis et illis, in illis quidem initium et ortum habuerunt; in nobis autem augmentum et adimpletionem perceperunt. Assentire enim Deo, et sequi ejus Verbum, et super omnia diligere eum, et proximum sicut seipsum, homo autem [1] homini proximus, et abstinere ab omni mala operatione, et quæcunque talia communia utrisque sunt, unum et eundem ostendunt Deum. Hic est autem Dominus noster Verbum Dei, qui primo quidem servos attraxit Deo, postea autem liberavit eos qui subjecti sunt ei, quemadmodum ipse ait discipulis: *Jam non dicam vos servos: quia servus nescit quid ejus Dominus faciat. Vos autem dixi amicos, quoniam omnia quæ audivi a Patre* [2] *meo, manifestavi.* In eo enim quod dicit: *Jam non dicam vos servos*, manifestissime significavit se esse, qui primo quidem eam servitutem quæ est erga Deum, hominibus per Legem constituerit, post deinde libertatem eis donaverit. Et in eo quod dicit: *Quoniam servus nescit quid faciat Dominus ejus*, ignorantiam servilis populi manifestat per suum adventum. In eo autem quod amicos Dei dicit suos discipulos, manifeste ostendit se esse Verbum Dei, quem et Abraham [3] voluntarie et sine vinculis propter generositatem fidei sequens, amicus factus est [3] Dei. Sed neque Abrahæ amicitiam propter indigentiam assumsit Dei Verbum, exsistens ab initio perfectus: *antequam enim Abraham esset, ego sum*, inquit; sed ut ipsi Abrahæ donaret æternam vitam exsistens bonus, quoniam amicitia Dei [4] immortalitatis est condonatrix his qui aggrediuntur eam.

LIB. IV. xxiv. 3. GR. IV. xxvii. MASS. IV. xiii. 4.

Joh. xv. 15.

Jacob. ii. 23.

Joh. viii. 58.

[1] In the CLERM. MS. *homines;* indicating the very probable reading *hominis*, as a close copy of the Greek, τοῦ ἀνθρώπου πλησίον. The same MS. reads *proximo*, which was an assimilative though careless transition from *proximus*, so soon as the text read *homini*. The same MS. omits *abstinere*, with which the sense cannot dispense.

[2] MASSUET incorrectly quotes the CLERM. MS. as omitting *meo*, which is true only of AR. and VOSS. *vobis* is not read in these three MSS., neither is GRABE'S reading *nota feci*. Syr. ܡܢ ܐܒܝ ܐܘܕܥܬܟܘܢ.

[3] *voluntarie.... Dei.* These two words are carelessly omitted in the CLERM. MS. ἑκουσίως καὶ ἀδέσμως, διὰ τὸ τῆς πίστεως γενναῖον ἀκολουθῶν κ.τ.λ.

[4] συγχωρητική ἐστι τῆς ἀθανασίας τοῖς ἐπιλαβοῦσιν αὐτήν. The CLERM. is again careless and omits *immortalitatis est*, but adds the latter word after *condonatrix*. See p. 177, n. 3.

LIB. IV. xxv. GR. IV. xxviii. MASS. IV. xiv. 1.

CAP. XXV.

Quare fecit Deus hominem, et patres elegit, et nos vocavit, et quid præstat ea quæ est ad Deum servitus, et quare talis lex populo data est.

IGITUR initio, non quasi indigens Deus hominis, plasmavit Adam, sed ut haberet in quem collocaret sua beneficia. [1]Non enim solum ante Adam, sed et ante omnem conditionem glorificabat Verbum Patrem suum, manens in eo; et ipse a Patre clarificabatur,
Joh. xvii. 5. quemadmodum ipse ait: *Pater, clarifica me claritate, quam habui* [2]*apud te priusquam mundus fieret.* Nec nostro ministerio indigens jussit ut eum sequeremur; sed [3]nobis ipsis attribuens salutem. Sequi enim Salvatorem, participare est salutem: et sequi lumen, [4]percipere est lumen. Qui autem in lumine sunt, non ipsi lumen illuminant, sed illuminantur et illustrantur ab eo: ipsi quidem ei nihil præstant, beneficium autem percipientes illuminantur a lumine. Sic et servitus erga Deum, Deo quidem nihil præstat, nec opus est Deo humano obsequio; ipse autem sequentibus et servientibus ei, vitam et incorruptelam et gloriam æternam attribuit, G. 316.
beneficium præstans servientibus sibi, ob id quod serviunt, et sequentibus, ob id quod sequuntur; sed non beneficium ab eis percipiens: est enim dives perfectus et sine indigentia. Propter hoc autem exquirit Deus ab hominibus servitutem, ut quoniam est bonus et misericors benefaciat eis qui perseverant in servitute ejus. In quantum enim Deus nullius indiget, in tantum homo indiget M. 244.
Dei communione. Hæc enim gloria hominis, perseverare ac permanere in Dei servitute. Et propter hoc dicebat discipulis Do-
Joh. xv. 16. minus: *Non vos me elegistis, sed ego elegi vos;* significans, quoniam non ipsi glorificabant eum, sequentes eum; sed in eo quod
Joh. xvii. 24. sequerentur Filium Dei, glorificabantur ab eo. Et iterum: *Volo ut ubi ego sum, ibi et hi sint, ut videant claritatem meam;* non vane glorians super hoc, sed gloriam suam participari volens disci-
Is. xliii. 5. pulis suis, de quibus Esaias: *Ab oriente attraham semen tuum, et*

[1] *Coæternitatem Filii cum Patre astruit hoc loco, et alibi frequenter.* FEU.

[2] The CLERM. copy is again at fault, and omits *apud te*, the position of which however in the Greek is at the close of the text. The Syr. supplies the term twice, *apud te claritate, quam habui apud te.*

[3] The CL. reading is preferable as being more true to the context. The ARUND. MS. has, *sed ut...attribueret.*

[4] GRABE, &c. *participare.*

ab occasu colligam te: et dicam aquiloni, Adduc; et austro, Noli prohibere: [1]*attrahe filios meos de longinquo, et filias meas a summitatibus terræ, omnes quotquot vocati sunt in nomine meo. In gloria enim mea præparavi, et formavi, et feci eum.* [2]Hoc ideo, quoniam *ubicunque est cadaver, illuc congregabuntur et aquilæ*, participantes gloriæ Domini: qui et formavit, et ad hoc præparavit nos, ut dum sumus cum eo participemus gloriæ ejus.

LIB. IV. xxv. 1. GR. IV. xxviii. MASS. IV. xiv. 1.

Esai. xliii. 5, 6, 7. Matt. xxiv. 28.

2. Sic et Deus ab initio hominem quidem plasmavit propter suam munificentiam; patriarchas vero elegit propter illorum salutem; populum vero præformabat, docens indocibilem sequi Deum; prophetas vero præstruebat in terra, assuescens hominem portare ejus Spiritum, et communionem habere cum Deo: ipse quidem nullius indigens; his vero qui [3]indigent ejus, suam præbens communionem: et his qui ei complacebant, fabricationem salutis ut architectus delineans, et non videntibus in Ægypto a semetipso [4]dans ducationem; et his qui inquieti erant in eremo, dans aptissimam legem; et his qui in bonam terram introierunt, dignam præbens hæreditatem; et his qui convertuntur ad Patrem, saginatum occidens vitulum, et primam stolam donans: multis modis componens humanum genus ad consonantiam salutis. Et propter hoc Johannes in Apocalypsi ait: *Et vox ejus quasi vox aquarum multarum.* Vere enim [5]aquæ multæ Spiritus Dei, quoniam dives, et quoniam magnus est Pater. Et per omnes illos transiens Verbum, sine invidia utilitatem præstabat eis qui subjecti sibi erant, omni conditioni congruentem et aptam legem [6]conscribens.

Luc. xv 22, 23.

Apoc. i. 15.

3. Sic autem et populo tabernaculi factionem, et ædificationem templi, et Levitarum electionem, sacrificia quoque et oblationes, [7]et monitiones, et reliquam omnem [8]legis statuebat deservitionem. Ipse quidem nullius horum est indigens; est enim semper plenus omnibus bonis, omnemque odorem suavitatis, et omnes suaveolentium vaporationes habens in se, etiam antequam Moyses esset:

[1] CL., VOSS. *attraham.*

[2] *Hoc ideo,* CL. *ob ideo,* the true reading being, as I imagine, *ob hoc,* διὰ τοῦτο, but the translation being unusual *ideo* was written in the margin, from whence it got into the text.

[3] *indigent,* CL., AR., VOSS., VET. al. *indigentes sunt.* AR. omits *suam.*

[4] *dans ducationem,* ὁδήγησιν παρέχων. Cf. *ducator,* Vol. I. pp. 149, 316.

[5] *aquæ multæ.* The reader need not be reminded of the various passages of Scripture in which the effusion of the Holy Spirit is likened to water. *Dei.* AR., MERC. II., *enim* omitted in the AR.

[6] CLERM. *conscribere.*

[7] *et monitiones,* καὶ νουθεσίας, but the CLERM. copy omits the words.

[8] καὶ τὴν ἄλλην πᾶσαν τοῦ νόμου ἔστησε θεραπείαν. CL., VOSS. *lege.*

LIB. IV. xxv. 3. GR. IV. xxviii. MASS. IV. xiv. 3.

[1] facilem autem ad idola reverti populum erudiebat, per multas [2] vocationes præstruens eos perseverare, et servire Deo, per ea G. 317. quæ erant secunda, ad prima vocans; hoc est, per typica, ad vera; et per temporalia, ad æterna; et per carnalia, ad spiritalia; et per terrena, ad cœlestia; quemadmodum et dictum est Moysi:
Exod. xxv. 40. *Quoniam facies omnia juxta typum eorum quæ vidisti in monte.* [3] Quadraginta enim diebus discebat tenere sermones Dei, et characteres cœlestes, et imagines spiritales, et præfigurationes futu-
1 Cor. x. 4. rorum, quemadmodum et Paulus ait: *Bibebant enim de* [4] *sequenti petra: petra autem erat Christus.* Rursum prædictis his quæ in
1 Cor. x. 11. lege sunt, intulit: *Omnia autem hæc in figura veniebant illis: scripta sunt autem ad correptionem nostram, in quos finis seculorum devenit.* Per typos [5] enim discebant timere Deum, et perseverare in obsequiis ejus. Itaque lex, et disciplina erat illis, et prophetia futurorum. Nam Deus primo quidem per naturalia præcepta, quæ ab initio infixa dedit hominibus, admonens eos, [6] id est per Decalogum, (quæ si quis non fecerit, non habet salutem) [7] nihil plus ab eis exquisivit. Quemadmodum Moyses in Deuteronomio
Deut. v. 22. ait: *Hi sermones omnes, quos locutus est Dominus ad omnem synagogam filiorum Israel in monte, et* [8] *nihil adjecit, et scripsit ea in duabus tabulis lapideis: et dedit mihi;* propter [9] hoc ut custodirent præcepta hi qui velint sequi eum.

[1] MASS. partly following the CL. and the VOSS. text, has *facile autem ad idola revertentem;* the CL. MS. omits *ad;* VOSS. and AR. read *facilem;* but GRABE'S text as being more rough in its Latinity, and smoothly flowing in the Greek, is quite as likely to be genuine, *εὔκολον δὲ τὸ ἀναστρέφεσθαι εἰς εἴδωλα τὸν λαὸν ἐπαίδευσεν.* It is also the AR. text.

[2] *vocationes . . . vocans.* So the CL. *advocationes,* ARUND., VOSS., MERC. I., VET., ERASM., GALL. *avocationes,* GR. *provocans,* VOSS., (ST. *vocans?*) VET., ARUND.

[3] *διὰ τεσσαράκοντα γὰρ ἡμερῶν ἔμαθε κρατεῖν τῶν τοῦ Θεοῦ λόγων, καὶ τῶν οὐρανίων σχημάτων, καὶ τῶν εἰκόνων πνευματικῶν, καὶ τῶν μελλόντων προτυπώσεων,* all of which terms are synonyms of *λόγων*, as used by PHILO.

[4] *Nostri MSS. Codd. omnes desiderant τὸ spiritali; neque Æthiopicus Apostoli Interpres id legisse videtur.* GRABE. The Syriac, with which IRENÆUS so often agrees, has ܟܐܦܐ ܕܪܘܚܐ *petra spiritus.*

[5] *enim.* CLERM., VOSS., al. *ergo.*

[6] AR. *hoc est pedagogum.*

[7] The five following words are not read in the CLERM. MS. and they may have been a gloss in the margin, on the words *et nihil adjecit* (but see next note); in which case *νουθετῶν* preceding must be treated as a finite verb.

[8] *nihil* is added to the text, for though omitted in the present MSS. it was evidently in the copy of IRENÆUS, p. 191. 10, as well as in the Hebrew; the CLERM. for *Hi sermones,* reads *hos.*

[9] *hoc* in this position is frequently omitted in the AR. as also here.

LIB. IV. xxvi. 1. GR IV. xxix. MASS. IV. xv. 1.

CAP. XXVI.

Quemadmodum in populo priore, et in Ecclesia quædam præcepta propter duritiam et inobedientiam hominum data sunt.

1. At ubi conversi sunt in vituli factionem, et reversi sunt animis suis in Ægyptum, [1]servi pro liberis concupiscentes esse, aptam concupiscentiæ suæ acceperunt reliquam servitutem, a Deo quidem non abscindentem, in servitutis autem jugo dominantem [1]eis: quemadmodum et Ezechiel propheta causas talis legis datæ reddens, ait: *Et post concupiscentiam* [2]*cordis sui erant oculi eorum, et ego dedi eis præcepta non bona, et justificationes, in quibus non vivent in eis.* Et Lucas autem Stephanum, qui primus [3]in diaconium ab Apostolis electus est, et primus occisus est propter Christi martyrium, sic dixisse de Moyse scripsit: *Ille quidem accepit* [4]*præcepta Dei vivi, dare vobis, cui noluerunt obedire patres* [5]*vestri, sed abjecerunt et conversi sunt corde suo in Ægyptum, dicentes ad Aaron: Fac nobis deos, qui nos antecedant; Moyses enim qui eduxit nos de terra Ægypti, quid ei contigerit, ignoramus. Et vitulum fecerunt in diebus illis, et obtulerunt sacrificia idolo, et lætabantur in factis manuum suarum. Convertit autem Deus, et tradidit eos servire exercitibus cœli, quemadmodum scriptum est in libro prophetarum: Numquid sacrificia et oblationes obtulistis mihi annis quadraginta in eremo, domus Israel? et accepistis*

M. 245.

Exod. xxxii. 4.

Ezech. xx. 24 seq.

Act. vii. 38—43.

Amos v. 25, 26.

[1] δοῦλοι ἀντὶ ἐλευθέρων. Ar. eos.

[2] *Quod idololatria Judæorum in vitulo colendo occasio fuerit Legum de sacrificiis, ante Irenæum docuit Just. M. Tryph. p.* 237, Ἄδικος καὶ ἀχάριστος εἰς τὸν Θεὸν ὁ λαὸς ὑμῶν ἐφάνη, ἐν τῇ ἐρήμῳ μοσχοποιήσας· ὅθεν ὁ Θεὸς ἁρμοσάμενος πρὸς τὸν λαὸν ἐκεῖνον, καὶ θυσίας φέρειν, ὡς πρὸς ὄνομα αὐτοῦ, ἐνετείλατο, ἵνα μὴ εἰδωλολατρῆτε. Grabe. Here is a remarkable instance of a *varia lectio* in the Hebrew indicated only by Irenæus; the text has גִּלּוּלֵי אֲבוֹתָם *the idols of their fathers*, or as the LXX. have translated, ἐνθυμημάτων τῶν πατέρων αὐτῶν. But Irenæus has read גִּיל לְבַבוֹתָם ἐνθύμημα τῆς καρδίας αὐτῶν. Kennicott notices no such reading.

[3] Clerm. *in diaconio.*

[4] *præcepta Dei vivi,* λόγια ζῶντα. The *var. lectio* may be traced to the Syriac version, which has ܡ̈ܠܐ ܚܝܬܐ, this from similarity of sound became ܡ̈ܠܐ ܕܐܠܗܐ ܚܝܐ. Other points of resemblance with the Syriac translation may be observed in this section; *e. g.* the plurals, *sacrificia,* (depending, however, upon mere punctuation,) and *exercitibus,* of a more decided form, and *accepistis,* ܩܒܠܬܘܢ, for ἀνελάβετε.

[5] ἡμῶν, for *ūri* read *n̄ri.*

LIB. IV. xxvi. 1. GR. IV. xxix. MASS. IV. xv. 1. *tabernaculum Moloch, et* [1]*stellam Dei Rempham, figuras quas fecistis* G. 318.
adorare eas; manifeste significans, quoniam non ab altero Deo talis illis data Lex est, sed ab eodem ipso, apta illorum servituti.
Exod. xxxiii. 2, 3. Quapropter et in Exodo ad Moysem dicit: *Emittam ante te angelum meum: non enim ascendam tecum, quoniam populus duræ cervicis es.*

2. Et non solum hoc, sed et præcepta quædam a Moyse posita eis propter duritiam illorum, et quod nollent esse subjecti,
Matt. xix. 7, 8. manifestavit Dominus, cum dixissent ei: *Quare ergo Moyses præcepit dare libellum repudii, et remittere uxorem?* dicens eis: *Hæc vobis propter duritiam cordis vestri permisit; ab initio autem non ita factum est:* Moysem quidem excusans, quasi fidelem servum, unum autem, qui ab initio masculum et fœminam fecit, Deum confitens; illos autem arguens tanquam duros, et non subjectos. Et propter hoc aptum duritiæ eorum repudii præceptum a Moyse acceperunt. Et quid dicimus de veteri testamento hæc? quandoquidem et in novo Apostoli hoc idem facientes inveniuntur
1 Cor. vii. 12. propter prædictam causam, statim dicente Paulo: *Hæc autem ego*
1 Cor. vii. 6. *dico, non Dominus.* Et iterum: *Hoc autem dico secundum indul-*
1 Cor. vii. 25. *gentiam, non secundum præceptum.* Et iterum: *De virginibus autem præceptum Domini non habeo; consilium autem do, tanquam misericordiam consecutus a Domino, ut fidelis* [2]*sim.* Sed et alio
1 Cor. vii. 5. loco ait: *Ne tentet vos Satanas propter incontinentiam vestram.* Si igitur et in novo testamento, quædam præcepta secundum ignoscentiam Apostoli concedentes inveniuntur, propter quorundam incontinentiam, ut non obdurati tales, [3]in totum desperantes salutem suam, apostatæ fiant a Deo; non oportet mirari, si et in veteri testamento idem Deus tale aliquid voluit fieri pro utilitate populi, illiciens eos per prædictas observationes, ut per eas salutem Decalogi observantes, [4]munera dent ei, et detenti ab eo, non reverterentur ad idololatriam, nec apostatæ fierent a Deo, sed toto

[1] *Stellam Dei Rempham,* N. T. τὸ ἄστρον τοῦ θεοῦ ὑμῶν 'Ρεμφάν. Syr. ܘܟܘܟܒܗ ܕܐܠܗܐ ܪܐܦܢ, *et stellam Dei Rephan.* But the CODEX BEZÆ omits ὑμῶν, and also the New Coll. Catena on the Acts of the Apostles.

[2] *sim.* CL., VOSS., VET., al. *essem.*

[3] CL., VOSS. *in toto.*

[4] There seems no sufficient reason for suppressing this clause, as MASSUET has done, on the authority of the VOSS. and CLERM. MSS.; he reads, *observantes sint, et detenti ab eo,* and urges that the author is not speaking of gifts or sacrifices, but of writings of divorce, &c. The term *illicientes* preceding, suggests the substitution of *remunerentur,* for *si munera dent ei,* AR. ἵνα τὴν σωτηρίαν, τοῦ δεκαλόγου ὑπακούοντες, δωρηθῶσι, καὶ ὑπ' αὐτοῦ ἀπεργμένοι, κ. τ. λ.

corde discerent diligere eum. Si autem quidam propter inobedientes Israelitas et perditos, infirmum dicunt legis doctorem, invenient in ea vocatione quæ est secundum nos, multos quidem vocatos, paucos vero electos; et intrinsecus lupos, foris vero [1]indutos pelles ovium: et id quod erat semper liberum [1]et suæ potestatis in homine, semper servasse Deum, et suam exhortationem: ut juste [2]judicentur, qui non obediunt ei, quoniam non obedierunt: et qui obedierunt et [2]crediderunt ei, honorentur incorruptibilitate.

LIB. IV. xxvi. 2. GR. IV. xxix. MASS. IV. xv. 2.

Matt. xx. 16. Matt. vii. 15.

CAP. XXVII.

Quare circumcisio data est populo, et observatio sabbatorum, et quam habent recapitulationem.

M. 246. 1. QUONIAM autem et circumcisionem non quasi consummatricem justitiæ, sed in signo eam dedit Deus, ut cognoscibile perseveret genus Abrahæ, ex ipsa Scriptura discimus. *Dixit*, enim
G. 319. inquit, *Deus ad Abraham, Circumcidetur omne masculinum vestrum, et circumcidetis carnem præputii vestri*, [3]*in signo testamenti inter me et vos.* Hoc idem de sabbatis Ezechiel propheta ait: *Et sabbata mea dedi eis, ut sint in signo inter me et ipsos, ut sciant quoniam ego Dominus, qui sanctifico eos.* Et in Exodo Deus ait ad Moysem: *Et sabbata mea observabitis: erit* [4]*enim signum apud me vobis in generationes vestras.* In signo ergo data sunt hæc: [5]non autem sine symbolo erant signa, id est sine argumento, neque otiosa, tanquam quæ a sapiente artifice darentur; sed secundum carnem [6]circumcisio præsignificabat spiritalem. Etenim *nos*, ait Apostolus, *circumcisi sumus circumcisione non manufacta.* Et propheta ait: *Circumcidite duritiam cordis vestri.* Sabbata autem [7]perseverantiam totius diei erga Deum deservitionis edocebant. *Æstimati enim sumus*, ait Apostolus Paulus, *tota die*

Gen. xvii. 9, 10, 11.

Ezech. xx. 12.

Exod. xxxi. 13.

Colos. ii. 11. Deut. x. 16, juxta LXX.

Rom. viii. 36, ex Ps. xliii. 22.

[1] ἔξωθεν δὲ ἐπιβεβλημένους τὰς προβατείας δοράς. I. 4, 2. CL., VOSS. *a foris.* AR. *foris*, and *ut* over *et*.

[2] *judicentur.* The reading of the CLERM. and VOSS. MSS.; the AR. omits the word altogether. GR. *damnentur*, a probable gloss. CL., AR. *credunt*, next line.

[3] VET., CL. *et* VOSS. *quibus ex parte consentit Cod.* AL. *in quo legitur* ἐν σημείῳ, *in reliquis*, et erit in signum. MASS.

[4] *enim* CL., VOSS. *in* AR.

[5] οὐδὲ ἀσύμβολα ἦν σημεῖα, τούτεστιν ἄτοπα, οὐδὲ κενά, where ἄτοπα is a gloss. CL. omits *autem*. See pp. 201. 6. 228. 2.

[6] *circumcisio præsignificabat spiritalem;* see *The Creeds*, p. 244. CLERM. *circumcisio significabat.* VOSS. adds *circumcisionem.* AR. and MERC. II. *circumcisio præfigurabat.* From which *variæ lectiones* the text has been formed. Gr. ἀλλὰ ἡ κατὰ σαρκὰ περιτομὴ προεσήμηνεν τὴν πνευματικήν.

[7] τὴν καθημερινὴν διαμονὴν τῆς περὶ τὸν Θεὸν λατρείας.

LIB. IV. xxvii. 1. GR. IV. xxx. MASS. IV. xvi. 1. *ut oves occisionis;* scilicet consecrati, et ministrantes omni tempore fidei nostræ et perseverantes ei, et abstinentes ab omni avaritia, non acquirentes nec possidentes thesauros in terra. Manifestabatur autem et tanquam de ea quæ facta sunt, requietio Dei, hoc est, [1]regnum, in quo requiescens homo ille qui perseveraverit Deo assistere, participabit de mensa Dei. (Matt. vi. 19.)

2. Et quia non per hæc justificabatur homo, sed in signo data sunt populo, ostendit, quod ipse Abraham sine circumcisione, et sine observatione sabbatorum, *credidit Deo, et reputatum est illi ad justitiam, et amicus Dei vocatus est.* (Jac. ii. 23.) Sed et Lot sine circumcisione eductus est de Sodomis, percipiens salutem a Deo. (Gen. xix. 17.) Item Deo placens Noe cum esset incircumcisus, accepit [2]mensuras mundi secundæ generationis. (Gen. ix. 27. et x. totum.) Sed et Enoch sine circumcisione placens Deo cum esset homo, [3]Dei legatione ad angelos fungebatur, et [4]translatus est, et conservatur usque nunc testis justi judicii Dei: (Gen. v. 22 et 24. Heb. xi. 5.) quoniam angeli [5]quidem transgressi deciderunt in terram in judicium; homo autem placens, translatus est in salutem. Sed et reliqua autem [6]omnis multitudo eorum, qui ante Abraham fuerunt justi, et eorum patriarcharum, qui ante Moysem fuerunt, [7]et sine his quæ prædicta sunt, et sine lege Moysi justificabantur. Quemadmodum et ipse Moyses in Deuteronomio ait ad populum: *Dominus Deus tuus testamentum disposuit in Horeb: et non patribus vestris disposuit Dominus testamentum hoc, sed ad vos.* (Deut. v. 2, 3.)

3. Quare igitur patribus non disposuit Dominus testamentum? Quia *lex non est posita justis;* justi autem patres [8]virtutem decalogi (1 Tim. i. 9.)

[1] Having used the Valentinian term ἀνάπαυσις, the author defines it as being the kingdom of God, so frequently likened in Scripture to a marriage-feast. For *ea* in the preceding line, read *iis*.

[2] GRABE compares EPIPH. *Anc.* 114, *de Noë.* Διαμερίζει μὲν, ὡς κληρονόμος τοῦ κόσμου, καταστὰς ὑπὸ τοῦ Θεοῦ, τοῖς τρισὶν υἱοῖς αὐτοῦ τὸν πάντα κόσμον, ὑπὸ κλήρους διελὼν, καὶ ἑκάστην μερίδα κατὰ κλῆρον ἑκάστῳ ἀπονέμων. But may not the Greek have been, ἐδέξατο τὰς μετρήσεις τοῦ κόσμου τῆς δευτέρας γενέσεως, i.e. of the ark? p. 172, 7. CL., VO., VET. as above. AR. &c. *secundum generationes.*

[3] *Dei.* So the AR. *Quæ sit Enochi legatio ad angelos, liquet ex apocrypho libro Enochi, quem Irenæo ob oculos fuisse dubitare nequimus. Etenim capp.* 12—16 *dicti libri Enochus ad angelos a Deo missus esse narratur, qui nullam iis peccatorum (sc. in re filiarum hominum,) veniam sperandam esse annuntiaret.* MASS., CL., VOSS., VET. omit *Dei.*

[4] *translatus est,* to Paradise, v. v.

[5] According to LE NOURRY, *Bibl. PP.* II. 715, the angels rebelled against God in heaven, and were banished to earth, where they committed fresh offence, Gen. vi. 2. AR. omits *quidem,* and *in terram.*

[6] CLERM. *cum omni multitudine.*

[7] CL., VOSS., but AR. omits *et.*

[8] *virtutem ... diligentes,* so CL., AR., MERC. II., MASS., but GRABE as VOSS. *virtute,* with *legem* before *diligentes,* a marginal gloss upon *virt. decalogi.*

conscriptam habentes in cordibus et animabus suis, diligentes LIB. IV. xxvii. 3.
scilicet Deum qui fecit eos, et abstinentes erga proximum ab GR. IV. xxx.
M. 247. injustitia: propter quod non fuit necesse admoneri eos correp- MASS. IV. xvi. 3.
toriis literis, quia habebant in semetipsis justitiam Legis. Cum autem hæc justitia et dilectio quæ erat erga Deum, [1]cessisset in oblivionem, [2]et extincta esset in Ægypto, necessario Deus propter multam suam [3]erga homines benevolentiam semetipsum ostendebat per vocem, et eduxit de Ægypto populum in virtute, uti rursus fieret homo discipulus et sectator Dei; et [4]subaffligebat indicto [5]audientes, ut non contemnerent eum qui se fecit, et manna cibavit [6]eum, uti rationalem acciperent escam: quemadmodum et
G. 320. Moyses in Deuteronomio ait: *Et cibavit te manna, quod non scie-* Deut. viii. 3.
bant patres tui, uti cognoscas, quoniam non in pane solo vivit homo, [7]*sed in omni verbo Dei, quod procedit de ore ejus, vivit homo.*

CAP. XXVIII.

In quo differt Decalogus a reliquis præceptis.

[8]ET erga Deum dilectionem præcipiebat, et eam quæ ad proximum est justitiam [9]insinuabat, ut nec injustus, nec indignus sit Deo, [10]præstruens hominem per decalogum in suam amicitiam, et eam quæ circa proximum est concordiam: quæ quidem ipsi proderant homini, nihil tamen indigente Deo ab homine. [11]Et
propter hoc Scriptura ait: *Hos sermones locutus est Dominus ad* Deut. v. 22.
omnem synagogam filiorum Israel in monte, et [12]*nihil adjecit;* nihil enim, quemadmodum prædiximus, indigebat ab eis. Et iterum
Moyses ait: *Et nunc Israel, quid Dominus Deus tuus postulat a te,* Deut. x. 12.
nisi timere Dominum Deum tuum, ambulare in omnibus viis ejus,

[1] MSS. *cessit.*

[2] et extincta esset in Ægypto. *R. Moses et Elias Levites, ut ex scriptis eorum colligit doctissimus Genebrardus in Chronico, tradunt, Israëlitas in captivitate Ægyptiaca constantissime quidem linguam Hebraicam, suæ gentis habitum, et avita nomina retinuisse: verum sanctissimam patriarcharum fidem ac religionem flagitiose deseruisse, sola stirpe Levi excepta; quæ in ea perseverando sacerdotii dignitatem sibi promeruit.* FEUARD.

[3] *erga homines,* not in CL. or VOSS.

[4] The AR. reading, ὑπέθλιψεν. CL. and VOSS. *affligebat.*

[5] See p. 149, n. 4.

[6] CL., VOSS., VET., but AR., &c. *eos.*

[7] *sed in omni.* The remainder of the quotation is lost in the CL., owing to the two similar sequences, *vivit homo.*

[8] AR. omits *et.*

[9] AR. *insinuabatur.*

[10] *præstruens.* There is no authority for GRABE'S *præstruente.* The antecedent is ὁ Θεός, *supra, q. d.* προκατασκευάσας τὸν ἄνθρωπον εἰς τὴν αὐτοῦ φιλότητα.

[11] CLERM. and VOSS. omit *et.*

[12] Cf. p. 186, n. 7.

LIB. IV. xxviii. GR. IV. xxxi. MASS. IV. xvi. 4.

et diligere eum, et servire Domino Deo tuo ex toto corde tuo, et ex tota anima tua? Hæc autem gloriosum quidem faciebant hominem, [1]id quod deerat ei [2]adimplentia, id est amicitiam Dei; Deo autem [2]præstabant nihil: nec enim indigebat Deus dilectione hominis. Deerat autem homini gloria Dei, quam nullo modo poterat percipere, nisi per eam obsequentiam, quæ est erga Deum. Et propter hoc iterum Moyses ait eis; *Elige vitam, ut vivas tu et semen tuum, diligere Dominum Deum tuum, exaudire vocem ejus, et apprehendere eum: quoniam hæc est vita tua, et longitudo dierum tuorum.* In quam vitam præstruens hominem, decalogi [3]quidem verba ipse per semetipsum omnibus similiter Dominus locutus est: et ideo similiter permanent apud nos, extensionem et augmentum, sed non dissolutionem accipientia per carnalem ejus adventum. Servitutis autem præcepta separatim per Moysem præcepit populo, apta illorum eruditioni, [4]sive castigationi; quemadmodum ipse Moyses ait: *Et mihi præcepit Dominus in tempore illo, dicere vobis justificationes et judicia.* Hæc ergo quæ in servitutem, et in signum data sunt illis, [5]circumscripsit novo libertatis testamento. Quæ autem naturalia, et liberalia, et communia omnium, auxit et dilatavit, sine invidia [6]largiter donans hominibus per adoptionem, Patrem scire Deum, et diligere eum ex toto corde, et sine [7]aversatione sequi ejus Verbum, non tantum abstinentes a malis operationibus, sed etiam a concupiscentiis earum. Auxit autem [8]etiam timorem: filios enim plus timere oportet quam servos, et majorem dilectionem habere in patrem. Et propter hoc ait Dominus: *Omnem sermonem otiosum quem locuti fuerint homines, reddent pro eo rationem in die judicii;* et, *qui viderit mulierem ad concupiscendum eam, jam mœchatus est eam in corde suo;* et, *qui irascitur fratri suo [9]sine causa, reus erit judicio:* ut sciamus, quoniam non solum factorum reddemus rationem Deo, ut servi;

Rom. iii. 23. — Deut. xxx. 19, 20. — Deut. iv. 14. — Matt. xii. 36. — Matt. v. 28. — Matt. v. 22.

[1] *ταῦτα δὲ ἔνδοξον ἐποίησε τὸν ἄνθρωπον, τὸ ὑστέρησαν αὐτῷ ἐπιπληροῦντα, τούτεστι τὴν τοῦ Θεοῦ φιλότητα...... Ὑστέρησε γὰρ ἄνθρωπος τῆς τοῦ Θεοῦ δ.*

[2] *adimplentia.* So STIEREN from the VOSS. but the CL. *et adimplendam.* AR., GRABE and MASS. *ei implentia.* AR. also has *præstabat.*

[3] AR. omits *quidem.*

[4] sive castigationi. *Hæc desunt in Voss. et forte addita sunt a quopiam, cui vox παιδείας* castigationem *potius quam* eruditionem *hoc loco significare videbatur.* GRABE. The CLERM. also omits these two words. There appears, however, to be room in the context for both words, *eruditioni* applying to δικαιώματα, and *castigationi* to κρίσεις.

[5] *circumscripsit,* see p. 40, n. 8.

[6] *largiter,* gloss on ἀφθόνως.

[7] CL., VOSS. *adversatione.*

[8] So the MSS. GR. *et;* STIEREN incorrectly says that he discards it.

[9] See p. 181, n. 1.

sed etiam [1]sermonum et cogitationum, tanquam qui et [2]libertatis potestatem acceperimus: in qua magis probatur homo, si revereatur [3]et timeat et diligat Dominum. Et propter hoc Petrus ait, *non velamentum malitiæ habere nos libertatem*, sed ad [4]probationem et manifestationem fidei. LIB. IV. xxviii. GR. IV. xxxi. MASS. IV. xvi. 5. — 1 Pet. ii. 16.

CAP. XXIX.

Ostensio quoniam non propter se, nec indigens Deus deservitione eorum, Leviticam præcepit legem: quid enim requirit Deus ab homine, nullius indigens?

G. 321. 1. QUONIAM autem non indigens Deus servitute eorum, sed propter ipsos quasdam observantias in lege [5]præceperit, plenissime prophetæ indicant. Et rursus quoniam non indiget Deus oblatione [6]eorum, sed propter ipsum qui offerat hominem, manifeste Dominus docuit, quemadmodum ostendimus. Si quando enim negligentes eos justitiam, et abstinentes a dilectione Dei videbat, per sacrificia autem et reliquas [7]typicas observantias putantes propitiari Deum, dicebat eis Samuel quidem sic; [8]*Non vult* 1 Reg. xv. 22. *Deus holocausta et sacrificia, sed vult exaudiri vocem suam. Ecce, auditus bonus super sacrificium, et auditus super adipem arietum.* David autem ait: *Sacrificium et oblationem noluisti;* Ps. xxxix. 7. [9]*aures autem perfecisti mihi: holocausta etiam pro delicto non*

[1] The CL. alone omits *sermonum*.

[2] IRENÆUS places freedom of will upon its true basis, harmony with the will of God; in proportion as the new man, according to God, is formed within in the heart and spirit, he obeys spontaneously; and the law of God becomes the perfect law of liberty.

[3] AR. *ut*.

[4] AR. *propitiationem*.

[5] CL., VOSS., GRABE adds AR., but this MS. has *præcepit*.

[6] CL., VO., but AR., MER. II. *hominum*.

[7] Omitted in MERC. I.

[8] Non vult. *Irenæus non εἰ θελητόν, ut nostra τῶν ὁ. exemplaria sonant, sed οὐ θέλει legisse videtur, ut et Theodoret.* G.

[9] *aures autem perfecisti*, a very probable corruption from *perforasti*, which would exactly express the Hebrew אָזְנַיִם כָּרִיתָ לִּי, rendered by AQUILA *ὠτία δὲ ἔσκαψάς μοι*. SYMM. and THEODOT. have also *ὠτία*, but for כָּרִיתָ they read כַּנְתָּ. The Chaldee Paraphrase also expresses *ὠτία*. אוּדְנִין לְאַצְתָא פּוּרְקָנָךְ כְּרֵיתָא לִי *Aures, ut redemptioni tuæ auscultent, perforasti mihi.* If, therefore, the present Hebrew text be corrupt, as KENNICOTT has supposed, the corruption dates from a very early period of the Christian era. But S. Paul, Heb. x. 5, quotes the words as rendered by the LXX. *σῶμα δὲ κατηρτίσω μοι*, which indicate as the Hebrew original, אָז גֵּוָה כַּנְתָּ לִי. The Syriac follows the same reading, ܦܓܪܐ ܕܝܢ ܐܠܒܫܬܢܝ which would be nothing remarkable, if one copy instanced by KENNICOTT had not embodied both the reading of the LXX., and that of the present Hebrew

LIB. IV. xxix. 1. GR. IV. xxxii. MASS. IV. xvii. 1.

postulasti. Docens eos quoniam obauditionem [1]vult Deus, quæ servat eos, quam sacrificia et holocaustomata, quæ nihil eis prosunt ad justitiam: et novum simul prophetans Testamentum. Manifestius autem adhuc in quinquagesimo Psalmo de his ait:

Ps. l. 18, 19. *Quoniam si voluisses sacrificium, dedissem utique: holocaustis non delectaberis. Sacrificium Deo spiritus contribulatus; cor contritum* M. 248.
et humiliatum Dominus non [2]*despernet.* Quoniam [3]ergo nihil

Ps. xlix. 9–13. indiget Deus, in eo qui est ante hunc Psalmo ait: *Non accipiam de domo tua vitulos, nec de gregibus tuis hircos. Quoniam meæ sunt omnes bestiæ terræ, jumenta in montibus et boves; cognovi omnia volatilia cœli, et species agri mecum est. Si esuriero, non dicam tibi: meus est enim orbis terræ, et plenitudo ejus. Nunquid manducabo carnes taurorum, aut sanguinem hircorum potabo?* Deinde ne quis putet, propterea quod irasceretur, eum recusare

Ps. xlix. 14, 15. hæc, infert, consilium [4]ei dans: *Immola Deo sacrificium laudis, et redde Altissimo vota tua, et invoca me in die tribulationis* [4]*tuæ, et eripiam te, et glorificabis me;* illa quidem per quæ putabant peccantes propitiari Deum abnuens, [5]et ostendens quod ipse nullius rei indiget; [6]hæc autem per quæ justificatur homo, et appropinquat Deo, hortatur et admonet.

text. ܐܕܢ̈ܐ ܕܝܢ ܢܩܒܬ ܠܝ ܦܓܪܐ ܕܝܢ ܬܩܢܬ ܠܝ *Aures autem perforasti mihi, et corpus autem parasti mihi.* Diss. Gen. p. 9. [5]. So also the Arabic version in Walton's Polyglott, but in an inverse order. بَلْ صَنَعْتَ لِي جَسَدًا وَفَتَحْتَ مَسَامِعِي *Sed fecisti mihi corpus et aperuisti aures meas.* It is most probable that our E. V. follows the true reading; S. Paul adopts, as elsewhere, the version most familiar to those whom he addresses, and as the clause in question in no way affected his argument, it mattered not, so far as this was concerned, whether the reading followed were critically exact or no. The contrast drawn is between the sacrifice of bulls and goats, and, the only sacrifice with which God is well pleased, the free-will offering of a heart devoted to his service: *He taketh away the first that he may establish the second,* Heb. x. 9. Clearly, therefore, it could not affect his argument, whichever reading were followed in that portion of the text quoted, that was only incidentally adduced by reason of its position. With regard to the meaning of the text, it need bear no allusion to the Jewish mode of marking the willing bondsman, Ex. xxi. 6. Cf. Is. l. 5, *The Lord hath opened my ear, and I was not rebellious,* &c.

[1] *vult ... quam,* θέλει ... ἤ.

[2] *despernet.* VOSS. *despernit,* from whence and from the LXX. ἐξουδενώσει, the reading in the text is taken. The translator elsewhere uses *despernere;* and it is indicated in the *varia lectio* of earlier Edd. *despicies.* AR. and MERC. II. *spernet,* CLERM. *spernit.*

[3] *ergo* not in the CLERM. copy.

[4] AR. omits *ei* and *tuæ.*

[5] *et ostendens ... indiget.* MASS. has cancelled this clause, because it is omitted in the CL. and VOSS., but the AR. and MERC. II. retain it, and it harmonises with the preceding.

[6] *hæc,* VOSS., *his,* CL., AR.

2. Hoc idem autem et Esaias ait: *Quo mihi multitudinem sacrificiorum vestrorum, dicit Dominus? Plenus sum.* Et cum abnuisset holocaustomata, et sacrificia, et oblationes, [1]et adhuc neomenias, et sabbata, et ferias, et reliquam universam consequentem his observationem, intulit, suadens eis quæ salutaria sunt: *Lavamini, mundi estote, auferte nequitias a cordibus vestris* [2]*ab oculis meis: desinite a malitiis vestris, discite bonum facere, exquirite judicium, eruite eum qui injuriam patitur, judicate pupillo, et justificate viduam, et venite disputemus, dicit Dominus.* Non enim sicut homo [3]motus, ut multi audent dicere, divertit eorum [3]sacrificia; sed miserans eorum cæcitati, et verum sacrificium insinuans, quod offerentes propitiabuntur Deum, ut ab eo vitam percipiant.

LIB. IV. xxix. 2. GR. IV. xxxii. MASS. IV. xvii. 1.

Esai. i. 11.

Esai. i. 16–18.

3. Quemadmodum [4]alibi ait: *Sacrificium Deo cor contribulatum; odor suavitatis Deo, cor clarificans eum qui plasmavit.* Si enim irascens abnueret hæc [5]eorum sacrificia, tanquam qui indigni essent consequi misericordiam ejus, non utique eisdem ipsis suaderet, per quæ salvari possent. Sed quoniam Deus misericors est, non abscidit eos a bono consilio. Nam per Hieremiam cum dixisset, *Quo mihi thus de Saba affertis, et cinnamomum de terra longinqua? holocaustomata et sacrificia vestra non delectaverunt me;* intulit: *Audite sermonem Domini omnis Juda. Hæc dicit Dominus Deus Israel: Dirigite vias vestras et studia vestra, et constituam vos in loco isto. Ne confisi fueritis vobismet in sermonibus mendacibus, quoniam in totum non proderunt vobis, dicentes:*

G. 322.

Jer. vi. 20.

Jer. vii. 2, 3.

[1] *et adhuc*, ἔτι καί. The marginal gloss, *etiam et*, appears in the text in the AR. and MERC. II. MSS., and it supersedes the more probable reading in the CLERM. and VOSS. AR. *neomenia*.

[2] GRABE follows the AR. and MERC. II. in reading *coram;* ἔναντι for ἀπέναντι. CLERM. and VOSS. *ab*.

[3] CLERM., VOSS., al. *mutus*. *sacrificia* CL., VOSS., VET., AR., al. *sacrificium*.

[4] *alibi ait:* Sacrificium, &c. *Quis vero ita ait? An David, cujus Psalmum* l. 18, *Feuard. in margine apposuit? Ast iste locus jam ante citatus est, nec ibi posterius comma,* odor suavitatis, &c. *legitur. Anne Esaias, cujus proxime facta est mentio? Sed nec in Esaia, neque in ullo alio S. Scripturæ libro, canonico vel apocrypho, hanc sententiam reperire potui, licet plurimum temporis ei inquirendæ impenderim. Id solum addo, eandem ex parte a Cl. Al. P.* III. 12, *una cum alio Es. dicto, ab Irenæo hic citato, allegari hoc modo:* Ὀσμή, φησιν, εὐωδίας τῷ Θεῷ καρδία δοξάζουσα τὸν πεπλακότα αὐτήν. *Ubi perinde ut Irenæus, a quo forte hæc mutuatus est, in genere ait,* φησίν. GR. The words may have been taken from the Gospel according to the Egyptians. See I. 383. 1. and HIPP. *Ph.* p. 98. MASS. considers that both IREN. and CL. AL. may have had in their mind Eccl. xxxix. 14, LXX. q.v.; but *the odour of sanctity* is the only idea in common. He also says, by a chronological slip, that IRENÆUS borrowed from CLEMENT.

[5] *eorum*. MASS. from the CL. and VOSS. GR. from the AR. and MERC. II. *cæcorum*. CL. omits *si enim*.

LIB. IV. xxix. 3. GR. IV. xxxii. MASS. IV. xvii. 2. *Templum Domini, templum Domini, est.* Et iterum significans, quoniam non propter hoc eduxit eos de Ægypto, ut sacrificia ei offerant, sed ut obliti idololatriæ Ægyptiorum, audire vocem Domini possent, quæ erat eis salus et gloria, [1]sic per eundem
Jer. vii. 21–25. Hieremiam ait: *Hæc dicit Dominus: Holocaustomata vestra colligite cum sacrificiis vestris, et manducate carnes. Quoniam non sum locutus ad patres vestros, nec de holocaustomatibus et sacrificiis præcepi eis, qua die eduxi eos de Ægypto; sed sermonem hunc præcepi eis, dicens: Audite vocem meam, et ero Deus vester, et vos eritis populus meus, et ambulate in omnibus viis meis quascunque præcepero vobis, ut bene sit vobis. Et non obaudierunt, nec intenderunt; sed ambulaverunt in cogitationibus cordis malitiæ suæ, et facti sunt retrorsus, et non ad priora.* Et iterum per eundem
Jer. ix. 24. ipsum dicens: *Sed in hoc glorietur qui gloriatur, intelligere et scire quoniam ego sum Dominus, qui facio misericordiam, et justitiam, et judicium in terra,* intulit: *Quoniam in his voluntas mea est, dicit Dominus;* sed non in sacrificiis, nec in holocaustomatibus, nec in oblationibus. Non enim principaliter hæc, sed secundum consequentiam, et propter prædictam causam habuit populus, sicut
Esai. xliii. 23, 24. iterum Esaias ait: *Non [2]mihi oves holocaustomatis tui, nec in sacrificiis tuis clarificasti me: non [3]servisti mihi in sacrificiis, nec aliquid laboriose [3]fecisti in thure: nec mercatus es mihi argento incensum, nec adipem sacrificiorum tuorum [3]concupivi; sed in pec-* M. 249.
Esai. lxvi. 2. *catis tuis, et in iniquitatibus tuis ante me stetisti. Super quem igitur,* ait, *aspiciam, nisi [4]super humilem, et quietum, et trementem*
Jer. xi. 15. *sermones meos. Non enim adipes et carnes [4]pingues auferent a*
Esai. lviii. 6–9. *te injustitias tuas. Hoc est [5]jejunium, quod ego elegi, dicit Dominus. Solve omnem nodum injustitiæ, dissolve connexus violentium commerciorum, dimitte quassatos in requiem, et omnem conscriptionem injustam conscinde. Frange esurienti panem tuum [6]ex animo, et peregrinum sine tecto induc in domum tuam. Si videris nudum, cooperi [6]eum, et domesticos seminis tui non despicies. Tunc erumpet matutinum lumen tuum, et sanitates tuæ [7]citius orientur, et præcedet ante te justitia, et gloria [7]Domini circumdabit te: et adhuc te loquente dicam, Ecce adsum.*

[1] *sic* omitted, CL., VO. *sicut*, AR., MERC. II.

[2] *obtulisti*, omitted by the MSS. and COD. ALEX., is here cancelled by MASS.

[3] *servisti*, ἐδούλωσά σε. *Fecisti*, ἐποίησα, LXX. CL. omits *non servisti mihi in sacrificiis*, and *concupivi*.

[4] *super*, CLERM., VOSS., VET. al. *in*. AR. omits *pingues*.

[5] *enim*, AR., not in CLERM., VOSS. or V. T.

[6] *ex animo*, no part of the Text. AR. omits *eum*.

[7] CL., VOSS., VET. al. *cito... Dei*.

4. Et Zacharias autem in duodecim prophetis, significans eis voluntatem Dei, ait: *Hæc dicit Dominus omnipotens: Judicium justum judicate, pietatem et misericordiam facite unusquisque ad fratrem suum. Viduam et orphanum et proselytum et pauperem nolite opprimere, et unusquisque malitiæ fratris sui non reminiscatur in corde suo.* Et iterum: *Hi sunt*, inquit, *sermones quos facietis. Loquimini veritatem unusquisque ad proximum suum, et judicium pacificum judicate in portis vestris, et unusquisque malitiam fratris sui non recogitet in corde suo, et jurationem falsam ne dilexeritis: quoniam hæc omnia odi, dicit Dominus omnipotens.* Et David autem similiter: *Quis est*, inquit, *homo qui vult vitam, et amat videre dies bonos? Cohibe linguam tuam a malo, et labia tua, ne loquantur dolum. Declina a malo, et fac bonum: inquire pacem, et sequere eam.*

LIB. IV. xxix 4. GR. IV. xxxii. MASS. IV. xvii 3.

Zech. vii. 9, 10. Zech. viii. 16, 17.

G. 323.

Ps. xxxiii. 13—15.

5. Ex quibus omnibus manifestum est, quia non sacrificia et holocaustomata quærebat ab eis Deus; sed fidem, et obedientiam, et justitiam, propter illorum salutem. Sicut in Osee propheta docens eos Deus suam voluntatem, dicebat: *Misericordiam volo* [1]*quam sacrificium, et agnitionem Dei super holocaustomata.* Sed et Dominus noster eadem monebat eos, dicens: *Si enim cognovissetis quid est, Misericordiam volo,* [2]*et non sacrificium, nunquam condemnassetis innocentes:* testimonium quidem reddens prophetis, quoniam veritatem prædicabant; illos autem arguens sua culpa insipientes. Sed et suis discipulis dans consilium, [3]primitias Deo

Oseæ vi. 6

Matt. xii. 7.

[1] *quam.* CLERM. *et non*, caught from the succeeding quotation from the N. T. The AR. and MERC. II. MSS. have the above reading, as also ERASM., GALL., cf. 194. 1. MASS. and STIER. with no apparent authority, insert *plus*.

[2] So the CL. and VOSS., but the AR. *quam sacrif. nunq. condemnaretis immerentes.*

[3] Allusion would seem to be made to the Easter-offering of the Eucharist, as the Christian correlative of the wave-offering of the firstfruits, offered on the sixteenth of Nisan, the day of Christ's resurrection; and so long as the Temple service was in the remembrance of the primitive Church, it is impossible to imagine, that the celebration of the Eucharist on Easter Sunday, would not suggest to the faithful the remembrance of the correlative typical ceremony of the law. But the new corn of the year was not used for the unleavened bread of the first day of the Paschal feast, i. e. before the wave-sheaf was offered in the temple. The bread consecrated by our Lord was not of the firstfruits of the year, but of the old corn; so KIMCHI says on Josh. v. החדש היה אסור להם עד אחר הקרבת העומר בששה עשר בניסן. *The new corn was forbidden to them until the wave-sheaf had been offered on the sixteenth of Nisan.* I add GRABE'S note. *Certum est, Irenæum ac omnes, quorum scripta habemus, Patres, Apostolis sive coævos, sive proxime succedentes, S. Eucharistiam pro novæ Legis sacrificio habuisse, et panem atque vinum tanquam sacra munera in altari Deo Patri obtulisse; ante consecrationem quidem, velut*

LIB. IV. xxix. 5. GR. IV. xxxii. MASS. IV. xvii. 5.

Matt. xxvi. 26 seq. Luc. xxii. 19, 20. 1 Cor. xi. 23 seq.

offerre ex suis creaturis, non quasi indigenti, sed ut ipsi nec infructuosi nec ingrati sint, [1]eum qui ex creatura est panis, acce-

primitias creaturarum, in recognitionem supremi ejus super universa dominii; post consecrationem vero, ut mysticum corpus et sanguinem Christi, ad repræsentandam cruentam personalis ejus corporis ac sanguinis in cruce oblationem, et beneficia mortis ejus omnibus, pro quibus offerretur, impetranda. Atque hanc non privatam particularis Ecclesiæ vel Doctoris, sed publicam universalis Ecclesiæ doctrinam atque praxin fuisse, quam illa ab Apostolis, Apostoli ab ipso Christo edocti acceperunt, diserte hoc et sequenti cap. docet Irenæus, atque ante ipsum Justinus Martyr, partim in Apologia I. *ad Antoninum, clarius vero et prolixius in Dialogo cum Tryphone Judæo. Cujus, ut S. Ignatii, Tertulliani, S. Cypriani, aliorumque verba, tam a Pontificiis, quam a doctioribus Protestantibus, crebro allegata hic describere non est necesse. Unius solum Clementis Romani verba, non spuria vel dubia, qualia Feuard. hoc loco annotavit, sed certissime genuina ex ejus ad Corinthios epistola adducere placet, quod non nisi ab uno mox laudando Scriptore, neque ab eo integra, hanc in rem citata sciam. Ita vero is* § 4: Πάντα τάξει ποιεῖν ὀφείλομεν, ὅσα ὁ Δεσπότης ἐπιτελεῖν ἐκέλευσεν· κατὰ καιροὺς τεταγμένους τάς τε προσφορὰς καὶ λειτουργίας ἐπιτελεῖσθαι, καὶ οὐκ εἰκῆ ἢ ἀτάκτως γίνεσθαι, ἀλλ' ὡρισμένοις καιροῖς καὶ ὥραις.—Οἱ οὖν τοῖς προστεταγμένοις καιροῖς ποιοῦντες τὰς προσφορὰς αὐτῶν, εὐπρόσδεκτοί τε καὶ μακάριοι· τοῖς γὰρ νομίμοις τοῦ Δεσπότου ἀκολουθοῦντες, οὐ διαμαρτάνουσιν. *Ne vero hæc vel de solis Judaicorum Sacerdotum, vel Christianorum Laicorum, oblationibus accipiantur, addo sequentia* § 44, *verba:* Ἁμαρτία γὰρ οὐ μικρὰ ἡμῖν ἔσται, ἐὰν τοὺς ἀμέμπτως καὶ ὁσίως προσενέγκοντας τὰ δῶρα, τῆς ἐπισκοπῆς ἀποβάλωμεν. *Atqui cum hujus Epistolæ auctor ille ipse Clemens fuisse videatur, cujus* nomen in libro vitæ scriptum *Philippensibus scripsit Paulus cap.* 4, *vers.* 3, *cumque is modo citata duobus vel tribus post Petri et Pauli Apostolorum martyrium, et viginti ante S. Joannis obitum, annis scripserit, vix ullus dubitandi locus relictus est, ab ipsis S. Apostolis hanc de sacrificio Eucharistiæ doctrinam promanasse, ac proinde omnino tenendam esse, licet nullum pro ea dictum ex ipsis Prophetarum vel Apostolorum scriptis adduci posset. Generale est enim S. Pauli præceptum* 2 *Thessal.* ii. 15. Ἀδελφοί, στήκετε, καὶ κρατεῖτε τὰς παραδόσεις ἃς ἐδιδάχθητε, εἴτε διὰ λόγου εἴτε δι' ἐπιστολῆς ἡμῶν. *Sed satis quoque Scripturarum pro sacrificio Eucharistiæ post Irenæum aliosque S. Patres adduxerunt recentiores Theologi, non modo Pontificii, sed et Protestantes, præsertim Anglicanæ Ecclesiæ Doctores: ex quibus unum nomino, tam doctrinæ quam pietatis eximiæ virum, ac Romanæ Ecclesiæ erroribus abusibusve, ipsique personali Christi in Missa præsentiæ ac oblationi satis infensum,* Josephum Medum, *utpote qui peculiari Tractatu de Sacrificio Christiano, Anglice scripto, hanc rem egregie probavit et illustravit; ab omnibus proinde Theologiæ studiosis, præsertim sacri Presbyterii candidatis diligenter legendo. Atque hujus non solum sententiæ, sed et voto in fine capitis* 8, *expresso, toto corde subscribo, atque opto, ut postquam multi pii doctique e parte Protestantium viri hunc Lutheri et Calvini errorem, ac veram Apostolicæ Ecclesiæ doctrinam bene agnoverunt, hujus quoque sanctissimas formulas Liturgicas, quibus dictum sacrificium Deo offertur, ab illis male e suis cœtibus proscriptas, in usum revocent, et hunc summum Divinæ Majestati honorem debite reddant.* GRABE.

[1] *eum qui ex creatura est panis.* If the bread after consecration ceased to be bread, it is difficult to imagine that the Father would not have added an intimation of the change. TERTULLIAN in the same way speaks of a real presence, but in terms that forbid the notion of a change. He says on the Lord's Prayer,

pit, et gratias egit, dicens: *Hoc est meum corpus.* Et calicem similiter, qui est [1]ex ea creatura, quæ est secundum nos, suum sanguinem confessus est, et novi Testamenti novam docuit oblationem; quam Ecclesia ab Apostolis accipiens, in universo mundo offert Deo [2]ei qui alimenta nobis præstat primitias suorum munerum in novo Testamento, de quo in duodecim prophetis [3]Malachias sic præsignificavit: *Non est mihi voluntas in vobis, dicit Dominus* LIB. IV. xxix. 5. GR. IV. xxxii. MASS. IV. xvii. 5. Mal. i. 10, 11.

Christus enim panis noster est, quia vita Christus et vita (f. l. *vitæ*) *panis.* Ego sum, inquit, panis vitæ. *Et paulo supra,* Panis est sermo Dei vivi, qui descendit de cœlis. *Tum quod et corpus ejus in pane censetur;* hoc est corpus meum (Luc. xxii. 17). *Itaque petendo panem quotidianum, perpetuitatem postulamus in Christo, et individuitatem a corpore ejus. De Or.* 6. Compare also S. CYPRIAN *de Or. Dom.* 12; *Vind. Cath.* II. 83, 84. Pope Gelasius expressly says that there is no such change, and that after the consecration of the holy elements, *esse non desinit substantia vel natura panis et vini;* at the same time, *in divinam transeunt, sancto Spiritu perficiente, substantiam, permanente tamen in suæ proprietate naturæ,* see the context, p. 208, note. Ælfric of our own Saxon Church, says: Hit is on gecy̆nde brosniendlic hláf and brosniendlic wín. and is æfter mihte Godcundes wordes soðlice Cristes lichama and his blód. na swa þeah lichamlice ac gastlice; Micel is betwux þam lichaman þe Crist on ðrowode and þam licháman þe to húsle bẏð gehalgod; Se lichama soðlice þe Crist on þrówode wæs geboren of Marian flæsce mid blóde and mid bánum mid felle and mid sinum on menniscum limum mid gesceadwisre sawle gelíffæst. and his gastlica lichama þe we husel hátað is of manegum córnum gegaderod butan blóde and báne limleas and sawulleas and nis forðíg nán þing þær on to understandenne lichamlice ac (is) eall gastliche to understandenne. *Naturaliter corruptibilis est panis, et corruptibile vinum; et secundum virtutem Verbi Dei vere Christi corpus est et ejus sanguis, neque id quidem corporaliter est, verum spiritaliter. Multum distat inter corpus in quo Christus passus est, et corpus quod in Eucharistia consecratur; corpus scilicet in quo Christus passus est, natum est e carne Mariæ,* (*constat*) *e sanguine et ossibus, e pelle et nervis et membris humanis, anima rationali vivificatum; et spiritale ejus corpus, quod Eucharistiam vocamus, e multis granis conficitur, sine sanguine et osse, tum membrorum tum animæ expers, ideoque nihil in ea corporaliter intelligendum est, omnia autem spiritaliter accipienda. Vind. Cathol.* III. 350, 351.

[1] *ex ea creatura, quæ est secundum nos.* Again the venerable Father is particularly careful in stating the natural substance of the wine, without indicating any elementary change consequent upon consecration. The Marcosians, with whom he was brought into more immediate contact, asserted a transubstantiation of their own, Vol. I. p. 116, and if any such doctrine had been asserted by the Church Catholic, the Father could not have avoided a comparison of the Christian verity with its heretical counterfeit. The VOSS. MS. omits *ea.*

[2] *ei* is not found in the AR. MS. VOSS. has *et qui.* It marks the repetition of the article, and is retained.

[3] FEUARDENT remarks that the same interpretation is given to the prophet's words in the *Const. Ap.* 31, by JUSTIN M. *c. Tryph.*, TERTULL. *c. Marc.* III., CYPR. *adv. Jud.* I. 16, CHRYSOST. *in Ps.* XCV., AUG. *de Civ. D.* XVIII. 35, XIX. 23, *c. Adv. Leg.* I. 20, EUSEB. *Dem. Ev.* I. *cap. ult.*, DAMASC. IV. 14, &c. &c.

LIB. IV. xxix. 5. GR. IV. xxxiii. MASS. IV. xvii. 5.

omnipotens, et sacrificium non accipiam de manibus vestris. Quoniam ab ortu solis usque ad occasum nomen meum[1] *clarificatur inter gentes, et in omni loco incensum offertur nomini meo, et sacrificium purum: quoniam magnum est nomen meum in gentibus, dicit Dominus omnipotens;* manifestissime significans per hæc, quoniam prior quidem populus cessabit offerre Deo; omni autem loco sacrificium offeretur ei, et hoc purum; nomen autem ejus glorificatur in gentibus. G. 324.

CAP. XXX.

Quemadmodum Nomen Domini nostri Jesu Christi proprium Patris ostenditur.

1. Quod est autem aliud nomen, quod in gentibus glorificatur, quam quod est Domini [2]nostri, per quem glorificatur Pater, et glorificatur homo? Et quoniam proprii Filii ejus est, et ab eo factus est homo, suum illum vocat. Quemadmodum si quis rex ipse filii sui pingat imaginem, juste suam illam dicit imaginem secundum utrumque, quoniam et filii ejus est, et quoniam ipse fecit eam: sic et [3]Jesu Christi nomen, quod per universum mundum glorificatur in Ecclesia, suum esse confitetur Pater, et quoniam [4]Filii ejus est, [4]et quoniam ipse scribens id, ad salutem dedit hominum. Quoniam ergo nomen Filii proprium Patris est, et in Deo omnipotente [5]per Jesum Christum offert Ecclesia, bene ait
Mal. i. 11. secundum utraque: *Et in omni loco incensum offertur nomini meo,*
Apoc. v. 8. *et sacrificium purum.* Incensa autem Johannes in Apocalypsi, *orationes* esse ait *sanctorum.*

[1] Ar., Merc. II. *glorificatur.*

[2] *nostri*, omitted in the Arund.

[3] Irenæus refers, as I imagine, to the name Jesus יְהוָֹה יְשׁוּעָה *Jehovah Salvation* (see *Hist. and Theol. of the Creeds*, p. 165), which is a name, in a certain sense, common to the Father and to the Son, for the appellative Christ can in no sense pertain to the Father. By the first element of the compound name, *glorificatur Pater*, by the second, *glorificatur homo.* This is very plainly indicated in the words that follow, *quoniam ipse scribens id, ad salutem dedit hominum,* a manifest allusion to Matt. i. 21, *Thou shalt call his name* Jesus, &c.: and Jesus so far applies to the Father, as it involves the name Jehovah. Cf. 97.

[4] Cl. *Filius.* Ar. omits *et* following.

[5] Grabe aptly quotes from Origen, c. *Cels.* VIII. 13. Τὸν ἕνα Θεὸν, καὶ τὸν ἕνα υἱὸν, αὐτοῦ καὶ λόγον καὶ εἰκόνα, ταῖς κατὰ τὸ δυνατὸν ἡμῖν ἱκεσίαις καὶ ἀξιώσεσι σέβομεν· προσάγοντες τῷ Θεῷ τῶν ὅλων τὰς εὐχὰς διὰ τοῦ μονογενοῦς αὐτοῦ, ᾧ πρῶτον προσφέρομεν αὐτὰς, ἀξιοῦντες αὐτὸν, ἱλασμὸν ὄντα (περὶ) τῶν ἁμαρτιῶν ἡμῶν, προσαγαγεῖν, ὡς Ἀρχιερέα, καὶ εὐχὰς καὶ τὰς θυσίας καὶ ἐντεύξεις ἡμῶν τῷ ἐπὶ πᾶσι Θεῷ.

LIB. IV. xxxi. 1. GR. IV. xxxiv. MASS. IV. xviii. 1.

CAP. XXXI.

De sacrificiis et oblationibus, et qui sunt qui in veritate offerunt.

M. 250. 1. IGITUR Ecclesiæ oblatio, quam Dominus docuit offerri in universo mundo, [1]purum sacrificium reputatum est apud Deum, et acceptum est ei: non quod indigeat a nobis sacrificium, sed quoniam is qui offert, glorificatur ipse in eo quod offert, si [2]acceptetur munus ejus. Per munus enim erga regem, et honos, et affectio ostenditur: quod in omni simplicitate et innocentia Dominus volens nos offerre, prædicavit dicens: *Cum igitur offers munus* Matt. v. 23, 24.
G. 325. *tuum ad altare, et recordatus fueris, quoniam frater tuus habet aliquid adversum te, dimitte munus tuum ante altare, et vade primum reconciliari fratri tuo, et tunc reversus offeres munus tuum.* Offerre igitur oportet Deo primitias ejus creaturæ, sicut et Moyses ait: *Non apparebis vacuus ante conspectum Domini Dei tui;* [3]ut in Deut. xvi. 16.
quibus gratus exstitit homo, in his gratus [3]eis deputatus, eum qui est ab eo percipiat honorem. Et non genus oblationum reprobatum est; oblationes enim et illic, oblationes autem et hic: sacrificia in populo, sacrificia [4]et in Ecclesia: sed species immutata est tantum, quippe cum jam [5]non a servis, sed a liberis offeratur. Unus enim et idem Dominus; proprium autem character servilis oblationis, et proprium liberorum, uti et per oblationes ostendatur indicium libertatis. Nihil enim otiosum, nec sine signo, [6]neque sine argumento apud eum. Et propter hoc illi quidem decimas suorum habebant consecratas: qui autem perceperunt libertatem, omnia quæ sunt ipsorum ad dominicos decernunt usus, hilariter et libere dantes ea, non quæ sunt minora, utpote [7]majorum spem habentes vidua illa et [7]paupere [8]hic totum victum suum mittente Luc. xxi. 4.
in gazophylacium Dei.

[1] *purum*, as of the *very Paschal lamb* without spot or blemish.

[2] CL. *quod acceptetur si offert.*

[3] *ut* is omitted by the CLERM. and VOSS. MSS., but the AR. has it. *eis* is read in all the MSS., though GRABE reads *ei*. *Esse* may have been written by the translator. *Quod porro dicit* MASSUET. deputatus, *pro* reputatus, *id frustra observat. Constat enim*, deputare *etiam bonis scriptoribus solemne esse significatu νομίζειν*, censere, judicare. CIC. *Div.* c. 2. Quem tu esse hebetem deputas æque ac pecus. STIER. AR. *deputatis.*

[4] *et*, AR., not in the CL. and VOSS.

[5] *non*, carelessly dropped, CLERM.

[6] *neque*, omitted in the CL. as though *sine argumento* were from the margin; see 189, 5. AR. has *sive arg.*

[7] AR. *majorem*, and *paupera.*

[8] *hic.* *τῇ adv.* for *τῆς*, in the following passage: *τῆς χήρας ταύτης καὶ πτωχῆς, τῆς ὅλον τὸν βίον αὐτῆς βαλούσης.*

LIB. IV. xxxi. 2. GR. IV. xxxiv. MASS. IV. xviii. 3. 2. Ab initio enim respexit Deus ad munera Abel, quoniam
cum simplicitate et justitia offerebat; super sacrificium autem
Cain non respexit, quoniam cum zelo et malitia, quæ erat adversus
fratrem, divisionem habebat in corde, quemadmodum occulta ejus
Gen. iv. 7. arguens Deus ait: *Nonne si recte offeras, recte autem non dividas,*
peccasti? [1]*quiesce:* quoniam non sacrificio placatur Deus. Si enim
quis solummodo secundum quod videtur, munde et recte et legitime
offerre tentaverit; secundum autem suam animam non recte
dividat eam quæ est ad proximum communionem, neque timorem
habeat Dei, non per id quod recte foris oblatum est sacrificium,
[2]seducit Deum, intus habens peccatum: nec oblatio talis proderit
ei aliquid, sed cessatio mali quod est intus conceptum, [3]ne per
assimulatam operationem, magis autem peccatum, ipsum sibi
homicidam faciat hominem. Propter quod et dicebat Dominus:
Matt. xxiii. 27, 28. *Væ vobis Scribæ et Pharisæi hypocritæ, quoniam similes estis*
monumentis dealbatis. [4]*A foris enim sepulchrum apparet formosum;*
intus autem plenum est ossibus mortuorum, et universa
immunditia: sic et vos a foris quidem apparetis hominibus quasi
justi, intus autem pleni estis malitia et hypocrisi. Cum a foris
enim recte offerre [5]putarentur, similem zelum Cain habebant in
semetipsis: propter quod [6]et occiderunt justum, prætermittentes
consilium Verbi, quemadmodum et Cain. Illi enim ait: *Quiesce;* G. 326.
et [7]non assensit. Quiescere autem quid est aliud, quam desinere a
Matt. xxiii. 26. [8]proposito impetu? Et his similia dicens: *Pharisæe,* inquit, *cæce,*
emunda quod est intus calicis, ut fiat et quod foris est, mundum.
Jer. xxii. 17. Et non audierunt. *Ecce,* enim ait Hieremias; *non sunt oculi tui,*
nec cor tuum bonum; sed in cupiditate tua, et [9]*ad sanguinem justum,*
ut effundas eum, et ad injustitiam, et ad homicidium, ut facias.
Esai. xxx. 1. Et iterum Esaias: *Fecistis,* inquit, *consilium, non per me, et* [10]*testamenta,*
non per spiritum meum. Ut igitur interior eorum voluntas
et cogitatio ad manifestum producta, sine culpa et malum non

[1] Quoted from the LXX., who read לפתח, διελεῖν, for לפתח, πρὸ θυρῶν, and rendered רבץ as an imperative, "*lie down.*" Cf. the sequel, *quiescere autem quid est aliud quam desinere a proposito impetu; ἀπὸ τῆς προτιθεμένης ὁρμῆς.*

[2] AR. *ad se ducit.*

[3] *μὴ διὰ τῆς προσποιουμένης πραγματείας, μᾶλλον δὲ ἡ ἁμαρτία, αὐτὸν ἑαυτῷ ἀνδροφόνον παραστήσῃ ἄνδρα.*

[4] *Ita et Cl. Al. P.* III. 9, *ἔξωθεν ὁ τάφος φαίνεται ὡραῖος—γέμει, quomodo et in Cod. Cant., nisi quod γίνεται pro φαίνεται ibi sit exaratum.* GRABE. CL. and VOSS. omit *a*, which AR. retains.

[5] CL., VOSS., VET., but AR. *putentur.*

[6] AR. omits *et.*

[7] CLERM. omits *non.*

[8] AR. *præposito impetus.*

[9] AR. omits *ad*; CL. *sanguine justo.*

[10] *συνθῆκας, pacta.* Cf. I. 296, 4.

operantem ostendat esse Deum, eum qui absconsa manifestat, sed LIB. IV. xxxi. 2. GR. IV. xxxiv. MASS. IV. xviii. 3.
non [1]eum qui malum operetur, cum minime quiesceret Cain, ait ei, *Ad te conversio ejus, et tu dominaberis ejus.* Pilato quoque similiter dicebat: *Nullam haberes potestatem in me, nisi* [2] *datum tibi fuisset desuper;* concedente Deo semper [2]justum, ut hic quidem ex his quæ passus est et sustinuit, probatus recipiatur; [3]qui autem malignatus est ex his quæ egit adjudicatus expellatur. Igitur non sacrificia sanctificant hominem; non enim indiget sacrificio Deus: sed conscientia ejus qui offert sanctificat sacrificium, pura exsistens, et præstat acceptare Deum quasi ab amico. *Peccator autem,* inquit, *qui occidit mihi vitulum, quasi occidat canem.*

Gen. iv. 7. Joh. xix. 11. Esai. lxvi. 3.

3. Quoniam igitur cum simplicitate Ecclesia offert, juste munus ejus purum sacrificium apud Deum deputatum est. Quemadmodum et Paulus Philippensibus ait: *Repletus sum acceptis ab* Phil. iv. 18.
M. 251. *Epaphrodito, quæ a vobis missa sunt, odorem suavitatis, hostiam acceptabilem, placentem Deo.* Oportet enim nos oblationem Deo facere, et in omnibus gratos inveniri fabricatori Deo, [4]in sententia pura et fide sine hypocrisi, in spe firma, in dilectione ferventi, primitias [5]earum quæ sunt ejus, creaturarum offerentes. Et hanc oblationem Ecclesia sola puram offert fabricatori [6]offerens ei cum gratiarum actione ex creatura ejus. Judæi autem [7]jam non offerunt: manus enim eorum sanguine plenæ sunt: non enim Esai. i. 15.
receperunt Verbum, per [8]quod offertur Deo. Sed neque omnes

[1] *eum,* AR., omitted CL., VOSS. as *non* in ERASM., GALL., MERC. II.

[2] CL. *data...justum,* τὸ δίκαιον.

[3] *qui autem malignatus est,* ὁ δὲ κακοποιήσας ἐκ τῶν πεπραγμένων κατακριθεὶς ἀποβάλληται.

[4] *Huc pertinet illa diaconi ante oblationem et communionem proclamatio C. Ap.* II. 61, VIII. 15. *Bas., Cyr. Hi. et Chrys.:* Ne quis infidelis: Ne quis in hypocrisi: Ne quis dolose ut Judas: Ne quis contra aliquem: Nullus Catechumenus: Nullus hæreticus: Sancta sanctis. FEUARD. TERTULLIAN'S beautiful picture may be compared. *Nos sumus veri adoratores, et veri sacerdotes, qui Spiritu orantes Spiritu sacrificamus orationem Dei propriam et acceptabilem, quam scilicet requisivit, quam sibi prospexit. Hanc de toto corde devotam, fide pastam, veritate curatam, innocentia integram, castitate mundam, agape coronatam, cum pompa operum bonorum inter psalmos et hymnos deducere ad Dei altare debemus, omnia nobis a Deo impetraturam.* de Or. 28.

[5] *earum.* AR. *eorum.*

[6] *offerens...ex creatura ejus.* προσφέρουσα (ἡ Ἐκκλησία sc.) αὐτῷ μετὰ εὐχαριστίας ἐκ τῆς κτίσεως αὐτοῦ. Language wholly inconsistent with the sacrifice of the *mass,* but wholly descriptive of the primitive προσφορά of the material elements of *bread* and *wine.*

[7] *jam,* AR., not found in CL., VOSS.

[8] The material elements are offered when sanctified by the Word of God and by prayer; it is not said, that the blood of the atonement is offered by the Church through the Word; even if *per* were cancelled, as in the CL., VET., VOSS., such a sense could not be wrung from the passage.

LIB. IV. xxxi. 3. GR. IV. xxxiv. MASS. IV. xviii. 4.

hæreticorum synagogæ. Alii enim alterum præter fabricatorem dicentes Patrem, [1]ideo quæ secundum nos [1]creaturæ sunt, offerentes ei, cupidum alieni ostendunt eum, et aliena concupiscentem. Qui vero ex defectione, et ignorantia, et passione dicunt facta ea quæ sunt secundum nos, ignorantiæ, et passionis, et defectionis fructus offerentes, peccant in Patrem suum, contumeliam facientes magis ei, quam gratias agentes. [2]Quomodo autem constabit eis, [3]eum panem in quo gratiæ actæ sint, [4]corpus esse Domini sui, et calicem sanguinis ejus, si non ipsum fabricatoris mundi Filium dicant, id est, Verbum ejus, [5]per quod lignum fructificat, et effluunt fontes, et terra dat primum quidem fœnum, post deinde

Joh. Damasc. Parall. Halloix. v. Iren. p. 488.

4. [6]Πῶς ... τὴν σάρκα λέγουσιν εἰς φθορὰν χωρεῖν, καὶ G. 327. μὴ μετέχειν τῆς ζωῆς, τὴν ἀπὸ τοῦ σώματος τοῦ Κυρίου καὶ τοῦ αἵματος αὐτοῦ τρεφομένην; [7]Ἢ τὴν γνώμην ἀλ-

spicam, deinde plenum triticum in spica? Quomodo autem rursus dicunt carnem in corruptionem devenire, et non percipere vitam, quæ [8]a corpore Domini et sanguine alitur? Ergo aut sententiam

[1] Cl. *idea,* Vet. *ea,* Voss. *de ea* and *creata;* Cl. *creatura,* Ar. as above.

[2] The remainder of this section is read in Greek in the extract from Meletius Syrigius, among the *Testimonia Veterum,* but it is a retranslation from the Latin.

[3] If the bread and wine are not created by Christ, the Son and Word of God, then they are no true symbols of his body and blood, as being the product of some other intelligence.

[4] The general run of the argument should be observed. The eucharistic offering is of the fruits of the earth, which are presented before the Lord who created them. There is no trace of the sacrifice of the mass. Then the resurrection of the flesh is shewn to be true, because that which has truly received and assimilated the body and blood of Christ must be incorruptible, as that which has nourished it is incorruptible. Therefore the body and blood of Christ are verily and indeed taken and received by the faithful in the Lord's Supper. But it is after a spiritual manner, and in no gross and earthly sense that we receive those Blessed Elements. For the Communion is not of the flesh with flesh, but of the flesh with Spirit, which it assimilates; for as the sacrament consists of two parts, one outward and visible, the other inward and spiritual, so our gross earthy bodies, partaking of that spiritual food, are made sharers of the soul's incorruptible and deathless nature through the Spirit.

[5] *δι' οὗ, per quem.* Cl., Voss. *effluunt.* Ar. omits *et,* as also, *et terra.*

[6] Or again, if, as they say, the Body and Blood of Christ are verily and indeed taken and received in the Eucharist, how is it possible that the body of the communicant should be denied a place in the resurrection, and be hopelessly subject to corruption?

[7] Either let them acknowledge that *the earth is the Lord's, and the fulness thereof,* or let them cease to offer to God those elements that they deny to be vouchsafed by him.

[8] *a,* Arund., but Cl. and Voss. omit it.

λαξάτωσαν, ἢ τὸ προσφέρειν τὰ εἰρημένα παραιτείσθωσαν. Ἡμῶν δὲ σύμφωνος ἡ [1] γνώμη τῇ εὐχαριστίᾳ, καὶ ἡ εὐχαριστία βεβαιοῖ τὴν γνώμην. [2] Προσφέρομεν δὲ αὐτῷ τὰ ἴδια, ἐμμελῶς κοινωνίαν καὶ ἕνωσιν ἀπαγγέλλοντες [3] [καὶ ὁμολογοῦντες] σαρκὸς καὶ πνεύματος [ἔγερσιν]. Ὡς γὰρ ἀπὸ γῆς ἄρτος προσλαμβανόμενος τὴν ἔκκλησιν [4] [l. ἐπί-

LIB. IV. xxxi. 4. GR. IV. xxxiv. MASS IV. xviii. 5.

mutent, aut abstineant offerendo quæ prædicta sunt. Nostra autem consonans est sententia Eucharistiæ, et Eucharistia rursus confirmat sententiam nostram. Offerimus enim ei quæ sunt ejus, congruenter communicationem et unitatem prædicantes carnis et Spiritus. Quemadmodum enim qui est a terra panis, percipiens

[1] But our faith that the Word is the Creator of the Elements of the Eucharist, confirms our belief that they are his body and blood; and our faith that the bread and wine are his body and blood, establishes the assurance that they are of his creation.

[2] And while we offer to Him His own creatures of bread and wine, we tell forth the fellowship of flesh with spirit; i. e. that the flesh of every child of man is receptive of the Spirit.

[3] GRABE justly considers the words between brackets to be interpolated; evidently to speak of the resurrection of the undying spirit is unsuitable; the preceding words also must be construed with σαρκὸς καὶ πνεύματος. And it is difficult to conceive a more decided testimony to the spiritual reception of the body and blood of Christ. *We offer to the Lord His own*, i. e. *His creatures of bread and wine*, but there is a true unfailing presence of the Lord's Body, for the bread of blessing or Eucharist is no longer common bread, but has both an earthly and a heavenly character; the bread is the earthly element, the Body of our Lord, God and Man, i. e. His glorified Body, One in Person and of the very substance of the Godhead, is its heavenly element. This mention of the Eucharistic Mystery is only incidental, and introduced in illustration of the general argument against the Gnostic, who denied the resurrection of the body; for how shall these bodies and spirits of ours, so that they truly partake of the Body and Blood of the Lord of life, be any longer heirs of corruption? Truly that which is born of the flesh is flesh, and that which is born of the Spirit is spirit; but, by virtue of their union with the Lord, both body and spirit, so long as that union subsists, are beyond the power of death and are incorruptible.

[4] ἐπίκλησιν is evidently the reading followed by the translator, and is that which the sense requires. It is the prayer of consecration mentioned by JUSTIN M. *Apol.* I. 65, *Vind. Cath.* III. 167, and stated expressly by S. BASIL to be something more than the simple words of Scripture, τὰ τῆς ἐπικλήσεως ῥήματα ἐπὶ τῇ ἀναδείξει τοῦ ἄρτου τῆς εὐχαριστίας καὶ τοῦ ποτηρίου τῆς εὐλογίας, τίς τῶν ἁγίων ἐγγράφως ἡμῖν καταλέλοιπεν; οὐ γὰρ δὴ τούτοις ἀρκούμεθα, ὧν ὁ Ἀπόστολος ἢ τὸ εὐαγγέλιον ἐπεμνήσθη, ἀλλὰ καὶ προλέγομεν καὶ ἐπιλέγομεν ἕτερα, ὡς μεγάλην ἔχοντα πρὸς τὸ μυστήριον τὴν ἰσχὺν, ἐκ τῆς ἀγράφου διδασκαλίας παραλαβόντες. *de S. Sp.* 66. The elements were sanctified by the word of God and by prayer. See also *Vind. Cath.* I. 426. Also CYR. HIER. *Catech. Myst.* I. 7, *Vind. Cath.* III. 248; *Cat. M.* III. and V., *Vind. Cath.* III. 308 seq.

LIB. IV. xxxi. 4. GR. IV. xxxiv. MASS. IV. xviii. 5.

κλησιν] τοῦ Θεοῦ, [1] οὐκέτι κοινὸς ἄρτος ἐστὶν, ἀλλ' εὐχα-

invocationem Dei, jam non communis panis est, sed Eucharistia,

[1] *οὐκέτι κοινὸς ἄρτος ἐστίν.* Nothing can be more express and clear than the language of the fathers upon this point. S. IGNATIUS speaks of the eucharist as the flesh of Christ: *τὴν Εὐχαριστίαν σάρκα εἶναι τοῦ Σωτῆρος ἡμῶν Ἰησοῦ Χριστοῦ, τὴν ὑπὲρ ἁμαρτιῶν ἡμῶν παθοῦσαν, ad Smyrn.* 6, *Vind. Cath.* III. 493. JUSTIN M. similarly: *οὐ γὰρ ὡς κοινὸν ἄρτον, οὐδὲ κοινὸν πόμα, ταῦτα λαμβάνομεν· ἀλλ' ὃν τρόπον διὰ Λόγου Θεοῦ σαρκοποιηθεὶς Ἰησοῦς Χριστὸς ὁ Σωτὴρ ἡμῶν, καὶ σάρκα καὶ αἷμα ὑπὲρ σωτηρίας ἡμῶν ἔσχεν, οὕτως καὶ τὴν δι' εὐχῆς λόγου τοῦ παρ' αὐτοῦ εὐχαριστηθεῖσαν τροφὴν, ἐξ ἧς αἷμα καὶ σάρκες κατὰ μεταβολὴν τρέφονται ἡμῶν, ἐκείνου τοῦ σαρκοποιηθέντος Ἰησοῦ καὶ σάρκα καὶ αἷμα ἐδιδάχθημεν εἶναι. Ap.* I. § 66, *Vind. Cath.* III. p. 168. The words of consecration being the words of Christ, *This is my body.* S. AMBROSE says, that the sacred elements consecrated by the Word of Christ, are His Body and His Blood; and although no *change* of nature takes places, the mystery is full as marvellous; *non enim minus est novas rebus dare, quam mutare naturas..... Ipse clamat Dominus Jesus,* Hoc est corpus meum; *ante benedictionem verborum cœlestium alia species nominatur, post consecrationem corpus significatur. Ipse dicit sanguinem suum; ante consecrationem aliud dicitur, post consecrationem sanguis nuncupatur. de Myst.* 9, *Vind. Cath.* III. 267, but all is spiritually interpreted: *In illo sacramento Christus est, quia corpus est Christi; non ergo corporalis esca est, sed spiritalis est. ib.* p. 268. S. JOH. CHRYSOSTOM says, that the elements are changed in *character* by the words of Christ, which pronounced once for all have had a consecrating efficacy ever since: *Οὐδὲ γὰρ ἄνθρωπός ἐστιν ὁ ποιῶν τὰ προκείμενα γενέσθαι σῶμα καὶ αἷμα Χριστοῦ, ἀλλ' αὐτὸς ὁ σταυρωθεὶς ὑπὲρ ἡμῶν Χριστός. Σχῆμα πληρῶν ἕστηκεν ὁ ἱερεὺς, τὰ ῥήματα φθεγγόμενος ἐκεῖνα· ἡ δὲ δύναμις καὶ ἡ χάρις τοῦ Θεοῦ ἐστι. Τοῦτό μου ἐστὶ τὸ σῶμά, φησι. Τοῦτο τὸ ῥῆμα μεταῤῥυθμίζει τὰ προκείμενα· καὶ καθάπερ ἡ φωνὴ ἐκείνη ἡ λέγουσα, Αὐξάνεσθε, καὶ πληθύνεσθε, καὶ πληρώσατε τὴν γῆν, ἐῤῥέθη μὲν ἅπαξ, διὰ παντὸς δὲ τοῦ χρόνου γίνεται ἔργῳ ἐνδυναμοῦσα τὴν φύσιν τὴν ἡμετέραν πρὸς παιδοποιΐαν· οὕτω καὶ ἡ φωνὴ αὕτη ἅπαξ λεχθεῖσα, καθ' ἑκάστην τράπεζαν ἐν ταῖς ἐκκλησίαις ἐξ ἐκείνου μέχρι σήμερον, καὶ μέχρι τῆς αὐτοῦ παρουσίας, τὴν θυσίαν ἀπηρτισμένην ἐργάζεται.* But the mystery is to be spiritually understood. *Τροφὴ γάρ ἐστι πνευματικὴ ἡ θυσία· καὶ καθάπερ ἡ σωματικὴ τροφὴ, ὅταν εἰς γαστέρα χυμοὺς ἔχουσαν πονηροὺς ἐμπέσῃ, πλέον ἐπιτείνει τὴν ἀῤῥωστίαν, οὐ παρὰ τὴν οἰκείαν φύσιν, ἀλλὰ παρὰ τὴν ἀσθένειαν τῆς γαστρός· οὕτω δὴ καὶ ἐπὶ τῶν μυστηρίων τῶν πνευματικῶν συμβαίνειν εἴωθε. Καὶ γὰρ καὶ αὐτὰ, ἐπειδὰν εἰς ψυχὴν ἐμπέσῃ πονηρίας γέμουσαν, μᾶλλον αὐτὴν διαφθείρει καὶ ἀπόλλυσιν, οὐ παρὰ τὴν οἰκείαν φύσιν, ἀλλὰ παρὰ τὴν ἀσθένειαν τῆς δεξαμένης ψυχῆς. Hom.* I. *de Prod. Judæ.* Also in his *Ep. ad Cæsar. Monach.* the same Father clearly shews that the outward and visible sign, and the inward part, or thing signified, remain without confusion, where he adduces this twofold character in illustration of the two natures in Christ. Whatever change is effected by the words of consecration, it is not of *substance.* He says: *Et Deus et Homo Christus. Deus propter impassibilitatem, Homo propter passionem. Unus Filius, unus Dominus idem ipse procul dubio unitarum naturarum unam dominationem, unam potestatem possidens, etiamsi non consubstantiales exsistunt, et unaquæque incommixtam proprietatis conservat agnitionem, propter hoc quod*

ριστία, ἐκ δύο πραγμάτων συνεστηκεῖα, ἐπιγείου τε καὶ

ex duabus rebus constans, terrena et cœlesti: sic et corpora

LIB. IV. xxxi. 4. GR. IV. xxxiv. MASS. IV. xviii. 5.

inconfusa sunt duo. Sicut enim antequam sanctificetur panis, panem nominamus: divina autem illum sanctificante gratia, mediante sacerdote, liberatus est quidem ab appellatione panis, dignus autem habitus dominici corporis appellatione, etiamsi natura panis in ipso permansit, et non duo corpora, sed unum corpus Filii prædicamus. The reader will find a highly interesting account of this most valuable relic of antiquity in Routh's *Opuscula*, II. p. 479. The testimony of Cyril of Jerusalem is also very important, declaring that after consecration the sacred elements cease to be as common bread and wine, though in their nature they remain without change. Ὥσπερ γὰρ ὁ ἄρτος καὶ ὁ οἶνος τῆς εὐχαριστίας, πρὸ τῆς ἁγίας ἐπικλήσεως τῆς προσκυνήτης τριάδος, ἄρτος ἦν καὶ οἶνος λιτός· ἐπικλήσεως δὲ γενομένης, ὁ μὲν ἄρτος γίνεται σῶμα Χριστοῦ, ὁ δὲ οἶνος αἷμα Χριστοῦ· τὸν αὐτὸν δὴ τρόπον, τὰ τοιαῦτα βρώματα τῆς πομπῆς τοῦ Σατανᾶ, τῇ ἰδίᾳ φύσει λιτὰ ὄντα, τῇ ἐπικλήσει τῶν δαιμόνων βέβηλα γίνεται. *Catech. Myst.* I. 7, *Vind. Catech.* III. 248. Again, Ὥστε μετὰ πάσης πληροφορίας, ὡς σώματος καὶ αἵματος μεταλαμβάνωμεν Χριστοῦ· ἐν τύπῳ γὰρ ἄρτου, δίδοταί σοι τὸ σῶμα· καὶ ἐν τύπῳ οἴνου, δίδοταί σοι τὸ αἷμα. *Catech. Myst.* IV. 3, *ibid.* p. 303. Still there is the caution that all is spiritual. Ἐν δὲ τῇ καινῇ διαθήκῃ, ἄρτος οὐράνιος καὶ ποτήριον σωτηρίου, ψυχὴν καὶ σῶμα ἁγιάζοντα. ὥσπερ γὰρ ὁ ἄρτος σώματι κατάλληλος, οὕτω καὶ ὁ Λόγος τῇ ψυχῇ ἁρμόδιος. § 5. Again, § 9: Ταῦτα μαθὼν, καὶ πληροφορηθεὶς ὡς ὁ φαινόμενος ἄρτος οὐκ ἄρτος ἐστὶν, εἰ καὶ τῇ γεύσει αἰσθητὸς, ἀλλὰ σῶμα Χριστοῦ· καὶ ὁ φαινόμενος οἶνος, οὐκ οἶνός ἐστιν, εἰ καὶ ἡ γεῦσις τοῦτο βούλεται, ἀλλὰ αἷμα Χριστοῦ· καὶ ὅτι περὶ τούτου ἔλεγε πάλαι ὁ Δαβὶδ ψάλλων, Καὶ ἄρτος καρδίαν ἀνθρώπου στηρίζει, τοῦ ἱλαρῦναι πρόσωπον ἐν ἐλαίῳ· στήριζου τὴν καρδίαν, μεταλαμβάνων αὐτοῦ ὡς πνευματικοῦ· καὶ ἱλάρυνον τὸ τῆς ψυχῆς σου πρόσωπον. If he speaks therefore of the elements as becoming the Body and Blood of Christ, it is the necessary result of the presence of the Spirit. Εἶτα, ἁγιάσαντες ἑαυτοὺς διὰ τῶν πνευματικῶν τούτων ὕμνων, παρακαλοῦμεν τὸν φιλάνθρωπον Θεὸν τὸ ἅγιον Πνεῦμα ἐξαποστεῖλαι ἐπὶ τὰ προκείμενα· ἵνα ποιήσῃ, τὸν μὲν ἄρτον σῶμα Χριστοῦ, τὸν δὲ οἶνον αἷμα Χριστοῦ· πάντως γὰρ οὗ ἐὰν ἐφάψαιτο τὸ ἅγιον Πνεῦμα, τοῦτο ἡγίασται καὶ μεταβέβληται. *Catech. Myst.* V. 7. And the soul feeds on them by faith. Οὗτος δὲ ὁ ἄρτος ἅγιος, ἐπιούσιός ἐστιν· ἀντὶ τοῦ, ἐπὶ τὴν οὐσίαν τῆς ψυχῆς κατατασσόμενος· οὗτος ὁ ἄρτος, οὐκ εἰς κοιλίαν χωρεῖ καὶ εἰς ἀφεδρῶνα ἐκβάλλεται· ἀλλ' εἰς πᾶσάν σου τὴν σύστασιν ἀναδίδοται, εἰς ὠφέλειαν σώματος καὶ ψυχῆς. *ibid.* § 15. Μὴ τῷ λάρυγγι τῷ σωματικῷ ἐπιτρέπητε τὸ κριτικόν· οὐχὶ, ἀλλὰ τῇ ἀνενδοιάστῳ πίστει. γευόμενοι γὰρ, οὐκ ἄρτου καὶ οἴνου κελεύονται γεύσασθαι, ἀλλὰ ἀντιτύπου σώματος καὶ αἵματος τοῦ Χριστοῦ. *ibid.* § 20. It is to be received, therefore, with the deepest reverence. Προσιὼν οὖν, μὴ τεταμένοις τοῖς τῶν χειρῶν καρποῖς προσέρχου, μηδὲ διῃρημένοις τοῖς δακτύλοις· ἀλλὰ τὴν ἀριστερὰν θρόνον ποιήσας τῇ δεξιᾷ, ὡς μελλούσῃ βασιλέα ὑποδέχεσθαι· καὶ κοιλάνας τὴν παλάμην, δέχου τὸ σῶμα τοῦ Χριστοῦ, ἐπιλέγων τὸ, Ἀμήν. § 21. Εἶτα, μετὰ τὸ κοινωνῆσαί σε τοῦ σώματος Χριστοῦ, προσέρχου καὶ τῷ ποτηρίῳ τοῦ αἵματος· μὴ ἀνατείνων τὰς χεῖρας, ἀλλὰ κύπτων, καὶ τρόπῳ προσκυνήσεως καὶ σεβάσματος λέγων τὸ, Ἀμὴν, ἁγιάζου, καὶ ἐκ τοῦ αἵματος μεταλαμβάνων Χριστοῦ. *ibid.* § 22, p. 316. His namesake Cyril, Bp of Alexandria, is equally guarded in declaring the wholly spiritual character of any change in the consecrated elements. Ὁ μεγαλόδωρος ἕτοιμος, αἱ θεῖαι δωρεαὶ πρόκεινται, ἡ

LIB. IV. xxxi. 4. GR. IV. xxxiv. MASS. IV. xviii. 5.

[1] *οὐρανίου· οὕτως καὶ τὰ σώματα ἡμῶν μεταλαμβάνοντα τῆς εὐχαριστίας, μηκέτι εἶναι φθαρτὰ, τὴν ἐλπίδα τῆς εἰς αἰῶνας ἀναστάσεως ἔχοντα.*

nostra percipientia Eucharistiam, jam non sunt corruptibilia, spem resurrectionis habentia.

μυστικὴ τράπεζα εὐτρέπισται, ὁ ζωοποιὸς κρατὴρ κεκέραται· ὁ Βασιλεὺς τῆς δόξης μεταστέλλεται, ὁ Υἱὸς τοῦ Θεοῦ ὑποδέχεται, ὁ σαρκωθεὶς Θεὸς Λόγος προτρέπεται, ἡ οἰκοδομήσασα ἑαυτῇ ναὸν ἀχειροποίητον τοῦ Θεοῦ Πατρὸς ἐνυπόστατος Σοφία, τὸ ἑαυτῆς σῶμα ὡς ἄρτον διανέμει, καὶ τὸ ζωοποιὸν αὐτῆς αἷμα, ὡς οἶνον ἐπιδίδωσιν. Ὦ μυστηρίου φοβεροῦ, ὢ οἰκονομίας ἀφράστου, ὢ συγκαταβάσεως ἀκαταλήπτου, ὢ εὐσπλαγχνίας ἀνεξιχνιάστου· ὁ πλαστουργὸς τῷ πλάσματι ἑαυτὸν εἰς ἀπόλαυσιν προτίθησιν, ἡ αὐτοζωὴ τοῖς θνητοῖς ἑαυτὸν εἰς βρῶσιν καὶ πόσιν χαρίζεται. Hom. in Mystic. Cœn. § 2, *Vind. Cath.* III. p. 332. Similarly at the end of the same Homily: *εἰ μὲν οὖν Θεοῦ σῶμα διαδίδοται, ἐνταῦθα Θεὸς ἀληθινὸς, Χριστὸς ὁ Κύριος, καὶ οὐκ ἄνθρωπος ψιλὸς, ἢ ἄγγελος κατ' αὐτοὺς λειτουργὸς, καὶ τῶν ἀσωμάτων εἷς. Καὶ εἰ Θεοῦ αἷμα τὸ πόμα, οὐκ ἄρα Θεὸς γυμνὸς ὁ εἷς τῆς προσκυνητῆς Τριάδος Υἱὸς Θεοῦ, ἀλλ' ἐνανθρωπήσας Θεὸς Λόγος· εἰ δὲ Χριστοῦ σῶμα ἡ βρῶσις, καὶ Χριστοῦ αἷμα ἡ πόσις, καὶ οὕτως κατ' αὐτοὺς ψιλὸς ἄνθρωπος, πῶς εἰς ζωὴν αἰώνιον κηρύττεται τοῖς προσιοῦσι τῇ ἱερᾷ τραπέζῃ; πῶς δ' ἐναυλίζεται ἐνταῦθά τε, καὶ πανταχοῦ, καὶ οὐ μειοῦται; ψιλὸν γὰρ σῶμα οὐδαμῶς πηγάζει ζωὴν τοῖς μεταλαμβάνουσιν.... τοιγαροῦν μεταλαμβάνωμεν ἡμεῖς τῆς αὐτοζωῆς σῶμα, τῆς δι' ἡμᾶς ἐν τῷ ἡμετέρῳ σώματι σκηνωσάσης, ὥς φησιν ὁ θεσπέσιος Ἰωάννης· ὅτι ἡ ζωὴ ἐφανερώθη· καὶ αὖθις, καὶ ὁ λόγος σὰρξ ἐγένετο, καὶ ἐσκήνωσεν ἐν ἡμῖν, ὅς ἐστι Χριστὸς ὁ Υἱὸς τοῦ Θεοῦ τοῦ ζῶντος, ὁ εἷς τῆς ἁγίας Τριάδος, καὶ πίνωμεν αὐτοῦ τὸ αἷμα τὸ ἅγιον εἰς ἱλασμὸν τῶν ἡμετέρων παραπτωμάτων, καὶ μέθεξιν τῆς ἐν αὐτῷ ἀθανασίας. ibid.* § 5, *Vind. Cath.* III. p. 342. The reader may also be reminded of the testimony borne to the same truths by a Bishop of Rome. *Certe sacramenta, quæ sumimus, corporis et sanguinis Christi divina res est, propter quod et per eadem Divinæ efficimur consortes naturæ, et tamen esse non desinit substantia vel natura panis et vini. Et certe imago et similitudo corporis et sanguinis Christi in actione mysteriorum celebrantur. Satis ergo nobis evidenter ostenditur, hoc nobis in ipso Christo Domino sentiendum, quod in ejus imagine profitemur, celebramus, et sumimus; ut, sicut in hanc, scilicet in Divinam, transeunt, sancto Spiritu perficiente, substantiam, permanente tamen in suæ proprietate naturæ, sic illud ipsum mysterium principale, (cujus nobis efficientiam virtutemque veraciter representant,) ex quibus constat proprie permanentibus, unum Christum, quia integrum verumque, permanere demonstrant.* GELAS. I., *Vind. Cath.* III. 344. The ancient testimony also of our own Saxon Church must always be of valuable interest; the reader, therefore, is referred to the Paschal Homily of Ælfric, which is printed in the same volume of the *Vind. Cath.* p. 345. The dimensions of the present note only allow of a reference to the extract made at p. 199, (note), from the words of the venerable Saxon Abbot. The reader is also referred to GRABE'S useful note.

[1] IRENÆUS says distinctly that the Eucharist consists of two realities, the one earthly, the other heavenly. And his whole argument being intended to shew the reality of our bodily resurrection, must take it for granted that the bread of the Eucharist is really bread,

G. 328. 5. Offerimus [1] autem ei, non quasi indigenti, sed [2] gratias agentes [3] dominationi ejus, et sanctificantes creaturam. Quemadmodum enim Deus non indiget eorum quæ a nobis sunt, sic nos indigemus offerre aliquid Deo; sicut Salomon ait: *Qui miseretur pauperi, fœneratur Deo.* Qui enim nullius indigens est Deus, in se assumit bonas operationes nostras, ad hoc ut præstet nobis retributionem bonorum suorum; sicut Dominus noster ait: *Venite benedicti Patris mei, percipite præparatum vobis regnum. Esurivi enim, et dedistis mihi manducare: sitivi, et potastis me: hospes fui, et collegistis me: nudus, et cooperuistis me: infirmus, et visitastis me: in carcere, et venistis ad me.* Sicut igitur non his indigens, [4] vult tamen a nobis propter nos fieri, ne simus infructuosi: ita id ipsum Verbum dedit populo præceptum faciendarum oblationum, quamvis non indigeret eis, ut [5] disceret Deo servire; sic et ideo

LIB. IV. xxxi. 5. GR. IV. xxxiv. MASS. IV. xviii. 6.

Prov. xix. 17.

Matt. xxv. 34—36.

and no other material substance, the exact correlative of our bodies, that in the resurrection will still be our very bodies and nothing else. Writers of the Roman Church, therefore, wholly subvert this argument of IRENÆUS, in saying that the accidents of bread remain after consecration, i. e. that the colour, form, taste, and all external qualities of bread continue, but that by consecration it has become in substance and nature the Lord's body. In that case, the illustration would entirely lose its apposite character, unless indeed it were intended to be shewn that our bodies shall rise again in appearance only, and not in substance. Hence GRABE justly observes, that if there were this change in the eucharistic elements, it might be said, not by IRENÆUS, but by his heretical antagonists, *Nostra consonans est sententia Eucharistiæ, et Eucharistia rursus confirmat sententiam nostram.*

[1] CL., VOSS. *enim.*

[2] IRENÆUS returns once more to the idea that the eucharistic offering is that of bread and wine, the creatures allowed to our use by a merciful Father; that it is a thank-offering, and not at all that it is an offering for sin. FEUARDENT has an useful note in point of liturgical antiquity, he says: *Alludit procul dubio ad eas laudes et gratiarum actiones, quas in Præfatione (ita post Cyprianum vocamus) ante consecrationem decantat Sacerdos, cujus initium est:* Sursum corda. R. Habemus ad Dominum. Gratias agamus Domino Deo nostro. R. Dignum et justum est, &c. *Hæc enim ad verbum concinunt Liturgiæ B. Jacobi, et Clementis lib.* 8. *Constit. cap.* 16, *quibus passim utebantur in Oriente et Occidente sæculo Irenæi. Eadem sua quoque ætate inter Græcos conservata fuisse ostendunt Liturgiæ Chrysostomi et Basilii, et Chrysostomus hom.* 18, *in secundam ad Cor. hom.* 22, *in Genes. hom.* 16, *ad populum Antioch. hom. de Enceniis: et Cyrillus Hieros.* 5. *Catech. Mystagogica. Idem observasse Latinos docet Augustinus Epist.* 57. *quæst.* 1. *Epist.* 59. *Epist.* 120. *c.* 19. *lib. de sancta viduitate c.* 16, *l.* 2, *de bono perseverantiæ c.* 13, *lib. de spiritu et litera cap.* 11. *Sermone* 44. *de tempore, Cyprianus de oratione Dom. Cæsarius Arelatensis hom.* 5. *Rabbanus lib.* 1. *cap.* 33. FEUARD. Some of these treatises are found at length in the *Vindex Cath.*

[3] *dominationi*, CL., VET., VOSS., but AR. etc. *donationi.*

[4] *vult tamen*, AR. *attamen.*

[5] CL., VOSS. *discerent*, AR. *deservire; sicut et.*

LIB. IV. xxxi. 5. GR. IV. xxxv. MASS. IV. xix. 1. nos quoque offerre vult munus ad altare frequenter sine intermis- M. 252.
sione. Est ergo [1]altare in cœlis, illuc enim preces nostræ et oblationes nostræ diriguntur; et templum, quemadmodum Johannes in Apocalypsi ait: *Et apertum est templum Dei;* et tabernaculum: *Ecce enim*, inquit, *tabernaculum Dei, in quo habitabit cum hominibus.*

Apoc. xi. 19. Apoc. xxi. 3.

CAP. XXXII.

Quorum typum accipiebat populus.

MUNERA autem et oblationes et sacrificia omnia in typo G. 329.
populus accepit, quemadmodum ostensum est Moysi [2]in monte ab uno et eodem Deo, cujus et nunc in Ecclesia glorificatur nomen in omnibus gentibus. Sed terrena quidem, quæ sunt erga nos disposita, congruit typos esse eorum quæ sunt cœlestia, ab eodem tamen Deo facta. Nec enim aliter poterat assimilare spiritalium [3]imaginem. Quæ autem supercœlestia, et spiritalia sunt, et quantum ad nos [3]spectat, invisibilia et inenarrabilia, typos rursus alterorum cœlestium dicere, et alterius pleromatis, et Deum alterius patris imaginem esse, et errantium est a veritate, et [4]omnimodo stultorum et hebetum. Cogentur enim hi tales, quemadmodum sæpenumero ostendimus, semper typos typorum, et imagines imaginum adinvenire, et nunquam figere animum suum in uno [5]et vero Deo. Supra enim Deum factæ sunt cogitationes ipsorum, supergressi cordibus suis ipsum magistrum, [6]suspicione quidem superelati et supergressi, veritate autem declinantes a vero Deo.

Exod. xxv. 40.

[1] *altare.* The only altar, of which IRENÆUS here speaks, is of a heavenly, not of an earthly structure; he says nothing of any *hostia* offered upon it, but that our prayers only and oblations are there presented before God. GRABE quotes GREG. NAZ. *Or.* XLII. *in Pasch.* *Θύσωμεν τῷ Θεῷ θυσίαν αἰνέσεως ἐπὶ τὸ ἄνω θυσιαστήριον, μετὰ τῆς ἄνω χοριστασίας.* It cannot be denied that the Fathers, though not the earliest, speak of a material altar; but in more primitive times the altar was *one*. IGNAT. *ad Phil.* 4, *Vind. Cath.* III. 485, and was therefore a spiritual and heavenly image.

[2] AR. here inserts *Syna*, from the margin.

[3] AR. *imaginum ... exspectat.*

[4] CL., VOSS., VET., AR., MERC. II., al. *omnino.*

[5] CL. omits *et.*

[6] *suspicione*, *ὑπολήψει.*

LIB. IV. xxxiii. 1.
GR. IV. xxxvi.
MASS. IV. xix. 2.

CAP. XXXIII.

Quemadmodum investigabilis et incomprehensibilis ostenditur is, qui hanc quæ secundum nos est condidit creaturam.

1. Ad quos juste quis dicat, quemadmodum ipse sermo [1]suggerit: Quatenus super Deum extollitis cogitationes vestras, inconsiderate elati? Audistis *mensos esse cœlos in palma;* dicite mihi mensuram, et enarrate multitudinem cubitorum innumerabilem, [2]exponite mihi plenitudinem, latitudinem, et longitudinem, et altitudinem, circummensurationis initium et finem, quæ non [3]intelligit cor hominis, et non comprehendit ea. Vere enim magna sunt thesaurophylacia cœlestia: [4]immensurabilis est in corde Deus, et incomprehensibilis in animo, qui comprehendit terram pugillo. [5]Quis respicit mensuram dextræ ejus? Digitum quis cognoscit? Aut manum ejus quis [6]intelligit, eam quæ mensurat immensa, eam quæ tendit mensura sua mensuram cœlorum, et constringit pugillo terram cum abyssis, quæ in se continet latitudinem, et longitudinem, et profundum deorsum, et altitudinem supernam universæ conditionis, quæ videtur, quæ auditur et intelligitur, et quæ invisibilis est? Et propter hoc *super omne* [6]*initium, et potestatem, et dominationem, et omne nomen quod nominatur* omnium quæ facta [7]sunt et condita sunt, exsistens Deus. Ipse est qui cœlos implet, et perspicit abyssos, qui est [8]etiam cum unoquoque nostrum: *Deus,* enim inquit, *appropinquans ego sum, et non Deus de longinquo. Si absconditur homo in absconsis, et ego eum non videbo?* Manus enim ejus apprehendit omnia: et ipsa est quæ cœlos quidem illuminat, illuminat etiam quæ sub cœlo sunt, et scrutatur renes et corda, et in absconsis inest et in secretis nostris, et in manifesto alit et conservat nos.

Esai. xl. 12.

Ephes. i. 21.

Jer. xxiii. 23.

2. Si autem plenitudinem et magnitudinem manus ejus non [9]comprehendit homo, quemadmodum poterit quis intelligere aut

[1] Ar. *suggeretur.*

[2] *et* here expunged by Mass. is not found in the Cl., Ar. or Voss. MSS.

[3] Ar. *intelliget... comprehendet.*

[4] Feuard. cites Cypr. *Ep.* 57: Deus nec videri potest, visu clarior est: nec comprehendi, tactu purior est: nec æstimari, sensu major est: et ideo sic eum digne æstimamus, dum inæstimabilem dicimus.

[5] Ar. *Qui perspiciat mensuram, et dextræ ejus digitum quis cognoscit?*

[6] Ar. *intelliget. initium,* ἀρχήν.

[7] *sunt,* Cl., Voss., Merc. i., Ar.

[8] Ar., but Cl., Voss. *et.*

[9] Ar. *comprehendet.*

LIB. IV. xxxiii. 2. GR. IV. xxxvi. MASS. IV. xix. 3.

cognoscere in corde tam magnum Deum? Quem quasi jam mensi G. 330.
sint et perspexerint, et universum eum [1]decurrerint, super eum esse aliud Pleroma [2]Æonum confingunt, et alterum Patrem; ad cœlestia quidem non suspicientes, vere autem in profundum Bythum dementiæ descendentes: Patrem quidem dicentes suum finiri usque ad ea quæ sunt [3]extra Pleroma, Demiurgum vero rursum non attingere usque [3]ad Pleroma: et sic neutrum eorum ponunt esse perfectum et comprehendentem omnia. Deerit enim [4]illi quidem universa quæ est extra Pleroma, mundi fabricatio; huic autem quæ est intra Pleroma, mundi fabricatio, et neuter eorum erit omnium Deus. Quoniam autem magnitudinem Dei ex his quæ [5]ab eo facta sunt, nemo enarrare potest, hoc omnibus manifestum est: et quoniam magnitudo ejus non deficit, sed omnia [6]continet, et pervenit usque ad nos, et nobiscum est, omnis quicunque digne Deo sapit, confitebitur.

CAP. XXXIV.

Secundum quid notus Deus, et quod ipse Pater conditor omnium per suas manus formavit hominem: et quemadmodum per actus prophetabant prophetæ futura.

1. Igitur secundum magnitudinem non est cognoscere Deum; M. 253.
impossibile est enim mensurari Patrem; secundum autem dilectionem ejus, [7]hæc est enim quæ nos per Verbum ejus [8]perducit ad Deum, obedientes ei semper discimus quoniam est tantus Deus,

[1] *decurrerint*, *κατατρέχωσι*, at I. 85, *infamant*, Ar. *decucurrerint*.

[2] Cl. *agonum*. Cf. I. 24.

[3] Clerm. and Ar. *extra Pleromatis*, *ἔξω τοῦ πληρώματος*. Ar. *usque Pleroma*.

[4] In the Arund. MS. *illi* is omitted. In the Valentinian system, the Platonic notion of pre-existent types was closely observed; thus the entire visible creation was present in the Divine Nus from the beginning, as an inherent Enthymema. The *mundi fabricatio*, *ἔξω τοῦ πληρώματος*, applies to this visible creation in which we live and have our being; the *mundi fabricatio* within, *ἔνδον τοῦ πληρώματος*, to the prototypal idea of all things eternally conceived in the Divine intellect. I see no reason, therefore, for cancelling the second *mundi*, as suggested by Grabe, and effected by Massuet, unless it is also expunged where it occurs before; in fact the Arund. and Merc. II. MSS. omit the word in both places, while *huic autem...fabricatio* is one of those *lacunæ* so common in the Clerm. MS.

[5] *ab eo*, Ar., Merc. II., omitted in Cl. and Voss.

[6] *continet*, Clerm. MS. The same hand interlines *implet*.

[7] Cl. *hæc enim quam nos*.

[8] *perducit*, so Clerm., Ar. and Voss. al. *ducit*. This parenthetic sentence may be thus restored, *αὐτὴ γὰρ ἡμᾶς ἡ διὰ τοῦ Λόγου αὐτοῦ εἰς τὸν Θεὸν ἀνάγουσα*.

et ipse est qui per semetipsum constituit, et [1]elegit, et adornavit, LIB. IV. xxxiv. 1.
et continet omnia: in omnibus autem [2]et nos, et hunc mundum, GR. IV. xxxvii.
qui est secundum nos. Et nos igitur cum his quæ continentur ab MASS. IV. xx. 1.
eo, facti sumus. Et hic est de quo Scriptura ait; *Et plasmavit* Gen. ii. 7.
Deus hominem, limum terræ accipiens, et insufflavit in faciem ejus flatum vitæ. Non ergo angeli fecerunt nos, [3]nec nos plasmaverunt, nec angeli potuerunt imaginem facere Dei, nec alius quis præter Verbum Domini, nec virtus longe absistens a Patre universorum. Nec enim indigebat horum Deus ad faciendum quæ ipse apud se [4]præfinierat fieri, quasi ipse suas non haberet [5]manus. Adest enim ei semper Verbum et Sapientia, Filius et Spiritus, per quos, et in quibus omnia libere et sponte fecit, [6]ad quos et
loquitur, dicens: *Faciamus hominem ad imaginem et similitudinem* Gen. i. 26.
nostram; ipse a semetipso substantiam creaturarum, et exemplum factorum, et figuram in mundo ornamentorum accipiens.

2. Καλῶς οὖν εἶπεν [7]ἡ γραφὴ ἡ λέγουσα· Πρῶτον Euseb. H. E. v. 8, § 2.
G. 331. πάντων πίστευσον ὅτι εἷς ἐστὶν ὁ Θεὸς, ὁ τὰ πάντα κτίσας, Herm. P. L. ii. M. 1.

2. Bene [8]igitur pronuntiavit scriptura quæ dicit: Primo omnium crede, quoniam unus est Deus, qui omnia [9]constituit, et

[1] *elegit* is preferred by MASSUET to GRABE'S AR. reading *fecit*, for it is found in the CLERM. and VOSS. MSS., and has an appropriate bearing upon the Valentinian notion that the Demiurge created all things according to certain types furnished to him from above, although unconsciously to himself. He created, therefore, but according to a predestined plan imposed upon him.

[2] *et nos*, AR., omitted in CL., VOSS., MASS., but the sequel requires the words.

[3] CL., VOSS. *neque pl. nos, neque.*

[4] *præfinierat*, AR. agrees better with προώρισεν than *prædefinierat*, as printed by MASSUET, from the CLERM. MS.

[5] *manus. Hic ut et lib.* v. *cap.* i. *et* xxviii. *Filium et Spiritum Sanctum Dei manus dicit; quia, ut mox explicat,* per eos, et in iis, omnia libere et sponte fecit. MASSUET.

[6] Whatever opinion we may form of this ancient interpretation of Gen. i. 25, the fact is clear that IRENÆUS believed the Father, Son, and Holy Spirit to be conjointly the Creator of all things. *Parallela sunt verba Theophili Antiocheni lib.* II. *ad Autolycum pag.* 114. *edit, Oxon.* Ἔτι μὴν καὶ ὡς βοηθείας χρήζων ὁ Θεὸς εὑρίσκεται λέγων· ποιήσωμεν ἄνθρωπον κατ' εἰκόνα καὶ καθ' ὁμοίωσιν· οὐκ ἄλλῳ δέ τινι εἴρηκε, ποιήσωμεν, ἀλλ' ἢ τῷ ἑαυτοῦ λόγῳ καὶ τῇ ἑαυτοῦ σοφίᾳ. *Ubi perinde ut Irenæus, Filium,* Verbi, *Spiritum S.,* Sapientiæ *nomine designat, sicut et paulo ante, pag.* 106, *mentionem facit* τριάδος, τοῦ Θεοῦ, καὶ τοῦ λόγου αὐτοῦ, καὶ τῆς σοφίας αὐτοῦ. *Confer vero ipsum Irenæum* I. 19 [I. p. 189]. GR.

[7] ἡ γραφή, here means the Pastor of Hermas, from which primitive work the citation is made. So the Ep. of CLEMENT is called *Scriptura*, p. 11, n. 3.

[8] *igitur pronuntiavit.* The first word as in CLERM., AR. and VOSS., which MSS. altogether omit the second.

[9] AR. *fecit et constituit et consumm.*

LIB. IV. xxxiv. 2. GR. IV. xxxvii. MASS. IV. xx. 2.

*καὶ καταρτίσας, *καὶ ποιήσας ἐκ τοῦ μὴ ὄντος εἰς τὸ εἶναι τὰ πάντα.**

• Athanas. de Decret. syn. Nic.

consummavit, et fecit ex eo quod non erat, ut essent omnia: Omnium capax, et qui a nemine capiatur. Bene autem et in prophetis
Mal. ii. 10. Malachias ait: *Nonne unus Deus qui constituit nos? Nonne Pater unus est omnium nostrum?* Consequenter autem et Apostolus ait:
Ephes. iv. 6. *Unus Deus*, inquit, *Pater, qui super omnes, et in omnibus nobis.*
Matt. xi. 27. Similiter autem et Dominus: *Omnia mihi*, inquit, *tradita sunt a Patre meo;* manifeste ab eo qui omnia fecit: non enim aliena, sed sua tradidit ei. In omnibus autem nihil subtractum est: et
Apoc. iii. 7. propter hoc idem est Judex viventium et mortuorum, *habens clavem David:* [1] *aperiet, et nemo claudet: claudet, et nemo aperiet.*
Apoc. v. 3. Nemo enim alius poterat nec in cœlo, nec in terra, nec [2] sub terra aperire paternum librum, nec videre eum, nisi agnus qui occisus est, et sanguine suo redemit nos, ab eodem, qui omnia Verbo fecit et Sapientia adornavit, accipiens omnium potestatem, quando
Joh. i. 14. *Verbum caro factum est*, [3] ut quemadmodum in cœlis principatum habuit Verbum Dei, sic et in terra haberet principatum, quoniam
1 Pet. ii. 22. homo justus, *qui peccatum non fecit, nec inventus est dolus in ore ejus;* principatum autem habeat eorum quæ sunt sub terra, ipse
Colos. i. 18. primogenitus mortuorum factus, et ut videant omnia, quemadmodum prædiximus, suum Regem: et ut in [4] carnem Domini [5] nostri occurrat paterna lux, et a carne ejus rutila veniat in nos, et sic homo deveniat in incorruptelam, circumdatus paterno lumine.

3. Et quoniam Verbum, id est Filius, semper cum Patre erat, per multa demonstravimus. Quoniam autem et Sapientia, quæ est Spiritus, erat apud eum ante omnem constitutionem,
Prov. iii. 19, 20. per Salomonem ait: *Deus sapientia fundavit terram,* [6] *paravit autem cœlum prudentia. Sensu ejus abyssi eruperunt, nubes autem*
Prov. viii. 22–25. *manaverunt ros.* Et rursus autem: *Dominus* [7] *creavit me prin-*

[1] AR. has these verbs in the present.

[2] AR. *subter.* CL., VO. *subtus terram.*

[3] AR. *et.*

[4] *carnem*, AR. This seems preferable to *carne* as found in the CLERM. MS. *καὶ ἵνα ἐπὶ τὴν σάρκα τοῦ Κυρίου ἡμῶν ἅπαντα τὸ φῶς τὸ πατρικόν.*

[5] AR. loses *n̄ri* in the preceding word.

[6] AR. *et paravit cœlum.*

[7] This text gave great confidence to the Arian party in the fourth century; disputants, generally speaking, failed to recur to the Hebrew, although, at an early period of the controversy, EUSEBIUS indicated the inaccuracy of the LXX. translation. He says, *c. Marc. de E. Th.* III. 2: Εἰ γοῦν τις ἐξακριβώσαιτο τὸν ἀληθῆ νοῦν τῆς θεοπνεύστου γραφῆς, εὕροι ἂν τὴν Ἑβραϊκὴν ἀνάγνωσιν, οὐ περιέχουσαν τὸ, ἔκτισέ με, διόπερ οὐδὲ τῶν λοιπῶν ἑρμηνευτῶν ταύτῃ τις κέχρηται τῇ λέξει· αὐτίκα δ' οὖν ὁ μὲν Ἀκύλας,

cipium viarum suarum in opera sua, ante [1]*sæcula fundavit me,* [2]*in initio antequam terram faceret, priusquam abyssos constitueret, et priusquam procederent fontes aquarum, antequam montes confirmarentur: ante omnes autem colles genuit me.* Et iterum: *Cum pararet cœlum, eram cum illo,* [3]*et cum firmos faceret fontes abyssi, quando fortia faciebat fundamenta terræ, eram apud eum aptans. Ego eram cui adgaudebat, quotidie autem lætabar ante faciem ejus in omni tempore, cum lætaretur orbe perfecto, et* [4]*jocundaretur in filiis hominum.*

LIB. IV. xxxiv. 3. GR. IV. xxxvii. MASS. IV. xx. 3.

Prov. viii. 27–31.

M. 254. 4. Unus igitur Deus, qui Verbo et Sapientia fecit et [5]adaptavit omnia: hic est autem Demiurgus, qui et mundum hunc attribuit humano generi, qui secundum magnitudinem quidem ignotus est omnibus his qui ab eo facti sunt: nemo enim investigavit altitudinem ejus, nec [6]veterum qui quieverunt, nec eorum qui nunc sunt, secundum autem dilectionem cognoscitur semper per eum, per quem constituit omnia. Est autem hic Verbum ejus Dominus noster Jesus Christus, qui [7]novissimis temporibus homo in hominibus factus est, ut finem conjungeret principio, id est, hominem Deo. Et propterea prophetæ ab eodem Verbo propheticum accipientes charisma, prædicaverunt ejus secundum carnem adventum, per quem commixtio et communio Dei et hominis secundum placitum Patris facta est, ab initio prænunciante Verbo Dei, quoniam videbitur Deus ab hominibus, et conversabitur cum eis super terram, et colloqueretur, et adfuturus Baruch iii. 37.

Κύριος ἐκτήσατό με κεφάλαιον τῶν ὁδῶν αὐτοῦ, εἴρηκεν· ὁ δὲ Σύμμαχος, Κύριος ἐκτήσατό με ἀρχὴν ὁδῶν αὐτοῦ· ὁ δὲ Θεοδοτίων, Κύριος ἐκτήσατό με ἀρχὴν ὁδοῦ αὐτοῦ· καὶ ἔχοι γ' ἂν λόγον ἡ ἑρμηνεία. ...Ἔνθεν καὶ ὁ πρωτόπλαστος Ἀδὰμ, ὅτε τὸν ἐν ἀνθρώποις πρῶτον Υἱὸν ἐκτήσατο, ἐλέχθη καὶ ἐπ' ἐκείνῳ, ἐκτησάμην ἄνθρωπον διὰ τοῦ Θεοῦ· τῆς Ἑβραϊκῆς φωνῆς, ἀντὶ τοῦ, ἐκτησάμην, Κανίθει, περιεχούσης. The word קָנָה in fact is used in the same sense in the book of Proverbs of the Wisdom of God the Father, the Eternal Word, as in the book of Genesis of the firstborn of Eve, viz. as denoting *possession by parental generation.* The reader may see this point fully discussed, in a *Prælectio Academica* upon this text, published at Cambridge by the editor in 1848, and cf. קָנִיתִי, Gen. iv. 1, and 157, 5.

[1] AR. *sæculum.*

[2] In initio antequam terram faceret. *Loco horum in Voss. legitur:* priusquam abyssos constituerit. *Sed utrumque retinendum esse, ex ipso Salomonis textu patet, quem bis cum utroque commate allegat Justinus Martyr in Dialogo cum Tryph.* §§ 61, 129. *Videtur autem hic alterum occasione repetiti verbi ποιῆσαι excidisse.* GR. The words are also omitted in the CL. MS. MASS. receives both members into his text, as above. AR. omits *in.*

[3] The words of Solomon are not quoted fully, as the reader will perceive.

[4] VOSS., MERC. I. *jocundabatur.*

[5] VOSS. *aptavit.*

[6] *veterum* omitted by CLERM. and VOSS. *qui quieverunt* by the AR. and τῶν κεκοιμημένων may have been a gloss.

[7] AR. inserts *in.*

LIB. IV. xxxiv. 4. GR. IV. xxxvii. MASS. IV. xx 4.

esset [1]suo plasmati, salvans illud, et perceptibilis ab eo, et liberans nos de manibus omnium odientium nos, [1]hoc est, ab universo transgressionis spiritu: et faciens nos servire sibi in sanctitate et justitia omnes dies nostros, uti complexus homo Spiritum Dei, in gloriam cedat Patris. G. 332.

Luc. i. 71 et 75.

5. Hæc prophetice significabant prophetæ, sed non quemadmodum quidam dicunt, invisibili Patre omnium exsistente, alterum esse eum, qui a prophetis videretur. [2]Hoc autem dicunt, qui in totum, quid sit prophetia, nesciunt. Nam prophetia est prædicatio futurorum, id est, eorum quæ post erunt, præsignificatio. Præsignificabant igitur prophetæ quoniam videbitur Deus ab hominibus; quemadmodum et Dominus ait: *Beati mundo corde, quoniam ipsi Deum videbunt.* Sed secundum magnitudinem quidem ejus, et mirabilem gloriam, *nemo videbit Deum, et vivet;* incapabilis enim Pater: secundum autem dilectionem et humanitatem, et quod omnia possit, etiam hoc concedit iis qui se diligunt, id est, videre Deum, quod et prophetabant prophetæ. Quoniam *quæ impossibilia apud homines, possibilia apud Deum.* Homo etenim a se non [3]videt Deum. Ille autem volens videtur [4]ab hominibus, a quibus vult, et quando vult, et quemadmodum vult. Potens est enim in omnibus Deus: visus quidem tunc per Spiritum [5]prophetice, visus autem et per Filium adoptive, videbitur autem et in Regno cœlorum paternaliter, Spiritu quidem præparante hominem in [6]Filium Dei, Filio autem adducente ad Patrem, Patre autem incorruptelam donante in æternam vitam, quæ unicuique evenit ex eo quod videat Deum.

Matt. v. 8. Exod. xxxiii. 20. Luc. xviii. 27.

Joh. Damasc. Parall. Halloix. v. Iren. Anton. Meliss. Serm. 1. de F.

6. Ὥσπερ οἱ βλέποντες τὸ φῶς, ἐντός εἰσι τοῦ φωτὸς, καὶ τῆς λαμπρότητος αὐτοῦ μετέχουσιν· οὕτως οἱ βλέποντες τὸν Θεὸν, ἐντός εἰσι τοῦ Θεοῦ, μετέχοντες αὐτοῦ

6. Quemadmodum [7]videntes lumen intra lumen sunt, et claritatem ejus percipiunt: sic et qui vident Deum, intra Deum sunt, percipientes ejus claritatem. [8]Vivificat autem eos claritas:

[1] Ar. inserts here *hoc est universo,* and omits the words from the following line.

[2] *hoc autem dicunt,* Ar., Merc. ii., Gr., omitted in Cl., Voss. and Mass.

[3] *videt...videtur.* Clerm. and Voss. *videbit...videbitur.* Cf. 72, 2.

[4] ὑπό, Ar., Gr., but Voss., Cl., Mass. *videtur hominibus, quibus.*

[5] Ar., Gr., al. *prophetiæ.*

[6] Cl., Vet., Voss. *Filio.* Ar. etc. as above.

[7] *enim* has been cancelled, as omitted in the Clerm. and Voss. MSS. Neither does the Greek text indicate it.

[8] *vivificat...Deum;* this member is omitted in the Clermont and Voss.

τῆς λαμπρότητος ..... ζωῆς οὖν μεθέξουσιν οἱ ὁρῶντες Θεόν. LIB. IV xxxiv. 6. GR. IV. xxxvii. MASS. IV. xx. 5.
Καὶ διὰ τοῦτο ὁ ἀχώρητος καὶ ἀκατάληπτος καὶ ἀόρατος, ὁρώμενον ἑαυτὸν, καὶ καταλαμβανόμενον, καὶ χωρούμενον τοῖς [1]πιστοῖς παρέσχεν· ἵνα ζωοποιήσῃ τοὺς χωροῦντας καὶ βλέποντας αὐτὸν [1]διὰ πίστεως. Ὡς γὰρ τὸ μέγεθος αὐτοῦ ἀνεξιχνίαστον, οὕτως καὶ ἡ ἀγαθότης αὐτοῦ ἀνεξήγητος, δι' ἧς βλεπόμενος ἐνδίδωσι ...[2]τοῖς ὁρῶσιν αὐτόν. Ἐπεὶ ζῆσαι ἄνευ ζωῆς οὐχ οἷόν τε ἦν· ἡ δὲ ὕπαρξις τῆς ζωῆς ἐκ τῆς τοῦ Θεοῦ περιγίνεται μετοχῆς· μετοχὴ δὲ Θεοῦ ἐστι τὸ γινώσκειν Θεὸν, καὶ ἀπολαύειν τῆς χρηστότητος αὐτοῦ.

percipiunt ergo vitam, qui vident Deum. Et propter hoc incapabilis, et incomprehensibilis, [3][et invisibilis] visibilem se et comprehensibilem, et capacem hominibus præstat, ut vivificet percipientes et videntes se. Quemadmodum enim magnitudo ejus investigabilis [4]est, sic et benignitas ejus inenarrabilis: per quam visus vitam præstat iis qui vident eum. Quoniam vivere sine vita impossibile est: subsistentia vitæ autem de Dei participatione evenit: participatio autem [5]Dei est videre Deum, et frui benignitate ejus; [5]et homines igitur videbunt Deum, ut vivant, per visionem immortales facti et pertingentes usque [6]in Deum. Quod, sicut prædixi, per prophetas figuraliter manifestabatur, quoniam videbitur Deus ab hominibus qui portant Spiritum ejus, et semper adventum [7]ejus sustinent. Quemadmodum et in Deuteronomio Moses ait: *In die ista videbimus, quoniam [8]loquetur Deus ad hominem, et vivet.* Quidam enim eorum videbant Spiritum propheticum
G. 333. et operationes ejus in omnia genera charismatum [9]effusas: alii vero adventum Domini, et eam quæ est ab initio [10]administrationem,

Deut. v. 24.

MSS., but the Greek text, though defective, in a certain measure attests its genuineness.

[1] πιστοῖς. The translator read ἀνθρώποις, and omits διὰ πίστεως, but the Greek text makes by far the better sense.

[2] *Suppl.* τὴν ζωήν.

[3] *et invisibilis*, inserted by MASSUET, from the Greek.

[4] *est*, expunged by GRABE, and restored by MASS. is retained, for the CLERM. and AR. MSS. both have it.

[5] AR. omits *Dei*. *Et*, CL., VOSS.

[6] CLERM. *ad*.

[7] I restore, with MASSUET, *ejus*, as in the CLERM. and VOSS. MSS., in the place of *Christi*, AR. It is probable that the pronoun was read as *Jesus*, for which *Christi* was then substituted. But the manifestation of God is the subject now under consideration.

[8] AR., VOSS. *loquitur*.

[9] MASSUET first, *effusas*, from the VOSS. MS. The concord also would be with πραγματείας. AR. *effusa*.

[10] *administrationem*, οἰκονομίαν, though GRABE prefers διακονίαν.

LIB. IV. xxxiv. 6. GR. IV. xxxvii. MASS. IV. xx. 6.

per quam [1]perfecit voluntatem Patris, [2]quæ est in cœlis, et quæ est in terris: alii vero et glorias paternas temporibus aptas, et ipsis qui videbant, et [3]qui tunc audiebant, et omnibus qui deinceps audituri erant. Sic igitur manifestabatur Deus: per omnia enim hæc Deus Pater ostenditur, Spiritu quidem operante, Filio vero [4]administrante, Patre vero comprobante, homine vero [4]consummato
Oseæ xii. 10. ad salutem. Quemadmodum et per prophetam Osee ait: *Ego,* M. 255.
inquit, *visiones multiplicavi, et in manibus prophetarum assimilatus*
1 Cor. xii. 4—7. *sum.* Apostolus autem idipsum exposuit, dicens: *Divisiones autem charismatum sunt, idem autem Spiritus: et divisiones ministeriorum sunt, idem [5]autem Dominus: et divisiones operationum sunt, idem autem Deus, qui operatur omnia in omnibus. Unicuique autem datur manifestatio Spiritus ad utilitatem.* Sed quoniam qui omnia in omnibus operatur, Deus est, [6]qualis et quantus est, invisibilis et inenarrabilis est omnibus quæ ab eo facta sunt, incognitus autem nequaquam: omnia enim per Verbum ejus discunt, [7]quia est unus Deus Pater, qui continet omnia, et omnibus
Joh. i. 18. Cf. p. 221, n. 4. esse præstat, quemadmodum in Evangelio scriptum est: *Deum nemo vidit unquam: nisi unigenitus Filius, qui est in sinu Patris, ipse enarravit.*

7. [8]Enarrat ergo ab initio Filius Patris, quippe qui ab initio est cum Patre, qui et visiones propheticas, et divisiones charismatum, et ministeria sua, et Patris glorificationem consequenter et composite ostenderit humano generi, apto tempore ad utilitatem. [9]Ubi est enim consequentia, illic et constantia: et ubi constantia, illic et pro tempore: et ubi pro tempore, illic et utilitas: et propterea Verbum dispensator paternæ gratiæ factus est ad utilitatem hominum, propter quos fecit tantas dispositiones, hominibus quidem ostendens Deum, [10]Deo autem exhibens hominem:

[1] CLERM., al. *fecit.* AR. *perfecti.*

[2] GRABE considers *quæ* to refer to *administrationem*, not to *voluntatem;* but the allusion to the words of the Lord's Prayer is too plain to allow of such an explanation.

[3] *qui ... omnibus,* AR., al. *hominibus.*

[4] *ministrante,* CL., VOSS., AR. *consummante,* AR.

[5] *autem,* Syr. ܗܘ, but CL., VOSS. *et idem.* AR. simply *idem.*

[6] *qualis et quantus,* CL., VOSS. For *et,* AR. *est.*

[7] *quia,* CL., VOSS. *qui,* AR.

[8] AR. *et narrat.*

[9] *Horum sensus clarior evadit e verbis Græcis, quæ non dubito fuisse sequentia:* ὅπου γάρ ἐστι ἀκολουθία, ἐκεῖ καὶ εὐστάθεια· καὶ ὅπου εὐστάθεια, ἐκεῖ καὶ κατὰ χρόνον (m. ἐπικαιρία) καὶ ὅπου κατὰ χρόνον (ἐπικαιρία), ἐκεῖ καὶ συμφέρον. GRABE.

[10] Deo autem. *Sic legendum monuit doctissimus* BULLUS *in Defensione Fidei Nicænæ pag.* 469, *et sic quoque scriptum reperi in* ARUND. *cum reliqua exemplaria perperam habeant,* Deum. *Quippe illam*

et invisibilitatem quidem Patris custodiens, ne quando homo fieret contemtor Dei, et ut semper haberet ad quod proficeret; visibilem autem rursus hominibus per multas dispositiones ostendens Deum, ne [1]in toto deficiens a Deo homo, cessaret esse. Gloria enim Dei vivens homo: vita autem hominis visio Dei. Si enim quæ est per conditionem ostensio Dei vitam præstat omnibus in terra viventibus, multo magis ea quæ est per Verbum manifestatio Patris, vitam præstat his qui vident Deum.

LIB. IV. xxxiv. 7. GR. IV. xxxvii. MASS. IV. xx. 7.

8. Quoniam ergo Spiritus Dei per prophetas futura significavit, præformans [2]nos et præaptans ad id ut subditi Deo simus, futurum autem erat, ut homo per sancti Spiritus beneplacitum videret; necessario oportebat eos, per quos futura prædicabantur, videre Deum, quem ipsi hominibus videndum intimabant: uti non solum dicatur prophetice Deus, et Dei Filius, et Filius, et Pater, sed et ut videatur omnibus membris sanctificatis et edoctis ea quæ sunt Dei, ut [3]præformaretur et præmeditaretur homo applicari in eam gloriam quæ postea revelabitur his qui diligunt Deum. [4]Non enim [5]solum sermone prophetabant prophetæ, sed et visione, et conversatione, et actibus quos faciebant, secundum id quod suggerebat Spiritus. Secundum hanc igitur rationem invisibilem videbant Deum, quemadmodum [6]et Esaias ait: *Regem Dominum Sabaoth vidi oculis meis;* significans, quoniam videbit oculis Deum homo, et vocem ejus audiet. Secundum hanc igitur rationem et Filium Dei hominem videbant conversatum cum hominibus, id quod futurum erat prophetantes, eum qui nondum aderat, adesse Esai. vi. 5.

lectionem plane confirmant ista, quæ supra III. xx. (p. 101), *extant, Græca:* Καὶ Θεῷ μὲν παραστῆσαι τὸν ἄνθρωπον, ἀνθρώποις δὲ γνωρίσαι τὸν Θεόν. GRABE.

[1] *in toto*, CLERM., VOSS., al. *totum.*

[2] *nos* is added from the CL. and AR.

[3] *præformaretur et præmeditaretur.* The reading of GRABE is retained. MASSUET reading *meditaretur*, as in CLERM. and VOSS. XEN. *Ath. R.* I. 20, has the verb προμελετᾶν in much the same sense, only in the active voice; ὡς οἷόν τε εἰσβάντες εἰς ναῦς, ἅτε ἐν πάντι τῷ βίῳ προμεμελετηκότες. The same compound word also is interpreted by the Scholiast on the *Thesm.* 1188, by μελετᾶν, ἀσκεῖν, γυμνάζειν. Hence we may collect that the meaning of the word here is *disciplined beforehand*, the passage running in the original, ἵνα προμορφωθῇ καὶ προμελετηθῇ ὁ ἄνθρωπος προσέχεσθαι τῇ δόξῃ. Cf. μελετᾶν, I. 86, 1, and 403, G. μεμελετηκυῖαν, 450, G. *meditationis.*

[4] *Elegans est Augustini ea de re sententia hic,* Patrum illorum non tantum lingua, verum etiam vita, prophetica fuit, *lib.* IV. *contra Faustum cap.* 2, *et lib.* XXII. *cap.* 23. *Tertullianus etiam:* Sicut vocibus, ita et rebus prophetatum est, *lib. de Resurrectione Carnis.* FEUARD.

[5] MASSUET has *solo;* the Greek words doubtless were, οὐ μόνον γὰρ τῷ λόγῳ. Still the CLERM. and VOSS. are in his favour. AR. *solum sermonē.*

[6] *et*, AR.

LIB. IV. xxxiv. 8. GR. IV. xxxvii. MASS. IV. xx. 8. dicentes, et impassibilem passibilem annuntiantes, et eum qui G. 334.
tunc in cœlis, in limum mortis descendisse dicentes. Et reliquas autem ejus recapitulationis dispositiones, quasdam quidem per visiones videbant, quasdam per verbum annuntiabant, quasdam Ps. xxi. 16. vero per operationem typice significabant, quæ quidem videnda erant, visibiliter videntes; quæ vero audienda erant, sermone præconantes; quæ vero agenda erant, operatione perficientes; universa vero prophetice annuntiantes. Propterea et Moyses transgressori Deut. iv. 24. quidem Legis populo igneum Deum esse dicebat, igneum a Deo diem superduci eis minitans; his [1]vero qui erga Deum timorem Exod. xxxiv. 6, 7. habebant, *Dominus Deus*, dicebat, *misericors, et pius*, [2]*et magnanimus, et magnæ miserationis, et verax, et justitiam servans et misericordiam in millia, auferens injustitias, et nequitias, et peccata.*

LXX. ἐν εἴδει. Num. xii. 8. Exod. xxxiii. 11. 9. Et Verbum quidem loquebatur Moysi apparens in conspectu, *quemadmodum si quis loquatur ad amicum suum.* Moyses vero cupivit manifeste videre eum qui secum loqueretur, et dictum Exod. xxxiii. 20–22. est ei: *Sta in loco alto petræ, et manu mea contegam super te. Quando vero transierit claritas mea, tunc videbis quæ sunt posteriora mea; facies autem mea non videbitur tibi: non enim videt homo faciem meam, et vivet;* utraque significans, quoniam et [3]impossibilis est homo videre Deum, et quoniam per sapientiam Dei in novissimis temporibus videbit [4]eum homo, in altitudine petræ, hoc est, in eo qui est secundum hominem ejus [5]adventu. Et propter hoc [6]facie ad faciem confabulatus est cum eo in alti- Matt. xvii. 3. tudine montis, adsistente etiam Helia, quemadmodum Evangelium retulit, restituens in fine pristinam repromissionem. Non igitur manifeste [5]ipsam faciem Dei videbant prophetæ, sed dispositiones et mysteria, [5]per quæ inciperet homo videre Deum. Quemad- 3 Reg. xix. 11, 12. modum et Heliæ dicebatur; *Exies cras, et stabis in conspectu Domini, et ecce, Dominus transiet, et ecce spiritus magnus et fortis, qui dissolvet montes, et conteret petras in conspectu Domini, et non in spiritu Dominus; et post spiritum terræ motus, et non in terræ motu Dominus: et post terræ motum ignis, et non in igne Dominus: et post ignem vox auræ tenuis.* [7]Per hæc enim et prophetes valde indignans propter transgressionem populi et propter interfectionem M. 256.
prophetarum, [8]edocebatur mitius agere, ac secundum hominem

[1] *vero* omitted in the CL. *Dn̄m.* AR.

[2] The CLERM. omits *et magnanimus.*

[3] ἀδύνατος, *impotens.* GRABE.

[4] *eum*, CLERM., AR., VOSS., al. *Deum.*

[5] AR. *adventus, ipsi,* and omits *per.*

[6] Cf. TERT. *c. Marc.* IV. 22, *adv. Prax.* 14, CYR. HIER. *Catech.* X.

[7] CLERM. *post.*

[8] AR. *et docebatur.*

adventus Domini significabatur futurus post illam legem quæ data est per Moysem, mitis et tranquillus, in quo nec calamum quassatum confregit, nec linum fumigans exstinxit. Ostendebatur autem et regni ejus mitis et pacifica requietio. Post enim spiritum qui conterit montes, et post terræ motum, et post ignem, tranquilla et pacifica regni ejus adveniunt tempora, in quibus cum omni tranquillitate Spiritus Dei vivificat et auget hominem. Manifestius autem adhuc [1]et per Ezechielem factum est, quoniam ex parte dispositiones Dei, sed non ipsum videbant prophetæ [1]proprie Deum. Hic enim Dei cum vidisset visionem, et cherubim, et rotas eorum, et universæ progressionis ejus mysterium cum retulisset, et similitudinem throni cum vidisset super eos, et super thronum similitudinem quasi [1]figuræ hominis, et illa quidem quæ erant super lumbos ejus, quasi figuram electri, [2]quæ autem deorsum, quasi visionem ignis, et reliquam universam thronorum visionem manifestans, ne quis putaret forte eum in his proprie vidisse Deum, intulit: *Hæc visio similitudinis gloriæ Domini.*

LIB. IV. xxxiv. 9. GR. IV. xxxvii. MASS. IV. xx. 10.

Matt. xii. 20, ex Esai. xlii. 3.

Ezech. i. 1 seq.

G. 335.

Ezech. ii. 1.

10. Igitur si neque Moyses vidit Deum, nec Helias, nec Ezechiel, qui multa de cœlestibus viderunt; quæ autem ab his videbantur, erant similitudines claritatis Domini, et prophetiæ futurorum: manifestum est, quoniam Pater quidem invisibilis, de quo et Dominus dixit: *Deum nemo vidit unquam.* Verbum autem ejus, quemadmodum [3]volebat ipse, et ad utilitatem videntium, claritatem monstrabat Patris, et dispositiones exponebat; quemadmodum et Dominus dixit: [4]*Unigenitus Deus, qui est in sinu Patris, ipse enarravit;* et ipse autem interpretatur Patris Verbum, utpote dives, et multus exsistens, non in una figura, nec in uno charactere videbatur videntibus eum, sed secundum dispensationum ejus causas sive efficaciam, sicut in Daniele scriptum est. Aliquando enim cum his qui erant circa [5]Ananiam, Azariam, Misaelem, videbatur adsistens eis in fornace ignis, et in camino, et liberans eos de igne: *Et visio*, inquit, *quarti similis Filio Dei.*

Joh. i. 18.

Dan. iii. 26.

[1] AR. omits *et;* for *proprie* it has *priores;* and for *figuræ, figuram.*

[2] *quæ ... ignis*, six words carelessly omitted in the CLERM. MS.

[3] AR. *volebat ipse*, CL. *volebant, et ad.*

[4] *Unigenitus Deus.* The text previously quoted indicated μονογενὴς υἱός, p. 218; but the agreement of the Syriac version induces the belief that the present reading was that expressed by IRENÆUS, and that the previous quotation has been corrected to suit the Vulgate. The Syriac has ܝܚܝܕܝܐ ܐܠܗܐ *Unigenitus Deus.* The former reading however occurs, p. 44. Compare also S. AUGUST. *Lib. ad Paulin. de vid. D. Ep.* 147.

[5] TERT. *c. Marc.* IV. 10.

LIB. IV. xxxiv. 10. GR. IV. xxxvii. MASS. IV. xx. 11.

Aliquando autem [1]*lapis a monte abscissus sine manibus*, et percutiens temporalia regna, et ventilans ea, et ipse replens universam terram. Rursum hic idem videtur quasi Filius Hominis in nubibus cœli veniens, et appropinquans ad Veterem Dierum, et sumens ab (Dan. ii. 34, 35. Dan. vii. 13, 14.) eo universam potestatem, et gloriam et regnum. *Et potestas*, inquit, *ejus potestas æterna, et regnum ejus non interibit.*

11. Sed et Johannes Domini discipulus in Apocalypsi sacer- (Apoc. i. 12–17.) dotalem et gloriosum regni ejus videns adventum: *Conversus sum*, inquit, *videre vocem quæ loquebatur* [2]*mecum, et conversus vidi septem candelabra aurea, et inter candelabra similem Filio Hominis indutum podere, et cinctum ad mammas zonam auream. Caput autem ejus et capilli albi, quemadmodum lana alba, quomodo nix; et oculi ejus ut flamma ignis; et pedes ejus similes chalcolibano, quemadmodum in camino* [3]*succensus est. Et vox ejus quasi vox aquarum, et habet stellas septem in manu dextera sua, et de ore ejus romphæa ex utraque parte acuta exibat, et facies ejus quemadmodum sol fulgens in virtute sua.* In his enim aliquid [4]a Patre clarum ejus significat, ut caput: aliquid vero sacerdotale, ut [5]podere: (et (Exod. xxviii. 4, et Levit. viii. 7.) propter hoc Moyses secundum hunc typum vestivit pontificem) aliquid vero ad finem, quemadmodum chalcolibanum in camino succensum, quod est fortitudo fidei, et perseverabile orationum, [6]propter adveniens in fine temporum succensionis incendium. Jo- (Apoc. i. 17.) hanne vero non sustinente visionem, (*Cecidi*, enim inquit, *ad pedes* (Exod. xxxiii. 20.) *ejus quasi mortuus*, ut fieret, quod scriptum est: *Nemo videt Deum et vivet*) et vivificans eum Verbum, et admonens, quoniam ipse est (Joh. xiii. 25.) in cujus pectore recumbebat ad cœnam, interrogans quis esset qui (Apoc. i. 17, 18.) [7]inciperet eum tradere, dicebat: *Ego sum primus et* [8]*novissimus, et qui vivo, et fui mortuus, et ecce vivo in sæcula sæculorum, et habeo*

[1] TERT. *adv. Jud.* 3, *c. Marc.* III. 7.

[2] *mecum* omitted in the AR.

[3] succensus est. *Irenæus videtur legisse* πεπυρωμένῳ, *nisi forte Interpres, aut Scriba, Latinam potius S. Apocalypseos versionem, quam Irenæi textum secutus sit.* GRABE. In N. T. we read πεπυρωμένοι. The CLERM. omits *est.*

[4] AR. *a Patre ejus clarum.*

[5] MASSUET says: *Exigit constructio legatur* podere, *in nominativo casu,* podere, poderes; *quod quamvis analogiæ Græcæ repugnet, tolerabilius tamen quam* poderem *in accusativo.* The AR. MS. here, as above, reads *podere,* the legitimate Greek accusative. The entire period may be thus restored: ἐν τούτοις γὰρ, ἔνδοξόν τι ἀπὸ τοῦ Πατρὸς αὐτοῦ αἰνίττεται, ὡς κεφαλήν· ἱερατικὸν δέ τι, ὡς ποδήρη, (καὶ διὰ τοῦτο Μωϋσῆς κατὰ τόνδε τὸν τύπον ἱμάτισεν τὸν Ἀρχιερέα·) τί δὲ ἐπὶ τὸ τέλος χαλκολίβανον ὡς, ἐν καμίνῳ πεπυρωμένον (ὅ ἐστι τῆς πίστεως δύναμις, καὶ τὸ ἐμμενὲς τῶν προσευχῶν), διὰ τὸν ἐπιόντα ἐν τέλει τῶν αἰώνων τῆς κατακαύσεως ἐμπρησμόν.

[6] CL., VOSS., AR. *propterea* from the following initial vowel.

[7] ἔμελλε παραδιδόναι. AR. *et dicebat.*

[8] CL., VOSS. repeat *ego*, and AR. *sum.*

claves mortis et inferorum. Et post hæc in secunda visione eundem Dominum videns: *Vidi* enim, inquit, *in medio throni, et quatuor* G. 336. *animalium, et in medio presbyterorum, agnum stantem quasi occisum, habentem cornua septem, et oculos septem, qui sunt septem spiritus Dei, dimissi in* [1]*omnem terram.* Et rursum de eodem ipso agno ait: *Et ecce equus albus, et qui sedebat super eum vocabatur fidelis et verus, et per justitiam judicat et pugnat, et oculi ejus sicut flamma ignis, et in capite ejus diademata multa, habens nomen scriptum, quod nemo scit nisi ipse: et circumamictus vestimentum aspersum sanguine, et vocatur nomen ejus Verbum Dei. Et exercitus cœli sequebantur* [2]*eum in equis albis, vestiti byssinum album mundum: et* [3]*de ore ejus procedit romphæa acuta, ut in ea percutiat gentes: et ipse pascet eos in virga ferrea, et ipse calcat lacum vini furoris iræ Dei omnipotentis; et habet super vestitum, et super femur suum, nomen scriptum, Rex Regum et Dominus Dominorum.* M. 257. Sic semper Verbum Dei velut lineamenta rerum futurarum habet, et velut species dispositionum Patris hominibus ostendebat, docens nos quæ sunt Dei.

LIB. IV. xxxiv. 11. GR. IV. xxxvii. MASS. IV. xx. 11.

Apoc. v. 6.

Apoc. xix. 11–17.

12. Non solum autem per visiones quæ videbantur, et [4]per sermones qui præconabantur, sed et in operationibus visus est prophetis, ut per eos præfiguraret et præmonstraret futura. Propter quod et Osee [5]prophetes accepit *uxorem fornicationis*, per operationem prophetans, *quoniam fornicando fornicabitur terra a Domino*, hoc est, qui super terram sunt homines; et de hujusmodi hominibus beneplacitum habebit Deus assumere Ecclesiam sanctificandam communicatione Filii ejus, sicut et illa sanctificata est communicatione prophetæ. Et propter hoc Paulus *sanctificatam* ait *infidelem mulierem in viro fideli.* Adhuc etiam filios suos nominavit propheta, *Non misericordiam* [6]*consecuta*, et *Non populus:* ut, quemadmodum Apostolus ait, *fiat qui non populus, populus: et* [6]*ea quæ non est misericordiam consecuta, misericordiam consecuta: et in loco* [7]*eliberata, in quo vocabatur non populus, ibi vocabuntur filii Dei vivi.* Id quod a propheta typice per operationem factum

Osee i. 2, 3.

1 Cor. vii. 14.

Osee i. 6 et 9.

Rom. ix. 25, 26, ex Oseæ i. 10, et ii. 23.

[1] *omnem*, Clerm., Ar. and Vulg., but Grabe and Mass. *universam*.

[2] *eum*, inserted from the Cl. and Ar. MSS., the Greek also having αὐτῷ.

[3] *de ore* Ar., here and p. 222, *decore*.

[4] *per* omitted in the Ar.

[5] *prophetes.* So the Clerm. copy.

[6] Ar. *consecutæ*, omitting the four words, *ut, Apostolus*, and *ea quæ*.

[7] Grabe thinks this word came in from the margin, where it had been written in explanation of *misericordiam consecuta*. Massuet prefers to consider it as representing ἐῤῥύθη, read faultily for ἐῤῥέθη, which is preferable. Ar. as above, Cl. *liberata*.

LIB. IV. xxxiv. 12. GR. IV. xxxvii. MASS. IV. xx. 12.

Exod. ii. 21. Rom. xi. 17. Matt. ii. 14.

est, ostendit Apostolus vere factum in Ecclesia a Christo. Sic autem et Moyses Æthiopissam [1]accipiebat uxorem, quam ipse Israelitidem fecit, præsignificans quoniam oleaster inseritur in olivam, et participans pinguedinis ejus erit. Quoniam enim is qui secundum carnem natus est Christus, a populo quidem habebat inquiri ut occideretur, liberari vero in Ægypto, id est in gentibus, [1]et sanctificare eos qui ibi essent infantes, unde et Ecclesiam [1]ibi perfecit; (Ægyptus enim ab initio gentilis, quemadmodum [2]et

E Catena in Pentateuch. Combefis. collatis tribus aliis per MASS.

Διὰ τοῦ γάμου Μωϋσέως ὁ τοῦ Ἰησοῦ [3]νοητὸς γάμος ἐδείκνυτο, καὶ διὰ τῆς Αἰθιοπικῆς νύμφης, ἡ ἐξ ἐθνῶν ἐκκλησία ἐδηλοῦτο· ἣν οἱ καταλαλοῦντες καὶ [4]ἐνδιαβάλλοντες καὶ διαμωκώμενοι, [5]οὐκ ἔσονται καθαροί. Λεπρήσουσι γὰρ καὶ [6]ἐξαφορισθήσονται τῆς τῶν δικαίων παρεμβολῆς.

Num. xii. 10 et 14. Jos. ii. 1.

Æthiopia) propter hoc per nuptias Moysi nuptiæ Verbi ostendebantur, et per Æthiopissam conjugem, ea quæ ex gentibus est Ecclesia manifestabatur; cui qui detrahunt, et incusant, et derident eam, non erunt mundi. Leprosi enim erunt, et abjicientur a justorum castris. Sic autem et [7]Rahab fornicaria semetipsam quidem condemnans, quoniam esset gentilis omnium peccatorum rea, suscepit autem [8]tres speculatores, qui speculabantur universam terram, et apud se abscondit, Patrem scilicet et Filium cum Spiritu sancto. G. 337.
Et cum universa civitas in qua habitabat, concidisset in ruinam,

[1] AR. *accepit...et...sibi.*

[2] *et Æthiopia*, CL., VOSS., omitted in the AR. al. *Æthiopissa.*

[3] *Hæc vox ab auctore Catenæ explicationis gratia addita videtur.* GRABE.

[4] CBF. διαβάλλοντες καταμωκώμενοι.

[5] CBF. οὐκέτι ἐν τῇ παρεμβολῇ.

[6] COMBEFIS ἐξαφορίζονται.

[7] Rahab is generally numbered among those gifted with the prophetical spirit by the fathers; so S. CLEM. ROM. § 12. Καὶ προσέθεντο αὐτῇ δοῦναι σημεῖον, ὅπως κρεμάσῃ ἐκ τοῦ οἴκου αὐτῆς κόκκινον· πρόδηλον ποιοῦντες, ὅτι διὰ τοῦ αἵματος τοῦ Κυρίου λύτρωσις ἔσται πᾶσι τοῖς πιστεύουσιν καὶ ἐλπίζουσιν ἐπὶ τὸν Θεόν· Ὁρᾶτε ἀγαπητοί, οὐ μόνον πίστις, ἀλλὰ προφητεία ἐν τῇ γυναικὶ γέγονεν. And ORIGEN, *Hom.* 3 *in Josh. Ista meretrix, quæ eos suscepit, ex meretrice efficitur jam propheta. Dicit enim: Scio, quia Dominus Deus vester tradidit vobis terram hanc. Vides quomodo illa—prophetat et prænuntiat de futuris.* Cf. S. AUG. *de M. ad Cons.* 33, 34. JUST. M. Καὶ γὰρ τὸ σύμβολον τοῦ κοκκίνου σπαρτίου, οὗ ἔδωκαν ἐν Ἱεριχῷ οἱ ἀπὸ Ἰησοῦ τοῦ Ναυῆ πεμφθέντες κατάσκοποι Ῥαὰβ τῇ πόρνῃ, εἰπόντες προσδῆσαι αὐτὸ τῇ θυρίδι, δι' ἧς αὐτοὺς ἐχάλασεν, ὅπως λάθωσι τοὺς πολεμίους, ὁμοίως τὸ σύμβολον τοῦ αἵματος τοῦ Χριστοῦ ἐδήλου, δι' οὗ οἱ πάλαι πόρνοι καὶ ἄδικοι ἐκ πάντων τῶν ἐθνῶν σώζονται, ἄφεσιν ἁμαρτιῶν λαβόντες, καὶ μηκέτι ἁμαρτάνοντες. *Dial. c. Tryph.* § 111.

[8] *tres*, CL., VOSS., VET. MSS., IRENÆUS stating from memory that there were three spies. AR. omits *tres*.

canentibus [1]autem septem tubicinis, in ultimis Raab [2]fornicaria LIB. IV. xxxiv. 12. GR. IV. xxxvii. MASS. IV. xx. 12.
conservata est cum universa domo sua, fide signi coccini: sicut et Dominus dicebat his, qui adventum ejus non excipiebant, [3]Pharisæi scilicet, et coccini signum nullificant, quod erat [4]pascha, redemtio et exodus populi ex Ægypto, dicens: *Publicani et* Matt. xxi. 31.
meretrices præcedunt vos in regno cœlorum.

CAP. XXXV.

Quemadmodum in Abraham præfigurabatur fides nostra, et quæ est expositio eorum quæ facta sunt a Patribus.

1. Quoniam autem et in Abraham præfigurabatur fides nostra, et quoniam patriarcha nostræ fidei, et velut [5]propheta fuit, plenissime Apostolus docuit in [6]ea epistola quæ est ad Galatas dicens: *Qui ergo tribuit vobis Spiritum, et operatur virtutes in vobis, ex* Gal. iii. 5—9.
operibus Legis, an ex auditu fidei? Sicut Abraham credidit Deo, et reputatum est illi ad justitiam. Cognoscite itaque, quoniam qui sunt ex fide, hi filii sunt Abrahæ. Prævidens autem Scriptura, quoniam ex fide justificat gentes Deus, prænuntiavit Abrahæ, quoniam benedicentur in eo omnes gentes. Itaque qui ex fide sunt, Gen. xii. 3.
M. 258. *benedicentur cum fideli Abraham.* Ob quæ non solum prophetam eum dixit fidei, sed et patrem eorum qui ex gentibus credunt in Christum Jesum, eo quod una et eadem illius et nostra sit fides: illo quidem credente futuris quasi jam factis propter repromissionem Dei; nobis quoque similiter per fidem speculantibus eam quæ est in regno hæreditatem, [7]propter repromissionem Dei.

[1] *autem*, δὲ (f. l. δὴ), from the Cl. and Voss. MSS., it being more likely to have been lost by absorption, as in the Ar., than to have been added by reason of the similar word *septem* following.

[2] *fornicaria conservata est*, Ar. The more probable reading; the Voss. has *fornicata est*, altogether destroying the sense; and singularly enough the Clerm. copy has the same reading, though corrected conjecturally by the same hand, libera fornicata est. From this it would seem that the Voss. MS. was not transcribed from the Clermont copy.

[3] *Pharisæi.* So the Clerm., Ar. and Voss. copies, but Mass. prints *Pharisæis*, with the note, al. *Pharisæi.*

[4] Καὶ τοὺς ἐν Αἰγύπτῳ δὲ σωθέντας, ὅτε ἀπώλλυντο τὰ πρωτότοκα τῶν Αἰγυπτίων, τὸ τοῦ πάσχα ἐρρύσατο αἷμα τὸ ἑκατέρωσε τῶν σταθμῶν καὶ τοῦ ὑπερθύρου χρισθὲν, ἦν γὰρ τὸ πάσχα ὁ Χριστὸς, ὁ τυθεὶς ὕστερον. Just. M. *D. Try.*

[5] Voss. *prophetavit.* Ar. by its usual error, *prophetabit*, so also Merc. ii.

[6] Ar. omits *ea.*

[7] These three words are omitted in the Clerm. and Voss. MSS., but found in the Arund. and Merc. ii.

LIB. IV. xxxv. 2. GR. IV. xxxviii. MASS. IV. xxi. 2.

2. Et ea autem quæ circa Isaac, non sine significatione sunt. In ea enim epistola, quæ est ad Romanos, ait Apostolus: *Sed et Rebecca ex uno* [1] *concubitu habens Isaac patris nostri*, a Verbo responsum accepit, *ut secundum electionem propositum Dei permaneat, non ex operibus, sed ex vocante, dictum est ei: Duo populi in utero tuo, et duæ gentes in ventre tuo, et populus populum superabit, et major serviet minori.* Ex quibus manifestum est, non solum prophetationes patriarcharum, sed et [2] partus Rebeccæ prophetiam fuisse duorum populorum: et unum quidem esse majorem, alterum vero minorem; et alterum quidem sub servitio, alterum autem liberum; unius autem et ejusdem patris. Unus et idem Deus noster et illorum: qui est absconsorum cognitor, qui scit omnia antequam fiant; et propter hoc [3] dixit: *Jacob dilexi, Esau autem odio habui.*

(Rom. ix. 10–13. Gen. xxv. 23. Dan. xiii. 42, LXX. Rom. ix. 13, ex Malac. i. 2.)

3. Si quis autem et actus qui sunt Jacob addiscat, inveniet eos non inanes, sed plenos dispositionum: et imprimis in nativitate ejus, quemadmodum apprehendit calcaneum fratris, et Jacob vocatus est, [3] id est, *Supplantator;* tenens, [3] et qui non tenetur; ligans pedes, [4] sed non ligatus; luctans et vincens; tenens in manu calcaneum adversarii, id est, victoriam. Ad hoc enim nascebatur Dominus, cujus typum generationis [5] præmonstrabat, de quo et Johannes in Apocalypsi ait: *Exivit vincens, ut vinceret.* Deinde autem primogenita accipiens, quando [6] vituperavit ea frater ejus: quemadmodum et junior populus eum primogenitum Christum G. 338. accepit, cum eum repulit populus ætate provectior, dicens: *Non habemus regem, nisi Cæsarem.* In Christo autem universa benedictio: et propter hoc benedictiones prioris populi a patre surripuit posterior populus, quemadmodum Jacob abstulit benedictionem hujus Esau. Ob quam causam [7] fratris patiebatur insidias et

(Gen. xxv. 26. Apoc. vi. 2. Gen. xxv. 32. Joh. xix. 15.)

[1] *concubitū* doubtless was written, as in the Greek, ἐξ ἑνὸς κοίτην ἔχουσα.

[2] *Huic interpretationi subscribunt Just. Dial. Tert. c. Jud. Orig. Hom.* 11 *in Gen. Ambr. Rom.* ix. *Aug. S.* 68 *de Temp. Prosp. Aq. de Prom.* I. 20. Feu. *Præivit omnibus his S. Barn. Ep.* § 13. Gr. Cl., Voss. *etiam partus*, indicating perhaps, *sed et prophetiam partus R. fuisse d. p.* Ar. as above.

[3] Ar. *dicens...quod est...et.*

[4] *sed non ligatus*, as read in the Clerm. and Voss. MSS., and partly indicated by the Ar. *non colligatus*, to which Merc. II. prefixes *qui.* ἀλλ' οὐ δεδεμένος is evidently the Greek equivalent. Grabe, Mass. and Stier. have *sed qui non ligatur*, with which the same Greek words would correspond.

[5] Cl., Voss. *præstabat*, Ar. *monstrabat*, both readings are combined.

[6] *vituperavit*, LXX. ἐφαύλισεν.

[7] Τὸν χρόνον πάντα ἐμισεῖτο ὑπὸ τοῦ ἀδελφοῦ ὁ Ἰακώβ· καὶ ἡμεῖς νῦν, καὶ αὐτὸς ὁ Κύριος ἡμῶν μισεῖται ὑφ' ὑμῶν, καὶ ὑπὸ τῶν ἄλλων ἁπλῶς ἀνθρώπων, ὄντων

persecutiones frater suus sicut et Ecclesia hoc idem a Judæis [1]patitur. Peregre nascebantur XII. tribus, genus Israel, quoniam et Christus [2]peregre incipiebat [1]duodecastylum firmamentum Ecclesiæ generare. [3]Variæ oves, quæ fiebant huic Jacob merces: et Christi merces, [4]qui ex variis et differentibus gentibus in unam cohortem fidei convenientes fiunt homines, quemadmodum Pater promisit ei: *Postula*, dicens, *a me, et dabo tibi gentes hæreditatem tuam, et possessionem tuam terminos terræ*. Et quoniam [5]multitudinis filiorum Domini prophetæ fiebant Jacob, necessitas omnis fuit ex duabus sororibus eum filios facere; quemadmodum Christus ex duabus legibus unius et ejusdem Patris, similiter autem et ex [6]ancillis; significans quoniam secundum carnem [6]ex liberis et ex servis Christus [7]statuet filios Dei, [8]similiter omnibus dans munus [9]Spiritus vivificantis nos. Omnia autem ille faciebat propter illam juniorem, bonos oculos habentem, Rachel; quæ præfigurabat Ecclesiam, propter quam [10]sustinuit Christus: qui tunc quidem per

LIB. IV. xxxv. 3. GR. IV. xxxviii. MASS. IV. xxi. 3.

Gen. xxx. 32.

Ps. ii. 8.

πάντων τῇ φύσει ἀδελφῶν. JUST. M. *Dial. c. Tryph.* § 134.

[1] AR. *patiebatur ... decastylum* ....

[2] *peregre incipiebat*, ἔμελλεν, i. e. in the time of his ἐπιδημία.

[3] Ἐδούλευσεν Ἰακὼβ τῷ Λαβὰν ὑπὲρ τῶν ῥαντῶν καὶ πολυμόρφων θρεμμάτων· ἐδούλευσε καὶ τὴν μέχρι σταυροῦ δουλείαν ὁ Χριστὸς ὑπὲρ τῶν ἐκ παντὸς γένους ποικίλων καὶ πολυειδῶν ἀνθρώπων, δι' αἵματος καὶ μυστηρίου τοῦ σταυροῦ κτησάμενος αὐτούς. JUST. M. *Dial.* § 134.

[4] *qui*, CL.; *quia*, VOSS.; omitted AR.

[5] *multitudinis filiorum Domini Prophetæ fiebant Jacob.* Multitudines *loco* multitudinis *sine sensu sonabant hactenus editt. Sed hanc lectionem ex Cod. Voss. præ illa elegi, siquidem liberi, qui Jacobo* fiebant (*aut potius* nascebantur) *multitudinem filiorum Dei prophetico more præsignificasse, ab Irenæo mihi dici videntur. Cæterum* fiebat *pro* fiebant *perperam legitur in Voss.* GRABE. MASSUET arranges the context as follows; *et quoniam Jacobo prophetæ multitudinis filiorum Dei, versicolorum ovium merces fiebat, necessitas omnis f. &c.* But the writer has manifestly done with the pay in kind received from Laban, and is speaking of Jacob as the head of God's people. I imagine the translator to have read τοῦ Ἰακώβ, in his copy, and the author to have written, Καὶ ὅτι ἐκ πλήθους υἱῶν οἱ τοῦ Κυρίου προφῆται ἐγένοντο, τὸν Ἰακὼβ πᾶσα ἦν ἀναγκὴ ἐκ δύο ἀδελφῶν παιδοποιῆσαι. *Jacob* having been taken in connexion with the words preceding, the translator filled out the sense by adding *eum*. Compare Amos ii. 11. It may be added that the sequel harmonises best with this solution. VET., AR., OTHOB., MERC. II. *fiebant*, CL. as VOSS. *fiebat*.

[6] Gen. xxx. 3, 9. ἐξ ἐλευθερῶν. Cf. Gal. iv. 31.

[7] AR., but CL., VOSS. *statueret*.

[8] Χριστὸς τῶν αὐτῶν πάντας καταξιῶν τοὺς φυλάσσοντας τὰς ἐντολὰς αὐτοῦ· ὃν τρόπον καὶ οἱ ἀπὸ τῶν δούλων γενόμενοι τῷ Ἰακὼβ πάντες υἱοὶ καὶ ὁμότιμοι γεγόνασι. JUST. M. *D.* 134.

[9] *Spiritus*. The CLERMONT scribe mistook *Sp̄s*. for *Xp̄s*. *Christus*.

[10] *Sustinuit*, ὑπέμεινεν, cf. εἰ ὑπομένομεν καὶ συμβασιλεύσομεν. 2 Tim. ii. 12, &c. &c. JUSTIN M. allegorises in a similar manner: Ἀλλὰ Λεία μὲν ὁ λαὸς ὑμῶν καὶ συναγωγὴ, Ῥαχὴλ δὲ ἡ ἐκκλησία ἡμῶν καὶ ὑπὲρ τούτων δουλεύει μέχρι νῦν ὁ Χριστὸς, κ.τ.λ. *ibid.*

LIB. IV. xxxv. 3. GR. IV. xxxviii. MASS. IV. xxi. 3. patriarchas suos et prophetas præfigurans et prænuntians futura, præexercens suam partem dispositionibus Dei, et [1]assuescens hæreditatem suam obedire Deo, et peregrinari in sæculo, et sequi verbum ejus, et [2]præsignificare futura. [3]Nihil enim vacuum, neque sine signo apud Deum.

CAP. XXXVI.

Quare lavit pedes discipulorum Dominus, et quare discumbentibus: et quod ipse similiter ante omnes Deus ostenditur.

1. In novissimis autem temporibus, cum venit plenitudo temporis M. 259.
Esai. iv. 4. libertatis, ipsum Verbum per seipsum sordes abluit [4]filiarum Sion,
Joh. xiii. 5. manibus suis lavans pedes discipulorum. Hic est enim finis humani generis [5]hæredificantis Deum; uti quemadmodum in initio per primos, omnes in servitutem redacti sumus debito mortis, sic in ultimo per novissimum omnes qui ab initio discipuli, emundati et abluti quæ sunt mortis, in vitam veniant Dei. Qui enim pedes lavit discipulorum, totum sanctificavit corpus, et in emundationem G. 339.
adduxit. Quapropter et recumbentibus eis ministrabat escam, significans eos qui in terra recumbebant, quibus venit ministrare vitam. Sicut Hieremias ait: *Recommemoratus est Dominus sanctus Israel mortuorum suorum, [6]qui prædormierunt in terra defossionis, et descendit ad eos, uti evangelisaret eis salutare suum, ad salvandum eos.* Propter hoc autem, et discipulorum oculi erant gravati
Matt. xxvi. 40 seq. Marc. xiv. 37 seq. Luc. xxii. 45 seq. veniente Christo ad passionem, et inveniens eos dormientes Dominus, primo quidem dimisit, significans patientiam Dei in dormitione hominum: secundo vero veniens excitavit eos, et erexit, significans quoniam passio ejus expergefactio est dormientium
Ephes. iv. 9. discipulorum, propter quos [7]*et descendit in inferiora terræ*, [8]id

[1] ἐθίζων, meaning either *assuefaciens* or *assuescens*.

[2] *præsignificare*, Clerm., Ar., Voss., but Grabe *præfigurare*.

[3] οὐδὲν γὰρ κενὸν, οὐδὲ ἀσύμβολον παρὰ τῷ Θεῷ. cf. p. 189, 5.

[4] Ar., Voss. *filiorum*, al. *filiarum*.

[5] *heredificantis*. There seems little doubt but that this reading is correct, although Gall. and Erasm., as well as the Merc. II. MSS., read *reædificantis*, and the Ar. *reædificans*. κληρονομήσαντος is used in the sense of obtaining possession of hereditary privilege; and the benefit is *retrospective*, affecting *omnes qui ab initio discipuli*. Cf. Heb. ix. 15, Rom. iii. 25.

[6] *qui prædormierunt*, omitted by the Clerm. transcriber, but found in the previous citation, p. 108, n. 7, as *dormierant*.

[7] See *H. and Theol. of Creeds*, 342.

[8] *id quod erat inoperatum conditionis*, the translation apparently of τὸ ἀργὸν τῆς κτίσεως, i. e. the state of those who were resting from their labours.

LIB. IV. xxxvi. 1. GR. IV. xxxix. MASS. IV. xxii. 2.

quod erat inoperatum conditionis visurus oculis, de quibus et dicebat discipulis: *Multi prophetæ et justi cupierunt videre et audire, quæ vos videtis et auditis.*

Matt. xiii. 17. Luc. x. 24.

2. Non enim propter eos solos, qui temporibus Tiberii Cæsaris crediderunt ei, venit Christus; nec propter eos solos qui nunc sunt homines providentiam fecit Pater; sed propter omnes omnino homines, qui ab initio [1]secundum virtutem suam in sua generatione, et timuerunt, et dilexerunt Deum, et juste et pie conversati sunt erga proximos, et concupierunt videre Christum, et audire vocem ejus. Quapropter omnes [2]hujusmodi in secundo adventu primo de somno excitabit, et eriget tam eos, quam reliquos qui judicabuntur, et constituet in regnum suum. Quoniam quidem *unus Deus, qui* patriarchas quidem direxit in dispositiones suas, [3]*justificavit* autem *circumcisionem ex fide, et præputium per fidem.* Quemadmodum enim in primis nos præfigurabamur, [4]et prænuntiabamur; sic rursus in nobis illi [5]deformantur, hoc est, in Ecclesia, et recipiunt mercedem pro his quæ laboraverunt.

Rom. iii. 30.

[1] *secundum*, AR., agrees better with the Greek, *κατὰ τὴν αὐτῶν δύναμιν*, than *propter* of the CL. and VOSS. text, taken apparently from the preceding context. The CL. MS. omits the eight words, *providentiam ... homines*, owing to the recurrence of the latter word.

[2] The author evidently interprets of those who had died long before the day of Christ, the expression of S. Paul, *τοὺς κοιμηθέντας διὰ τοῦ Ἰησοῦ*, 1 Thess. iv. 14, for which, *those which sleep in Jesus* (and afterwards *are asleep*, *κοιμηθέντας*), is no adequate translation. The time is definite and past; and *διὰ τοῦ Ἰησοῦ* is *through Jesus*. The words may be paraphrased thus: *Those who have died in time past, in a state of acceptance through Jesus, the Redeemer of mankind, the firstfruits of the dead, shall he bring back to life.*

[3] See *Hist. and Theol. of the Creeds*, p. 482, note.

[4] *et prænuntiabamur*, omitted in the CLERM. MS., and the words certainly spoil the *antithesis*.

[5] præfigurabamur—deformantur. *Nisi me conjectura fallit, Irenæus in Græco textu lusit verbis προτυπόω et μετατυπόω, cui posteriori in vet. Glossis respondet Latinum* deformo. GRABE. *μετατυπόω*, however, would mean *transformo* rather than *deformo*; it may be preferable therefore to consider this latter form to have arisen out of *difformo*, and to express *διατυπόω*, *in melius dispono*. The Christian Church was prefigured of old; even as those who lived under former dispensations up to the degree of light vouchsafed to them, were formed by God's grace, differing in measure, but still the same in kind with that which models the Church of Christ, and brings it into conformity with the Divine will. It was by no motion independent of God's Spirit. Hence also the final hope, *τῶν προκεκοιμημένων*, is similar to the hope of Christians.

LIB. IV. xxxvii. 1. GR. IV. xl. MASS. IV. xxiii. 1.

CAP. XXXVII.

De eo quod ait, non vos laborastis: alii laboraverunt, et vos in laborem eorum introistis.

Joh. iv. 35–38. 1. PROPTER hoc dicebat Dominus discipulis: *Ecce dico vobis, Attollite oculos vestros, et videte regiones, quoniam albæ sunt ad messem. Nam messor mercedem accipit, et congregat fructum in vitam æternam: uti et qui seminat, et qui metit, simul* [1]*gaudeant. In hoc enim est sermo verus, quoniam alius est qui seminat, et alius qui metit. Ego enim præmisi vos metere quod vos non laborastis: alii laboraverunt, et vos in laborem eorum introistis.* Qui ergo sunt qui laboraverunt, qui dispositionibus Dei deservierunt? Manifestum est, quia patriarchæ et prophetæ, qui etiam præfiguraverunt nostram fidem, et disseminaverunt in [2]terra adventum Filii Dei, quis et qualis erit: uti qui posteriores erant futuri homines, habentes timorem Dei, facile susciperent adventum Christi, instructi a prophetis. Et propter hoc Joseph, cum cognovisset quod prægnans esset Maria, et cogitaret absconse dimittere eam, angelus in Matt. i. 20 et 21. somnis dixit ad eum: *Ne timueris assumere Mariam conjugem tuam;* [3]*quod enim habet in ventre, ex Spiritu sancto est. Pariet autem filium, et* [4]*vocabis nomen ejus Jesum: ipse enim salvabit* Matt. i. 22, 23. *populum suum a peccatis eorum.* Et adjecit suadens ei: *Hoc autem* [5]*totum factum est, ut adimpleretur quod dictum est a Domino, per* Esai. vii. 14. *prophetam dicentem: Ecce virgo in utero accipiet, et pariet filium, et vocabitur nomen ejus Emmanuel;* per sermones prophetæ suadens ei, et excusans Mariam: hanc eandem esse ostendens, quæ ab Esaia esset prænuntiata virgo, quæ [6]generaret Emmanuel. Matt. i. 24. Quapropter sine dubitatione suasus Joseph, et Mariam accepit, et in reliqua universa educatione Christi gaudens obsequium præ- G. 340. Matt. ii. 14, 21, et 23. stitit, usque in Ægyptum suscipiens profectionem, et inde regressum, et in Nazareth transmigrationem. Denique qui ignorabant M. 260. Luc. iii. 23. Scripturas, et repromissionem Dei, et dispositionem Christi, patrem eum [7]vocabant pueri. Propter hoc autem et ipse Dominus in Luc. iv. 18, ex Esai. lxi. 1. Capharnaum Esaiæ prophetias legebat: *Spiritus Domini super me, quapropter unxit me, evangelisare pauperibus misit me, curare*

[1] *gaudeant*, CL., VET., VOSS., AR., and Syr. ܢܚܕܘܢ. G. T. χαίρῃ, al. *gaudeat.*

[2] AR. *terram.*

[3] See pp. 83, 110.

[4] The CLERM. copy has *vocabitur* over *vocatus est* erased.

[5] *autem*, CL., where it replaces *totum*, Gr. τοῦτο δὲ ὅλον γέγονεν. So the Syr.

[6] CLERM. *generat.*

[7] CL., VOSS., but AR. &c. *putabant.*

contribulatos corde, præconare captivis remissionem, et cæcis visionem. Semetipsum quoque ostendens prænuntiatum [1] per Esaiæ prophetiam, dicebat eis: *Hodie adimpleta est Scriptura hæc in auribus vestris.* Luc. iv. 21.

2. Propter hoc [2] et Philippus, cum invenisset eunuchum reginæ Æthiopum legentem ea quæ scripta sunt: *Quemadmodum* Act. viii. 27 seq.
ovis ad victimam ductus est, et quemadmodum agnus in conspectu Esai. liii. 7.
tondentis sine voce, sic non aperuit os suum. In humilitate judicium ejus ablatum est; et reliqua quæcunque de passione ejus, et de carnali adventu, et quemadmodum inhonoratus est a non credentibus ei, [3] pertransivit propheta; facile suasit ei credere eum, esse Christum Jesum, qui sub Pontio Pilato crucifixus est, et passus est quæcunque prædixit propheta, eumque esse Filium Dei, qui æternam vitam hominibus dat. Et statim ut baptisavit eum, abscessit ab eo. Nihil enim aliud deerat ei qui a prophetis fuerat præcatechisatus: non Deum Patrem, non conversationis dispositionem, sed solum adventum ignorabat Filii Dei; quem cum breviter cognovisset, agebat iter gaudens, præco futurus in Æthiopia Christi adventus. Quapropter non [4] multum laboravit circa eum Philippus, [5] quoniam erat in timore Dei præaptatus a prophetis. Propter hoc autem et apostoli, oves colligentes quæ perierant domus Matt. x. 6.
Israel, de Scripturis alloquentes eos, ostendebant Jesum crucifixum hunc esse Christum Filium Dei vivi, et magnam multitudinem suadebant, quæ tamen habebat timorem ad Deum: et una die baptisati sunt hominum tria millia, et quatuor, [6] et quinque. Act. ii. 41. Act. iv. 4.

CAP. XXXVIII.

Quare Paulus dicit se plus quam omnes laborasse.

1. PROPTER hoc et Paulus, gentium Apostolus cum esset: *Plus eis*, inquit, *omnibus laboravi.* Illis enim facilis catechisatio fuit, 1 Cor. xv. 10.
videlicet cum ex Scripturis haberent ostensiones, [7] et qui Moysem et prophetas audiebant, et facile recipiebant primogenitum

[1] The CLERM. omits *per*, as the AR. *Esaiæ*. VET., VO., MERC. II. have *per prophetam*, al. *per prophetas*.

[2] *et* omitted in the AR.

[3] διῆλθεν.

[4] The author thinks it necessary to state why the Ethiopian eunuch was admitted to baptism without more than an apparently superficial *catechesis;* but he was already prepared; the Word of God was in his heart, and only required to be definitely adjusted.

[5] CL., VOSS., AR. *quia*, MERC. II. f. l. *quia jam*, ὅτι δή.

[6] MASSUET prefers *vel*. But *et quinque* reads like a marginal correction. It is no where related that *four thousand* was a definite number of converts.

[7] Libenter legerem, *et quia*. GRABE. Pro, *utpote qui*. MASS.

LIB. IV. xxxviii. 1. GR. IV. xli. MASS. IV. xxiv. 1.

Exod. xvii. 10.

mortuorum et principem vitæ Dei, eum qui per extensionem manuum dissolvebat Amalech, et vivificabat hominem de serpentis plaga per fidem quæ erat in eum. Gentes quidem primo catechisabat Apostolus, quemadmodum in eo libro, qui ante hunc est, ostendimus, discedere ab idolorum superstitione, et unum Deum colere, factorem cœli et terræ, et universæ conditionis fabricatorem: esse autem hujus Filium Verbum ejus, per quem constituit omnia, et hunc in [1]novissimo tempore hominem in hominibus factum, reformasse quidem humanum genus, destruxisse autem et vicisse inimicum hominis, et donasse suo plasmati adversus reluctantem [2]victoriam. Adhuc autem etsi non faciebant qui erant ex circumcisione sermones Dei, quod essent contemtores, sed erant
Marc. x. 19. [3]præinstructi non mœchari, nec fornicari, non furari, nec fraudare, et quæcunque in [4]exterminium proximorum fiunt, mala esse, et odiri a Deo. Quapropter et facile assentiebant ab his abstinere, G. 341.
quoniam hæc didicerant.

2. Gentiles vero et hoc ipsum discere oportebat, quoniam hujusmodi operationes malæ, et [4]exterminatoriæ, et inutiles sunt, et damnosæ his qui operantur eas. Quapropter plus laborabat qui in gentes apostolatum acceperat, quam qui in circumcisione præconabant Filium Dei. Illos enim adjuvabant Scripturæ, quas confirmavit Dominus et adimplevit, talis veniens [5]qualis et prædicabatur: hic vero peregrina quædam eruditio, et nova doctrina, deos gentium, non solum non esse deos, sed [6]et idola esse dæmoniorum;
Ephes. i. 21. esse autem unum Deum, qui est *super omnem* [7]*principatum, et dominationem, et potestatem, et omne nomen quod nominatur:* et hujus Verbum, [8]naturaliter quidem invisibilem, palpabilem et visibilem in
Phil. ii. 8. hominibus factum, et *usque ad mortem* descendisse, *mortem autem crucis:* et eos qui in eum credunt, incorruptibiles et impassibiles

[1] CL., AR., VET., VOSS., al. *in novissimis temporibus.*

[2] AR. inserts *se, τὴν κατὰ τοῦ καταπαλαίσαντος νίκην.*

[3] MASSUET reads *præstructi*, and he quotes the CLERM. and VOSS. MSS., though the CL. has *præstricti;* but GRABE'S reading agrees better with *προκατηχημένοι*, which was probably the Greek word. AR. and M. II. as above.

[4] *εἰς ἐξωλείαν...ἐξώλεις.*

[5] CL. *talis.*

[6] AR. omits *et.*

[7] AR. omits *principatum...potestatem*, but has *super omnes*, indicating plural nouns for the *lacuna*, as in the Syriac version.

[8] Naturaliter quidem invisibilem, &c. *Respexisse omnino videtur insignem locum Ignatii in Epistola ad Polycarpum, Irenæi magistrum: in quo vir Apostolicus Christum Filium Dei dicit τὸν ἀόρατον, τὸν δι' ἡμᾶς ὁρατόν· τὸν ἀψηλάφητον, τὸν ἀπαθῆ, τὸν δι' ἡμᾶς παθητόν· Cf. Bull. D. Fid. N.* 470. *Et quidem magis cum Irenæi verbis consonat interpolata epistola, ex qua forte et in Ignatio, et in Irenæo quædam sunt supplenda.* GRABE.

futuros, et percipere regnum cœlorum. Et hæc [1] sermone prædicabantur gentibus sine Scripturis: quapropter et plus laborabant qui in gentes prædicabant. Generosior autem rursus fides gentium ostenditur, sermonem Dei assequentium, sine instructione [2] literarum. LIB. IV. xxxviii. 2. GR. IV. xli. MASS. IV. xxiv. 2.

CAP. XXXIX.

Quemadmodum in circumcisione, et præputio, et fide unus Pater ostenditur.

M. 261. Sic enim oportuerat filios Abrahæ, quos illi de lapidibus excitavit Deus, et fecit assistere ei principi et prænuntiatori facto nostræ fidei, (qui et accepit testamentum circumcisionis, post eam justificationem quæ fuerat in præputio fidei, ut præfigurarentur in eo utraque testamenta, ut fieret pater omnium qui sequuntur verbum Dei, et peregrinationem in hoc sæculo sustinent, id est, eorum qui ex circumcisione, et eorum qui ex præputio fideles sunt, sicut et *Christus lapis summus angularis*, [3] omnia sustinens,) et in unam fidem Abrahæ colligens eos, qui ex utroque testamento apti sunt in ædificationem Dei. Sed hæc quidem quæ est in præputio fides, utpote finem conjungens principio, prima et novissima facta est. Etenim ante circumcisionem erat in Abraham, et in reliquis justis qui placuerunt Deo, sicut demonstravimus: et rursus in novissimis temporibus orta est in humano genere per Domini adventum. Circumcisio vero et Lex operationum media obtinuerunt tempora. Hoc et per alia quidem multa, jam vero et per Thamar Judæ nurum typice ostenditur. Cum enim concepisset geminos, alter eorum prior protulit manum suam: et cum obstetrix putaret eum primogenitum esse, coccinum alligavit signum in manu ejus. Cum hoc autem factum esset, et abstraxisset manum suam, prior exivit frater ejus Phares; sic deinde secundus ille, in quo erat coccinum, Zara: clare manifestante Scriptura, eum quidem populum qui habet coccinum signum, id est eam fidem quæ est in præputio, præostensam quidem primum in patriarchis, post deinde G. 342. subtractam, uti nasceretur frater ejus; deinde sic eum qui prior esset secundo loco natum, qui est cognitus per signum [4] coccinum, quod erat in eo, quod est passio Justi, ab initio præfigurata in

Matt. iii. 9. Rom. iv. 11, 12, et 16. Ephes. ii. 20. Gen. xxxviii. 28 seq.

[1] AR. omits *sermone*. See p. 16.
[2] CL., VOSS., VET. *scripturarum*, AR.
[3] πάντα φέρων, Heb. i. 3.
[4] *coccinum*, omitted in the CLERM.

LIB. IV. xxxix. GR. IV. xlii. MASS. IV. xxv. 3.

Abel, et descripta a prophetis, perfecta vero in novissimis temporibus in Filio Dei. Oportebat enim quædam quidem prænuntiari paternaliter a patribus, quædam autem præfigurari legaliter a prophetis, quædam vero [1]deformari secundum formationem Christi, ab his qui adoptionem perceperunt: omnia vero in uno Deo ostenduntur. Cum enim unus esset Abraham, in semetipso præfigurabat duo testamenta, in quibus alii quidem seminaverunt alii vero messi sunt: *In hoc enim*, inquit, *sermo est verus*, *quoniam alter quidem est qui seminat* populus, *alter qui metet:* unus autem Deus præstans utrisque quæ sunt apta, semen quidem seminanti, panem vero ad edendum metenti. Quemadmodum alter quidem est qui plantat, et alter qui adaquat, unus autem qui dat incrementum Deus. Disseminaverunt enim sermonem de Christo patriarchæ et prophetæ; demessa est autem Ecclesia, hoc est, fructum percepit. Propter hoc et ipsi orant habere tabernaculum in ea, Hieremia dicente: *Quis dabit mihi in deserto habitationem novissimam:* uti et qui seminat et qui metit simul gaudeant in Christi regno, qui omnibus adest, de quibus ab initio bene sensit Deus, attribuens adesse eis Verbum suum. Si quis igitur intentus legat Scripturas, inveniet in iisdem de Christo sermonem, et novæ vocationis præfigurationem.

Joh. iv. 37. Esai. lv. 10, et 2 Cor. ix. 10. 1 Cor. iii. 7. Jer. ix. 2. Joh. iv. 36.

CAP. XL.

Quid est thesaurus absconditus in agro, et quod sola Ecclesia recte legat Scripturas.

Caten. in Matt. xiii. 44, a Corder. et Cat alt. a P. Possino edit.

I. ΧΡΙΣΤΟΣ ἐστιν ὁ θησαυρὸς ὁ κεκρυμμένος ἐν ἀγρῷ, τουτέστι[2] . . . . (ἀγρὸς γὰρ ὁ κόσμος) κεκρυμμένος δὲ . . . . . . ὅτι διὰ τύπων καὶ παραβολῶν ἐσημαίνετο, μὴ δυναμένων νοηθῆναι[3] . . . . πρὸ τοῦ τὴν ἔκβασιν τῶν

Matt. xiii. 44. Matt. xiii. 38.

1. Hɪc est enim thesaurus absconsus in agro, id est, in isto mundo: (*Ager* enim *mundus est*,) absconsus vero in Scripturis [4]thesaurus Christus, quoniam per typos et parabolas significabatur, [5]unde poterat hoc quod secundum hominem est intelligi, prius-

[1] Cf. p. 229, 5.

[2] The Catena of Corderius, attributed to Nicetas, has τουτέστι ταῖς γραφαῖς, ταῖς ἐν τῷ κόσμῳ οὔσαις; that of Possin, θησαυρὸν κεκρυμμένον ἐν ἀγρῷ φησι τὰς ἐν τῷ κόσμῳ ὑπαρχούσας γραφάς. Grabe alters the first Catena to suit the sense; Massuet leaves a blank, as above.

[3] Int. τὸ κατ' ἄνθρωπον.

[4] Ar. omits *thesaurus Christus*.

[5] *Unde*. The translator read μὴ ἐδύνατο...; Mass. inserts *non*.

προφητευμένων ἐλθεῖν, ἥτις ἐστὶν ἡ παρουσία τοῦ Κυρίου LIB. IV. xl. 1. GR. IV. xliii. MASS. IV. xxvi. 1.
...... πᾶσα γὰρ προφητεία πρὸ τῆς ἐκβάσεως αἴνιγμά ἐστι καὶ ἀντιλογία τοῖς ἀνθρώποις· ὅταν δὲ ἔλθῃ ὁ
G. 343. καιρὸς, καὶ ἀποβῇ τὸ προφητευθὲν, τότε τῆς ἀκριβεστάτης ἐπέτυχεν ἐξηγήσεως. Καὶ διὰ τοῦτο ὑπὸ Ἰουδαίων μὲν ἀναγινωσκόμενος ὁ νόμος ἐν τῷ νῦν καιρῷ, μύθῳ ἔοικεν· οὐ γὰρ ἔχουσι τὴν ἐξήγησιν τῶν πάντων, ἥτις ἐστὶν ἡ κατ' οὐρανὸν [l. κατ' ἄνθρωπον] παρουσία τοῦ υἱοῦ τοῦ Θεοῦ· ὑπὸ δὲ Χριστιανῶν ἀναγινωσκόμενος, θησαυρός ἐστι, κεκρυμμένος μὲν ἐν ἀγρῷ, αὐτοῖς [l. σταυρῷ] δὲ ἀποκεκαλυμμένος. . . .

quam consummatio eorum quæ [1]consummata sunt veniret, quæ est
M. 262. adventus Christi? Et propter hoc Danieli [2]prophetæ dicebatur: *Muni sermones, et signa librum usque ad tempus consummationis, quoadusque discant multi, et adimpleatur agnitio. In eo enim cum perficietur dispersio, cognoscent omnia hæc.* Dan. xii. 4 et 7. Sed et Hieremias ait: *In novissimis diebus intelligent ea.* Jer. xxiii. 20. Omnis enim prophetia, priusquam habeat effectum, ænigmata et ambiguitates sunt hominibus. Cum autem venerit tempus, et [2]evenerit quod prophetatum est, tunc [3]prophetiæ habent liquidam et certam expositionem. Et propter hoc quidem Judæis cum legitur Lex in hoc nunc tempore, fabulæ similis est: non enim habent expositionem omnium rerum pertinentem ad adventum Filii Dei, qui est secundum hominem: a Christianis vero cum legitur, thesaurus est, absconsus in agro, cruce vero Christi revelatus est, et [3]explanatus, et ditans sensum hominum, et ostendens sapientiam Dei, et eas quæ sunt erga hominem dispositiones ejus manifestans, et Christi regnum præformans, et hæreditatem sanctæ Hierusalem præevangelisans, et prænuntians, quoniam in tantum homo diligens Deum proficiet, ut etiam videat Deum, et audiat sermonem ejus, et ex auditu loquelæ ejus in tantum glorificari, uti reliqui non possint intendere in faciem gloriæ ejus, quemadmodum dictum est a Daniele: *Quoniam intelligentes fulgebunt, [4]quemadmodum claritas firmamenti, et a multis justis sicut stellæ in sæcula, et adhuc.* Dan. xii. 3. [5]Quemadmodum

[1] For *consummata* I offer the conjectural emendation of *concionata*. The practice of giving a passive force to a deponent verb is not unusual with the translator, and *concionor* is προφητεύειν. Cf. *Idem hoc futurum, etiam Sibylla concionata est*, LACT. IV. 18.

[2] AR. omits *prophetæ*. ib. *evenit*.

[3] AR. *prophetæ*, and *explantatus*.

[4] AR. *ut* for *quemadmodum*.

[5] GRABE considers the text of the following sentences to be transposed,

LIB. IV. xl. 1. GR. IV. xliii. MASS. IV. xxvi. 1. igitur ostendimus, si quis legat Scripturas. Etenim Dominus sic disseruit discipulis post resurrectionem suam a mortuis, [1]ex ipsis Scripturis ostendens eis, quoniam *oportebat pati Christum, et intrare in gloriam suam, et in nomine ejus remissionem peccatorum prædicari in toto mundo.* (Luc. xxiv. 26 et 47.) Et erit consummatus discipulus, et similis patrifamilias qui de thesauro suo profert nova et vetera. (Matt. xiii. 52.)

2. [2]Quapropter eis qui in Ecclesia sunt presbyteris obaudire oportet, his qui successionem habent ab Apostolis, sicut ostendimus; qui cum episcopatus successione charisma veritatis certum secundum placitum Patris acceperunt: reliquos vero qui absistunt [3]a principali successione, et quocunque loco [4]colliguntur, suspectos habere, vel quasi hæreticos et malæ sententiæ, vel quasi scindentes et elatos et sibi placentes, aut rursus ut hypocritas, quæstus gratia et vanæ gloriæ hoc operantes. Omnes autem hi deciderunt a veritate. (Lev. x. 1 et 2.) Et hæretici quidem alienum ignem afferentes ad altare Dei, id est alienas doctrinas, a cœlesti igne comburentur, quemadmodum Nadab et Abiud. Qui vero exsurgunt contra veritatem, et alteros adhortantur adversus Ecclesiam Dei, G. 344.
remanent apud inferos, voragine terræ absorpti, quemadmodum qui circa Chore Dathan et Abiron. (Num. xvi. 33.) Qui autem scindunt et separant unitatem Ecclesiæ, eandem quam Hieroboam pœnam percipiunt a Deo. (3 Reg. xiv. 10 seq.)

CAP. XLI.

De Presbyteris injustis.

1. Qui vero crediti quidem sunt a multis esse presbyteri, serviunt autem suis voluptatibus, et non præponunt timorem Dei

and he takes the sentence, *et erit consummatus—nova et vetera,* immediately after *legat Scripturas.* But there is no necessity for this. For having stated the advance towards spiritual perfection made by the Christian, IRENÆUS introduces the quotation from Daniel, and then resumes his subject, instancing the knowledge of scriptural truth conveyed to his disciples by the glorified Saviour, and arrives at the conclusion, that the Christian thus *throughly instructed* will be as the *wise householder,* &c. One cause of obscurity is perhaps the rendering of φαίνομεν by *ostendimus,* instead of *lucemus* or *apparemus.*

[1] AR. inserts *et.*

[2] The author shews that conformity with the Church of Christ as founded on the Apostles and Prophets, is our only safeguard for a right understanding of Scripture.

[3] ἀπὸ τῆς προηγουμένης διαδοχῆς, i.e. with reference to the later date of heresy, not to internal rule. Cf. 9, n. 6, 7.

[4] VET., VOSS. *se colligunt.* συνάγονται. CL. *colligunt.*

in cordibus suis, sed contumeliis agunt reliquos, et principalis LIB. IV. xli. 1.
[1]consessionis tumore elati sunt, et in absconsis agunt mala, et dicunt, *Nemo nos videt*, [2]redarguentur a Verbo; qui non secundum GR. IV. xliv. MASS. IV. xxvi. 3.
[3]gloriam judicat, neque faciem attendit, sed in cor: et [4]audient eas Dan. xiii. 20. Esai. xi. 3.
quæ sunt a Daniele propheta voces: *Semen Chanaan et non* Dan. xiii. 52, 53.
Juda, species seduxit te, et concupiscentia evertit cor tuum: inveterate dierum malorum, nunc advenerunt peccata tua quæ faciebas antea, judicans judicia injusta: et innocentes quidem damnabas, dimittebas vero nocentes, dicente Domino: Innocentem et justum Exod. xxiii. 7.
non occides. De quibus dixit et Dominus: *Si autem dixerit malus* Matt. xxiv. 48—51, et
servus in corde suo, Tardat Dominus meus, et incipiat cædere Luc. xii. 45, 46.
servos et ancillas, et manducare et bibere et inebriari; veniet Dominus servi illius in die qua nescit, et hora qua non sperat, et dividet eum, et partem ejus cum infidelibus ponet. Ab omnibus
M. 263. igitur talibus absistere oportet; adhærere vero his qui et Apostolorum, sicut prædiximus, doctrinam custodiunt, et cum presbyterii ordine sermonem sanum et conversationem sine offensa præstant, ad conformationem et correptionem reliquorum.

2. Quemadmodum Moyses, cui tantus [5]ducatus est creditus, bona conscientia fretus, purgabat se apud Deum, dicens: *Non* Num. xvi. 15.
concupiscens alicujus illorum quid accepi, neque male feci alicui eorum. Quemadmodum Samuel tot annis judicans populum, et sine ulla elatione [5]ducatum gerens super Israel, in fine purgabat se, dicens: *Ego conversatus sum in conspectu vestro a prima ætate* 1 Reg. xii. 3 seq.
mea usque nunc: respondete mihi in conspectu Dei, et in conspectu Christi ejus, cujus vestrum vitulum accepi aut asinum, aut super quem potentatus sum, aut quem oppressi, aut si de alicujus manu accepi propitiationem vel calceamentum, dicite adversus me, et reddam vobis. Cum dixisset autem [6]populus ad eum: *Neque* [7]*potentatus es, neque* [7]*oppressisti nos, neque accepisti de manu cujusquam aliquid* testificatus est Dominum, dicens: *Testis* [8]*Dominus, et testis* [8]*Christus ejus in die hac, quoniam* [9]*non invenistis in manu mea nihil. Et dixerunt ei; Testis.* Quemadmodum et

[1] So GALLAS., FEUARD., GRABE, but the MSS., as in MASS., *concessionis*.

[2] CLERM. *sed arguantur*.

[3] δόξαν, *i. e. opinionem*, 32, 5.

[4] *audient eas*. AR. *audientes*.

[5] So *ducationem*, 185, 4. *Ducator*, I. 149, I. 316, 4.

[6] AR. omits *populus*, and CL. *ad eum*.

[7] Following the Hebrew עֲשַׁקְתָּנוּ rather than the LXX. ἠδίκησας. VULG. *calumniatus*. AR. *pressisti*.

[8] *est*, repeated twice after *testis* in GRABE'S ed., is rejected by MASS., not being found in CL., AR., VOSS., or MERC. II.

[9] *non*, AR., LXX., omitted CL., VOSS., VET.

LIB. IV. xli. 2. GR. IV. xliv. MASS. IV. xxvi. 5. Οὕτω Παῦλος...ἀπελογεῖτο Κορινθίοις· οὐ γάρ ἐσμεν ὡς οἱ πολλοὶ, καπηλεύοντες τὸν λόγον τοῦ Θεοῦ·...[1] καὶ μετ' ὀλίγα· οὐδένα ἠδικήσαμεν, καὶ τὰ ἑξῆς. Τοιούτους πρεσβυτέρους G. 345.

Ex Cod. 753. Reg. Bibl. descripsit Combefis in Auctar. p. 299. ἀνατρέφει ἡ ἐκκλησία, περὶ ὧν καὶ προφήτης φησίν· δώσω τοὺς ἄρχοντάς σου ἐν εἰρήνῃ, καὶ τοὺς ἐπισκόπους ἐν δικαιοσύνῃ.

Paulus Apostolus, cum esset bonæ conscientiæ, dicebat ad Co-
2 Cor. ii. 17. rinthios: *Non enim sumus sicut plurimi, adulterantes verbum Dei, sed ex sinceritate, sicut ex Deo, coram* [2]*Deo in Christo loqui-*
2 Cor. vii. 2. *mur:* [2]*nemini nocuimus, neminem corrupimus, neminem circumvenimus.* Tales presbyteros nutrit Ecclesia; de quibus et propheta
Esai. lx. 17. ait: *Et dabo principes tuos in pace, et episcopos tuos in justitia.*
Matt. xxiv. 45, 46. De quibus et Dominus dicebat: *Quis igitur erit fidelis* [3]*actor, bonus et sapiens, quem præponit Dominus super familiam suam, ad danda eis cibaria in tempore? Beatus ille servus, quem veniens Dominus invenerit sic facientem.*

CAP. XLII.

Quibus doctoribus utendum est: de his peccatis, quæ ab antiquis gesta sunt.

1. Ubi igitur tales inveniat aliquis, Paulus docens ait:
1 Cor. xii. 28. *Posuit Deus in Ecclesia primo Apostolos, secundo prophetas, tertio doctores.* Ubi igitur charismata Domini posita sunt, ibi discere oportet veritatem, apud quos est ea quæ est ab Apostolis Ecclesiæ successio, et [4]id quod est sanum et irreprobabile conversationis, et inadulteratum et incorruptibile sermonis constat. Hi enim et eam quæ est in unum Deum qui omnia fecit fidem nostram custodiunt: et eam quæ est in Filium Dei dilectionem adaugent, qui tantas dispositiones propter nos fecit: et Scripturas sine periculo nobis exponunt, neque Deum blasphemantes, neque patriarchas exhonorantes, neque prophetas contemnentes.

2. Quemadmodum audivi [5]a quodam presbytero, qui audierat

[1] *καὶ μετ' ὀλίγα.* The compiler of the Catena cuts short the text quoted more fully by IRENÆUS.

[2] CLERM. *Domino.* AR. *neminem.*

[3] *actor* was in town as *villicus* in the country, *οἰκονόμος*, cf. p. 242, 1.

[4] *id quod est sanum, τὸ ὑγιές,* &c. *conversationis, συνομιλίας,* uti suspicor, scripsit auctor, STIEREN. The scriptural word *ἀναστροφῆς* is preferable.

[5] *a quodam presbytero.* The presbyter occasionally mentioned by IRENÆUS as having conversed with apostolical men, and from whom he had derived instruction, has been conjectured to have been POLYCARP, PAPIAS, CLE-

ab his qui Apostolos viderant, et ab his qui didicerant: [1]sufficere veteribus de his quæ sine consilio Spiritus egerunt, eam quæ ex Scripturis esset correptionem. Cum enim non sit personarum acceptor Deus, quæ sunt non secundum ejus placitum facta, [2]his inferebat congruam correptionem. Quemadmodum sub David, quando persecutionem quidem patiebatur a Saul propter justitiam, et regem Saul fugiebat, et inimicum non ulciscebatur; et Christi adventum psallebat, et [3]sapientia instruebat gentes, et omnia secundum consilium faciebat Spiritus, et placebat Deo. Quando autem propter concupiscentiam ipse sibi accepit Betsabee Uriæ[4], dixit Scriptura de eo: *Nequam autem visus est sermo quem fecit David in oculis Domini;* et mittitur ad eum Nathan propheta, ostendens ei peccatum ejus, ut ipse, dans sententiam de semetipso et semetipsum adjudicans, misericordiam consequeretur et remissionem a Christo; [5]*et dixit ei: Duo viri fuerunt in civitate una, unus dives, et unus pauper: diviti erant greges ovium et boum multi valde, et pauperi nihil aliud nisi ovicula una, quam habebat et nutriebat, et fuerat cum eo et cum filiis ejus pariter: de pane* [6]*suo* G. 346. *manducabat, et de* [6]*calice bibebat, et erat ei quasi filia. Et venit hospes homini diviti, et pepercit accipere de grege ovicularum suarum, et de gregibus boum suorum, et facere hospiti: et accepit oviculam viri pauperis, et apposuit viro qui venerat ad eum.*

LIB. IV. xiii. 2. GR. IV. xiv. MASS. IV. xxvii. 1.

Act. x. 34.

1 Reg. xviii. seq.

2 Reg. xi. 27.

2 Reg. xii. 1 seq.

MENT, JUSTIN, &c. It is surprising that the name of POTHINUS, the predecessor of IRENÆUS in the see of Lyons, should have escaped notice; he was upwards of ninety years of age at the time of the fierce persecution of the Church of Lyons in 177 A.D., and was of Oriental origin; consequently, he must have received early instruction from those who had themselves listened to the Apostles' teaching. POTHINUS, according to certain early traditions, having been sent into Gaul by POLYCARP, (BURTON, Lect. XX. A.D. 177,) may very probably be the presbyter to whom IRENÆUS alludes. The term *Presbyter* as contrasted with *Apostolus* occurs at pp. 7, 8, and it is a safe inference that it is there synonymous with *Episcopus;* see p. 7, n. 5.

[1] Dr ROUTH has made this passage a portion of his *Reliquiæ Sacræ*, I. 49, and says, p. 63, *Sunt bonæ frugi hæc dicta, sive ab ore alicujus, sive a scripto ejus accepta; quæ si non omnia ipsis verbis Senioris expressa, ea tamen hujus Presbyteri fuisse, usque dum veneris ad Pauli Apostoli verba in priore ad Corinthios epistola, licet colligere, tum ex structura orationis, quæ directa forma in modum infinitum subinde mutatur, tum vero ex verbis illis "sicut dixit Presbyter," et, "inquit ille Senior," sub finem* § 3 *et* § 4, *interpositis.*

[2] *his* omitted in the CLERM. copy.

[3] AR. *sapientiam*, omitting *gentes.*

[4] *uxorem* is here inserted by FEUARD. as in the VOSS. copy, but it is not essential. The CL., AR. and MERC. II. omit it.

[5] The prophetic parable is quoted loosely from memory. Six words found in the AR. are expunged by MASS. *Misit enim Dominus Nathan ad David;* they are not in the CLERM. or VOSS. MSS.

[6] CL., VO. omit *suo*. AR. has *calicem.*

LIB. IV. xlii. 2. GR. IV. xlv. MASS. IV. xxvii. 1. *Iratus est autem David super hominem illum valde, et dixit ad* M. 264.
Nathan: Vivit Dominus, quoniam filius mortis est homo ille qui fecit hoc: et oviculam reddet quadruplum pro eo quod fecit factum hoc, et pro eo quod non pepercit pauperi. Et ait ad eum Nathan: Tu es vir, qui fecisti hoc; et deinceps reliqua exsequitur, exprobrans eum, et enumerans in eum Dei beneficia, et quoniam exacerbavit Dominum cum fecisset hoc. Non enim placere Deo hujusmodi [1] operationes, sed iram magnam imminere domui ejus. Compunctus est autem David ad hæc, et ait: *Peccavi Domino;*
Ps. li. et Psalmum exhomologeseos psallebat, adventum Domini sustinens, qui abluit et emundat eum hominem qui peccato fuerat obstrictus.

3 Reg. iii. 28. 3. Similiter autem et de Salomone, [2] cum perseveraret judicare
3 Reg. v. seq. recte, et sapientiam [3] Dei enarrare, et typum [4] veritatis templum ædificabat, [5] et glorias exponebat Dei, et adventuram pacem gentibus
3 Reg. iv. 32 seq. annuntiabat, et Christi regnum præfigurabat, et loquebatur tria millia parabolarum in adventum Domini, et quinque millia canticorum, hymnum dicens [6] Deo, et eam quæ est in conditione sapientiam Dei exponebat physiologice ex omni ligno, et de omni herba, et de volatilibus omnibus, et de quadrupedibus, et de piscibus; et dice-
3 Reg. viii. 27. bat: *Si vere Deus, quem cœli non capiunt, super terram habitabit cum hominibus?* et placebat Deo, et omnes eum admirabantur,
3 Reg. iv. 34 et omnes reges terræ quærebant faciem ejus, ut audirent sapien-
3 Reg. x. 1 seq. tiam ejus quam dederat illi Deus, et regina Austri a finibus terræ veniebat ad eum, sapientiam quæ in eo erat, scitura; quam et Do-
Matt. xii. 42. minus ait in judicio resurrecturam cum eorum natione qui audiunt sermones ejus, et non credunt in eum, et adjudicaturam eos: quoniam illa quidem subjecta est annuntiatæ sapientiæ per servum Dei; hi vero eam quæ a Filio Dei dabatur, contemserunt sapientiam. Salomon enim servus erat; Christus vero Filius Dei, et Dominus Salomonis. Cum igitur sine offensa serviret Deo, et ministraret dispositionibus ejus, tunc glorificabatur: cum autem uxores accipiebat ab universis gentibus, et permittebat eis erigere
3 Reg. xi. 1 seq. idola in Israel, dixit Scriptura de eo: *Et Rex Salomon erat amator*

[1] AR., but CL., VOSS. *operationem.*

[2] AR. *quum judicaret,.... enarraret.* CL. and VOSS. as above.

[3] *Dei* is here inserted by GRABE on the faith of the AR. MS., and it is still retained; but it is cancelled by MASSUET, as ignored by other MSS.

[4] FEU. *veri templi templum,* which GRABE also adopted. VOSS. and CL. omit *templum.* AR. as above.

[5] *Alludit, nisi fallor, ad Psal. lxxi. qui Salomonis esse inscribitur, maxime ad vers.* 7 *et* 8.

[6] AR. *Domini.*

mulierum, et accepit sibi mulieres alienigenas: et factum est in tempore senectutis Salomonis, non erat cor ejus perfectum cum Domino Deo suo. Et diverterunt mulieres alienigenæ cor ejus post Deos alienos. Et fecit Salomon malignum in conspectu Domini: non abiit post Dominum, quemadmodum David pater ejus. Et iratus est Dominus in Salomonem: non enim erat cor ejus perfectum in Domino, secundum cor David patris ejus. Sufficienter increpavit eum Scriptura, sicut dixit presbyter, ut non glorietur universa caro in conspectu Domini. LIB. IV. xlii. 3. GR. IV. xlv. MASS. IV. xxvii. 1.

4. Et propter hoc [1]Dominum in ea quæ sunt sub terra de-
. 347. scendisse, [2]evangelisantem et illis adventum suum, [3]remissione peccatorum exsistente his qui credunt in eum. Crediderunt autem in eum omnes qui sperabant in eum, id est, qui adventum ejus prænuntiaverunt, et dispositionibus ejus servierunt, justi et prophetæ et patriarchæ: quibus similiter ut nobis remisit peccata, quæ non oportet nos imputare his, si quominus contemnimus gratiam Dei. Quemadmodum [4]enim illi non imputabant [5]nobis incontinentias nostras, quas operati sumus, priusquam Christus in nobis manifestaretur; sic et nos non est justum imputare ante adventum Christi his qui peccaverunt. *Omnes* enim homines [6]*egent gloria Dei*, jus- Rom. iii. 23.
tificantur autem non a semetipsis, sed a Domini adventu, qui [7]intendunt lumen ejus. In nostram autem correptionem conscriptos esse actus eorum, ut sciremus primum quidem, quoniam unus est Deus noster et illorum, cui non placeant peccata, etiamsi a claris fiant; deinde, ut abstineamus a malis. Si enim hi qui præcesserunt nos in charismatibus veteres, propter quos nondum Filius Dei passus erat, delinquentes in aliquo, et concupiscentiæ carnis servientes, tali affecti sunt ignominia; quid passuri sunt qui nunc sunt, qui contemserunt adventum Domini, et deservierunt voluptatibus suis? Et illis quidem curatio et remissio peccatorum mors

[1] *i.e.* Christ proclaimed salvation in Hades to those who in life anticipated the Christian faith, whether by foretelling Christ's advent in the spirit of prophecy, or by living up to the degree of light possessed. Nothing is said on the subject of a state of total darkness of the spirit being there first dispelled by Christ; the view taken in the false gospel of Nicodemus, and other *apocrypha*.

[2] AR. *evangelisat nam.*

[3] VET., VOSS., but CL. *remissionem... existentem.* AR. *remisse p. existentē.* GR. *remissam...existentem,* requiring *et*, καὶ τὴν ἄφεσιν τῶν ἁμαρτιῶν ὑπάρχουσαν.

[4] The CLERM. omits *enim.*

[5] *nobis*, i.e. *ethnicis ante Christi adventum*, GRABE. The words are still those of the presbyter, and shew that he was of Gentile, not of Jewish extraction. AR. *imputant.*

[6] *egent*, VULG., so the Syr. ܚܣܝܪܝܢ ܠܗ *destituuntur.*

[7] οἱ ἐνατενίζοντες εἰς τὸ φῶς αὐτοῦ.

LIB. IV. xlii. 4. GR. IV. xlv. MASS. IV. xxvii. 2.

Domini fuit: propter eos vero qui nunc peccant Christus non jam morietur, jam enim mors non dominabitur ejus; sed veniet Filius in gloria Patris, exquirens ab [1]actoribus et dispensatoribus suis pecuniam quam eis credidit, cum usuris: et quibus plurimum dedit, plurimum ab eis exiget. Non debemus ergo, inquit ille senior, superbi esse, neque reprehendere veteres; sed ipsi timere, ne forte post agnitionem Christi agentes aliquid quod non placeat Deo, remissionem ultra non habeamus [2]delictorum, sed excludamur a regno ejus. Et ideo Paulum dixisse: *Si enim naturalibus ramis non pepercit, ne forte* [3]*nec tibi parcat, qui cum esses oleaster, insertus es in pinguedinem olivæ, et socius factus es pinguedinis ejus.* Similiter et plebis prævaricationes [3]vides descriptas esse, non propter illos qui tunc transgrediebantur, sed in correptionem nostram, et ut sciremus unum et eundem Deum, in quem illi delinquebant, et in quem nunc delinquunt quidam ex his qui [4]credidisse se dicunt.

Rom. vi. 9. Matt. xxv. 19, et Luc. xix. 15. Luc. xii. 48. Rom. xi. 17 et 21. Rom. xi. 21. Rom. xi. 17.

5. Et hoc autem Apostolum in epistola [5]quæ est ad Corinthios manifestissime ostendisse, dicentem: [6]*Nolo enim vos ignorare, fratres, quoniam patres nostri omnes sub nube fuerunt, et omnes in Mose baptisati sunt in nube, et in mari, et omnes eandem escam spiritalem manducaverunt, et omnes eundem potum spiritalem biberunt: bibebant* [7]*enim de spiritali consequente* [8]*eos petra; petra autem erat Christus. Sed non in pluribus eorum bene sensit Deus; prostrati sunt enim in deserto. Hæc in figuram nostri fuerunt, ut* M 265. *non simus concupiscentes malorum, quemadmodum et illi concupierunt; neque idololatræ sitis, quemadmodum quidam eorum; sicut* [9]*scriptum est: Sedit populus manducare et bibere, et surrexerunt ludere. Neque fornicemur, sicut quidam ex illis fornicati sunt, et corruerunt in una die viginti tria millia. Nec tentemus Christum, quemadmodum quidam eorum tentaverunt, et a serpentibus perierunt. Neque murmuraveritis, sicuti quidam eorum murmuraverunt, et perierunt ab exterminatore. Hæc autem omnia in figura fiebant illis; scripta sunt autem ad correptionem nostram, in quos finis sæculorum devenit. Quapropter qui putat se stare, videat ne cadat.*

1 Cor. x. 1–13. Exod. xxxii. 6.

[1] See p. 238, n. 3.

[2] AR. *peccatorum.* The five following words do not appear in the CLERM.

[3] AR. omits *nec;* ib. *videns.*

[4] *credidisse se dicunt,* so the CLERM., possibly for *credere se dicunt;* GRABE has *credidisse dicuntur.*

[5] *quæ est,* omitted in CL., VOSS.

[6] MASS., as CL., VOSS., but AR. *non enim volo,* which as a servile imitation of the Greek, οὐ γὰρ θέλω, is likely.

[7] AR. *enim.* CL., VOSS., VET. *autem.* MASS. carelessly prints *autem enim,* and STIEREN follows him. N. T. γάρ.

[8] *eos,* MASS. from the CLERM. MS.

[9] AR. inserts *enim.*

LIB. IV. xliii. 1. GR. IV. xlv. 1. MASS. IV. xxvii. 3.

CAP. XLIII.

De transgressione populi.

1. Sine dubitatione igitur et sine contradictione ostendente Apostolo, unum et eundem esse Deum qui et illa judicavit, et ea quæ nunc sunt exquirit, et causam [1] descriptionis eorum demonstrante, indocti et audaces adhuc etiam et imprudentes inveniuntur omnes, qui propter transgressionem eorum qui olim fuerunt, et propter plurimorum [2] indicto audientiam, alterum quidem [3] aiunt illorum fuisse Deum, et hunc esse mundi fabricatorem, et esse in diminutione; alterum vero a Christo traditum Patrem, et hunc esse qui sit ab unoquoque eorum mente conceptus: non intelligentes, quoniam quemadmodum ibi in plurimis eorum qui peccaverunt non bene sensit Deus; sic et hic [4] *vocati multi, pauci* [5] *vero electi:* quemadmodum ibi injusti et idololatræ et fornicatores vitam perdiderunt; sic et hic: et Domino quidem prædicante, in ignem æternum mitti tales, et Apostolo dicente: *An ignoratis, quoniam injusti regnum Dei non hæreditabunt? Nolite seduci: neque fornicatores, neque idololatræ, neque adulteri, neque molles, neque masculorum concubitores, neque fures, neque avari, neque ebriosi, neque maledici, neque raptores, regnum Dei* [6] *possidebunt.* [7] Et quoniam non ad eos, qui extra sunt, [7] hoc dicit, sed ad nos, ne projiciamur extra regnum Dei, tale aliquid operantes, intulit: *Et hæc quidem fuistis; sed abluti estis, sed sanctificati estis in nomine Domini Jesu Christi, et in Spiritu Dei nostri.*

Tert. c. Marc. v. 7. — G. 348. — Matt. xx. 16 — Matt. xxv. 41. — 1 Cor. vi. 9, 10. — 1 Cor. vi. 11.

2. Et quemadmodum illic condemnabantur et projiciebantur hi qui male operabantur, et reliquos exterminabant; similiter et hic oculus quoque effoditur scandalisans, et pes et manus, ne reliquum corpus pariter pereat. Et habemus præceptum: *Si quis frater nominatur fornicator, aut avarus, aut idololatra, aut maledicus, aut ebriosus, aut rapax, cum hujusmodi nec cibum sumere.* Et iterum ait Apostolus: *Nemo vos seducat inanibus* [8] *verbis; propter hæc enim venit ira Dei in filios diffidentiæ. Nolite ergo fieri participes eorum.* Et quemadmodum ibi peccantium damnatio

Matt. xviii. 8, 9. — 1 Cor. v. 11. — Ephes. v. 6, 7.

[1] Cf. supr. *vides descriptas esse, non propter illos*, &c.

[2] See p. 149, n. 4.

[3] Cl., Voss., Merc. II. omit *aiunt*.

[4] *sunt* is cancelled, as missing in Cl., Ar., Voss., Merc. I.

[5] Ar. *autem electi: et quemadmodum.*

[6] Cl., Voss., Feu., but Ar. *hæreditabunt.*

[7] Ar. *sed*, and omits *hoc* of Voss.

[8] Ar. *sermonibus.* Stieb. adds Cl., but this MS. has *verbis.*

LIB. IV. xliii. 2. GR. IV. xlvi. MASS. IV. xxvii. 4. [1]**participabat et reliquos, quoniam placebant eis, et una cum eis conversabantur; [2]sic et hic *modicum fermentum totam massam* [2]*corrumpit*. Et quemadmodum ibi adversus injustos ira descen-**
1 Cor. v. 6. Rom. i. 18. **debat Dei, et hic similiter Apostolus ait: [3]*Revelabitur enim ira Dei de cœlo super omnem impietatem et injustitiam eorum hominum, qui veritatem in injustitia detinent*. Et quemadmodum ibi in**
Exod. xiv. 28. **Ægyptios, qui injuste puniebant Israel, vindicta a Deo fiebat, sic**
Luc. xviii. 7, 8. **et hic, Domino quidem dicente: *Deus autem non faciet vindictam electorum suorum, quicunque clamant ad eum die et nocte? Etiam dico vobis, faciet vindictam eorum cito;* et Apostolo, in ea quæ est**
2 Thess. i. 6—10. **ad Thessalonicenses epistola, ista prædicante: *Siquidem justum est apud Deum retribuere [4]retributionem his qui tribulant vos, et vobis qui tribulamini refrigerium nobiscum, in [5]revelatione Domini nostri Jesu [6]Christi de cœlo cum angelis virtutis ejus, et in flamma ignis, dare vindictam in eos qui non noverunt Deum, et in eos qui non obediunt Evangelio Domini nostri Jesu [6]Christi: qui etiam pœnas pendent interitus æternas a facie Domini, et a gloria virtutis ejus, cum venerit magnificari in sanctis suis, et admirabilis esse in omnibus, qui crediderunt* in eum.**

CAP. XLIV.

Ostensio quod unum et idem sit Verbum Dei, dispunctor veterum et novorum.

1. Cum ergo [7]hic et illic eadem sit in vindicando Deo justitia Dei, et illic quidem typice et temporaliter et mediocrius; hic vero vere et semper et austerius; ignis enim æternus, et quæ a cœlo revelabitur ira Dei a facie Domini nostri, quemadmodum et
Ps. xxxiii 17. David ait, *Vultus autem Domini super facientes mala, ut perdat de terra memoriam ipsorum*, majorem [7]pœnam præstat iis qui incidunt in eam; valde insensatos ostendebant presbyteri eos, qui ex his quæ acciderunt his, qui olim Deo non obtemperabant, tentant alterum Patrem introducere, e contrario opponentes, quanta Do- G. 349

[1] *μετεῖχε καὶ τ. ἄλλους*. l. *κατεῖχε*.

[2] Ar. *sicut*. For *ζυμοῖ* the translator seems to have read *ζημιοῖ*.

[3] *revelabitur*. Irenæus seems to have quoted *memoriter*, the text having *ἀποκαλύπτεται*, and not *ἀποκαλυφθήσεται*, *revelabitur;* much less, as Grabe inadvertently states, *ἀποκαλύψεται*.

[4] *tribulationem*, *θλῖψιν*, by assimilation, *retributionem*, MSS., for cf. p. 265, 4, where the text is correctly quoted.

[5] Clerm. again *retributione*.

[6] Ar. omits *Christi*.

[7] Ar. *hic illis*, ..omits *pœnam*.

minus ad salvandos eos qui receperunt eum veniens fecisset, mise- LIB. IV. xliv. 1.
rans eorum; tacentes autem de judicio ejus, et quæcunque prove- GR. IV. xlvii.
nient his qui audierunt sermones ejus, et non fecerunt, et quoniam MASS. IV. xxviii. 1.
expediebat eis si non essent nati, et quoniam tolerabilius Sodomæ Matt. xxvi. 24.
et Gomorræ erit in judicio, quam civitati illi quæ non recepit ser- Matt. x. 15, et Luc. x. 12.
monem discipulorum ejus.

2. Quemadmodum enim in novo Testamento ea quæ est ad
M. 266. Deum fides hominum aucta est, additamentum accipiens [1] Filium Dei, ut et homo fieret particeps Dei; ita et diligentia conversationis adaucta est, cum non solum a malis operibus abstinere jubemur, sed etiam ab ipsis malis [2] cogitationibus, et otiosis dictionibus, et sermonibus vacuis, et verbis scurrilibus: sic et pœna Heb. x. 26–31. eorum qui non credunt Verbo Dei, et contemnunt ejus adventum, et convertuntur retrorsum, adampliata est; non solum temporalis, sed [3] et æterna facta. Quibuscunque enim dixerit Dominus: *Discedite a me maledicti in ignem perpetuum*, Matt. xxv. 41. isti erunt semper damnati; et quibuscunque dixerit: *Venite benedicti Patris mei, percipite hæreditatem regni, quod præparatum est vobis in sempiternum*; Matt. xxv. 34. hi semper percipiunt regnum, et [4] in eo proficiunt: cum sit unus et idem Deus Pater et Verbum ejus, semper assistens humano generi, variis quidem dispositionibus, et multa operans, et salvans ab initio eos qui salvantur; sunt enim hi qui diligunt Deum, et secundum suum genus sequuntur Verbum Dei; et adjudicans eos qui adjudicantur, id est, eos qui obliviscuntur Deum, et sunt blasphemi, et transgressores ejus Verbi.

3. Etenim hi ipsi qui a nobis prædicti sunt hæretici exciderunt sibi, accusantes Dominum, in quem dicunt se credere. Quæ enim denotant in Deo, qui tunc temporaliter [5] judicaverit incredulos, et [5] percussit Ægyptios, salvavit autem obedientes; eadem nihilominus recurrent in Dominum, in sempiternum quidem adjudicantem quos adjudicat, et in sempiternum dimittentem eos quos [5] dimittit: et invenietur, secundum illorum verba, maximi peccati causa factus his qui in eum immiserunt manus, et pupugerunt eum. Si enim non ita venisset, utique illi Domini sui interfectores facti non fuissent: et si non misisset prophetas ad eos, non utique

[1] AR. *Filii.*

[2] *cogitationibus.* cf. ἐπιθυμίαις, requiring no qualifying term, *malis* was perhaps taken from the preceding line. CL. and VOSS. omit it, and AR. has *malis operibus*, but the latter word is cancelled for *cogitationibus*.

[3] AR. omits *et*.

[4] *in eo*, ARUND., but not in CLERM., VOSS.

[5] AR. *adjudicaverit...percusserit...dimittet*.

LIB. IV. xliv. 3. GR. IV. xlvii. MASS. IV. xxviii. 3. occidissent eos, et Apostolos quoque similiter. His igitur qui imputant nobis, et dicunt: si non Ægyptii plagati fuissent, et persequentes Israel præfocati fuissent in mari, non poterat Deus salvare populum suum, [1]occurret illud: nisi igitur Judæi interfectores Domini facti fuissent, (quod quidem abstulit ab eis æternam vitam) et Apostolos interficientes, et persequentes Ecclesiam, in iracundiæ incidissent profundum, nos salvari non poteramus. Quemadmodum [2]enim illi per Ægyptiorum, sic et nos per Judæorum cæcitatem accepimus salutem: siquidem [3]mors Domini eorum quidem qui cruci [4]eum fixerunt, et non crediderunt ejus adventum, damnatio est, salvatio vero eorum qui credunt in eum. Nam et

2 Cor. ii. 15, 16. Apostolus ait [5]in secunda ad Corinthios: *Quoniam Christi suavis odor sumus Deo, in his qui* [6]*salvi fiunt, et in his qui pereunt: quibusdam quidem odor mortis in mortem; quibusdam* [7]*autem odor vitæ in vitam.* Quibus ergo est odor mortis in mortem, nisi his qui non credunt, neque subjecti sunt Verbo Dei? Qui sunt autem qui et tunc semetipsos morti tradiderunt? Hi scilicet qui non G 350.
credunt, neque [8]subjiciuntur Deo. Rursum autem qui salvati sunt, et acceperunt hæreditatem? Hi scilicet qui credunt Deo, et eam quæ est erga illum dilectionem custodierunt; quemadmodum

Num. xiv. 30. Chaleb Jeffone, et Jesus Nave, et pueri innocentes, qui neque malitiæ sensum habuerunt. Qui sunt autem qui hic salvantur, et accipiunt vitam [9]æternam? Nonne hi qui diligunt Deum, et qui

1 Cor. xiv. 20. pollicitationibus ejus credunt, et malitia parvuli effecti sunt.

CAP. XLV.

Secundum quid induravit Deus cor Pharaonis et ministrorum ejus.

Exod. ix. 35. 1. Sed induravit, inquiunt illi, Deus cor [10]Pharaonis et famulorum ejus. Qui ergo hæc imputant, non legunt in Evangelio, ubi

Matt. xiii. 10. discipulis dicentibus Domino, *Quare in parabolis loqueris eis?*

Matt. xiii. 11–16, et Luc. viii. 10, et x. 23. respondit Dominus: *Quoniam vobis est datum* [11]*nosse mysterium regni cœlorum; illis autem in parabolis loquor, ut videntes non*

[1] Cl., Vet., Voss. *occurrit.*

[2] Clerm. omits *enim,* as Ar. *illi.*

[3] *mors,* carelessly omitted Clerm.

[4] *eum* omitted in the Ar.

[5] *in* (*epistola*), not found in the Cl., and the preposition only in Ar. and Merc. ii., ἐν τῇ δευτέρᾳ πρὸς τοὺς Κορ. is sufficient; cf. end of next section.

[6] Cl., Voss., but Ar. *salvantur.*

[7] Cl., Vo. *vero.* Merc. ii. has neither.

[8] Cl., Vet., Voss. *subjecti sunt,* Ar.

[9] *æternam* omitted in the Ar.

[10] See Orig. *Philocal.* 21.

[11] Cl., Ar., Vet., Vo. al. *cognoscere.*

videant, et audientes non audiant, [1]*intelligentes non intelligant, ut* [2]*adimpleatur erga eos prophetia Esaiæ dicens:* [3]*Incrassa cor populi hujus, et aures eorum obtura, et oculos eorum excæca. Vestri autem beati oculi, qui vident quæ vos videtis, et aures vestræ,* [4]*quæ audiunt quæ auditis.* Unus enim et idem Deus, his quidem qui non credunt, sed nullificant [5]eum, infert cæcitatem; quemadmodum sol, qui est creatura ejus, his qui propter aliquam infirmitatem oculorum non possunt contemplari lumen ejus: his autem qui credunt ei, et sequuntur eum, pleniorem et majorem illuminationem mentis præstat. Secundum hunc igitur sermonem et Apostolus ait in secunda ad Corinthios: *In quibus Deus sæculi hujus excæcavit mentes infidelium, uti non fulgeat illuminatio* [6]*evangelii gloriæ Christi.* Et iterum in ea quæ est ad Romanos: *Et quemadmodum non probaverunt Deum habere in notitia, tradidit illos Deus in reprobum sensum, facere quæ non conveniunt.* In secunda autem ad Thessalonicenses manifeste ait, de Antichristo dicens: *Et ideo mittet eis Deus operationem erroris, uti credant mendacio, uti judicentur omnes qui non crediderunt veritati, sed consenserunt iniquitati.*

LIB. IV. xlv. 1. GR. IV. xlviii. MASS. IV. xxix. 1.

Esai. vi. 10.

2 Cor. iv. 4. vid. p. 25, 2.

Rom. i. 28.

2 Thess. ii. 21.

M. 267.

2. Si igitur et nunc, quotquot scit non credituros Deus, cum sit omnium præcognitor, tradidit eos infidelitati eorum, et avertit faciem ab hujusmodi, relinquens eos in tenebris, quas ipsi sibi elegerunt, quid mirum, si et tunc nunquam crediturum Pharaonem cum his qui cum eo erant, tradidit eos suæ infidelitati? Quemadmodum Verbum ait de rubo ad Moysen: *Ego autem scio quoniam non* [7]*dimittet vos Pharao rex Ægypti abire, nisi* [8]*cum manu valida.* Et qua ratione Dominus in parabolis loquebatur, et cæcitatem faciebat Israel, ut videntes non viderent, sciens incredulitatem eorum, eadem ratione et cor Pharaonis indurabat, ut videns, quoniam digitus Dei est qui educit populum, non crederet, sed [9]in infidelitatis præcipitaretur pelagus, per magicam operationem opinatus fieri exitum eorum, et rubrum mare non ex virtute Dei transitum præstitisse populo, sed naturaliter sic se habere.

Exod. iii. 19.

[1] The three following words have no place in the CLERM. MS.

[2] MERC. I., OTH., AR., but CLERM. *impleretur.* VOSS. *impleatur.*

[3] Incrassa. VET. *Cod.* incrassatum est; *atque ita legit Tertull. lib.* III. *contra Marcionem.* FEUARD. *Consentit* VOSS. *sed repugnant mox sequentia verba,* obtura, excæca: *unde patet, Irenæum textum Esaiæ allegasse, non prout in Evangelico, sed in ipso Prophetico Codice legitur:* GR. The CL. also agrees.

[4] AR. *quoniam...audistis.*

[5] ἀθετοῦσιν, CLERM. omits *eum.*

[6] *Evangelii,* omitted in the CLERM.

[7] AR., but VET., VO. *recipiet,* which the CLERM. copy, by underlining a letter, alters to *præcipiet;* the translator perhaps wrote *projiciet,* as the equivalent for the LXX. προήσεται.

[8] CL., AR. *cum.* VO., GR., MASS. *in.*

[9] AR. *sed infidelitatis....pelago.*

LIB. IV. xlvi. 1. GR. IV. xlix. MASS. IV. xxx. 1.

CAP. XLVI.

Quare secundum jussum Dei vasa ab Ægyptiis sumsit populus in exodo, et ex ipsis tabernaculum in eremo fabricavit.

Tert. c. Marc. ii. 20. Exod. xi. 2; xii. 35. 1. QUI vero exprobrant et imputant, quod profecturus populus, jussu Dei, vascula omnis generis et vestimenta acceperit ab Ægyptiis, et sic abierit, ex quibus et tabernaculum factum est in eremo, ignorantes justificationes Dei et dispositiones ejus, semetipsos arguunt, sicut et presbyter dicebat. Si enim non in typica profectione [1]hoc consensisset Deus, hodie in vera nostra profectione, id est, in fide in qua sumus constituti, per quam de numero gentilium exemti sumus, nemo poterat salvari. Omnes enim nos aut modica aut grandis sequitur possessio, quam ex mammona iniquitatis acquisivimus. Unde enim domus in quibus habitamus, et vestimenta quibus induimur, et vasa quibus utimur, et reliqua omnis ad diuturnam vitam nostram [2]ministratio, nisi ex his, quæ, cum ethnici essemus, de avaritia acquisivimus, vel ab ethnicis parentibus aut cognatis aut amicis, de injustitia acquirentibus percepimus? ut non dicamus, quia et nunc in fide exsistentes acquirimus. Quis enim vendit, et non lucrari vult ab eo qui emit? Quis autem emit, et non vult utiliter secum agi ab eo [3]qui vendit? Quis autem negotians non propterea negotiatur, ut inde alatur? Quid autem et hi [4]qui in regali aula sunt fideles, nonne ex eis quæ Cæsaris sunt habent utensilia, et his qui [5]non habent unusquisque eorum secundum [5]suam virtutem præstat? Ægyptii [6]populi erant debitores non solum rerum, sed et vitæ suæ, propter patriarchæ Joseph præcedentem benignitatem: nobis autem G. 351.

(Luc. xvi. 9.)

[1] Hoc...professione. *Octo has voces ex* VET. *Cod. restituit* FEU. *quas et* VO. *habet (adde* CLAR.). *Sed, nisi me conjectura fallit, pro* professione *legendum,* profectione, *ita ut* vera nostra profectio typicæ profectioni *opponatur. Sic enim et initio sequentis capitis ait:* Universa enim quæ ex Ægypto profectio fiebat populi a Deo, typus et imago fuit profectionis Ecclesiæ, quæ erat futura ex gentibus; *quomodo et hoc loco subjungit:* per quam de numero gentilium exempti sumus. *Occasionem autem mutationis imperito scribæ præbuere sequentia:* id est, in fide in qua sumus constituti; *ad quæ* professionem *magis quam* profectionem *quadrare putavit.* GR. AR. omits the passage. Cf. ἔξοδος, 4. 2. also the note of MASS.

[2] AR., MERC. II. *miseratio.*

[3] AR. *quod.*

[4] *Fidem Christi ad illustres usque imperii Romani ordines et principes hoc seculo penetrasse, ex his manifestum.* GR.

[5] *non, suam.* Both of these words are omitted in the CLERM. MS.

[6] Sc. *Judaici.*

secundum quid debitores sunt ethnici, [1]a quibus et lucra et utilitates percipimus? quæcunque illi cum labore comparant, his nos in fide cum simus sine labore utimur. LIB. IV. xlvi. 1. GR. IV. xlix. MASS. IV. xxx. 2.

2. [2]Ad hoc populus pessimam servitutem serviebat Ægyptiis, quemadmodum Scriptura ait: *Et cum* [3]*vi potestatem exercebant* Exod. i. 13, 14. [3]*Ægyptii in filios Israel, et in odium eis adducebant vitam in operibus duris, luto et latere, et omnibus operibus quæ faciebant in campis, per omnia opera quibus eos deprimebant cum* [3]*vi:* et ædificaverunt eis civitates munitas, multum laborantes, et augentes eorum substantias annis multis, et per omnem modum servitutis, cum illi non solum ingrati essent adversus eos, verum et universos eos perdere vellent. Quid igitur injuste gestum est si ex multis pauca sumserunt, et qui potuerunt multas substantias [4]habere si non servissent eis, et divites abire, paucissimam mercedem pro magna servitute accipientes inopes abierunt? Quemadmodum si quis liber, abductus ab aliquo per vim, et serviens ei annis multis,
G. 352. et augens substantiam ejus, post deinde aliquod adminiculum consecutus, putetur quidem modica quædam ejus habere, revera autem ex multis laboribus suis, et [5]ex acquisitione magna [6]pauca percipiens discedat, et hoc ab aliquo imputetur ei, quasi non recte fecerit? ipse magis injustus judex apparebit ei qui per vim in servitium fuerat deductus. Sic ergo sunt et hujusmodi, qui imputant populo parva de multis [7]accipienti sibi; et ipsis non imputant, qui nullam gratiam ex merito parentum debitam reddiderunt; imo et in gravissimam servitutem redigentes, maximam ab eis consecuti sunt utilitatem: et illos quidem non signatum aurum et argentum in paucis vasculis, [8]de suis laboribus, quemadmodum prædiximus, accipientes, injuste fecisse dicunt; semetipsos autem (dicetur enim quod verum est, licet ridiculum quibusdam esse videatur) ex alienis laboribus [9]insigne aurum et argentum et Cf. Tertull. c. Marc. ii. 20.

[1] *a*, omitted in the CLERM. MS.

[2] *Ad hoc*, εἰς τοῦτο, *hactenus*, or *adhuc*, which is in fact the reading of ERASM., GALL., FEUARD., ARUND. and MERC. II.

[3] *vi*, twice, and *Ægyptii*, omitted in the CL. AR. *Ægyptii filios*.

[4] GRABE inserts *suas* from the AR.

[5] CLERM. *exquisitione*.

[6] ὀλίγα μεταλαβὼν ἀπέλθῃ.

[7] AR. *accipient*, and adds *laboribus*.

[8] *de suis laboribus*, παρὰ τῶν ἰδίων πόνων, omitted CLERM., VOSS., MASS., STIER. AR. and GR. retain the words, and they have a parallel in the sequel.

[9] *insigne aurum*, coined gold, in opposition to *non signatum aurum*, that had preceded: so THUCYDIDES distinguishes ἄσημον from ἐπίσημον, in speaking of the precious metals, II. 13.

LIB. IV. xlvi. 3. GR. IV. xlix. MASS. IV. xxx. 3 æramentum, cum inscriptione et imagine Cæsaris, in zonis suis ferentes, juste se facere dicunt.

3. Si autem et comparatio fiat [1]nostra et illorum, qui justius M. 268. apparebunt accepisse? utrumne populus ab Ægyptiis, qui erant per omnia debitores, an nos a Romanis et reliquis gentibus, et a quibus nihil tale nobis debeatur? Sed et mundus pacem habet per eos, [2]et nos sine timore in viis ambulamus et navigamus quocunque voluerimus. Adversus igitur hujusmodi aptus erit sermo Matt. vii. 5. Domini: *Hypocrita*, dicens, *exime primo trabem de oculo tuo, et tunc* [3]*perspicies auferre festucam de oculo fratris tui.* Etenim si is qui tibi hæc imputat, et gloriatur in sua scientia, separatus est a gentilium cœtu, et nihil est alienorum apud eum, sed [4]et simpliciter nudus, et nudis pedibus, et sine domo in montibus conversatur, quemadmodum aliquod ex his animalibus quæ herbis vescuntur, veniam merebitur, ideo quod ignoret necessitates nostræ conversationis. Si autem ab [5]hominibus quæ dicuntur aliena esse participatur, et arguit typum eorum, semetipsum injustissimum ostendit, retorquens in se ejusmodi accusationem. Invenietur enim aliena circumferens, et ea quæ ejus non sunt, Matt. vii. 1, 2. concupiscens; et propter hoc dixisse Dominum: *Nolite judicare, ne judicemini: in quo enim judicio judicabitis, judicabitur de vobis.* Non utique ut peccantes non corripiamus, nec ut his quæ male fiunt consentiamus; sed ut Dei dispositiones non judicemus injuste, cum ille omnia juste profutura [6]providerit. Quoniam enim sciebat nos de nostra substantia, quam ab alio accipientes haberemus, bene acturos, Luc. iii. 11. *Qui enim habet*, inquit, *duas tunicas, det ei qui non habet: et qui habet escam, similiter faciat.* Matt. xxv. 35, 36. Et, *Esurivi enim, et dedistis mihi manducare: et nudus fui, et vestistis me.* Matt. vi. 3. Et, *Cum* [7]*facis eleemosynam, non sciat sinistra tua quid faciat dextra tua;* et reliqua quæcunque benefacientes justificamur, velut de alienis nostra redimentes: de alienis autem ita dico, non quasi mundus alienus sit a Deo, sed quoniam hujusmodi dationes ab aliis accipientes habemus, similiter velut illi ab Ægyptiis qui non sciebant Deum, et per hæc ipsa erigimus in nobismetipsis tabernaculum Dei: cum bene enim facientibus habitat Deus; quemadmodum

[1] f. l. *nostri.*

[2] *per eos, et nos* omitted in the AR. as *nos* in the CL., *per eos* in the VOSS., and *et nos* in the COD. VET. of FEUARD.

[3] AR. *perspicis.*

[4] *est,* CL., VET., MASS., STIER., but AR., GRAB., etc. *et.*

[5] AR. *omnibus.*

[6] f. l. *viderit,* CL. *venerit.*

[7] CLERM. *facitis.*

Dominus ait: *Facite vobis amicos de mammona iniquitatis, ut hi, quando* [1]*fugati fueritis, recipiant vos in æterna tabernacula.* Quæcunque enim cum essemus ethnici de injustitia acquisivimus, hæc, cum crediderimus, in dominicas utilitates [2]convertentes, justificamur; necessarie igitur hæc in typo præmeditabantur, et tabernaculum Dei ex his fabricatur: illis quidem juste accipientibus, quemadmodum ostendimus; nobis autem præostensis [3]in ipsis, qui inciperemus per aliena Deo deservire.

LIB. IV. xlvi. 3. GR. IV. xlix. MASS. IV. xxx. 4.

Luc. xvi. 9.

CAP. XLVII.

Quemadmodum una et eadem populi profectio ex Ægypto, et Ecclesiæ ex gentibus ostenditur.

G. 353. UNIVERSA enim quæ ex Ægypto profectio fiebat populi, a Deo typus et imago fuit profectionis Ecclesiæ, quæ erat futura ex gentibus: propter hoc et in fine educens eam hinc in suam hæreditatem, quam non Moyses quidem famulus Dei, sed Jesus Filius Dei in hæreditatem dabit. Si quis autem diligentius intendat his quæ a prophetis dicuntur de fine, et quæcunque Johannes discipulus Domini vidit in Apocalypsi, inveniet easdem plagas universaliter accipere gentes, quas tunc particulatim accepit Ægyptus. Talia quædam enarrans de antiquis presbyter, reficiebat nos, et dicebat: "De [4]his quidem delictis, de quibus ipsæ Scripturæ increpant patriarchas et prophetas, nos non oportere exprobrare eis, neque fieri similes Cham, qui irrisit turpitudinem patris sui, et in maledictionem decidit; sed gratias agere pro illis Deo, quoniam in adventu Domini nostri remissa sunt eis peccata: etenim illos dicebat gratias agere, et [5]gloriari in nostra salute. De quibus autem Scripturæ non increpant, sed simpliciter sunt positæ, nos non debere fieri accusatores, non enim sumus diligentiores Deo, neque super magistrum possumus esse, sed typum quærere. Nihil enim otiosum est eorum quæcunque inaccusabilia posita sunt in Scripturis."

Rev. xv. xvi.

[1] *fugati fueritis*, a strange translation for ἐκλίπητε. Possibly the translator read ἐκτράπητε. It may be observed, that by a slight *varia lectio* the Syriac version might be made to express either *deficit* or *fugati*; the word we read is ܡܦܩܪ *deficit*, but ܡܛܪܕܝܢ would be *fugati*; and the similarity would be greater if the first were the plu. part. as in the Greek, *e.g.* ܡܦܩܪܝܢ

[2] AR., but CL., VET., VO. *conversantes*.

[3] *in ipsis*, AR., GRAB., omitted CL., VOSS., MASS., STIER.

[4] CL., VOSS. *de eisdem delictis;* AR. *de hiis quidem*, where *hiis* represents *eis*.

[5] CL., VOSS. *glorificari*.

LIB. IV. xlviii. 1. GR. IV. li. MASS. IV. xxxi. 1.

CAP. XLVIII.

Ostensio generationis Lot ex filiabus suis.

Gen. xix. 14, seq. 1. QUEMADMODUM et Lot, qui eduxit de Sodomis filias suas, quæ conceperunt de patre suo, [1] et qui reliquit in [1] circumfinio uxorem suam statuam salis usque in hodiernum diem. Etenim Lot non ex sua voluntate, neque ex sua concupiscentia carnali, neque sensum neque cogitationem hujusmodi [2] operationis accipiens, [3] consummavit typum. Quemadmodum Scriptura dicit: *Et intravit major* G. 354. *nata, et dormivit cum patre suo nocte illa: et non scivit Lot cum dormiret illa, et cum surgeret.* Et in minore [4] autem hoc idem: *Et non scivit*, inquit, *cum dormisset secum, nec cum surrexisset.* M. 269.

(Gen. xix. 33. Gen. xix. 35.)

(E. Caten. in Gen. ed. Halloix. coll. MS. Combefis.) Μὴ εἰδότος τοῦ [5] Λώτ, μηδὲ ἡδονῇ δουλεύσαντος, οἰκονομία ἐπετελεῖτο, δι' ἧς αἱ δύο συναγωγαὶ ἀπὸ ἑνὸς καὶ τοῦ αὐτοῦ πατρὸς τεκνοποιησάμεναι ἐμηνύοντο ἄνευ σαρκὸς ἡδονῆς. Οὐ γὰρ ἦν ἄλλος οὐδεὶς σπέρμα ζωτικὸν καὶ τέκνων ἐπικαρπίαν δυνάμενος δοῦναι αὐταῖς, καθὼς γέγραπται·

Nesciente igitur homine, neque libidini serviente, dispensatio perficiebatur, per quam duæ filiæ, [6] id est duæ synagogæ, ab uno et eodem patre in sobolem [7] adoptatæ significabantur sine carnis libidine. Nec enim alter erat aliquis qui semen vitale et filiorum fructum posset dare eis, quemadmodum scriptum est: *Dixit autem major ad minorem: Pater noster senior est, et nemo est super terram qui intret ad nos,* [8] *ut oportet omni terræ: veni, potionemus patrem nostrum vino, et dormiamus cum eo, et suscitemus de patre nostro semen.* Illæ quidem filiæ secundum simplicitatem et innocentiam putantes universos homines periisse, quemadmodum [9] et Sodomitas, et in universam terram iracundiam

(Gen. xix. 31, 32.)

[1] *et*, CL., VOSS. ibid. *circumfinio;* AR., GRAB. *confinio.*

[2] *operationis*, AR., omitted CL., VO.

[3] *sed*, AR., as though a finite verb had preceded.

[4] *autem* is added from the CLERM. MS. καὶ ἐν τῇ νεωτέρᾳ δὲ αὐτὸ τοῦτο.

[5] The translation indicates ἀνθρώπου, altered in the Catena.

[6] *id est duæ synagogæ*, a marginal gloss.

[7] *adoptatæ*, a term taken *de re rustica*, referring to the engrafting of scions; hence in the sequel he speaks of the two daughters as *fructificantes*. As scions they had been engrafted on the paternal stock, and bore fruit accordingly.

[8] *ut oportet: juxta morem* would better express ὡς καθήκει.

[9] *et* added from AR. and MERC. II.

[1]Dei supervenisse, dicebant hæc. [2]Quapropter et ipsæ excusabiles sunt, arbitrantes se solas relictas cum patre suo ad conservationem generis humani, et propter hoc circumveniebant patrem. Per verba autem earum significabatur, neminem esse alterum qui possit filiorum generationem majori et minori synagogæ præstare, [3]quam Patrem nostrum.

LIB. IV. xlviii. 1. GR. IV. li. MASS. IV. xxxi. 2.

2. Pater autem generis humani Verbum Dei: quemadmodum Moyses ostendit dicens: *Nonne hic ipse Pater tuus* [4]*qui possedit te, et fecit te, et creavit te?* (Deut. xxxii. 6.) Quando igitur hic vitale semen, [5]id est, Spiritum remissionis peccatorum per quem vivificamur, effudit in humanum genus? nonne tunc [6]cum convescebatur cum hominibus, et bibebat vinum in terra? *Venit*, enim inquit, *Filius Hominis manducans et bibens:* (Matt xi. 19.) et cum recubuisset obdormivit, et [7]somnum cepit. Quemadmodum ipse in David dicit: *Ego dormivi et* [7]*somnum cepi.* (Ps. iii. 6.) Et quoniam in nostra communicatione et vita hoc agebat, iterum ait: *Et somnus meus suavis mihi factus est.* (Jer. xxxi. 26.) Totum autem significabatur per Lot, quoniam semen patris omnium, id est, Spiritus Dei, per quem facta sunt omnia, commixtus et unitus est [8]carni, hoc est, plasmati suo: per quam commixtionem et unitatem duæ synagogæ, id est duæ congregationes, [9]fructificantes ex patre suo filios vivos vivo Deo. Et cum hæc fierent uxor

[1] *Dei*, missing in the CLERM. and VOSS. MSS., which also omit *quam Patrem nostrum*, below.

[2] *Post Irenæum easdem excusat Origenes his verbis:* Audierant in fine sæculi terram et omnia elementa ignis ardore decoquenda. Videbant ignem, videbant sulphureas flammas, videbant cuncta vastari, matrem quoque suam videbant non esse salvatam. Suspicatæ sunt tale aliquid factum, quale in temporibus audierant Noe, et ob reparandam mortalium posteritatem solas se esse cum parente servatas. Recuperandi igitur humani generis desiderium sumunt. Et quamvis grave eis videretur crimen, furari concubitum patris; gravior tamen videbatur impietas, si humanæ posteritatis spem, servata castitate, delerent. Patris mœstitiam vel rigorem vino molliunt et solvunt: singulis ingressæ noctibus, singulæ suscipiunt ab ignorante conceptum. Ultra non repetunt, non requirunt. Ubi hic libidinis culpa? ubi incesti crimen arguitur? quomodo dabitur vitio, quod non iteratur in facto? *Ab hac Origenis sententia non recedunt Chrysostomus, Theodoretus, et Ambrosius, lib.* II. *de Abraham.* FEUARD.

[3] *quam P. n.* omitted CL., VOSS.

[4] *possedit te,* LXX. ἐκτήσατό σε, קֹנֶךָ *i. e.* possessed as a father his son, *by generation.* , See p. 157, n. 5.

[5] *id* carelessly omitted in the CLERM. copy. The words next following seem to confirm the reading *commutatio* above, p. 131, n. 8.

[6] AR. *tunc conversabatur.*

[7] CLERM. *somnium* in both places.

[8] *carni hoc est,* omitted in the AR. from recurrence of the latter word.

[9] *fructificantes ex.* CLERM. *justificatæ.* The term συναγωγὴ is a synonym of *ecclesia;* see p. 22, and 17, n. 1. *id est duæ congregationes*, may be safely referred to the margin.

LIB. IV. xlix. 1. GR. IV. lii. MASS. IV. xxxii. 1.

[1] remansit in Sodomis, jam non caro corruptibilis sed [2] statua salis G. 355.
semper manens, et [3] per naturalia ea quæ sunt consuetudinis hominis ostendens, quoniam et Ecclesia, quæ est sal terræ, subre-
Matt. v. 13. licta est in confinio terræ, patiens quæ sunt humana: et dum sæpe [4] auferuntur ab ea membra integra, perseverat statua salis, quod est firmamentum fidei, firmans et præmittens filios ad Patrem ipsorum.

CAP. XLIX.

Ostensio unum et eundem esse Deum Patrem nostrum et illorum.

1. Hujusmodi quoque de duobus Testamentis [5] senior Apostolorum discipulus disputabat, ab uno quidem et eodem Deo utraque ostendens. Nec [6] enim esse alterum Deum præter eum qui fecit et plasmavit nos, nec firmitatem habere sermonem eorum qui dicunt aut per angelos, aut per [6] aliam quamlibet virtutem, aut ab alio Deo factum esse hunc mundum qui est secundum nos. Si enim semel quis transmoveatur a factore omnium, et [7] concedat ab aliquo altero, aut per alium factam conditionem quæ [8] est secundum nos, multam incongruentiam et plurimas contradictiones necesse est incidat hujusmodi: ad quas nullas dabit rationes, neque secundum verisimile, neque secundum veritatem. Et propter hoc hi qui alias doctrinas inferunt, abscondunt a nobis quam habent ipsi de Deo sententiam, scientes [9] quassum et futile doctrinæ suæ, et timentes ne victi salvari periclitentur.

[1] Ar. *remanserat.*

[2] Statua salis semper manens. *Ita et* Clemens Rom. *in Epist. ad Corinth. memorat* στήλην ἁλὸς ἕως τῆς ἡμέρας ταύτης. *Atque ex Judæis* Josephus, *lib.* I. *Antiq. cap.* 12, de eadem salis statua scribit: ἱστόρικα δὲ αὐτήν· ἔτι γὰρ καὶ νῦν διαμένει. Grabe.

[3] *per naturalia,* i.e. δι' ἐμμηνοῤῥοίας. Cf. *Carm. de Sodoma,* inter op. Tertul. et Cypr.

Dicitur et vivens, alio jam corpore, sexus
Munificos solito dispungere sanguine menses.

[4] The same poem says that the pillar of salt was indestructible:

Quin etiam si quis mutilaverit advena formam,
Protinus ex sese suggestu vulnera complet.

[5] *Senior Apostolorum discipulus:* this can hardly be the same *presbyter* mentioned c. XLIII. who was only a hearer of those who had heard the Apostles. Irenæus may here mean the venerable martyr Polycarp, bishop of Smyrna.

[6] *enim, aliam,* inserted from the Ar.

[7] Ar. inserts *cum,* perhaps ὅτε read by Tr. for ποτε, answering to *semel,* ποτε.

[8] Ar. *sit.*

[9] The MSS. differ here in a remarkable degree. The reading followed by Massuet and taken from the Clerm. MS. is adopted in the text; the Voss. MS. has *quassum et fictile;* the Arund. has *casum et ruinam,* which is the reading preferred by Grabe, with the addi-

2. Si autem credat quis unum Deum, et qui Verbo omnia fecit, quemadmodum [1]et Moses ait: *Dixit Deus, fiat lux, et facta est lux;* et in Evangelio legimus: *Omnia per ipsum facta sunt, et sine ipso factum est nihil;* et Apostolus Paulus similiter: *Unus Dominus, una fides, unum baptisma, unus Deus et Pater*[2], *qui est super omnes* [3]*et per omnia, et in omnibus nobis;* hic primo erit *tenens caput, ex quo totum corpus compactum et connexum et per omnem juncturam subministrationis in mensura uniuscujusque partis, incrementum corporis facit, in ædificationem sui in caritate.* Post deinde et omnis sermo ei constabit, si et Scripturas diligenter legerit apud eos qui in Ecclesia sunt presbyteri, apud quos est Apostolica doctrina, quemadmodum demonstravimus. Apostoli enim omnes duo quidem Testamenta in duobus populis fuisse docuerunt: unum autem et eundem esse Deum, qui disposuerit utraque ad utilitatem hominum, secundum [4]quod Testamenta dabantur, qui incipiebant credere Deo, ex ipsa demonstravimus Apostolorum doctrina in tertio libro: et quoniam non otiose, nec frustra, [5]aut ut obvenit, datum est prius Testamentum; sed illos quidem quibus dabatur, in servitutem Dei [6]concurvans ad utilitatem eorum, non enim indiget Deus ab hominibus servitutem, typum autem cœlestium ostendens, quoniam nondum poterat homo per proprium visum videre quæ sunt Dei: et imagines eorum quæ sunt in Ecclesia præfigurans, ut firma ea quæ secundum nos est fiat fides, et prophetiam futurorum continens, ut disceret homo præscium esse omnium Deum.

LIB. IV. xlix. 2. GR. IV. lii. MASS. IV. xxxii. 1.

Gen. i. 3. Joh. i. 3.

M. 270.

Ephes. iv. 5, 6.

Ephes. iv. 16, et Col. ii. 19.

tion of *quasi* before *casum*. But this word together with *casum* indicates *quassum;* and if we admit this it will be difficult to assign a reason for rejecting the remainder of the CLERMONT reading, especially since it returns with a natural ease into the Greek *γινώσκοντες τὸ ἄστατον καὶ εἰκαῖον τοῦ δόγματος αὐτῶν.*

[1] *et*, CL., VOSS., but AR. *ipse.*

[2] *omnium*, found in the VOSS., was added no doubt from the sacred text. There is no other MS. authority for the word, and it is cancelled.

[3] *et p. o.* AR. but not in CL., VOSS.

[4] MASSUET reads *secundum quos*, on the sole authority of the CLERM. copy, but it is difficult to see the antecedent. The entire passage would read off in Greek, *ἕνα δὲ καὶ τὸν αὐτὸν εἶναι Θεὸν, τὸν διατιθέντα τὰς ἀμφοτέρας εἰς τὸ τῶν ἀνθρώπων ὠφέλιμον, (καθ' ὃ ἐδόθησαν αἱ διαθῆκαι,) τῶν μελλόντων πιστέυειν εἰς τὸν Θεόν.* AR. reads *quod.*

[5] AR. omits *aut*, and *frustra* may have been marginal, e. g. *οὐ κενῶς, οὐδὲ τυχόντως.*

[6] *concurvans.* MASSUET'S reading extracted from the CLERM. MS., which has *concurrans* with *e* written above; the AR. and other MSS. *concurrens*, but the word can make no sense. *συγκάμπτων* would be expressive of those who were brought under the law, as the neck of the steer is bent to the yoke.

LIB. IV. l. GR. IV. liii. MASS. IV. xxxiii. 1.

CAP. L.

Quis est spiritalis discipulus, qui judicat quidem omnes, ipse autem a nemine judicatur: et qui sunt qui judicantur.

Quemadmodum judicabuntur gentes.
Quemadmodum judicabuntur Judæi.
Ostensio quoniam duos adventus Christi prophetæ annuntiaverunt.

Talis discipulus [1]spiritalis vere recipiens Spiritum Dei, qui ab initio in universis dispositionibus Dei adfuit hominibus, et futura annuntiavit et præsentia ostendit et præterita enarrat, judicat quidem omnes, ipse autem a nemine judicatur. Nam judicat gentes, *creaturæ magis quam Creatori servientes*, et reprobabili mente universam suam operationem in vanum consumentes. Judicat autem etiam Judæos, non percipientes verbum libertatis, neque volentes abire liberos, cum habeant præsentem liberatorem; sed intempestive extra legem servire simulantes nihil indigenti Deo, et Christi adventum, quem propter salutem hominum fecit, non cognoscentes, neque intelligere volentes, quoniam duos adventus ejus omnes annuntiaverunt prophetæ: unum quidem, in quo homo in plaga factus est, sciens ferre imbecillitatem, et in pullo asinæ sedens, [2]et reprobatus lapis ab ædificantibus, et sicut ovis ad victimam adductus, et per extensionem manuum dissolvens quidem [3]Amalech; congregans autem [4]dispersos filios a terminis terræ in ovile Patris, et [5]recommemoratus mortuorum suorum qui ante dormierant, et descendens ad eos, uti erueret eos[6]; secundum autem, in quo super nubes veniet, superducens diem quæ est sicut clibanus ardens, et percutiens terram verbo oris sui, et spiritu per labia sua interficiens impios, et ventilabrum in manu habens, et emundans aream suam, et triticum quidem in horreum colligens, comburens autem paleas igne inexstinguibili.

G. 356. — 1 Cor. ii. 15. — Rom. i. 21. — Esai. liii. 3. Zach. ix. 9. Ps. cxvii. 22. Esai. liii. 7. — Exod. xvii. 11. — Esai. xi. 12. — Dan. vii. 13. Mal. iv. 1. — Esai. xi. 4. — Matt. iii. 12, et Luc. iii. 17.

[1] Ar. *vere spiritalis recipiens.*

[2] *et* inserted from the Arund.

[3] Ar. omits *quidem.* Cf. Just. M. *D. c. Tryph.* § 91. Barnab. *Ep.* § 12.

[4] Ar. and Voss. insert *et.*

[5] *recommemoratus.* See p. 108, n. 7.

[6] The words *et salvaret eos,* wanting in the Cl. and Voss. MSS., but inserted by Grabe from the Ar., are here cancelled. They are a manifest gloss on *erueret,* the translator's faulty rendering of ἐκρύηται.

LIB. IV. li. 1.
GR. IV. lvii.
MASS. IV. xxxiii. 2.

CAP. LI.

Quemadmodum judicabuntur qui a Marcione sunt. Quomodo judicabuntur hi qui sunt a Valentino, et reliqui Gnostici.

G. 357. 1. Examinabit autem et doctrinam Marcionis, quomodo accipiat duos deos esse, infinita distantia separatos ab invicem? Vel quemadmodum bonus erit, qui alienos homines abstrahit ab eo qui fecit, et ad suum advocat regnum? et quare bonitas ejus [1]deficit, non omnes salvans? et quare circa homines quidem bonus videtur, in ipsum autem qui fecit homines injustissimus, auferens ab eo quæ sunt ejus? Quomodo autem juste Dominus, si alterius patris exsistit, hujus conditionis quæ est secundum nos, accipiens panem suum corpus esse confitebatur, et [2]temperamentum calicis suum sanguinem confirmavit? Et quare se Filium Hominis confitebatur, si non [3]eam quæ ex homine est generationem sustinuisset? Quemadmodum autem et peccata nobis dimittere poterat, quæ nostro debeamus factori et Deo? [4]Quomodo autem et cum

Matt. xxvi. 26. Marc. xiv. 22. Luc. xxii. 19, et 1 Cor. xi. 23, 24.

[1] Ar. *defecit.*

[2] *temperamentum.* καὶ τὸ κρᾶμα τοῦ ποτηρίου. The mixture of water with the wine in the Holy Eucharist was the universal practice of antiquity, cf. 397 G. So Just. Mart. in his longer *Apology*, ἄρτος προσφέρεται, καὶ οἶνος καὶ ὕδωρ. § 67. *Vind. Cathol.* iii. 169. Ambrose says the same, *de Sacr.* III. I. The wine signifying the mystical Head of the Church, the water the body; so S. Cyprian says, *Videmus in aqua populum intelligi, in vino vero ostendi sanguinem Christi. Quando autem in calice vino aqua miscetur, Christo populus adunatur, et credentium plebs ei in quem credidit copulatur et compingitur. Quæ copulatio et conjunctio aquæ et vini sic miscetur in calice Domini, ut commixtio illa non possit ab invicem separari. Ep. ad Cæc.* LXIII. 5, *Vind. Cath.* III. 389. In a true and literal sense, the primitive Church taught that by a faithful reception of the Holy Sacrament, *We dwell in Christ, and Christ in us; we are one with Christ, and Christ with us.* The same custom obtained also with our Saxon forefathers: so Ælfric,

> Hálige béc beodaþ þat man gemænge wæter to þam wíne þe to húsle sceal. forðan þe þat wæter hæfð þæs folces getácnunge swa swa þat wín Cristes blódes; and forðí ne sceal naþer butan oðrum beon geoffrod æt þære halgan mæssan. þat Crist beo mid ús and we mid Criste. þat heafod mid þam limum and þa lima mid þam heafde;

> Libri sancti præcipiunt, ut cum vino Eucharistiæ immisceatur aqua, aqua enim significationem habet plebis, et vinum sanguinis Christi, et hac de causa neutrum horum offeratur unquam per se, in Sacra Missa; ut sit Christus cum nobis, et nos cum Christo, cum membris Caput, et cum Capite membra.
>
> *Vindex Catholicus*, III. 355.

[3] Clerm. *etiam*, and καὶ would be by no means superfluous.

[4] Tertull. *de Carne Chr.* 5, *c. Marc.* IV. 40—43.

LIB. IV. li. 2. GR. IV. lviii. MASS. IV. xxxiii. 3. caro non esset, sed [1]cum pareret quasi homo, crucifixus est, et [2]e latere ejus puncto sanguis exiit et aqua? Quod autem [3]corpus se- M. 271.
pelierunt sepultores? et quid illud erat quod surrexit a mortuis?

Joh. xix. 34. 2. Judicabit autem et eos qui sunt a Valentino omnes, [4]quia lingua quidem confitentur unum Deum Patrem, et ex hoc omnia; ipsum autem qui [5]fecit omnia, defectionis sive labis fructum esse dicunt: et unum Dominum Jesum Christum Filium Dei similiter lingua confitentes, propriam quidem emissionem sententia sua Unigenito donantes, propriam vero [6]Verbo, et alteram Christo, alteram vero Salvatori; ita ut secundum eos dicantur quidem omnia esse quasi unum, unumquemque autem ipsorum separatim intelligi, et propriam habere emissionem, secundum suam conjugationem.

3. [7]Linguas itaque eorum videlicet solas in unitatem ces- G. 358.
sisse; sententiam vero eorum et sensum quæ profunda sunt scrutari decidentem ab unitate, [8]incidere in multiforme Dei judicium, cum de his quæ sibimetipsi adinvenerunt, interrogabuntur a Christo: quem et postea natum quam Pleroma Æonum dicunt, et emissionem ejus post diminutionem sive defectionem, et propter eam passionem quæ facta est in Sophia, [9]semetipsos obstetricatos esse affirmant. Accusabit autem eos Homerus proprius ipsorum propheta, a quo eruditi talia invenerunt, ipso dicente hæc: [10]*Inimicus est enim ille mihi similiter atque fores inferorum, qui aliud quidem abscondit in corde suo, aliud autem enarrat.* Judicabit autem et vaniloquia pravorum Gnosticorum, Simonis eos [11]Magi discipulos ostendens.

[1] f. l. *compareret*, cf. *Ind. Latinitat.*

[2] *e* omitted in the CLERM. copy, and the original possibly ran, *καὶ νυγείσης αὐτοῦ τῆς πλευρᾶς.*

[3] AR. alone omits *corpus.*

[4] CLERM. *quidem quia lingua*, overlooking the *apodosis.*

[5] AR. *fecerit.* Cf. I. 163. I.

[6] *Verbo* omitted in the AR.

[7] *linguas itaque*, &c., *αὐτῶν οὖν τὰς γλώττας δηλονότι μόνας εἰς ἑνότητα κεχωρηκέναι, τὴν δὲ γνώμην αὐτῶν καὶ νόησιν, τῷ ζητεῖν τὰ βάθη, ἀφ' ἑνότητος καταπεσούσας, φθάσαι, κ.τ.λ.*, where the interpreter read *τὸ ζητεῖν*, and *καταπεσοῦσαν*, in his copy.

[8] *et* is required.

[9] *αὐτοὺς μαιωσαμένους διαβεβαιοῦνται.* Cf. I. 111, the well-known Socratic term.

[10] Ἐχθρὸς γάρ μοι κεῖνος ὁμῶς Ἀΐδαο πύλῃσιν
Ὅς χ' ἕτερον μὲν κεύθει ἐνὶ φρεσὶν, ἄλλο δὲ βάζει.
Il. ix. 312.

Homer was the high traditional authority to which philosophy continually appealed; hence, though on very different grounds, "Homer was to antiquity, not at all unlike what the Bible is to us." BUTLER, *H. Ph.* I. Lect. iv. p. 294.

[11] See I. 219, 3. Both the CL. and ARUND. copies for *Magi* read *magis.* The latter is noted by GRABE, the former is overlooked by MASSUET.

LIB. IV. lii. 1. GR. IV. lix. MASS. IV. xxxiii. 4.

Κεφ. νβ'.

Quemadmodum judicabuntur Ebionitæ.

Quemadmodum judicabuntur qui putative dicunt Dominum apparuisse.

Quemadmodum judicabuntur pseudoprophetæ.

1. ΑΝΑΚΡΙΝΕΙ δὲ καὶ τοὺς Ἠβιώνους· πῶς δύνανται σωθῆναι, [1] εἰ μὴ ὁ Θεὸς ἦν ὁ τὴν σωτηρίαν αὐτῶν ἐπὶ γῆς ἐργασάμενος; ἢ πῶς ἄνθρωπος χωρήσει εἰς Θεὸν, εἰ μὴ ὁ Θεὸς ἐχωρήθη εἰς ἄνθρωπον;

Theod. Dial. II. Ἀσύγχυτος. Ps. lxxiii. 12.

CAP. LII.

1. JUDICABIT autem et Ebionitas: quomodo possunt salvari, nisi Deus est qui salutem illorum super terram operatus est? Et [2]quemadmodum homo transiet in Deum, si non Deus in hominem? [2]Quemadmodum autem relinquet mortis generationem, si non [3]in novam generationem mire et inopinate a Deo, in signum autem salutis, datam, quæ est ex Virgine per fidem regenerationem? Vel quam adoptionem accipient a Deo, permanentes in hac [4]genesi, quæ est secundum hominem in hoc mundo? Quomodo autem plus quam Salomon, aut plus quam Jona habebat, [5]et Dominus erat David, qui ejusdem cum ipsis fuit substantiæ? Quomodo autem [6]eum qui adversus homines fortis erat, qui non solum vicit hominem, sed et detinebat eum sub sua potestate, devicit, et eum quidem qui vicerat vicit, eum vero qui victus fuerat hominem dimisit, nisi superior fuisset eo homine qui fuerat victus? Melior autem eo homine qui secundum similitudinem Dei factus

Esai. vii. 13, 14. Matt. xii. 41, 42. Matt. xxii. 43, ex Ps. cix. 1. Matt. xxii. 29, et Luc. xi. 21, 22.

[1] Compare the fragment from the same dialogue of THEODORET, p. 100.

[2] CL., AR., but GRABE *quomodo.*

[3] GRABE suspects the loss of some words, and MASSUET supplies *transiet* from the preceding sentence; but the Greek may have been, πῶς δὲ ἀπαλλάξεται τὴν τοῦ θανάτου γένεσιν, εἰ μὴ παρὰ τὴν καινὴν γένεσιν, κ.τ.λ., and cf. PLATO, εἰ μέλλομέν ποτε καθαρῶς τι εἴσεσθαι ἀπαλλακτέον τοῦ σώματος, *Phædo.* 66. D.

[4] Contrast with this the καθαρὰ γέννησις mentioned p. 103.

[5] See p. 110.

[6] The COD. VET. of FEUARD., VOSS., and CLERM. omit *eum*, but it had been absorbed very evidently in the preceding syllable. The AR. has it.

LIB. IV. lii. 1. GR. IV. lx. MASS. IV. xxxiii. 5. est, et præcellentior quisnam sit alius nisi [1]Filius Dei, ad cujus similitudinem factus est homo? Et propter hoc [2]in fine ipse ostendit similitudinem, Filius Dei factus est homo, antiquam plas- G. 359. mationem in semetipsum suscipiens, quemadmodum [3]ostendimus in eo libro qui est hoc superior.

2. Judicabit autem et eos qui putativum inducunt. Quemadmodum enim ipsi vere se putant disputare, quando magister eorum putativus fuit? [4]Aut quemadmodum firmum quid habere possunt ab eo, si putativus et non veritas erat? Quomodo autem ipsi salutem vere participare possunt, si ille, in quem credere se dicunt, semetipsum putativum ostendebat? [5]Putativum est igitur, et non veritas, omne apud eos: et nunc jam quæretur, ne forte [6]cum et ipsi homines non sint sed muta animalia, hominum umbras apud plurimos [7]proferant.

3. Judicabit autem et pseudoprophetas, qui non accepta a Deo prophetica gratia nec Deum timentes, sed [8]aut propter vanam gloriam, aut ad quæstum aliquem, aut et aliter secundum operationem mali spiritus, fingunt se prophetare, mentientes adversus Deum.

[1] *Quod hic obscure innuit, id clare lib.* v. (*cap.* I, *in fine*) *explicat: nempe ad imaginem Verbi Dei, humanam naturam olim assumturi, Deum ab initio efformasse hominem, cum dixit:* Faciamus hominem ad imaginem et similitudinem nostram. *Sic et Tert. Res. C.:* Quodcunque, *inquit,* hujus hominis exprimebatur, Christus cogitabatur homo futurus. *Consentit et* ORIGENES *Homil.* I. *in Genes. his verbis:* Quæ ergo est alia imago Dei, ad cujus imaginis similitudinem factus est homo, nisi Salvator noster, qui est primogenitus omnis creaturæ? &c. FEUARD.

[2] εἰς τέλος. Rendered *in fine*, v. I. The CLERM. copy (unnoticed by MASSUET) also has this reading. Al. *finem.*

[3] Pp. 87, 88, 95.

[4] *Aut*, lost in the preceding word in the CLERM.

[5] Omnia in imagine urgent, plane et ipsi imaginarii Christiani. TERT. *c. Val.* 27. Similarly S. IGNATIUS *ad Smyrn.* § 3, Ἄπιστοί τινες λέγουσι τὸ δοκεῖν αὐτὸν πεπονθέναι, αὐτοὶ τὸ δοκεῖν ὄντες.

[6] *cum*, omitted in the CLERM. copy.

[7] GRABE reads *præferant*, from the abbreviation of the AR. MS. MASSUET, from the COD. VET., CLERM., VOSS., *perferant*. The earlier editions, and MERC. II. MSS. have *proferant*, which is preferred, not because it makes the best sense of the Latin, but because the abbreviate form may be variously read, and *proferant* is most likely to represent the Greek original; *e.g.* τὰς τῶν ἀνθρώπων σκίας κατὰ τοὺς πλείους περιφέρουσι. [Int. l. προφέρουσι].

[8] *aut propter vanam gloriam, aut ad quæstum*, the two impulsive principles of all false prophets; it is useless to apply a characteristic to any single section that belongs equally to all. It seems more probable, however, that the Marcosians mentioned elsewhere should be intended here, than the Montanists, as GRABE imagines, of whom IRENÆUS is otherwise silent.

LIB. IV. liii. 1. GR. IV. lxii. MASS. IV. xxxiii 7.

Κεφ. νγ'.

Quemadmodum judicabuntur qui schismata operantur, et omnes qui se segregant ab Ecclesia: et quemadmodum omnia constant ei qui est Ecclesiasticus.

M. 272. I. ΑΝΑΚΡΙΝΕΙ δὲ καὶ [1]τοὺς τὰ σχίσματα ἐργαζομένους, κενοὺς ὄντας τῆς τοῦ Θεοῦ ἀγάπης, καὶ τὸ ἴδιον λυσιτελὲς E. Parallel. Joh. Damasc. ed. Halloix. in v. Iren.
G. 360. σκοποῦντας, ἀλλὰ μὴ τὴν ἕνωσιν τῆς ἐκκλησίας· καὶ διὰ μικρὰς καὶ [2]τυχούσας αἰτίας τὸ μέγα καὶ ἔνδοξον σῶμα τοῦ Χριστοῦ τέμνοντας καὶ διαιροῦντας, καὶ ὅσον τὸ ἐπ' αὐτοῖς, ἀναιροῦντας· τοὺς εἰρήνην [3]λαλοῦντας καὶ πόλεμον ἐργαζομένους, ἀληθῶς διυλίζοντας τὸν κώνωπα τὸν δὲ κάμηλον καταπίνοντας. Οὐδεμία δὲ τηλικαύτη δύναται πρὸς αὐτῶν [4]κατόρθωσις γενέσθαι, ἡλίκη τοῦ σχίσματός ἐστιν ἡ βλάβη· ... πάντα ... συνέστηκεν· [5]εἰς ἕνα Θεὸν παντοκράτορα, ἐξ οὗ τὰ πάντα, πίστις ὁλόκληρος· καὶ εἰς τὸν Υἱὸν τοῦ Θεοῦ Ἰησοῦν

CAP. LIII.

1. JUDICABIT autem et [1]eos qui schismata operantur, qui sunt inanes, non habentes Dei dilectionem, suamque utilitatem potius considerantes quam unitatem Ecclesiæ: et propter modicas et quaslibet causas magnum et gloriosum corpus Christi conscindunt et dividunt, et quantum in ipsis est, interficiunt: pacem loquentes et bellum operantes: vere liquantes culicem et camelum transglutientes. Nulla enim ab eis tanta potest fieri [4]correctio, Matt. xxiii. 24. quanta est schismatis pernicies. Judicabit autem et omnes eos qui sunt extra veritatem, id est qui sunt extra Ecclesiam: ipse autem a nemine judicabitur. Omnia enim ei constant: et [5]in unum Deum omnipotentem, ex quo omnia, [5]fides integra; et in

[1] *Omissam particulam copulativam, καί, posui in locum τὸ θεῖον, quod Damascenus ad sensum complendum adjecit;* but AR. omits *et*, and may not *Deus* have been absorbed in *eos?* Cf. the preceding letter M. (Φ.)

[2] The true reading, as GRABE observes, is manifestly τυχούσας: thus, οὐχ ὁ τυχὼν κίνδυνος, is rendered *non quodlibet periculum*, v. xxx.; and near the same place, *nomina quælibet*, answers to ὀνόματα τυχόντα in the Greek. τυχούσας, without the article, was mistaken for τ̄ ὑψούσας, the reading of the various editions.

[3] λαλοῦντας. See 160, 6, and 161, 1.

[4] AR. *correptio;* VOSS. *correptionem.*

[5] CLERM. and AR. and every other MS. omit *in*, and for *fides*, the former reads *fide*. The reader may note another clear enunciation of faith in the Holy Trinity.

LIB. IV. liii. 1. GR. IV. lxii. MASS. IV. xxxiii. 7.

Χριστὸν τὸν Κύριον ἡμῶν, δι' οὗ τὰ πάντα, καὶ τὰς οἰκονομίας αὐτοῦ, δι' ὧν ἄνθρωπος ἐγένετο ὁ Υἱὸς τοῦ Θεοῦ, πεισμονὴ βεβαία· καὶ εἰς τὸ Πνεῦμα τοῦ Θεοῦ, ... τὸ τὰς οἰκονομίας Πατρός τε καὶ Υἱοῦ [1]σκηνοβατοῦν καθ' ἑκάστην γενεὰν ἐν τοῖς ἀνθρώποις, καθὼς βούλεται ὁ Πατήρ.

2. [2]*Γνῶσις ἀληθὴς, ἡ τῶν ἀποστόλων διδαχή· καὶ τὸ ἀρχαῖον τῆς ἐκκλησίας σύστημα κατὰ παντὸς τοῦ κόσμου·*

Filium Dei Christum Jesum Dominum nostrum, per quem omnia, et dispositiones ejus, per quas homo factus est Filius Dei, sententia firma, [3]quæ est in Spiritu Dei, qui præstat agnitionem veritatis, qui dispositiones Patris et Filii exposuit, secundum quas aderat generi humano, quemadmodum vult Pater.

2. Agnitio vera est Apostolorum doctrina: et antiquus Ecclesiæ status in universo mundo: et character corporis Christi secundum successiones episcoporum, quibus illi eam quæ in unoquoque loco est Ecclesiam tradiderunt, quæ pervenit usque ad nos G. 361.
[4]custodita sine fictione [5]scripturarum [6]tractatione [7]plenissima, neque

[1] Cf. *καὶ ἐσκήνωσεν ἐν ἡμῖν.* Joh. i. 14.

[2] IRENÆUS here supplies certain highly valuable, though not altogether full notes of the Church, embracing as they do union with the Church of God, from the earliest ages, and union with the body apostolic of Christ's Church, evidenced, in the episcopal succession; the safeguard of a creed derived from them; and in the one consistent interpretation of Scripture inherited from the beginning from the Apostles. *γνῶσις ἀληθὴς* is the true knowledge of God imparted to the Church of the Patriarchs and to the Church of Christ, in such measures as were capable of being assimilated; and this knowledge is inseparable from the divinely established regimen of the body of Christ, *κατὰ διαδοχὴν τῶν ἐπισκόπων*; but since heretics make their appeal to Scripture, the Church has an antecedent *prescript* claim to a traditional rule of faith, subsisting from the beginning, *ἄνευ τῆς πλάσεως τῶν γραφῶν σπούδασμα κατάπλεον, sine fictione Scripturarum tractatio plenissima;* also in a transmitted verity of interpretation of Scripture. In the Church Catholic therefore there is *ἄνευ τοῦ ψεύδους ἀνάγνωσις, lectio sine falsatione, καὶ κατὰ τὰς γραφὰς ἔκθεσις ἔννομος, secundum Scripturas expositio legitima.* Above all she possesses inherently *τὸ ἐξαίρετον τῆς ἀγάπης χάρισμα*, whereby her children are made one with God in sacramental acts of love and devotion, and most truly one with man in an unwearied exercise of the charity that never faileth.

[3] The translator for *καὶ* read *ἡ*, effectually marring the passage.

[4] *custodita:* the ARUND. reading is followed, as far preferable to that of the CLERM., VOSS., and COD. VET. of FEUARD., *custoditione;* MERC. I. *custoditio.*

[5] *sine fictione scripturarum*, simply *writings*, marking the purely traditional character of the *Regula Fidei.*

[6] The Creed is here meant, the completeness of which is set forth in very similar terms at the end of I. iii. CLEM. AL. *Strom.* VI. 15, identifies the *παραθήκη* committed to Timothy, I. vi. 10,

additamentum neque ablationem recipiens, et lectio sine falsatione, LIB. IV. liii. 2.
et secundum Scripturas expositio legitima et diligens, et sine GR. IV. lxiii. MASS. IV.
periculo et sine blasphemia: et [1]præcipuum dilectionis munus, xxxiii. 8.
quod est pretiosius quam agnitio, gloriosius autem quam pro- 2 Cor. viii. 1. 1 Cor. xiii.
phetia, omnibus autem reliquis charismatibus [2]supereminens.

CAP. LIV.

Ostensio quod Ecclesia non tantum perfectam habeat dilectionem, sed quoniam et Spiritus Dei super eam requiescit.

QUAPROPTER Ecclesia omni in loco ob eam quam habet erga Deum dilectionem, multitudinem martyrum in omni tempore [3]præmittit ad Patrem; reliquis autem omnibus [4]non tantum non habentibus hanc rem ostendere apud se, sed neque quidem necessarium esse dicentibus tale martyrium; [5]esse enim martyrium verum sententiam eorum, nisi si unus aut duo aliquando, per omne tempus ex quo Dominus apparuit in terris, cum martyribus nostris quasi et ipse misericordiam consecutus, opprobrium simul bajulavit nominis, et cum eis ductus est, velut [6]adjectio quædam donata eis. Opprobrium enim eorum qui persecutionem patiuntur Matt. v. 10.
propter [7]justitiam, et omnes pœnas sustinent, et mortificantur

II. i. 12—14, with a definite *form of faith* traditionally communicated. Παραθήκη γὰρ ἀποδιδομένη Θεῷ, ἡ κατὰ τὴν τοῦ Κυρίου διδασκαλίαν, διὰ τῶν Ἀποστόλων αὐτοῦ, τῆς θεοσεβοῦς παραδόσεως σύνεσίς τε καὶ συνάσκησις. And further, this παραθήκη was, according to CLEMENT, a safeguard for the right interpretation of Scripture, shewing that in the earliest ages the creeds of the Church served as critical tests, to separate true from apocryphal Scripture; but he nowhere asserts the converse, as moderns must, or maintain that canonical Scripture is the only voucher for the doctrines of the Creed. For CLEMENT proceeds to say of that which had been traditionally received by believers, μεγαλοφρόνως τε ἐκδεξάμενοι, καὶ ὑψηγόρως παραδιδόντες, καὶ κατὰ τὸν τῆς ἀληθείας κανόνα διασαφοῦντες τὰς γραφάς.

[7] ARUND. *plenissima tractatione, neque ablationem recipiens, lectio*, &c., al. *tractatio*, and as above.

[1] καὶ τὸ ἐξαίρετον τῆς ἀγάπης χάρισμα.

[2] AR. *supereminens*, ὑπέρεχον. al. *supereminentius.*

[3] *præmittit*, προπέμπει.

[4] *non tantum*, omitted only in the VOSS. MS., and expunged by GRABE, to the injury of the sense.

[5] *For, as they affirm, their tenets are their true witness;* for *esse enim*, the AR. has *ēē eorum.*

[6] *adjectio, company.* So, *Cluvius comitatu principis adjectus.* TAC. *Hist.* ii. 65. The Greek probably was ὡσεὶ παραπομπή τις κεχαρισμένη αὐτοῖς.

[7] CLERM., AR., VOSS., *justitias.*

LIB. IV. lvi. GR. IV. lxiv. MASS. IV. xxxiii. 9. propter eam quæ est erga Deum dilectionem et confessionem Filii ejus, sola Ecclesia pure sustinet; [1]sæpe debilitata et statim augens membra, et integra fiens; [2]quemadmodum et typus ejus G. 362.
Gen. xix. 26. quæ fuit illius Lot, salis figmentum: similiter ut veteres prophetæ sustinentes persecutionem, quemadmodum Dominus ait:
Matt. v. 12. *Sic enim persecuti sunt prophetas, qui ante vos fuerunt;* quoniam
1 Pet. iv. 14. nove quidem, sed idem Spiritus requiescens super eam, ab his qui non recipiunt Verbum Dei, persecutionem patitur. Quod quidem prophetæ cum reliquis quæ prophetabant et hoc prophetaverunt, quoniam super quoscunque requieverit Spiritus Dei, et obediverint M. 273.
verbo Patris, et secundum virtutem servierint ei, persecutionem patientur, et lapidabuntur, et occidentur. In semetipsis enim hæc omnia præfigurabant prophetæ, propter dilectionem Dei et propter verbum ejus.

CAP. LV.

Quomodo prophetæ membra Christi sunt, et quemadmodum unusquisque eorum, secundum quod erat membrum, secundum hoc et prophetavit: et quomodo prophetæ omnia prædixerunt, quæcunque Christus operatus est: et quod ab uno et eodem Deo prophetæ et Christus.

1. Cum enim et ipsi [3]membra essent Christi, unusquisque eorum secundum quod erat membrum, secundum hoc et propheta-

[1] Κεφαλοτομούμενοι γάρ, καὶ σταυρούμενοι καὶ θηρίοις παραβαλλόμενοι, καὶ δεσμοῖς καὶ πυρὶ, καὶ πάσαις ταῖς ἄλλαις βασάνοις, ὅτι οὐκ ἀφιστάμεθα τῆς ὁμολογίας, δῆλόν ἐστιν· ἀλλ' ὅσῳπερ ἂν τοιαῦτά τινα γίνηται, τοσούτῳ μᾶλλον ἄλλοι πλείονες πιστοὶ καὶ θεοσεβεῖς διὰ τοῦ ὀνόματος τοῦ Ἰησοῦ γίγνονται, ὁποῖον, ἐὰν ἀμπέλου τις ἐκταμῇ τὰ καρποφορήσαντα μέρη, εἰς τὸ ἀναβλαστῆσαι ἑτέρους κλάδους, καὶ εὐθαλεῖς καὶ καρποφόρους ἀναδίδωσι. Just. M. *Dial.* § 110. Non deficiet hæc secta, quam tunc magis ædificari scias, cum cædi videtur. Tertull. *adv. Scap.* Plures efficimur, quoties metimur a vobis. Semen est sanguis Christianorum. *Apologet.* Civitas Christi quamvis haberet tam magnorum agmina populorum, nunquam adversus persecutores suos pro temporali salute pugnavit, sed potius ut obtineret æternam, non repugnavit. Ligabantur, includebantur, cædebantur, torquebantur, urebantur, laniabantur, trucidabantur; et multiplicabantur.—Aug. *Civ. D.* xxii. 6.

[2] ὡς καὶ τύπος τῆς τοῦ Λὼτ, ἡ τοῦ ἁλὸς ποίησις. Compare the allegory, 253. 7.

[3] The ancient prophets therefore, as helping to build up the body of Christ, (Eph. iv. 12,) were of that mystical body.

tionem manifestabat, omnes et multi unum præformantes et ea quæ sunt unius annuntiantes. Quomodo enim per nostra membra operatio quidem universi corporis ostenditur; figura autem totius hominis per unum membrum non ostenditur, sed per omnia: sic et prophetæ omnes quidem unum præfigurabant; unusquisque autem eorum secundum quod erat membrum, secundum hoc et dispositionem adimplebat, et eam quæ secundum illud membrum erat, operationem Christi [1]præformabat. Quidam enim in [2]gloria videntes eum, gloriosam ejus apud Patrem a dextris conversationem videbant; alii super nubes, quemadmodum Filium hominis, venientem; et dicentes de eo, *Videbunt in quem compunxerunt*, adventum ejus significabant, de quo ipse ait: [3]*Putas, cum Filius hominis venerit, inveniet fidem super terram?* De quo et Paulus ait; *Si tamen justum est apud Deum,* [4]*retribuere eis qui tribulant vos, tribulationem; et vobis qui tribulamini, requiem nobiscum in revelatione Domini Jesu de cælo cum angelis virtutis ejus, et in flamma ignis.* Alii vero Judicem dicentes eum, et diem Domini tanquam clibanum ardentem, qui *colligit triticum in horrea, paleas autem comburet igni inexstinguibili*, comminabantur eis qui increduli erant, de quibus et ipse Dominus ait: *Abite a me maledicti in ignem æternum, quem præparavit* [5]*Pater meus diabolo et angelis ejus.* Et Apostolus autem similiter ait: *Qui pœnas dabunt* [6]*interitus æternas a facie Domini, et a gloria virtutis ejus, cum venerit glorificari in sanctis suis, et admirabilis fieri his qui credunt in eum.* Et qui dicunt, *Speciosus forma præ filiis hominum;* et, *Unxit te Deus, Deus* [7]*tuus oleo lætitiæ præ consortibus tuis;* et, *Accingere gladium tuum, potentissime, circa femur tuum, specie tua et*
G. 363. *pulchritudine tua,* [8]*et intende et prospere procede, et regna* [9]*propter*

LIB. IV. lv. 1. GR. IV. lxvi. MASS. IV. xxxiii. 10.

Esai. vi. 1. Joh. xii. 41. Ps. cix. 1. Dan. vii. 13. Zach. xii. 10. Luc. xviii. 8. 2 Thess. i. 6—8. Matt. iii. 12. et Luc. iii. 17. Matt. xxv. 41. 2 Thess. i. 9, 10. Ps. xliv. 3. Ps. xliv. 8. Ps. xliv. 4, 5.

[1] AR., MERC. II., FEU. *prophetabat.* CL. *præformabat.* VOSS. *reformabat.*

[2] The allusion is mediately, by S. John, xii. 41, to the Chaldee paraphrase on Isaiah vi. 1, which for *the Lord*, has, *the glory of the Lord*, יַת יְקָרָא דַיְיָ from whence Bp PEARSON deduces a clear testimony to the divinity of Christ.

[3] *Putas*, of which there is no trace in the Sacred Text. Its Syriac equivalent ܣܒܪ ܐܢܬ may have arisen from ܒܪܡ ܐܬܐ *venerit tamen.*

[4] Retribuere eis qui tribulant vos, tribulationem. *Græca Pauli sequitur:* ἀνταποδοῦναι τοῖς θλίβουσιν ὑμᾶς θλίψιν. AMBROS. *reddidit:* retribuere eis qui vos deprimunt, pressuram. HIERON. *et* PRIMAS. *cum* IREN. tribulationem *legunt.* VULG. retributionem. FEU. *Atque sic vitiose etiam legitur supra* (p. 244, 4). GR. AR. continues, *et nos.*

[5] See I. 268, 2; 302, 3; II. 126, 5.

[6] The translator instead of δίκην... ὄλεθρον αἰώνιον, evidently read ὀλέθρου.

[7] AR. omits *tuus.*

[8] *et intende, et.* So the MSS., but the copula is twice omitted by GRABE.

[9] *propter..... justitiam.* Six words

LIB. IV. lv. 1. GR. IV. lxvi. MASS. IV. xxxiii. 11.

veritatem, et mansuetudinem, et justitiam; et quæcunque alia talia dicta sunt de eo, eam quæ est in regno speciem ejus et decorem, et [1]exaltationem supercoruscantem, et [1]supereminentem omnibus qui [1]regnantur sub ipso, significabant, ut qui audiunt concupiscerent ibi inveniri placentia facientes Deo.

Jer. xvii. 9, LXX. Esai. viii. 3. Esai. ix. 6.

2. *Qui iterum dicentes: [2]*Homo est, et quis cognoscet eum?* et *Veni ad* [3]*prophetam, et peperit filium, et vocatur nomen ejus Admi-*

Theod. Dial. II. Ἀσύγχυτος, IV. 129. ed. Schultz.

... Οἱ τὸν ἐκ τῆς παρθένου Ἐμμανουὴλ κηρύττοντες, τὴν ἕνωσιν τοῦ λόγου τοῦ Θεοῦ πρὸς τὸ πλάσμα αὐτοῦ ἐδήλουν.

Esai. vii. 14.

rabilis, Consiliarius, Deus [4]*fortis;* et qui eum ex Virgine Emmanuel prædicabant, adunitionem Verbi Dei ad plasma ejus manifestabant: quoniam [5]Verbum caro erit, et Filius Dei Filius Hominis; (purus pure [6]puram aperiens vulvam eam quæ regenerat homines in Deum, quam ipse puram fecit) et hoc factus, quod et nos, Deus fortis [6]est, et inenarrabile habet genus.* Et qui dicunt: *Dominus in Sion locutus est, et de Hierusalem dedit vocem suam;* et, *Notus in Judæa Deus,* qui in Judæa, adventum ejus significabant. Qui autem rursus dicunt: [7]*Ab Africo venire Deum, et de monte umbroso et condenso,* adventum ejus, qui est ex Bethlehem, dicebant: quemadmodum [8]ostendimus in eo libro, qui est ante hunc. Unde [9]et is qui præest, et pascit populum Patris sui, venit. Qui autem dicunt, [9]adventu ejus *quemadmodum cervus claudus saliet, et plana erit lingua mutorum, et aperientur oculi cæcorum, et aures surdorum audient,* et manus [9]dissolutæ, et genua debilia firmabuntur; et, *resurgent qui in monumento sunt* [10]*mortui,* et ipse

Esai. liii. 8. Joel iii. 16, et Amos i. 2. Ps. lxxv. 2. Abac. iii. 3. Esai. xxxv. 5, 6. Esai. xxxv. 3. Esai. xxvi. 19. Esai. liii. 4.

omitted in the CL. copy, and a little lower, for *concupiscerent ibi,* it has *concupiscentibus,* the VOSS. follows.

[1] AR., but CL., VET., VOSS. *exultationem ... supereminentiorem;* AR. *regenerantur.*

[2] *Homo est.* The LXX. read אֱנוֹשׁ instead of אָנֻשׁ. Thus from a text that teaches us, that *the heart is deceitful above all things,* the fathers extract a proof of the Manhood of Christ. cf. 96, 5; 25, 2. The asterisks mark the limits of a Syriac quotation, found below among the fragments.

[3] *Prophetam* for *Prophetissam,* or rather the translator read προφήτην for προφῆτιν, and considered the masculine noun to be of common gender, which he copied in his translation. *Cyr. Al. probat lectionem Cod.* VET. venit; *habet enim* προσῆλθε. FEU. *Cod. Al. quoque habet* προσῆλθεν. *Sed vitiosa est hæc lectio.* GR.

[4] Again the venerable author feels the difficulty in the next term אבי־עד, which he omits. See pp. 84, 104.

[5] AR. omits *Verbum.*

[6] Cf. p. 123, n. 4. AR. omits *est.*

[7] Cf. p. 109, n. 1.

[8] *ostendimus,* not read in the CL.

[9] AR. omits *et,* and has *adventum;* and lower down *resolutæ.*

[10] CL., VOSS. *suo mortui;* AR., MERC. I. *monumentis,* without *sunt.*

infirmitates nostras accipiet, et languores portabit; eas quæ ab eo LIB. IV. lv. 2.
curationes fiebant annuntiaverunt. GR. IV. lxvi.

3. Quidam autem hominem [1]infirmum, et ingloriosum, et MASS. IV. xxxiii. 12.
scientem ferre infirmitatem, [2]et sedentem [1]super pullum asinæ, Esai. liii. 3.
venturum Hierosolymam, [2]et dorsum suum ponentem ad flagella, Zach. ix. 9. Esai. l. 6.
et maxillas suas ad palmas, et quemadmodum ovem adduci ad Esai. liii. 7.
victimam, et aceto et felle potari, et ab amicis [3]et ab his qui Ps. lxviii. 22. Ps. xxxvii. 12.
proximi sunt derelinqui, et extendentem manus per totam diem, Esai. lxv. 2.
et ab eis qui eum intuebantur subsannari et maledici, et partiri Ps. xxi. 8, 16, et 19.
vestimenta ejus, et super vestimentum ejus mitti sortem, et in limum mortis deductum, et omnia talia, eum qui secundum hominem est adventum ejus, sicut intravit Hierosolymam, in qua et passus et crucifixus sustinuit omnia quæcunque sunt prædicta, prophetabant. Alii autem dicentes, [4]*Rememoratus est Dominus sanctus mortuorum suorum, qui prædormierunt in terra limi, et descendit ad eos uti erigeret, ad salvandum illos;* causam reddiderunt, propter quam passus est hæc omnia. Qui autem dixerunt:
In illa die, dicit Dominus, occidet sol meridie, et erunt tenebræ Amos viii. 9, 10.
super terram in die lucis, et convertam dies festos vestros in luctum, et universa cantica vestra in lamentationem; eum occasum solis, qui crucifixo eo fuit ab hora sexta, manifeste annuntiaverunt, et
M. 274. quia posteaquam hoc factum est, hi qui secundum Legem erant
G. 364. dies festi eorum, et cantica, in luctum et lamentationem [5]converterentur, cum inciperent tradi gentibus. Adhuc etiam manifestius hoc [6]idem et Hieremias ostendit, sic dicens [7]de Hierusalem:
Exinanita est quæ parit[8], *tæduit anima ejus:* [9]*occidit sol* Jer. xv. 9.
ei, cum adhuc medius dies esset, confusa est, et improperium passa est: reliquos eorum in gladium dabo in conspectu inimicorum eorum.

4. Qui autem dixerunt, eum dormisse et somnum cepisse et Ps. iii. 6.
resurrexisse, quoniam Dominus [10]suscepit eum, et præcipientes

[1] Omitted in the CL. MSS.

[2] AR. omits *et* twice.

[3] AR. omits *et ab his;* Gr. ὑπὸ τῶν πλησίον.

[4] See p. 108, 6, and *Creeds*, 333.

[5] CL.; for MASS. is mistaken in saying that it has *verterentur*, as in VOSS. That MS. also, and MERC. II. omit *eorum*. GRABE follows the AR. reading, *eorum converterentur;* but *eorum* owes its origin to the preceding word.

[6] *idem*, omitted in the CLERM.

[7] AR., but CL. and VOSS. omit *de Hier.*

[8] *septem*, possibly the numeral ζ' was used in the Greek text, which the translator failed to observe.

[9] *occidit sol*, omitted in the CL. and VOSS., which also replace *ei* with *et*.

[10] CL. *suscepisset*.

LIB. IV. lv. 4. GR. IV. lxvi. MASS. IV. xxxiii. 13.

principibus cœlorum aperire æternas portas, ut introeat Rex gloriæ, resurrectionem ejus, quæ est a mortuis per Patrem, et receptionem in cœlos præconaverunt. In eo autem quod dixerunt:
Ps. xxiii. 7, 9. Ps. xviii. 6. *A summo cœlo egressio ejus, et occursus ejus usque ad summum cœli, et non est qui se abscondat a calore ejus;* quoniam illuc assumtus est, unde et descendit, et non est qui justum judicium ejus effugiat, id ipsum annuntiabant.
Ps. xcviii. 1. Et qui dicebant: *Dominus regnavit, irascantur populi, qui* [1]*sedet super Cherubim, commoveatur terra;* partim quidem eam, quæ post assumtionem ejus facta est super eos qui in eum crediderunt, iram ab omnibus populis, et motum universæ terræ adversus Ecclesiam prophetabant; partim autem veniente eo de cœlis cum angelis virtutis ejus, commoveri universam terram, quemadmodum ipse ait:
Matt. xxiv. 21. [2]*Erit terræ motus magnus, qualis non est factus ab initio.*
Esai. l. 8, 9. Et rursus in eo cum dicit: [3]*Quisquis judicatur, ex adverso adstet; et quisquis justificatur, appropinquet puero Dei;* et, *Væ vobis, quoniam omnes veterascetis sicut vestimentum, et tinea comedet vos;*
Esai. ii. 17. et, *humiliabitur omnis caro, et exaltabitur Dominus* [4]*solus in altissimis;* significatur, quoniam post passionem [5]et assumtionem omnes qui contra eum fuerunt sub pedibus ejus subjiciet Deus, et ipse super omnes exaltabitur, et nemo erit qui justificetur aut comparetur ad eum.

Jer. xxxi. 31, 32. 5. Et qui dicunt, dispositurum Deum Testamentum novum hominibus, non quemadmodum disposuit patribus in [6]monte Horeb;
Ezech. xxxvi. 26. et cor novum, et spiritum novum dare hominibus: et rursus,
Esai. xliii. 19–21. *Et antiqua nolite reputare; ecce facio nova, quæ* [7]*nunc orientur, et scietis: et faciam in deserto viam, et in terra inaquosa flumina, ad potandum genus electum, populum meum quem acquisivi, ut virtutes meas enarret;* quæ est novi Testamenti libertas, hanc manifeste
Matt. ix. 17 aununtiabant, et novum vinum quod in novos utres mittitur, [8]fidem quæ est in Christo, [8]qua annuntiavit ortam in eremo viam justitiæ,
1 Pet. ii. 9. et in terra inaquosa flumina Spiritus sancti, adaquare genus elec-

[1] Ar. *sedes* f. *sedens*, ὁ καθήμενος.

[2] The author blends Matt. xxiv. 7 and 21.

[3] The LXX. has τίς ὁ κρινόμενός μοι; ἐγγισάτω μοι. Ἰδοὺ Κύριος κ.τ.λ. The *varia lectio* has evidently risen from the Hebrew, where the Sacred Text has מִי־בַעַל מִשְׁפָּטִי יִגַּשׁ אֵלָי׃ הֵן אֲדֹנָי וגו׳ S. Irenæus read אֱלִי־כֵן אֲדֹנָי. Again the father indicates a *varia lectio* in the Hebrew, writing *in altissimis*, in lieu of *in die illa*, i.e. במרום for ביום.

[4] *solus* omitted in the Clerm. copy.

[5] *et assumtionem omnes*, Ar., Merc. II.; omitted Cl., Voss.

[6] *monte*, Ar.; omitted Cl., Voss.

[7] Ar. *nunc corriguntur!*

[8] Grabe retains *per* contrary to the testimony of MSS.; *qua*, Cl., Ar., but Gr. *quam;* Voss. omits the relative.

tum Dei quod acquisivit, ut virtutes ejus enarrentur; sed non ut blasphemarent eum, qui hæc fecit Deus. LIB. IV. lv. 5. GR. IV. lxvi. MASS. IV. xxxiii. 14.

6. Et reliqua omnia quæcunque per tantam seriem Scripturæ demonstravimus prophetas dixisse, spiritalis vere qui est, interpretabitur, unumquodque eorum quæ dicta sunt, in quem dictum sit characterem dispositionis Domini, et integrum corpus operis Filii Dei, ostendens, semper eundem Deum sciens, et semper [1]eundem Verbum Dei cognoscens, etiamsi nunc nobis manifestatus est; et semper eundem Spiritum Dei cognoscens, etiamsi in novissimis [1]temporibus nove effusus est in nos, et a conditione mundi usque ad finem in ipsum humanum genus: ex quo qui credunt Deo, et sequuntur verbum ejus, percipiunt eam quæ est ab eo salutem. Qui vero abscedunt ab eo, et contemnunt præcepta ejus, et per opera sua inhonorant eum qui se fecit, et sententia sua blasphemant eum qui se alit, justissimum adversus se [2]coacervant judicium. Rom. ii. 5. Hic igitur examinat omnes, ipse vero a nemine examinatur; 1 Cor. ii. 15. neque Patrem suum blasphemans, neque dispositiones ejus frustrans, neque patres accusans, neque prophetas exhonorans, aut ab alio Deo dicens eos, aut iterum ex alia et alia substantia fuisse prophetias. Dicemus autem adversus omnes hæreticos, et primo quidem adversus eos qui sunt a Marcione, et adversus eos qui sunt similes illis, ab altero Deo dicentes esse prophetas, legite diligentius id quod ab Apostolis est Evangelium nobis datum, et legite diligentius prophetas, et invenietis universam actionem, et omnem doctrinam, et omnem passionem Domini nostri [3]prædicatam in ipsis.

CAP. LVI.

Adversus eos qui dicunt, quid novi veniens attulit Christus? et, quoniam omnia quæ prophetæ prædixerunt, Christus adimplevit.

M. 275. G. 365. 1. Si autem subit vos hujusmodi sensus, ut dicatis: Quid igitur [4]novi Dominus attulit veniens? cognoscite, quoniam omnem novitatem attulit semetipsum afferens, qui fuerat annuntiatus. Hoc

[1] *eundem* omitted in the CLERM. MS., possibly on account of the catachresis. The Greek concord being followed as usual. The same MS. omits *temporibus*.

[2] AR. *coacerbant.*

[3] MASS. quotes the CL. MS. in error, as having his reading *prædictam;* it is clearly written *prædicatam*, and compare *prævangelisare*, lvi. 2; AR. agrees.

[4] *novi*, AR.; the context requires it.

LIB. IV. lvi. 1. GR. IV. lxvii. MASS. IV. xxxiv. 1.

enim ipsum prædicabatur, quoniam novitas veniet innovatura et vivificatura hominem. Regis enim adventus ab his quidem qui mittuntur servis prænuntiatur, propter apparatum et expeditionem eorum qui inciperent suscipere suum Dominum. Cum autem venit Rex, et illi prænuntiato gaudio adimpleti sunt qui sunt subjecti, et perceperunt eam quæ est ab eo libertatem, et participant visionem ejus, et audierunt sermones ejus, et [1]fruiti sunt muneribus ab eo, non jam requiretur, [2]quid novius attulit Rex super eos qui annuntiaverunt adventum ejus, apud eos videlicet qui sensum habent. Semetipsum enim attulit, et ea quæ prædicta sunt bona, (1 Pet. i. 12.) in quæ concupiscebant angeli intendere, donavit hominibus. Tunc autem fuissent servi mendaces, et non a Domino missi, si non Christus adveniens talis, qualis et prædicabatur, adimplesset eorum (Matt. v. 17, 18.) sermones. Quapropter dicebat: *Ne putetis, quoniam veni dissolvere Legem aut prophetas: non veni dissolvere, sed adimplere. Amen enim dico vobis, donec pertranseat cœlum et terra, iota unum aut unus apex non transiet a Lege* [3]*et prophetis, quoadusque omnia fiant.* Omnia enim ipse adimplevit veniens, et adhuc implet in Ecclesia usque ad consummationem a Lege prædictum novum Testamentum. Quemadmodum et Paulus Apostolus ejus ait in (Rom. iii. 21.) ea quæ est ad Romanos: *Nunc autem sine Lege justitia Dei mani-* (Rom. i. 17, ex Hab. ii. 4.) *festata est, testificata a Lege et prophetis: Justus enim ex fide* [4]*vivet.* Hoc autem, quoniam justus ex fide vivet, per prophetas prædictum fuerat.

2. Unde autem poterant prædicere prophetæ regis adventum, et eam libertatem quæ ab eo dabatur præevangelisare, et omnia quæ a Christo facta sunt, et [5]sermonem et operationem et passionem ejus prænuntiare, et novum Testamentum prædicere, si ab altero Deo propheticam inspirationem acceperunt, ignorantes inenarrabilem Patrem secundum vos, et regnum ejus, et dispositiones ejus, quas Filius Dei [6]in novissimo dierum veniens in terris implevit. Neque enim casu quodam hæc evenisse potestis dicere,

[1] AR. *fruituri sunt.*

[2] *quid novius*, MERC. II.; cf. τι καινότερον, Acts xvii. 21. GR. *quid novi*, and MASS. *novus*, which does not satisfy, though found in the CL., AR., and VOSS. MSS. Evidently *novius* may have passed into either *novi* or *novus*.

[3] Et Prophetis. *Hæ duæ voces vix in ullo Gr. Ev. Cod., nec in ulla, præter Armen. vers. leguntur. Gloss. igitur loco habendæ videntur, cui occasionem dedit præcedens versus:* Non veni solvere Legem et Prophetas &c. GR.

[4] CL., but AR., VET., VOSS. *vivit.*

[5] AR. *sermone et operatione.*

[6] *in novissimo dierum*, inserted in the AR. MS., where the last two syllables having been read as *enim* caused the loss of the six words, *veniens.... enim.*

tamquam a prophetis quidem de altero quodam dicta, similiter autem evenerunt Domino. Omnes enim prophetæ hæc eadem prophetaverunt: sed neque alicui ex veteribus evenerunt. Si enim evenissent alicui ex veteribus ista, non utique qui postea fuerunt prophetassent in novissimis temporibus futura hæc. Adhuc etiam nemo est neque patrum, neque prophetarum, neque antiquorum regum, circa quem proprie [1]ac specialiter factum sit aliquid horum. Nam omnes quidem Christi passiones prophetaverunt; ipsi autem[1] ad patiendum similiter ut ipsa prædicta sunt, longe erant. Et argumenta autem quæ prædicta sunt dominicæ passionis, in nullo altero facta sunt. Neque enim sol medio die occidit aliquo de veteribus mortuo, neque scissum est velum templi, neque terra mota est, neque petræ disruptæ sunt, neque mortui resurrexerunt, neque in tertia die quis illorum surrexit, neque receptus est in cœlum, neque cum assumeretur aperti sunt cœli, neque in nomen alicujus alterius crediderunt gentes, neque quis ex eis mortuus et resurgens, aperuit novum libertatis testamentum. Non igitur de altero, sed de Domino, in quem concurrerunt omnia prædicta signa, dicebant prophetæ.

LIB. IV. lvi. 2. GR. IV. lxvii. MASS. IV. xxxiv. 3.

G. 366.

3. Si autem aliquis Judæis [2]advocationem præstans, erectionem templi, quæ, posteaquam in Babylonem transmigraverunt, facta est sub Zorobabel, et discessionem populi quæ facta est post septuaginta annos, dicat hoc esse novum Testamentum; cognoscat, quoniam lapideum quidem templum [3]restructum est tunc; (adhuc enim illa quæ in lapideis tabulis facta fuerat Lex servabatur) novum autem testamentum datum est nullum, sed ea lege quæ per Moysem data est utebantur usque ad adventum Domini: a Domini autem adventu novum Testamentum ad pacem reconcilians, et vivificatrix lex in universam exivit terram, [4]quemadmodum dixerunt prophetæ: *Ex Sion enim [5]prodiet lex, et verbum Domini de Hierusalem, et arguet populum multum; et concident gladios suos in aratra, et lanceas suas in falces, et jam non discent pugnare.* Si igitur alia lex et verbum exiens ab Hierusalem, tantam pacem fecit apud eas gentes quæ eum receperunt, et per eas arguit imprudentiæ multum populum, videtur consequens de altero dixisse prophetas.

Esai. ii. 3, 4, et Mich. iv. 2, 3.

[1] Cl. omits *ac; ἰδίως* having been rendered by *specialiter*, the margin first, and afterwards the text, received *proprie*. *ἀπὸ τοῦ παθεῖν*, read as *ἐπὶ τὸ π.*

[2] Advocating the cause of the Jew.

[3] *restructum, ἀνῳκοδομήθη*, Cl. may be added to Grabe's list, al. *restitutum*.

[4] *quemadm. dix. p.*, found in Ar., but not in Cl., Voss.

[5] Cl., Vet., Voss., but Ar. *procedet*.

LIB. IV. lvi. 4. GR. IV. lxvii. MASS. IV. xxxiv. 4.

4. Si autem libertatis lex, id est, verbum Dei ab Apostolis, qui ab Hierusalem exierunt, annuntiatum [1] in universam terram, in tantum transmutationem fecit, ut gladios et lanceas bellatorias in aratra fabricaverint [2] ipsæ, et in falces quæ donavit ad metendum frumentum [3] in organa pacifica [4] demutaverint, [5] et jam nesciunt pugnare, sed percussi et alteram præbent maxillam; non de aliquo [5] alio prophetæ dixerunt hæc, [6] sed de eo qui fecit ea. Hic autem est Dominus noster, et in hoc est sermo verus: quoniam ipse est qui aratrum fecit, et falcem intulit, hoc est, hominis primam seminationem quæ fuit secundum Adam plasmatio, et in novissimis temporibus per Verbum collectam fructificationem: et propter hoc [7] quod initium fini conjungebat, et utrorumque Dominus exsistens, in fine quidem aratrum ostendit, lignum copulatum ferro, et sic ejus expurgavit terram: quoniam firmum Verbum adunitum carni, et habitu [8] taleis confixus emundavit sylvestrem terram. Initio autem falcem figurabat per Abel, [9] significans justi generis humanam [10] collectionem: *Vide enim*, inquit, *quomodo justus perit, et nemo intuetur, et viri justi tolluntur, et nemo* [11] *excipit corde.* Hæc autem in Abel quidem præmeditabantur, a prophetis vero præconabantur, in [11] Domino autem perficiebantur, [12] et in nobis autem idipsum est, consequente corpore suum caput. Et adversus eos quidem, qui ab alio Deo prophetas dicunt, ab altero autem

Matt. v. 39. — M. 276. — Esai. lvii. 1.

[1] So the AR. and MERC. II. MSS. The VOSS. substitutes *est* for *in*. The CLERM. has both.

[2] *ipsæ*, sc. *gentes*. AR., MERC. II. *ipse;* CL., VOSS. *fabricaverit ipse;* VET. *fabricavit ipse.* *In falces quæ donavit*, εἰς δρέπανα ἃ ἔδωκεν.

[3] A very probable gloss, and altogether redundant.

[4] CL., VOSS. *demutaverit;* VET. *demutavit.*

[5] AR. omits *et, alio.*

[6] *sed ..... ea,* these six words are omitted in the CLERM.; *hæc* perhaps stands in the place of *ea*.

[7] *quod*... as in all the MSS. except the VOSS., which MASSUET follows in reading *qui*...

[8] *taleis.* I do not hesitate to restore this word; *talis* is written in all but the VOSS. MS., which has *tali;* GRABE adopting the former, MASSUET the latter reading, but neither gives a sufficient, if any sense. The metaphor of the plough is still evidently carried on. The union of two substances in its composition, the iron of the share and the wood of the beam, being the points of comparison. The Greek then I imagine to have had καὶ σχήματι ἥλοις συμπεπηγμένος ἐκαθάρισεν τὴν ἀγρίαν γῆν, *and in its mechanism fixed with pins* (and to this day, the share is fixed in its place by a wooden peg or *talea*), *it has reclaimed the savage earth.* These *taleæ* being also the correlatives of the ἧλοι of the Passion. σχήματι, in allusion, as GRABE imagines, to Philipp. ii. 8, scarcely suits.

[9] AR. *significabat.*

[10] *collectionem*, perhaps σύστασιν, I. 35, 2; but more probably, σύλλεξιν.

[11] AR. *excipiet, Deo.*

[12] καὶ ἐν ἡμῖν αὐτὸ τοῦτό ἐστι, ἀκολουθήσαντος τοῦ σώματος τῇ αὐτοῦ κεφαλῇ.

Patre Dominum nostrum, talia sunt apta, si quo modo [1]tandem LIB. IV. lvi. 4.
G. 367. quiescant a tanta irrationabilitate. Propter hoc enim et labora- GR. IV. lxviii.
mus eas, quæ sunt ex Scripturis, adhibere ostensiones, ut ipsis MASS. IV. xxxiv. 5.
sermonibus confutantes eos, quantum in nobis est, cohibeamus eos a grandi blasphemia, et a multorum deorum dementi fabricatione.

CAP. LVII.

Adversus eos qui dicunt, quædam a summitate dixisse prophetas, quædam vero a mundi fabricatore: et,

Quemadmodum de iisdem ipsis dictis discrepant a semetipsis, qui sunt a Valentino.

1. ADVERSUS eos rursus qui sunt a Valentino, et reliquos falsi nominis Gnosticos, qui aliquando quidem [2]a summitate quædam eorum quæ sunt in Scripturis posita dicta dicunt, propter semen quod est inde; aliquando vero a medietate propter matrem Prunicam [3]audacem; multa vero a mundi fabricatore, a quo et missi sunt [4]prophetæ: dicimus valde irrationabile esse, in tantum inopiæ deducere Patrem universorum, quasi non habuerit sua instrumenta, per quæ pure ea quæ sunt in Pleromate annuntiarentur. Quem enim timebat, ut non libere et sine commixtione ejus spiritus qui est in diminutione et ignorantia factus, proprie ac separatim [5]significaret voluntatem suam? An timebat ne plurimi salvarentur, cum plures pure audissent ea quæ sunt veritatis? An rursus impotens erat ipse sibi præparare eos qui adventum Salvatoris [6]annuntiarent?

2. Si autem cum huc venisset Salvator, suos Apostolos misit in mundum, pure adventum ejus annuntiantes, et voluntatem Patris docentes, in nullo communicantes neque gentium, neque Judæorum doctrinæ, multo magis in Pleromate [6]exsistens prædicatores

[1] *tandem.* The CLERM. copy has *tantundem*, in correction, by the same hand, of *tandendem*. The copy therefore must have had the word; but *tandem* as in the other MSS. was perhaps written by the translator.

[2] *a summitate*, ἐκ πληρώματος, for compare the sequel, and see p. 8, n. 1. Cf. also, ἐκ τῶν ἀνωτέρω, I. 63.

[3] *audacem*. The word looks like a gloss from the margin, in explanation of the term *Prunicam*. The CLERM. and VOSS. MSS. omit it. For the term *Prunica* or *Prunicos*, see I. 225, 1.

[4] See I. 193, 201, 237.

[5] AR. *significare*, and *prænuntiarent*.

[6] *existens*, corrupted first into *mittens*, VET., and then into *mutans*, AR.

LIB. IV. lvii. 2. GR. IV. lxix. MASS. IV. xxxv. 2.

[1]proprios destinasset, annuntiantes in hunc mundum [1]futurum adventum ejus, in nullo communicantes iis [2]prophetiis quæ sunt a Demiurgo. Si autem, cum esset intra Pleroma, usus est iis prophetis qui erant secundum Legem, et per eos ostendit quæ sunt sua, multo magis, cum huc venisset, his ipsis usus fuisset magistris, et per eos annuntiasset nobis Evangelium. Jam igitur non Petrum et Paulum, et reliquos Apostolos dicant annuntiasse veritatem, sed Scribas et Pharisæos, et reliquos per quos Lex annuntiabatur. Si autem suos in suo adventu proprios Apostolos emisit [3]in spiritu veritatis, et non [3]in spiritu erroris, hoc idem ipsum in prophetis fecit: semper enim [4]idipsum Verbum Dei: et siquidem de [5]principalitate Spiritus fuit secundum regulam ipsorum Spiritus lucis, et Spiritus veritatis, et Spiritus perfectionis, et Spiritus agnitionis; is vero qui a Demiurgo, fuit Spiritus ignorantiæ, et diminutionis, et erroris, et umbræ progenies; quemadmodum in uno et eodem potuit esse perfectio et diminutio, agnitio et ignorantia, error et veritas, lux et tenebræ? Si autem in prophetis impossibile erat hoc ita esse, sed ab uno Deo Verbum Domini præconabant, et adventum Filii ejus annuntiabant; multo magis Dominus ipse nunquam modo quidem de principali, modo vero de subjecta deminoratione fecisset sermones, et agnitionis et ignorantiæ simul factus magister: nec unquam modo quidem mundi fabricatorem, modo autem eum qui super [6]hunc est glorificaret Patrem, quemadmodum ipse ait: *Nemo immittit commissuram vestimenti novi in vestimentum vetus, nec mittunt vinum novum in utres veteres.* Igitur aut omni modo et ipsi abstineant se a prophetis, tanquam a veteribus; et non dicant, eos ab ea novitate, quæ secundum principalitatem est, quædam dixisse, præmissos a Demiurgo: aut rursus [7]arguentur a Domino dicente, *novum vinum non mitti in utres veteres.*

Luc. v. 36, 37.

3. Unde autem semen matris ipsorum poterat cognoscere ea quæ erant intra Pleroma sacramenta, et de his eloqui? Siquidem

[1] *proprios, futurum;* omitted in Voss., as Gr., Mass., and Stier. have noticed; I add, the Cl. also omits them.

[2] *prophetiis quæ,* Cl., Voss.; *prophetis, qui,* Ar. Cf. *communicantes doctrinæ,* above.

[3] Ar. omits *in,* in both places.

[4] Ar. replaces *ipsum... idipsum* with *spū,* I imagine therefore that the translator wrote *idem ipsum.... idem spiritus,* and that *idem* recurring caused the omission. Cf. 1 Cor. xii. 8.

[5] *principalitas,* as *summitas,* 273, 1, equally represents τὸ πλήρωμα.

[6] Ar. *hunc glorificare.*

[7] Ar., but Cl., Voss., Merc. ii. *arguuntur.*

G. 368. extra Pleroma exsistens mater, peperit hoc ipsum semen; quod autem extra Pleroma est, extra agnitionem esse dicunt, quod est ignorantia. Quomodo igitur id, quod erat ignorantia semen conceptum, agnitionem annuntiare poterat? Aut quemadmodum ipsa mater, ea quæ erant Pleromatis, cognoscebat sacramenta, informis et infigurata, quasi abortivum projecta foras, et ibi aptata et formata, et ab Horo prohibita interius ingredi, et usque ad consummationem extra Pleroma perseverans, id est, extra agnitionem? Rursus autem passionem Domini typum esse dicentes M. 277. extensionis Christi superioris, [1]quam extensus Horo formavit eorum matrem, in reliquis arguuntur, jam non habentes similitudinem [2]typi ostendere: ubi enim sursum Christus aceto et felle potatus est? aut ubi divisa sunt vestimenta ejus? aut ubi punctus est, et exivit sanguis et aqua? aut ubi guttas sanguinis sudavit? et reliqua quæcunque Domino acciderunt, de quibus dixerunt prophetæ. Unde ergo de iis quæ tunc quidem nondum evenerant, [3]incipiebant autem evenire, aut mater, aut semen ejus divinavit?

LIB. IV. lvii. 3. GR. IV. lxix. MASS. IV. xxxv. 3.

4. Adhuc etiam super hæc dicunt quidem a [4]principalitate quædam dicta, confutati ab iis, quæ in Scripturis de Christi adventu referuntur. Quæ autem sint hæc, non jam unum sentiunt, sed alii alia de his ipsis respondent. Siquis enim experimentum eorum volens accipere, separatim interroget [5]de aliquo sermone eos, qui excellentes sint apud eos, inveniet alium quidem dicentem de Propatore, id est, de Bytho esse id quod interrogetur; alium vero de [6]Initio omnium, id est, de Unigenito; alterum vero de Patre omnium, hoc est, [7]de Verbo: alter rursus dicet de [8]uno Æone eorum, qui sunt in Pleromate Æones, dici: alii autem de Christo, et alius de Salvatore. Qui autem illorum peritior est, posteaquam multum tacens protraxerit, de Horo ait dictum esse: alius vero eam quæ est intra plenitudinem, Sophiam significari: alius vero illam quæ extra plenitudinem est, Matrem annuntiari; et alius mundi fabricatorem Deum dicet. Tantæ sunt de uno inter eos diversitates, de iisdem Scripturis varias habentes sententias: et uno eodemque sermone lecto, universi obductis superciliis [9]agitantes

[1] *quam*, Ar.; Mass. prints the conjectural emendation *qua;* perhaps *quum* may have been the translator's word. For *Horon* in the same line, the Cl. has *Horum;* Ar. *Hora.* Cf. I. 62, 3; 69, I.

[2] *typi*, Cl., Voss.; *typū*, Ar.

[3] *incipiebant*, ἔμελλον.

[4] See p. 274, 5.

[5] Ar. *interroget quo sermone eos exc.*

[6] ἀρχή being a name of Monogenes, I. 82, 2, as *Pater* was of *Logos*, I. 10.

[7] Ar., Merc. II. *hoc est vero.*

[8] i. e. Πάντα, I. 23.

[9] MSS., but Gr. after Feu. *gyrantes.*

LIB. IV. lvii. 4. GR. IV. lxix. MASS. IV. xxxv. 4.

capita, valde quidem [1]altissime se habere sermonem dicunt, non autem omnes capere magnitudinem ejus intellectus, qui ibidem continetur: et propter hoc silentium maximam rem esse apud sapientes. [2]Oportere enim eam quæ sit sursum Sigen, per id quod est apud eos silentium, deformari. Sic autem abeunt omnes quotquot sunt, tantas de uno gestantes sententias, in abscondito ferentes secum sua acumina. Cum igitur inter eos convenerit de iis quæ in Scripturis sunt prædicta, tunc et a nobis confutabuntur. Non enim bene sentientes, interim tamen semetipsos arguunt, de iisdem verbis non consentientes. Nos autem unum et solum verum Deum doctorem sequentes, et regulam veritatis habentes ejus sermones, de iisdem semper eadem dicimus omnes, unum Deum scientes, factorem hujus universitatis, qui prophetas misit, qui eduxit populum de terra Ægypti, qui in novissimis temporibus Filium suum manifestavit, uti confunderet incredulos, et exquireret justitiæ fructum.

CAP. LVIII.

Ostensio de Domini sermonibus confitentis se a Deo Patre missum, a quo et prophetæ venerunt et patres electi sunt.

1. Quem enim [3]non confutat Dominus, neque ab altero [4]Deo di- G. 369.
cere prophetas [5]nisi a Patre ejus, neque ab [6]aliqua alia substantia, sed ab uno et eodem Patre, neque alium aliquem ea quæ sunt
Matt. xxi. 33—44. in hoc mundo fecisse, nisi suum Patrem, docens sic: *Homo erat quidam paterfamilias, et plantavit vineam, et sepem circumdedit ei, et fodit in ea torcular, et ædificavit turrim, et locavit eam colonis, et peregre profectus est. Cum autem appropinquasset tempus fructuum, misit servos suos ad colonos, ut acciperent de fructibus suis. Et coloni apprehensis servis, unum quidem* [7]*ceciderunt, alium autem lapidaverunt, alium vero occiderunt. Iterum misit alios servos plures prioribus: et fecerunt eis similiter. Novissime autem misit eis filium suum unicum, dicens:* [8]*Forte verebuntur filium meum.*

[1] See I. 4, n. 4.

[2] Cl., Vet., Voss.; *oportet*, Ar.

[3] *non* is lost in the Ar. MS. in the succeeding syllable. Ib. *confitetur*.

[4] *Deo*, Ar., omitted Clerm., Voss.

[5] For *nisi* Cl. reads *missos*.

[6] *aliqua alia,* adopted from the Arund. as far more probable than the Voss. reading, *ab alia et alia*, a corruption of the Clerm. defective reading *ab alia*.

[7] *ceciderunt ... lapidaverunt ... occiderunt*, the natural order of the Syriac.

[8] *forte.* Syr. ܟܒܪ

Coloni vero cum vidissent filium, dixerunt intra se: Hic est hæres, venite, occidamus eum, et habebimus hæreditatem ejus: et apprehensum eum ejecerunt extra vineam, et occiderunt [1]*eum. Cum ergo venerit dominus vineæ, quid faciet colonis illis? Et dixerunt illi: Malos male perdet, et vineam suam locabit aliis colonis, qui reddent fructus temporibus suis. Iterum dicit dominus: Nunquam legistis, Lapidem quem reprobaverunt ædificantes, hic factus est in caput anguli? A Domino* [2]*factus est, et est mirabilis in oculis nostris. Propter quod dico vobis, quoniam auferetur a vobis regnum Dei, et dabitur genti facienti fructus ejus.* Per quæ ostendit manifeste discipulis suis unum quidem et eundem patremfamilias, hoc est, [2]unum Deum Patrem, qui per seipsum omnia [2]fecit: varios vero agricolas, quosdam quidem contumeliosos et superbos et infructuosos, et Domini interfectores; quosdam vero cum omni obedientia reddentes fructus temporibus suis: et eundem hunc patremfamilias, aliquando quidem mittentem servos, aliquando quidem Filium suum. A quo igitur Patre missus est Filius ad eos colonos, qui interfecerunt eum, ab hoc et servi. Sed Filius quidem quasi a Patre veniens principali auctoritate, dicebat: *Ego autem dico vobis.* Servi autem quasi a Domino serviliter, et propter hoc dicebant: *Hæc dicit Dominus.*

LIB. IV. lviii. 1. GR. IV. lxx. MASS. IV. xxxvi. 1.

Marc. xii. 6. Luc. xx. 13.

Ps. cxvii. 22, 23.

M. 278.

Matt. v. 22, 28, 32, etc.

2. Quem igitur illi Dominum præconabant incredulis, hunc Christus tradidit his qui obediunt [3]ei: et qui priores, sive primum per servilem legisdationem, vocaverat Deus, hic posteriores, sive postea per adoptionem, assumsit. Plantavit enim Deus vineam humani generis, primo quidem per plasmationem Adæ, et electionem patrum: tradidit autem [4]colonis per eam legisdationem, quæ est per Moysem: sepem autem circumdedit, id est, circumterminavit eorum culturam; et turrim ædificavit, Hierusalem elegit: et torcular fodit, receptaculum prophetici Spiritus præparavit: et sic prophetas misit antequam esset in Babylonem transmigratio, et post transmigrationem alios iterum, plures quam priores expetentes fructus, dicentes illis: [5]*Hæc dicit Dominus: Emundate* Jer. vii. 3.

[1] Clerm., Voss., but Arund. omits *eum*.

[2] *factus*, Cl., Voss., Ib. *mirabilis*, as also Arund., and both readings are found in the old Ital. vers.; Vulg. as Gr., *factum est istud, et est mirabile;* Ar. *factum;* Ib. *unum, facit.*

[3] *ei*, Ar.; absorbed by *et*, caused *sibi* to be inserted, Cl., Voss.; Int. αὐτῷ for αὐτῷ.

[4] Ar. inserts *eam*.

[5] *Hæc dicit Dominus*, omitted in the Clerm., and consequently in the Voss. MS., but the Clerm. transcriber has done his work very negligently in the following quotation, he omits, *et mores vestros*, then, *ad fratrem... unusquisque*, and, *jusjurandum... vestris.*

LIB. IV. lviii. 2. GR. IV. lxx. MASS. IV. xxxvi. 2.

Zach. vii. 9, 10. Zach. viii. 17. Esai. i. 17—19.

vias vestras, et mores vestros; judicium justum judicate, et misericordiam et miserationem facite unusquisque ad fratrem suum: in viduam et orphanum et proselytum et pauperem ne exercueritis potentatum, et unusquisque malitiæ fratris sui ne recordemini in cordibus vestris, et jusjurandum falsum nolite diligere. Lavamini mundi estote, auferte nequitias a cordibus vestris, discite benefacere, exquirite judicium, defendite vim patientem, judicate pupillo et G. 370.
justificate viduam, et venite disputemus, dicit Dominus. Et rursum:
Ps. xxxiii. 14, 15. *Cohibe linguam tuam a malo, et labia tua ne loquantur dolum. Diverte a malo, et fac bonum; inquire pacem, et* [1]*sequere eam.* Hæc præconantes prophetæ, fructum petebant justitiæ. Non credentibus autem illis, novissime [2]Filium suum misit Dominum nostrum Jesum Christum, quem cum occidissent mali coloni, projecerunt extra vineam. Quapropter [3]et tradidit eam Dominus Deus non jam circumvallatam, sed expansam in universum mundum aliis colonis, reddentibus fructus temporibus suis, turre electionis exaltata ubique et speciosa. Ubique enim præclara est Ecclesia, et ubique circumfossum torcular: ubique enim sunt qui suscipiunt Spiritum. Quoniam enim Filium Dei reprobaverunt, et [4]projecerunt eum, cum eum occidissent, extra vineam, [5]juste reprobavit eos Deus, et extra vineam exsistentibus gentibus dedit fructificationem culturæ. Quemadmodum et Hieremias propheta ait:
Jer. vii. 29, 30. *Reprobavit Dominus, et abjecit gentem facientem hæc: quoniam fecerunt filii Juda malignum in conspectu meo, dicit Dominus.*
Jer. vi. 17, 18. Similiter autem Hieremias: *Constitui super vos exploratores; Audite vocem tubæ; et dixerunt, Non audiemus. Propter hoc audierunt gentes, et qui pascunt pecora in eis.* Unus ergo et idem Deus Pater, qui plantavit vineam, qui populum eduxit, qui prophetas misit, qui Filium suum misit, qui vineam dedit aliis colonis, his qui reddunt fructus in temporibus suis.

3. Et propter hoc dicebat Dominus discipulis suis, bonos
Luc. xxi. 34, 35. operarios nos præparans: *Attendite vobis,* [6]*et vigilate semper in omni tempore, ne quando graventur corda vestra in crapula et ebrietate* [7]*et cogitationibus secularibus, et repente adsistat super vos dies illa. Superveniet enim quasi laqueus super omnes sedentes*
Luc. xii. 35, 36. *super faciem terræ. Sint igitur lumbi vestri præcincti, et lucernæ*

[1] CL., AR., VOSS., but GR. *persequere.*

[2] CL., VOSS. *misit Fi. su. misit.*

[3] *et*, AR., omitted in CL., VOSS.

[4] *projecerunt*, CL., AR., VOSS., al. *ejecerunt.*

[5] *juste ... vineam,* omitted in the CL.

[6] *et vigilate semper in omni tempore,* not found in the Sacred Text or its versions.

[7] *et cogitationibus sec.*, not in the CL.

ardentes, et vos similes hominibus exspectantibus Dominum suum, LIB. IV. lviii. 3.
[1]*quando revertatur a nuptiis. Quomodo enim factum est in diebus* GR. IV. lxx.
Noe; manducabant et bibebant, emebant et vendebant, nubebant et MASS. IV. xxxvi. 3.
nubebantur, et non scierunt, quoadusque intravit Noe in arcam, et Luc. xvii. 26—31.
venit diluvium et perdidit omnes. Et quemadmodum factum est in diebus Lot; manducabant et bibebant, emebant et vendebant, plantabant et ædificabant, [2]*quoadusque exivit Lot a Sodomis; pluit ignem de cœlo et perdidit omnes: sic erit et in adventu Filii hominis. Vigilate igitur, quoniam nescitis qua die Dominus vester* Matt. xxiv. 42.
veniet. Unum et eundem annuntians Dominum, qui in temporibus Noe propter inobedientiam hominum superduxit diluvium; et in temporibus Lot propter multitudinem peccatorum Sodomitarum pluit ignem a cœlo; et in [3]novissimo propter hanc eandem inobedientiam et similia peccata, superducet diem judicii; in quo ait, tolerabilius Sodomis et Gomorrhis futurum, quam [4]illi civitati et
G. 371. domui, quæ non receperit verbum Apostolorum ejus. *Et tu* Matt. xi. 23, 24.
Capharnaum, dicebat, [5]*numquid usque ad cœlum exaltaberis? Usque ad inferos descendes. Quoniam si in Sodomis factæ fuissent virtutes quæ factæ sunt in te, mansissent usque in hodiernum diem. Verumtamen dico vobis, tolerabilius erit Sodomis in die judicii quam vobis.*

4. Unum et idem cum semper sit Verbum Dei; credentibus quidem ei fontem aquæ in vitam æternam dans; infructuosam vero Joh. iv. 14.
fici arborem arefaciens [6]statim: et temporibus Noe [7]juste dilu- Matt. xxi. 19. Gen. vi. 2 seq.
M 279. vium inducens, uti exstingueret pessimum genus eorum [7]qui tunc erant hominum, qui jam fructificare Deo non poterant, [7]cum angeli transgressores commixti fuissent eis; et ut peccata eorum compesceret, servaret vero [8]arcæ typum, Adæ plasmationem: et

[1] The four following words are not found in the MSS., but they occur below, p. 287.

[2] CL., VET., VOSS., but AR. *qua die.*

[3] *in novissimo:* for ἐπ' ἐσχάτων, the translator seems to have read ἐπ' ἐσχάτῳ. GRABE adds *tempore,* but it is discarded by MASSUET upon the authority of the CL., VOSS., and AR. ἐπ' ἐσχάτων corresponds with ἐπὶ τῶν καιρῶν Λώθ.

[4] CL., VOSS. omit *illi,* and AR. *et domui.*

[5] *Anne Irenæus cum vulgato Bibliorum Interprete legit:* μὴ ἕως τοῦ οὐρανοῦ ὑψωθήσῃ; *minime puto, siquidem in nullo Græcorum Patrum hunc locum ita allegatum reperio. Interpreti itaque Irenæi, aut scribæ, Lat. Evangelii versionem sequenti, hæc adscribenda videntur.* GR.

[6] AR. inserts *et.*

[7] *juste,* AR., MERC. II., omitted CL., VOSS. τῶν τότε ἀνθρώπων. CL. *homines.* See FEUARDENT's note.

[8] *arcæ typum.* MASSUET conjectures *archetypum;* e.g. σώζῃ δὲ τὸ ἀρχέτυπον τοῦ 'Αδὰμ πλάσμα. In the text as it now stands GRABE sees an allusion to 1 Pet. iii. 20, the addition of *per* being required to make the sense complete.

LIB. IV. lviii. 4. GR. IV. lxx. MASS. IV. xxxvi. 4.

Gen. xix. 24. 2 Thess. i. 5, et Epist. Jud. 7. Matt. iii. 10, et Luc. iii. 9. Matt. xi. 24, et Luc. x. 12.

temporibus Lot qui [1] pluit super Sodomam et Gomorrham ignem et sulphur de cœlo, *exemplum justi judicii Dei*, ut cognoscerent omnes, quoniam *omnis arbor quæ non facit fructum* [2] *bonum excidetur, et in ignem mittetur:* et in universali judicio tolerabilius Sodomis utens, [3] quam his qui viderunt ejus virtutes quas faciebat et non crediderunt in eum, neque receperunt ejus doctrinam. Quemadmodum enim majorem dedit gratiam per suum adventum his qui crediderunt ei et faciunt ejus voluntatem; sic et majorem in judicio habere pœnam eos qui non crediderunt ei significavit, justus exsistens super omnes æqualiter, et quibus [4] plus dedit, plus ab eis exacturus: plus autem, non quod alterius Patris agnitionem ostendit, sicut per tot et tanta ostendimus; sed quia majorem donationem paternæ gratiæ per suum adventum effudit in humanum genus.

Luc. xii. 48.

5. Si cui autem non sufficiunt quæ prædiximus, ad credendum ab uno et eodem Patre prophetas missos esse, a quo et Dominus [4] noster missus est, aperiens [5] autem aures cordis sui, et Christum Jesum Dominum magistrum invocans, audiat dicentem eum: *Simile est regnum cælorum regi nuptias facienti filio suo, et mittenti servos suos ad corrogandum eos, qui vocati fuerunt ad nuptias.* Et illis nolentibus obedire: *Iterum*, ait, *alios servos misit, dicens: Dicite his qui sunt vocati: Venite,* [6] *prandium meum paravi, tauri mei et omnia saginata occisa, et omnia parata sunt; venite ad nuptias. Illi autem abierunt negligentes eum, alii quidem in agrum suum, alii autem in negotiationem suam; reliqui vero arripuerunt servos, et alios quidem contumeliose tractaverunt, alios vero occiderunt. Rex autem cum audisset iratus est, et mittens exercitus suos perdidit interfectores illos, et civitatem eorum succendit, et dixit servis suis: Nuptiæ quidem paratæ sunt, vocati vero non fuerunt digni. Exite igitur ad exitus viarum, et quotquot inveneritis congregate ad nuptias. Et exeuntes servi ejus congregaverunt omnes quotquot invenerunt malos et bonos et* [7] *completæ sunt nuptiæ discumbentibus. Introiens autem rex videre* [7] *recumbentes, vidit ibi hominem non vestitum* [7] *indumentum nuptiarum, et dicit ei: Amice, quomodo venisti huc, non habens indumentum nuptiarum? Illo* G. 372.

Matt. xxii. 1—15.

[1] CL., VET., VOSS.; *plueril*, AR., MERC. II.

[2] VET., VOSS., but CL., AR. omit *bonum*.

[3] *quam his qui;* CLERM. *quamvis vid.*

[4] CL. omits *plus, noster.*

[5] AR. omits *autem;* CL. for *aures* has *os.*

[6] AR. omits the next three words.

[7] AR. *impletæ, discumbentes, indumento.*

autem obmutescente, dixit rex ministris: [1] *Tollite eum a pedibus et manibus, et mittite eum in tenebras quæ sunt exteriores: ibi erit fletus et stridor dentium. Multi enim sunt vocati, pauci vero electi.* LIB. IV. lviii. 5. GR. IV. lxx. MASS. IV. xxxvi. 5.

6. Manifeste enim et per hæc verba sua ostendit Dominus omnia, et quoniam unus rex et Dominus omnium Pater, [2]de quo et antea dixit: *Neque in Hierosolyma jures, quoniam civitas est* Matt. v. 35.
magni Regis. Et quoniam ab initio nuptias præparavit [2]Filio suo, et propter immensam benignitatem [3]per servos suos vocabat priores ad convivium nuptiarum; et ubi illi noluerunt obedire, rursus alios servos misit convocans eos, neque sic obedierunt ei, sed et eos qui vocationem annuntiabant, lapidaverunt et occiderunt: illos quidem perdidit mittens exercitus suos, et civitatem illorum succendit; [3]ex omnibus autem viis, id est, ex universis gentibus ad convivium nuptiarum Filii sui convocavit, quemadmodum et per Hieremiam ait: *Et misi ad vos servos meos prophetas,* Jer. xxxv. 15.
[4]*dicere: Avertimini unusquisque a via nequissima, et meliora facite opera vestra.* Et rursus per eundem: *Et misi,* inquit, [5]*ad vos* Jer. vii. 25—29.
omnes servos meos prophetas inter diem et ante lucem, et non obedierunt mihi, neque intenderunt aures ipsorum. Et dices eis hunc sermonem: Hoc genus, quod non obedivit voci Domini, neque recepit disciplinam, defecit fides ex ore ipsorum. Qui igitur nos per Apostolos undique vocavit Dominus, hic per prophetas vocabat eos qui olim fuerunt, quemadmodum ex sermonibus Domini ostenditur: et non ab alio quidem prophetæ, ab alio autem Apostoli, etiamsi variis gentibus præconabant; sed ab uno et eodem, alii quidem Dominum annuntiabant, alii autem Patrem evangelisabant, [6]et alii quidem adventum prænuntiabant Filii Dei, alii vero præsentem eum jam his qui longe erant, præconabant.

7. Adhuc etiam manifestavit oportere nos [7]cum vocatione et justitiæ operibus adornari, uti requiescat super nos Spiritus Dei;

[1] *Tollite.* N. T. δήσαντες. Syriac, ܐܣܘܪܘܗܝ from the root ܐܣܪ *to bind;* but the Imperative Aphel of ܣܘܪ would be almost the same, ܐܣܝܩܘ meaning *tollite.* LUCIF. CALARITAN. quotes the text in a similar way, lib. II. *pro* S. ATH., but he omits the preposition.

[2] *de quo,* AR. *q̄m.* and omits *Filio suo.*

[3] CL. omits *per.* Ib. *et ex omnibus.*

[4] Dicere: Avertimini. *Aut Irenæus in Jeremia, aut Interpres in Irenæo, male legit* λέγειν *pro* λέγων. GRABE. But the Hebrew לֵאמֹר justifies the reading.

[5] *ad vos,* CLERM., VOSS., MERC. II., omitted AR.

[6] CL. omits *et.*

[7] *μετὰ τὴν κλῆσιν, i. e. post vocationem,* AR. omits *nos.* It is not only necessary that we should be called, but that we should walk worthy also of our calling.

LIB. IV. lviii. 7. GR. IV. lxx. MASS. IV. xxxvi. 6.

[1]hoc est enim indumentum nuptiarum, de quo et Apostolus ait:
Nolumus exspoliari, sed superindui, uti absorbeatur mortale [2]*ab*
immortalitate. Qui autem vocati quidem sunt ad cœnam Dei,
2 Cor. v. 4. et propter malam suam conversationem non perceperunt Spiritum
Matt. xxii. 13. Cf. Orig. in Matt. xxii. sanctum, *projicientur*, inquit, *in tenebras exteriores*. Manifeste
[3]ostendens, quod idem ipse rex, qui convocaverit undique fideles
ad nuptias Filii sui, et incorruptibile convivium donaverit, jubeat
mitti in tenebras exteriores eum, qui non habet indumentum M. 280.
nuptiarum, hoc est, contemtorem. Quemadmodum enim in priore
1 Cor. x. 5. Matt. xxii. 14. Testamento *non in multis illorum bene sensit;* sic et hic *multi*
vocati, pauci [3]*vero electi*. Non alius igitur qui judicat Deus, et
alius qui convocat ad salutem Pater: nec alius [3]quidem qui
æternum lumen donat, alius vero qui jubet in exteriores mitti
tenebras eos qui non habent indumentum nuptiarum. Sed unus
et idem Deus Pater Domini nostri, a quo et prophetæ missi sunt:
indignos quidem convocans propter immensam benignitatem; eos
vero qui convocati sunt inspiciens, si conveniens habeant indumentum, et congruens nuptiis Filii sui: quoniam nihil inconveniens, neque malum placet ei. Quemadmodum Dominus dixit
Joh. v. 14. ei qui curatus fuerat: *Ecce, sanus factus es: jam noli peccare, ne*
quid deterius tibi fiat. Qui enim est bonus, et justus, et mundus,
et immaculatus, neque malum aliquid, neque injustum, neque
abominandum in suo sponsali thalamo sustinebit.

8. Est autem hic Pater Domini nostri, cujus providentia
constant omnia, et jussu administrantur omnia; [4]et gratuito
quidem donat in quos oportet; secundum autem meritum dignissime distribuit adversus ingratos et non sentientes benignitatem G. 373.
Matt. xxii. 7. ejus, justissimus retributor: et propterea ait: *Mittens exercitus*
suos perdidit interfectores illos, et civitatem illorum incendit. Exercitus autem ejus inquit, quia omnes homines Dei:
Ps. xxiii. 1. *Domini enim*
est terra, et plenitudo ejus, orbis terrarum, et omnes qui [5]*habitant in*
ea. Et propter hoc Paulus Apostolus in [5]ea epistola quæ est ad
Rom. xiii. 1–7. Romanos ait: *Non enim est potestas nisi a Deo. Quæ autem*
sunt, a Deo ordinatæ sunt. Itaque qui resistit potestati, Dei
ordinationi resistit: qui autem resistunt, ipsi damnationem sibi
acquirent. Principes enim non sunt timori bono operi sed malo.

[1] *hoc* is here inserted in the Ar., but the Cl. and Voss. MSS. omit it.

[2] *a vita*, 419, G.

[3] Ar. inserts *autem, vero, quidem*.

[4] *Nota* gratuitum donum *bonis*, meritum *malis adscribi*, cf. *Rom.* vi. 23. Gr. καὶ δωρεὰν μὲν χαρίζεται, ἐφ' οὓς δέον, κατ' ἀξίαν δὲ ἐνδίκως ἀποδίδοται ἐπ' ἀχαρίστους. κ.τ.λ.

[5] Ar. *inhabitant*, and omits *ea*.

Vis autem non timere potestatem? Bonum fac, et habebis laudem ex ea: Dei enim minister est tibi ad bonum. Si autem male feceris, time. Non enim sine causa gladium portat. Dei enim minister est, vindex in iram ei qui malum agit. Ideoque subjecti estote, non tantum propter iram, sed et propter conscientiam. Propter hoc enim et tributa penditis: ministri enim Dei sunt in hoc ipsum servientes. Sed et Dominus igitur et Apostoli unum Deum Patrem [1]annuntiant eum qui legisdationem fecit, qui misit prophetas, qui omnia fecit: et propter hoc ait: *Mittens exercitus suos:* quoniam omnis homo, secundum quod est homo, plasma ipsius est, licet ignoret Deum suum. Omnibus enim [1]ipse ut sint præstat, qui *solem suum oriri facit super malos et bonos, et pluit super justos et injustos.*

LIB. IV. lviii. 8. GR. IV. lxx. MASS. IV. xxxvi. 6.

Matt. xxii. 7.

Matt. v. 45.

9. Et non solum per ea quæ prædicta sunt, sed et per parabolam duorum filiorum, quorum minor luxuriose consumsit substantiam, vivens cum fornicariis, unum et eundem docuit Patrem, majori quidem filio ne hædum quidem indulgentem; propter eum autem qui perierat, minorem filium suum, jubentem occidi vitulum saginatum, et primam ei stolam donantem. Et per parabo-

Luc. xv. 11 seq.

.... διὰ τῆς παραβολῆς τῶν ἐργάτων διαφόροις καιροῖς εἰς τὸν ἀμπελῶνα πεμψαμένων, [2]οὓς καὶ αὐτὸς ὁ οἰκοδεσπότης δείκνυται, κεκληκὼς τοὺς μὲν ἐν ἀρχῇ τῆς τοῦ κόσμου κατασκευῆς, ἐνίους δὲ μετὰ τοῦτο, καὶ ἑτέρους μετὰ τὴν μεσοχρονίαν, ἄλλους δὲ προκοπτόντων ἤδη καιρῶν, καὶ ἐν τῷ τέλει πάλιν ἄλλους· ὥστε εἶναι πολλοὺς μὲν τοὺς ἐργάτας κατὰ τὰς ἑαυτῶν γενεὰς, ἕνα δὲ τὸν συγκαλούμενον αὐτοὺς οἰκοδεσπότην. Καὶ γὰρ ἀμπελὼν εἷς, ὅτι καὶ μία δικαιοσύνη· καὶ εἷς οἰκονόμος, ἓν γὰρ τὸ Πνεῦμα τοῦ Θεοῦ τὸ διέπον τὰ πάντα· ὁμοίως δὲ καὶ [3]μισθός· πάντες γὰρ ἔλαβον ἀνὰ

Matt. xx. 1 seq.

Nicetas in Catena. P. ad Matt. xx.

lam autem eorum operariorum, qui variis temporibus in vineam mittebantur, unus et idem Dominus ostenditur: vocans alios quidem statim in initio mundi fabricationis; alios vero post hoc; et alios circa medietatem temporum; et alios progressis jam temporibus; item alios in fine: ut sint quidem multi operarii secundum sua ipsorum tempora, unus autem qui convocat eos, paterfamilias. Etenim vinea una, quoniam et una justitia: et unus dispensator; unus enim Spiritus Dei, qui disponit omnia: similiter autem et

[1] AR. *annuntiabant*, and has *ipse*.

[2] The translator read εἷς καὶ ὁ αὐτός, and the sense requires it.

[3] *l.* εἷς ὁ μισθός. Cf. Int.

LIB. IV. lviii. 9. GR. IV. lxx. MASS. IV. xxxvi. 7.

δηνάριον, ἔχον εἰκόνα καὶ ἐπιγραφὴν τοῦ βασιλέως, τὴν γνῶσιν τοῦ υἱοῦ τοῦ Θεοῦ, ἥτις ἦν ἀφθαρσία. Καὶ διὰ τοῦτο ἀπὸ τῶν ἐσχάτων ἤρξατο διδόναι τὸν μισθὸν, ὅτι ἐπ' ἐσχάτων καιρῶν φανερωθεὶς ὁ Κύριος τοῖς πᾶσιν ἑαυτὸν ἀποκατέστησεν.

merces una; omnes enim acceperunt singulos denarios, [1]imaginem et inscriptionem regis, agnitionem Filii Dei quæ est incorruptela. Et propter hoc a novissimis cœpit dare mercedem, quoniam in novissimis temporibus manifestatus Dominus, omnibus semetipsum repræsentavit.

Luc. xviii. 10 seq.

10. Et Publicanus autem qui in oratione Pharisæum superavit, non quoniam alterum Patrem adorabat, testimonium accepit a Domino quod sit magis justificatus; sed quoniam cum magna humilitate, sine extollentia et sine jactantia, [2]exhomologesin eidem

Matt. xxi. 28 seq.

Deo faciebat. Et duorum autem filiorum parabola, eorum qui in
vineam mittuntur, quorum alter quidem contradixit patri, et postea G. 374.
pœnitetur, quando nihil profuit ei pœnitentia; alter autem pollicitus est [3]abire, statim promittens patri, non abiit autem, (quo-

Ps. cxv. 2, Rom. vii. 18.

niam *omnis homo mendax*; et velle quidem in promtu adjacet,
non invenit autem perficere) unum et eundem [3]ostendit Patrem. M. 281.

Luc. xiii. 6 seq.

Sed et arboris fici parabola, de qua Dominus ait, *Ecce, jam triennium venio, quærens fructum in hac arbore fici, et non invenio,* (per prophetas adventum suum significans, per quos venit aliquoties exquirens justitiæ fructum ab eis, quem non invenit,) aperte manifestavit et quoniam excidetur arbor fici propter prædictam causam.

Luc. xiii. 34 seq. et Matt. xxiii. 37 seq.

Et sine parabola autem dicebat ad Hierusalem Dominus: *Hierusalem, Hierusalem, quæ interficis prophetas, et lapidas eos qui mittuntur ad te, quoties volui colligere filios tuos, sicut gallina pullos* [4]*suos sub* [4]*alas, et noluisti? Ecce,* [5]*relinquetur vobis domus vestra deserta.* Quod enim per parabolam dictum fuerat, *Ecce, triennium venio quærens fructum,* et manifeste iterum: *Quoties volui colligere filios tuos,* si non hujus adventum qui per prophetas est intelligamus, erit mendacium: siquidem semel, et tunc primum, venit ad

[1] The translator lost ἔχον in εἰκόνα.

[2] See I. 122, n. 1.

[3] *abire* omitted, Cl. *ostendunt*, Ar.

[4] *suos*, Cl. *ascillas*, Ar., see 289, 5.

[5] *vobis*, omitted Cl.; Gr. *relinquetur*, cf. Syr. ܡܫܬܒܩ and the similar quotation, 289. It is therefore retained. Ar. and Voss. have *remittitur* in accordance with the Greek ἀφίεται, and the Clerm. has the same as a correction upon *dimittetur*, which was first written, and in the same hand.

eos. Sed quoniam et patriarchas qui elegit [1]eos, idem est Verbum Dei, et illos semper visitans per propheticum Spiritum, et nos qui undique convocati sumus per suum adventum, super ea quæ dicta sunt vere hæc dicebat: *Multi ab Oriente et Occasu venient, et recumbent cum Abraham, et Isaac, et Jacob, in regno cœlorum. Filii autem regni ibunt in tenebras exteriores, illic erit fletus et stridor dentium.* Si igitur hi, qui per præconium Apostolorum ejus ab Oriente et Occidente credentes in eum, cum Abraham Isaac et Jacob in regno cœlorum recumbent, participantes cum eis epulationem, unus et idem Deus ostenditur, qui elegit quidem patriarchas, visitavit vero populum, gentes vero advocavit.

LIB. IV. lviii. 10. GR. IV. lxxi. MASS. IV. xxxvi. 8.

Matt. viii. 11, 12.

CAP. LIX.

Ostensio quod homo liber sit et suæ potestatis, ad hoc ut a se eligere possit meliora et contraria.

ILLUD autem, quod ait: *Quoties volui [2]colligere filios tuos, et noluisti?* veterem legem libertatis hominis manifestavit, quia liberum eum Deus fecit ab initio, habentem suam potestatem, sicut et suam animam, ad utendum sententia Dei voluntarie, et non [3]coactum a Deo. Vis enim a Deo non fit, sed bona sententia adest illi semper. Et propter hoc consilium quidem bonum dat [4]omnibus. Posuit autem in homine potestatem electionis, [5]quemadmodum et in angelis: (etenim angeli rationabiles:) uti hi quidem qui obedissent juste bonum sint possidentes, datum quidem a Deo, servatum vero ab ipsis. Qui autem non obedierunt, juste non inveniuntur cum [5]bono, et meritam pœnam percipient: quoniam Deus

Matt. xxiii. 37.

Βία Θεῷ οὐ πρόσεστιν· ἀγαθὴ δὲ γνώμη πάντοτε συμπάρεστιν αὐτῷ.

E Parall. J. Damasc.

[1] CL., AR., VOSS. *eos*. MERC. II. *vos*. GRABE and MASS. have *et nos*, but without authority; *et eos* seems preferable, cf. end of this section. The Greek being ἀλλὰ καὶ ὁ ἐκλέξας τοὺς πατέρας, καὶ τούτους, viz. the patriarchs and those who lived under the first covenant.

[2] *colligere*, CL., AR., VOSS., and MERC. I. MSS. Al. *congregare*.

[3] CL. *coactus*.

[4] AR. *hominibus*.

[5] Αὐτεξούσιον τό τε τῶν ἀγγέλων γένος καὶ τῶν ἀνθρώπων τὴν ἀρχὴν ἐποίησεν ὁ Θεός. JUST. M. *Apol.* I. Τὸ ἑκάτερον τῆς ποιήσεως εἶδος αὐτεξούσιον γέγονε. TAT. *Or. ad Gr.* AR. *bonis*.

LIB. IV. lix. GR. IV. lxxii. MASS. IV. xxxvii. 1.

quidem dedit benigne bonum, ipsi vero non custodierunt diligenter illud, neque pretiosum arbitrati sunt, sed supereminentiam bonitatis contemserunt. Abjicientes igitur bonum et quasi respuentes, merito omnes justum judicium incident Dei, quemadmodum et Apostolus Paulus [1]in ea epistola quæ est ad Romanos, testificatus est, dicens ita: *An divitias bonitatis ejus, et patientiæ, et longanimitatis contemnis, ignorans quoniam bonitas Dei* [1]*in pœnitentiam te adducit? Secundum autem duritiam tuam et cor impœnitens* [1]*thesaurisas tibimetipsi iram in diem iræ et revelationis justi judicii Dei. Gloria autem et honor*, inquit, *omni operanti bonum*. Dedit ergo Deus bonum, quemadmodum et Apostolus testificatur in eadem epistola, et qui operantur quidem illud, gloriam et honorem percipient, quoniam operati sunt bonum cum possint non operari illud; hi autem qui illud non operantur, judicium justum excipient Dei, quoniam non sunt operati bonum cum possint operari illud.

Rom. ii. 4, 5, 7. — G. 375.

Κεφ. ξʹ.

Ostensio quod non natura quidam boni sint, quidam vero mali, sed quod in hominis electione sit bonum.

Joh. Damasc. Parall. Halloix. v. Iren. p. 504.

1. ΕΙ φύσει οἱ μὲν φαῦλοι, οἱ δὲ ἀγαθοὶ γεγόνασιν, οὐθ' οὗτοι ἐπαινετοὶ, ὄντες ἀγαθοὶ, τοιοῦτοι γὰρ κατεσκευάσθησαν· οὔτ' ἐκεῖνοι μεμπτοὶ, οὕτως γεγονότες. Ἀλλ' ἐπειδὴ οἱ πάντες τῆς αὐτῆς εἰσὶ φύσεως, δυνάμενοί τε κατασχεῖν καὶ πρᾶξαι τὸ ἀγαθὸν, καὶ δυνάμενοι πάλιν ἀποβαλεῖν αὐτὸ, καὶ μὴ ποιῆσαι· δικαίως καὶ παρ' ἀνθρώποις τοῖς εὐνομουμένοις,

CAP. LX.

E Parall. J. Damasc.

1. Si autem naturaliter quidam boni, quidam vero mali facti fuissent; neque hi laudabiles essent qui boni sunt, [2]tales enim facti fuerant, sed neque illi vituperabiles, et ipsi enim tales fuerant instituti. Sed quoniam omnes ejusdem sunt naturæ, et potentes retinere et operari bonum, et potentes rursum amittere id et non facere; juste etiam apud [3]homines sensatos (quanto magis apud

[1] AR. *in epistola, ad, thesaurisans.*

[2] *tales enim facti fuerant*, omitted in the CL. and VOSS. MSS.

[3] Homines sensatos. Εὐνοουμένοις *perperam legit Interpres. Repone itaque,* homines bonis legibus utentes. GRABE.

καὶ πολὺ πρότερον παρὰ Θεῷ, οἱ μὲν ἐπαινοῦνται, καὶ ἀξίας τυγχάνουσι μαρτυρίας τῆς τοῦ καλοῦ καθόλου ἐκλογῆς καὶ LIB. IV. lx. 1. GR. IV. lxxii. MASS. IV. xxxvii. 2.
M. 282. *ἐπιμονῆς· οἱ δὲ καταιτιῶνται, καὶ ἀξίας τυγχάνουσι ζημίας τῆς τοῦ καλοῦ καὶ ἀγαθοῦ ἀποβολῆς· καὶ διὰ τοῦτο οἱ προφῆται ... παρῄνουν τοῖς ἀνθρώποις, δικαιοπραγεῖν καὶ τὸ ἀγαθὸν ἐξεργάζεσθαι· ... ὡς ἐφ' ἡμῖν ὄντος τοῦ τοιούτου, καὶ διὰ τὴν πολλὴν ἀμέλειαν εἰς λήθην ἐκπεπτωκότων, καὶ γνώμης δεομένων ἀγαθῆς, ἣν ὁ ἀγαθὸς Θεὸς παρέσχε γινώσκειν διὰ τῶν προφητῶν.*

Deum) alii quidem laudantur, et dignum percipiunt testimonium electionis bonæ et perseverantiæ; alii vero accusantur, et dignum percipiunt damnum, eo quod justum et bonum [1]reprobaverint. Et ideo prophetæ [2]bonum quidem hortabantur homines, justitiam agere bonumque operari, sicut per multa ostendimus: quia in nobis sit hoc, et propter multam negligentiam in oblivionem inciderimus, et consilio egeamus bono: propter quod bonus Deus [3]præstavit bonum consilium per prophetas. Propter hoc autem et Dominus, *Luceat lumen vestrum*, dicebat, *coram hominibus, ut* Matt. v. 16.
videant bona facta vestra, et clarificent Patrem vestrum qui in cœlis est. Et: *Attendite vobis, ne forte graventur corda vestra* [4]*in cra-* Luc. xxi. 34.
pula, et ebrietate, et sollicitudinibus secularibus. Et: *Sint lumbi* Luc. xii. 35, 36.
vestri præcincti, et lucernæ ardentes, et vos similes hominibus exspectantibus Dominum suum, quando revertatur a nuptiis, ut cum venerit et pulsaverit aperiant ei. Beatus servus ille, quem, cum venerit Dominus ejus, invenerit ita facientem. Et iterum: *Servus* Luc. xii. 47.
qui scit voluntatem Domini sui, et non facit, vapulabit [5]*multas.* Et: *Quid mihi dicitis, Domine, Domine, et non facitis quæ dico?* Et Luc. vi. 46.
iterum: *Si autem dicat servus in corde suo, Tardat Dominus, et* Luc. xii. 45, 46, et Matt. xxiv. 48–51.
incipiat cædere conservos, et manducare et bibere et inebriari, veniet Dominus ejus in die qua non sperat, et dividet eum, et

[1] Cl. *reprobaverunt.*

[2] The testimony of MSS. is so universal in favour of *bonum*, and strong in support of *quidem*, that both of these words, the first of which is discarded by Massuet, and both by Grabe, have been received in the text. The Greek may evidently have been *καὶ διὰ τοῦτο οἱ προφῆται τὸ καλὸν μὲν παρῄνουν τοῖς ἀνθρώποις, δικαιοπραγεῖν, κ. τ. λ.* *Int. legente, τοὺς ἀνθρώπους.* Cl. and Voss. have *bonum quidem*, Ar. and Merc. II. *bonum quoque;* compare also the closing words of this Greek fragment.

[3] Cl., Voss. and Ulpian write *præstavit;* Ar. with its usual *σφάλμα*, *præstabit*, v. 293, 2.

[4] *In crapula*, omitted in the Clerm.

[5] *multas*, Clerm., Arund., Voss. al. *multis.*

LIB. IV. ix. 1. GR. IV. lxxii. MASS. IV. xxxvii. 3.

Ταῦτα γὰρ πάντα τὸ αὐτεξούσιον ἐπιδείκνυσι τοῦ ἀνθρώπου, G. 231 καὶ τὸ συμβουλευτικὸν τοῦ Θεοῦ, ... ἀποτρέποντος μὲν τοῦ ἀπειθεῖν αὐτῷ, ἀλλὰ μὴ βιαζομένου.

Halloix. v. Iren. e Parall. Joh. Damasc. Münter. Fragm. Patr. Gr. Fasc. i. p. 26. Ang. Maius in N. Collect. vii. 93.

2. [1] Καὶ γὰρ αὐτὸ τὸ εὐαγγέλιον, εἰ μὴ βούλοιτό τις ἕπεσθαι, ἐξὸν μὲν αὐτῷ ἐστιν, ἀσύμφερον δέ· ἡ γὰρ παρακοὴ τοῦ Θεοῦ καὶ ἀποβολὴ τοῦ ἀγαθοῦ ἔστιν μὲν ἐν τῷ ἀνθρώπῳ, βλάβην δὲ καὶ ζημίαν οὐ τὴν τυχοῦσαν φέρει· καὶ διὰ τοῦτο ὁ Παῦλος φησὶν, πάντα μοι ἔξεστιν, ἀλλ' οὐ πάντα συμφέρει· καὶ τὸ ἐλεύθερον τοῦ ἀνθρώπου ἐξηγούμενος, διὸ πάντα ἔξεστιν, μὴ καταναγκάζοντος αὐτὸν τοῦ Θεοῦ· καὶ τὸ σύμφερον δείκνυσι, ἵνα μὴ εἰς ἐπικάλυμμα κακίας καταχρησώμεθα τῇ ἐλευθερίᾳ· ἀσύμφερον γὰρ τουτό γε.

partem ejus cum hypocritis ponet. Et omnia talia [2]quæ liberum et suæ potestatis ostendunt hominem, et quia consilio instruat Deus, adhortans nos ad subjectionem sibi, et avertens ab incredulitate, non tamen de violentia cogens.

2. Etenim ipsum Evangelium si noluerit quis sequi, licet quidem ei, non tamen expedit. Inobedientia enim Dei et amissio boni est quidem in hominis potestate; læsionem autem et damnum non quamlibet infert. Et propter hoc Paulus ait: *Omnia licent, sed non omnia expediunt;* et libertatem referens hominis, quapropter et omnia licent, non cogente eum Deo; et id, [3]*non expedit,* ostendens, ut non ad velamen malitiæ abutamur libertate: non enim hoc expedit. Et iterum ait: *Loquimini veritatem unusquisque cum proximo suo.* Et: *Omnis sermo malus de ore vestro non exeat, aut turpitudo, aut vaniloquium, aut scurrilitas, quæ ad rem non pertinent, sed magis gratiarum actio.* Et: *Eratis enim aliquando tenebræ, nunc autem lumen in Domino: quasi filii lucis* [4]*honeste ambulate: non in comessationibus, et ebrietatibus, non in cubilibus, et in libidinibus, non in ira, et zelo. Et hæc* [5]*quidam*

1 Cor. vi. 12, et x. 23. — 1 Pet. ii. 16. — Ephes. iv. 25. — Ephes. iv. 29, et v. 4. — Ephes. iv. 8. — Rom. xiii. 13. — 1 Cor. vi. 11.

[1] First incorporated by STIEREN.

[2] *quæ.* GRABE proposes *quidem,* but the translator seems to have read, τὰ αὐτεξούσιον ἐπιδείκνυντα τὸν ἄνθρωπον.

[3] *non expedit,* i. e. οὐ συμφέρει, the subject πάντα having been overlooked.

[4] *honeste,* &c., imported from Rom. xiii. 13.

[5] *quidam,* CL., AR. This word is printed by MASSUET for the corrupt reading *quidem,* which occurs also at p. 243, and there GRABE's text agrees with the same MSS. It may be observed that the Syriac has ܒܐܢܫ ܐܢܫ *every man of you;* it also expresses the final word *nostri,* in ܒܫܘܒܚܗ ܕܡܪܢ

fuistis, sed abluti estis, sed sanctificati estis [1]*in nomine Domini nostri.* Si igitur non in nobis esset facere hæc, aut non facere, quam causam habebat Apostolus, et multo prius ipse Dominus, consilium dare, quædam quidem facere, a quibusdam vero abstinere? Sed quoniam liberæ sententiæ ab initio est homo, et liberæ sententiæ est Deus cujus ad similitudinem factus est, semper consilium datur ei continere bonum, quod perficitur ex ea quæ est ad Deum obedientia. Et non tantum in operibus, sed etiam in fide, liberum et suæ potestatis arbitrium [2]hominis servavit Dominus, dicens: *Secundum fidem tuam fiat tibi;* propriam fidem hominis ostendens, quoniam propriam suam habet sententiam. Et iterum: *Omnia possibilia* [3]*credenti;* et, *Vade, sicut credidisti, fiat tibi.* Et omnia talia suæ potestatis secundum fidem ostendunt hominem. Et propter hoc, is *qui credit ei habet vitam æternam: qui autem non credit Filio, non* [4]*habet vitam æternam, sed ira Dei manebit super ipsum.* Secundum hanc igitur rationem, et suum proprium bonum ostendens Dominus, et sui arbitrii ac suæ potestatis hominem significans, dicebat ad Hierusalem: *Quoties volui* [5]*congregare filios tuos, quemadmodum gallina pullos suos sub* [5]*ascellas et noluisti? Quapropter relinquetur vobis domus vestra* [5]*deserta.*

LIB. IV. ix. 2, GR. IV. lxxii. MASS. IV. xxxvii. 4.

Matt. ix. 29.

Marc. ix. 23. Matt. viii. 13.

Joh. iii. 36.

Matt. xxiii. 37, 38.

CAP. LXI.

Quæ causa fuerit, quod non ab initio perfectus factus est homo.

1. Qui autem his contraria dicunt, ipsi impotentem introducunt Dominum, scilicet quasi non potuerit perficere hoc quod voluerit: aut rursum ignorantem natura [6]choicos, ut ipsi dicunt, et eos qui non possunt accipere ejus incorruptelam. Sed oportebat, [7]inquit, eum neque angelos tales fecisse, ut possent transgredi,

[1] *sed justificati estis,* lost in the preceding. Cf. 414, G.

[2] Ar. *homini.*

[3] *sunt,* omitted as in the Cl. and Ar. N. T. πάντα δυνατὰ, τῷ πιστεύοντι.

[4] *habet,* MSS., but Gr. ὄψεται. Syr. ܢܩܢܐ, *habebit,* for ܢܚܙܐ, *videbit.*

[5] *ascellas,* Clerm.; *ascillis,* Ar.; *assellis,* Feu. marg. and Voss.; Edd. *alas.* But the words are identical: *Quomodo enim vester, axilla, ala factus est nisi fuga literæ vastioris? quam literam etiam e maxillis, et taxillis, et vexillo, et paxillo consuetudo elegans Latini sermonis evellit.* Cic. *Or.* c. 45. The last word of the quotation, *deserta,* is omitted in the Cl. MS. from its partial similarity to the preceding word. For *congregare,* MSS. had *colligere,* 285, 2.

[6] *choicos,* called indifferently ὑλικοὺς and χοϊκούς. I. 51, 52. Ar. *naturam.*

[7] Int. for φασι, read φησι.

LIB. IV. lxi. 1. GR. IV. lxxii. MASS. IV. xxxvii. 6.

neque homines qui statim ingrati exsisterent in eum, quoniam rationabiles et examinatores et judiciales facti sunt, et non quemadmodum irrationabilia sive [1]inanimalia, quæ sua voluntate nihil possunt [2]agere, sed cum necessitate et vi ad bonum trahuntur, in quibus unus sensus et unus mos, [3]inflexibiles et sine judicio, qui M. 283. nihil aliud esse possunt, præterquam quod facti sunt. Sic autem nec suave esset eis, quod est bonum, neque pretiosa communicatio Dei, neque magnopere appetendum bonum, quod sine suo proprio motu et cura et studio provenisset, sed ultro et otiose insitum: ita ut essent nullius momenti boni, eo quod natura [4]magis quam voluntate tales [4]exsisterent, et ultroneum haberent bonum, sed non secundum electionem; et propter hoc nec hoc ipsum intelligentes, quoniam pulchrum sit quod bonum, neque fruentes eo. Quæ enim fruitio boni apud eos qui ignorant? Quæ autem gloria his qui non G. 377. studuerunt illud? Quæ autem corona his qui non eam, ut victores in certamine, consecuti sunt? Et propter hoc Dominus violentum dixit regnum cœlorum: *et qui vim faciunt*, inquit, *diripiunt illud;* hoc est, qui cum vi et agone vigilantes instanter diripiunt illud. Propter hoc autem et Paulus [5]Apostolus ait Corinthiis: [6]*Nescitis, quoniam hi qui in stadio currunt, omnes quidem currunt, sed unus accipit bravium. Sic currite, ut* [7]*apprehendatis. Omnis autem* [8]*qui agonisatur, in omnibus continens est: illi quidem ut corruptibilem accipiant coronam, nos autem incorruptibilem. Ego autem sic curro, non in* [9]*incertum: sic pugno, non quasi aërem cædens: sed* [9]*lividum facio corpus meum, et in servitutem redigo, ne*

Matt. xi. 12.

1 Cor. ix. 24—27.

[1] *inanimalia*, so written in the Cl. copy, but with *in* expunged; *animalia* would make better sense than the hybrid word in the text. The Greek may have had ἄλογα, ἐάνπερ ἔμψυχα, rendered *si inanimalia*, but copied as *siue animalia*, which would account for the state of the Cl. copy.

[2] Cl., Voss. *facere*.

[3] Ar. *inflexibilis*. Gr. ἀκαμπτοι.

[4] *magis* omitted in the Clerm. copy. Φύσει ἢ θελήματι. Ar. *exstiterint*.

[5] *Apostolus*, here inserted by Grabe, is cancelled by Massuet, and Stieren, as omitted in the Clerm., but Ar., Merc. ii. MSS., as also Erasm. and Gallas. retain it.

[6] Ar. *Non scitis, quoniam qui*.

[7] *apprehendatis*. The Clerm. reading, al. *comprehendatis*.

[8] Qui agonisatur. *Græce est ὁ ἀγωνιζόμενος*, qui certat. Cypr. *de Exh. Martyr.* 8, *et Ep. ad Mar. de Mappalico, habet ut Irenæus*, Omnis enim qui agonisat. *Pamelius, vir multæ lectionis, illic annotat, omnes Codices suos, uno excepto, legisse:* Omnis qui agonisatur; *quod et hic habebat* VETUS *noster Codex: utrumque recte.* Feuard. *Cum* Vet. *Codice consentiunt Codd.* Arund. et Voss.—Grabe. To which Mass. adds the Clerm., and correctly.

[9] Clerm. *incerto*, and for *lividum* it has the ill corrected error *libidinum*, *b* and *v* being interchangeable. N. T. ὑπωπιάζω.

forte aliis prædicans, ipse reprobus efficiar. Bonus igitur agonista ad incorruptelæ agonem adhortatur nos, uti coronemur, et pretiosam arbitremur coronam, videlicet quæ per agonem nobis [1]acquiritur, sed non ultro coalitam. Et quanto per agonem nobis advenit, tanto est pretiosior: quanto autem pretiosior, tanto eam

LIB. IV. lxi. 1. GR. IV. lxxii. MASS. IV. xxxvii. 7

2 Tim. iv. 7.

Οὐχ ὁμοίως ἀγαπᾶται τὰ ἐκ τοῦ αὐτομάτου προσγινόμενα τοῖς μετὰ σπουδῆς εὑρισκομένοις.

E Parall. Joh. Damasc.

semper diligamus. Sed neque similiter [2]diliguntur ea quæ ultro adveniunt, quam illa quæ cum multa sollicitudine adinveniuntur. Quoniam igitur [3]pro nobis erat, plus diligere Deum, cum [4]agone hoc nobis adinvenire, [5]et Dominus docuit, et Apostolus tradidit. Et alias autem [6]esset videlicet nostrum insensatum bonum, quod [7]esset inexercitatum. Sed et videre non [8]tantum nobis esset desiderabile, nisi cognovissemus quantum esset malum non videre: et bene valere autem male valentis experientia honorabilius efficit; et lucem, tenebrarum comparatio; et vitam, mortis. Sic et cœleste regnum honorabilius est his qui cognoverunt terrenum. Quanto autem honorabilius, tanto magis diligimus illud; et si plus illud dilexerimus, clariores erimus apud Deum.

2. Pro nobis igitur omnia hæc sustinuit Dominus, uti per omnia eruditi, in omnibus in futurum simus cauti, et perseveremus in omni ejus dilectione, rationabiliter edocti diligere Deum: Deo quidem magnanimitatem præstante in apostasia hominis; homine autem erudito per eam, quemadmodum et propheta ait: *Emendabit te abscessio tua;* præfiniente Deo omnia ad hominis perfectionem, et ad ædificationem, et manifestationem dispositionum; uti et bonitas ostendatur, et justitia perficiatur, et Ecclesia ad figuram imaginis Filii ejus coaptetur, et tandem aliquando maturus fiat homo, in tantis maturescens ad videndum et capiendum Deum.

Jerem. ii. 19.

[1] The CLERM. reading *aquiriturum, sed,* indicates *acquiritur, verum,* but a confusion having taken place, *sed* may have been afterwards added.

[2] CLERM. *diliguntur quæ.*

[3] *pro nobis,* rendered by GALLAS. and FEUARD. as μεθ' ἡμῶν, *penes nos,* to which MASS. assents. GRABE gives the not very intelligible gloss, *e re nostra;* but the Greek equivalent may be indicated, ἐπεὶ οὖν ἐφ' ἡμῖν γ' ἦν μᾶλλον ἀγαπᾷν τὸν Θεόν, i. e. *nostrum erat.*

[4] *agone,* OTHOB., MERC. II., sounds like the correct reading. CL., ARUND., VOSS. *labore.*

[5] *et,* AR. missing in CL., VOSS.

[6] *esset,* omitted AR.

[7] AR. *quod est sed ne exercitatum;* but the Greek seems to have been, καὶ ἄλλως μὲν ἂν ᾖ δηλονότι ἄλογον τὸ ἡμέτερον ἀγαθὸν, ὅταν ἀμελέτητον ᾖ.

[8] CL. inserts *in.*

LIB. IV. lxii. GR. IV. lxxiii. MASS. IV. xxxviii. 1.

Κεφ. ξβ'.

Secundum quid omnia quæ facta sunt indigent perfecto, et unde est indigentia.

E Parall. Joh. Damasc. ed. Halloix. in vit. Iren.

ΕΙ δὲ λέγει τις· οὐκ ἠδύνατο ὁ Θεὸς ἀπ' ἀρχῆς τέλειον ἀναδεῖξαι τὸν ἄνθρωπον; Γνώτω, ὅτι τῷ μὲν Θεῷ, [1] ἀεὶ κατὰ τὰ αὐτὰ ὄντι, καὶ ἀγεννήτῳ ὑπάρχοντι, ὡς πρὸς ἑαυτὸν, πάντα δυνατά· τὰ δὲ γεγονότα, καθὸ μετέπειτα γενέσεως ἀρχὴν ἰδίαν ἔσχε, κατὰ τοῦτο καὶ ὑστερεῖσθαι δεῖ αὐτὰ τοῦ πεποιηκότος· οὐ γὰρ ἠδύναντο ἀγέννητα εἶναι τὰ νεωστὶ γεγεννημένα· G. 378. Καθὸ δὲ μή ἐστιν ἀγέννητα, κατὰ τοῦτο καὶ ὑστεροῦνται τοῦ τελείου. Καθὸ δὲ νεώτερα, κατὰ τοῦτο καὶ νήπια, κατὰ τοῦτο καὶ ἀσυνήθη, καὶ ἀγύμναστα πρὸς τὴν τελείαν ἀγωγήν. Ὡς οὖν ἡ μὲν μήτηρ δύναται τέλειον παρασχεῖν τῷ βρέφει τὸ ἔμβρωμα, τὸ δὲ ἔτι ἀδυνατεῖ τὴν αὐτοῦ πρεσβυτέραν δέξασθαι τροφήν· οὕτως καὶ ὁ Θεὸς αὐτὸς μὲν οἷός τε ἦν

CAP. LXII.

Si hoc autem dicat aliquis: Quid enim? Non poterat ab initio Deus perfectum fecisse hominem? Sciat, quoniam Deus quidem cum semper sit idem, et innatus, quantum ad ipsum est, omnia possibilia ei. Quæ autem facta sunt ab eo, secundum quod postea facturæ initium habuerunt, secundum hoc et minora esse oportuit eo qui se fecerit: nec enim poterant infecta esse, quæ nuper facta sunt. Propter quod autem non sunt infecta, propter hoc et [2] ideo deficiunt a perfecto. Secundum enim quod sunt posteriora, secundum hoc et infantilia; et [3] secundum quod infantilia, secundum hoc et insueta, et inexercitata ad perfectam disciplinam. Quemadmodum enim mater potest quidem præstare perfectam escam infanti, ille autem adhuc non potest robustiorem se percipere escam: sic et Deus ipse quidem potens fuit homini

[1] The Platonic distinction may be observed of *ἀεὶ κατὰ τὰ αὐτὰ εἶναι*, as predicated alone of the *deity*, and *τὸ γεγονώς*, the *contingent*, and *temporal*.

[2] *ideo* evidently redundant.

[3] These words, *secundum quod infantilia*, are not represented in the Greek, they are omitted in the Clerm., Merc. ii. and Voss. MSS., and they may be expunged without affecting the sense.

παρασχεῖν ἀπ' ἀρχῆς τῷ ἀνθρώπῳ τὸ τέλειον, ὁ δὲ ἄνθρωπος LIB. IV. lxii.
M. 284. ἀδύνατος λαβεῖν αὐτό· νήπιος γὰρ ἦν. Διὰ τοῦτο καὶ ὁ GR. IV. lxxiv.
Κύριος ἡμῶν ἐπ' ἐσχάτων τῶν καιρῶν, ἀνακεφαλαιωσάμενος MASS. IV. xxxviii. 1.
εἰς αὐτὸν τὰ πάντα, ἦλθε πρὸς ἡμᾶς, οὐχ ὡς αὐτὸς ἠδύνατο, ἀλλ' ὡς ἡμεῖς αὐτὸν ἰδεῖν ἠδυνάμεθα. Αὐτὸς μὲν γὰρ ἐν τῇ ἀφθάρτῳ αὐτοῦ δόξῃ πρὸς ἡμᾶς ἐλθεῖν ἠδύνατο· ἀλλ' ἡμεῖς οὐδεπώποτε τὸ μέγεθος τῆς δόξης αὐτοῦ βαστάζειν ἠδυνάμεθα. Καὶ [1] διὰ τοῦτο, ὡς νηπίοις, ὁ ἄρτος ὁ τέλειος τοῦ πατρὸς, γάλα ἡμῖν ἑαυτὸν παρέσχεν, ὅπερ ἦν ἡ κατ' ἄνθρωπον αὐτοῦ παρουσία, ἵνα ὡς ὑπὸ μασθοῦ τῆς σαρκὸς αὐτοῦ τραφέντες, καὶ διὰ τῆς τοιαύτης γαλακτουργίας ἐθισθέντες τρώγειν καὶ πίνειν τὸν λόγον τοῦ Θεοῦ, τὸν τῆς ἀθανασίας ἄρτον, ὅπερ ἐστὶ τὸ Πνεῦμα τοῦ Πατρὸς, ἐν ἡμῖν αὐτοῖς κατασχεῖν δυνηθῶμεν.

præstare perfectionem ab initio, homo autem impotens percipere illam: infans enim fuit. Et propter hoc Dominus noster in novissimis temporibus, recapitulans in seipso omnia, venit ad nos, non quomodo ipse poterat, sed quomodo illum nos videre poteramus. Ipse enim in sua inenarrabili gloria ad nos venire poterat: sed nos magnitudinem gloriæ ipsius portare non poteramus. Et propter hoc, quasi infantibus, ille qui erat panis perfectus Patris, lac nobis semetipsum [2] præstavit, quod erat secundum hominem ejus adventus, ut quasi a mammilla carnis ejus enutriti, et per talem lactationem assueti manducare et bibere Verbum Dei, et eum qui est immortalitatis panis, qui est Spiritus Patris, in nobis ipsis [3] continere possimus.

[1] The reader may compare a very similar passage in the *Pædag.* of CLEM. AL. I. 6. The following, as testifying that the Body and Blood of Christ are really, though *spiritually* received, is valuable. ...γάλα ἦν τὸ παιδίον τοῦτο κάλον καὶ οἰκεῖον, τὸ σῶμα τοῦ Χριστοῦ τὴν νεολαίαν ὑποτρόφησαν τῷ Λόγῳ. ἣν αὐτὸς ἐκύησεν ὁ Κύριος, ὠδῖνι σαρκικῇ· ἣν αὐτὸς ἐσπαργάνωσεν ὁ Κύριος, αἵματι τιμίῳ. Ὢ τῶν ἁγίων λοχευμάτων· ὢ τῶν ἁγίων σπαργάνων· ὁ Λόγος τὰ πάντα τῷ νηπίῳ, καὶ πατὴρ, καὶ μητὴρ, καὶ παιδάγωγος, καὶ τροφεύς. Φάγεσθε μοῦ, φησι, τὴν σάρκα, καὶ πίεσθε μοῦ τὸ αἷμα. Ταύτας ἡμῖν οἰκείας τροφὰς ὁ Κύριος χορηγεῖ, καὶ σάρκα ὀρέγει, καὶ αἷμα ἐκχεῖ· καὶ οὐδὲν εἰς αὔξησιν τοῖς παιδίοις ἐνδεῖ.

[2] CLERM., VOSS. *præstavit;* see 287, 3; AR. *præstitit.*

[3] AR. here inserts *eum.*

LIB. IV. lxiii. 1. GR. IV. lxxv. MASS. IV. xxxviii. 2.

Κεφ. ξγ'.

Quid est quod a Paulo dicitur, Lac vobis potum dedi, non escam.

1. ΚΑΙ διὰ τοῦτο Παῦλος Κορινθίοις φησί· γάλα ὑμᾶς ἐπότισα, οὐ βρῶμα· οὐδὲ γὰρ ἠδύνασθε βαστάζειν· τουτέστι, τὴν μὲν κατὰ ἄνθρωπον παρουσίαν τοῦ Κυρίου ἐμαθητεύθητε, οὐδήπου δὲ τὸ τοῦ Πατρὸς Πνεῦμα ἐπαναπαύε- G. 379.
ται ἐφ' ὑμᾶς, διὰ τὴν ὑμῶν ἀσθένειαν· ὅπου γὰρ ζῆλος, καὶ ἔρις, φησὶν, ἐν ὑμῖν, καὶ διχοστασίαι, οὐχὶ σαρκικοί ἐστε, καὶ κατὰ ἄνθρωπον περιπατεῖτε; Τουτέστιν, ὅτι οὐδέπω τὸ Πνεῦμα τοῦ Πατρὸς ἦν σὺν αὐτοῖς, διὰ τὸ ἀκατάρτιστον αὐτῶν καὶ ἀσθενὲς τῆς πολιτείας. Ὡς οὖν ὁ ἀπόστολος δυνατὸς ἦν διδόναι τὸ βρῶμα, οἷς γὰρ ἂν ἐπετίθουν χεῖρας, ἐλάμβανον Πνεῦμα ἅγιον, ὅ ἐστι βρῶμα ζωῆς, ἐκεῖνοι δὲ ἠδυνάτουν λαβεῖν αὐτὸ, διὰ τὸ ἀσθενῆ ἔτι καὶ ἀγύμναστα ἔχειν τὰ τῆς ψυχῆς αἰσθητήρια τῆς πρὸς Θεὸν γυμνασίας· οὕτως καὶ τὴν ἀρχὴν ὁ μὲν Θεὸς δυνατὸς ἦν διδόναι τὸ τέλειον τῷ ἀνθρώπῳ, ἐκεῖνος δὲ ἄρτι

CAP. LXIII.

1 Cor. iii. 2. 1. ET propter hoc Paulus Corinthiis ait: ***Lac vobis potum dedi non escam: nondum enim poteratis escam percipere;*** id est, eum quidem adventum Domini, [1]quem secundum hominem, didicistis; nondum autem Patris Spiritus requiescit super vos, propter vestram infirmitatem;
1 Cor. iii. 3. ***Ubi [2]enim sunt zelus, et discordia,*** ait, ***in vobis, et dissensiones, nonne carnales estis, et secundum hominem ambulatis?*** Hoc est, quoniam nondum Spiritus Patris erat cum ipsis, propter imperfectionem eorum et infirmitatem conversationis.
Act. viii. 17. Quemadmodum igitur Apostolus poterat dare escam; quibuscunque enim imponebant Apostoli manus, accipiebant Spiritum sanctum, qui est esca vitæ, illi autem non poterant percipere illud, quoniam infirmum adhuc et inexercitabilem sensum erga Deum conversationis habebant: sic et initio Deus quidem potens fuit dare perfectionem homini; ille autem nunc nuper factus, non po-

[1] *quem.* So the MSS. This enallage of case can scarcely mark the article, τὴν, in the Greek. GRABE proposes *qui.*

[2] CL. omits *enim.* AR. adds *sunt.*

γεγονὼς, ἀδύνατος ἦν λαβεῖν αὐτὸ, ἢ καὶ λαβὼν χωρῆσαι, ἢ καὶ χωρήσας κατασχεῖν. Καὶ διὰ τοῦτο συνενηπίαζεν [1]Υἱὸς τοῦ Θεοῦ, τέλειος ὢν, τῷ ἀνθρώπῳ, οὐ δι' ἑαυτὸν, ἀλλὰ διὰ τὸ τοῦ ἀνθρώπου νήπιον οὕτω χωρούμενος, ὡς ἄνθρωπος αὐτὸν χωρεῖν ἠδύνατο. Οὐ περὶ τὸν Θεὸν μὲν τὸ ἀδύνατον καὶ ἐνδεὲς, ἀλλὰ περὶ τὸν νεωστὶ γεγονότα ἄνθρωπον, ὅτι μὴ ἀγέννητος ἦν. Περὶ τὸν Θεὸν δύναμις ὁμοῦ, καὶ σοφία, καὶ ἀγαθότης δείκνυται· δύναμις μὲν καὶ ἀγαθότης, ἐν τῷ τὰ μηδέπω ὄντα ἑκουσίως κτίζειν τε καὶ ποιεῖν· σοφία δὲ, ἐν τῷ εὔρυθμα, καὶ ἐμμελῆ, καὶ [2]ἐγκατάσκευα τὰ γεγονότα πεποιηκέναι. Ἅτινα διὰ τὴν ὑπερβάλλουσαν αὐτοῦ ἀγαθότητα αὔξησιν προσλαβόντα, καὶ ἐπὶ πλεῖον ἐπιμένοντα, ἀγεννήτου δόξαν ἀποίσεται, τοῦ Θεοῦ ἀφθόνως χαριζομένου τὸ καλόν. Κατὰ μὲν τὸ γεγενῆσθαι αὐτὰ, οὐκ ἀγέννητα· κατὰ δὲ τὸ παραμένειν αὐτὰ μακροῖς αἰῶσι, δύναμιν ἀγεννήτου προσλήψεται, τοῦ Θεοῦ προῖκα δωρουμένου αὐτοῖς τὴν εἰσαεὶ παραμονήν.

LIB. IV. lxiii. 1. GR. IV. lxxv. MASS. IV. xxxviii. 2.

E duob. locis Parall. J. Damasc. ed. Halloix.

terat illud accipere, vel accipiens capere, vel capiens continere. Et propter hoc coinfantiatum est homini Verbum Dei cum esset perfectus, non propter se, sed propter hominis infantiam sic capax effectus, quemadmodum homo illum capere potuit. Non igitur [3]erga Deum impossibile [4]et indigens, sed circa eum qui nunc nuper factus est homo; quoniam non [4]infectus erat. [3]Erga Deum autem virtus simul, et sapientia, et bonitas ostenditur: virtus quidem et bonitas in eo quod ea, quæ nondum erant, voluntarie constituerit et fecerit; sapientia vero in eo, quod apta et consonantia, quæ sunt, fecerit. [5]Quædam autem propter immensam ejus benignitatem augmentum [6]accipientia, et in multum temporis perseverantia, infecti gloriam referunt, Deo sine invidia donante quod bonum est. Secundum enim id quod facta sunt, non sunt infecta: secundum id vero quod perseverant longis [7]æonibus, virtutem infecti assument, Deo gratuito donante eis sempiternam perseverationem.

[1] Int. Λόγος.

[2] STIEREN's emendation, but a gloss.

[3] *erga*, as before, I. 313, 1; 317, 1. CL. and VOSS., but *circa* in the AR.

[4] CLERM. very inaccurate, *invisibile eo*. AR. *perfectus*.

[5] *Quædam autem*, the translator expresses the faulty reading τινὰ δέ.

[6] AR. *percipientia*.

[7] CLERM. *agonibus*. Cf. I. 24, 1.

LIB. IV. lxiii. 2. GR. IV. lxxv. MASS. IV. xxxviii. 3.

2. Καὶ οὕτως πρωτεύει μὲν ἐν πᾶσιν ὁ Θεὸς, ὁ καὶ μόνος ἀγέννητος, καὶ πρῶτος πάντων, καὶ τοῦ εἶναι τοῖς πᾶσι παραίτιος· τὰ δὲ λοιπὰ πάντα ἐν ὑποταγῇ μένει τοῦ Θεοῦ. M. 285. [1]Ὑποταγὴ δὲ Θεοῦ, ἀφθαρσία· καὶ παραμονὴ ἀφθαρσίας, δόξα ἀγέννητος. Διὰ ταύτης τῆς τάξεως, καὶ τῶν τοιούτων ῥυθμῶν, καὶ τῆς τοιαύτης ἀγωγῆς, ὁ γεννητὸς καὶ πεπλασμένος ἄνθρωπος κατ' εἰκόνα καὶ ὁμοίωσιν τοῦ ἀγεννήτου γίνεται Θεοῦ· τοῦ μὲν G. 380. Πατρὸς εὐδοκοῦντος καὶ κελεύοντος, τοῦ δὲ Υἱοῦ [2]πράσσοντος καὶ δημιουργοῦντος, τοῦ δὲ Πνεύματος τρέφοντος καὶ αὔξοντος, τοῦ δὲ ἀνθρώπου ἠρέμα προκόπτοντος, καὶ πρὸς τέλειον ἀνερχομένου, τουτέστι, πλησίον τοῦ ἀγεννήτου γινομένου· τέλειος γὰρ ὁ ἀγέννητος· οὗτος δέ ἐστι Θεός. Ἔδει δὲ τὸν ἄνθρωπον πρῶτον γενέσθαι, καὶ γενόμενον αὐξῆσαι, καὶ αὐξήσαντα ἀνδρωθῆναι, καὶ ἀνδρωθέντα πληθυνθῆναι, καὶ πληθυνθέντα ἐνισχῦσαι, καὶ ἐνισχύσαντα δοξασθῆναι, καὶ δοξασθέντα ἰδεῖν τὸν ἑαυτοῦ δεσπότην. Θεὸς γὰρ ὁ μέλλων ὁρᾶσθαι· ὅρασις δὲ Θεοῦ περιποιητικὴ ἀφθαρσίας· ἀφθαρσία δὲ ἐγγὺς εἶναι ποιεῖ Θεοῦ.

2. Et[3] sic principalitatem quidem habebit in omnibus Deus, [4]quoniam et solus infectus, et prior omnium, et omnibus, ut sint, ipse est causa: reliqua vero omnia in subjectione manent Dei. Subjectio autem Dei, incorruptelæ perseverantia est: incorruptela autem gloria infecti. Per hanc igitur ordinationem, et hujusmodi convenientiam, et [5]tali ductu, factus et plasmatus homo secundum imaginem et similitudinem constituitur infecti Dei: Patre quidem bene sentiente, [6]et jubente; Filio vero ministrante, et formante; Spiritu vero nutriente, et augente; homine vero paulatim proficiente, et perveniente ad perfectum, id est, proximum infecto fieri. Perfectus enim est infectus: hic autem est Deus. Oportuerat autem hominem primo fieri, et factum augeri, et auctum corroborari, et corroboratum multiplicari, et multiplicatum convalescere, convalescentem vero glorificari, et glorificatum videre suum Dominum. Deus enim est qui habet videri: visio autem Dei efficax est incorruptelæ: incorruptela vero proximum facit esse Deo.

[1] *l.* *ἀγεννήτου.* By a slight alteration the Greek may be harmonised with the translation, *ὑποταγὴ δὲ Θεοῦ ἀφθαρσίας παραμονὴ, ἀφθαρσία δὲ δόξα ἀγεννήτου.* Compare C. LXXVI. 3. *Subjectio autem Dei requietio est æterna.* GRABE would transpose the Latin.

[2] *πράσσοντος.* Διακονοῦντος legit In-

LIB. IV. lxiii. 3. GR. IV. lxxv. MASS. IV. xxxviii. 4.

3. Irrationabiles igitur omni modo, qui non exspectant tempus augmenti, et suæ naturæ infirmitatem adscribunt Deo. Neque enim Deum neque semetipsos scientes, insatiabiles et ingrati, nolentes primo esse hoc quod et facti sunt, homines passionum capaces; sed supergredientes legem humani generis, et antequam fiant homines, jam volunt similes esse factori Deo, et nullam esse differentiam infecti Dei et nunc facti [7]hominis, qui plus irrationales sunt quam muta animalia. Hæc enim non imputant Deo, quoniam non homines [8]fecit ea; sed unumquodque eo quod factum est, quoniam factum est, gratias agit. Nos enim imputamus ei, quoniam non ab initio Dii facti sumus, sed primo quidem homines, [9]tunc demum Dii: quamvis Deus secundum simplicitatem bonitatis suæ hoc fecerit, ne quis eum putet invidiosum, aut [10]impræstantem. *Ego*, inquit, *dixi, Dii estis, et filii Excelsi omnes;* nobis autem potestatem divinitatis bajulare non sustinentibus, *Vos autem*, inquit, [11]*velut homines moriemini;* utraque referens, et illud quod est benignum suæ donationis, et infirmitatem nostram, et quod essemus nostræ potestatis. Secundum enim benignitatem suam bene dedit bonum, et similes sibi suæ potestatis homines fecit: secundum autem providentiam scivit hominum infirmitatem, et quæ ventura essent ex ea; secundum autem dilectionem et virtutem [12]vincet factæ naturæ substantiam. Oportuerat autem primo naturam apparere, post deinde vinci et [13]absorbi mortale ab immortalitate, et corruptibile ab incorruptibilitate, et fieri hominem secundum imaginem et similitudinem Dei, agnitione accepta boni et mali.

Ps. lxxxi. 6, 7.

2 Cor. v. 4. 1 Cor. xv. 53.

terpres. GRABE. But πράσσειν may very properly be expressed by *administrare, agere,* &c. *e. g.* THUCYD. I. I. πράσσε θαρσῶν καὶ τὰ ἐμὰ καὶ τὰ σά.

[3] The CLERM. copy omits *sic.*

[4] *quoniam*, reading ὅτι for ὁ.

[5] CL., VET., VOSS. *talis factus*, AR.

[6] AR. omits *et jubente.*

[7] CL. *homines.*

[8] AR. *fecit.* CL., VOSS. *facit.*

[9] *tunc demum Dii*, see p. 21, n. 5.

[10] *impræstantem*, ἀμετάδοτον.

[11] CL., AR. *velut*, which the writer of the former MS. evidently read in his copy, because the recurrence of the word *autem* caused him to write in the preceding line, *autem inquit velut potestatem.* GR. and STIER. print *sicut.*

[12] *vincet*, CL., VET., VOSS., but AR. *vinci.*

[13] See p. 105, n. 6.

LIB. IV. lxiv. 1. GR. IV. lxxvi. MASS. IV. xxxix. 1.

CAP. LXIV.

Quæ est agnitio boni et mali, et quemadmodum, homo cum indicto audiens fuisset, invaluit Deus, per dicto audientiam meliorem fieri hominem.

1. AGNITIONEM autem accepit homo boni et mali. Bonum est autem obedire Deo, et credere ei, et custodire ejus præceptum; et hoc est vita hominis: quemadmodum non obedire Deo, malum; et hoc est mors ejus. Magnanimitatem igitur præstante Deo, cognovit homo et bonum obedientiæ et malum inobedientiæ, uti oculus mentis utrorumque accipiens experimentum, electionem meliorum cum judicio faciat; et nunquam segnis, neque negligens præcepti fiat Dei, et id quod aufert ab eo vitam, id est [1]non obedire Deo, experimento discens quoniam malum est, neque tentet quidem illud unquam; quod autem conservatorium vitæ ejus est, G. 381. obedire Deo, sciens quoniam bonum est, [2]cum omni intentione diligenter custodiat. Propter hoc etiam duplices habuit sensus, utrorumque agnitionem habentes, ut electionem meliorum cum disciplina faciat. Disciplinam autem boni quemadmodum habere potuisset, ignorans quod [3]est contrarium? Firmior est enim et indubitata subjacentium apprehensio, quam ea quæ est ex suspicione conjectura. Quemadmodum enim lingua per gustum accipit experimentum dulcis et amari, et oculus per visionem discernit quod est nigrum ab albo, et auris per auditum differentias sonorum scit; sic et mens per utrorumque experimentum disciplinam boni accipiens, firmior ad conservationem ejus efficitur, obediens Deo: inobedientiam quidem primum respuens per pœnitentiam, M. 296. quoniam amarum et malum est; deinde ex comprehensione discens, quale sit quod contrarium est bono et dulcedini, ne tentet quidem unquam inobedientiam gustare Dei. Si autem utrorumque eorum cognitionem, et duplices sensus cognitionis quis defugiat, latenter semetipsum occidit hominem.

2. Quemadmodum igitur erit Deus, qui nondum factus est homo? quomodo autem perfectus, nuper effectus? quomodo autem immortalis, qui [4]in natura mortali non obedivit factori? Oportet

[1] *non* omitted in the CLERM. MS., but the correlative member *obedire Deo* follows afterwards. AR. reads *hoc est autem non.*

[2] *ut* rightly expunged by MASS., and not in the CL. and VOSS. *uti cum,* AR.

[3] CLERM. *esset.*

[4] AR. omits *in.*

enim te primo quidem ordinem hominis custodire, tunc deinde participare gloriæ Dei. Non enim tu Deum facis, sed Deus te facit. Si ergo opera Dei es, manum artificis tui exspecta opportune omnia facientem: opportune autem, quantum ad te attinet, qui efficeris. Præsta ei autem cor tuum molle et tractabile, et custodi figuram qua te figuravit artifex, habens in temetipso humorem, ne induratus amittas vestigia digitorum ejus. Custodiens autem compaginationem ascendes ad perfectum: ab artificio enim Dei absconditur quod est in te lutum. Fabricavit substantiam in te manus ejus: liniet te ab intus et a foris auro puro et argento, et in tantum ornabit te, ut et ipse Rex concupiscat speciem tuam. Si vero statim obduratus respuas [1]artem ejus, et ingratus exsistas in eum, quoniam homo factus es, [1]ingratus Deo factus, simul et artem ejus et vitam amisisti. Facere enim proprium est benignitatis Dei: fieri autem proprium est hominis naturæ. Si igitur tradideris ei quod est tuum, id est, fidem in eum et subjectionem, [2]recipies ejus artem, et eris perfectum opus Dei. Si autem non credideris ei, et fugeris manus ejus, erit causa imperfectionis in te qui non obedisti, sed non in illo qui vocavit. Ille enim misit, qui vocarent ad nuptias; qui autem non obedierunt ei, semetipsos privaverunt [3]regia cœna.

LIB. IV. lxiv. 2. GR. IV. lxxvi. MASS. IV. xxxix. 2.

Ps. xliv. 12.

Matt. xxii. 3 seq.

3. Non igitur [2]ars deficit Dei; potens est enim de lapidibus suscitare filios Abrahæ: sed ille qui non consequitur eam, sibimet suæ imperfectionis est causa. Nec enim lumen deficit propter eos, qui semetipsos excæcaverunt: sed illo perseverante quale et est, excæcati per suam culpam in caligine constituuntur. Neque lumen cum magna necessitate subjiciet sibi quemquam: neque

Matt. iii. 9, et Luc. iii. 8.

[4]Οὔτε τὸ φῶς ἐξασθενεῖ διὰ τοὺς ἑαυτοὺς τυφλώττοντας· ἀλλ' ἐκείνου μένοντος ὁποῖόν καὶ ἔστιν, οἱ τυφλωθέντες παρὰ τὴν αἰτίαν τὴν ἑαυτῶν ἐν ἀορασίᾳ καθίστανται· μήτε τοῦ

Ex Eclogis Joh. Presb. et Monach. Bibl. Coisl. ed. Mass.

[1] CLERM. *partem*. The same MS. omits *ingratus D. f. s.*

[2] *recipies ejus artem*, AR., but CL. *recipies autem ejus*. At the commencement of the next section also for *ars* the CL. has *quos*, but with an entire loss of meaning.

[3] CL., VOSS. insert *a*, but it can correspond with nothing in Greek, and AR. omits it.

[4] *Græcum hoc fragmentum, ut et sequens initio capitis* XL. *nunc primum prodit, ex Eclogis MSS. Johannis Presbyteri et Monachi, cod.* 313. *Bibliothecæ olim Seguerianæ, nunc Illustrissimi DD. Henrici Caroli de Coislin, qui ejus aditum hactenus interclusum, pro suo in literas studio ac benignitate, eruditis modo patefecit.* MASSUET.

LIB. IV. lxiv. 3. GR. IV. lxxvi. MASS. IV. xxxix. 3.

φωτὸς μετ' ἀνάγκης δουλαγωγοῦντός τινα, μήτε τοῦ Θεοῦ βιαζομένου, εἰ μὴ θέλοι τις κατασχεῖν αὐτοῦ τὴν τέχνην. Τὰ οὖν ἀποστάντα τοῦ πατρικοῦ φωτὸς, καὶ παραβάντα τὸν θεσμὸν τῆς ἐλευθερίας, παρὰ τὴν αὐτῶν ἀπέστησαν αἰτίαν, ἐλεύθερα καὶ αὐτεξούσια τὴν γνώμην γεγονότα.

Deus coget eum, qui nolit continere ejus artem. Qui igitur abstiterunt a paterno lumine, et transgressi sunt legem libertatis, per suam abstiterunt culpam, liberi arbitrii et suæ potestatis facti. Deus autem omnia præsciens, utrisque aptas præparavit habitationes: eis quidem qui inquirunt lumen incorruptibilitatis, et ad id recurrunt, benigne donans hoc quod concupiscunt lumen; aliis vero id contemnentibus, et avertentibus se ab eo et id fugientibus, et quasi semetipsos excæcantibus, congruentes lumini adversantibus præparavit tenebras, et [1]his qui fugiunt ei esse subjecti, [2]convenienti subdidit pœnæ. Subjectio autem Dei requietio est æterna: ut hi qui fugiunt lumen, dignum fugæ suæ habeant locum; et qui fugiunt æternam requiem, congruentem fugæ suæ habeant habitationem. Cum autem apud Deum omnia sint bona, qui ex sua sententia fugiunt Deum, semetipsos ab omnibus fraudant bonis: fraudati autem omnibus erga Deum bonis, consequenter in Dei justum judicium incident. Qui enim fugiunt requiem, juste in pœna conversabuntur: et qui fugerunt lumen, juste inhabitabunt tenebras. Quemadmodum autem in hoc temporali lumine, qui fugiunt illud, ipsos se tenebris mancipant; ita ut [3]et ipsi sibi causa fiant, quod destituuntur a lumine et inhabitant tenebras, et non lumen causa est [4]eis hujusmodi conversationis, quemadmodum prædiximus: sic æternum Dei qui fugiunt lumen, quod continet in se omnia bona, ipsi sibi causa sunt ut æternas inhabitent tenebras, destituti omnibus bonis, [4]sibimetipsis causa hujusmodi habitationis facti. G. 382.

[1] l. *hos.*

[2] AR. *convenientem...pœnam.* CL. *pœnæ.* VOSS. *convenienti...pene.* Both GR. and MASS. follow the AR., but the reading above is at least of equal authority. GRABE objects—*Sed reclamat huic lectioni præcedens vox* his, *quæ sequentem accusativum requirit.* By the substitution of *hos* the passage returns naturally into Greek: *καὶ τοὺς φυγόντας αὐτῷ ὑποτάγεσθαι, τῇ καθηκούσῃ ὑπέβαλε δίκῃ.*

[3] STIEREN adds *et* from the VOSS.

[4] AR. *est ejusmodi,* and *sibimet ipsi.*

LIB. IV. lxv. GR. IV. lxxvii. MASS. IV. xl. 1.

Κεφ. ξε'.

Quid est quod a propheta dictum est, Ego Deus zelans, faciens pacem et condens mala.

Ex Eclogis LXVII. Joh. Presb. et Monach. Bibl. Coisl.

*ΕΙΣ καὶ αὐτὸς ὁ Πατὴρ, ὁ τοῖς μὲν γλιχομένοις αὐτοῦ τῆς κοινωνίας καὶ προσμένουσιν αὐτοῦ τῇ ὑποταγῇ, τὰ παρ' αὐτῷ ἡτοιμακὼς ἀγαθά· τῷ δὲ ἀρχηγῷ τῆς ἀποστασίας διαβόλῳ καὶ τοῖς συναποστᾶσιν αὐτῷ, τὸ αἰώνιον πῦρ ἡτοιμακὼς, εἰς ὃ πεμφθήσεσθαι ἔφη ὁ Κύριος τοὺς εἰς τὰ ἀριστερὰ
M. 287. διακριθέντας. Καὶ τοῦτό ἐστιν τὸ εἰρημένον ὑπὸ τοῦ προφήτου· ἐγὼ Θεὸς καὶ [2]ζηλωτὴς, ποιῶν εἰρήνην καὶ κτίζων κακά· ἐπὶ μὲν τοὺς μετανοοῦντας καὶ ἐπιστρέφοντας πρὸς αὐτὸν ποιῶν εἰρήνην καὶ φιλίαν, καὶ ἕνωσιν συντιθέμενος· ἐπὶ δὲ τοὺς μὴ μετανοοῦντας καὶ φεύγοντας αὐτοῦ τὸ φῶς, πῦρ αἰώνιον καὶ ἐξώτερον σκότος ἡτοιμακώς· ἅτινά ἐστι κακὰ τοῖς ἐμπεσοῦσιν εἰς αὐτά.*

CAP. LXV.

UNUS igitur et idem Deus Pater, qui quidem concupiscentibus ejus communicationem, et perseverantibus in subjectione ejus, quæ sunt apud se [1]præparat bona; principi autem abscessionis diabolo, et qui cum eo abscesserunt angelis, æternum ignem præparans: in quem mittentur, inquit Dominus, illi qui in sinistra Matt. xxv. 41.
separati sunt. Et hoc est quod a propheta dictum est: *Ego* Esai. xlv. 7.
Deus [2]zelans, faciens pacem, et condens mala: in eos quidem qui pœnitentiam [3]agunt et convertuntur ad eum, faciens pacem et amicitiam, et unitatem componens; super eos [4]vero qui pœnitentiam non agunt, sed [5]refugiunt ejus lumen, ignem æternum et exteriores tenebras præparans: quæ quidem sunt mala his, qui incidunt in ea[6].

[1] CLERM. *præparata,* and for *principi autem,* ib. *principatum.*

[2] *ζηλωτὴς* seems chargeable to a lapse of memory; no version recognises the reading. May it be referred to the term אתקין נהור, in the Chaldee paraphrase read as איתי קנאן *zelotes ego?*

[3] Adopted partly from the AR., and confirmed by the Greek. CL., VOSS. *habent et.* AR. *agent et,* rel. *agentes.*

[4] *vero* omitted in the CLERM., but it marks the *apodosis.*

[5] *refugiunt,* CL., AR., VOSS., VET.

[6] *sed bona ex justitia Dei,* added by GR., and earlier edd., cancelled by MASS., and the MSS. omit the clause.

LIB. IV. lxvi. 1. GR. IV. lxxviii. MASS. IV. xl. 2.

CAP. LXVI.

Ostensio quod non alius est qui requiem dat Pater, alius autem qui ignem præparavit Deus, sed unus et idem.

1. **Si autem alius quidem esset qui requiem donat Pater, et alius qui ignem præparavit Deus, fuissent æque differentes** [1]**eis filii; alius quidem in Patris regnum mittens, alius vero in æternum ignem. Sed quoniam unus et idem Dominus separari demonstra-**
Matt. xxv. 32. **vit in judicio omne genus humanum,** ***quemadmodum pastor segregat***
Matt. xxv. 34. ***oves ab hædis;*** **et aliis quidem dicet:** ***Venite benedicti Patris mei,***
Matt. xxv. 41. ***percipite regnum quod paratum est vobis;*** **aliis vero:** ***Discedite*** [2]***a me maledicti in ignem æternum,*** [3]***quem præparavit Pater meus diabolo et angelis ejus;*** unus et idem Pater manifestissime ostenditur,
Esai. xlv. 7. *faciens pacem, et condens mala*, præparans utrisque quæ sunt apta: quemadmodum et unus judex utrosque in aptum mittens locum; quemadmodum [4]in zizaniorum et tritici parabola manifestavit Do-
Matt. xiii. 40—43. minus, dicens: *Quemadmodum colliguntur zizania, et igni comburuntur, sic erit in consummatione seculi. Mittet Filius Hominis angelos suos, et colligent de regno ejus omnia scandala, et eos qui faciunt iniquitatem, et mittent eos in clibanum ignis: illic erit fletus et stridor dentium. Tunc justi fulgebunt sicut sol in regno Patris ipsorum.* Qui ergo regnum præparavit justis Pater, in quod assumsit Filius [5]ejus dignos, hic et caminum ignis præparavit, in quem dignos mittent ii, qui a Filio Hominis missi sunt angeli, secundum jussum Dei.

E duab. Catenis in S. Matt. ed. Grab.
2. [6]Ὁ μὲν Κύριος ἐν τῷ ἰδίῳ ἀγρῷ καλὸν ἔσπειρε σπέρμα· ἀγρὸς δὲ ἐστὶν ὁ κόσμος· ἐν δὲ τῷ καθεύδειν τοὺς

Matt. xiii. 24.
2. Hic enim in agro suo bonum semen seminavit: *Ager*
Matt. xiii. 25. *autem*, inquit, *seculum est. Cum autem dormirent homines*, *venit*

[1] *eis*, Cl. *ei*, Ar. *et*, Erasm., Gall. *et eis*, Feu. f. l. *differentes filii.*

[2] Ar. omits *a me.*

[3] See I. 268, 2, and II. 126, 5.

[4] So the Clerm., Voss., Merc. I. al. *et in zizaniorum et in tritici.*

[5] *ejus*, αὐτῆς, sc. βασιλείας.

[6] Ὁ μὲν Κύριος. *Hæc Græca combinavi collecta ex duabus Catenis in S. Matthæi Evangelium, Nicetæ scilicet, a Corderio edita pag. 489, et altera Manuscripta Cod. 1879 in Bibliotheca Regis Galliæ, ex qua hoc ἀποσπασμάτιον mihi benevole Parisiis transmisit R. P. Michael Lequien. Atque hæc prima quidem verba usque ad ἐζήλωσε τὸ πλάσμα, ex dicto MS. Cod. sunt petita: quorum loco in Nicetæ Catena ista solum habentur:* Ἐχθρὸς τοῦ Κυρίου ὁ διάβολος γέγονεν, ἐξ ὅτου ἐζήλωσε. Grabe.

ἀνθρώπους, ἦλθεν ὁ ἐχθρὸς, καὶ ἔσπειρε ζιζάνια [*suppl.* ᾱ. *i. e.* ἀνὰ] μέσον τοῦ σίτου, καὶ ἀπῆλθεν. Ἔκτοτε γὰρ ἀποστάτης ὁ ἄγγελος [1] αὐτοῦ καὶ ἐχθρὸς, ἀφ' ὅτε ἐζήλωσε τὸ πλάσμα τοῦ Θεοῦ, καὶ ἐχθροποιῆσαι αὐτὸ πρὸς τὸν Θεὸν ἐπεχείρησε. Διὸ καὶ ὁ Θεὸς τὸν μὲν παρ' αὐτοῦ λάθρα ἐπισπείραντα τὸ ζιζάνιον, [2] τουτέστι τὴν παράβασιν εἰσενέγκοντα, ἀφώρισε τῆς ἰδίας μετουσίας· τὸν δὲ ἀμελῶς μὲν, ἀλλὰ κακῶς παραδεξάμενον τὴν παρακοὴν ἄνθρωπον ἐλέησε, καὶ ἀντέστρεψε τὴν ἔχθραν, ἣν [3] ἐχθροποίησε, πρὸς τὸν αὐτόν· ἀπωσάμενος μὲν ἀφ' ἑαυτοῦ [4] τὴν πρὸς αὐτὸν ἔχθραν, ἀνακλάσας δὲ αὐτὴν καὶ ἀντιπέμψας πρὸς τὸν ὄφιν. Καθὼς ἡ γραφή φησιν εἰρηκέναι τῷ ὄφει τὸν Θεόν· καὶ ἔχθραν θήσω ἀνὰ μέσον σου, καὶ ἀνὰ μέσον [5] τῆς γυναικὸς, [καὶ ἀνὰ μέσον τοῦ σπέρματος σου, καὶ

LIB. IV. lxvi. 2. GR. IV. lxxviii. MASS. IV. xl. 3.

i. 383.

inimicus, et superseminavit zizania inter frumentum, et abiit. Ex tunc enim apostata est angelus hic, et inimicus, ex quo zelavit plasma Dei, et inimicum illum Deo facere aggressus est. Quapropter et Deus eum quidem, qui a semetipso zizania absconse seminavit, id est, transgressionem quam ipse intulit, separavit a sua conversatione: eum autem, qui negligenter quidem sed male accepit inobedientiam, hominem miseratus est, et retorsit inimicitiam, per quam inimicum Deo facere voluit, in ipsum inimicitiarum auctorem: auferens quidem suam, quæ erat adversus hominem, inimicitiam; retorquens autem illam, et remittens illam in serpentem. Quemadmodum et Scriptura ait dixisse serpenti Deum: *Et inimicitiam ponam inter te et* [6] *inter mulierem, et inter* Gen. iii. 15.

[1] Int. οὗτος.

[2] The translator read, τουτέστι τὴν παράβασιν ἣν αὐτὸς εἰσήνεγκεν, making the explanatory words to refer to ζιζάνιον, and not to ἐπισπείραντα; but the sense in either case is complete.

[3] The Catena of NICETAS only gives a summary of these few lines, so as to introduce the quotation from Genesis; the text is that of the *Codex* in the *Bibliothèque Royale*. Here however the translator seems to enlarge for the sake of perspicuity; and the original words of his text may have been simply, καθ' ἣν ἐχθροποίησε, πρὸς τὸν αἴτιον.

[4] Τὴν πρὸς ἄνθρωπον *legendum esse, vetus versio, et ipsa textus sententia docet.* GRABE.

[5] τῆς γυναικός. *Post hæc scriptum in MS. Catena legitur,* καὶ τὰ ἑξῆς, *tum,* καὶ μετ' ὀλίγον· καὶ τὴν ἔχθραν, κ. τ. λ. *Quæ ostendunt Catenæ auctorem brevitati studentem intermedia Scripturæ verba consulto prætermisisse, quæ in suo Irenæi codice descripta præ oculis habebat. Quare operæ pretium facturum me putavi, si ea restituerem, hamulis tamen inclusa.* MASS.

[6] CL., VOSS., but AR. omits *inter*.

LIB. IV. lxvi. 2. GR. IV. lxxviii. MASS. IV. xl. 3.

ἀνὰ μέσον τοῦ σπέρματος αὐτῆς· αὐτός σου τηρήσει κεφαλὴν, καὶ σὺ τηρήσεις αὐτοῦ πτέρναν] καὶ τὴν ἔχθραν ταύτην ὁ Κύριος εἰς ἑαυτὸν ἀνεκεφαλαιώσατο, ἐκ γυναικὸς γενόμενος ἄνθρωπος, καὶ πατήσας αὐτοῦ τὴν κεφαλήν.

semen tuum et inter semen mulieris. Ipse tuum calcabit caput, et tu observabis calcaneum ejus. Et inimicitiam hanc Dominus in semetipsum recapitulavit, de muliere factus homo, et calcans ejus caput; quemadmodum in eo qui ante hunc est [1]libro ostendimus. Quoniam angelos quosdam dixit diaboli, quibus æternus ignis M. [illegible]
Matt. xiii. 38. præparatus est, et rursus in zizaniis ait, *Zizania sunt filii maligni*, necessarium est dicere, quoniam omnes qui sunt abscessionis, adscripsit illi qui princeps est hujus transgressionis. Sed non ille quidem natura aut angelos aut homines fecit. Nihil enim in totum diabolus invenitur fecisse, videlicet cum et ipse creatura sit Dei, quemadmodum et reliqui angeli. Omnia enim fecit Deus, quemadmodum et David ait [2]de omnibus hujusmodi:
Ps. xxxiii. 9, et Ps. cxlviii. 5. *Quoniam ipse dixit, et facta sunt; ipse præcepit, et creata sunt.*

CAP. LXVII.

Quare angeli diaboli, et filii nequitiæ dicti sunt.

Cum igitur a Deo omnia facta sint, et diabolus sibimetipsi et G. [illegible]
reliquis factus est abscessionis causa, juste Scriptura eos qui in abscessione perseverant, semper filios diaboli, et angelos dixit maligni. Filius enim, quemadmodum et [3]quidam ante nos dixit, dupliciter intelligitur: alius quidem secundum naturam, eo quod natus sit filius; alius autem secundum id quod [4]factus est, reputatur filius: licet sit differentia inter [5]natum et factum. Quoniam ille quidem ex eo natus est, ille autem ab ipso factus est, sive secundum conditionem, sive secundum doctrinæ magisterium. Qui enim ab aliquo [6]edoctus est verbo, filius docentis dicitur, et ille ejus pater. Secundum igitur naturam, quæ est secundum conditionem, ut ita dicam, omnes filii Dei sumus, propter quod

[1] Ar. *liber.*

[2] *d. o. h.* Ar., but omitted Cl., Voss.

[3] *quidam ante nos*, the words possibly of Pothinus, see IV. xlv. and printed by Dr Routh in his *Reliquiæ Sacræ*, Tom. I. Compare also Pearson, *Vind. Ign.* I. 4, p. 297.

[4] Ar. *factum.*

[5] γεννώμενον καὶ γενόμενον.

[6] Ar., Merc. I. *doctus.*

a Deo omnes facti sumus. Secundum autem [1]dicto audientiam LIB. IV. lxvii.
et doctrinam, non omnes filii Dei sunt, sed qui credunt ei et GR. IV. lxxix.
faciunt ejus voluntatem. Qui autem non credunt et non faciunt MASS. IV. xli. 2.
ejus voluntatem, filii et angeli sunt diaboli, secundum id quod Joh. i. 12.
opera diaboli faciunt. Quoniam autem ita se habet hoc, in Matt. xii. 50. Joh. viii. 44.
Esaia dixit: *Filios genui et exaltavi, ipsi autem me spreverunt.* Esai. i. 2.
Et iterum [2]quæ dicit filios alienos eos ita: *Filii alieni mentiti* Ps. xvii. 46.
sunt mihi. Secundum [3]enim naturam filii sunt, propter hoc quod
ab eo facti sunt; secundum autem opera non sunt filii.

CAP. LXVIII.

Qui illi, et ob quam causam progenies viperarum, qui non obediunt Evangelio.

1. QUEMADMODUM enim in hominibus [1]indicto audientes
patribus filii abdicati, natura quidem filii [4]eorum sunt, lege vero
alienati sunt; non enim hæredes fiunt naturalium parentum:
eodem modo apud Deum, qui non obediunt ei, abdicati ab eo
desierunt filii ejus esse. Unde nec hæreditatem ejus percipere
possunt; quemadmodum David ait: *Alienati sunt peccatores ab* Ps. lvii. 4, 5.
utero: ira eis secundum similitudinem serpentis. Et propter hoc
Dominus [5]quod sciebat hominum esse progeniem, dixit sic pro- Matt. xxiii. 33.
geniem viperarum, secundum similitudinem horum animalium in
varietate ambulantes, et lædentes reliquos. *Attendite,* enim Matt. xvi. 6.
inquit, *a fermento Pharisæorum et Sadducæorum.* Sed et de
Herode dicens: *Dicite,* inquit, *vulpi huic,* nequam astutiam ejus Luc. xiii. 32.
et dolum significans. Quapropter David propheta ait: *Homo in* Ps. xlviii. 21.
G. 305. *honore positus, assimilatus est jumentis.* Et iterum [6]Hieremias ait:
Equi furentes circa fœminas facti sunt, unusquisque ad uxorem Jer. v. 8.
proximi sui hinniebat. Et Esaias in Judæa præconans et cum
Israel disputans, principes Sodomorum et populum Gomorrhæ Esai. i. 10.

[1] *dicto audientiam.* The frequent use of this phrase for *obedience,* and *indicto audire* for *disobedience,* suggests some compound Greek word, such as λογοπειθεῖν, λογοπειθεία, upon the analogy of λογομαχεῖν and λογομαχία. See 243, 2, &c. Below, the AR. has *ind. non aud.*, the negative having been introduced from the margin.

[2] *quæ* is found in all the MSS., and MASSUET says rightly, *Hæc vocula redundat;* but it represents ᾗ, *ubi,* read as ἥ.

[3] AR. omits *enim.*

[4] CL., AR., VOSS., MERC. II. *ejus.*

[5] *quod* is adopted from the CLERM. copy. Al. *quos.* καὶ διὰ τοῦτο ὁ Κύριος, γνοὺς τὸ τῶν ἀνθρώπων γέννημα, οὕτως ἔλεγεν, Γέννημα ἐχιδνῶν κ.τ.λ. AR. omits *Dominus.*

[6] *Hieremias ait,* AR., but omitted by CL.

LIB. IV. lxviii. 1. GR. IV. lxxx. MASS. IV. xli. 3.

[1]dicebat eos; similem Sodomitis transgressionem, et eadem quæ [1]illis fuerunt peccata esse apud eos significans, propter similem operationem eodem vocabulo vocans eos. Et quia non natura essent sic facti a Deo, sed qui possent et juste agere, idem dicebat, consilium eis dans [1]bonum: *Lavamini, mundi estote, auferte nequitias ab* [2]*animabus vestris ante oculos meos, quiescite ab iniquitatibus vestris.* (Esai. i. 16.) Scilicet quoniam idem ipsi cum transgrederentur et peccarent, eandem quam Sodomitæ perceperunt objurgationem. Cum enim converterentur et pœnitentiam agerent et quiescerent a malitia, filii poterant esse Dei, et hæreditatem consequi incorruptelæ quæ ab eo præstatur. Secundum hanc igitur rationem, angelos diaboli et filios dixit maligni, qui diabolo credunt, et ea quæ sunt ejus agunt. (Matt. xxv. 41. Matt. xiii. 38.) Qui quidem ab initio omnes ab uno [3]et eodem Deo facti sunt. Verum quando credunt et subjecti [4]sunt Deo, perseverant et doctrinam ejus custodiunt, filii sunt Dei: cum autem abscesserint et transgressi fuerint, diabolo adscribuntur principi, [5]ei qui primo sibi tunc et reliquis causa abscessionis sit factus.

2. Quoniam autem multi quidem Domini sermones, unum autem et eundem omnes annuntiant Patrem factorem mundi hujus, oportebat et nos [6]propter eos, qui in multis erroribus continentur, per multa confutare, si quo modo possent per multa confutati ad veritatem converti et salvari. Necessarium est M. 289.
autem, conscriptioni huic in sequenti post Domini sermones subjungere Pauli quoque doctrinam, et examinare sententiam ejus, et Apostolum exponere, et quæcunque ab hæreticis in totum non intelligentibus quæ a Paulo dicta sunt, alias acceperunt interpretationes, explanare, et dementiam insensationis eorum ostendere: et ab eodem Paulo, ex quo nobis quæstiones inferunt, manifestare, illos quidem mendaces, Apostolum vero prædicatorem esse veritatis, et omnia consonantia veritatis præconio docuisse; unum Deum Patrem eum, qui locutus sit ad Abraham, qui legisdationem fecerit, qui prophetas præmiserit, qui novissimis tem-

[1] AR. *docebat, illi,* and omits *bonum.*

[2] *animabus,* CL., AR., VET., VOSS.

[3] ERASM., GALL., MERC. I. omit *et eodem,* which the AR. has, but omits *Deo.*

[4] *sunt,* the CLERM. and VOSS. reading. AR., &c. *esse.*

[5] AR. *et.*

[6] *propter eos.* GRABE would read *propterea,* but without authority; and a slight σφάλμα in the Greek seems to be indicated; ἐπεὶ δὲ πολλοὶ μέντοι τοῦ Κυρίου λόγοι... ἐχρῆν καὶ ἡμᾶς διὰ τούτους [l. τούτων] τοὺς ἐν πολλαῖς πλάναις συνεχομένους, διὰ πολλῶν ἀνατρέπειν κ.τ.λ.

LIB. IV. lxviii. 2. GR. IV. lxxx. MASS. IV. xli. 4.

poribus Filium suum [1] misit, et salutem suo plasmati donat, quod est carnis substantia. Reliquos igitur sermones Domini, quos quidem non per parabolas, sed simpliciter ipsis dictionibus docuit de Patre, et expositionem epistolarum beati Apostoli, in altero libro disponentes, integrum tibi opus exprobrationis [2] et eversionis falso [3] cognominatæ agnitionis, præstante Deo, [3] præbebimus; et nos ipsos, et te ad contradictionem omnium hæreticorum in quinque exercentes libris.

[1] *misit et...donat*, so CL., VOSS., but AR. *misit...donans*, omitting *et*.

[2] *et eversionis falso cognominatæ agnitionis*, indicating once more the author's title of the work; see I. 250, which is preserved also in the Syriac fragments in the appendix; see end of vol. The CLERM. copy omits these words, but evidently through a careless transition from the ὁμοιοτέλευτον expro*brationis*.

[3] AR. reads *cognitæ, prævenimus*.

[illegible]

[illegible]

ARGUMENTA CAPITUM

LIBRI QUINTI

CONTRA HÆRESES.

SANCTI IRENÆI
CONTRA HÆRESES.

LIBER V.

PRÆFATIO.

M. 291. G. 392. TRADUCTIS, [1]dilectissime, omnibus hæreticis in quatuor libris, qui sunt tibi ante hunc a nobis editi, et doctrinis ipsorum manifestatis: eversis quoque his, qui irreligiosas adinvenerunt sententias; aliquid quidem [2]ex propria uniuscujusque illorum doctrina, quam in suis [3]conscriptis reliquerunt, aliquid autem [4]ex ratione universis ostensionibus procedente, et veritate ostensa, et manifestato præconio Ecclesiæ, quod prophetæ quidem præconaverunt, quemadmodum demonstravimus, perfecit autem Christus, Apostoli vero tradiderunt, a quibus Ecclesia accipiens, per universum mundum sola bene custodiens, tradidit filiis suis: quæstionibusque omnibus solutis, quæ ab hæreticis nobis proponuntur: et Apostolorum doctrina explanata, et manifestatis pluribus, quæ a Domino per parabolas et dicta sunt et facta: in hoc libro quinto [5]operis universi, qui est de traductione et eversione falso cognominatæ agnitionis, ex reliquis [6]doctrinæ Domini nostri, et ex apostolicis epistolis, conabimur ostensiones facere, quemadmodum postulasti a nobis, obedientibus tuo præcepto, quoniam et in [7]administratione sermonis positi sumus, et omni modo elaborantibus secundum nostram virtutem, plurima tibi quidem in subsidium præstare adversum contradictiones hæreticorum; errantes autem retrahere, et convertere ad Ecclesiam Dei; neophytorum quoque sensum confirmare, ut stabilem custodiant fidem, quam bene custoditam ab Ecclesia acceperunt, ut nullo modo transvertantur ab his, qui male docere eos, et abducere a veritate conantur.

[1] AR. *diligentissime.*

[2] *ex propria uniuscujusque*, marking the Gnostic variations.

[3] *conscriptis*, such as the ἀπόφασις of SIMON, HIPPOL. *Ph.* VI. 11, 14; the διδασκαλία of THEODOTUS, *ap.* CLEM. AL.; the ὑπομνήματα of the Valentinians, I. 4; and the writings of HERACLEON and PTOLEMY, &c. &c.

[4] διὰ λόγου ταῖς καθολικαῖς ἀποδείξεσι προβαίνοντος; but cf. p. 131.

[5] The MSS. place *operis universi* after *traductione.* CL. *qui est de traductione op. un.* AR. *quod est d. t. o. u.*

[6] *doctrinæ*, CLERM., AR., MERC. I. rel. *doctrinis.*

[7] τῇ τοῦ λόγου διακονίᾳ καθιστάμεθα.

LIB. V. Oportebit autem te, omnesque lecturos hanc scripturam, impensius legere ea quæ a nobis prædicta sunt, ut et argumenta ipsa scias, adversus quæ contradictiones facimus. Sic enim et legitime eis contradices, et de præparato [1] accipies adversus eos contradictiones, illorum quidem sententias per cœlestem fidem, velut ster- M. 292. cora, [1] abjiciens; solum autem verum et firmum magistrum sequens, Verbum Dei, Jesum Christum Dominum nostrum: qui propter immensam suam dilectionem factus est quod sumus nos, uti nos perficeret esse quod et ipse.

CAP. I.

Solus Christus divina nos docere, ac redimere potuit: idemque ut nos repararet, non opinione sed reipsa, Spiritus sancti operatione ex Maria Virgine carnem assumsit; adversus Valentini et Ebionis vanitates.

1. Non enim aliter [2] nos discere poteramus quæ sunt Dei, nisi G. 293. magister noster, Verbum exsistens, homo factus fuisset. Neque enim alius poterat enarrare nobis quæ sunt Patris, nisi proprium
Rom. xi. 34. ipsius Verbum. *Quis enim* alius *cognovit sensum Domini? aut quis* alius *ejus consiliarius factus est?* Neque rursus nos aliter discere poteramus, nisi magistrum nostrum videntes, et per auditum [2] nostrum vocem ejus percipientes, uti imitatores quidem
Jac. i. 22. operum, factores autem sermonum ejus facti, communionem habeamus cum ipso; a perfecto, et eo qui est ante omnem conditionem, augmentum accipientes, qui nunc [3] nuper facti sumus [4] a solo optimo et bono, et ab eo qui habet donationem incorruptibilitatis, in eam quæ est ad eum similitudinem facti, (prædestinati quidem, ut essemus qui nondum eramus, secundum
Jac. i. 18. præscientiam Patris,) facti autem [5] initium facturæ, accepimus in præcognitis temporibus secundum ministrationem Verbi, qui est perfectus in omnibus, quoniam Verbum potens, et homo verus,

[1] Ar. *accipis, abjicies.*

[2] *nos, nostrum,* omitted in the Cl. MS.

[3] *nunc nuper,* simply ἄρτι, 294, *l. ult.*

[4] ἀπὸ μόνου τοῦ χρηστοῦ καὶ ἀγαθοῦ.

[5] *initium facturæ,* as Grabe imagines ἀπαρχὴ τοῦ κτίσματος, reference being made to S. James i. 18. The construction is involved, but the punctuation followed preserves the parallel flow. The clause *a perfecto....bono,* answers to, *et ab eo...facti,* the parenthesis interrupts the construction, which is resumed in recapitulation, *facti... facturæ,* when the predicate follows, *accepimus,* &c. Grabe by placing a full stop at *bono,* and Massuet at *accipientes,* effectually obscure the sense.

sanguine suo rationabiliter redimens nos, redemtionem semetipsum dedit pro his, qui in captivitatem ducti sunt. Et quoniam injuste dominabatur nobis apostasia, et cum natura essemus Dei omnipotentis, alienavit nos contra naturam, suos proprios [1]nos faciens discipulos, potens in omnibus Dei Verbum; et non deficiens in sua justitia, juste etiam adversus ipsam conversus est apostasiam, ea quæ sunt sua redimens ab ea, non cum vi, quemadmodum illa initio dominabatur nostri, ea quæ non erant sua insatiabiliter rapiens, sed secundum suadelam, quemadmodum decebat Deum suadentem, et non vim inferentem, [2]accipere quæ vellet; [3]ut neque quod est justum confringeretur, neque antiqua plasmatio Dei deperiret. LIB. V. i. 1. GR. V. MASS. V. i. 1.

2. Τῷ ἰδίῳ οὖν αἵματι λυτρωσαμένου ἡμᾶς τοῦ Κυρίου, καὶ δόντος τὴν ψυχὴν ὑπὲρ τῶν ἡμετέρων ψυχῶν, καὶ τὴν σάρκα τὴν ἑαυτοῦ ἀντὶ τῶν ἡμετέρων σαρκῶν, ... Theod. Dial. III. Ἀπαθής. Schultz. IV. 232.
Οὐ γὰρ δοκήσει ταῦτα, ἀλλ' ἐν ὑποστάσει ἀληθείας ἐγίνετο. Εἰ δὲ μὴ ὢν ἄνθρωπος, ἐφαίνετο ἄνθρωπος, οὔτε ὃ ἦν ἐπ' Theod. Dial. II. Ἀσύγχυτος. Schultz. IV. 129.
G. 394. ἀληθείας ἔμεινε πνεῦμα Θεοῦ, ἐπεὶ ἀόρατον τὸ πνεῦμα· οὔτε ἀλήθειά τις ἦν ἐν αὐτῷ, οὐ γὰρ ἦν ἐκεῖνα ἅπερ ἐφαίνετο. Προείπομεν δὲ, ὅτι Ἀβραὰμ καὶ οἱ λοιποὶ προφῆται προ-

2. Suo igitur sanguine [4]redimente nos Domino, et dante animam suam pro nostra anima, et carnem suam pro nostris carnibus, et effundente Spiritum Patris in adunitionem et communionem Dei et [5]hominis, ad homines quidem [5]deponente Deum per Spiritum, ad Deum autem rursus [5]imponente hominem per suam incarnationem, et firme et vere in adventu suo donante nobis incorruptelam, per communionem quæ est ad [6]Deum, perierunt omnes hæreticorum doctrinæ. Vani enim sunt qui putative dicunt eum apparuisse. Non enim putative hæc, sed in substantia veritatis fiebant. Si autem cum homo non esset, apparebat homo, neque, quod erat vere, perseveravit Spiritus Dei, quoniam invisibilis est Spiritus, neque veritas quædam erat in eo, non enim illud erat quod videbatur. Prædiximus autem, quoniam Abraham

[1] *nos*, AR., but omitted in other MSS.

[2] *καταλαβεῖν ἃ θέλῃ*.

[3] The CLERM. reads, *utique quod... ne confringeretur*. AR. for *vellet*, *ut* has *veluti*.

[4] AR. *redemit*.

[5] CL., AR., VOSS., but GR. *hominum*. *deponente... imponente*, *κατατιθέντος... ἀνατιθέντος*.

[6] *Deum*, AR., al. *eum*.

LIB. V. i. 2. GR. V. MASS. V. i. 2. φητικῶς αὐτὸν ἔβλεπον, τὸ μέλλον ἔσεσθαι δι' ὄψεως προφητεύοντες. Εἰ οὖν καὶ νῦν τοιοῦτος ἐφάνη, μὴ ὢν ὅπερ ἐφαίνετο, προφητική τις ὀπτασία γέγονε τοῖς ἀνθρώποις, καὶ δεῖ καὶ ἄλλην ἐκδέχεσθαι παρουσίαν αὐτοῦ, ἐν ᾗ τοιοῦτος ἔσται, οἷος νῦν ὁρᾶται προφητικῶς. Ἀπεδείξαμεν δὲ, ὅτι τὸ αὐτό ἐστι, δοκήσει λέγειν πεφηνέναι, καὶ οὐδὲν ἐκ τῆς Μαρίας εἰληφέναι. Οὐδὲ γὰρ ἦν ἀληθῶς σάρκα καὶ αἷμα ἐσχηκὼς, δι' ὧν ἡμᾶς ἐξηγοράσατο, εἰ μὴ τὴν ἀρχαίαν πλάσιν τοῦ Ἀδὰμ εἰς ἑαυτὸν ἀνεκεφαλαιώσατο. Μάταιοι οὖν οἱ ἀπὸ Βαλεντίνου, τοῦτο δογματίζοντες, ἵνα ἐκβάλωσι τὴν ζωὴν τῆς σαρκός.

et reliqui prophetæ prophetice videbant eum, [1]id quod futurum erat, per visionem prophetantes. Si igitur et nunc talis apparuit, non exsistens quod videbatur, quædam prophetica visio facta est hominibus, et oportet alium exspectare adventum ejus, in quo talis erit, qualis nunc visus est prophetice. Ostendimus autem, quoniam idem est, putative dicere eum visum, et nihil ex Maria accepisse. Neque enim esset vere sanguinem et carnem habens, per quam nos redemit, nisi antiquam plasmationem Adæ in semetipsum recapitulasset. Vani igitur [2]qui a Valentino sunt, hoc dogmatisantes, uti excludant salutem carnis, et reprobent plasmationem Dei.

3. Vani autem et Ebionæi, unitionem Dei et hominis per fidem M. 293.
non recipientes in suam animam, sed in veteri generationis perseverantes fermento; neque intelligere volentes, quoniam Spiritus
Luc. i. 35. sanctus advenit in Mariam, et virtus Altissimi obumbravit eam: quapropter [3]et quod generatum est, sanctum est, et filius Altissimi Dei Patris omnium, qui operatus est incarnationem ejus, et novam ostendit generationem; uti quemadmodum per priorem generationem mortem hæreditavimus, sic per generationem hanc hæreditaremus vitam. [4]Reprobant itaque hi commixtionem vini cœlestis, et sola aqua [5]secularis volunt esse, non recipientes Deum ad commixtionem suam: perseverantes autem in eo qui victus est Adam, et projectus est de paradiso, non contemplantes, quoniam quemadmodum ab initio plasmationis nostræ in Adam ea

[1] AR. *ad quod futurus.*

[2] AR. inserts *et.*

[3] AR. omits *et.*

[4] In allusion to the mixture of water with the Cup. The Ebionites, EPIPH. *Hær.* XXX. § 16, as well as the followers of Tatian, p. 130, 2, were *Hydroparastatæ*, (or as S. AUGUSTIN called them, *Aquarii*, *Hær.* 64,) consecrating the element of water alone; cf. the juggling imposture of Marcus, I. 116, n. 1.

[5] AR. *sæculares volentes se non r.*

quæ fuit a Deo adspiratio vitæ unita plasmati animavit hominem, et animal rationabile ostendit; sic in fine Verbum Patris et Spiritus Dei, adunitus antiquæ substantiæ plasmationis Adæ, viventem et perfectum [1]effecit hominem, capientem perfectum Patrem: ut quemadmodum in animali omnes mortui sumus, sic in spiritali omnes vivificemur. 1 Cor. xv. 22. Non enim effugit aliquando Adam manus Dei, ad quas Pater loquens, dicit: *Faciamus hominem ad imaginem et similitudinem nostram.* Gen. i. 26. Et propter hoc in fine non ex voluntate carnis, neque ex voluntate viri, sed ex placito Patris Joh. i. 13. manus ejus vivum perfecerunt hominem, [1]uti fiat Adam secundum imaginem et similitudinem Dei.

CAP. II.

Christus non venit in aliena cum sua nos gratia visitavit; et, Carni nostræ contulit capacem esse salutis, verum pro nobis Sanguinem fundendo, veramque Carnem suam nobis in Eucharistia exhibendo.

G. 393. 1. VANI autem et qui in aliena dicunt Deum venisse, velut aliena concupiscentem, uti eum hominem qui ab altero factus esset exhiberet ei Deo, qui neque fecisset neque condidisset, sed et [2]qui desolatus esset ab initio a propria hominum fabricatione. Non ergo justus adventus ejus qui secundum eos [3]advenit in aliena; neque vere nos redemit sanguine suo, si non vere homo factus est, restaurans suo plasmati quod dictum est in principio, factum esse hominem secundum imaginem et similitudinem Dei; non aliena in dolo diripiens, sed sua propria juste et benigne assumens: quantum attinet quidem ad apostasiam, juste suo sanguine redimens nos ab ea; quantum autem ad nos, qui redemti sumus, [4]benigne. Nihil enim illi ante dedimus, neque desiderat aliquid a nobis, quasi indigens; nos autem indigemus ejus quæ est ad eum [5]communionis: et propterea [6]benigne effudit semetipsum,

[1] *effecit.* AR. *efficit.* For *uti fiat,* CLERM. *vivificat.*

[2] *qui desolatus esset,* ἀπεστηρήθη ἀπ' ἀρχῆς τῆς ἰδίας...δημιουργίας. The CLERM. has the wild reading, *quidem sol actus esset,* omitting *ab initio.*

[3] *advenit,* ARUND. εἰσῆλυθεν εἰς τὰ ἀλλότρια. CL. and VOSS. *venit.*

[4] *benigne,* χρηστῶς.

[5] AR. *communione,* CL. and VOSS. *communionem,* but the Greek evidently had, χρῄζόμεθα τῆς εἰς αὐτὸν κοινωνίας.

[6] *benigne effudit,* the CLERM. order and more suitable to the Greek.

LIB. V. ii. 1. GR. V. ii. MASS. V. ii. 1.

ut nos colligeret in sinum Patris. *Vani autem omnimodo, qui universam dispositionem Dei contemnunt, et carnis salutem negant et regenerationem ejus spernunt, dicentes non eam capacem esse incorruptibilitatis. [1]Si autem non salvetur hæc videlicet, nec Dominus sanguine suo [2]redemit nos, neque [3]calix Eucharistiæ communicatio sanguinis ejus est, neque [4]panis quem frangimus communicatio corporis ejus est.* Sanguis enim non est nisi a venis et carnibus, et a reliqua quæ est secundum hominem substantia, [5]qua vere factum [6]Verbum Dei, sanguine suo

1 Cor. x. 16.

[1] *si autem non salvetur hæc*, the reading of the Cod. VET., of FEU., CLERM., VOSS., the elements of which may be traced in the ARUND. and OTHOB. reading, *sic autem nos secundum hæc* (GRABE carelessly omits *nos*) where *secundum* in uncial characters may represent *servetur* slightly mutilated. The asterisks mark the limits of a Syriac fragment.

[2] The venerable Father infers a true redemption of the body of flesh, from its sacramental union with the body and blood of Christ, which he assumes, beyond the power of heresy to gainsay, to be the universal faith of Christians. If the body be incapable of incorruption, then it is incapable of union with the heavenly Body of Christ, neither is the Blood of Christ received as the very life of the faithful in the Lord's Supper. S. IRENÆUS fully bears out the dogma of our Church, that the body and blood of Christ are verily and indeed taken and received by the faithful in the Lord's Supper, and avows his belief that our sinful bodies are made clean by His Body, and our souls washed in His most precious Blood. The bread after consecration, though still bread, is no longer κοινὸς ἄρτος, IV. xxxii.; as JUSTIN M. also plainly states: οὐ γὰρ ὡς κοινὸν ἄρτον, οὐδὲ κοινὸν πόμα ταῦτα λαμβάνομεν, *Apol.* I. 66. Still throughout this passage the obverse of the heavenly mystery is kept in sight, and it is clearly seen that no change of substance is here thought of; that which supplies bodily sustentation to the body of flesh is still its natural aliment, although Christ has vouchsafed to declare, as a most sure verity, that the Bread and Wine are His Body and His Blood. *The cup of blessing which we bless, is it not the communion of the Blood of Christ? The bread which we break, is it not the communion of the Body of Christ?* (1 Cor. x. 16), is the nearest approach to a definition given by the Word of that which is wholly undefinable. The *fact* is all that concerns us to know: man's ignorance is no gauge for the limitation of the heavenly.

[3] *Eodem argumento usus est* TERT. IV. *c. Marc.* c. 40. Acceptum panem et distributum discipulis suis corpus suum illum fecit, *hoc est corpus meum*, dicendo, id est, figura corporis mei. Figura autem non fuisset, nisi veritatis esset corpus. Cæterum vacua res, quod est phantasma, figuram capere non posset. Sic et in calicis mentione testamentum constituens sanguine suo obsignatum, substantiam corporis confirmavit. Nullius enim corporis sanguis potest esse, nisi carnis. Nam et si qua corporis qualitas non carnea opponetur nobis, certe sanguinem nisi carnea non habebit. Ita consistit probatio corporis de testimonio carnis, probatio carnis de testimonio sanguinis. GRABE.

[4] *panis*, but the CLERM., AR., MERC. I. MSS. *panem*.

[5] CLERM., VOSS., MERC. I. *quam*. ARUND. as above; *quæ* is suggested by GRABE, and is quite scriptural, καὶ ὁ Λόγος σὰρξ ἐγένετο, but *quâ* represents ᾗ, which makes a good sense, and has authority in its favour.

redemit nos. Quemadmodum et Apostolus ejus ait: *In quo habemus redemtionem per sanguinem ejus,* [1] *et remissionem peccatorum.* LIB. V. ii. 1. GR. V. ii. MASS. V. ii. 2. Col. i. 14.

M. 294. G. 396. 2. Ἐπειδὴ μέλη αὐτοῦ ἐσμεν, καὶ διὰ τῆς κτίσεως τρεφόμεθα· τὴν δὲ κτίσιν ἡμῖν αὐτὸς παρέχει, τὸν ἥλιον αὐτοῦ ἀνατέλλων, καὶ βρέχων καθὼς βούλεται, τὸ ἀπὸ τῆς κτίσεως ποτήριον [2] αἷμα ἴδιον [3] ὡμολόγησεν, ἐξ οὗ τὸ ἡμέτερον δεύει αἷμα· καὶ τὸν ἀπὸ τῆς κτίσεως ἄρτον ἴδιον σῶμα G. 397. διεβεβαιώσατο, ἀφ' οὗ τὰ ἡμέτερα αὔξει σώματα. Ὁπότε οὖν καὶ [4] τὸ κεκραμένον ποτήριον, καὶ ὁ γεγονὼς ἄρτος ἐπι- Ex Parall. Joh. Damasc. ed. Halloix. v. Ir.

2. Et quoniam membra ejus sumus, et per creaturam nutrimur; creaturam autem ipse nobis præstat, solem suum oriri faciens, et pluens quemadmodum vult, eum calicem qui est creatura, suum sanguinem qui [3] effusus est, ex quo auget nostrum sanguinem; et eum panem qui est a creatura, suum corpus confirmavit, ex quo nostra auget corpora. Quando ergo et mixtus Matt. v. 45.

[6] AR. here omits *est*, which the Cod. VET., CLERM., and VOSS. retain.

[1] *in* replaces *et* in the ARUND. MS., the Syr. expresses the *et* which GRABE discards, omitting however διὰ τοῦ αἵματος αὐτοῦ.

[2] Eum qui ex creatura panis est accepit, et gratias egit, dicens: *Hoc est corpus meum.* Et calicem similiter qui est ex ea creatura quæ est secundum nos, suum sanguinem confessus est. IV. xxix. 5. Accipiens panem suum corpus esse confitebatur, et temperamentum calicis suum sanguinem confirmavit. IV. li. GRABE's notes by all means should be consulted.

[3] *confessus est* is indicated in the Latin, as *rigat* instead of *auget*, which had been carelessly taken from below.

[4] τὸ κεκραμένον ποτήριον. See I. 116, 1, compare *temperamentum* at 256, 4, and κρᾶμα, *mixtionem*, p. 461, G. lin. ult. The Jews in the Paschal Feast always mingled water with the wine, that was communicated four times, dividing the religious repast into four distinct periods; the *vox solennis*, whereby the preparation of the cup is described in the Talmud, is מזג μισγεῖν, and the primitive practice of mixing water with the cup of Eucharist, together with the undoubted custom of the Jews, leads to the inference that the cup at the Last Supper was also mixed with the element of water: so S. CYPRIAN charges CÆCILIUS (*Ep.* LXIII.) to take care that the Catholic tradition be observed as regards the cup of blessing: Religioni igitur nostræ congruit, et timori, et ipsi loco atque officio sacerdotii nostri—in Dominico calice miscendo et offerendo, custodire traditionis Dominicæ veritatem, et quod prius apud quosdam videtur erratum, Domino monente corrigere; ut cum in claritate sua et majestate cœlesti venire cœperit, inveniat nos tenere quod monuit, observare quod docuit, facere quod fecit. The unvarying custom having been to mix water with the wine: In sanctificando calice Domini offerri aqua sola non potest, quomodo nec vinum solum potest. Nam si vinum tantum quis offerat, sanguis Christi incipit esse sine nobis; (*quos per aquam vino mixtam*

LIB. V. ii. 2. GR. V. ii. MASS. V. ii. 3. δέχεται τὸν λόγον τοῦ Θεοῦ, καὶ γίνεται ἡ [1] εὐχαριστία σῶμα Χριστοῦ, ἐκ τούτων δὲ αὔξει καὶ συνίσταται ἡ [2] τῆς σαρκὸς

calix, et factus panis percipit Verbum Dei, [3] et fit Eucharistia sanguinis et corporis Christi, ex quibus augetur et consistit carnis

in calice designari ante hæc probaverat), si vero aqua sit sola, plebs incipit esse sine Christo: quando autem utrumque miscetur et adunatione confusa sibi invicem copulatur, tunc sacramentum spiritale et cœleste perficitur. And this not for the sake of conformity with any human rule, but for the sake of God's truth: Si solus Christus audiendus est, non debemus attendere, quid alius ante nos faciendum putaverit. Neque enim hominis consuetudinem sequi oportet, sed Dei veritatem:—the significant act of Christ, being alone the true rule to be followed by the church: Si in sacrificio, quod Christus obtulerit, non nisi Christus sequendus est, utique id nos obaudire et facere oportet, quod Christus fecit, et quod faciendum esse mandavit dicens, *Hoc facite in mei commemorationem*, quando ipse in Evangelio dicat, si feceritis quod mando vobis, jam non dico vos servos, sed amicos. The entire epistle is highly important, and is found in the editor's *Vindex Catholicus*, III. 383. Hence the prayer of consecration in the primitive church refers the mixture of the cup to Christ himself, ὡσαύτως καὶ τὸ ποτήριον κεράσας ἐξ οἴνου καὶ ὕδατος, καὶ ἁγιάσας ἐπέδωκεν αὐτοῖς, λέγων· Πίνετε ἐξ αὐτοῦ πάντες.—*Const. Ap.* VIII. xii. The Council of Carthage also directed in one of its canons, that nothing should be offered at the altar but what the Lord had commanded, viz. Bread, and Wine mingled with Water. See also BINGHAM, XV. ii. 7. It is interesting to know that the same custom obtained in the Saxon Church, as Ælfric has recorded: see p. 256,4. The prayer of consecration also in the ancient Liturgy, nominally of S. James, indicates a mixture of water in the Cup of Blessing.

The same is implied in the Liturgical formula of the Syrian Church, *e.g.*

ܘܟܕ ܡܡܙܓ ܟܣܐ ܐܡܪ:
ܡܪܢ ܝܫܘܥ ܡܫܝܚܐ ܐܙܕܩܦ
ܒܝܢܝ ܓܝܣܐ ܒܐܘܪܫܠܡ
ܘܐܬܕܥܢ ܒܓܒܗ ܒܠܘܓܟܝܬܐ
ܘܢܦܩ ܡܢܗ ܕܡܐ ܘܡܝܐ ܘܡܢ
ܕܚܙܐ ܐܣܗܕ ܘܝܕܥܝܢ ܕܫܪܝܪܐ
ܗܝ ܣܗܕܘܬܗ

Et quando miscet calicem, dicit:

Dominus noster Jesu Christus crucifixus est inter latrones in Jerusalem, et lancea confossus est in latere suo, et ex eo defluxerunt sanguis et aqua; quique vidit testatur, et scimus verum esse testimonium ejus.

[1] *Corpus Christi dicimus illud, quod ex frugibus terræ acceptum, et mystica prece consecratum rite sumimus ad spiritalem salutem in memoriam Dominicæ pro nobis Passionis.* S. AUG. *de Trin.* III. 4. The prayer of consecration in the Primitive Church has the words:—προσφέρομέν σοι τῷ βασιλεῖ καὶ Θεῷ, κατὰ τὴν αὐτοῦ διάταξιν, τὸν ἄρτον τοῦτον καὶ τὸ ποτήριον τοῦτο, εὐχαριστοῦντές σοι δι' αὐτῶν....καὶ ἀξιοῦμέν σε ὅπως....καταπέμψῃς τὸ ἅγιόν σου Πνεῦμα ἐπὶ τὴν θυσίαν ταύτην, τὸν μαρτύρα τῶν παθημάτων τοῦ Κυρίου ἡμῶν Ἰησοῦ Χριστοῦ, ὅπως ἀποφήνῃ τὸν ἄρτον τοῦτον σῶμα τοῦ Χριστοῦ σου, καὶ τὸ ποτήριον τοῦτο αἷμα τοῦ Χριστοῦ σου. κ.τ.λ. *Const. Apost.* VIII. xii.

[3] The Bread and Wine, it is here said, add to bodily substance by ordinary assimilation; *in substance* therefore they can only be the bread and wine of daily food, whatever else they may be in the way of heavenly mystery. The Body and Blood

G. 308. ἡμῶν ὑπόστασις· πῶς δεκτικὴν μὴ εἶναι λέγουσι τὴν σάρκα τῆς δωρεᾶς τοῦ Θεοῦ, ἥτις ἐστὶ ζωὴ αἰώνιος, τὴν ἀπὸ τοῦ σώματος καὶ αἵματος τοῦ Κυρίου τρεφομένην, καὶ μέλος αὐτοῦ ὑπάρχουσαν; Καθὼς ὁ μακάριος Παῦλός φησιν ἐν τῇ πρὸς Ἐφεσίους ἐπιστολῇ· ὅτι μέλη ἐσμὲν τοῦ σώματος, [4] ἐκ τῆς σαρκὸς αὐτοῦ, καὶ ἐκ τῶν ὀστέων αὐτοῦ· οὐ περὶ πνευματικοῦ τινος καὶ [8] ἀοράτου ἀνθρώπου λέγων ταῦτα· τὸ γὰρ πνεῦμα LIB. V. ii. 2. GR. V. ii. MASS. V. ii. 3.

nostræ substantia; quomodo carnem negant capacem esse donationis Dei, [5] quæ est vita æterna, quæ sanguine et corpore Christi nutritur, et membrum ejus [6] est? Quemadmodum et beatus Apostolus ait in [7] epistola quæ est ad Ephesios; *Quoniam membra sumus* Eph. v. 3 *corporis ejus, de carne ejus, et de ossibus ejus:* non de spiritali aliquo et invisibili homine dicens hæc; (*Spiritus enim neque ossa, neque* Luc. xxiv. 39.

of Christ are also received by the faithful, but these act wholly in a spiritual manner, as the substance of everlasting life. Man's danger consists in defining that which the Word has not defined.

[3] *et* omitted in the AR. MS.

[4] Ἐκ τῆς σαρκὸς αὐτοῦ, καὶ ἐκ τῶν ὀστέων αὐτοῦ. *Hæc cum utraque citatio, et vetus etiam versio Irenæi agnoscat, plurimum inde confirmantur, ideoque merito rejicitur annotatio Grotii ad Ephes.* v. 30, *suspicantis, verba ista, quod in MS. Alexandrino haud extent, a quopiam ad marginem adscripta, in textum Apostolicum irrepsisse. Imo potius in dicto Codice et versione Æthiopica, occasione recurrentis ultimæ vocis αὐτοῦ, omissa videntur.* GRABE. The Syriac expresses the words.

[5] *quæ*, CLERM., but AR., VOSS., &c. *qui.*

[6] MASS. adds *est* as indicated in the Greek, but no MS. can be quoted in its favour. After *sanguine*, in the preceding line, the ARUND. inserts *suo.*

[7] *Epistola.* I follow the CLERM. and AR. reading. GRABE and MASSUET have *in ea quæ est ad Ephesios epistola*, as in the earlier editions. *Epistola* in the MSS. may have taken the place of *ea.*

[8] ἀοράτου. It must be borne in mind that the author's observations throughout this passage have a bearing upon two cognate heresies. 1. That which denied the resurrection and redemption of the body; and, 2, That which asserted that the body of Christ had no true human substance. With respect to the first, he asserts that our bodies shall be raised again the heirs of incorruption, because Christ was raised again Incorruptible, for *we are members of His Body, of His flesh and of His bones*, that is, as Eve was bone of Adam's bone, and flesh of his flesh, so are we consubstantial with Christ's glorified Body, and for this reason we have the sure hope, that in the end we shall be made wholly like unto it. The point to be made out is, not that we are made incorruptible, because we receive in the Sacrament the very Body and Blood of Christ, and assimilate them in a natural manner, but, that having a body *in essence* of the same nature with the now glorified Son of Man, and being made one with Him by sacramentally receiving Him, the total dissolution of that body by death is an impossibility.

As regards the second class of heretics he urges, that as we are members of Christ's Body, of His flesh and of His

LIB. V. ii. 2.
GR. V. ii.
MASS. V. ii. 3.

οὔτε ὀστέα, οὔτε σάρκα ἔχει· ἀλλὰ περὶ τῆς κατὰ τὸν ἀληθινὸν ἄνθρωπον οἰκονομίας, τῆς ἐκ σαρκὸς καὶ νεύρων καὶ G. 399. ὀστέων συνεστώσης· [1]ἥτις καὶ ἐκ τοῦ ποτηρίου [1]αὐτοῦ, ὅ ἐστι τὸ αἷμα αὐτοῦ, τρέφεται, καὶ ἐκ τοῦ ἄρτου, ὅ ἐστι τὸ σῶμα αὐτοῦ, αὔξεται.

3. Καὶ ὅνπερ τρόπον τὸ ξύλον τῆς ἀμπέλου κλιθὲν εἰς τὴν γῆν τῷ ἰδίῳ καιρῷ ἐκαρποφόρησε, καὶ ὁ κόκκος τοῦ σίτου πεσὼν εἰς τὴν γῆν καὶ διαλυθεὶς, πολλοστὸς ἐγέρθη διὰ τοῦ Πνεύματος τοῦ Θεοῦ, τοῦ συνέχοντος τὰ πάντα· ἔπειτα δὲ διὰ G. 400. τῆς σοφίας τοῦ Θεοῦ εἰς χρῆσιν ἐλθόντα ἀνθρώπων, καὶ

carnes habet) sed de ea dispositione, quæ est secundum [2]verum hominem, quæ ex carnibus et nervis et ossibus consistit; quæ de calice, qui est sanguis ejus, nutritur; et de pane, quod est corpus ejus, augetur.

3. Et quemadmodum lignum vitis depositum [3]in terram, suo fructificat tempore, et granum tritici decidens in terram et dissolutum, multiplex surgit per Spiritum Dei, qui continet omnia; quæ deinde per sapientiam in usum [4]hominis veniunt, et percipi-

bones, and as we are conscious of the reality of this bodily substance in our own persons, so may we be certain that Christ's Body is no less a reality; that the Apostle is not speaking of a mere spiritual essence, as the Æon Anthropos, I. 10, 2, or the Christ of the Pleroma, I. 21, or Cabbalistic Adam Cadmon, I. 224, 1, or of the first idealisation of humanity, such as the Adamas of the *Ophite*, I. 134, 2, and *Monadic*, I. 104, and *ultra-Gnostic* theory, I. 107, who as being without form was *ἀόρατος*, the Gnostic equivalent of *ἀσώματος*, I. 40, 3; such spectral non-entities have no body of flesh and bone; but the Apostle is speaking of the true nature of man, of reasonable soul and human flesh subsisting, of which Christ is, *essentially*, and with which our bodies are con-natural. It is with reference to these ideas that the author declares, that in speaking of Christ's Body of flesh and bone, the Apostle *οὐ περὶ πνευματικοῦ τινος καὶ αοράτου ἀνθρώπου λέγει ταῦτα*, he by no means declares that in the Sacramental reception of Christ, we feed upon him in any carnal manner.

[1] *ἥτις* (*σάρξ*, sc.), although the translator makes *dispositio* to be the antecedent; q. d. *but the Apostle says this of the οἰκονομία, or the Word made Flesh; flesh which in our own case is nourished and receives increase by the Cup, sacramentally His Blood, and the Bread, sacramentally His Body.* In this case *ἥτις* refers to *σάρξ*, involved in the word *οἰκονομία*. *dele αὐτοῦ.*

[2] *verum*, omitted in the ARUND.

[3] *in terram*, CLERM. and VOSS., but AR. has *in terra*.

[4] *hominis*, CLERM., VOSS.; the Greek indicates *hominum*. The AR. has *hominibus veniunt*, but this MS. is here very corrupt; the transcriber, having lost an entire line in his copy, omits the eight following words, and then resumes with another *σφάλμα*, *et sanguinis Christi*.

προσλαμβανόμενα τὸν λόγον τοῦ Θεοῦ, εὐχαριστία γίνεται, LIB. V. ii. 3. GR. V. ii. MASS. V. ii. 3.
ὅπερ ἐστὶ σῶμα καὶ αἷμα τοῦ Χριστοῦ· οὕτως καὶ τὰ ἡμέτερα
σώματα ἐξ αὐτῆς τρεφόμενα, καὶ τεθέντα εἰς τὴν γῆν, καὶ Luc. xvi. 9.
διαλυθέντα ἐν αὐτῇ, ἀναστήσεται ἐν τῷ ἰδίῳ καιρῷ, τοῦ λόγου
τοῦ Θεοῦ τὴν ἔγερσιν αὐτοῖς χαριζομένου εἰς δόξαν Θεοῦ καὶ
πατρός· ὃς ὄντως τῷ θνητῷ τὴν ἀθανασίαν περιποιεῖ, καὶ τῷ
φθαρτῷ τὴν ἀφθαρσίαν [1] προχαρίζεται, ὅτι δύναμις τοῦ Θεοῦ
ἐν ἀσθενείᾳ τελειοῦται· ἵνα μὴ ὡς ἐξ ἡμῶν αὐτῶν ἔχοντες
τὴν ζωὴν φυσηθῶμεν, καὶ [2] ἐπαρθῶμέν ποτε κατὰ τοῦ Θεοῦ,
ἀχάριστον ἔννοιαν ἀναλαβόντες· πείρᾳ δὲ μαθόντες, ὅτι ἐκ τῆς
ἐκείνου ὑπεροχῆς, οὐκ ἐκ τῆς ἡμετέρας φύσεως, τὴν εἰς ἀεὶ
M. 295. παραμονὴν ἔχομεν, μήτε τῆς περὶ Θεὸν δόξης, [3] ὡς ἐστὶν, ἀστο-
χήσωμεν, μήτε τὴν ἡμετέραν φύσιν ἀγνοήσωμεν· ἀλλ' ἴδωμεν,
τί ὁ Θεὸς δύναται, καὶ τί ἄνθρωπος εὐεργετεῖται· καὶ μὴ
σφαλῶμέν ποτε τῆς ἀληθοῦς περὶ τῶν ὄντων, ὡς ἔστιν, ὑπο-
λήψεως, τουτέστι, Θεοῦ τε καὶ ἀνθρώπων. Μήτιγε, καθὼς

entia verbum Dei Eucharistia [4] fiunt, quod est corpus et sanguis Christi: sic et nostra corpora ex ea nutrita, et reposita in terram, et resoluta in ea, resurgent in suo tempore, Verbo Dei resurrectionem eis donante, in gloriam Dei Patris: qui [5] huic mortali (1 Cor. xv. 53.) immortalitatem circumdat, et corruptibili incorruptelam gratuito donat, quoniam virtus Dei [6] in infirmitate perficitur: ut non quasi (2 Cor. xii. 3.) ex nobisipsis habentes vitam, inflemur aliquando et extollamur adversus Deum, ingratam mentem accipientes; experimento [7] autem discentes, quoniam ex illius magnitudine, et non ex nostra natura, habemus in æternum perseverantiam, neque ab ea quæ est circa [8] Deum gloria, sicuti est, frustremur aliquando, neque nostram naturam ignoremus; sed ut sciamus, et quid Deus potest, et quid homo beneficii accipit: et non erremus aliquando a vera comprehensione eorum quæ sunt, et quemadmodum sunt, id est Dei et hominis. Et numquid forte, quemadmodum prædiximus, propter

[1] *legendum cum Interprete προῖκα χαρίζεται, jam annotavit doctissimus Cotelerius, Mon. Eccl. Gr.* III. 643. MASS.

[2] GRABE's suggestion is adopted in the text, instead of ἀπαρθῶμεν.

[3] STIEREN inserts καὶ, but without authority.

[4] *fiunt*, the reading of MASS., but CL., VOSS., and GRABE *fiant*.

[5] *huic*, indicating τουτῷ for ὄντως.

[6] *in* omitted in the ARUND. copy.

[7] *autem* is lost in the CLERM. MS.

[8] *Deum*, in its abbreviate form *Dm*, has become *Dni* in the CLERM. MS.

LIB. V. iii. 1. GR. V. iii. MASS. V. iii. 1.

προείπομεν, καὶ διὰ τοῦτο ἠνέσχετο ὁ Θεὸς [1]τὴν εἰς τὴν γῆν ἡμῶν ἀνάλυσιν· ὅπως παντοίως παιδευθέντες, ἐν πᾶσιν εἰς τὸ μέλλον ὦμεν ἀκριβεῖς, μήτε Θεὸν, μήτε ἑαυτοὺς ἀγνοοῦντες;

hoc passus est Deus fieri in nobis resolutionem; ut per omnia eruditi, in omnibus simus diligentes, neque Deum, neque nosmetipsos ignorantes?

Κεφ. γ'.

In infirmitate carnis humanæ elucet virtus et gloria Dei, qui corpus nostrum resurrectionis et immortalitatis particeps efficiet, quum illud ex limo terræ formaverit: ipsique ævo sempiterno frui concedet, cui exiguam et communem hanc vitam largitur.

I. ΣΑΦΕΣΤΑΤΑ δὲ Παῦλος ἀπέδειξεν, ὅτι παρεδόθη τῇ ἑαυτοῦ ἀσθενείᾳ ὁ ἄνθρωπος, ἵνα μὴ ἐπαρθεὶς ἀστοχήσῃ τῆς ἀληθείας, ... εἰπών· ... ἥδιστα οὖν μᾶλλον καυχήσομαι ἐπὶ ταῖς ἀσθενείαις, ἵνα ἐπισκηνώσῃ ἐπ' ἐμὲ ἡ δύναμις τοῦ Χριστοῦ. G. 401.

CAP. III.

1. MANIFESTISSIME autem Apostolus ostendit, quoniam traditus est suæ infirmitati homo, ne elatus aliquando excideret a veritate,
2 Cor. xii. 7–9. in secunda quæ est ad Corinthios dicens: *Et ut sublimitate revelationum non superextollar, datus est mihi stimulus carnis, angelus Satanæ, uti me colaphiset. Et super [2]hoc ter Dominum rogavi, ut absistat a me: et dixit mihi: Sufficit tibi gratia mea; nam [3]virtus in infirmitate perficitur. Libenter ergo magis gloriabor in [4]infirmitatibus, ut inhabitet in me virtus Christi.* Quid ergo? (dicet

[1] *τὴν εἰς τὴν γῆν ἡμῶν.* The translation indicates the loss of *γίνεσθαι*, in other respects the text is confirmed by *ἀναλυθὲν εἰς τὴν γῆν ἡμῶν*, p. 326, meaning resolution into the common dust of mortality. Cf. III. xxi. 2, and p. 323.

[2] CL., VET., VOSS. *super hæc.*

[3] *Ita Interpres vel Scriba posuit juxta Italicam versionem, in qua non legebatur* mea, *ut ex Tertulliano, Cypriano, aliisque colligitur; sicut nec moderna Latina vulgata habet. Sed Irenæum Græce ἡ δύναμίς μου in Apostolico Codice legisse, inque suo hic scripsisse colligitur ex anteced. cap. 2, ubi ait: δύναμις τοῦ Θεοῦ ἐν ἀσθενείᾳ τελειοῦται,* Virtus Dei in infirmitate perficitur; *et ex hujus ipsius capitis progressu.* GRABE.

[4] AR. adds *meis*, but the word is not found in the CL., MERC. I., VOSS., or Gr. T.

LIB. V. iii. 1. GR. V. iii. MASS. V. iii. 1.

enim aliquis) voluit ergo Dominus Apostolum suum sic colaphisari, et talem sustinere infirmitatem? Etiam, dicit verbum. Virtus enim in infirmitate perficitur, meliorem efficiens hunc, qui per suam infirmitatem cognoscit virtutem Dei. Quemadmodum enim didicisset homo, quoniam ipse quidem infirmus et natura mortalis, Deus autem immortalis et potens, nisi id quod est in utroque, didicisset experimento? Suam enim infirmitatem [1]discere per sustinentiam, nihil est malum: magis autem et bonum est non aberrare in natura [2]sua. [3]Extolli autem adversus Deum, et præsumtionem [4]suæ gloriæ assumere, ingratum reddens hominem, multum mali inferebat ei, [5]ut nec veritatem simul et dilectionem auferret ab eo, et eam quæ est ad eum qui fecit eum. Utrorumque [6]autem experientia veram quæ est de Deo et homine agnitionem indidit ei; et auxit ejus erga Deum dilectionem. Ubi autem augmentum est dilectionis, ibi major gloria Dei virtute perficitur his qui diligunt eum.

2. Refutant [7]igitur potentiam Dei, et non contemplantur quod est [8]verbum, qui infirmitatem intuentur carnis, virtutem autem ejus qui suscitat eam a mortuis, non contemplantur. Si enim

Εἰ γὰρ τὸ θνητὸν οὐ ζωοποιεῖ, καὶ τὸ φθαρτὸν μὴ ἀνάγει εἰς ἀφθαρσίαν, οὐκ ἔστι δυνατὸς ὁ Θεός. Ἀλλ' ὅτι δυνατός ἐστιν ἐν τοῖς τοιούτοις πᾶσιν, ἐκ τῆς ἀρχῆς ἡμῶν συννοεῖν ὀφείλομεν· ὅτι λαβὼν ὁ Θεὸς χοῦν ἀπὸ τῆς γῆς, ἐποίησεν

Ex Joh. Damasc. Parall. ibid.

mortale non vivificat, et corruptibile non revocat ad incorruptelam, jam non potens [9]est Deus. Sed quoniam potens est in [9]his omnibus, de initio nostro contemplari debemus: quoniam sumsit Deus limum de terra, et formavit hominem. Et quidem multo

[1] *discere*, τὸ γὰρ μαθεῖν δι' ὑπομονῆς τὴν ἰδίαν ἀσθένειαν, οὐδὲν κακόν.

[2] *sua.... præsumtionem*, omitted in the CLERM. copy, owing to *suæ* immediately following.

[3] *extolli*, τὸ δὲ ἐπαρθῆναι κατὰ τὸν Θεόν.

[4] τὴν τῆς ἰδίας δόξης προαίρεσιν.

[5] *ut nec veritatem.* There is no help for it but to print the passage according to the MSS. GRABE cancels *nec* and *et* after *eo*, and for *ad eum* he reads *ad Deum*. But if for *nec* we read *hic*, and imagine the scribe to have falsely read ἀπολαβεῖν, the words would express the Greek, ὥστε ἀποβαλεῖν αὐτὸν τὴν ἀλήθειαν καὶ τὴν ἀγάπην ἀφ' αὐτοῦ, τὴν εἰς τὸν κτίσαντα αὐτόν. Here also the *et* condemned by GRABE is suppressed, though καὶ is not quite inadmissible.

[6] CLERM. *enim*.

[7] παραπέμπουσι perhaps, as I. 1, and II. 76, 7; 78, 2. AR. *enim*.

[8] CLERM., VOSS., VET., but ARUND. *verum*.

[9] *est, his*, omitted in the CLERM.

LIB. V. iii. 2. GR. V. iii. MASS. V. iii. 2.

ἄνθρωπον. Καίπερ πολλῷ δυσκολώτερον καὶ ἀπιστότερον ἦν, ἐκ μὴ ὄντων ὀστέων τε, καὶ νεύρων, ...[1] καὶ τῆς λοιπῆς τῆς G. 402. κατὰ τὸν ἄνθρωπον οἰκονομίας, ποιῆσαι εἰς τὸ εἶναι, καὶ ἔμψυχον καὶ [2]λογικὸν ἀπεργάσασθαι [2]ζῶον, ἢ τὸ γεγονὸς, M. 296. ἔπειτα ἀναλυθὲν εἰς τὴν γῆν, αὖθις ἀποκαταστῆσαι, εἰς ἐκεῖνα χωρῆσαν, ὅθεν τὴν ἀρχὴν μηδέπω γεγονὼς ἐγεγόνει ὁ ἄνθρωπος. Ὁ γὰρ τὴν ἀρχὴν οὐκ ὄντας ποιήσας, ὁπότε ἤθελεν, πολλῷ μᾶλλον τοὺς ἤδη γεγονότας αὖθις ἀποκαταστήσει θελήσας εἰς τὴν ἐπ' αὐτοῦ διδομένην ζωήν. Εὑρεθήσεται δὲ καὶ δεκτικὴ ἅμα καὶ χωρητικὴ ἡ σὰρξ τῆς τοῦ Θεοῦ δυνάμεως· [3]εἰ γὰρ τὴν ἀρχὴν ἀπεδέξατο τὴν τέχνην τοῦ Θεοῦ, καὶ τὸ μέν τι ἐγένετο ὀφθαλμὸς τοῦ ὁρᾶν, τὸ δὲ οὖς ἀκούειν, ... καὶ ἄλλο ἄλλου. Τί γάρ; οὐκ ἔστιν ἀριθμὸν εἰπεῖν πάσης τῆς κατὰ τὸν ἄνθρωπον μελοποιΐας, ἥτις οὐκ ἄνευ σοφίας πολλῆς ἐγένετο. Τὰ δὲ τέχνης καὶ σοφίας μετέχοντα Θεοῦ, μετέχει καὶ τῆς δυνάμεως αὐτοῦ.

difficilius et incredibilius est, ex non exsistentibus ossibus, et nervis, et venis, et reliqua dispositione, quæ est secundum hominem, facere ad hoc ut sit, et quidem animalem et rationabilem [4]facere hominem, quam quod factum est, et deinde [4]resolutum est in terram, propter causas quas prædiximus, rursus redintegrare, licet in illa cesserit, unde et initio nondum factus, factus est homo. Qui enim initio eum qui non erat, fecit ut esset, quando voluit: multo magis [5]eos, qui jam fuerunt, rursus restituet volens in eam quæ ab eo datur vitam. Invenietur autem perceptrix et capax caro virtutis Dei, quæ ab initio percepit artem Dei; et aliud quidem [6]factum est oculus videns, aliud auris audiens, aliud manus palpans et operans, aliud nervi undique [7]contensi, et continentes membra, aliud arteriæ et venæ, sanguinis et spiritus transitoria; aliud vero [8]inviscera diversa; aliud sanguis, copulatio animæ et corporis. Quid enim? Non est numerum dicere universæ fabricationis, quæ est secundum membra hominis, quæ non [8]alias facta est [9]sed ex magna sapientia Dei. Quæ autem [10]sapientiam participant Domini, participant et virtutem ejus.

[1] *καὶ φλεβῶν*, wanting in the Greek.

[2] *animal rationabile*, 317, l. 2.

[3] For *εἰ γάρ* the translator read *ἤ*, and for *τὸ μέν τι*, perhaps wrote *quiddam*.

[4] AR. *faceret, solutum*.

[5] *eos*, omitted in the CLERM. copy.

[6] *factum*, CL., AR., MERC. II., sc. *membrum*; al. *factus*.

[7] *contensi*, AR. *συντεινόμενα, nervi*, meaning *sinews*; al. *condensi*, according

3. Οὐκ ἄρα οὖν ἄμοιρος ἡ σὰρξ τεχνικῆς σοφίας καὶ δυνάμεως Θεοῦ. [1]Ἀλλ' εἰ ἡ δύναμις αὐτοῦ, ἥτις ἐστὶ ζωῆς παρεκτικὴ, ἐν ἀσθενείᾳ τελειοῦται, τουτέστιν ἐν σαρκί· εἰπάτωσαν ἡμῖν οἱ λέγοντες μὴ εἶναι δεκτικὴν τὴν σάρκα τῆς παρὰ τοῦ Θεοῦ δεδομένης ζωῆς, πότερον ζῶντες νῦν, καὶ μετέχοντες τῆς ζωῆς λέγουσι ταῦτα, ἢ τὸ καθόλου ζωῆς μετέχοντες μηδὲν, νεκροὺς δὲ αὐτοὺς τῷ παρόντι ὁμολογοῦσιν; Ἀλλ' εἰ μὲν εἰσὶ νεκροὶ, πῶς καὶ κινοῦνται, καὶ λέγουσι, καὶ τὰ λοιπὰ ποιοῦσιν, ἅπερ οὐχὶ νεκρῶν, ἀλλὰ ζώντων ἔργα; Εἰ δὲ ζῶσι νῦν, καὶ ὅλον σῶμα αὐτῶν μετέχει τῆς ζωῆς, πῶς τολμῶσι λέγειν μὴ εἶναι τὴν σάρκα δεκτικήν τε καὶ μετοχικὴν τῆς ζωῆς, ὁμολογοῦντες ἔχειν ζωὴν ἐν τῷ παρόντι; Ὅμοιον εἴτις σπογγίαν ὕδατος πλήρη κρατῶν, ἢ λαμπάδα [2]φωτὸς, μὴ δύνασθαι λέγει μετέχειν τοῦ ὕδατος ἐπὶ τῆς σπογγίας, μηδὲ τὴν λαμπάδα τοῦ πυρός. Τὸν αὐτὸν τρόπον καὶ οὗτοι ζῆν λέγοντες καὶ βαστάζειν ζωὴν ἐν τοῖς ἰδίοις μέλεσιν, ἔπειτα ἑαυτοῖς ἐναντιούμενοι, τὰ μέλη αὐτῶν ἐπιδεκτικὰ μὴ λέγουσι τῆς ζωῆς.

LIB. V. iii. 3. GR. V. iii. MASS. V. iii. 3.

3. Non igitur exsors est caro sapientiæ et virtutis Dei. Nam virtus ejus quæ vitam præstat, in infirmitate perficitur, id est, in carne. Dicant autem nobis, qui dicunt non esse capacem carnem illius vitæ quæ datur a Deo, utrum viventes nunc, et participantes vitam dicant hæc; an in totum vitæ quidem habentes nihil, mortuos autem semetipsos in præsenti confitebuntur? Et si quidem mortui, quomodo et moventur et loquuntur et reliqua faciunt, quæ non mortuorum sed vivorum sunt opera? Si autem vivunt nunc, et totum illorum corpus participat vitæ, quomodo audent dicere non esse carnem participatricem vitæ, confitentes habere se vitam in præsenti? Simile est quemadmodum si quis spongiam aquæ plenam tenens, vel faculam ignis, non posse participare aquæ dicat spongiam, neque faculam igni. Eodem modo et hi vivere se dicentes, et portare vitam dicentes, et in suis membris exsultantes, postea sibimetipsis contrarii exsistentes, dicunt non esse membra ipsorum [2]percapabilia vitæ.' Si autem hæc quæ est

to Mass. the representative of *δασέα*.

[8] Ar. *in inviscera... ex alia.*

[9] Cl. omits *sed.*

[10] Gr. *sapientia .... Deum*, but Cl., Vet., Voss. as above, *sapientiā.... Dni.*

[1] Either *si* has been lost to the Latin, and *autem* inserted in the next sentence, or *ἢ γάρ* has become ἀλλ' εἰ in the Greek, as Grabe has suggested.

[2] Cl., Voss. *participabilia*, Ar.

LIB. V. iii. 3. GR. V. iii. MASS. V. iii. 3.

Εἰ δὲ τὸ πρόσκαιρον τοῦ ζῆν, πολλῷ ἀσθενέστερον ἐκείνης G. 400.
τῆς αἰωνίας ζωῆς, ὅμως τοιοῦτον δύναται, ὥστε ζωοποιεῖν
ἡμῶν τὰ θνητὰ μέλη· ἡ τούτου δραστικωτέρα αἰώνιος ζωὴ τὶ
ὅτι οὐ ζωοποιεῖ τὴν σάρκα, τὴν ἤδη μεμελετηκυῖαν καὶ εἰθισ-
μένην βαστάζειν τὴν ζωήν; Ὅτι γὰρ ἐπιδεκτικὴ ζωῆς ἐστιν
ἡ σὰρξ, ἐκ τοῦ ζῆν δείκνυται· ζῇ δὲ, ἐφ' ὅσον αὐτὴν ὁ Θεὸς M. 297.
θέλει ζῆν. Ὅτι δὲ καὶ ὁ Θεὸς δυνατὸς παρέχειν αὐτῇ τὴν
ζωὴν, δῆλον· ἐκείνου γὰρ παρέχοντος ἡμῖν τὴν ζωὴν [*suppl.*
ζῶμεν]. Καὶ τοῦ Θεοῦ οὖν δυνατοῦ ὄντος ζωοποιεῖν τὸ πλάσμα
[1]τοῦ ἑαυτοῦ, καὶ τῆς σαρκὸς δυναμένης ζωοποιεῖσθαι, τί λοιπὸν
τὸ κώλυον αὐτὴν μετέχειν τῆς ἀφθαρσίας, ἥτις ἐστὶ [2]μακαρία
καὶ ἀτελεύτητος ζωὴ ὑπὸ Θεοῦ διδομένη;

temporalis vita, cum sit multo infirmior quam illa æterna vita, tamen tantum potens est, ut vivificet nostra membra mortalia; cur illa quæ est æterna vita, non vivificabit eam carnem, quæ jam meditata et assueta sit portare vitam? Quoniam autem participatrix vitæ sit caro, ex hoc quod vivat, ostenditur: vivit enim, in quantum Deus vult vivere. Quoniam autem et Deus potens est præstare ei vitam, manifestum est. Illo enim præstante vitam nobis qui vivimus, et Dominus itaque cum sit potens vivificare plasma suum, et caro cum possit vivificari, quid superest quod prohibeat eam percipere incorruptelam, quæ est longa et sine fine a Deo tributa vita?

CAP. IV.

Falluntur qui præter mundi fabricatorem alterum Deum Patrem confingunt: quem infirmum et inutilem, aut malignum et invidum esse necesse est, si corporibus nostris vitam æternam præstare vel non possit, vel nolit.

[3]LATENT autem semetipsos, qui alterum affingunt patrem, præter Demiurgum, et bonum eum vocant; infirmum et inutilem et negligentem inferentes eum: ut non dicamus, quoniam lividum et [4]invidum, in eo quod dicant non vivificari ab eo nostra corpora.

[1] STIEREN τό.

[2] Int. μακρά.

[3] λανθάνουσι δὲ ἑαυτούς.

[4] *invidum*, copied from PLATO's dictum in *Tim.* ἀγαθῷ δὲ οὐδεὶς περὶ οὐδενὸς οὐδέποτε ἐγγίγνεται φθόνος. p. 29 E.

Cum enim dicant ea quæ omnibus sunt manifesta quoniam perseverant immortalia, ut puta spiritus et anima, [1] et quæ sunt alia, quoniam vivificantur a patre, [2] aliud autem quod non alias vivificatur, nisi illi Deus præstet, vita derelinqui; aut impotentem et infirmum ostendit patrem ipsorum, aut invidum et lividum. Demiurgo enim et hic vivificante mortalia corpora nostra, et resurrectionem eis per prophetas promittente, quemadmodum ostendimus; quis potentior, et fortior, et vere bonus ostenditur? utrum Demiurgus, qui totum vivificat hominem; an falso cognominatus ipsorum pater? Qui [3] ea quidem quæ sunt natura immortalia, quibus a sua natura adest vivere, fingit se vivificare; quibus autem opus est ab eo [4] adjutorium ut vivant, non vivificans [5] illa benigne, sed relinquens illa negligenter in mortem. Utrum ergo et his vitam pater ipsorum, [6] cum possit præstare, non præstat, [7] an cum non possit? Siquidem cum non possit, jam non potens est, neque perfectus super Demiurgum: Demiurgus enim præstat, quemadmodum [8] adest videre, quod ille non potest præstare. Si autem cum possit præstare, non præstat; jam non bonus ostenditur, sed invidus et malignus pater. Si autem et causam aliquam dixerint, per quam non vivificat corpora pater ipsorum, ipsam causam majorem necesse est apparere quam patrem, [9] obtinentem benignitatem ejus; et infirmabitur benignitas ejus propter causam eam
G. 404. quæ ab ipsis dicitur. Quoniam autem possunt corpora percipere vitam, omnibus videre est. Vivunt enim in quantum ea Deus vult vivere: et jam non possunt dicere quod minime valeant vitam capere. Si igitur [10] propter necessitatem et causam aliam [11] quandam non vivificantur, quæ possunt participare vitam, erit necessitati et [12] causæ serviens pater ipsorum, et non jam liber et suæ potestatis in [13] sua sententia.

[1] καὶ ἄλλα ὑπάρχοντα, Cl., Voss. *talia;* but *alia*, referring to *sp. et anima*, as emanating from the Divine life, is in antithesis with *aliud*, the quickened body.

[2] *aliud*, Cl., Voss., but Ar. *illud.*

[3] *ea quidem*, Ar. *equidem.*

[4] Cl., Vet., Voss. *adjutorio*, Ar.

[5] *illa*, Clerm. *ille*, Vet., Voss., but, with *sed*, omitted altogether in the Ar.

[6] The Clerm. reading adopted by Massuet. Grabe has *non possit præstare....an cum possit.* The ὁμοιοτέλευτον has caused the Clerm. transcriber to omit *Siquidem cum non possit.*

[7] Ar. *an quum possit? sed quidem.*

[8] Clerm. *est.*

[9] *obtinentem*, as Grabe suggests, ἐπικρατοῦντα, *mastering*, with the genitive τῆς χρηστότητος.

[10] Ar. *præter.*

[11] *quandam*, omitted in the Clerm.

[12] *causæ serviens*, no longer the source of all causation.

[13] Ar. *sua*, omitted Cl., Voss.

LIB. V. v. 1. GR. V. v. MASS. V. v. 1.

CAP. V.

Priscorum vita longæva, Eliæ et Enoch cum propriis corporibus translatio, una cum Jonæ Ananiæ Azariæ et Misaelis in summis periculis conservatione, evidenter ostendunt Deum excitare posse corpora nostra ad vitam æternam.

1. Quoniam autem multo tempore [1]perseverabant corpora, in M. 293.
quantum placuit Deo [1]bene habere, legant Scripturas, et invenient eos qui ante nos fuerunt, septingentos et octingentos et nongentos annos supergressos: et consequebantur corpora ipsorum longinquitatem dierum, et [2]participabant vitam, in quantum ea

Ex Parallel. J. Damasc. ed. Grab.

[3]Τί δὲ καὶ περὶ ἐκείνων λέγομεν; ὅπουγε Ἐνὼχ εὐαρεστήσας τῷ Θεῷ, ἐν σώματι μετετέθη, τὴν μετάθεσιν τῶν δικαίων προμηνύων. Καὶ Ἡλίας, ὡς ἦν ἐν τῇ τοῦ πλάσματος ὑποστάσει, ἀνελήφθη, τὴν ἀνάληψιν τῶν [4]πνευματικῶν προφητεύων· καὶ οὐδὲν ἐνεπόδισεν αὐτοῖς τὸ σῶμα πρὸς τὴν μετάθεσιν καὶ ἀνάληψιν. Δι' ὧν γὰρ χειρῶν ἐπλάσθησαν τὴν ἀρχὴν, διὰ τούτων τὴν μετάθεσιν καὶ ἀνάληψιν ἐλάμβανον. G. 405.
Εἰθισμέναι γὰρ ἦσαν ἐν τῷ Ἀδὰμ αἱ χεῖρες τοῦ Θεοῦ ῥυθμί-

Deus vivere volebat. Quid autem de illis [5]dicimus? Quandoquidem
Heb. xi. ex Gen. v. 24. Enoch placens Deo in quo placuit corpore translatus est, trans-
4 Reg. ii. 11. lationem justorum præmonstrans. Et Helias, sicut erat in plasmatis substantia, assumtus est, assumtionem [4]patrum prophetans: et nihil impediit eos corpus in translationem et assumtionem eorum. Per illas enim manus, per quas in initio plasmati sunt, per ipsas assumtionem et translationem acceperunt. Assuetæ enim erant in Adam manus Dei coaptare et tenere et bajulare

[1] Cl., Vet., Voss. *perseverabant*, Ar. *bene habere*, εὖ ἔχειν, *valere.*

[2] Ar. *participant.*

[3] *Hæc Græca bis in Joannis Damasceni Parallelis sunt citata, et cum Cod. 26 Barocc. in Bibliotheca Bodleiana collata. In illo quippe fol.* 150 *habetur fragmentum Iren. ab ultimis cap.* 3. *verbis incipiens, et eadem hujus cap. parte cum Dam. finiens, adeo ut prior illius citatio ibi descripta esse videatur.* Grabe.

[4] Grabe observes that the translator had here the false reading πατέρων. And πνευματικῶν has a manifest parallel in δικαίων.

[5] *dicimus*, restored from the Greek. Cl., Voss. *dicamus*, Ar. *dicemus*, Merc. II. *dicebimus.*

ζειν καὶ κρατεῖν καὶ βαστάζειν τὸ ἴδιον πλάσμα, καὶ φέρειν, καὶ τιθέναι, ὅπου αὗται βούλονται. Ποῦ οὖν ἐτέθη ὁ πρῶτος ἄνθρωπος; ἐν τῷ παραδείσῳ δηλονότι, καθὼς γέγραπται·... Καὶ ἐκεῖθεν [1] ἐξεβλήθη εἰς τόνδε τὸν κόσμον παρακούσας. Διὸ καὶ λέγουσιν οἱ πρεσβύτεροι, τῶν ἀποστόλων μαθηταὶ, τοὺς μετατεθέντας ἐκεῖσε μετατεθῆναι· δικαίοις γὰρ ἀνθρώποις καὶ πνευματοφόροις ἡτοιμάσθη ὁ παράδεισος, ἐν ᾧ καὶ Παῦλος ἀπόστολος εἰσκομισθεὶς ἤκουσεν ἄῤῥητα ῥήματα, ὡς πρὸς ἡμᾶς ἐν τῷ παρόντι, κᾀκεῖ μένειν τοὺς μετατεθέντας ἕως συντελείας, προοιμιαζομένους τὴν ἀφθαρσίαν.

LIB. V. v. 1. GR. V. v. MASS. V. v. 1.

2. Εἰ δέ τις ἀδύνατον ὑπολάβοι χρόνοις [2] τε τοσούτοις ὑπομένειν τοὺς ἀνθρώπους, καὶ τὸν Ἠλίαν μὴ ἔνσαρκον αναληφθῆναι, δεδαπανῆσθαι δὲ τὴν σάρκα αὐτοῦ ἐν τῷ πυρίνῳ ἅρματι, ἐννοησάτω, ὅτι [3] Ἰωνᾶς ἐν τῷ βυθῷ ῥιφεὶς, ... σῶος

suum plasma, et ferre, et ponere ubi ipsæ vellent. Ubi ergo primus positus est homo? scilicet in paradiso, quemadmodum Scriptura dicit: *Et plantavit Deus paradisum in Eden contra orientem, et posuit ibi hominem quem plasmavit.* Et inde projectus est in hunc mundum, non obediens. Quapropter dicunt Presbyteri, qui sunt Apostolorum discipuli, eos qui translati sunt illuc translatos esse; (justis enim hominibus et Spiritum habentibus præparatus est paradisus, in quem et Paulus Apostolus [4] asportatus audivit sermones inenarrabiles, quantum ad nos in præsenti) et ibi manere eos qui translati sunt usque ad consummationem, coauspicantes incorruptelam.

Gen. ii. 8. 2 Cor. xii. 4.

2. Si autem quis impossibile æstimet tantis temporibus permanere homines, et Heliam non in carne assumtum, consumtam autem carnem ejus [5] in igneo curru, intendat, quoniam Jonas quidem in profundum projectus est, et in ventrem ceti absorptus,

4 Reg. ii. 11. Jonæ i. et ii.

[1] ἐξεβλήθη εἰς τόνδε τὸν κόσμον, i.e. from Paradise into the world such as it now is. But the Rabbinical conceit laid the site of Paradise in the fourth of a system of seven worlds, from whence he was cast down to the lowest. See I. 235, I.

[2] For τε f. l. ἔτι.

[3] Corporum a resurrectione futuræ integritatis documenta fuerunt vestimenta et calceamenta filiorum Israelis indetrita quadraginta annis...et quod Babylonii ignes trium fratrum nec tiaras, nec sarabara læserunt; quod Jonas incolumis exspuitur. TERT. *Res. Carnis*, 58.

[4] CLERM., VOSS., MERC. II. *aportatus*. AR. *adportatus*.

[5] AR. omits *in*.

LIB. V. v. 2 GR. V. v. MASS. V. v. 2. πάλιν ἐξεπτύσθη τῇ γῇ κελεύσει Θεοῦ. Ἀνανίας τε, καὶ Ἀζαρίας, καὶ Μισαὴλ, εἰς κάμινον ἐμβληθέντες πυρὸς ἑπταπλασίως [1]ἐκκαιομένης, οὔτε ἐβλάβησάν τι, οὔτε ὀσμὴ πυρὸς εὑρέθη ἐν αὐτοῖς. Ἡ οὖν συμπαροῦσα αὐτοῖς τοῦ Θεοῦ χεὶρ καὶ παράδοξα καὶ ἀδύνατα τῇ φύσει τῶν ἀνθρώπων εἰς αὐτοὺς ἐπιτελέσασα, τί θαυμαστὸν, εἰ ἐν τοῖς μετατεθεῖσιν ἀπείργασται παράδοξον, ὑπουργοῦσα τῷ θελήματι τοῦ Θεοῦ καὶ M. 299.
πατρός;

3. ...Οὔτε οὖν φύσις τινὸς τῶν γεγονότων, οὔτε μὴν ἀσθένεια σαρκὸς ὑπερισχύει τῆς βουλῆς τοῦ Θεοῦ. Οὐ γὰρ ὁ Θεὸς τοῖς γεγονόσιν, ἀλλὰ τὰ γεγονότα ὑποτέτακται τῷ Θεῷ, καὶ τὰ πάντα ἐξυπηρετεῖ τῷ βουλήματι αὐτοῦ.

Dan. iii. 19 seq salvus iterum exsputus est terræ jussu Dei. Ananias etiam, et Azarias, et Misael missi in caminum ignis septuplum exardentem, neque nociti sunt aliquid, neque odor ignis inventus est in eis. Quæ igitur adfuit illis manus Dei, et inopinata, et impossibilia naturæ [2]hominum in eis perficiens; quid mirum si in his qui translati sunt, effecit aliquid inopinatum, deserviens voluntati [3]Patris? Hic est autem Filius Dei, quemadmodum
Dan. iii. 24, 25. Scriptura ait dixisse Nabuchodonozor regem: *Nonne tres viros misimus in caminum? et ecce ego video quatuor deambulantes in medio ignis, et quartus similis* [4]*est Filio Dei.*

3. Neque igitur natura alicujus eorum quæ facta sunt, neque infirmitas carnis fortior erit super voluntatem Dei. Non enim Deus his quæ facta sunt, sed ea quæ facta sunt subjecta sunt Deo: et omnia serviunt voluntati ejus. Quapropter et
Luc. xviii. 27. Dominus ait: *Quæ impossibilia sunt apud homines, possibilia sunt apud Deum.* Quemadmodum igitur his qui nunc sunt hominibus, ignorantibus dispositionem Dei, incredibile et impossibile videtur, tantos annos aliquem hominem posse vivere, et vixerunt hi qui ante nos fuerunt, et vivunt qui translati sunt ad exemplum futuræ longitudinis dierum; et de ventre ceti, et de camino ignis salvos exisse, et tamen exierunt, educti velut manu Dei ad ostensionem virtutis ejus: sic et nunc, quamvis quidam igno-

[1] Ἐκκαιομένην melius legit vet. Int. Cæterum inter hanc vocem et particulam οὔτε in Dam. citatione et Cod. Bar. hæc sunt inserta: ἔμειναν ἄφθαρτοι καὶ, quæ in vet. Int. haud comparent. GRABE.

[2] AR., but CL., VOSS., VET. *hominis.*

[3] Add from the Greek *Dei et.*

[4] AR. omits *est.*

rantes virtutem et promissionem Dei, contradicant suæ saluti, impossibile existimantes posse Deum suscitantem corpora in sempiternum perseverationem eis donare, non tamen incredulitas talium evacuabit fidem Dei. LIB. V. vi. 1. GR. V. vi. MASS. V. vi. 1.

CAP. VI.

Integrum et perfectum hominem, corpore et anima constantem et conjunctum, salvum faciet Deus, quum eum Verbum assumserit, et donis Spiritus sancti ornaverit, cujus corpora nostra templa sunt et dicuntur.

1. Glorificabitur autem Deus in suo plasmate, conforme illud et [1]consequens suo puero adaptans. Per manus enim [2]Patris, id est, per Filium et Spiritum fit homo secundum similitudinem Dei, sed non pars hominis. Anima autem et spiritus pars hominis esse possunt, homo autem nequaquam: perfectus autem homo commixtio et adunitio est animæ assumentis spiritum Patris, et admixta [3]ei carni, quæ est plasmata secundum [4]imaginem Dei. Propter quod et Apostolus ait: *Sapientiam loquimur inter perfectos;* perfectos dicens eos qui perceperunt Spiritum Dei, et [5]omnibus linguis loquuntur per Spiritum Dei, quemadmodum et

Esai. xlii. 1. Matt. xii 18. — 1 Cor. ii. 6.

[1] *consequens.* Grabe suggests *προσῆκον*, but the translator could scarcely have failed to render this word by *conveniens.* *ἀκόλουθον* is more natural. Ar. *conformet.*

[2] Another clear reference to the doctrine of the Ever-Blessed Trinity. The Son and Spirit are in the same way styled the *hands* of the Father, above, pp. 213, 5, and again at p. 445, G.

[3] Grabe is wrong in quoting the Ar. as having *ei*, it is wanting.

[4] Justinus M. quoque *lib. de Res.* (*Spicil. Sæc.* II. I. 187), dicit: *τὴν ἀπὸ Θεοῦ σάρκα πλασθεῖσαν κατ' εἰκόνα ἑαυτοῦ.*

[5] Justin M. declares similarly that miraculous powers were not yet extinct in his time, *τῶν ἀπὸ τοῦ ὀνόματος αὐτοῦ καὶ νῦν γιγνομένων δυνάμεων.* *Dial.* § 35, 254 B., and he specifies *prophecy*, *παρὰ γὰρ ἡμῖν καὶ μέχρι νῦν προφητικὰ χαρίσματά ἐστιν.* *Ibid.* 308 B. Cf. 315 B.—*healing*, *ὁ μὲν γὰρ λαμβάνει συνέσεως πνεῦμα . . . ὁ δὲ ἰάσεως.* *Ibid.* § 39, 258 A. —*and the exorcism of evil spirits*, *καὶ τὴν τοῦ ὀνόματος ἰσχὺν καὶ τὰ δαιμόνια τρέμει, καὶ σήμερον ἐξορκιζόμενα. . . . ὑποτάσσεται.* *Ibid.* 30, 247 C. Cf. also 76, 302 A. 85, 311 B. Again, the same facts are appealed to as patent to observation at Rome: *καὶ ἐν τῇ ὑμετέρᾳ πόλει, πολλοὶ τῶν ἡμετέρων ἀνθρώπων τῶν Χριστιανῶν, ἐπορκίζοντες κατὰ τοῦ ὀνόματος Ἰησοῦ Χριστοῦ, τοῦ σταυρωθέντος ἐπὶ Ποντίου Πιλάτου, ὑπὸ τῶν ἄλλων πάντων καὶ ἐπᾳστῶν καὶ φαρμακευτῶν μὴ ἰαθέντας ἰάσαντο, καὶ ἔτι νῦν ἰῶνται, καταργοῦντες καὶ ἐκδιώκοντες τοὺς κατέχοντας τοὺς ἀνθρώπους δαίμονας.* *Apol.* II. 6. Cf. also Tertull. *Apol.* 23, Euseb. *H. E.* III. xxxvii. V. xvii.

LIB. V. vi. 1. GR. V. vi. MASS. V. vi. 1.

Eus. H. E. v. 7.

Καθὼς καὶ πολλῶν ἀκούομεν ἀδελφῶν ἐν τῇ ἐκκλησίᾳ, προφητικὰ χαρίσματα ἐχόντων, καὶ παντοδαπαῖς λαλούντων διὰ τοῦ πνεύματος γλώσσαις, καὶ τὰ κρύφια τῶν ἀνθρώπων εἰς φανερὸν ἀγόντων ἐπὶ τῷ συμφέροντι, καὶ τὰ μυστήρια τοῦ Θεοῦ ἐκδιηγουμένων.

ipse loquebatur. Quemadmodum et multos audivimus fratres in Ecclesia, prophetica habentes charismata, et per Spiritum universis linguis loquentes, et absconsa hominum in manifestum producentes ad utilitatem, et mysteria Dei enarrantes, quos et spiritales Apostolus vocat; secundum participationem Spiritus exsistentes spiritales, sed non secundum defraudationem et interceptionem carnis, et nude hoc ipsum solum. Si enim substantiam tollat aliquis carnis, id est plasmatis, et nude [1]ipsum solum spiritum intelligat, jam non spiritalis homo est quod est tale, sed spiritus G. 407.
hominis, aut Spiritus Dei. Cum autem spiritus hic commixtus animæ unitur plasmati, propter effusionem Spiritus spiritalis et perfectus homo factus est: et hic est qui secundum imaginem et similitudinem factus est Dei. Si autem defuerit animæ Spiritus, animalis est vere, qui est talis, et carnalis derelictus imperfectus erit: [2]imaginem quidem habens in plasmate, similitudinem vero non assumens per Spiritum; sicut autem hic imperfectus est. Sic iterum si quis tollat imaginem, et [3]spernat plasma, jam non hominem intelligere potest, sed aut partem aliquam hominis, quemad-

[1] AR. *idipsum*.

[2] The same distinction may here be traced between the spiritual Adam, created after the likeness of God, and the psychic Adam, into whom the breath of life was breathed, that we have had occasion to notice in the Rabbinical theology (*Pref. Rem.* IV. where cf. ref. n. 4); which PHILO also adopted, *ibid.*, and *Leg. Alleg.* 29, ὁ γὰρ κατ' εἰκόνα οὐ γήϊνος ἀλλ' οὐράνιος; and more definitely elsewhere, διαφορὰ παμμεγέθης ἐστι τοῦ τε νῦν πλασθέντος ἀνθρώπου, καὶ τοῦ κατὰ τὴν εἰκόνα Θεοῦ γεγονότος πρότερον. Ὁ μὲν γὰρ διαπλασθεὶς ἤδη, αἰσθητὸς, μετέχων ποιότητος, ἐκ σώματος καὶ ψυχῆς συνεστὼς, ἀνὴρ η γυνὴ, φύσει θνητὸς ὤν· ὁ δὲ κατὰ τὴν εἰκόνα, ἰδέα τις ἢ γένος, ἢ σφραγὶς νοητὸς ἀσώματος, οὔτ' ἄῤῥην οὔτε θῆλυς, ἄφθαρτος φύσει. *Mund. Op.* 46. ORIGEN, adopting partially the same notion, describes man upon earth to be in the image of God; the similitude being reserved for heaven; π. ἀρχ. III. vi. S. AUGUSTIN expresses the same distinction by his two terms, *Renovatio* and *Innovatio*. The schoolmen, as might be imagined, draw a similar distinction between the *image*, and the *similitude* which they understood to mean the Gift of the Spirit, while the former involved the three higher faculties of the soul, according to PLATO, δόξα, γνῶσις, and νοῦς. By the first, the soul divines the laws of things perishable; by the second, it appreciates mathematical verity; while by the third, it contemplates the eternal ideas. Compare also I. 49, and V. xvi. also CLEM. AL. *S.* II. 19.

[3] *spernat*, ἀθετήσῃ, *abroget*.

modum prædiximus, vel aliud aliquid præter hominem. Neque enim plasmatio carnis ipsa secundum se homo [1]perfectus est; sed corpus hominis, et pars hominis. Neque enim et anima ipsa secundum se homo; sed anima hominis, et pars hominis. Neque spiritus homo: spiritus enim, et non homo vocatur. Commixtio autem et unitio horum omnium perfectum hominem efficit. Et propter hoc Apostolus seipsum exponens, explanavit perfectum et spiritalem salutis hominem, in prima epistola ad Thessalonicenses dicens sic: *Deus autem pacis sanctificet vos perfectos, et integer vester spiritus, et anima, et corpus sine querela in adventum Domini Jesu Christi servetur.* Et quam utique causam habebat his [2]tribus, id est animæ et corpori et spiritui, integram et perfectam perseverationem precari in [3]adventum Domini, nisi redintegrationem et adunitionem trium, et unam et eandem ipsorum sciebat salutem? Propter quod et perfectos ait eos, qui tria sine querela exhibent Domino. Perfecti igitur, qui et Spiritum in se perseverantem habuerint Dei, et animas et corpora sine querela servaverint, [4]Dei, id est, illam quæ ad Deum est, fidem servantes, et eam quæ ad proximum est [5]justitiam custodientes.

LIB. V. vi. 1. GR. V. vi. MASS. V. vi. 1.

M. 300.

1 Thess. v. 23.

2. Unde et templum Dei plasma esse ait: *Nescitis*, dicens, *quoniam templum Dei estis, et Spiritus Dei habitat in vobis? Si quis templum Dei violaverit, disperdet illum Deus. Templum enim Dei sanctum est, quod estis vos;* manifeste templum corpus dicens in quo habitat Spiritus. Quemadmodum et Dominus [6]de se ait: *Solvite hoc templum, et in tribus diebus suscitabo illud. Hoc autem*, inquit, *dicebat de corpore suo.* Et non tantum templum, sed et templum Christi scit corpora nostra, Corinthiis dicens sic: *Nescitis quoniam corpora vestra membra Christi sunt? Tollens ergo membra Christi, faciam membra meretricis?* Non de alio quodam homine spiritali dicens hæc; non enim ille complectitur

1 Cor. iii. 16.

G. 408.

Joh. ii. 19, 21.

1 Cor. vi. 15.

[1] Μὴ οὖν καθ' ἑαυτὴν ψυχὴ ἄνθρωπος; οὔκ, ἀλλ' ἀνθρώπου ψυχή· μὴ οὖν καλοῖτο σῶμα ἄνθρωπος; οὔκ, ἀλλ' ἀνθρώπου σῶμα καλεῖται. JUST. M. *de Res.* GR.

[2] *Breviter tantum dico, Irenæum lib.* II. *cap.* 52 *et* 62, *expresse duas tantum hominis essentiales partes facere, animam et corpus: hic vero et isthic etiam Spiritum addere, tanquam integrantem hominis regenerati partem.* GRABE. He also quotes the words of JUSTIN M. *de Res.*: Τὰ τρία ταῦτα τοῖς ἐλπίδα εἰλικρινῆ, καὶ πίστιν ἀδιάκριτον ἐν τῷ Θεῷ ἔχουσι σωθήσεται. *Spic.* I. 192.

[3] AR. *adventu.* CL. omits six words, *precari . . . redintegrationem.*

[4] *Dei*, omitted in the CL. and AR. MSS.

[5] AR. omits *justitiam.*

[6] *de se*, so the Cod. VET. and VOSS. The AR. has *de eo*, the CLERM. *sed eo.*

LIB. V. vi. 2. GR. V. vi. MASS. V. vi. 2. meretricem: sed corpus nostrum, id est, caro quæ cum sanctimonia perseverat et munditia, membra dixit esse Christi; quando autem complectitur meretricem, membra fieri meretricis. Et 1 Cor. iii. 17. propter hoc dixit: *Si quis templum Dei violaverit, disperdet illum Deus.* Templum igitur Dei, in quo spiritus inhabitat Patris, et membra Christi non participare salutem, sed in perditionem redigi dicere, quomodo non maximæ est blasphemiæ? Quoniam autem corpora nostra, non ex sua substantia, sed ex Dei virtute 1 Cor. vi. 13, 14. suscitantur, Corinthiis dicit: *Corpus autem non fornicationi, sed Domino: et Dominus corpori. Deus autem* [1] *et Dominum suscitavit, et nos suscitabit per virtutem suam.*

CAP. VII.

Quia Christus in carne nostra resurrexit, consequitur nos in eadem resurrecturos: quum etiam resurrectio nobis promissa ad spiritus naturaliter immortales referri non debeat, sed ad corpora ex se mortalia.

1. Quomodo igitur Christus in carnis substantia surrexit, et Joh. xx. 20, 25, 27. [2] ostendit discipulis figuram clavorum et apertionem lateris, hæc autem sunt indicia carnis ejus quæ resurrexit a mortuis: sic 1 Cor. vi. 14. *et nos*, inquit, *suscitabit per virtutem suam.* Et iterum ad Ro- Rom. viii. 11. manos ait: *Si autem Spiritus ejus qui suscitavit Jesum a mortuis, habitat in vobis; qui suscitavit Christum a mortuis, vivificabit et mortalia corpora vestra.* Quæ sunt ergo mortalia corpora? Numquidnam animæ? Sed incorporales animæ, [3] quantum ad

[1] So the Syr. ܐܠܗܐ ܕܝܢ ܘܠܡܪܢ ܐܩܝܡ ܘܠܢ ܢܩܝܡ ܒܚܝܠܗ

[2] Grabe compares Just. *de Res. Carn.* Τίνος οὖν ἕνεκεν ἐν τῇ σαρκὶ τῇ παθούσῃ ἀνέστη, εἰ μὴ ἵνα δείξῃ τὴν σαρκικὴν ἀνάστασιν; καὶ τοῦτο βουλόμενος πιστῶσαι τῶν μαθητῶν αὐτοῦ μὴ πιστευόντων εἰ ἀληθῶς σώματι ἀνέστη, βλεπόντων αὐτῶν καὶ δισταζόντων, εἶπεν αὐτοῖς· οὔπω ἔχετε πίστιν, φησίν; ἴδετε, ὅτι ἐγώ εἰμι. καὶ ψηλαφᾶν αὐτὸν ἐπέτρεπεν αὐτοῖς, καὶ τοὺς τόπους τῶν ἥλων ἐν ταῖς χερσὶν ἐπεδείκνυε. *Spicileg.* I. 191.

[3] But this is only a qualified assertion of the incorporeity of the soul. Compare I. 381. The extreme obscurity of Plato's language in the *Timæus* with respect to the formation of the soul, and the certainty that he attributed to it the idea of extension and divisibility so far as the material principle, or θάτερον, entered into its composition, has made it a matter of some little doubt whether the corporeity of the soul is not a matter of fair inference from his language. Even his pupil Aristotle perhaps has misunderstood him; and we need scarcely wonder that Chrysippus, and the Stoics in general, thought that this was his meaning, although Proclus on the

comparationem mortalium corporum; *Insufflavit* enim *in faciem* LIB. V. vii. 1.
hominis Deus *flatum vitæ, et factus est homo in animam viventem:* GR. V. vii. MASS. V. vii. 1.
flatus autem vitæ incorporalis. Sed ne mortalem quidem pos-
sunt dicere ipsum flatum [1] vitæ exsistentem. Et propter hoc Gen. ii. 7.
David ait: *Et anima mea illi vivet*, tanquam immortali substantia Ps. xxi. 31.
ejus exsistente. Sed neque spiritum possunt dicere mortale corpus. Quid igitur superest dicere mortale corpus, nisi plasma, id est caro, de qua et sermo est, quoniam vivificabit eam Deus? Hæc enim est quæ moritur et solvitur; sed non anima, [2] neque spiritus. Mori enim est vitalem amittere habilitatem, et sine spiramine in posterum, et inanimalem, et [3] immobilem fieri, et [4] deperire in illa, ex quibus et initium substantiæ habuit. Hoc
G. 408. autem neque animæ evenit, flatus est enim vitæ: neque spiritui, incompositus est enim et simplex spiritus, qui resolvi non potest, et ipse vita est eorum qui percipiunt illum. Superest igitur ut circa carnem mors ostendatur: quæ posteaquam exierit anima, sine spiratione et [5] inanimalis efficitur, et paulatim resolvitur in terram, ex qua sumta est.

2. Hæc igitur mortalis. Hæc autem [6] est de qua et dicit: *Vivificabit et mortalia corpora* [7] *vestra*. Et propter hoc ait de ea

Timæus, p. 78, and CHALCIDIUS, pp. 105, 106, *Meurs.* interpreted the great master's language more consistently. So far as PLATO based his psychology upon mathematical or arithmetical harmonies, the soul's essence may have involved the notion of divisibility, but it was a divisibility of a purely abstract character. Cf. also the *Phædo*, pp. 80—83, and *Rep.* 611 B. The simple unity of the thinking principle was overlooked in face of the manifest complexity of its attributes; and complexity is of the very essence of matter; hence the doubt whether PLATO did not attach the idea of corporeity to the soul; hence also the readiness with which the Fathers have acquiesced in so unphilosophical an idea. See I. 31, 9, 4, and 381, *habere hominis figuram*. In the sequel it is the spirit, not the soul, that is termed *incompositus et simplex*.

[1] AR. *vita ejus exsistentes;* but the last letter represents the initial of *sed*, the entire intervening sentence having been lost.

[2] *neque spiritus.* Omitted in the CLERM. MS. AR. has *et spiritus.*

[3] CL., VOSS. *immemorabilem*, but the AR. is preferred, as agreeing with that which HIPPOLYTUS says in describing the Ophite notion with respect to Adam's body before it was endued with a soul, *κεῖσθαι δὲ αὐτὸν ἄπνουν, ἀκίνητον, ἀσάλευτον, ὡς ἀνδριάντα κ.τ.λ.* *Philos.* v. 7.

[4] *καὶ εἰς τάδε καταλύεσθαι, ἐξ ὧν καὶ τὴν ἀρχὴν ὑποστάσεως ἔσχηκεν.*

[5] AR. *inanimale.* CL., VOSS. *inanimal.*

[6] *est*, inserted from the CLERM. copy, which also has *et.*

[7] *vestra.* The authority of MSS. fully establishes this reading, here and shortly above. GRABE cites the AR., as MASS. the CLERM. and VOSS. copies in its favour. I add to these the testimony of the Syriac version, which has ܐܦ ܠܦܓܪ̈ܝܟܘܢ as in the text.

LIB. V. vii. 2. GR. V. vii. MASS. V. vii. 2. in prima ad Corinthios: *Sic et resurrectio mortuorum. Seminatur in corruptione,* [1]*surgit in incorruptione.* [2]Etenim *tu*, ait, *quod seminas non vivificatur, nisi prius moriatur.* Quid est autem M. 301.
1 Cor. xv. 42. 1 Cor. xv. 36. 1 Cor. v. 43. quod ut granum tritici seminatur, et [3]putret in terra, nisi corpora quæ in terra ponuntur, in qua et semina jactantur? Et propter hoc [4]dixit: *Seminatur in ignobilitate, surgit in gloria.* Quid enim ignobilius carne mortua? Vel quid iterum gloriosius sur-
1 Cor. v. 43. gente ea, et percipiente incorruptelam? *Seminatur in infirmitate, surgit in virtute:* in infirmitate [5]quidem sua, quoniam cum sit terra, in terram vadit; virtute autem Dei, qui eam suscitat
1 Cor. v. 44. a mortuis. *Seminatur corpus animale,* [6]*surgit corpus spiritale.* Indubitate docuit, quoniam neque de anima, neque de spiritu sermo est ei, sed de mortificatis corporibus. Hæc sunt enim corpora animalia, id est, participantia animæ; quam cum amiserint, mortificantur: deinde per Spiritum surgentia fiunt corpora spiritalia, uti per Spiritum semper permanentem habeant vitam.
1 Cor. xiii. 9, 12. *Nunc enim,* inquit, *ex parte cognoscimus, et ex parte prophetamus: tunc autem faciem* [7]*ad faciem.* Hoc est quod [8]et a Petro dictum
1 Pet. i. 8. est: *Quem cum non videritis diligitis, in quem nunc* [9]*quoque non videntes creditis, credentes autem exultabitis gaudio inenarrabili.* Facies enim nostra videbit faciem [10]Domini, et gaudebit gaudio inenarrabili; videlicet cum suum videat gaudium.

[1] GRABE prints *surgit* from the AR., but the CLERM. and VOSS. have the future; again, a Syriac rather than Greek original is indicated, *surgit* representing ܩܝܡܝܢ though in the singular, and not ἐγείρεται. The same observation applies to the same word where it recurs below.

[2] *Et enim,* καὶ γάρ. But *et* is omitted in the CLERM.; the *et* abbreviated having been easily lost between two similar vowels.

[3] MSS. CLERM., VOSS., ARUND. *putrit.*

[4] *dixit,* omitted in the CLERM., but a space is left for it.

[5] The CLERM. text is here corrupt, omitting *in,* and inserting a redundant *infirmitatem.* AR. omits *quidem.*

[6] CL., VOSS., but AR. *surget.*

[7] CLERM. cum VULG. IT. *faciem ad faciem,* quod et iterum habet cap. seq. MASS. Gr. πρόσωπον πρὸς πρόσωπον; and Syriac ܐܦܐ ܠܘܩܒܠ ܐܦܐ The reading, for these reasons, is most probably correct.

[8] AR. omits *et.*

[9] *quoque,* CLERM. *quodque,* omitting *creditis,* which however, as at p. 170, should be *credidistis.* AR. also omits the word.

[10] GRABE, MASS., STIEREN, as in the ARUND. and earlier edd. *Dei vivi,* but *Domini* is the reading in the CLERM., while VOSS. has simply *Dei,* omitting *vivi.*

CAP. VIII. LIB. V. viii. 1. GR. V. viii. MASS. V. viii. 1.

Dona Spiritus sancti quæ recipimus, præparant nos ad incorruptelam spiritalesque reddunt et a carnalibus discernunt: qui mundis et immundis animalibus in lege significantur.

1. Nunc autem partem aliquam [1]a Spiritu ejus sumimus, ad perfectionem et præparationem incorruptelæ, paulatim assuescentes capere et portare Deum: quod et [2]pignus dixit Apostolus, hoc est, [3]pars ejus honoris qui a Deo nobis promissus est, in epistola quæ ad Ephesios est, dicens: *In quo et vos, audito verbo* Ephes. i. 13. seq.
veritatis, Evangelio salutis vestræ, in quo credentes signati estis Spiritu promissionis sancto, qui est pignus hæreditatis nostræ. Sic ergo pignus hoc habitans in nobis jam spiritales efficit, et [4]absorbitur mortale ab immortalitate; *Vos enim*, ait, *non estis in* 2 Cor. v. 4. Rom. viii. 9.
carne, sed in Spiritu, siquidem Spiritus Dei habitat in vobis. Hoc autem non secundum jacturam carnis, sed secundum communionem Spiritus fit. Non enim erant sine carne, quibus scribebat; sed [5]qui assumserant Spiritum Dei, in quo clamamus, Abba Pater. Rom. viii. 15.
Si igitur nunc pignus habentes clamamus, Abba Pater; quid fiet
G. 410. quando resurgentes [6]faciem ad faciem videbimus eum; quando omnia membra affluenter exultationis hymnum protulerint, glorificantia eum, qui suscitaverit ea ex mortuis, et æternam vitam donaverit? Si enim pignus [7]complectens hominem in semetipsum, jam facit dicere, Abba Pater, quid faciet universa Spiritus gratia, quæ hominibus dabitur [8]a Deo? similes nos ei efficiet, et perficiet [9]voluntate Patris; efficiet enim hominem secundum imaginem et similitudinem Dei. Qui ergo pignus Spiritus habent, et non [10]concupiscentiis carnis serviunt, sed subjiciunt semetipsos Spiritui,

[1] *a Spiritu*, Cl., Ar., Voss., and cf. Num. xi. 17, 25, ἀφελῶ ἀπὸ τοῦ πνεύματος, κ.τ.λ.

[2] Clerm. inserts *in*, but ἀῤῥαβῶνα λέγει must have been in the original.

[3] *pars*, Cl., Ar., Voss. μέρος τῆς τιμῆς. Edd. *partem*.

[4] *absorbitur* in the Clerm., and possibly it is the genuine reading; the form *absorbo* having been indicated more than once. So at p. 105, n. 6, three good MSS. have *absorbi*, again at p. 297, 7.

[5] Ar. omits *qui*.

[6] *faciem*, Clerm. as at 338, 7.

[7] Clerm. pessime *complectentes*.

[8] Ar. *ab eo*.

[9] *voluntatē* would make better sense, i. e. *voluntatem*. It was the Will of the Creator that Man should be formed in the image of God; and the Spirit carries that Will into effect.

[10] Clerm. *concupiscentis*, not *concupiscentes* as Mass. has quoted it; ib. *carni*.

LIB. V. viii. 1. GR. V. viii. MASS. V. viii. 2.

ac [1] rationabiliter conversantur in omnibus, juste Apostolus spiritales vocat, quoniam Spiritus Dei habitat in ipsis. Incorporales autem spiritus non erunt homines spiritales; sed substantia nostra, id est, animæ et carnis adunatio assumens Spiritum Dei, spiritalem hominem perficit. Eos autem qui abjiciunt quidem Spiritus consilium, carnis autem voluptatibus serviunt, et irrationa-

S. Bas. M. de Sp. S. 29, al. 72.

[2] *Τοὺς δὲ ἀχαλιναγωγήτους φησὶ, καὶ καταφερομένους εἰς τὰς ἑαυτῶν ἐπιθυμίας, μηδεμίαν ἔχοντας ἐπιθυμίαν θείου πνεύματος, . . . δικαίως ὁ Ἀπόστολος σαρκικοὺς* [3] *καλεῖ.*

biliter vivunt, et ineffrenati dejiciuntur in sua desideria, quippe nullam habentes aspirationem divini spiritus, sed porcorum et canum more vivunt; hos juste Apostolus carnales vocat, quoniam nihil aliud quam carnalia sentiunt.

2. Et prophetæ autem propter hanc eandem causam irrationabilibus animalibus assimilant eos, propter [4] irrationalem conver-
Jer. v. 8. sationem ipsorum, dicentes: *Equi furentes ad fœminas facti sunt, unusquisque ipsorum hinniens ad uxorem proximi sui.* Et rursus:
Ps. xlviii. 20. *Homo cum in honore esset, assimilatus est jumentis.* Hoc quia [5] secundum suam causam assimilatur jumentis, irrationabilem æmulans vitam. Sed et nos in consuetudine hujusmodi homines jumenta et pecora irrationabilia dicimus. Prædixit autem figu-
Lev. xi. 2. Deut. xiv. 3 seq. raliter omnia hæc Lex, de animalibus delineans hominem: quæcunque, inquit, duplicem ungulam habent et ruminant, munda M. 302.
enuntians; quæcunque autem aut utrumque vel alterum horum non habent, velut immunda segregans. Qui sunt ergo mundi? Qui in Patrem et Filium per fidem [6] iter firmiter faciunt; hæc est
Ps. i. 2. enim firmitas eorum, qui duplicis sunt ungulæ: et eloquia Dei meditantur die ac nocte, uti operibus bonis adornentur; hæc est enim ruminantium virtus. Immunda [7] autem, quæ neque duplicem ungulam habent, neque ruminant, hoc est, qui neque in Deum fidem habent, neque eloquia ejus meditantur: hæc autem ethnicorum est abominatio. Quæ autem ruminant quidem, non habent

[1] AR. *rationaliter.*

[2] *Hæc Irenæi verba allegavit Basilius lib. de Spiritu S. cap.* 29, (al. 72,) *ita præfatus* Εἰρηναῖος δὲ ἐκεῖνος, ὁ ἐγγὺς τῶν Ἀποστόλων γενόμενος, πῶς ἐμνήσθη τοῦ πνεύματος ἐν τῷ πρὸς τὰς αἱρέσεις λόγῳ, ἀκούσωμεν. GRABE. *Vind. Cath.* I. 438.

[3] STIEREN *per incuriam,* λαλεῖ.

[4] CL., AR., VET., VOSS.; al. *irrationabilem.*

[5] *κατὰ τὴν αὐτῶν αἰτίαν,* i.e. *culpam.*

[6] AR. carelessly omits *iter.*

[7] *autem* omitted in the CL.

autem ungulam duplicem, et ipsa immunda, hæc Judæorum est imaginalis descriptio: qui quidem eloquia Dei in ore habent, [1]stabilitatem autem radicis suæ non infigunt in Patre et in Filio: propter hoc autem et lubricum est genus ipsorum. Etenim quæ sunt unius ungulæ animalia facile labuntur; firmiora autem sunt quæ duplicem ungulam habent, succedentibus invicem ungulis fissis secundum iter, et altera ungula [2]subbajulante aliam. Immunda autem similiter, quæ duplicem quidem ungulam habent, non autem ruminant: hæc [3]est autem omnium videlicet hæreticorum ostensio, et eorum qui non meditantur eloquia Dei, neque operibus justitiæ adornantur, quibus et Dominus ait: *Quid mihi dicitis Domine Domine, et non facitis quæ dico vobis?* Qui enim sunt tales, in Patrem quidem et Filium dicunt se credere, nunquam autem meditantur eloquia Dei, quemadmodum oportet, neque justitiæ operibus sunt adornati; sed, quemadmodum prædiximus, porcorum et canum assumserunt vitam, immunditiæ et gulæ et reliquæ incuriæ semetipsos tradentes. Juste igitur tales omnes, qui propter suam incredulitatem et luxuriam non adipiscuntur divinum Spiritum, et variis characteribus ejiciunt se [4]vivificans Verbum, et in suis concupiscentiis irrationabiliter ambulant, Apostolus quidem *carnales* et *animales* vocavit; prophetæ autem jumenta et feras dixerunt; consuetudo autem pecora et irrationales interpretata est; lex autem immundos enuntiavit.

LIB. V. viii. 2. GR. V. viii. MASS. V. viii. 3.

Luc. vi. 46.

G. 411.

1 Cor. ii. 14, et iii. 1 seq.

CAP. IX.

Quomodo intelligendus sit locus Apostoli, quo hæretici abutebantur: Caro et sanguis Regnum Dei non possidebunt.

1. Hoc autem est quod et in aliis ab Apostolo dicitur: *Quoniam caro et sanguis Regnum Dei hæreditare non possunt.* Id est, quod ab [5]omnibus hæreticis profertur in amentiam suam, [6]ex quo et

1 Cor. xv. 50.

[1] Clerm. *stabilitate.*

[2] The agreement of MSS. in reading *subbajulant*, justifies the adoption of Grabe's emendation; al. *subbajulat.*

[3] The Clerm. omits *est*, q. αὕτη δὲ πάντων μέντοι αἱρετικῶν ἔνδειξις.

[4] *vivificans.* The Clerm., Voss., Vet. Codd. having *vivificantes*, induces the suspicion that this has replaced *vivificantis* with *Verbi*, answering to the Greek idiom, καὶ ποικίλοις εἴδεσι ἐκβάλλουσιν ἑαυτοὺς τοῦ ζωοποιοῦντος λόγου.

[5] Ar. *hominibus.*

[6] *Ex quo .... ostendere,* septem has voces, expunctis *et quæ*, restituit Feu. Nostri quoque codd. hic non sunt

LIB. V. ix. 1. GR. V. ix. MASS. V. ix. 1.

nos retardare, et ostendere conantur, non salvari psalmationem Dei: non conspicientes quia sunt tria, ex quibus, quemadmodum ostendimus, perfectus homo constat, carne anima et spiritu: et altero quidem salvante et figurante, qui est Spiritus; altero quod unitur et formatur, quod est caro; [1] id vero quod inter hæc est duo, quod est anima: quæ aliquando quidem subsequens [2] spiritum, elevatur ab eo; aliquando autem consentiens carni, decidit in terrenas concupiscentias. [3] Quotquot ergo id quod salvat et format [4] in vitam, non habent, hi consequenter erunt et vocabuntur caro et sanguis; quippe qui non habent Spiritum Dei in se. Propter hoc autem et mortui tales dicti sunt a Domino: *Sinite enim*, inquit, *mortuos sepelire mortuos suos;* quoniam non habent Spiritum qui vivificat hominem. Quotquot autem timent Deum, et credunt in adventum Filii ejus, et per fidem constituunt in cordibus suis Spiritum Dei, hi tales [5] juste homines dicentur, et mundi et spiritales et viventes Deo, quia habent Spiritum Patris, qui emundat hominem, et sublevat in vitam Dei.

Luc. ix. 60.

Matt. xxvi. 41.

2. Sicut enim *caro infirma*, sic *spiritus promptus* a Domino testimonium accepit. Hic est potens perficere quæcunque in promptu habet. Si igitur [6] hoc quod est promptum Spiritus, admisceat aliquis velut stimulum infirmitati carnis, necesse est omnimodo, ut id quod est forte superet infirmum, ita ut absorbeatur infirmitas carnis a fortitudine Spiritus: et esse eum qui sit

integri, AR. enim et MERC. II. desunt illa; *ex quo et nos retardare.* In CL. vero ista duntaxat; *et nos retardare.* In VOSS. denique, *et ostendere.* MASS. GRABE misled him. The AR. has *et quæ*, &c. CL. for *ex quo* has *et qu*, and the margin has the words *civi angelorum*, and *cui angelorum*, in a highly ancient, if not in the transcriber's handwriting; has *concives angelorum* fallen out of the text? possibly from before *plasmationem*.

[1] The soul of the world, according to the Platonic theory, composed of the divine principle, ταὖτον, and the material, θἀτερον, evenly balanced, was as the prototypal form of the human soul, which was similarly composed. It was the Platonic confusion of the two substances in one mixed substance or οὐσία that more than anything else gave rise to the Apollinarian confusion of two substances in Christ. The expressions of PLATO in his psychology, are an exact counterpart of this heretic's assertions in theology, *e.g.* the great master says, in the *Timæus*, τῆς ἀμερίστου καὶ ἀεὶ κατὰ ταὐτὰ ἐχούσης οὐσίας καὶ τῆς αὖ περὶ τὰ σώματα γιγνομένης μεριστῆς τρίτον ἐξ ἀμφοῖν ἐν μέσῳ ξυνεκεράσατο οὐσίας εἶδος, τῆς τε ταὐτοῦ φύσεως αὖ περὶ καὶ τῆς θατέρου, καὶ κατὰ ταῦτα ξυνέστησεν ἐν μέσῳ τοῦ τε ἀμέρους αὐτῶν καὶ τοῦ κατὰ τὰ σώματα μεριστοῦ. p. 35 A.

[2] AR. omits *spiritum.*

[3] *quotquot*, CL. *quod.*

[4] *in vitam*, AR.; al. *et unitatem.* Cf. infr. *Spiritum qui vivificat* (CL. *vivificet*).

[5] οἱ τοιοῦτοι δικαίως ἄνθρωποι ῥηθήσονται, καθαροί τε πνευματικοί, κ.τ.λ.

[6] τὸ πρόθυμον τοῦ πνεύματος.

talis, non jam carnalem, sed spiritalem, propter Spiritus communionem. Sic igitur Martyres testantur, et contemnunt mortem, non secundum infirmitatem carnis, sed secundum quod promptus est Spiritus. Infirmitas enim carnis absorpta, potentem ostendit Spiritum; Spiritus autem rursus absorbens infirmitatem, [1]hæreditate possidet carnem in se: et ex utrisque factus est vivens homo; vivens quidem propter participationem Spiritus, homo autem propter substantiam carnis. Igitur caro sine Spiritu Dei mortua est non habens vitam, regnum Dei possidere non potest: sanguis irrationalis, velut aqua effusa in terram. Et propter hoc ait: *Qualis terrenus, tales terreni.* Ubi autem Spiritus Patris, ibi homo vivens, sanguis rationalis ad ultionem a Deo custoditus, caro a Spiritu possessa oblita quidem sui, qualitatem autem Spiritus assumens, conformis facta Verbo Dei. Et propterea ait: *Sicut portavimus imaginem ejus [2]qui de terra est, portemus et imaginem ejus qui de cœlo est.*

LIB. V. ix. 2. GR. V. ix. MASS. V. ix. 3.

M. 303. 1 Cor. xv. 48.

G. 412. 1 Cor. xv. 49.

3. Quid est ergo terrenum? Plasma. Quid autem cœleste? Spiritus. Sicut igitur, ait, sine Spiritu cœlesti conversati sumus aliquando in vetustate carnis, non obedientes Deo: sic nunc accipientes Spiritum, in novitate vitæ ambulemus, obedientes Deo.

[3]Ἐπεὶ ἄνευ Πνεύματος Θεοῦ σωθῆναι οὐ δυνάμεθα, προτρεπόμενος ἡμᾶς ὁ ἀπόστολος, διὰ τῆς πίστεως καὶ τῆς ἁγνῆς ἀναστροφῆς συντηρεῖν τὸ Πνεῦμα τοῦ Θεοῦ, ἵνα μὴ ἄμοιροι τοῦ θείου [4]Πνεύματος γενόμενοι ἀποτύχωμεν τῆς βασιλείας τῶν οὐρανῶν, ἐβόησε μὴ δύνασθαι τὴν σάρκα καθ' ἑαυτὴν ἐν τῷ αἵματι βασιλείαν κληρονομῆσαι Θεοῦ. Εἰ γὰρ δεῖ τἀληθὲς εἰπεῖν, οὐ κληρονομεῖ, ἀλλὰ κληρονομεῖται ἡ σάρξ.

E Parall. J. Damasc. ed. Halloix. in v. S. Iren. S. Bas. de Sp. S. 29, al. 72.

Quoniam igitur sine Spiritu Dei salvari non possumus, adhortatur Apostolus [5]nos, per fidem et castam conversationem conservare Spiritum Dei, ut non sine participatione sancti Spiritus facti amittamus regnum cœlorum: et clamavit, non posse carnem solam et sanguinem regnum Dei possidere. Si enim oportet verum dicere, non possidet, sed possidetur caro; sicut et Dominus ait: *Beati* Matt. v. 5.

[1] ἐκληρονόμησε εἰς ἑαυτὸ τὴν σαρκά.

[2] *qui de terra est*, a literal translation of the Syriac idiom ܗܘ ܕܡܢ ܥܦܪܐ Gr. τοῦ χοϊκοῦ.

[3] *Hæc Irenæi Græca iterum allegavit Joannes Damascenus in Parallelis, e quorum MS. Codice Claromontano ea publicavit Halloix. in Vit. Irenæi.* GR.

[4] BAS., but DAM. τοῦ Θεοῦ γενόμενοι.

[5] *nos per*, CL. *nostri.*

LIB. V. ix. 3. GR. V. ix. MASS. V. ix. 4.

mites, quoniam ipsi hæreditate possidebunt terram; quasi [1]hæreditate possideatur terra in regno, unde et substantia carnis nostræ est.

E Parall. J. Damasc. ed. Halloix.

4. ...Ὡς οὖν ἡ νύμφη γαμῆσαι οὐ δύναται, γαμηθῆναι δὲ δύναται, ὅταν ἔλθῃ καὶ παραλήψηται αὐτὴν ὁ νυμφίος· οὕτω καὶ ἡ σὰρξ καθ' ἑαυτὴν βασιλείαν Θεοῦ κληρονομῆσαι οὐ δύναται, κληρονομηθῆναι δὲ εἰς τὴν βασιλείαν τοῦ Θεοῦ δύναται. Κληρονομεῖ γὰρ ὁ ζῶν τὰ τοῦ τετελευτηκότος· καὶ ἕτερον μέν ἐστι τὸ κληρονομεῖν, ἕτερον δὲ κληρονομεῖσθαι. Ὁ μὲν γὰρ ἀφηγεῖται, καὶ κυριεύει, καὶ διατίθησι τὰ κληρονομούμενα, ᾗ ἂν αὐτὸς βουληθῇ· τὰ δὲ ὑποτέτακται, καὶ ὑπακούει, καὶ κυριεύεται ὑπὸ τοῦ κληρονομοῦντος. Τί οὖν ἐστι τὸ ζῶν; τὸ Πνεῦμα τοῦ Θεοῦ. Τίνα δὲ τὰ ὑπάρχοντα τοῦ τετελευτηκότος; τὰ μέλη τοῦ ἀνθρώπου τὰ φθειρόμενα ἐν τῇ γῇ[2]. Ταῦτα δὲ κληρονομεῖται ὑπὸ τοῦ Πνεύματος, μεταφερόμενα εἰς τὴν βασιλείαν τῶν οὐρανῶν.

4. Et ideo mundum templum esse vult, ut delectetur Spiritus Dei in eo, quemadmodum sponsus ad sponsam. Sicut igitur sponsa assumere sponsum non potest, assumi autem a sponso potest, quum venerit et acceperit eam sponsus; sic et caro hæc secundum seipsam, id est sola, regnum Dei hæreditate possidere non potest: hæreditate autem possideri in regno a Spiritu potest. Hæreditate enim possidet qui vivit ea quæ sunt mortui: et aliud quidem est hæreditate possidere, aliud autem hæreditate possideri. Ille enim dominatur, et præest, et disponit ea quæ hæreditate possidet, quemadmodum ipse velit: illa vero subjecta sunt, et obediunt, et dominantur ab eo, et sub dominio sunt ejus qui possidet. Quid igitur est quod vivit? scilicet Spiritus Dei. Quæ sunt autem, quæ sunt [3]mortui? Scilicet membra hominis, quæ et corrumpuntur in terra. Hæc autem possidentur a Spiritu translata in regnum cœlorum. Propter hoc autem et Christus mortuus G. 413.
est, uti testamentum Evangelii apertum, et universo mundo [4]lectum, primum quidem liberos faceret servos suos; post deinde hæredes eos constitueret eorum quæ essent ejus, hæreditate possi-

[1] Cl. *hæreditatem...terram,* and loses *possidet sed* from the preceding line.

[2] ταύτῃ is cancelled.

[3] Ar. *mortua.*

[4] *apertum,* ἐμφανές. ἀνεγνωσμένον here may be simply *agnitum.*

dente spiritu, quemadmodum demonstravimus. Hæreditate enim possidet ille qui vivit, [1]hæreditate autem acquiritur caro. Ut non amittentes eum qui nos possidet Spiritum, amittamus vitam, adhortans nos Apostolus ad Spiritus communicationem, secundum rationem quæ prædicta sunt dixit: *Quoniam caro et sanguis regnum Dei possidere non possunt.* Velut si dicat: Nolite errare; quoniam nisi Verbum Dei inhabitaverit, et Spiritus Patris fuerit in vobis, vane autem et [2]prout evenit conversati fueritis, quasi hoc tantum, caro et sanguis exsistentes, regnum Dei possidere non poteritis. LIB. V. ix. 4. GR. V. ix. MASS. V. ix. 4.

CAP. X.

Superiora probat similitudine ducta ab oleastro, cujus qualitas tantum, non natura per insitionem mutatur: ostendit quoque hominem sine Spiritu, nec fructus edere, nec Regnum Dei possidere posse.

M. 304. 1. [3]Hoc ideo, uti non gratificantes carni, respuamus insertionem Spiritus. *Tu autem oleaster*, ait, *cum esses, insertus es in bonam olivam, et socius pinguedinis olivæ factus es.* Quemadmodum igitur oleaster inserta, si [4]perseveraverit in eo quod ante fuerit, oleaster, *exciditur et in ignem mittitur:* si autem tenuerit [5]insertionem, et transmutetur in bonam olivam, oliva fit fructifera, quasi in paradiso regis plantata: sic et homines, si quidem per fidem profecerint in melius, et assumserint Spiritum Dei, [6]et illius fructificationem germinaverint, erunt spiritales, tanquam in paradiso Dei plantati. Si autem respuerint Spiritum, et perseveraverint in eo quod fuerant ante, magis carnis esse volentes quam Spiritus, justissime in ejusmodi dicitur, *quoniam caro et sanguis Regnum Dei non possident:* tanquam si quis dicat, quoniam oleaster non assumitur in paradisum Dei. Mirabiliter igitur Apostolus naturam ostendit nostram, et universam dispositionem Dei in eo sermone qui est de carne et sanguine et oleastro.

Rom. xi. 17 et 24. — Matt. vii. 19. — 1 Cor. xv. 50.

[1] *hæreditate autem.* Cl. simply *hæreditatem*, by absorption.

[2] *τυχόντως.*

[3] *hoc ideo,* (ait) sc.

[4] *perseveraverit.* So the Cl., Ar., Voss. and Merc. ii. MSS.; al. *permanserit.*

[5] *insertionem,* the Clerm. reading *sertionem* repeated lower down, is equally an error of inadvertence.

[6] *καὶ τὴν αὐτοῦ καρποφορίαν ἐβλάστησαν.*

LIB. V. x. 2. GR. V. x. MASS. V. x. 1.

2. Quemadmodum enim oliva neglecta tempore quodam [1]in desertum relicta, et sylvestria fructificans, secundum se oleaster fit; vel rursum oleaster [2]diligentiam percipiens, et [2]inserta, in pristinam naturæ recurrit fructificationem: sic et homines in negligentia constituti, et concupiscentias carnis tanquam sylvestria fructificantes, secundum suam [3]causam infructuosi justitia constituuntur. (Matt. xiii. 25.) In eo enim quod dormiunt homines, inseminat inimicus materiam zizaniæ: et propter hoc Dominus discipulis suis vigilare præcepit. (Matt. xxiv. 42; xxv. 13. Marc. xiii. 33 seq.) Et rursus qui infructuosi sunt [4]justitia, et velut sentibus obvoluti homines, [4]si diligentiam percipiant, et velut insertionem accipientes verbum Dei, in pristinam veniunt hominis naturam, eam quæ secundum imaginem et similitudinem [4]facta est Dei. Sed quemadmodum oleaster insertus, substantiam quidem ligni non amittit, [5]qualitatem autem fructus immutat, et aliud percipit vocabulum, jam non oleaster, sed fructifica oliva exsistens, [6]et dicitur: sic et homo per fidem insertus, et assumens Spiritum Dei, substantiam quidem carnis non amittit, qualitatem autem fructus operum [7]immutat, et aliud accipit vocabulum, significans illam quæ in melius est [7]transmutationem, jam non caro et sanguis, sed homo spiritalis exsistens, [6]et dicitur.

3. Quemadmodum autem rursus oleaster, si non percipiat insertionem, perseverat inutilis suo Domino per suam sylvestrem qualitatem, et quasi infructuosum lignum exciditur, et in ignem mittitur; sic et homo non assumens per fidem Spiritus insertionem, perseverat hoc esse quod erat ante, caro et [8]sanguis exsistens, Regnum Dei hæreditate possidere non potest. Bene igitur
1 Cor. xv. 50. Apostolus ait, *Caro et sanguis Regnum Dei possidere non* G. 414.
Rom. viii. 8. *possunt.* Et, *qui in carne sunt, Deo placere non possunt;* non substantiam rejiciens carnis, sed infusionem Spiritus attrahens.

[1] *in desertum,* κατ' ἔρημον. Clerm. for *quoniam,* has *quodam insertum,* and for *se,* shortly after, *si.*

[2] ἐπιμελείας τυχών, and l. *insertus.*

[3] i. e. *culpam:* Κατὰ τὴν αὐτῶν αἰτίαν ἄκαρποι τῇ δικαιοσύνῃ καθίσταντai. Ἐν τῷ γὰρ καθεύδειν τοὺς ἀνθρώπους κ.τ.λ.

[4] Cl. has *a,* and omits *si.* Ar. *factus.*

[5] The father presses the botanical metaphor of the Apostle further than was intended. All that S. Paul says is, that the wild olive branch by insertion partakes of the *root and fatness of the olive tree,* i.e. the Gentile is made *conditionally* safe in the ark of Christ's Church; he no where makes the great mistake of supposing that the wild olive branch, by insertion, can change its nature or bear the true olive; which our author manifestly does assert. Ar. *admittit.*

[6] *et dicitur,* Ar. bis, *edicitur.*

[7] *immutat....transmutationem,* καταλλάσσει... καταλλαγήν. Ar. *inmittat.*

[8] So the Clerm., Voss., Vet. MSS., but Grabe, following the Ar., has *et sanguis Regnum Dei non possidens.*

Et propter hoc ait: *Oportet mortale istud induere immortalitatem; et corruptibile hoc induere incorruptelam.* Et iterum ait: *Vos autem non estis in carne, sed in Spiritu, siquidem Spiritus Dei habitat in vobis.* Manifestius autem illud adhuc ostendit, dicens: *Corpus quidem mortuum propter peccatum, Spiritus autem vita propter justitiam. Si autem Spiritus ejus qui suscitavit Jesum a mortuis, habitat in vobis, qui suscitavit Christum a mortuis vivificabit et mortalia corpora vestra propter inhabitantem Spiritum ejus in vobis.* *Et rursus [1] in ea epistola, quæ est ad Romanos, ait: *Si enim secundum carnem vivitis,* [2] *incipietis mori:* non conversationem quæ est in carne repellens ab eis; etenim ipse in carne cum esset, scribebat eis: sed concupiscentias abscindens carnis, eas quæ mortificant hominem. Et propter hoc intulit: *Si autem spiritu opera carnis mortificatis, vivetis. Quicunque enim ducuntur Spiritu Dei,* [3] *hi sunt filii Dei.**

LIB. V. x. 3. GR. V. x. MASS. V. x. 2.

1 Cor. xv. 53. Rom. viii 9. Rom. viii. 10 seq. * Syriace. Rom. viii. 13. Rom. viii. 14.

CAP. XI.

De carnalium et spiritalium operibus, ablutioneque spiritali non ad corporum substantiam, sed pristinæ vitæ conversationem referenda.

M. 305. 1. Et ipsas autem operas manifestavit, quas dicit carnales, quæ sint, prævidens calumniam infidelium; et ipse semetipsum exponens, ne relinqueretur quæstio his, [4] qui infideliter retractant de eo, in ea epistola, quæ est ad Galatas, sic dicens: *Manifesta autem sunt opera carnis, quæ sunt: Adulteria, fornicationes, immunditia, luxuria, idololatria, veneficia, inimicitiæ, contentiones, zeli, iræ, æmulationes, animositates,* [5] *irritationes, dissensiones,* Galat. v. 19.

[1] Ar. *in epistola sua.*

[2] *incipietis. Sic cum Irenæo legit Cyprianus lib. de Zelo et Livore. Græce est,* μέλλετε ἀποθνήσκειν, *quod alii vertunt,* futurum est, ut moriamini. *Hervetus Theodoreti Interpres:* Si secundum carnem vivitis, secundum carnem moriemini. Feuard. *In* Merc. i. *legitur præsens,* incipitis. Grabe.

[3] *hi sunt filii Dei,* carelessly omitted in the Clerm.

[4] f. τοῖς ἀπιστῶς διαλογίζουσι περὶ αὐτόν.

[5] In the Clerm. copy *irrationales* is interlined over *irritationes*, as though it qualified the preceding word; but *animositates* suits θυμοί, and *irritationes* was suggested in the margin as a better representative of ἐριθεῖαι than *æmulationes; cutting, irritating speeches* being more nearly the meaning of the Greek, *e.g.* Hesych. ἐρίθεια, ἡ διὰ λόγων φιλονεικία. The Syr. always renders the word by ܚܘܣܢܐ *calumny*, which is also the interpretation of Phavorinus, ὁ ζῆλος ἢ καταλαλιὰ ἢ κακολογία.

LIB. V. xi. 1. GR. V. xi. MASS. V. xi. 1.

hæreses, invidiæ, ebrietates, comissationes, et his similia, quæ prædico vobis, quemadmodum et prædixi, quoniam qui talia agunt, Regnum Dei non possidebunt. Manifestius prædicans his qui audiunt, quid est, *Caro et sanguis Regnum Dei possidere non possunt.* Qui enim illa agunt, vere secundum carnem ambulantes, vivere Deo non possunt. Et iterum spiritales actus intulit vivificantes hominem, id est, insertionem Spiritus, sic dicens: *Fructus autem Spiritus est, caritas, gaudium, pax, patientia, bonitas, benignitas, fides, lenitas, continentia,* [1] *castitas: adversus hæc non est lex.* [2] Sicut igitur qui in melius profecerit, et fructum operatus fuerit Spiritus, omni modo salvatur propter Spiritus communionem; sic [2] et is qui remanserit in prædictis carnis operationibus, carnalis vere deputatus, eo quod non assumat Spiritum Dei, Regnum non poterit possidere cœlorum. Quemadmodum rursus ipse Apostolus testificatur: *An nescitis,* dicens Corinthiis, *quoniam injusti Regnum Dei non hæreditabunt? Nolite errare,* ait, *neque fornicarii, neque idololatræ, neque adulteri, neque molles, neque masculorum concubitores, neque fures, neque avari, neque ebriosi, neque maledici, neque rapaces Regnum Dei possidebunt. Et hæc,* ait, [3] *quidem fuistis; sed abluti estis, sed sanctificati estis, sed justificati estis in nomine Domini Jesu Christi, et in Spiritu Dei nostri.* Manifestissime ostendit, per quæ perit homo, si perseveraverit secundum carnem vivere: et per quæ rursus salvatur. Ea autem quæ salvant, [4] ait esse nomen Domini nostri Jesu Christi, [4] et Spiritum Dei nostri. G. 415.

(Galat. v. 22. — 1 Cor. vi. 9—11.)

2. Quoniam igitur [5] istic numeravit eas quæ sunt sine Spiritu, carnis operationes, quæ sunt mortiferæ; consequenter his quæ prædicta sunt ab eo, in fine epistolæ ad summam exclamavit: *Sicut portavimus imaginem* [6] *ejus qui de limo est, portemus et imaginem ejus qui de cœlis est. Hoc enim dico, fratres, quoniam caro et sanguis Regnum Dei possidere non possunt.* Hoc autem quod ait, *Sicut portavimus imaginem ejus qui de limo est,* simile illi dicto

(1 Cor. xv. 49 seq.)

[1] *castitas,* either a marginal gloss, as before, or adopted from the VULG.

[2] AR. *sic* and omits *et.*

[3] See 243, and 288, 5.

[4] AR. omits *ait,* ib. *in Spiritu.*

[5] CLERM. *ista.*

[6] The Syriac original is very evident: ܘܐܝܟ ܕܠܒܫܢ ܕܡܘܬܐ ܕܗܘ ܕܡܢ ܥܦܪܐ ܗܟܢܐ ܢܠܒܫ ܕܡܘܬܐ ܕܗܘ ܕܡܢ ܫܡܝܐ the same construction is found in S. CYPR. *de Hab. Virg., De Zel. et Liv. Adv. Jud.* II. 10, III. 11, and TERTULL. has *de terræ limo.* The Syriac ܢܠܒܫ is probably more close to the Apostle's meaning. The Greek verb φορεῖν, meaning either *to bear* or *to wear,* as THUCYD. χιτῶνας λινοῦς φοροῦντες, and PLUT. Τυρρηνίδα φορῶν ἐσθῆτα. AR. *sicut igitur.*

est: *Et hæc quidem fuistis; sed abluti estis, sed sanctificati estis, sed justificati estis in nomine Domini nostri Jesu Christi, et in Spiritu Dei nostri.* Quando igitur portavimus imaginem ejus qui est de limo? Scilicet quando [1] hæ quæ prædictæ sunt carnis operationes, perficiebantur in nobis. Quando autem iterum imaginem cœlestis? Scilicet quando ait, *Abluti estis* credentes in nomine Domini, et accipientes ejus Spiritum. [2] Abluti autem sumus non substantiam corporis, neque imaginem plasmatis, sed pristinam vanitatis conversationem.

LIB. V. xi. 2. GR. V. xi. MASS. V. xi. 2.

Κεφ. ιβ΄.

De differentia mortis et vitæ, afflatus vitæ et Spiritus vivificantis: et quomodo eadem substantia carnis, quæ mortua est, reviviscit.

E Parall. J. Damasc. Halloix. v. Iren.

1. [3] ὩΣ γὰρ φθορᾶς ἐπιδεκτικὴ ἡ σὰρξ, οὕτως καὶ ἀφθαρσίας· καὶ ὡς θανάτου, οὕτως καὶ ζωῆς. . . . καὶ ἀμφότερα οὐ μένει κατὰ τὸ αὐτὸ, ἀλλ' ἐξωθεῖται τὸ ἕτερον ὑπὸ τοῦ ἑτέρου, καὶ παρόντος τοῦ ἑτέρου ἀναιρεῖται τὸ ἕτερον. Εἰ οὖν ὁ θάνατος ἐπικρατήσας τοῦ ἀνθρώπου ἔξωσεν αὐτοῦ τὴν ζωὴν, καὶ νεκρὸν ἀπέδειξε· πολλῷ μᾶλλον ἡ ζωὴ ἐπικρατή-
M. 306. σασα αὐτοῦ ἀπωθεῖται τὸν θάνατον, καὶ ζῶντα τὸν ἄνθρωπον

CAP. XII.

1. In quibus igitur periebamus membris, operantes ea quæ sunt corruptelæ, in iisdem ipsis vivificamur, operantes ea quæ sunt Spiritus. Quemadmodum enim corruptelæ est capax caro, sic et incorruptelæ; et quemadmodum mortis, sic et vitæ. Hæc autem invicem cedunt, et utraque non permanent in idipsum, sed expellitur alterum ab altero, et præsente altero interit alterum. Si igitur mors possidens hominem expulit ab eo vitam, et mortuum ostendit; multo magis vita possidens hominem expellit mortem,

[1] Cl. *hoc*, indicating perhaps *hæc*, and in the original τάδε τὰ τῆς σαρκὸς προειρημένα ἔργα.

[2] *abluti sumus*, as the Greek middle voice, ἀπελουσάμεθα, and in a transitive sense.

[3] *Hæc Græca usque ad ista Esaiæ verba*, ἀπὸ παντὸς προσώπου, *iterum ex Damasc. Parallel. descripta publicavit Halloixius in Vita Irenæi pag.* 494. Grabe.

LIB. V. xii. 1. GR. V. xii. MASS. V. xii. 1.

καταστήσει τῷ Θεῷ· Εἰ γὰρ ὁ θάνατος ἐνεκροποίησε, ... τὸν ἄνθρωπον, καθώς φησιν Ἡσαΐας ὁ προφήτης· Κατέπιεν ὁ θάνατος ἰσχύσας· καὶ πάλιν, Ἀφεῖλεν ὁ Θεὸς πᾶν δάκρυον ἀπὸ παντὸς προσώπου.

E Catena in Gen. ed. Halloix. v. Iren.

2. [1]*Ἕτερόν ἐστι πνοὴ ζωῆς, ἡ καὶ* [2]*ψυχικὸν ἀπεργαζομένη τὸν ἄνθρωπον· καὶ ἕτερον πνεῦμα ζωοποιοῦν, τὸ καὶ πνευματικὸν αὐτὸν ἀποτελοῦν. Καὶ διὰ τοῦτο Ἡσαΐας φησίν· οὕτω λέγει Κύριος ὁ ποιήσας τὸν οὐρανὸν, καὶ στερεώσας αὐτὸν, ὁ πήξας τὴν γῆν, καὶ τὰ ἐν αὐτῇ· καὶ διδοὺς πνοὴν τῷ λαῷ τῷ ἐπ' αὐτῆς, καὶ πνεῦμα τοῖς πατοῦσιν αὐτήν· Τὴν μὲν πνοὴν παντὶ κοινῶς τῷ ἐπὶ γῆς λαῷ φήσας δεδόσθαι, τὸ δὲ πνεῦμα ἰδίως* [3]*καταπατοῦσι τὰς γεώδεις ἐπιθυμίας. Διὸ καὶ πάλιν ὁ αὐτὸς Ἡσαΐας διαστέλλων τὰ προειρημένα* G. 416.
φησί· Πνεῦμα γὰρ παρ' ἐμοῦ ἐξελεύσεται, καὶ πνοὴν πᾶσαν

Esai. xxv. 8, juxta LXX. Interpr. vers.

et viventem hominem restituet Deo. Si enim mors mortificavit, quare vita adveniens non vivificabit hominem? quemadmodum [4]Esaias propheta ait: *Devoravit mors potens.* Et rursus: *Deus abstulit omnem lachrymam ab omni facie.*

Esai. xlii. 5.

2. [5]Expulsa est autem pristina vita, quoniam non per spiritum, sed per afflatum fuerat data. Aliud enim est afflatus vitæ, qui et animalem efficit hominem: et aliud Spiritus vivificans, qui et spiritalem efficit eum. Et propter hoc Esaias ait: *Sic dicit Dominus, qui fecit cælum et fixit illud; qui firmavit terram, et quæ in ea sunt: et dedit afflatum populo, qui super eam est; et Spiritum his qui calcant illam.* Afflatum [6]quidem communiter omni qui super terram est populo dicens datum: Spiritum autem proprie his, qui [3]conculcant terrenas concupiscentias. Propter quod rursus ipse Esaias distinguens ea quæ prædicta sunt, ait:

[1] *Hæc usque ad, οὐδέποτε καταλείπει αὐτόν, ex Catena in Genes. a Jac. Sirm. descripta accepit Halloix., et erudito orbi communicavit in v. Iren. p.* 505. *Cæterum prior periodus Græce quoque eodem modo allegata est ab Aug. Steuch. Eugub. in Cosmop. ad Gen.* ii. *ista vero: τὴν μὲν πνοὴν usque ad, τὰς γεώδεις ἐπιθυμίας, in Cat. MS. Bibl. Reg. Gall. in Esa., prout ex schedis nuper Parisiis a R. P. Mich. Lequien transmissis perspexi; quanquam in dicta catena vitiose citetur:* Εἰρηναίου *ἐκ τοῦ κατὰ αἱρετικῶν β, loco ε.* GRABE.

[2] Hence the Rabbinical distinction of the animal man, into whose nostrils God breathed the breath of life, Gen. ii. 7, and the spiritual man formed after the divine image, Gen. i. 27. See I. 134, 2.

[3] ST. *τοῖς.* CL., AR., VOSS. *inculcant.*

[4] AR. adds *et,* and omits *propheta.*

[5] MSS. *explosa;* the context here defines the reading. CL. *pristinam vitam.*

[6] *quidem,* AR., but CLERM., VOSS. *vero;* and the CLERM. omits *datum.*

ἐγὼ ἐποίησα. Τὸ πνεῦμα ἰδίως ἐπὶ τοῦ Θεοῦ τάξας τοῦ ἐκχέοντος αὐτὸ . . . διὰ τῆς υἱοθεσίας ἐπὶ τὴν ἀνθρωπότητα· τὴν δὲ πνοὴν κοινῶς ἐπὶ τῆς κτίσεως, καὶ ποίημα ἀναγορεύσας αὐτήν. Ἕτερον δέ ἐστι τὸ ποιηθὲν τοῦ ποιήσαντος. [1] Ἡ οὖν πνοὴ πρόσκαιρος, τὸ δὲ πνεῦμα ἀέναον· καὶ ἡ μὲν πνοὴ ἀκμάσασα πρὸς βραχὺ, καὶ καιρῷ τινι παραμείνασα, μετὰ τοῦτο πορεύεται, ἄπνουν καταλιποῦσα ἐκεῖνο, περὶ ὃ ἦν τὸ πρότερον· τὸ δὲ [1] περιλαβὸν ἔνδοθεν καὶ ἔξωθεν τὸν ἄνθρωπον, ἅτε ἀεὶ παραμόνιμον, οὐδέποτε καταλείπει αὐτόν. . . . Ὡς οὖν ὁ εἰς ψυχὴν ζῶσαν γεγονὼς, ῥίψας ἐπὶ τὸ χεῖρον, ἀπώλεσε τὴν ζωήν· οὕτως πάλιν ὁ αὐτὸς ἐκεῖνος ἐπὶ τὸ βέλτιον ἐπανελθὼν, καὶ προσλαβόμενος τὸ ζωοποιοῦν πνεῦμα, εὑρήσει τὴν ζωήν.

LIB. V. xii. 2.
GR. V. xii.
MASS. V. xii. 2.

E Parall. J. Damasc. Halloix.

3. Οὐ γὰρ ἄλλο τὸ ἀποθνῆσκον, καὶ ἄλλο τὸ ζωοποιούμενον· ὡς οὐδὲ ἄλλο τὸ ἀπολωλὸς, καὶ ἄλλο τὸ

Spiritus enim a me exiet, et afflatum omnem ego feci. Spiritum quidem proprie in [2] Deo deputans, quem in novissimis temporibus effudit per adoptionem filiorum in genus humanum: afflatum autem communiter in conditionem, et facturam ostendens illum. Aliud autem est quod factum est, ab eo qui fecit. Afflatus igitur temporalis; Spiritus autem sempiternus. Et afflatus quidem auctus ad modicum, et [3] tempore aliquo manens, deinde abit, sine spiramento relinquens illud in quo fuit ante. Spiritus autem circumdans intus et foris hominem, quippe semper perseverans, nunquam relinquens eum. *Sed non primo quod spiritale est*, ait Apostolus, hoc tanquam ad nos homines dicens, *sed primo quod animale est, deinde quod spiritale* secundum rationem. [3] Oportuerat enim primo plasmari hominem, et plasmatum accipere animam; deinde sic communionem Spiritus recipere. Quapropter et *primus Adam factus est* a Domino *in animam viventem, secundus* [4] *Adam in spiritum vivificantem.* Sicut igitur [5] qui in animam viventem factus est, [5] divertens in pejus, perdidit vitam; sic rursus idem ipse in melius recurrens, assumens vivificantem spiritum, inveniet vitam.

Esai. lvii. 16.

1 Cor. xv. 46.

1 Cor. xv. 45.

3. Non enim aliud est quod moritur, et aliud quod vivificatur: quemadmodum neque aliud quod perit, et aliud quod invenitur;

[1] f. l. ἡ μὲν οὖν. Suppl. πνεῦμα.
[2] f. l. *Deum.*
[3] AR. *temporale*, and *oportet.*
[4] *Adam*, CLERM. STIEREN reports a lacuna in the VOSS. MS. AR. *autem.*
[5] AR. *quod.* AR., CLERM. *advertens.*

LIB. V. xii. 3. GR. V. xii. MASS. V. xii. 3.

ἀνευρισκόμενον, ἀλλ' ἐκεῖνο τὸ ἀπολωλὸς πρόβατον ἦλθεν ὁ Κύριος ἀναζητῶν. Τί οὖν ἦν τὸ ἀποθνῆσκον; πάντως ἡ τῆς σαρκὸς ὑπόστασις, καὶ ἡ [1]ἀποβαλοῦσα τὴν πνοὴν τῆς ζωῆς, καὶ ἄπνους καὶ νεκρὰ γενομένη. Ταύτην οὖν ὁ Κύριος ἦλθε ζωοποιῶν· ἵνα ὡς ἐν τῷ Ἀδὰμ πάντες ἀποθνήσκομεν, ὅτι ψυχικοὶ, ἐν τῷ Χριστῷ ζήσωμεν, ὅτι πνευματικοὶ, ἀποθέμενοι M. 307. οὐ τὸ πλάσμα τοῦ Θεοῦ, ἀλλὰ τὰς ἐπιθυμίας τῆς σαρκὸς, καὶ προσλαβόντες τὸ Πνεῦμα τὸ ἅγιον.

sed illam [2]ipsam quæ perierat ovem [2]venit Dominus exquirens. Quid ergo erat quod moriebatur? Utique carnis substantia, quæ amiserat afflatum vitæ, et sine spiramento [3]et mortua facta. Hanc itaque Dominus venit vivificaturus, uti quemadmodum in Adam omnes morimur, quoniam animales, in [3]Christo vivamus, quoniam spiritales: deponentes non plasma Dei, sed concupiscentias carnis, et assumentes Spiritum sanctum, sicut Apostolus in epistola quæ Col. iii. 5. est ad Colossenses ait: *Mortificate itaque membra vestra quæ sunt super terram.* Quæ sunt autem hæc, ipse exposuit: *Fornicationem, immunditiam, passionem, concupiscentiam malam, et avaritiam, quæ est idololatria.* Horum [4]depositionem Apostolus præconatur, et eos qui talia [5]operantur, velut carnem et sanguinem tantum exsistentes, non posse ait regnum cœlorum possidere. Anima enim ipsorum declinans in pejus, et in terrenas concupiscentias descendens, ejusdem cujus et illa sunt participavit appellationis: quæ deponere nos jubens, ait rursus in eadem epistola: *Exspoliantes vos veterem hominem cum [6]operibus ejus.* Hoc G. 417. autem dicebat, non veterem amovens plasmationem: alioquin oportebat nosmetipsos interficientes separari ab ea quæ est istic conversatione.

4. Sed et ipse Apostolus, ille exsistens qui in vulva plasmatus erat, et de utero exierat, scribebat nobis, [7]*et vivere in carne* Cap. i. 22. *fructus* [8]*operis* epistola confessus est, [8]in ea quæ est ad Philippenses,

[1] ἀποβαλοῦσα of necessity replaces the old corrupt reading, ἀπολαβοῦσα.

[2] *ipsam*, inserted as in CLERM., VOSS. *invenit* MSS.

[3] AR. *de mortuo*, and *spiritu*, i. e. for *Xpo*, was read *spu*. CL., VOSS. *Christum*.

[4] AR. *dispositionem*.

[5] *operantur*, CLERM., VOSS., VET., ARUND. *præconantur*. MERC. II. *præconatur*. GRABE, *perpetrant*.

[6] AR. as VULG. *actibus*.

[7] N. T. εἰ δὲ τὸ ζῆν ἐν σαρκὶ, τοῦτό μοι καρπὸς ἔργου.

[8] CL., VOSS. *operis est*, GRABE *esse*. AR., G. T. and Syr. omit it altogether. *in ea*, CLERM., ARUND., VOSS., but

dicens. [1] Fructus autem operis spiritus, est carnis salus. Quis enim alius apparens [2] fructus ejus [3] est qui non apparet Spiritus, quam maturam efficere carnem et capacem incorruptelæ? *Si igitur vivere in carne, hic mihi fructus operis est*, non utique substantiam contemnebat carnis, in eo quod [4] diceret, *Spoliantes vos veterem hominem cum operibus ejus;* [5] sed spoliationem pristinæ nostræ conversationis manifestavit, eam quæ veterascit et corrumpitur: et propter hoc intulit: *Et induentes novum hominem, eum qui renovatur in agnitionem secundum imaginem ejus qui creavit eum.* In eo ergo quod ait, *Qui renovatur in agnitionem*, demonstravit quoniam ipse ille qui ignorantiæ erat ante homo, id est ignorans Deum, per eam quæ in eo est agnitionem renovatur. Agnitio enim Dei renovat hominem. Et in eo quod dicit, *Secundum imaginem conditoris*, recapitulationem manifestavit ejusdem hominis, qui in initio secundum imaginem factus est Dei. Quoniam autem idem ipse erat Apostolus, qui ex utero generatus fuerat,

LIB. V. xii. 4. GR. V. xii. MASS. V. xii. 4.

Phil. i. 22.

Col. iii. 10.

GRABE *epistola*. See 357, 7; 362, 1.

[1] The meaning of these words *per se* is not very perceptible. *Unde colligere licet, unam alteramque lineam in textu Irenæi transpositam esse*, is GRABE'S supposition. MASSUET rejoins that the writer has in his mind S. Paul's definition of the *fruits of the Spirit*, Gal. v. 22, 24. He had better have said, *the fruits of righteousness which are by Jesus Christ*, mentioned Philip. i. 11. Now the Syriac version speaks of these fruits as being *vita carnis;* and further that they were reflectively the practical evidence of S. Paul's own fruitfulness; for this version has, *Si autem etiam in istis vita sit carnis, fructus sunt mihi in operibus meis.* ܐܢ ܕܝܢ ܐܦ ܒܗܠܝܢ ܚܝ̈ܐ ܕܦܓܪܐ ܦܐܪ̈ܐ ܐܝܬ ܠܝ ܒܥܒܕ̈ܝ The writer apparently had the single passage Phil. i. 22 in his mind, but in a Syriac form; and the translator's *carnis salus* was obtained by transfusion through the author's Greek from the Syriac ܚܝ̈ܐ ܕܦܓܪܐ *dicens*, as I imagine, represents λέξας, *having said so*, referring to the Apostle's words *ad Phil.*, that he had just quoted, and not to the sequel, which commences with a disjunctive particle ὁ δὲ καρπὸς, κ.τ.λ. *But the fruit, or final result, of the works of the Spirit is the salvation, or life, of the flesh.* I add GRABE'S proposed order: Dicens: Si autem vivere in carne hic mihi fructus operis est. Fructus igitur operis Spiritus est carnis salus. Quis enim alius &c. *usque* incorruptelæ.

[2] *fructus*, CLERM. *fructuram*, inducing the suspicion that the translator wrote *fructus jam*, having as his original, τίς γὰρ ἄλλος φαινόμενος καρπὸς δὴ τοῦ μὴ φαινομένου Πνεύματος, ἢ τὸ τελείαν ποιεῖν τὴν σαρκά, κ.τ.λ.

[3] *est*, AR., omitted in the CLERM.

[4] *diceret*. The CLERM. has *dediceril*, owing to the sequence of *d* after the same letter final. GRABE adopts the VET. and VOSS. reading *dixerat*, (not AR. as STIERREN says, where *diceret* is the reading), so also MASS. and ST. But the use of the pluperfect would imply, that the writer is still quoting from the *Ep. ad Phil.* ἐν τῷ εἰπεῖν would suit either reading.

[5] Παλαιὸν δὲ, οὐ πρὸς γένεσιν καὶ ἀναγένεσίν φησιν, ἀλλὰ πρὸς τὸν βίον, τόν τε ἐν παρακοῇ, τόν τε ἐν ὑπακοῇ. CL. AL. *Str.* III. p. 466. GR.

hoc est, antiqua carnis substantia, ipse in [1]ea epistola quæ est ad Galatas dixit: *Cum autem placuit Deo, qui me ex utero matris meæ segregavit, et vocavit per gratiam suam, revelare Filium suum* (Gal. i. 15, 16.) *in me, ut evangelisarem eum in gentibus;* non alius erat qui natus fuerat ex utero, sicut prædiximus, et alius qui evangelisabat Filium Dei: sed idem ille qui ante ignorabat, et persequebatur Ecclesiam, revelatione ei de cœlo facta, et colloquente cum eo Domino, (Cap. xii. et xv.) quemadmodum in tertio libro ostendimus, evangelisabat Filium Dei Christum Jesum, qui sub Pontio Pilato crucifixus est, præterita ignorantia exterminata a posteriore agnitione: quemadmodum cæci, quos curavit Dominus, cæcitatem quidem amiserunt, perfectam autem receperunt substantiam oculorum, et [2]iisdem ipsis quibus ante non videbant oculis, recipiebant visionem, caligine a visione tantum exterminata, servata autem substantia oculorum; ut per quos non viderant oculos, per eos rursus videntes, gratias agerent ei, qui rursus visum eis redintegravit: et qui (Luc. vi. 6 seq.) aridam [3]curavit manum, et omnes omnino quos curavit, non ea quæ ab initio ex utero edita fuerant membra mutaverunt; sed eadem ipsa salva recipiebant.

5. Fabricator enim universorum Dei Verbum, qui et ab initio plasmavit hominem, a malitia inveniens [4]labefactatum suum plasma omni modo curavit: hoc quidem et secundum unumquodque membrum, sicut et in suo plasmate est; hoc autem et in semel totum sanum et integrum redintegravit hominem, perfectum eum sibi præparans ad resurrectionem. Et [5]quam enim causam habebat carnis membra curare, et restituere in pristinum characterem, si non [6]habebant salvari, quæ ab illo curata fuerant? Si enim temporalis erat ab eo utilitas, nihil grande præstitit his qui ab eo curati sunt. Aut quomodo [6]dicunt non esse capacem carnem vitæ (G. 418) quæ est ab eo, quæ percepit curationem ab eo? Vita enim per curationem, incorruptela autem per vitam efficitur. Qui igitur curationem confert, hic et vitam: et qui vitam, hic et [7]incorruptelam circumdat plasmati suo.

[1] *ea*, CLERM., VOSS., VET.

[2] *iisdem*, CLERM., but AR., MERC. II. have *idem;* VOSS. *iidem;* cf. *infra, eadem ipsa.*

[3] *ὁ τὴν ξηρὰν λαβεὶς χεῖρα, curatus.*

[4] *labefactum*, as printed by GRABE, is found also in the CLERM. MS. MASS. and STIEREN *labefactatum*, which I find in the AR. It is therefore retained.

[5] *Εἰ εἰς μηδὲν ἔχρηζε τῆς σαρκὸς, τί καὶ ἐθεράπευσεν αὐτήν.* JUST. M. *de Res.;* GRABE, *Spic.* I. 190.

[6] *οὐκ εἶχεν σωθῆναι τὰ ὑπ' αὐτοῦ λαθέντα. dicunt* omitted AR.

[7] The text of GRABE is followed, be-

LIB. V. xiii. 1.
GR. V. xiii.
MASS. V. xiii. 1.

CAP. XIII.

Maximum specimen resurrectionis habemus in mortuis a Christo suscitatis: cordaque nostra capacia esse vitæ æternæ eo ostenduntur, quod nunc Spiritum Dei recipiant.

M. 308. 1. DICANT [1]enim nobis hi qui contraria dicunt, id est, qui contradicunt [1]suæ saluti, [2]summi Sacerdotis mortua filia, et viduæ Marc. v. 22. Luc. vii. 12.
filius qui [3]circa portam mortuus efferebatur, et [4]Lazarus qui in Joh. xi. 39.
monumento [5]quartam habebat diem, in quibus resurrexerint corporibus? In iisdem ipsis scilicet, in quibus et mortui fuerant. Si enim non in iisdem ipsis, videlicet nec iidem ipsi qui mortui
erant resurrexerunt. [6]Sed enim *apprehendit*, ait, *Dominus manum* Marc. v. 41, 43.
mortui, et dixit ei: Juvenis, tibi dico, surge: et sedit mortuus, et Luc. vii. 14, 15.
jussit ei [7]*dari manducare, et dedit eum matri suæ.* Et Lazarum
vocavit voce magna, dicens: Lazare, veni foras: et exivit, [8]inquit, Joh. xi. 43 seq.
mortuus, colligatus pedes et manus institis. Hoc symbolum ejus hominis, qui illigatus fuerat in peccatis. Et propter hoc ait Dominus: *Solvite illum, et* [9]*dimittite abire.* Sicut igitur qui curati sunt, in his quæ ante passa fuerant membra curati sunt; et mortui in iisdem surrexerunt corporibus, membris et corporibus ipsorum percipientibus curationem, et eam vitam quæ [10]dabatur a Domino, per temporalia præformante æterna, et ostendente quoniam ipse est, qui et curationem plasmati suo, et vitam præstare potest,
uti [11]ejus de resurrectione quoque credatur sermo: sic et in fine 1 Cor. xv. 52.
in novissima tuba clamante Domino, resurrecturi sunt mortui,

cause its construction may be identified with the two preceding passages, I. p. 91, τοῖς δὲ.... ἀφθαρσίαν....καὶ δόξαν αἰωνίαν περιποιήσῃ, and II. p. 323, τῷ θνητῷ τὴν ἀθανασίαν περιποιεῖ, and that which follows, p. 357, τῷ φθαρτῷ περιποιήσασθαι τὴν ἀφθαρσίαν. The CLERM. reads *plasma*, but otherwise is in agreement. MASSUET is in error in saying that it has *incorruptela*, which he prints, as also *plasma suum*. CL. *suo*.

[1] The CL. omits *enim*, and AR. *suæ*.

[2] N. T. εἷς τῶν ἀρχισυναγώγων.

[3] *circa*, παρὰ having been read as περί. N. T. ἤγγισε τῇ πύλῃ.

[4] *sed enim in Lazaro, præcipuo resurrectionis exemplo, caro jacuit in infirmitate.* TERT. *de Res.* 53. AR. omits *qui.*

[5] τεταρταῖος ἦν.

[6] The two miracles of raising the widow's son and the Rabbi's daughter are here amalgamated.

[7] *dari*, CL., VOSS., but AR. *dare*.

[8] Inquit *mortuus*, not in the AR.

[9] *dimittite*, the translation as before of ἄφετε. 99, 9.

[10] CLERM. vitiose *dabitur*.

[11] *ejus*, VOSS., VET., but CL., AR. *ei*.

LIB. V. xiii. 2. GR. V. xiii. MASS. V. xiii. 2. quemadmodum ipse ait: *Veniet hora, in qua omnes* [1]*mortui, qui in monumentis sunt, audient vocem* [1]*Filii Hominis, et exient, qui bona fecerunt, in resurrectionem vitæ: et qui mala operati sunt, in resurrectionem judicii.* Joh. v. 28 seq.

Ex Parall. Joh. Damasc. Halloix. v. Iren. p. 496. 2. Μάταιοι οὖν ὄντως καὶ ἄθλιοι, οἱ τὰ οὕτως ἔκδηλα καὶ φανερὰ μὴ θέλοντες συνορᾶν, ἀλλὰ φεύγοντες τὸ φῶς τῆς ἀληθείας, οἱ κατὰ τὸν τραγικὸν Οἰδίποδα [2]ἑαυτοὺς τυφλώττοντες. Καὶ ὥσπερ ἀπάλαιστροι προσφιλονεικοῦντες ἑτέρους, ἕν τι μέρος τοῦ σώματος ἀπρὶξ κρατήσαντες, δι' ἐκείνου οὗ κρατοῦσι, πίπτουσι, καὶ πίπτοντες οἴονται νικᾷν διὰ τὸ φιλεριστικῶς ἔχεσθαι ἐκείνου οὗ τὴν ἀρχὴν ἐδράξαντο μέλους, πρὸς δὲ τὸ πεπτωκέναι καταγέλαστοι γίνονται· οὕτω γὰρ καὶ αἱρετικοὶ τὸ, Σὰρξ καὶ αἷμα βασιλείαν Θεοῦ κληρονομῆσαι οὐ δύνανται, δύο λέξεις ἄραντες ἀπὸ Παύλου, οὔτε τοῦ ἀπο- G. 419.
στόλου κατεῖδον, οὔτε τὴν δύναμιν τῶν λεγομένων προερευνήσαντες, ψιλὰς δὲ ἑαυτοῖς μόνον τὰς λέξεις ἀπαρτίζοντες, περὶ αὐτὰς ἀποθνήσκουσι, τὴν ἅπασαν οἰκονομίαν, τὸ ὅσον ἐφ' ἑαυτοῖς, ἀνατρέποντες τοῦ Θεοῦ.

2. Vani igitur et vere infelices, qui sic manifesta et clara nolunt conspicere, sed fugiunt lumen veritatis, secundum [3]tragicum Œdipodem semetipsos excæcantes. Et quemadmodum [3]in palæstra insueti concertantes aliis, unam quamlibet partem corporis totis complectentes manibus, per illud quod detinent cadunt, et cadentes putant se vincere, eo quod contentiose teneant illud quod primum apprehenderunt membrum, super hoc autem quod ceciderunt et derisui habentur: sic autem et hæretici, *Caro et sanguis regnum Dei possidere non possunt*, duas dictiones tollentes a Paulo, neque sensum Apostoli perspexerunt, neque virtutem dictionum scrutati sunt; nude autem ipsas dictiones tenentes, circa eas moriuntur, universam dispositionem Dei, quantum in ipsis est, evertentes. 1 Cor. xv. 50.

3. [4]Sic enim proprie de carne hoc dictum dicent, et non de carnalibus operationibus, quemadmodum [5]demonstrabimus, ipsum

[1] *mortui*, incorporated from v. 25, as *Filii Hominis* (v. 25, *Dei*) for *ejus*.

[2] The well-known passage need not be quoted from the *Œd. Tyr.* 1268.

[3] AR. *tragicos semetipsos;* omits *in*.

[4] *Sic*, CL., AR., VOSS.; al. *si*.

[5] AR., but CL., VOSS. *demonstravimus*, cf. § 5, and xiv. 4.

sibi contraria Apostolum dicentem ostendentes. Ait [1]enim statim in eadem epistola demonstrative de carne sic [1]dicens: *Oportet enim corruptibile hoc induere incorruptelam, et mortale hoc induere immortalitatem.* [2]*Cum autem mortale hoc induerit immortalitatem, tunc fiet sermo qui scriptus est: Absorpta est* [3]*mors in victoria. Ubi est mors aculeus tuus? Ubi est mors victoria tua?* Hæc autem juste dicentur tunc, quando mortalis hæc et corruptibilis caro, circa quam et mors est, quæ et quodam dominio mortis pressa est, in vitam conscendens induerit incorruptelam et immortalitatem. Tunc enim vere erit victa mors, quando ea quæ continetur ab ea caro, exierit de dominio ejus. Et rursus ad Philippenses ait: *Nostra autem conversatio in cœlis est: unde et Salvatorem exspectamus Dominum Jesum, qui transfigurabit corpus humilitatis nostræ conforme corpori gloriæ suæ,* [4]*ita ut possit secundum operationem virtutis suæ.* Quod igitur est humilitatis corpus, quod transfigurabit Dominus conformatum corpori gloriæ suæ? [5]Manifestum est quoniam corpus quod est caro, [6]quæ et humi-
M. 309. liatur cadens in terram. Transfiguratio autem ejus, quoniam

LIB. V. xiii. 3. GR. V. xiii. MASS. V. xiii. 3.
1 Cor. xv. 53 seq.
Phil. iii. 20 seq.

Μετασχηματισμὸς δὲ αὐτῆς, ὅτι θνητὴ καὶ φθαρτὴ οὖσα, ἀθάνατος καὶ ἄφθαρτος γίνεται, οὐκ ἐξ ἰδίας ὑποστάσεως, ἀλλὰ κατὰ τὴν τοῦ Κυρίου ἐνέργειαν, τὸ δύνασθαι αὐτὸν τῷ θνητῷ τὴν ἀθανασίαν, καὶ τῷ φθαρτῷ περιποιήσασθαι τὴν ἀφθαρσίαν. Καὶ διὰ τοῦτό φησιν· ἵνα καταποθῇ τὸ

Ex Parall. J. Damasc. Halloix. v. Iren. p. 495.

cum sit mortalis et corruptibilis, immortalis fit et incorruptibilis: non secundum propriam substantiam, sed secundum Domini operationem, qui potest mortali immortalitatem, et corruptibili circumdare incorruptibilitatem. Et propter hoc ait [7]in secunda ad Corinthios: *Ut absorbeatur mortale a vita. Qui autem perficit* 2 Cor. v. 4.

[1] The Cl. omits *enim statim.* Ar. has *ostendente statim,* and *dicentes.*

[2] The clause is omitted, *cum autem corruptibile hoc induerit incorruptelam.*

[3] *mors* was similarly repeated at p. 129, though *victoria* and *aculeus* were there transposed.

[4] *ita ut possit,* the clause εἰς τὸ γενέσθαι is omitted in the translation; most probably therefore these words represent *ita ut sit,* and have been displaced from before *conforme.*

[5] *Manifestum est quoniam,* δηλονότι.

[6] *quæ,* Voss., but Ar. &c. *quod.* The Clerm. however omits the word altogether, and is very probably right.

[7] The interpolation of the Scriptural reference by the translator, suggests the suspicion that the greater number of such references have come in from the margin.

LIB. V. xiii. 3. GR. V. xiii. MASS. V. xiii. 3.

θνητὸν ὑπὸ τῆς ζωῆς· ὁ δὲ κατεργασάμενος ἡμᾶς εἰς αὐτὸ τοῦτο Θεὸς, ὁ καὶ δοὺς ἡμῖν ἀῤῥαβῶνα τοῦ πνεύματος· φανερώτατα περὶ τῆς σαρκὸς ταῦτα λέγων· οὔτε γὰρ ἡ ψυχὴ θνητὸν, οὔτε τὸ Πνεῦμα. Καταπίνεται γὰρ τὸ θνητὸν ὑπὸ τῆς ζωῆς, ὅτι μηκέτι σὰρξ νεκρὰ, ἀλλὰ ζῶσα καὶ ἄφθαρτος μένει, ὑμνοῦσα τὸν εἰς αὐτὸ τοῦτο κατεργασάμενον ἡμᾶς Θεόν.

nos in hoc ipsum, Deus, qui [1]*dedit nobis pignus Spiritus;* manifestissime hoc de carne dicens; nec enim anima mortalis, neque spiritus. [2]Absorbetur autem mortale a vita, [3]quando et caro jam non mortua, sed viva et incorrupta perseveraverit, hymnum dicens Deo, qui in hoc ipsum perficit nos. Ut ergo in [4]hoc perficia-
1 Cor. vi. 20. mur, bene Corinthiis ait: *Glorificate* [4]*Deum in corpore vestro.* Deus [4]autem incorruptibilitatis est effector.

4. Quoniam autem non de alio quodam corpore, sed de corpore carnis dicit hæc, manifeste et indubitate et sine ulla ambi-
2 Cor. iv. 10 seq. guitate Corinthiis ait: *Semper mortificationem* [5]*Jesu in corpore nostro circumferentes, ut* [6]*et vita Jesu* [7]*Christi in corpore nostro manifestetur. Si enim qui vivimus, in mortem tradimur* [8]*per Jesum, ut et* [6]*vita Jesu manifestetur in carne mortali nostra.* Et G. 420.
quoniam spiritus complectitur carnem, in eadem epistola ait:
2 Cor. iii. 3. *Quoniam estis epistola Christi, ministrata a nobis, inscripta non atramento, sed Spiritu Dei vivi, non in tabulis lapideis, sed in tabulis cordis carnalibus.* Si ergo nunc corda carnalia capacia Spiritus fiunt, quid mirum si in resurrectione eam quæ a Spiritu datur capiunt vitam? De qua resurrectione Apostolus in ea

[1] *dedit*, f. l. *et dat.*

[2] So the CLERM. and VOSS., but GRABE wretchedly, *absorbetur a mortali vita.* AR. the same, but *a vita.*

[3] *quando* having the force of ἐπεὶ may represent ὅτι, for which GRABE proposes ὅτε. AR. omits *jam.*

[4] AR. *in hunc mundum.* CLERM. *Deo,* and the same MS. preserves *autem,* restored to the text in the next member.

[5] This text again agrees with the Syriac in having *Jesu* without *Domini,* and in reading δεὶ v. 11, as εἰ, for although GRABE, MASSUET in silence, and therefore STIEREN also, print *semper,* yet the CL. and AR. have *si,* and the Syriac ܐܢ ܚܢܢ ܚܝܐ marks the reading to be in all probability genuine.

[6] *et* restored from the CLERM. copy, which however reads *vitam* twice. AR. omits *et* in the latter place.

[7] *Christi* has been inserted by some scribe, neither the Greek nor the Syriac have it. AR. *manifestemur.*

[8] *per,* f. l. *propter.* G. T. διὰ Ἰησοῦν. Syr. ܡܛܠܬܗ

quæ est ad Philippenses, ait: [1] *Conformatus morti ejus, si quo modo occurram ad resurrectionem* [2] *quæ est a mortuis.* In qua igitur alia mortali carne [3] intelligi *potest vita manifestari, nisi in hac substantia, quæ et mortificatur propter eam quæ est ad Deum confessionem? Quemadmodum ipse dixit: *Si secundum hominem* [4] *cum bestiis Ephesi pugnavi, quid mihi prodest, si mortui non resurgunt? Si enim mortui non resurgunt, neque Christus resurrexit: si autem Christus non resurrexit, inanis est prædicatio nostra, inanis est* [5] *et fides vestra. Invenimur autem et falsi testes* [5] *Dei, quoniam testificati sumus, quod suscitavit Christum, quem non* [6] *suscitavit. Si enim mortui non resurgunt, neque Christus resurrexit. Si autem Christus non resurrexit, inanis est fides vestra:* [7] *quoniam adhuc estis in peccatis vestris. Ergo et qui dormierunt in Christo, perierunt. Si in vita hac in Christo sperantes sumus tantum, miserabiliores omnibus sumus hominibus. Nunc autem Christus resurrexit a mortuis, primitiæ dormientium: quoniam enim per hominem mors, et per hominem resurrectio mortuorum.*

LIB. V. xiii. 4. GR. V. xiii. MASS. V. xiii. 4.

Phil. iii. 11 seq.

1 Cor. xv. 32.

1 Cor. xv. 13 seq.

5. In his igitur omnibus, quemadmodum [8] prædiximus, aut contraria sentientem sibimetipsi Apostolum dicent, quantum ad [9] illud, *Caro et sanguis regnum Dei possidere non possunt:* aut iterum malignas et extortas cogentur omnium dictorum facere expositiones, ad transvertendam et immutandam sententiam dictorum. Quid enim dicere habebunt sanum, si conabuntur aliter interpretari hoc quod scribit: *Oportet enim corruptibile hoc induere incorruptelam, et mortale hoc induere immortalitatem;* Et: *Ut vita*

1 Cor. xv. 53.

2 Cor. iv. 11.

[1] *conformatus.* The MSS. here run wild. The AR. and MERC. II. having *cooperatus mortis;* VOSS. *commemoratus;* CLERM. *cui honoratus;* from which varieties, and from the Greek συμμορφούμενος, GRABE rightly deduces the reading in the text, although with too strict a regard for precedent he still prints *conformis.*

[2] G. T. simply ἐκ νεκρῶν; Syriac, ܕܡܢ ܒܝܬ ܡܝ̈ܬܐ.

[3] The CL. and VOSS. MSS. have a gigantic *lacuna* referrible either to some scribe's carelessness in having turned over two leaves of his copy, or to the loss of a leaf. The text therefore from **potest* to *vocalis est**, inclusive, p. 360, receives no light from these MSS. MASS. says that the copy resumes again with, *sed quoniam;* but these and four following words are included in the lost passage.

[4] It may be remarked, in passing, that the Syriac version takes the literal view of S. Paul's meaning, ܐܢ ܐܝܟ ܕܒܢܝ̈ܢܫܐ ܐܫܬܕܝܬ ܠܚܝܘ̈ܬܐ *If, as one of the sons of men, I have been cast forth to the wild beasts at Ephesus.*

[5] AR. *est fides nostra,* and omits *Dei.*

[6] The Syriac like the translator ignores the clause in the Greek, εἴπερ ἄρα νεκροὶ οὐκ ἐγείρονται.

[7] *quoniam,* ὅτι having grown out of ἔτι.

[8] See xiii. 3; xiv. 4.

[9] AR. *illum.*

LIB. V. xiii. 5. GR. V. xiii. MASS. V. xiii. 5.

Jesu manifestetur in carne mortali nostra, et reliqua omnia, in quibus Apostolus manifeste et clare resurrectionem et incorruptelam carnis prædicat? Cogentur itaque hæc tanta male interpretari, qui unum nolunt bene intelligere.

CAP. XIV.

Nisi caro salvanda esset, carnem ejusdem substantiæ cum nostra Verbum non adsumsisset: quapropter nec per ipsum essemus reconciliati.

1. Quoniam autem non adversus ipsam substantiam carnis et sanguinis dixit Apostolus, non possidere [1]eam regnum Dei, ubique idem Apostolus in Domino Jesu Christo usus est carnis et sanguinis nomine; [2]aliquid quidem, uti [3]hominem ejus statueret, etenim ipse semetipsum Filium dicebat Hominis: [2]aliquid autem, uti salutem carnis nostræ confirmaret. Si enim non [4]haberet caro salvari, nequaquam Verbum Dei caro factum esset. Et si non [4]haberet sanguis justorum inquiri, nequaquam sanguinem habuisset Dominus. Sed quoniam ab initio vocalis est*[4] sanguis, Deus ad M. 310.
Gen. iv. 10. Cain dixit, cum occidisset fratrem suum: *Vox sanguinis fratris tui clamat ad me*. Et quoniam haberet exquiri sanguis ipsorum, dixit
Gen. ix. 5, 6. ad eos qui [5]circa Noe erant: *Etenim [6]vestrum sanguinem animarum vestrarum exquiram illum de manu omnium bestiarum.* [7]Et iterum: *Qui effundet sanguinem hominis, [8]pro sanguine ejus effundetur.* Similiter autem et Dominus his qui habebant ejus sanguinem
Luc. xi. 50, et Matt. xxiii. 35 seq. effundere, dicebat: *Exquiretur omnis sanguis justus, qui effunditur*

[1] *eam*, discarded by Mass. and Stieren, is restored on the authority of the Arund., Merc. ii. and Othob. MSS.

[2] *aliquid quidem .... aliquid autem*, partitive, τὸ μέν τι ... τὸ δέ τι.

[3] *hominem*, often used absolutely of the human nature of Christ. Thus the verse in the Te Deum, *cum ad liberandum suscepisti hominem* should have been rendered, *When to deliver thou tookest upon Thee Man.* Even patristical Latin rejects the solecism, *cum suscepisti ad liberandum.*

[4] See p. 354, 6, and 359, 3.

[5] Ar. *in arca Noe.*

[6] *vestrum*, Cl., Ar., Voss., LXX., Hebr.

[7] *et* omitted in the Ar., and perhaps πάλιν simply stood in the Greek.

[8] The Arund. inserts *sanguis*, but it is not admitted for the critical reasons assigned by Grabe in the following note. *Ita quoque hic locus allegatus legitur Lib.* ii. *Const. Ap. cap.* ii. 42, ὁ ἐκχέων αἷμα ἀνθρώπου, ἀντὶ τοῦ αἵματος αὐτοῦ ἐκχυθήσεται. *Atque sic etiam nostræ editt.* LXX. *Interpretum habent, excepta Compl., quæ ita sonat:* ἀντὶ τοῦ αἵματος ἀνθρώπου τὸ αὐτοῦ ἐκχυθήσεται. *Plura de varia hujus loci lectione congessit* Cotelerius *in not.* The Clerm. and Voss. copies have omitted the word.

super terram, a sanguine Abel justi, usque ad sanguinem Zachariæ LIB. V. xiv. 1.
filii Barachiæ, quem occidistis inter templum et altare: etiam dico GR. V. xiv. MASS. V. xiv. 1.
vobis, venient omnia ista super [1] *generationem istam;* recapitulationem effusionis sanguinis ab initio omnium justorum et prophetarum in semetipsum futuram indicans, et exquisitionem sanguinis
G. 421. ipsorum per semetipsum. Non autem exquireretur [2] hoc, nisi et salvari haberet: [2] nec in semetipsum recapitulatus esset hæc Dominus, nisi et ipse caro et sanguis [3] secundum principalem plasmationem factus fuisset, salvans in semetipso in fine illud quod perierat in principio in Adam.

2. Si autem ob alteram quandam dispositionem Dominus incarnatus est, et ex altera substantia carnem attulit, non ergo in semetipsum recapitulatus est [3] hominem: adhuc etiam nec caro quidem dici potest. Caro enim vere primæ plasmationis e limo [4] facta est successio. Si autem [5] ex alia substantia habere eum oportuit materiam, [6] ab initio ex altera substantia Pater operatus fuisset fieri conspersionem ejus. Nunc autem quod fuit qui perierat homo, hoc salutare factum est Verbum, per semetipsum eam quæ esset ad eum communionem, et exquisitionem salutis ejus efficiens. Quod autem [7] perierat, sanguinem et carnem habebat. Limum enim de terra accipiens Dominus, plasmavit hominem, et propter hunc omnis dispositio adventus Domini. Habuit ergo et ipse carnem et sanguinem, non alteram quandam, sed illam

[1] *etiam dico vobis...generationem*, CL. *et quam diu ex vobis...rationem.* The latter words being a fair sample of the ignorance, with which the responsible work of transcribing could sometimes be performed. The same MS. inserts *et* after *Barachiæ.*

[2] *hoc, τὸ αἷμα* sc. AR. *et nec.*

[3] *κατὰ τὴν ἀρχέγονον πλάσιν.* Cf. p. 47. CL., VOSS. *se hominem.* AR. omits *se.*

[4] *facta est*, as in the CLERM., VOSS., VET., MERC. II., but the AR. omits *est.* GRABE and preceding edd. *factæ*, the diphthong very evidently representing *facta ē.*

[5] *δι' ἀλλῆς τινος, per alteram q.*

[6] The text as printed by GRABE and MASSUET may do, though it is not without its documentary difficulties. The CLERM. varies by inserting *eo* before *conspersionem,* and *meum* after it in lieu of *ejus.* The first may have been *δὲ*, i.e. *omnem*, the second is a manifest incorporation of *ejus* with the final letter preceding. Both this and the VOSS. MS. agree in reading *Pater.* For this word the AR. reads *parte*, and *substantiæ*, and introduces *et* before *initio*, which also may possibly be a genuine reading. There is not sufficient authority therefore for disturbing the present text, and the following is offered for the Greek; *καὶ ἀρχῆθεν* (AR.) *ἐξ ἑτέρας οὐσίας ὁ πατὴρ ἐνήργησεν ἂν ποιεῖσθαι πᾶν* (CL.) *τὸ φύραμα αὐτῆς* (*τῆς σαρκός, sc.*).

[7] *perierat* AR., but CL., VOSS, VET. *peribat.* *ἀπώλετο*, would satisfy either reading, only *perierat* occurs above and below.

LIB. V. xiv. 2. GR. V. xiv. MASS. V. xiv. 2.

principalem Patris plasmationem in se recapitulans, exquirens id quod perierat. Et propter hoc Apostolus in [1]ea epistola quæ est ad Colossenses, ait: *Et vos cum essetis aliquando alienati, et inimici* Col. i. 21 seq. [2]*cogitationi ejus in operibus malis, nunc autem* [3]*reconciliati in corpore carnis ejus, per mortem* [4]*ejus, exhibere vos sanctos et castos et sine crimine in conspectu ejus. In corpore*, ait, [3]*reconciliati carnis ejus*, [5]hoc est, quoniam justa caro reconciliavit eam carnem, quæ in peccato detinebatur, et in amicitiam adduxit Deo.

3. Si quis igitur secundum hoc alteram dicit Domini carnem [6]a nostra carne, quoniam [7]illa quidem non peccavit, neque inventus est dolus in anima ejus, nos autem peccatores, recte dicit. Si autem alteram substantiam carnis [8]Domino affingit, jam non constabit illi reconciliationis sermo. Reconciliatur enim illud quod [9]fuit aliquando in inimicitia. Si autem ex altera substantia carnem attulit Dominus, jam non illud reconciliatum est Deo, quod per transgressionem factum fuerat inimicum. Nunc autem per eam quæ est ad se communicationem, reconciliavit Dominus hominem Deo Patri, reconcilians nos sibi per corpus carnis suæ, et sanguine suo redimens nos, quemadmodum Apostolus Ephesiis
Col. i. 7. ait: *In quo habuimus redemtionem per sanguinem ejus, remissionem*
Col. ii. 13. *peccatorum*. Et rursus eisdem: *Vos*, inquit, *qui aliquando eratis*
Col. ii. 15. *longe, facti estis juxta, in sanguine Christi*. Et iterum: *Inimicitias in carne sua, legem præceptorum decretis evacuans*. Et in omni autem epistola manifeste testificatur Apostolus, quoniam per carnem Domini nostri et sanguinem ejus nos salvati sumus. M. 311.

4. Si igitur caro et sanguis sunt, quæ faciunt nobis vitam, non proprie de carne dictum est et sanguine, non posse ea possidere regnum Dei; sed de prædictis carnalibus actibus, qui ad peccatum [10]transvertentes hominem, [10]privant eum vita. Et prop-

[1] *ea*, AR. *quæ est*, AR. and VOSS. The passage reads naturally in the Greek, ἐν τῇ εἰς τ. K.; perhaps rendered, *in Epistola ad Col.*

[2] AR. *cogitationis*. MASS. notes τῆς διανοίας in the S. GERM. copy.

[3] *reconciliati*. G. T. ἀποκατήλλαξεν. So also the Syr.

[4] *ejus* as in the Syr. ܕܡܘܬܗ Gr. simply, θανάτου.

[5] *hoc, e. q.* AR., but CL., VET., VOSS. omit *est*.

[6] *a* omitted in the CLERM.

[7] Ut evacuatam non possumus dicere carnem Christi, ita nec peccatricem, nec evacuatam, in qua dolus non fuit. Defendimus autem non, carnem peccati evacuatam esse in Christo, sed peccatum carnis; non substantiam, sed culpam. TERT. *de Carne Chr.* 16.

[8] τῷ Κυρίῳ προσποιεῖ, i. e. imagines as pertaining to the Lord, cf. *affingerent*, p. 365.

[9] CL. *adfuit*, cf. the preceding letter.

[10] *transvertentes*, μεταστρέφοντες, *pervertentes*. AR. *privantes*.

terea in [1]epistola ad Romanos ait: *Non ergo regnet peccatum in corpore mortali vestro ad obediendum* [2]*ei: neque exhibeatis membra vestra arma injustitiæ peccato: sed exhibete vosmetipsos Deo, velut a mortuis viventes, et membra vestra arma justitiæ Deo.* Quibus igitur membris serviebamus peccato, et fructificabamus morti, iisdem ipsis membris servire nos vult justitiæ, ut fructificemus vitæ. Memor igitur, dilectissime, quoniam carne Domini nostri redemtus es, et sanguine ejus [3]redhibitus, et *tenens caput, ex quo universum corpus Ecclesiæ* [4]*compaginatum augescit*, hoc est, carnalem adventum Filii Dei, et Deum confitens, et [5]hominem ejus firmiter excipiens, utens etiam his ostensionibus quæ sunt ex Scripturis, facile evertis, quemadmodum demonstravimus, omnes eas quæ postea affictæ sunt hæreticorum sententias.

LIB. V. xiv. 4. GR. V. xiv. MASS. V. xiv. 4.

Rom. vi. 12 seq. Ib. 21, 22, et vii. 5.

G. 422.

Col. ii. 19.

CAP. XV.

Testimoniis Esaiæ et Ezechielis probat resurrectionem, eundemque Deum nos resuscitaturum esse qui creavit.

1. QUONIAM autem is qui ab initio condidit hominem, post resolutionem ejus in terram promisit ei secundam generationem, Esaias quidem sic ait: *Resurgent mortui, et surgent qui in monumentis* [6]*sunt, et lætabuntur qui sunt in terra. Ros enim qui a te est, sanitas est eis.* Et iterum: *Ego vos advocabo, et in Hierusalem advocabimini, et videbitis, et gratulabitur cor vestrum, et ossa vestra quasi herba orientur, et cognoscetur manus Domini his qui colunt eum.* Et Ezechiel autem sic: [7]*Et facta est super me*

Esai. xxvi. 19.

Esai. lxvi. 13 seq.

Ezech. xxxvii. 1 seq.

[1] AR. inserts *ea*, cf. 362, 1; 357, 7.

[2] In concupiscentiis ejus *omisit forte Int. vel Scriba, quia ista aberant ab Italica versione, prout ex Tertulliano de Resurrectione, cap.* 47, *colligitur.* GRAB. For *ei* AR. has *et*, suggesting the Syriac original ܠܐ ܗܘܐ.

[3] *redhibitus*, ἀποκαταστᾳθεὶς, for cf. the title of I. XIV. with the Greek at p. 184, 1, of vol. 1. FEUARD. says, *Est autem Jureconsultis*, redhibere, *facere ut rursus habeat venditor, quod ante habuerat. Inde Festus:* Redhiberi id dicitur, quod redditum est. *Homo porro morti, dæmoni, inferisque seipsum vendiderat: at Christus sua passione et morte illum vitæ, Deo, cœlisque restituit.*

[4] *compaginatum*, a closer translation of the Syr. ܡܠܟܪܣ than of the Gr. ἐπιχορήγων.

[5] The CLERM. here inserts *in*; but it agrees with the VOSS. and VET. in reading *ejus*, for which AR. and earlier edd. have *eum*. The original seems to have had καὶ τὸν αὐτοῦ ἄνθρωπον βεβαίως ἐκδεχόμενος, having reference to Christ's Second Advent in the Flesh to judge the world.

[6] *sunt*, AR. omitted CL., VOSS.

[7] *Ex hac Ezechielis visione resurrectionem mortuorum confirmant quoque cum Irenæo, Clemens Romanus lib.* V. *Constit. cap.* 8. *Tertullianus lib.* V. *de Resurrectione Carnis.* FEUARD. *Imo omnes fere Patres, qui hoc dictum allegarunt,*

LIB. V. xv. 1. GR. V. xv. MASS. V. xv. 1.

manus Domini, et [1]*eduxit me in spiritu Dominus, et posuit me in medio campi, et hic erat plenus* [2]*ossibus, et circumduxit me super ea in circuitum in gyro, et ecce multa super faciem campi arida valde. Et dixit ad me: Fili hominis, si vivunt ossa hæc? Et dixi:* [3]*Domine tu scis,* [4]*qui fecisti hæc. Et dixit ad me: Prophetare super ossa hæc, et dices eis: Ossa arida, audite sermonem Domini. Hæc dicit Dominus ossibus his: Ecce, ego superduco super vos spiritum vitæ, et dabo super vos nervos, et reduco super vos carnem, et extendam super vos cutem, et dabo spiritum meum in vos, et vivetis, et cognoscetis quia ego sum Dominus. Et prophetavi, sicut præcepit mihi* [5]*Dominus. Et factum est cum prophetarem, et ecce terræ motus, et adducebantur ossa unumquodque ad compaginem suam: et vidi, et ecce super ea nervi et carnes nascebantur, et ascendebant super ea cutes desuper, et spiritus non erat in eis. Et dixit ad me: Ad spiritum* [6]*propheta, fili hominis, et dic spiritui: Hæc dicit Dominus: A quatuor spiritibus veni, et insuffla in mortuos istos, et vivant. Et prophetavi, quemadmodum præcepit mihi Dominus, et intravit in eos spiritus, et vixerunt, et steterunt supra* Ezech. xxxvii. 12 seq. *pedes suos collectio multa valde.* Et rursus ipse ait: *Hæc dicit Dominus: Ecce, ego aperiam monumenta vestra, et educam vos de monumentis vestris, et inducam vos in terram Israel, et cognoscetis, quia ego sum Dominus, cum aperiam ego sepulchra vestra, ut reducam de sepulchris populum meum, et dabo spiritum meum in vos, et* [7]*vivetis, et ponam vos in terram vestram, et cognoscetis quia ego Dominus. Locutus sum, et faciam, dicit Dominus.* Demiurgo itaque et hic vivificante corpora nostra mortua, quemadmodum videre adest, et resurrectionem eis repromittente et de sepulchris et Esai lxv. 22. monumentis suscitationem, et incorruptelam donante. [8]*Secundum enim lignum vitæ,* ait, *dies ipsorum erunt;* hic solus Deus osten-

mortuorum resurrectionem inde probatum iverunt. GRABE.

[1] AR. *duxit.*

[2] LXX. ἀνθρωπίνων, as GR. has observed; the word is also omitted by TERT. *de Res. C.* 29, and it has no equivalent in the Hebrew, though the Chaldee Paraphrase has it, מליא גרמי אנשא. AR. omits *in circuitum.*

[3] LXX. Κύριε Κύριε, σὺ ἐπίστῃ ταῦτα. TERT. *Adonai, Domine, tu scis,* as in the Hebrew אדני יהוה. GRABE therefore infers that the word *Domine* was twice written.

[4] *qui fecisti hæc,* imported into the passage by the author or his translator.

[5] *Dominus* added similarly.

[6] TERTULLIAN, *de Res. Carn.* 28, also uses the active form; *propheta ad spiritum, propheta,* which expresses the Hebrew, Chaldaic, and LXX. texts.

[7] *vivetis,* CLERM. *videbitis.*

[8] So the LXX. κατὰ γὰρ τὰς ἡμέρας τοῦ ξύλου τῆς ζωῆς; which has its counterpart in the Chaldee paraphrase, כיומי אילן חייא though not in the Hebrew.

ditur, qui hæc facit, et ipse bonus Pater, benigne vitam donans LIB. V. xv. 1.
his qui ex se non [1]habeant vitam. GR. V. xv. MASS. V. xv. 1.

2. Et propter hoc manifestissime Dominus ostendit se et Patrem quidem suis discipulis, ne scilicet quærerent alterum
G. 423. Deum, præter eum qui plasmaverit hominem, et afflatum vitæ donaverit ei; neque in tantam insaniam procederent, uti super Demiurgum alterum affingerent patrem. Et ideo reliquos quidem omnes, quibuscunque propter transgressionem [2]eorum eveniebant languores, curabat sermone: quibus et dicebat: *Ecce sanus factus* Joh. v. 14.
es, jam noli peccare, ne quid tibi deterius fiat; manifestans quoniam propter inobedientiæ peccatum subsecuti sunt languores hominibus. Ei autem qui cæcus fuerat a nativitate, jam non per sermonem, sed per operationem præstitit visum; non vane, neque prout evenit hoc faciens, sed ut ostenderet manum Dei, eam quæ ab initio plasmavit hominem. Et propterea interrogantibus eum discipulis, qua ex causa cæcus natus esset, utrumne sua an parentum culpa? ait: *Nec hic peccavit, neque parentes ejus, sed ut mani-* Joh. ix. 3.
festentur opera Dei in ipso. Opera autem Dei plasmatio est hominis. Hanc enim [3]per operationem fecit, quemadmodum Scriptura ait: *Et sumsit Dominus limum de terra, et plasmavit hominem.* Gen. ii. 7.
M. 312. Quapropter et Dominus exspuit in terram, et fecit lutum, et superlinivit illud oculis ostendens antiquam plasmationem quemadmodum facta est, et manum Dei manifestans his qui intelligere possint, per quam e limo plasmatus est homo. Quod enim [3]in ventre plasmare prætermisit artifex Verbum, hoc in manifesto adimplevit; uti manifestarentur opera Dei in ipso, nec jam alteram requireremus manum, [4]per quam plasmatus est homo, neque alterum patrem: scientes quoniam quæ plasmavit nos initio, et plasmat in ventre manus Dei, hæc in novissimis temporibus perditos exquisivit nos, suam [5]lucrifaciens et super humeros assumens ovem perditam, et cum gratulatione in cohortem restituens vitæ.

3. Quoniam autem in ventre plasmat nos Verbum Dei, ait Hieremiæ: *Priusquam plasmarem te in utero novi te, et prius-* Jer. i. 5.
quam [6]exires de vulva sanctificavi te, et prophetam in gentibus posui te. [6]Sed et Paulus similiter ait: *Quando autem complacuit* Gal. i. 15 seq.

[1] *habeant,* Cl., Ar., Voss., Merc. II., but Grabe *habebant.*

[2] *quidem* inserted Ar.

[3] Ar. omits *per,* and for *in ventre plasmare,* ib. *invenit replasmare.*

[4] *per quam* omitted in the Clerm.

[5] *lucrifaciens, cohortem.* κερδήσας, τάξιν.

[6] Cl., Ar., Voss., Vet., but Grabe *progredereris.* *sed* omitted in the Cl.

LIB. V. xv. 3. GR. V. xv. MASS. V. xv. 3.

ei, qui me segregavit ex utero matris meæ, uti evangelisarem eum in gentibus. Cum ergo in ventre a Verbo plasmemur, idipsum Verbum ei, qui a nativitate cæcus fuerat, formavit visionem, eum qui in abscondito plasmator noster est in manifesto ostendens, quoniam ipsum Verbum manifestum hominibus factum fuerat: et antiquam plasmationem Adæ [1]disserens, et quomodo factus est, et per quam plasmatus est manum, ex parte totum ostendens. Qui enim visionem formavit Dominus, hic est qui universum hominem [2]formavit, voluntati Patris deserviens. Et quoniam in illa plasmatione, quæ secundum [2]Adam fuit, in transgressione factus homo, indigebat lavacro regenerationis, postquam linivit lutum super oculos ejus, dixit ei: *Vade in Siloam, et lavare;* simul et plasmationem, et eam quæ est per lavacrum regenerationem restituens ei. Et propter hoc lotus venit videns, ut et suum cognosceret plasmatorem, et disceret homo eum qui donavit ei vitam.

Tit. iii. 5.
Joh. ix. 7.

4. Excidunt itaque et hi qui a Valentino sunt, dicentes, non ex hac terra plasmatum esse hominem, sed [3]a fluida materia et effusa. Ex qua enim terra [4]Dominus ei formavit oculos, ex hac manifestum est quoniam et ab initio plasmatus est homo. Non enim consequens erat, aliunde [5]quidem oculos, aliunde autem reliquum corpus plasmatum esse: quemadmodum nec consequens est, alterum [6]quidem corpus, alterum vero plasmasse oculos. Sed idem ipse qui ab initio plasmavit Adam, cum quo et loquebatur Pater: *Faciamus hominem secundum imaginem et [7]similitudinem nostram;* in novissimis temporibus semetipsum manifestans hominibus, ei qui ab Adam cæcus erat, formavit visionem. Et propter hoc Scriptura significans quod futurum erat, ait, abscondito Adam propter inobedientiam, Dominum venisse vespere ad eum, et evocasse eum, et dixisse[8]: *Ubi es?* Hoc est, quoniam in novissimis temporibus idipsum venit Verbum Dei advocare hominem, recom-

Gen. i. 26.
G. 424.
Gen. iii. 9.

[1] *disserens*, perhaps *ἑρμηνεύων*, as in THUC.; that word meaning *to speak out.* HESYCH. also renders it by *φράζων*.

[2] CL., AR., VOSS., al. *plasmavit.* CL., VOSS., VET. *Adam.* AR. *secundum hominem est.*

[3] *a fluida materia et effusa.* *οὐκ ἀπὸ ταύτης δὲ τῆς ξηρᾶς γῆς, ἀλλ' ἀπὸ τῆς ἀοράτου οὐσίας, ἀπὸ τοῦ κεχυμένου καὶ ῥευστοῦ τῆς ὕλης λαβόντα.* I. p. 49, cf. *Did. Or.* and TERTULL. in the note.

[4] *Dominus*, CLERM., AR., VOSS. al. *Deus.*

[5] *quidem* omitted CLERM.

[6] For *quidem* CL. and AR. both have *vero.*

[7] *secundum* is repeated in the CLERM. as in LXX.

[8] *ei* is here cancelled, not being found in the CLERM. or ARUND. MSS.

memorans [1]eum opera sua, in quibus degens absconditus fuerat Domino. Quemadmodum [2]enim tunc ad Adam vespere locutus est exquirens illum Deus; [2]sic in novissimis temporibus per eandem vocem visitavit exquirens genus ejus. LIB. V. xv. 4. GR. V. xvi. MASS. V. xv. 4.

CAP. XVI.

Cum in terram corpora nostra revertantur, sequitur ea inde substantiam habere: item Verbi adventu clarius in nobis imago Dei apparuit.

1. Et quoniam ex hac quæ secundum nos est terra, plasmatio fuit Adæ, Scriptura dicit dixisse Deum [3]ei: *In sudore vultus tui* Gen. iii. 19. *manducabis panem tuum, quoadusque convertaris in terram, ex qua sumtus es.* Si igitur in aliquam alteram terram revertuntur post mortem corpora nostra, consequens est ea inde et substantiam habere. Si vero in hanc ipsam, manifestum est, quoniam et ex hac [3]plasma eis factum est; quomodo et Dominus fecit manifestum, ex [3]hac eadem oculos ei formans. Et manu itaque vere [4]liquido ostensa Dei, per quam plasmatus est quidem Adam, plasmati autem sumus et nos; et cum sit unus et idem Pater, cujus vox ab initio usque ad finem adest plasmati suo; et substantia plasmatis nostri per Evangelium [5]ostensa est manifeste: jam non oportet quærere alium Patrem præter hunc; neque aliam substantiam plasmationis nostræ, præter prædictam et ostensam a Domino; neque alteram manum Dei præter hanc, quæ ab initio usque [6]ad finem format nos, et coaptat in vitam, et adest plasmati suo, et perficit illud secundum imaginem et similitudinem Dei. Tunc autem hoc Verbum ostensum est, quando homo Verbum Dei factum est, semetipsum homini, et hominem sibimetipsi assimilans,
M. 313. ut per eam quæ est ad Filium similitudinem, pretiosus homo fiat

[1] *eum*, CLERM., VOSS., *in eo*, ARUND. ἀναμιμνήσκων αὐτὸν τὰ ἔργα.

[2] *enim t. a. A.* omitted in the AR. *sic in*, MSS., GR. inserts *et*.

[3] AR. *et.* CL. *plasma*, AR. *plasmatio*, which also drops *hac*.

[4] *liquido*, σαφῶς, *vere* being a marginal gloss that has caused some confusion. The reading followed is that of the CLERM., VOSS., GRABE, MASSUET, STIEREN, while the AR. has *reliqua vere;* MERC. II. *reliqua vel;* FEU. *reliqua vere aliquando.*

[5] AR. *ostendens.*

[6] AR. *in finem conformat nos, et coaptat vitam.*

LIB. V. xvi. 1. GR. V. xvi. MASS. V. xvi. 2.

E Parall. J. Damasc. Hall. v. Iren. p. 480.

Ἐν τοῖς πρόσθεν χρόνοις ἐλέγετο μὲν κατ' εἰκόνα Θεοῦ γεγονέναι τὸν ἄνθρωπον, οὐκ ἐδείκνυτο δέ· ἔτι γὰρ ἀόρατος ἦν ὁ Λόγος, οὗ κατ' εἰκόνα ὁ ἄνθρωπος ἐγεγόνει· διὰ τοῦτο δὴ καὶ τὴν ὁμοίωσιν ῥᾳδίως ἀπέβαλεν. Ὁπότε δὲ σὰρξ ἐγένετο ὁ Λόγος τοῦ Θεοῦ, τὰ ἀμφότερα ἐπεκύρωσε· καὶ γὰρ καὶ τὴν εἰκόνα ἔδειξεν ἀληθῶς, αὐτὸς τοῦτο γενόμενος ὅπερ ἦν ἡ εἰκὼν αὐτοῦ· καὶ τὴν ὁμοίωσιν [1]βεβαίως κατέστησε, συνεξομοιώσας τὸν ἄνθρωπον τῷ ἀοράτῳ πατρί . . .

Patri. In præteritis [2]enim temporibus, dicebatur quidem secundum imaginem Dei factum esse hominem, non autem ostendebatur. Adhuc enim invisibile erat Verbum, cujus secundum imaginem homo [3]factus fuerat. Propter hoc autem et similitudinem facile amisit. Quando autem caro Verbum Dei factum est, utraque confirmavit: et imaginem enim ostendit veram, ipse hoc [4]fiens, quod erat imago ejus; et similitudinem firmans restituit, consimilem faciens hominem invisibili Patri per visibile Verbum.

2. Et non solum autem per ea quæ prædicta sunt, et Patrem et semetipsum manifestavit Dominus, sed etiam per ipsam passionem. Dissolvens enim eam quæ ab initio in ligno facta fuerat
Phil. ii. 8. hominis inobedientiam, *obediens factus est usque ad mortem, mortem autem crucis*, [5]eam quæ in ligno facta fuerat inobedientiam, per eam quæ in ligno fuerat obedientiam sanans. Non autem per [6]eandem venisset exsolvere eam, quæ fuerat erga plasmatorem nostrum in- G. 425.
obedientiam, si alterum annuntiabat Patrem. Quoniam autem per hæc, per quæ non [7]obedivimus Deo, et non credidimus ejus verbo, per hæc eadem obedientiam introduxit, et eam quæ esset erga

J. Damasc. Ibid.

Ἐν μὲν γὰρ τῷ πρώτῳ Ἀδὰμ προσεκόψαμεν, μὴ ποιήσαντες αὐτοῦ τὴν ἐντολήν· ἐν δὲ τῷ δευτέρῳ Ἀδὰμ ἀποκατηλλά-

Verbum ejus assensionem, per quæ manifeste ipsum ostendit Deum: quem in primo quidem Adam offendimus, non facientes

[1] Int. *βεβαιῶν.*

[2] *enim*, omitted in the ARUND., seems natural, and *γὰρ* perhaps has been cancelled purposely in the Greek fragment.

[3] *factus*, CLERM., VOSS., but omitted ARUND.

[4] *fiens*, altered in the CLERM. to *faciens.*

[5] GRABE quotes the words of S. BERNARD: Contra inobedientiam Adæ datur tibi obedientia Christi. Ad lignum vetitum vetus Adam tetendit manus noxias: in ligno salutifero innoxias manus Christus extendit. *Serm. in* I *Epiph.*

[6] *κατὰ τὴν αὐτήν, sc. εἰκόνα.*

[7] CLERM., VOSS. *audivimus Deum:* the ARUND. scribe apparently corrects himself, for *o* is written upon *a*.

γημεν, ὑπήκοοι μέχρι θανάτου γενόμενοι· οὐδὲ γὰρ ἄλλῳ τινὶ ἦμεν ὀφειλέται, ἀλλ' ἢ ἐκείνῳ, οὗ καὶ τὴν ἐντολὴν παρέβημεν ἀπ' ἀρχῆς. . . . LIB. V. xvi. 2. GR. V. xvi. MASS. V. xvi. 3.

ejus præceptum; in secundo autem Adam reconciliati sumus, obedientes usque ad mortem facti. Neque enim alteri cuidam eramus debitores, sed illi, cujus [1]et præceptum transgressi fueramus ab initio.

Κεφ. ιζ'.

Deus et Dominus Pater et Creator universorum unicus et solus est, qui nos in Christo dilexit, præcepta dedit, et remisit nobis peccata: cujus Filium et Verbum sese Christus probavit, cum peccata condonaret.

1. ἜΣΤΙ δὲ οὗτος ὁ δημιουργὸς, ὁ κατὰ μὲν τὴν ἀγάπην πατὴρ, κατὰ δὲ τὴν δύναμιν κύριος, κατὰ δὲ τὴν σοφίαν ποιητὴς καὶ πλάστης ἡμῶν. J. Damasc. Ibid.

CAP. XVII.

1. Est autem hic Demiurgus, qui secundum dilectionem quidem, Pater est; secundum autem virtutem, Dominus; secundum autem sapientiam, factor et plasmator noster: cujus et præceptum transgredientes, inimici facti sumus ejus. Et propter hoc in novissimis temporibus, in amicitiam restituit nos Dominus per suam incarnationem, *mediator Dei et hominum* factus; propitians quidem pro 1 Tim. ii. 5. nobis Patrem, in quem peccaveramus, et nostram inobedientiam per suam obedientiam consolatus; nobis autem donans eam quæ est ad factorem nostrum conversationem et subjectionem. Quapropter [2]et in oratione dicere nos docuit: *Et remitte nobis debita* Matt. vi. 12. *nostra;* utique quoniam hic est Pater noster, cujus eramus debitores, transgressi ejus præceptum. [3]Quis est autem hic? Utrumne incognitus aliquis, et nulli [4]unquam præceptum dans Pater? An vero qui a Scripturis prædicatur Deus, cui et debitores eramus, transgressi ejus præceptum? Datum est autem præceptum homini per Verbum: *Audivit enim Adam*, ait, *vocem Domini Dei*. Bene Gen. iii. 8 et 10.

[1] Grabe omits *et*, ib. *a principio*.

[2] Ar. omits *et*.

[3] The order of the MSS., which also have *qui*. The Clerm. omits *utrumne incognitus*.

[4] *unquam*, Cl., Voss., *nunquam*, Ar.

LIB. V. xvii. 1. GR. V. xvii. MASS. V. xvii. 1. igitur Verbum ejus ad hominem dicit: *Remittuntur tibi peccata;* idem ille, in quem peccaveramus [1]in initio, remissionem peccatorum in fine donans. Aut [2]si alterius quidem transgressi sumus Matt. ix. 2, et Luc. v. 20. præceptum, alius [2]autem erat qui dixit, *Remittuntur tibi peccata tua*, neque bonus, neque verax, neque justus est hujusmodi. Quomodo enim bonus, qui non ex suis donat? Aut quomodo justus, qui aliena rapit? Quomodo autem vere remissa sunt peccata, nisi Luc. i. 78. ille ipse in quem peccavimus donavit remissionem, *per viscera misericordiæ Dei* [3]*nostri, in quibus visitavit nos* per Filium suum?

Matt. ix. 8. 2. Quapropter et curato paralytico: *Videntes*, inquit, *populi clarificaverunt Deum, qui dedit potestatem talem hominibus.* Quem igitur Deum clarificaverunt circumstantes populi? Numquidnam ab hæreticis inventum, incognitum Patrem? Et quomodo eum qui [4]in totum non cognoscebatur ab eis glorificabant? Manifestum est ergo, quoniam eum, qui a lege et prophetis prædicatus M. 314. est Deus, glorificabant Israelitæ, qui et est Pater Domini nostri: et propter hoc docebat homines [5]in sensu per ea signa quæ faciebat, dare gloriam Deo. Si autem ab altero quidem Patre ipse venisset, alterum autem Patrem glorificabant homines videntes G. 496. ejus virtutes, ingratos eos in eum Patrem qui miserat curationem efficiebat. [6]Sed quoniam ab eo, qui est Deus, unigenitus Filius venerat ad salutem hominum, et incredulos per eas quas faciebat virtutes provocabat dare gloriam Patri: et non recipientibus adventum Filii ejus, et propter hoc non credentibus quæ ab eo Matt. ix. 6. [7]fiebat remissioni, Pharisæis dicebat: *Ut sciatis quoniam potestatem habet Filius Hominis remittere peccata;* et hoc cum dixisset, jussit paralyticum hominem tollere grabbatum super quem jacebat, et ire in domum suam: [8]per hoc quod efficit, confundens incredulos, et significans quoniam ipse est vox Dei, per quam accepit homo præcepta, quæ supergressus est, et factus est peccator: ex peccatis enim paralysis subsecuta est.

[1] CLERM., VOSS., but AR. is more probably right with *initium*, ἀρχήν.

[2] *si, autem:* the first is omitted in the CLERM. and AR., and for the second earlier edd. had *aut*, AR. *dicit*.

[3] *nostri* omitted in the AR. ib. *Dei?*

[4] *in totum*, the reading required by the context; it is found in the AR., and, as MASS. says, *in reliquis*, excepting CL. *initio tunc*, VOSS. *initio tn̄*, and VET. *initio tamen.*

[5] *et* omitted in the AR., *in sensu*, αἰσθήσει, *by the evidence of their senses.*

[6] The readings of the CLERM., VET., VOSS., GR., MASS., ST. ἀπὸ τοῦ ὄντος (f. l. ὄντως) Θεοῦ. The AR. has, *Sed quoniam ab eo, a quo Deus unigenitus venerat.*

[7] *fiebat remissioni.* AR. *fiat remissionem.*

[8] AR., MERC. II. *propter.*

LIB. V. xvii. 3. GR. V. xvii. MASS. V. xvii. 3.

3. Peccata igitur remittens, hominem quidem curavit, semetipsum autem manifeste ostendit quis esset. Si enim nemo potest remittere peccata, nisi solus Deus; remittebat autem hæc Dominus, et curabat homines; [1]manifeste quoniam ipse erat Verbum Dei Filius hominis factus, a Patre potestatem [2]remissionis peccatorum accipiens, quoniam homo, et quoniam Deus, ut quomodo homo compassus est nobis, tanquam Deus misereatur nostri et remittat nobis debita nostra, quæ factori nostro debemus Deo. Et propter hoc David prædixit: *Beati quorum remissæ sunt iniquitates, et quorum tecta sunt peccata. Beatus homo, cui non* [3]*imputavit Dominus peccatum;* eam quæ per adventum ejus est, remissionem præmonstrans, per quam *delevit chirographum* debiti nostri, *et affixit illud cruci:* uti quemadmodum per lignum facti sumus debitores Deo, per lignum accipiamus nostri debiti remissionem. Ps. xxxii. 1, 2. Col. ii. 14.

4. Hoc et per alios quidem multos, jam autem et per Heliseum prophetam significanter ostensum est. Cum enim [4]hi qui cum illo erant [4]prophetæ conciderent ligna ad fabricationem tabernaculi, et ferrum excussum de securi cecidisset in Jordanem, et non inveniretur ab ipsis, veniens Heliseus ad ipsum locum, cum didicisset quid esset factum, lignum in aquam misit: hoc autem cum fecisset, supernatavit ferrum securis, et de superficie aquæ 2 Reg. vi. 6.

Δι' ἔργου ἔδειξεν ὁ προφήτης, ὅτι τὸν στερεὸν λόγον τοῦ Θεοῦ, ὃν . . . ἀμελῶς ἀποβαλόντες οὐχ' ηὑρίσκομεν, ἀποληψόμεθα πάλιν διὰ τῆς τοῦ ξύλου οἰκονομίας. Ὅτι δὲ ἀξίνῃ ἔοικεν ὁ λόγος τοῦ Θεοῦ, Ἰωάννης ὁ Βαπτιστής φησι περὶ αὐτοῦ· Ex Catena in Reg. Bibl. R. 2433. Coislin. 211.

sumserunt illud qui ante amiserant: per operationem ostendente propheta, quod firmum verbum Dei, quod per lignum negligenter amiseramus, nec inveniebamus, recepturi essemus iterum per ligni dispositionem. Quoniam autem securi [5]similis est verbum Dei, Johannes Baptista ait de eo: *Jam autem securis ad radicem* Matt. iii. 10.

[1] *manifeste,* AR., MERC. II. *manifestum,* VOSS., to which CLERM. adds *est.* But with *quoniam* following, the Greek compound δηλονότι is indicated, and any accidental mark over the *e* final would give rise to the other readings.

[2] *remissionis peccatorum* missing in the AR.

[3] AR. *imputat.*

[4] *hi* omitted in AR. ib. *propheta.*

[5] *similis.* The usual false concord misled the AR. transcriber, who wrote *securis similis est Verbo.*

LIB. V. xvii. 4. GR. V. xvii. MASS. V. xvii. 4.

Ἤδη δὲ ἡ ἀξίνη πρὸς τὴν ῥίζαν τῶν δένδρων κεῖται. Ἱερεμίας δὲ ὁμοίως φησίν· ὁ λόγος Κυρίου ὡς πέλεκυς κόπτων πέτραν. Τοῦτον οὖν κεκρυμμένον ἀφ' ἡμῶν, ἡ τοῦ ξύλου ἐφανέρωσεν ὡς προέφαμεν οἰκονομία. Ἐπεὶ γὰρ διὰ ξύλου ἀπεβάλομεν αὐτὸν, διὰ ξύλου πάλιν φανερὸν τοῖς πᾶσιν ἐγένετο, ἐπιδεικνύων τὸ ὕψος, καὶ μῆκος, καὶ πλάτος, καὶ βάθος ἐν ἑαυτῷ, καὶ ὡς ἔφη τις [1] τῶν προβεβηκότων, διὰ τῆς θείας ἐκτάσεως τῶν χειρῶν τοὺς δύο λαοὺς εἰς ἕνα Θεὸν συνάγων. Δύο μὲν γὰρ αἱ χεῖρες, ὅτι καὶ δύο λαοὶ διεσπαρμένοι εἰς τὰ πέρατα τῆς γῆς· μία δὲ μέση κεφαλὴ, ὅτι εἷς ὁ Θεὸς, ὁ ἐπὶ πάντων, καὶ διὰ πάντων, καὶ ἐν πᾶσιν ἡμῖν.

Jer. xxiii. 29. *arborum posita est.* Et Hieremias autem similiter ait: *Verbum Domini, quemadmodum bipennis cædens petram.* Hoc ergo Verbum absconditum a nobis manifestavit, [2] quemadmodum prædiximus, ligni dispositio. Quoniam enim per lignum amisimus illud, per lignum iterum manifestum omnibus factum est, ostendens altitudinem, et longitudinem, et latitudinem [3] in se: et (quemadmodum dixit quidam de senioribus) per extensionem manuum, duos populos ad unum Deum congregans. Duæ quidem manus, quia et duo populi dispersi in fines terræ: unum autem medium caput, quoniam et unus Deus super omnes, et per omnes, et in omnibus nobis. G. 427.

CAP. XVIII.

Creaturas universas, quibus Deus Pater et ejus Verbum utuntur, sua propria virtute et sapientia condiderunt; non ex labe, aut ignorantia: alias nunquam carnem assumsisset Dei Filius, qui omnem a Patre potestatem accepit.

1. Et talem vel tantam dispositionem non per alienas, sed per suas efficiebat conditiones: neque per ea quæ ex ignorantia et M. 315.

[1] τῶν προβεβηκότων, Polycarp, Papias, Justin, Pothinus, &c. might be mentioned, if it were worth while to hazard a conjecture upon the point.

[2] Grabe is wrong in saying that all the MSS. ignore the insertion here of *lignum*, as in the earlier edd. The Ar. has it, indicating the original position of *ligni*.

[3] Add from the Greek, *et profunditatem*. Mass. transposes ὕψ. καὶ μῆκ. as also πλάτ. καὶ βάθ.

labe facta sunt, sed per ea quæ ex sapientia et virtute Patris ejus substantiam habuerunt. Neque enim iniquus, ut aliena concupiscat; neque indigens, ut non per sua propria suis propriis efficiat vitam, sua utens conditione ad hominis salutem. Neque enim portasset illum conditio, [1]si ignorantiæ et labis erat emissio. Quoniam enim ipsum Verbum Dei incarnatum suspensum est super lignum, per multa ostendimus*: et ipsi autem hæretici crucifixum confitentur. Quomodo [2]igitur ignorantiæ et labis emissio eum qui continet universorum agnitionem, et sit verus et perfectus, portare potuit? Aut quomodo [2]ea quæ absconsa est a Patre et multum separata conditio, portavit ejus Verbum? Si autem et ab angelis hæc facta est, sive ignorantibus eum qui super omnia est Deus, sive scientibus, cum dixerit Dominus, *Quoniam ego in Patre, et Pater in me* [2]*est*, quomodo Patrem et Filium simul fabricatio angelorum portare sustinuit? Quomodo autem ea quæ extra pleroma est conditio cepit eum, qui continet universum pleroma? Cum igitur hæc omnia impossibilia sint, et probationem non habeant, illud solum verum est Ecclesiæ præconium, quoniam propria conditio, quæ ex virtute et arte et sapientia Dei substitit, portavit eum; quæ quidem secundum invisibilitatem a Patre portatur, secundum [3]visibile autem e contrario portat ejus Verbum: et hoc est [4]verum. Pater enim conditionem simul et Verbum suum portans, et Verbum portatum a Patre præstat [5]Spiritum omnibus, quemadmodum vult Pater: quibusdam quidem secundum conditionem, [6]quod est conditionis, quod est factum:

LIB. V. xviii. 1. GR. V. xviii. MASS. V. xviii. 1.

* Syriace.

Joh. xiv. 11.

[1] MASS., citing as the CLERM., VET., VOSS. reading, *si quod ignorantiæ et labis erat, emisit*. But the CLERM. and AR. omit *quod*, and the latter MS. agrees with MERC. II. and the rest, in reading *erat*, not *esset* as in GRABE, as also *emissio*. The Greek original therefore would seem to have been: *οὐδὲ γὰρ ἐβάστασεν ἂν αὐτὸν ἡ κτίσις, εἰ ἀγνοίας καὶ ὑστερήματος ἦν καρπός.*

[2] AR., VOSS. *ergo*; the former omits *ea*, and lower down est.

[3] *τὸ ὁρατον. visibile*, AR. (MERC. II., MASS.), but VET., VOSS., CL. *visibilitatem*.

[4] CLERM., VOSS., MERC. II. *Verbum*, but to the destruction of the sense. AR. *et hoc est verum*, the agreement being with *Verbum* immediately preceding, and indicating in the Greek, *καὶ οὗτός ἐστιν ἀληθινός*, i.e. the Word thus made flesh was the very Word of God. Cf. above (2) *verus et perfectus*; and *Hoc erat in principio*, below.

[5] The Holy Spirit therefore, "proceedeth from the Father and the Son." Only the Spirit is said to stand in the same ratio to the Son, that the Son bears to the Father, 162, 3. Therefore the procession of the Spirit from the Son could never have been denied in the theology of S. IRENÆUS.

[6] *quod est conditionis*. These words, printed by GRABE from the AR. MS., and discharged by MASSUET on the authority of the CLERM., VET., and VOSS.,

LIB. V. xviii. 1. GR. V. xviii. MASS. V. xviii. 1. quibusdam autem secundum adoptionem, quod est ex Deo, quod est generatio. Et sic unus Deus Pater ostenditur, qui est super omnia, et per omnia, et in omnibus. Super omnia quidem Pater, et ipse est caput Christi: per omnia autem Verbum, et ipse est
Joh. vii. 39. caput Ecclesiæ: in omnibus autem nobis Spiritus, et ipse est aqua viva, quam præstat Dominus in se rècte credentibus, et diligenti-
Ephes. iv. 6. bus se, et scientibus, quia *unus Pater, qui est super omnia, et per* G. 428.
omnia, et in omnibus [1] *nobis.*

2. Testimonium perhibet his et Johannes Domini discipulus,
Joh. i. 1 seq. in Evangelio dicens sic; *In principio erat Verbum, et Verbum erat apud Deum, et Deus erat Verbum. Hoc erat in principio apud Deum. Omnia per ipsum facta sunt, et sine ipso factum est*
Joh. i. 10 seq. *nihil.* Deinde de ipso [2] Verbo dixit: *In hoc mundo erat, et mundus per ipsum factus est, et mundus eum non cognovit. In sua propria venit, et sui eum non receperunt. Quotquot* [2] *autem receperunt eum, dedit illis potestatem filios Dei fieri, his qui credunt in nomine ejus.* Et iterum significans ejus secundum hominem dispensatio-
Joh. i. 14. nem, dixit: *Et Verbum caro factum est, et habitavit in nobis.* Et iterum intulit: *Et vidimus gloriam ejus, gloriam quasi unigeniti a Patre, plenum gratia et veritate.* Manifeste ostendens audire volentibus, id est, aures habentibus, quoniam unus Deus Pater super omnes, et unum Verbum Dei quod per omnes, per quem omnia facta sunt: et quoniam hic mundus proprius ipsius, et per ipsum factus est voluntate Patris, et non per angelos; neque per apostasiam et defectionem et ignorantiam; neque per virtutem aliquam Prunici, quam et Matrem appellant quidam; neque per alium quendam mundi factorem ignorantem Patrem. Mundi enim factor vere Verbum Dei est: hic autem est Dominus noster, [3] qui in novissimis temporibus homo factus est, in hoc mundo exsistens, et secundum invisibilitatem continet quæ facta sunt omnia, et in universa conditione infixus, quoniam Verbum Dei gubernans et disponens omnia; et propter hoc in sua [4] invisibiliter venit, et caro

are restored for the reason that weighed with GRABE, because they have their true parallel in the sequel; though *quod est ex Deo* would seem most naturally to close the series; *e.g.* τοῖς μὲν κατὰ τὴν κτίσιν, τὸ τῆς κτίσεως, τὸ γενόμενον· τοῖς δὲ καθ' υἱοθεσίαν, τὸ τῆς γεννήσεως, τὸ ἐκ Θεοῦ. The Holy Spirit is the author of every good gift, whether natural or spiritual; and a Platonic contrast is drawn between the real, τὸ ὄν, and the contingent, τὸ γενόμενον. See *Prelim. Rem.* XXIV. n. 1, and I. 292, n. 1.

[1] Syr. ܘܒܟܠܢ Greek, ὑμῖν.

[2] CLERM. *Verbum*, and omits *autem*.

[3] CLERM. omits *qui*.

[4] l. *visibiliter*. Cf. 373, 3. AB. *ponit*.

M. 316. factum est, et pependit super lignum, uti universa in semetipsum LIB. V. xviii. 2.
[1]recapituletur. *Et sui proprii illum non receperunt* homines, GR. V. xix. MASS. V. xviii. 2.
quemadmodum [2]Moyses hoc ipsum manifestavit in populo: [3]*Et erit vita tua pendens ante oculos tuos, et non credes vitæ tuæ.* Qui Deut. xxviii. 66.
igitur non [4]receperunt illum, non acceperunt vitam. *Quotquot autem receperunt illum, dedit illis potestatem filios Dei fieri.* Ipse est enim qui universorum potestatem habet a Patre, quoniam Verbum Dei, et homo verus, invisibilibus quidem [5]participans rationabiliter, et [5]sensuabiliter legem statuens, universa quæque in suo perseverare ordine; super visibilia autem et humana regnans manifeste, et omnibus dignum superducens justum judicium: quemadmodum et David manifeste significans, ait: *Deus noster manifeste veniet, et* Ps. xlix. 3, 4.
non tacebit. Deinde et quod ab eo superinducitur judicium, manifestavit, dicens: *Ignis in conspectu ejus ardebit, et in circuitu ejus tempestas valida. Advocabit cœlum [6]de sursum, et terram discernere populum suum.*

CAP. XIX.

Cum Eva inobediente et prævaricatrice comparatur B. Virgo Maria, illius advocata: referunturque variæ et dissidentes hæreses.

G. 429. 1. Manifeste itaque in sua propria venientem Dominum, et sua propria eum [6]bajulante conditione, quæ bajulatur ab ipso, et recapitulationem ejus quæ in ligno fuit inobedientiæ, per eam quæ in ligno est obedientiam, facientem, et [7]seductione illa soluta, qua

[1] Clerm., Ar., but Merc. II. *recapitulentur*, al. *recapitularetur*.

[2] *Moyses hoc ipsum.* For these words Ar. reads from a preceding line, *uti universa;* and it may be observed that where a transcriber makes a false cast, he sometimes wilfully allows it to displace the true text See p. 376, 1.

[3] See p. 174, n. 3.

[4] Cl. *rejecerunt.*

[5] *participans, sensuabiliter,* Cl., Ar., Mass., but Grabe, without naming his authority, *principans* and *sensibiliter*.

[6] Ar., but Cl. *sursum.* Cl., Abund., Othob., Merc. II. *bajulante.* Grabe reads from the Voss. *bajulantem;* and parallelism of the context indicates *per eam bajulantem conditionem.*

[7] As in the Ar. The Cl. has *seductionem illam solutam, qua soluta,* and omits *viro.* Grabe compares Justin Mart. Καὶ διὰ τῆς παρθένου ἄνθρωπον γεγονέναι, ἵνα καὶ δι' ἧς ὁδοῦ ἡ ἀπὸ τοῦ ὄφεως παρακοὴ τὴν ἀρχὴν ἔλαβε, διὰ ταύτης τῆς ὁδοῦ καὶ κατάλυσιν λάβῃ· παρθένος γὰρ οὖσα Εὔα καὶ ἄφθορος τὸν λόγον, τὸν ἀπὸ τοῦ ὄφεως συλλαβοῦσα, παρακοὴν καὶ θάνατον ἔτεκε· πίστιν δὲ καὶ χαρὰν λαβοῦσα Μαρία ἡ παρθένος, εὐαγγελιζομένου αὐτῇ Γαβριὴλ ἀγγέλου... ἀπεκρίνατο· γένοιτό μοι κατὰ τὸ ῥῆμά σου. *Dial.* p. 327.

LIB. V. xix. 1. GR. V. xix. MASS. V. xix. 1.

seducta est male illa, quæ jam viro destinata erat virgo Eva, per veritatem evangelisata est bene ab angelo jam sub viro Virgo Maria. Quemadmodum enim illa per angelicum sermonem seducta est, ut effugeret Deum prævaricata verbum ejus, ita et hæc per angelicum sermonem evangelisata est, ut portaret Deum obediens ejus verbo. [1] Et si ea inobediret Deo, sed et hæc suasa est obedire Deo, uti virginis Evæ virgo Maria fieret [2] advocata. Et quemadmodum adstrictum est morti genus humanum per virginem, salvatur per virginem: æqua lance [3] disposita virginalis inobedientia per virginalem obedientiam; adhuc [4] enim protoplasti peccatum per correptionem primogeniti emendationem accipiens, et serpentis prudentia devicta in columbæ simplicitate, vinculis autem illis resolutis, per quæ alligati eramus morti.

2. Indocti omnes hæretici, et ignorantes dispositiones Dei, et inscii ejus quæ est secundum hominem [5] dispensationis, quippe cæcutientes circa veritatem, ipsi suæ contradicunt saluti. Alii quidem alterum introducentes, præter Demiurgum, Patrem. Alii autem ab angelis quibusdam dicentes factum esse mundum, et

[1] *Et si ea inobedierat Deo, sed,* is MASSUET'S text, and it is preferable to GRABE'S, as having the general support of the CLERM., VET., and VOSS. MSS., which however read *eū obaudiret,* resolved above into *ea non.* (MASS. and STIEREN suppose *eum* to represent *ea in...*) Also *et* is added before *hæc,* as in the AR. This latter MS. is followed by GRABE, and for the above words in the Benedictine ed. he prints *et sicut illa seducta est ut effugeret Deum, sic,* &c. But this reading is evidently owing to some scribe's error in copying *seducta e. u. e. Deum,* from the preceding period, and want of honesty, in not giving time and space for correction, when he discovered his mistake. See p. 372, n. 2. The words thus inserted make a tolerable sense, and some succeeding hand then rounded off the points of junction by writing *sicut... sic.* The passage therefore may represent *καὶ εἴπερ ἠπείθησεν ἐκείνη τῷ Θεῷ, ἀλλά γ' αὐτὴ πέπεικε ὑπακοῦσαι τῷ Θεῷ, ἵνα τῆς παρθένου Εὔας ἡ παρθένος Μαρία προστατεύῃ.* It may be added that the CLERM. for *suasa* has *a sua.*

[2] *advocata, patroness,* involving the verb *προστατεύῃ.* Cf. PLUT. *in Mario. πάτρωνας καλοῦσι τοὺς προστάτας οἱ Ῥωμαῖοι.* FEUARDENT'S observations respecting the intercession of the Blessed Virgin are entirely out of place. The benefits arising to the human race by means of the Virgin Mary are coextensive with our loss through the disobedience of Eve. This is the truth conveyed by the author. Cf. end of III. XXXII. 1, and TERTULL. *Crediderat Eva serpenti, credidit Maria Gabrieli; quod illa credendo deliquit, hæc credendo delevit. De Carn. Chr.* 17.

[3] *disposita,* i. e. *virginalis inob.* being the Greek idiom of the *nom. abs.* See MATTH. *Gr. Gr.* § 562, *ἴσῃ τρυτάνῃ διατιθεμένη ἡ παρθενικὴ παρακοὴ παρὰ τὴν παρθενικὴν ἀκοήν.* The same construction is then carried on.

[4] f. l. *etiam.*

[5] *dispensationis, οἰκονομίας,* ARUND. But CL., VOSS., MERC. II. *dispositionis.*

substantiam ejus. Alii quidem [1]porro et longe separatam ab eo, LIB. V. xix. 2.
G. 430. qui est secundum ipsos Patre, a semetipsa [2]floruisse, et esse ex se GR. V. xix. MASS. V. xix. 2.
natam. [3]Alii autem in his quæ continentur a Patre, de Labe et ignorantia substantiam habuisse. Alii autem [4]manifestum adventum Domini contemnunt, incarnationem ejus non recipientes. Alii autem rursus ignorantes Virginis dispensationem, ex Joseph dicunt eum generatum. Et quidam quidem neque animam [5]suam, neque corpus recipere posse dicunt æternam vitam, sed tantum hominem interiorem. Esse autem hunc eum qui in eis sit sensus volunt, quem et solum ascendere ad perfectum decernunt. Alii autem anima salvata, non participari corpus ipsorum eam quæ est a Deo salutem, quemadmodum in primo diximus libro. In quo et argumenta eorum omnium enarravimus, et invalidum ipsorum, et inconstabile in secundo ostendimus.

CAP. XX.

Audiendi sunt Pastores, quibus Apostoli commiserunt Ecclesias, unam et eandem salutis doctrinam habentes: fugiendi autem hæretici, et in fidei mysteriis sobrie sapiendum.

M. 317. 1. OMNES enim ii valde posteriores sunt quam [6]Episcopi, quibus Apostoli tradiderunt Ecclesias: et hoc in tertio libro cum omni

[1] *porro et.* The subject is still the origination of matter, which is continued in the next sentence. *Porro* evidently makes no sense. Editors therefore have treated it as the Greek *πόῤῥω*, an hypothesis not more fortunate than HEUMANN'S *ἔργα μωρά*. I. 373, 5, and cf. I. 383, 3. I propose rather, $\bar{p}$ *Oron*, i. e. *per Horum*, such names being frequently written in the MSS., partly in Greek character. See p. 379, n. 1, q. d. ἄλλοι δὲ δι' Ὅρου μακρὰν ἀφωρισμένην ἀπὸ τοῦ κατ' αὐτοὺς Πατρὸς, ἀφ' ἑαυτῆς βεβλαστηκυῖαν, καὶ ἐξ ἑαυτῆς γεγενημένην. See I. pp. 294—296.

[2] f. l. *effloruisse.* ARUND. *fuisse* and *natum.*

[3] ἄλλοι δὲ, ἐν τοῖς ὑπὸ τοῦ Πατρὸς χωρουμένοις, ἐξ ὑστερήματος καὶ ἀγνοίας τὴν οὐσίαν ἐσχηκέναι.

[4] f. l. *manifeste.* AR. *contemnunt adventum Domini, et incarn.*

[5] *suam,* CL., but omitted by AR., VET., VOSS.

[6] To connect the first Bishop of each Church with the Apostles, was in fact to identify the then present Church with the twelve; the Succession, the Ministry of the Word and Sacraments, and the Creeds, having continued down without interruption. COTELERIUS rightly observes, that priority is claimed, as referring to the date of the establishment of the several Churches, and the appointment of their first bishops, not to the removal of that bishop by death. Thus S. Polycarp of

LIB. V. xx. 1. GR. V. xx. MASS. V. xx. 1.

diligentia manifestavimus. Necessitatem ergo habent prædicti hæretici, quoniam [1]sint cæci ad veritatem, alteram et alteram ambulare exorbitantes viam: et propter hoc inconsonanter et inconsequenter dispersa sunt vestigia doctrinæ ipsorum. Eorum autem qui ab Ecclesia sunt semita, circumiens mundum universum, quippe firmam habens [2]ab Apostolis traditionem, et videre nobis donans omnium unam et eandem esse fidem, omnibus unum et eundem Deum Patrem [3]præcipientibus, et eandem dispositionem incarnationis Filii Dei credentibus, et eandem donationem Spiritus scientibus, et eadem [4]meditantibus præcepta, et eandem figuram [5]ejus quæ est erga Ecclesiam [6]ordinationis custodientibus, et eundem exspectantibus adventum Domini, et eandem salutem totius hominis, id est animæ et corporis, sustinentibus.

2. [7]Et Ecclesiæ quidem prædicatio vera et firma, apud quam una et eadem salutis via in universo mundo ostenditur. Huic enim creditum est lumen Dei, et propter hoc *sapientia* Dei, per quam salvat [8]omnes homines, *in exitu canitur, in plateis autem*

Prov. i. 20, 21.

Smyrna was a *contemporary* of Basilides, Valentinus, Marcion, &c.

[1] CLERM., VO. *sint*, AR. *si*, MASS. *sunt*.

[2] *ab Apostolis*. CLERM. omits *ab*, and had originally *Apostolis*, but corrected by a later hand to *Apostolorum*. VET., VOSS. *Apostoli*. AR., as printed. GRABE rightly defines this *Traditio* to be *Fidei Symbolum*.

[3] *præcipientibus*, CL., VET., VOSS. *recipientibus*, AR.

[4] *meditantibus*, *μεμελετηκότων*. See I. 86, I.

[5] *ejus*, *erga*, omitted in the AR.

[6] *ordinationis*. GRABE sees in this word an allusion to the ordained ministry of the Church. But it refers more probably to its general constitution, standing as it does in the place occupied by the article, on the Church, among the other symbolical statements of the Eastern Creed. Thus we have in due order the expression of Faith in one God the Father; in the Economy of the Incarnate Son; in the Spirit, Holy and making holy; in the Holy Catholic Church; in the second Advent of Christ; (see this Art. I. p. 91,) and in the Resurrection of the Body. The Greek I imagine to have been, *καὶ τὸ αὐτὸ σχῆμα τῆς περὶ τὴν ἐκκλησίαν καταστάσεως τηρούντων*. He quotes the author's expression in IV. LXIII. *characterem corporis Christi*, as referring in a similar way to ordination, but it is used in a wider sense, of the entire regimen, discipline, and doctrine of the Church Catholic, as involved in the Apostolical Succession.

[7] Compare the similar sequel to the *Regula Fidei*, I. 92. Both AR. and VOSS. omit *et*.

[8] AR. omits *omnes*, and VOSS. *homines*. The two terms are almost convertible in the MSS. *Consonat hæc Irenæi citatio nostræ LXX. Interpretum editioni, nisi quod quædam exemplaria, post ista verba*, Ἐπ' ἄκρων δὲ τειχέων κηρύσσεται, *additum habeant sequens comma:* ἐπὶ δὲ πύλαις δυναστῶν παρεδρεύει, *quod idcirco merito a Complut. editione abest. Cæterum* ὑμνεῖται *tanquam medium, active* canit, *nec non* κηρύσσεται, prædicat, *ab Interprete reddi debebat, uti patet ex ultimis verbis:* ἐπὶ δὲ πύλαις πόλεως θαῤῥοῦσα λέγει.

fiducialiter agit, in summis muris prædicatur, in portis autem civitatis constanter loquitur. Ubique enim Ecclesia prædicat veritatem: et hæc est [1]ἑπτάμυχος lucerna, Christi bajulans lumen. LIB. V. xx. 1. GR. V. xx. MASS. V. xx. 1.
Qui ergo relinquunt præconium Ecclesiæ imperitiam sanctorum presbyterorum arguunt, non contemplantes quanto pluris sit [2]idiota religiosus [3]a blasphemo et impudente [4]sophista. Tales Exod. xxv. 37, et Apoc. i. 20.
G. 431. sunt autem omnes hæretici, et qui se plus aliquid præter veritatem invenire putant, sequentes ea quæ prædicta sunt, varie et multiformiter et imbecille facientes iter, de [5]iisdem non semper easdem sententias habentes, velut cæci a cæcis circumducuntur, juste cadent in sublatentem ignorantiæ foveam, semper quærentes et 2 Tim. iii. 7.
nunquam verum invenientes. Fugere igitur oportet sententias ipsorum, [6]et intentius observare necubi vexemur ab ipsis: confugere autem ad Ecclesiam, et [7]in ejus sinu educari, et dominicis Scripturis enutriri. Plantata est enim Ecclesia Paradisus in hoc mundo. *Ab omni* ergo *ligno* Paradisi escas *manducabitis*, ait Spi- Gen. ii. 16.
ritus Dei, id est, ab omni Scriptura dominica manducate: super [8]elato autem sensu ne manducaveritis, neque tetigeritis universam

[1] As an example in illustration of p. 377, n. 1, it may be noted that the CLERM. writes the word *eptamuχos*, and the ARUND. *eptomyχos*. But in both cases the Greek χ has been mistaken for the Roman x, although editors have failed to notice this; thus FEUARDENT quotes from MARTIAL, *Lucerna polymyxos*, XIV. 41.

Illustrem cum tota meis convivia flammis,
Totque geram myxas, una lucerna vocor:

and GRABE adds, *miror autem quod non adverterit ... legendum esse,* ἑπτάμυξος. For this reason the Greek word has been restored.

[2] *idiota.* The private Christian in contradistinction to the Sophist of the schools. See I. 345.

[3] *pluris .... a.* The Hebrew comparative, naturalised in patristical Greek through the LXX.

[4] *sophista.* Cf. I. II. 147, and *grammatici*, II. 146, 3.

[5] *iisdem.* AR. *iis quidem.*

ἀκριβότερον τηρεῖν μήποτε κακοπαθῶμεν ὑπ' αὐτῶν. The text followed is that of MASSUET on the faith of the CL. and VOSS. MSS., into which the other *variæ lectiones* are easily resolved. So for *necubi vexemur*, MERC. II. read *ne coniurgemur*, containing similar elements in the same position; in some MSS. *g* is not very unlike *x*. OTHOB. *ne comurgemur*, of which the same may be said, and AR. *ne coniugemur;* while the Cod. VET. has *uti ne vexemur*, merely altering the strange term *necubi*. HEUMANN as quoted by STIEREN is not very happy; he proposes to read *ne conjungamur ad* (!) *ipsos*, and imagines the Greek to have been ἵνα (*f. excid.* μὴ) προσκολλώμεθα πρὸς αὐτοὺς, because S. Mark x. 7 says προσκολληθήσεται πρὸς τὴν γυναῖκα αὐτοῦ. STIEREN adds, which few others perhaps will allow, *quisque videbit, hanc conjecturam apto et aperto sensu commendari.*

[7] AR. omits *in*, and possibly the Greek had καὶ τῷ κόλπῳ αὐτῆς τραφῆναι, the term κόλπος being especially referrible to the maternal nutriment.

[8] AR. *relato.*

LIB. V. xx. 2. GR. V. xx. MASS. V. xx. 2. hæreticam dissensionem. Ipsi enim [1]confitentur semetipsos agnitionem habere boni et mali: et super Deum qui fecit eos, jaculantur sensus suos impios. Supra igitur sentiunt quam est mensura Rom. xii. 3. sensationis. Quapropter et Apostolus ait: *Non plus sapere, quam oportet sapere, sed sapere [2]ad prudentiam;* ut non illorum manducantes agnitionem, [3]eam quæ plus quam oportet sapit, projiciamur de Paradiso vitæ: in quem Dominus inducit eos, qui obediunt Ephes. i. 10. [4]præconio ejus, *recapitulans in se omnia quæ in cœlis, et quæ [5]in terra;* sed quæ in cœlis spiritalia sunt, quæ autèm in terris secundum hominem est dispositio. Hæc igitur [6]in semetipsum recapitulatus est, adunans hominem spiritui, et spiritum collocans in homine, ipse caput spiritus factus est, et spiritum dans esse hominis caput: per illum enim [7]videmus, et audimus, et loquimur.

CAP. XXI.

Caput omnium quæ prædicta sunt Christus est: quem hominem assumere, a Patre universorum creatore mitti, et a Satana tentari oportuit, ut promissiones adimpleret, et gloriosam consummatamque victoriam reportaret.

1. OMNIA ergo recapitulans recapitulatus est, et adversus inimi- M. 318.
cum nostrum bellum provocans, et elidens eum qui, in initio in Adam captivos duxerat nos, et calcans ejus caput, quemadmodum habes Gen. iii. 15. in Genesi dixisse serpenti Deum: *Et inimicitiam ponam inter te et inter mulierem, et inter semen tuum et semen ejus: ipse tuum*

[1] CLERM. carelessly *confundentur.*

[2] *εἰς τὸ σωφρονεῖν.* The translator stands alone in rendering the term by *ad prudentiam.* VULG. *ad sobrietatem* as S. AMBROS. The translator of ORIGEN, *temperantiam;* while S. JEROME wrote, *ad pudicitiam,* (similarly the Syr. ܢܟܦܘܬܐ) Has this latter term been replaced by the word in the text?

[3] GRABE says, *eam quæ* in AR. non reperio; it only omits *eam.*

[4] *præconio,* AR. is so completely a *ψιλὴ λέξις* with the translator, that it is retained in lieu of CLERM. and VOSS. *præceptionem,* which has more the appearance of a gloss.

[5] *in terra, et,* AR. GRABE inserts *sunt,* which is neither in the CLERM., VOSS., AR., nor MERC. II. MSS. Possibly *s* detached from *sed* may have given rise to *s̄ et,* = *sunt et; sed* therefore is restored as in CL., VOSS., and it returns better into Greek. CLERM., VOSS. *super terram.*

[6] CL., VOSS., but AR. *in semetipso.* N. T. *ἐν τῷ Χριστῷ.* The reading in the text recurs shortly afterwards, where the MSS. agree.

[7] AR. *vidimus,* but CLERM., VOSS. *vidimus et audivimus.*

[1]*observabit caput, et tu observabis ejus calcaneum.* [2]Ex eo enim LIB. V. xxi. 1.
qui ex muliere Virgine habebat nasci secundum similitudinem GR. V. xxi. MASS. V. xxi. 1.
G. 432. Adam, præconabatur observans caput serpentis, [3]id est semen, de quo ait Apostolus in epistola quæ est ad Galatas: *Legem* [4]*factorum* Gal. iii. 19.
positam, donec veniret semen cui promissum est. Manifestius autem adhuc in eadem ostendit epistola, sic dicens: *Cum autem venit* Gal. iv. 4.
plenitudo temporis, misit Deus Filium suum, factum de muliere. Neque enim juste victus fuisset inimicus, nisi ex muliere homo esset, qui vicit eum. Per mulierem enim homini dominatus est ab initio, semetipsum contrarium statuens homini. Propter hoc et Dominus semetipsum Filium Hominis confitetur, principalem hominem illum, ex quo ea quæ secundum mulierem est plasmatio facta est, in semetipsum recapitulans: uti quemadmodum per hominem victum descendit in mortem genus nostrum, sic iterum per hominem victorem ascendamus in vitam. Et quemadmodum [5]accepit palmam mors per hominem adversus nos, sic iterum nos adversus mortem per hominem accipiamus palmam.

2. Non autem Dominus antiquam illam et primam adversus serpentem inimicitiam in semetipso recapitulatus fuisset, adimplens promissionem Demiurgi, et perficiens præceptum ejus, si ab alio venisset patre. Sed quoniam unus et idem est, qui ab initio plasmavit nos, et in fine Filium suum misit, præceptum ejus perfecit Dominus, factus ex muliere, et destruens adversarium nostrum, et perficiens hominem secundum imaginem et similitudinem [6]Dei. Et propter hoc non aliunde eum destruxit, nisi ex dictionibus Legis, et Patris præcepto adjutore [6]usus ad destructionem et traductionem apostatæ angeli. Primo quidem diebus XL. jejunans, similiter ut Moyses et Helias, postea esuriit, ut hominem [7]eum verum et firmum intelligamus: proprium enim est hominis,

[1] *LXX. ex Hebræo scripsisse* τειρήσει, *nullus dubito.* GRABE. Meaning τερέσει.

[2] *ex eo enim, tempore* sc. ἐκ τούτου γάρ.

[3] AR., but CL., VOSS., *et hoc est.*

[4] It is difficult to see the origin of this reading in the translation if the Greek is to be the only guide; παραβάσεων χάριν affords no clue. The term seems to have originated in a *varia lectio* in the Syriac. ܡܣܟܠܢܘܬܐ *transgressionem*, was perhaps read ܡܣܒܘܪ̈ܘܬܐ

factorum, the preposition having been lost. Compare p. 26, n. 1.

[5] *accepit p.m.* The CLERM. copy runs wild, having *accipiet plasmata.*

[6] *Dei*, CL., VOSS. The word perhaps is interpolated. ERASM., GALL., FEUARD., MERC. II., OTHOB. have *suam*, while the ARUND. omits both. The Scriptural phrase, of daily use in early controversy, is not unfrequently applied as in the ARUND. ib. *ejus.*

[7] The CLERM. again carelessly, *ejus virum.*

LIB. V. xxi. 2. GR. V. xxi. MASS. V. xxi. 2. jejunantem esurire: deinde [1]autem, ut haberet adversarius ubi congrederetur. Quoniam enim in principio per escam, non esurientem hominem seduxit transgredi præceptum Dei, in fine esurientem non potuit [1]dissuadere, eam quæ a Deo esset, sustinere escam. Matt. iv. 3. Tentante enim eo, et dicente: *Si filius Dei es, dic ut lapides isti panes fiant;* Dominus autem per præceptum Legis repulit eum, Deut. viii. 3. dicens: *Scriptum est, Non in pane tantum* [2]*vivit homo.* Ad illud quidem quod ait, [3]*Si filius Dei es,* tacuit: [3]excæcavit autem eum hominis confessione, et per paternam dictionem primum [3]ejus impetum evacuavit. Quæ ergo fuit in Paradiso [4]repletio hominis per duplicem gustationem, dissoluta est per eam, quæ fuit in hoc mundo, indigentiam. Ille autem legaliter explosus, tentabat et ipse per mandatum rursus legitime facere congressionem. In al- Matt. iv. 6, et Ps. xc. 11. tissimum enim templi pinnaculum ducens eum, dixit: *Si filius Dei es, mitte te deorsum. Scriptum est enim: Quoniam Angelis suis Deus mandavit de te, et in manibus tollent te, ne forte offendas ad lapidem pedem tuum,* mendacium abscondens per Scripturam, quod faciunt omnes hæretici. Illud [5]enim, *quod Angelis suis mandavit de eo,* scriptum erat; *Mitte te* [5]autem *deorsum,* [5]de eo nulla dicebat Scriptura; sed a semetipso hanc suasionem Diabolus afferebat. Matt. iv. 7, et Deut. vi. 16. Dominus itaque legitime confutavit eum, dicens: *Item scriptum est, Non tentabis Dominum Deum tuum;* per eam vocem quæ est in Lege ostendens id quidem quod est secundum hominem, quoniam non debet homo tentare Deum; quantum autem ad illum, quoniam in eo homine qui videbatur, non [6]tentaret Dominum Deum

[1] AR. omits *autem*. *dissuadere*, I. 301, 3.

[2] *vivit*. So CLERM., VET., VOSS., ARUND. on *vivet* erased, and the Syriac has ܚܝܐ

[3] The text here presents unusual difficulty. The AR. is followed as in GRABE; while MASS. exhibits a combination of the CLERM.: *Si Filius Dei est hac quæ ex cæca vita autem eum hominis confessione* (read incorrectly by MASS.), with VET. and VOSS., *usus est hac quæ excæcavit eum, per hominis confessionem.* But the AR. exhibits the three points insisted upon by the author. *a*, The Saviour's humility, *ad id q. ait*, Si Filius Dei es, *tacuit*, compare the sequel; *b*, his humanity, in the tacit admission that his human life was maintained by bread, *non in pane tantum vivit homo;* and, *c*, his authoritative use, as Son, of the Father's revealed word, *per paternam dictionem primum ejus impetum evacuavit. excæcavit*, ἠμαύρωσεν. AR. omits *ejus*.

[4] *repletio*. There can be no doubt but that the translator read ἀναπλήρωσις for ἀναπήρωσις, *vitiatio*. *Ita vocat excessum in edendo* is GRABE'S forced solution. λέλυται suits the one, but not so well the other term; and *indigentiam* in the sequel is not the correlative term to *repletio*, but to *duplicem gustationem*.

[5] *enim quod*. The first is omitted in the AR., the second in the CL. *autem* is wanting in the AR. which inserts *de eo*.

[6] AR., MERC. II. *tentare*.

suum. Elatio itaque sensus quæ fuit in serpente, dissoluta est per eam quæ fuit in homine humilitas: et bis jam victus erat de Scriptura Diabolus, cum est traductus, contraria præcepto Dei suadens, et secundum sententiam suam Dei hostis ostensus. Qui [1]et magne confutatus, et quasi semetipsum colligens, universam quam habebat virtutem in [1]mendacium ordinans, tertio *ostendit ei seculi regna omnia*, [2]*et gloriam ipsorum*, dicens, quemadmodum meminit Lucas: *Hæc omnia tibi dabo, quoniam mihi tradita sunt, et cui volo do ea*, [3]*si procidens adoraveris me.* Dominus itaque [4]traducens eum qui esset: *Vade*, inquit, *Satana; scriptum est* [5]*enim: Dominum Deum tuum adorabis, et illi soli servies.* [6]Denudans eum per hoc nomen, et se ostendens qui erat. Satana enim verbum [7]Hebraicum, Apostatam significat. Et tertio itaque vincens eum, [8]in reliquum repulit a semetipso quasi legitime victum: et soluta est ea quæ fuerat in Adam præcepti Dei prævaricatio, per præceptum legis, quod servavit Filius hominis non transgrediens præceptum Dei.

LIB. V. xxi. 2. GR. V. xxi. MASS. V. xxi. 2.

M. 319. G. 433.

Luc. iv. 6, 7.

Matt. iv. 10.

3. Quis ergo Dominus Deus, cui [9]Christus testimonium perhibet; quem nemo tentabit, et quem omnes adorare oportet, et ipsi soli servire? Omnimodo ille est sine dubio, qui et Legem dedit Deus. Hæc enim in Lege prædicta fuerant, et per Legis sententiam ostendit Dominus, quoniam Lex quidem a Patre Verbum Domini annuntiat: apostata autem Dei angelus [10]per illius destruitur vocem, traductus [11]quis esset, et victus a Filio hominis servante Dei præceptum. Quoniam enim in initio homini suasit transgredi præceptum factoris, ideo eum habuit in sua potestate; potestas autem ejus est transgressio et apostasia, et his colligavit hominem; per hominem ipsum iterum oportebat victum

[1] AR. omits *et*. CL., VOSS., VET. *mendacio*. But εἰς ψεῦσιν ἀνατάσσων seems more natural than ἐν ψεύσει, the AR. reading therefore is preferred.

[2] MASSUET discards the three following words as not found in the CLERM. and VOSS. MSS., but the AR. has them, and they are retained.

[3] The closing words are from the Gospel of S. Matthew.

[4] *traducens*, exposing, ἐλέγχων, τις ἦν.

[5] *enim* omitted in the ARUND. and MERC. I., but found in the other MSS. Syriac has it, but some copies of the N. T. also suppress the word.

[6] ἀνακαλύπτων αὐτὸν.... καὶ δεικνύων αὐτὸν τίς ἦν.

[7] CLERM., but AR. *Hebraice*.

[8] AR., but CL. *et reliquum*. VOSS., VET. *de reliquo*.

[9] *Christus* not in the AR. MS., but found in CL. and VOSS.

[10] CLERM., VET., VOSS., but ARUND. *per illam*, MERC. II. *illud*.

[11] AR. *qui sit et victus*, CLERM. and VOSS. omit *et*, and read *quis esset*, the final syllable of which absorbed the copula; preserved in the AR. copy.

LIB. V. xxi. 3. GR. V. xxi. MASS. V. xxi. 3.

Matt. xii. 29, et Marc. iii. 27.

eum contrario colligari iisdem vinculis, quibus alligavit hominem, ut homo solutus revertatur ad suum Dominum, [1]illa vincula relinquens, per [1]quæ ipse fuerat alligatus, id est transgressionem. Illius enim colligatio, [2]solutio facta est hominis, quoniam non *potest aliquis introire in domum fortis, et vasa ejus diripere, nisi primum ipsum fortem alligaverit.* Contraria ergo in sermone ejus, qui omnia fecit Dei, traducens eum Dominus, et subjiciens per præceptum, præceptum autem Dei, lex; fugitivum eum [3]Homo ejus et legis transgressorem, et apostatam Dei ostendens, postea jam [3]Verbum constanter eum colligavit, quasi suum fugitivum, et diripuit ejus vasa, id est, eos qui ab eo detinebantur homines, quibus ipse injuste utebatur. Et captivus quidem ductus est juste is qui hominem injuste captivum duxerat; qui autem ante captivus ductus fuerat homo, extractus est a possessoris potestate, secundum misericordiam Dei Patris: qui miseratus est plasmati suo, et dedit salutem ei, per Verbum, id est per Christum redintegrans: ut experimento discat homo, quoniam non a semetipso, sed donatione Dei accipit incorruptelam.

CAP. XXII.

Dominus verus, et Deus unus a lege declaratur, et in Evangelio per Christum ejus Filium manifestatur: quem solum adorare, et ab illo omnia bona exspectare oportet, non a Satana.

1. [4]Sic igitur manifeste ostendente Domino, quoniam Dominus verus et unus Deus, qui a lege declaratus fuerat, quem enim lex præconaverat Deum, hunc [5]Christus ostendit Patrem, cui et servire soli oportet discipulos Christi, et per eas quæ sunt in lege sententias adversarium nostrum [6]evacuante, lex autem Demiurgum laudare Deum, et ipsi soli servire jubet nobis: jam non oportet quærere alium patrem, præter hunc, aut super hunc: quoniam *unus*

[1] AR. *illa...quæ,* but CLERM., VET., VOSS. *illi... quem.*

[2] *solutio* omitted in the AR. as involving the preceding termination.

[3] *Homo ejus,* as in the first two elements of the temptation, p. 382. MASS. rightly observes that *Verbum* is the correlative term, referring to the Son of God's victory over Satan. The AR. copy effectually mars the antithesis by omitting *Homo ejus,* and inserting *per* before *Verbum.*

[4] CLERM., VOSS. *si.*

[5] *Christus.* Restored by MASSUET from the CLERM. copy. The AR. and MERC. II. have *Spiritus, i.e.,* for *Xps. Sps.,* VET. and VOSS. have neither word.

[6] AR. *evacuantē.*

G. 434. *Deus qui justificat circumcisionem ex fide, et præputium per fidem.* LIB. V. xxii. 1.
Si enim alius quis erat super hunc perfectus pater, nequaquam per GR. V. xxii. MASS. V.
hujus sermones et præcepta destruxisset Satanam. Nec enim ig- xxii. 1.
norantia per alteram potest [1]dissolvi ignorantiam; quemadmodum Rom. iii. 30.
neque per labem labes evacuari. Si igitur lex ex ignorantia et
labe est, quomodo sententiæ quæ in ea sunt, [2]diabolica ignorantia solvere poterant, et fortem vincere? Neque enim a minori,
neque ab æquali fortis vinci potest; sed ab eo qui plus potest.
Plus autem potest super omnia Verbum Dei, qui in lege quidem
vociferatur: *Audi Israel, Dominus Deus tuus, Deus unus est*; et, Deut. vi. 4, 5,
Diliges Dominum Deum tuum ex tota anima tua; et, *hunc adorabis,* 13.
et huic [3]*soli servies.* In Evangelio autem per has easdem sententias
destruens apostasiam, et Patris voce devicit fortem, et legis [4]præ-
ceptum suas sententias confitetur, dicens: *Non tentabis Dominum* Matt. iv. 7,
Deum tuum. Nec enim per alienam, sed per propriam Patris sui ex Deut. vi. 16.
sententiam destruxit adversarium, et fortem vicit.

2. Nos autem solutos per ipsum præceptum docuit, esurientes
M. 320. quidem sustinere eam quæ a Deo datur, escam; in sublimitate
autem positos universi [5]charismatis, vel in operibus justitiæ confi-
dentes, vel ministrationis supereminentia adornatos, nequaquam
extolli, neque tentare Deum, sed humilia sentire in omnibus, et
præ manu habere, *Non tentabis Dominum Deum tuum;* quemad- Rom. xii. 16.
modum et Apostolus docuit, *Non alta,* dicens, *sentientes, sed humilibus consentientes:* nec divitiis, nec gloria [6]mundana, neque præsenti
phantasia capi: scire autem, quoniam [7]Dominum Deum tuum
adorare oportet, et ipsi soli servire, et non credere ei, qui falso
promisit ea quæ non sunt sua, dicens: *Hæc omnia tibi dabo, si
procidens adoraveris me.* Ipse enim confitetur, quoniam adorare
eum et voluntatem ejus facere, cadere est a gloria Dei. Et quid
aut suave aut bonum participare potest qui cecidit? Aut quid
aliud sperare vel exspectare[8] qui talis est, nisi mortem? Ei enim
qui cecidit, proxima mors est. Deinde nec illa itaque quæ promisit præstabit. Quomodo enim præstabit ei, qui cecidit? Deinde
quoniam dominatur hominibus, et ei ipsi Deus, et nolente Patre Matt. x. 29.

[1] *dissolvi.* CLERM. *solvi.*

[2] MSS., but GR. *diabolicam ignorantiam.*

[3] *soli* omitted AR.

[4] VET., GR. *præcepta.* VOSS. *præcepto.*

[5] *charismatis.* AR. *chrismatis.*

[6] *mundana,* CL., AR., VET., VOSS. al. *mundi.*

[7] *Dominum...adorare.* AR. suppresses the first, and for the second has *adorari,* omitting also the *et* following.

[8] *potest* is cancelled, not being found in the CLERM., AR., VOSS., or MERC. II.

LIB. V. xxii. 2. GR. V. xxii. MASS. V. xxii. 2.

nostro qui est in cœlis neque passer cadet in terram, illud igitur quod ait, *Hæc omnia mihi tradita sunt, et cui volo do ea*, ut in superbiam elatus ait. Neque enim conditio sub ejus potestate est: quandoquidem et ipse unus de creaturis est. Neque ipse hominum regnum attribuet hominibus; sed secundum ordinationem Dei Patris, et cætera quæque, et quæ sunt erga homines, disponuntur. Joh. viii. 44. Dominus autem ait: Quoniam *Diabolus* [1]*mendax est ab initio, et in veritate non stetit.* Si itaque mendax est, et non stans in veritate, videlicet non verum dicebat: *Quoniam hæc omnia mihi tradita sunt, et cui volo do ea;* sed mendacium loquens.

CAP. XXIII.

Diabolus assuetus est mendaciis, quibus seductus Adam sexto creationis die peccavit, quo tandem per Christum reparatus fuit.

1. Assuetus enim erat jam ad seductionem hominum mentiri adversus Deum. Ab initio enim homini escam multam cum Deus dedisset, ex una autem tantum arbore præcepisset ne manducaret, Gen. ii. 16, 17. quemadmodum Scriptura dicit dixisse Deum ad Adam: *Ab omni ligno quod est in paradiso escam manducabis;* [2]*a ligno autem cognoscendi bonum et malum,* [3]*ab eo non manducabitis: qua autem die manducaveritis ab eo, morte moriemini;* ille mentiens adversus Dominum, [4]tentavit hominem, quemadmodum Scriptura dicit dixisse Gen. iii. 1. serpentem mulieri: *Quid itaque dixit Deus: Ne manducaveritis ab* G. 435. *omni ligno paradisi?* Et cum illa traduxisset mendacium, et Gen. iii. 2, 3. simpliciter retulisset præceptum, in eo quod diceret: *Ab omni ligno paradisi manducabimus: a fructu autem ligni quod est in medio paradiso, dixit Deus, ex eo non manducabitis, neque tetige-*

[1] *mendax.* N. T. ἀνθρωποκτόνος. The term *mendax* occurring in the same verse as applied to Satan, it is probable that the change has been caused by a failure of memory; and compare the last line of this chapter. It may be observed, however, that in the Syriac ܩܛܠܐ *a murderer*, and ܕܓܠܐ *a liar*, have letters of the same organ, and are of a partly similar sound.

[2] Clerm. *a ligno sciendi.*

[3] *Ab eo* bis addidi ex veteri Cod. Feuard. et Arund. atque Voss. quia Septuaginta quoque ita habent, et ex illis Philo Judæus, ac omnes Græci Patres, excepto Epiphanio, in cujus Hæres. 64, § 20, extat φάγεσθε, nescio an ab ipso, vel a Scriba positum. Grabe. The Ar. merely alters the position, *non manducabitis ab eo.*

[4] Clerm. *tentaret.*

ritis, ne moriamini; cum didicisset a muliere præceptum Dei, astutia usus decepit eam denuo per falsiloquium, dicens: *Non morte moriemini. Sciebat enim Deus, quoniam qua die manducaveritis ex eo, aperientur oculi vestri, et eritis sicut dii, scientes bonum et malum.* Primo quidem in Dei paradiso [1]disputabat de Deo, quasi absente eo: magnitudinem enim ignorabat Dei. Post deinde ab ipsa discens dixisse Dominum, morituros eos si gustassent de prædicto ligno, [1]tertium mendacium loquens dixit: *Non morte moriemini.* Sed quoniam Deus verax est, mendax autem serpens, de effectu ostensum est, morte subsecuta eos qui manducaverant. Simul enim cum esca et mortem adsciverunt, quoniam inobedientes manducabant: inobedientia autem Dei mortem infert. Propter hoc ex eo traditi sunt ei, debitores mortis effecti.

LIB. V. xxiii. 1. GR. V. xxiii. MASS. V. xxiii. 1.

Gen. iii. 4.

2. In ipsa itaque die mortui sunt, in qua et manducaverunt, et debitores facti sunt mortis, quoniam conditionis dies unus. [2]*Factum est enim*, inquit, *vespere, et factum est mane dies unus.* In ipsa autem hac die manducaverunt; in ipsa autem et mortui sunt. Secundum autem circulum et cursum dierum, secundum quem alia quidem prima, alia autem secunda, et alia tertia vocatur, si quis velit diligenter discere qua die ex septem diebus mortuus est Adam, inveniet ex Domini dispositione. Recapitulans enim universum hominem in se ab initio usque ad finem, recapitulatus est et mortem ejus. Manifestum est itaque, quoniam in illa die mortem sustinuit Dominus obediens Patri, in qua mortuus est Adam inobediens Deo. M. 321. In qua autem mortuus est, in ipsa et manducavit. Dixit enim Deus: *In qua die manducabitis ex eo, morte moriemini.* Hunc itaque diem recapitulans in semetipsum Dominus, venit ad passionem pridie [3]ante sabbatum, quæ est sexta conditionis dies, in qua [3]homo plasmatus est, secundam plasmationem [4]ei, eam quæ est a morte, per suam passionem donans. Quidam autem rursus in millesimum annum revocant mortem Adæ: quoniam enim *dies Domini, sicut mille anni,* non [5]superposuit autem mille annos, sed intra eos mortuus est, transgressionis adimplens sententiam. Sive

2 Pet. iii. 8.

[1] *disputabat*, VOSS., VET. The CL., AR., MERC. II. *disputat. tertium*, MSS., but GR. *tertio*.

[2] AR. *factus est*, and omits *mane*. It also repeats *factum est*, though GRABE infers the omission. The CLERM. and VOSS. agree.

[3] *ante* omitted in the CLERM., which reads *hunc* for *homo*.

[4] *ei*, AR., MERC. II.; but CLERM., VET., VOSS. *et*.

[5] *superposuit*, ὑπερέθετο. In the sequel, *supergressus est* indicates ὑπερεβίβασεν.

LIB. V. xxiii. 2. GR. V. xxiii. MASS. V. xxiii. 2. ergo secundum inobedientiam, [1]quæ est mors: sive quod exinde traditi sint, et facti sint debitores mortis: sive secundum unum et G. 436. eundem diem, in quo manducaverunt, et mortui sunt; quoniam una conditionis dies: sive secundum hunc circulum dierum, quia in ipsa mortui sunt in qua et manducaverunt, hoc est Parasceve, quæ dicitur [2]cœna pura, id est sexta feria, quam et Dominus ostendit passus in ea: sive secundum quod non sit supergressus mille annos, sed in ipsis mortuus sit: secundum omnia ergo quæ significantur, Deus quidem verax; mortui enim sunt, qui gustaverunt de ligno: serpens autem mendax ostensus est et homicida,
Joh. viii. 44. sicut Dominus ait de eo: *Quoniam ab initio homicida est, et in veritate non stetit.*

CAP. XXIV.

De Diaboli perpetuo mendacio, potestatibus quibus nos parere oportet, atque imperiis terrenis, quatenus a Deo non autem a Diabolo constituantur.

1. Sicut ergo in principio mentitus est, ita et in fine mentiebatur,
Matt. iv. 9, et Luc. iv. 6. dicens: [3]*Hæc omnia mihi tradita sunt, et cui volo do ea.* Non enim
Prov. xxi. 1. ipse determinavit hujus sæculi [3]regna, sed Deus: *Regis enim cor in*
Prov. viii. 15. *manu Dei.* Et per Salomonem autem ait Verbum: *Per me reges regnant, et* [4]*potentes tenent justitiam. Per me principes* [4]*exaltabuntur, et tyranni* [5]*per me regnant terram.* Et Paulus autem Apostolus
Rom. xiii. 1. in hoc ipsum ait: [6]*Omnibus potestatibus sublimioribus subjecti estote: non est enim potestas nisi a Deo. Quæ autem sunt, a Deo dispositæ*
Rom. xiii. 4. *sunt.* Et iterum de ipsis ait: *Non enim sine causa gladium portat; Dei enim minister est, vindex in iram ei qui male operatur.* Quoniam hæc autem non de [7]angelicis potestatibus, nec de invisibilibus principibus dixit, quomodo quidam audent exponere, sed
Rom. xiii. 6. de his quæ sunt secundum homines potestates, ait: *Propter hoc enim et tributa præstatis, ministri enim Dei sunt, in hoc ipsum deservientes.* Hoc autem et Dominus confirmavit, non faciens quidem

[1] Ar. *quod.*

[2] *cœna pura.* Cf. I. 140, 5.

[3] Ar. omits the text from Scripture, and has *regnum.*

[4] Ar. *potestates.* Gr. *exaltantur.* MSS. as above.

[5] Ar. *per me terræ.*

[6] As in the Italic version, followed also by Ambrose. Still the author may have quoted the words in Greek as in the received text.

[7] Ar., Merc. I. *angelis.*

quod a Diabolo suadebatur; tributorum autem exactoribus jubens pro se, et pro Petro [1]dari tributum: quoniam *ministri Dei sunt, in hoc ipsum deservientes.* LIB. V. xxiv. 2. GR. V. xxiv. MASS. V. xxiv. 2.

2. Quoniam enim absistens a Deo homo in tantum efferavit, ut etiam consanguineum hostem sibi putaret, et in omni inquietudine, et homicidio, et avaritia sine timore versaretur; imposuit illi Deus humanum timorem, non enim cognoscebant timorem Dei, ut potestati hominum subjecti, et lege eorum astricti, [2]ad aliquid assequantur justitiæ, et moderentur ad invicem, in [3]manifesto propositum gladium timentes, sicut Apostolus ait: *Non enim sine causa gladium portat: Dei enim minister est, vindex in iram ei qui male operatur.* Et propter hoc [4]etiam ipsi magistratus indumentum justitiæ leges habentes, quæcunque juste et legitime fecerint, de his non interrogabuntur, neque pœnas dabunt. Quæcunque autem ad eversionem justi, inique et impie [5]et contra legem, et more tyrannico exercuerint, in his et peribunt; justo judicio Dei ad omnes æqualiter perveniente, et in nullo deficiente. Ad utilitatem ergo gentilium terrenum regnum positum est a Deo; sed non a diabolo, qui nunquam omnino quietus est, imo qui [6]ne ipsas quidem gentes vult in tranquillo agere; ut timentes regnum [7]hominum, non se [8]alterutrum homines vice piscium consumant, sed per [9]legum positiones repercutiant multiplicem G. 437. gentilium injustitiam. Et secundum hoc *ministri Dei* sunt, qui tributa exigunt a nobis, *in hoc ipsum servientes.* Matt. xvii. 27.

3. *Quæ sunt potestates, a Deo ordinatæ sunt;* manifestum est quoniam mentitur Diabolus, dicens: *Mihi tradita sunt, et cui volo, do ea.* Cujus enim jussu homines nascuntur, hujus jussu et reges constituuntur, apti his qui illo tempore ab ipsis [10]regnantur. Quidam enim illorum ad [11]correptionem et utilitatem subjectorum dantur, et conservationem justitiæ: quidam autem ad timorem et pœnam et increpationem: quidam autem ad illusionem et contumeliam et M. 322. superbiam, quemadmodum et digni sunt; Dei justo judicio, sicut

[1] Cl., Vet., Voss., but Ar. *dare.*

[2] *ad aliquid*, κατά τι. So the Cl., Voss., Merc. II. The Ar. also *eorum ad aliq.*

[3] *manifesto.* Ar. *manifestato.*

[4] Clerm., Ar. *etiam,* which therefore is made to replace *et.*

[5] Mass. inserts *et* from the Clerm. and Voss. MSS. which the Ar. omits.

[6] Clerm. *ne;* Ar. &c. *nec.*

[7] Clerm., Voss.; *humanum,* Ar.

[8] Clerm. *alterutro.*

[9] Clerm., Voss. *legum;* Ar. *legis,* but *per legum positionem* seems more suitable: *e. g.* διὰ τῆς τῶν νόμων θέσεως.

[10] *regnantur,* MSS. βασιλεύονται.

[11] *correptionem,* MSS. Gr. *correctionem.*

LIB. V. xxiv. 3. GR. V. xxiv. MASS. V. xxiv. 3.

prædiximus, in omnibus [1]æqualiter supergrediente. Diabolus autem, quippe apostata exsistens angelus, hoc tantum potest, [2]quod et egit in principio, seducere et abstrahere mentem hominis ad transgredienda præcepta Dei, et paulatim obcæcare corda eorum [3]qui conarentur servire ei, ad obliviscendum quidem verum Deum; ipsum autem quasi Deum adorare.

4. Quemadmodum autem si quis apostata regionem aliquam hostiliter capiens, perturbet eos qui in ea sunt, ut Regis gloriam sibi vindicet apud ignorantes quod apostata et latro sit: sic [4]etiam Diabolus, cum sit unus ex angelis his, qui super spiritum aeris præpositi sunt, quemadmodum Paulus Apostolus in ea quæ est ad
Eph. ii. 2. Ephesios manifestavit, invidens homini, apostata a divina factus
136, 1. est lege: invidia enim aliena est a Deo. Et quoniam per hominem traducta est apostasia ejus, et examinatio sententiæ ejus, homo factus est, [5]ad hoc magis magisque semetipsum contrarium constituit homini, invidens vitæ ejus, et in sua potestate apostatica volens concludere eum. Omnium autem artifex Verbum Dei, per hominem vincens eum, et apostatam ostendens, e contrario sub-
Luc. x. 19. jecit eum homini: *Ecce*, dicens, *do vobis potestatem calcandi super serpentes, et scorpiones, et super omnem virtutem inimici;* ut quemadmodum dominatus est homini per apostasiam, sic iterum per hominem recurrentem ad Deum, evacuetur apostasia ejus.

CAP. XXV.

Antichristi fraus superbia et tyrannicum regnum, prout a Daniele et Paulo descripta sunt.

1. Et non tantum [6]autem per ea quæ dicta sunt, sed [7]et per ea quæ erunt sub Antichristo, ostenditur, quoniam exsistens apostata et latro, quasi Deus vult adorari; et cum sit servus, regem se vult præconari. Ille enim omnem suscipiens diaboli virtutem, veniet non quasi rex justus, nec quasi in subjectione Dei legitimus; sed impius et injustus et sine lege, quasi apostata et iniquus et

[1] *æqualiter*. So Clerm., Voss.; but Ar. *inæqualiter*, suggesting *in æquali*, as the translation of *ἐν τῷ ἴσῳ*, for which *æqualiter* was a marginal equivalent.

[2] *quod et egit*, Ar.; but Clerm., Vet., Voss. *quod detegit*.

[3] Ar. omits *qui*.

[4] *etiam*. Clerm. *autem et*.

[5] Vet., Voss., but Clerm. *ad hoc magis qui*, Ar. *adhuc m. magisque*.

[6] *autem*, MSS., cancelled by Grabe.

[7] Ar. omits *et*.

homicida; quasi latro, diabolicam apostasiam in se recapitulans: LIB. V. xxv. 1. GR. V. xxv. MASS. V. xxv. 1.
et idola quidem seponens, ad suadendum quod ipse [1]sit Deus; [1]se autem extollens unum idolum, habens in semetipso reliquorum idolorum varium errorem: ut hi qui [1]per multas abominationes
G. 438. adorant diabolum, hi per hoc unum idolum serviant ipsi, de quo Apostolus in epistola, quæ est ad Thessalonicenses secunda, sic ait: *Quoniam nisi venerit abscessio primum, et revelatus fuerit homo peccati, filius perditionis, qui adversatur et extollit se* [2]*super omne quod dicitur Deus, aut colitur: ita ut in templo Dei sedeat, ostendens semetipsum tanquam sit Deus.* 2 Thess. ii. 3, 4.
Manifeste igitur Apostolus ostendit [3]apostasiam ejus, et quoniam extollitur super omne quod dicitur Deus, [4]vel quod colitur, hoc est super omne idolum, hi enim sunt qui dicuntur quidem ab hominibus, non sunt [5]autem dii, et quoniam ipse se tyrannico [6]more conabitur ostendere Deum.

2. Super hæc autem manifestavit et illud, quod a nobis per multa ostensum est, quoniam [6]in Hierosolymis templum dispositione veri Dei factum est. Ipse enim Apostolus ex sua persona diffinitive templum illud dixit Dei. Ostendimus autem [7]et in tertio libro, nullum ab Apostolis ex sua persona Deum appellari, nisi eum qui vere sit Deus, Patrem Domini nostri: cujus jussu hoc quod est in Hierosolymis factum est templum, ob eas causas quæ a nobis dictæ sunt: in quo adversarius sedebit, tentans semetipsum Christum ostendere, [7]sicut et Dominus ait: *Cum autem videritis abominationem desolationis, quæ dicta est per Danielem Prophetam, stantem in loco sancto, qui legit intelligat, tunc qui in Judæa sunt, fugiant in montes: et qui in tecto est, non descendat tollere quicquam de domo. Erit enim tunc pressura magna, qualis non est facta ab initio seculi usque nunc, sed neque fiet.* Matt. xxiv. 15, 16, 17, 21.
Daniel autem novissimi regni finem respiciens, id est, novissimos decem reges, in quos [8]dividitur regnum illorum, super quos filius perditionis veniet, cornua dicit decem nasci bestiæ; et alterum cornu pusillum nasci in medio ipsorum, et tria cornua de prioribus eradicari a facie ejus. *Et ecce*, inquit, *oculi, quasi oculi hominis in* Dan. vii. 8, 20—22.

[1] *sit...se.* CLERM. *esset...si*, and omits *per*.

[2] *super omne* is more suitable to the Syriac ܥܠ ܟܠ than to the Greek, ἐπὶ πάντα, but see p. 24, 7.

[3] AR. *adventum*.

[4] AR. *aut quod colitur super omne.*

[5] CL. omits *autem*.

[6] AR. *timore*, and omits *in*.

[7] *et* inserted by STIEREN from the VOSS. CL. and AR. agree. CL. *sed ut.*

[8] CL., VET., VO. *divideretur*, AR.

LIB. V. xxv. 2. GR. V. xxv. MASS. V. xxv. 3. *cornu hoc, et os loquens magna, et aspectus ejus major reliquis. Videbam, et cornu illud faciebat bellum adversus sanctos, et valebat adversus eos: quoadusque venit Vetustus Dierum, et judicium dedit sanctis altissimi Dei, et tempus pervenit, et regnum obtinuerunt* Dan. vii. 23–25. *sancti.* Postea in exsolutione visionum dictum est ei: *Bestia quarta, regnum quartum erit in terra, quod eminebit super reliqua regna et manducabit omnem terram, et conculcabit eam, et concidet.* [1]*Et decem cornua ejus, decem reges exsurgent: et post* [2]*eos surget alius, qui* [1]*superabit malis omnes qui ante eum fuerunt, et reges tres deminorabit, et verba adversus altissimum Deum loquetur,* M. 323. *et sanctos altissimi Dei conteret, et cogitabit* [3]*demutare tempora et legem: et dabitur in manu ejus, usque ad tempus temporum et dimidium tempus;* hoc est [4]per triennium et sex menses, in quibus veni- G. 439. ens regnabit super terram. De quo iterum et Apostolus Paulus in secunda ad Thessalonicenses, simul et causam adventus ejus 2 Thess. ii. 8–12. annuntians, sic ait: *Et tunc revelabitur iniquus, quem* [5]*Dominus Jesus interficiet spiritu oris sui, et destruet præsentia adventus sui, cujus est adventus secundum operationem Satanæ, in omni virtute et signis et portentis* [6]*mendaciorum, et omni seductione malitiæ, pereuntibus, pro eo quod dilectionem veritatis non receperunt, ut salvi fierent. Et ideo* [7]*mittet eis Deus operationem erroris, ut credant mendacio, ut judicentur omnes qui non crediderunt veritati, sed consenserunt iniquitati.*

3. Et Dominus autem hoc item non credentibus sibi dice- Joh. v. 43. bat: *Ego veni in nomine Patris mei, et non recepistis me: cum alius venerit in nomine suo, illum recipietis;* alium dicens Anti- Luc. xviii. 2 seq. christum, quoniam alienus est a Domino, et ipse est *iniquus*

[1] Ar. omits *et*, and has with its usual error, *superavit.*

[2] *eos surget.* Cl. the single word *consurgent.*

[3] Cl. *emundare.*

[4] *per*, Cl., which Ar. omits. *Hujus interpretationis ipse S. Joannes auctor est, Apocalypseos cap.* xii., *ubi v.* 16, *mulier dicitur* volare in desertum, in locum suum, ubi alitur per tempus, et tempora, et dimidium temporis. *Et vers.* 6. Mulier fugit in solitudinem, ubi habebat locum paratum a Deo, ut ibi pascant eam diebus mille ducentis sexaginta; *qui ipsius S. Joannis et totius S. Scripturæ stylo, quo triginta solum dies singulis mensibus tribuuntur, exacte tres annos et sex menses complent. Unde cap.* xi. *ejusdem divinæ Apocalypseos* menses quadraginta duo, *quorum vers.* 2, *fit mentio, continuo vers.* 3 *in* dies mille ducentos sexaginta resolvuntur. Grabe.

[5] Syr. ܡܪܢ ܝܫܘܥ

[6] G. T. ψεύδους, but Syr. ܕܕܓܠܘܬܐ pl., i.e. either *mendacium*, adj., or *mendaciorum*, subst.

[7] G. T. πέμψει, and Syr. ܢܫܕܪ MSS. *mittet*, (Grabe being in error), and see 247, 400.

judex, qui a Domino dictus est, [1]qui *Deum non timebat, neque hominem reverebatur*, ad quem fugit vidua oblita Dei, id est, terrena Hierusalem, ad ulciscendum de inimico. Quod et faciet in tempore regni sui: transferet regnum in eam, et in templo Dei [2]sedebit, seducens eos qui adorant eum, quasi ipse sit Christus. LIB. V. xxv. 3. GR. V. xxv. MASS. V. xxv. 4.
Quapropter ait Daniel iterum: *Et sanctum desolabitur: et datum* Dan. viii. 12.
est in sacrificium peccatum, et projecta est in terra justitia, et fecit, et prospere cessit. [2]Et Gabriel angelus exsolvens ejus visionem de
hoc ipso dicebat: *Et in novissimo regni ipsorum exsurget rex im-* Dan. viii. 23 seq.
probus facie valde, et intelligens quæstiones, et valida virtus ejus, et [3]*admirabilis, et* [4]*corrumpet, et diriget, et faciet, et exterminabit fortes, et populum sanctum; et jugum torquis ejus* [5]*dirigetur; dolus in manu ejus, et in corde suo exaltabitur, et dolo disperdet multos, et ad perditionem multorum stabit, et quomodo ova manu* [4]*conteret.* Deinde et tempus tyrannidis ejus significat, in quo tempore fugabuntur sancti, qui purum sacrificium offerunt [6]Deo: *Et in dimidio* Dan. ix. 27.
hebdomadis, ait, *tolletur sacrificium et* [7]*libatio, et in templum abominatio desolationis, et usque ad consummationem temporis consummatio dabitur super desolationem;* dimidium autem hebdomadis tres sunt anni et menses sex.

4. Ex quibus omnibus non tantum quæ sunt apostasiæ manifestantur, et quæ sunt ejus, qui in se recapitulatur omnem diabolicum errorem; sed [8]et quoniam unus et idem Deus Pater, qui a prophetis annuntiatus, a Christo autem manifestatus. Si enim quæ a Daniele prophetata sunt de fine, Dominus comprobavit:
Cum videritis, dicens, *abominationem desolationis, quæ dicta est* Matt. xxiv. 15.
per Danielem prophetam; Danieli autem angelus Gabriel exsolutionem visionum fecit: hic autem est archangelus Demiurgi, et
hic idem Mariæ evangelisavit manifestum adventum et incarna- Luc. i. 26 seq.
tionem Christi; unus et idem Deus manifestissime ostenditur, qui prophetas misit, et Filium [9]præmisit, et nos vocavit in agnitionem suam.

[1] The CLERM. reading is adopted in lieu of the AR. *quoniam.*

[2] CL., AR., VOSS., MERC. II. *sedet*, as MASS. says an irregular future, and cf. 391. AR. omits *et.*

[3] For θαυμαστὰ, INT. θαυμαστή.

[4] AR. *corrumpit, dirigit, conterit.*

[5] *In editt.* τῶν ο'. *verbum.* κατευθυνεῖ, dirigetur, *cum præcedentibus*, καὶ ζυγὸς τοῦ κλοιοῦ αὐτοῦ, *jungitur*. GRABE.

[6] AR., but CL., VOSS. *Domino.*

[7] AR. *levatio.* *v*, as usual, interchangeable with *b*. CL., AR., MERC. II. al. *in templo.*

[8] AR. *etiam.*

[9] f. l. *promisit.*

LIB. V. xxvi. 1. GR. V. xxvi. MASS. V. xxvi. 1.

CAP. XXVI.

G. 440.

Quia Johannes et Daniel prædixerunt imperii Romani dissolutionem et desolationem, quæ finem mundi et Regnum Christi æternum præcedet; refelluntur alium a Demiurgo patrem confingentes Gnostici, Satanæ organa, quorum opera nunc Deum aperte blasphemat.

1. MANIFESTIUS adhuc etiam de novissimo tempore, et de his qui sunt in eo decem regibus, in quos dividetur quod nunc [1] regnat imperium, significavit Johannes Domini discipulis in [2] Apocalypsi, edisserens quæ fuerint decem cornua, quæ a Daniele visa sunt, di-
Apoc. xvii. 12—14. cens sic dictum esse sibi: [3] *Et decem cornua quæ vidisti,* * *decem reges sunt, qui regnum* [4] *nondum acceperunt, sed potestatem quasi reges una hora accipient cum bestia. Hi unam sententiam habent, et virtutem et potestatem suam bestiæ dant.* [5] *Hi cum agno pugnabunt, et agnus vincet eos, quoniam Dominus Dominorum est, et Rex Regum.* Manifestum est itaque, quoniam ex his tres interficiet ille qui venturus est, et reliqui subjicientur ei, et ipse octavus in eis: et vastabunt Babylonem, et comburent eam igni, et dabunt regnum suum bestiæ, et effugabunt Ecclesiam: post deinde ab adventu Domini nostri destruentur. Quoniam enim oportet dividi M. 324.
Matt. xii. 25. regnum, et sic deperire, [6] Dominus ait: *Omne regnum divisum in se, desolabitur: et omnis civitas vel domus divisa in se, non stabit.* Dividi igitur et regnum, et civitatem, et domum oportet in decem: et propterea jam partitionem et divisionem præfiguravit. Et dili-

*EXPLICIT COD. CLAROMONTANUS.

[1] AR. *regnant.*

[2] *Ex hoc loco perspicimus, librum Apocalypseos ab omni antiquitate receptum fuisse in Ecclesia, nec Irenæi tempore de Authore dubitatum. Vicinum autem Apostolis, et Papiæ auditorem fuisse scimus, qui Joannis auditor fuit. Nec certe Hieronymus de Joanne scribens, (in Catalogo Scriptorum Ecclesiasticorum cap.* 9), *hoc in dubium revocavit; sic enim ait:* Quarto decimo anno secundam post Neronem persecutionem movente Domitiano, in Patmon insulam relegatus scripsit Apocalypsin, quam interpretatur Justinus M. et Irenæus. *De hac forsitan interpretatione intelligit Hieronymus. An enim aliam scripserit, mihi incertum est: neque alterius memini fieri mentionem ab iis, qui de Irenæo scripserunt. Multa vero sunt hic de Apostasia, de Antichristo et ejus revelatione, quæ diligenter expendere et observare debemus.* GALLAS.

[3] *et* omitted in the AR. is read in the CLERM. This is the last *varia lectio* supplied by this latter MS., which here * comes to an abrupt conclusion.

[4] *nondum.* G. T. οὔπω. ARUND. *mundi.*

[5] AR. *hic.*

[6] AR. adds *sicut.*

genter Daniel finem quarti regni digitos ait pedum esse ejus ima- LIB. V. xxvi. 1.
ginis, quæ a Nabuchodonosor visa est, in quos venit lapis sine GR. V. xxvi. MASS. V.
manibus præcisus, et quemadmodum ipse ait: *Pedes pars quidem* xxvi. 1.
aliqua ferrea, et pars aliqua fictilis, quoadusque abscissus est [1] *lapis* Dan. ii. 33, 34.
sine manibus, et percussit imaginem in pedes ferreos et fictiles, et [2] *comminuit eos usque ad finem.* Post deinde in exsolutione ait:
Et quoniam vidisti pedes et digitos, partem quidem fictilem, partem Dan. ii. 41, 42.
autem ferream, regnum divisum erit, et [3] *a radice ferrea erit in eo, quemadmodum vidisti ferrum commixtum* [4] *testo. Et digiti pedum pars quidem aliqua ferrea, pars autem aliqua fictilis.* Ergo decem digiti pedum, hi sunt decem reges, in quibus [5] dividetur regnum: ex quibus quidam quidem fortes et agiles, sive efficaces; alii autem pigri et inutiles erunt, et non consentient; quemadmodum et
Daniel ait: *Pars aliqua* [5] *regni erit fortis, et ab ipsa pars erit mi-* Dan. ii. 42, 43.
nuta. Quoniam vidisti ferrum commixtum testo, commixtiones erunt
G. 441. *in semine hominum, et non erunt adjuncti invicem, quemadmodum ferrum non commiscetur cum testo.* Et quoniam finis fiet, inquit:
Et in diebus regum illorum excitabit Deus cœli regnum, quod in Dan. ii. 44, 45.
æternum non corrumpetur, et regnum ejus alteri populo non relinquetur. Comminuet et ventilabit omnia regna, et ipsum exaltabitur in æternum. Quemadmodum vidisti, quoniam de monte præcisus est lapis sine manibus, et comminuit [6] *testum, ferrum, et æramentum, et argentum, et aurum; Deus magnus significavit regi, quæ futura sunt post hæc: et verum est somnium, et fidelis interpretatio ejus.*

2. Si ergo Deus magnus significavit per Danielem futura, et per Filium confirmavit; et Christus est lapis, qui præcisus est sine manibus, qui destruet temporalia regna, et æternum [7] inducet, quæ est justorum resurrectio; *Resuscitabit*, ait, *Deus cœli regnum, quod in æternum nunquam corrumpetur*, confutati resipiscant qui Demiurgum respuunt, et non consentiunt ab eo Patre præmissos prophetas, a quo et Dominus venit; sed asseverant ex differentibus virtutibus factas esse prophetias. Quæ enim a Demiurgo prædicta sunt similiter per omnes prophetas, hæc Christus in fine

[1] *Hinc patet, duas voces, ἐξ ὄρους, hoc loco in LXX. recentiori manu insertas esse ex sequenti vers.* 45. GRABE.

[2] AR. *comminuet.*

[3] AR. omits *a.* LXX. ἀπὸ τ. ῥ.

[4] al. *testæ.* AR. and MERC. II. *testo* here and twice below, which is replaced in the text on the collateral testimony of SULP. SEVER. *Sed ferrum atque testum inter se confusum coire non poterat.* H. II. 2, *de Stat. Nebuch.*

[5] AR. *dividitur*, and omits *aliqua.* VOSS. omits *regni.*

[6] AR. still *testum.*

[7] AR. *inducit.*

LIB. V. xxvi. 2. GR. V. xxvi. MASS. V. xxvi. 2.

perfecit, ministrans Patris sui voluntati, et adimplens secundum humanum genus dispositiones. Qui ergo blasphemant Demiurgum, vel ipsis verbis et manifeste, quemadmodum qui a Marcione sunt; vel [1]secundum eversionem sententiæ, quemadmodum qui a Valentino sunt, et omnes qui falso dicuntur esse Gnostici; organa Satanæ ab omnibus Deum colentibus cognoscantur esse, per quos Satanas nunc, et non ante, visus est maledicere Deo, [2]et qui ignem æternum præparavit omni apostasiæ. Nam ipse per semetipsum nude non [3]audebat blasphemare suum Dominum; quemadmodum et initio per serpentem seduxit hominem, quasi latens Deum.

Eus. H. E. IV. 18.

3. [4]Καλῶς ὁ Ἰουστῖνος ἔφη, ὅτι πρὸ μὲν τῆς τοῦ Κυρίου παρουσίας οὐδέποτε ἐτόλμησεν ὁ σατανᾶς βλασφημῆσαι τὸν Θεὸν, ἅτε μηδέπω εἰδὼς αὐτοῦ τὴν κατάκρισιν·[5]

Cat. in Epp. Cath. ed. Cramer. p. 81.

διὰ τὸ ἐν παραβολαῖς καὶ ἀλληγορίαις κεῖσθαι· μετὰ δὲ τὴν παρουσίαν τοῦ Κυρίου ἐκ τῶν λόγων [6]αὐτοῦ καὶ τῶν ἀποστόλων μαθὼν ἀναφανδὸν, ὅτι πῦρ αἰώνιον αὐτῷ ἡτοίμασται

3. Bene Justinus dixit, quoniam ante Domini adventum nunquam ausus est Satanas blasphemare Deum, quippe nondum sciens suam damnationem: quoniam et in parabolis, et allegoriis, a prophetis de eo sic dictum [7]est. Post autem adventum Domini ex sermonibus [6]Christi et Apostolorum ejus discens manifeste, quo-

[1] *κατ' ἀναστροφὴν τῆς γνώμης. visus*, MSS., except MERC. II. which has *missus*.

[2] *et* is inserted from the AR. as adding force to the passage.

[3] AR., but VOSS. and VET. *audet*.

[4] *Ex quo Justini Tractatu hæc citaverit Irenæus, non expressit. Petita autem esse ex libro contra Marcionem, quem alibi Irenæus allegat, conjeci Tom. I. Spicilegii Patrum Seculi* 2, *p.* 176. GRABE. *Forte etiam ex libro, quem adversus omnes hæreses edidisse se profitetur Justinus in priori Apologia, eruta sunt.* MASS.

[5] The extract from EUSEBIUS here ends, and the Greek text is continued from a Catena on the *Catholic Epp.* edited by Dr CRAMER, p. 81; it has already appeared in STIEREN's edit.

[6] Either the author wrote Χριστοῦ, or some scribe read *ipsi*[9] (ipsius) as *Xpi*. But the Greek seems to have lost the word, and to have displaced αὐτοῦ from its position after ἀποστόλων, for ŒCUMEN., on the last chap. of 1 Pet. thus quotes the words of S. JUSTIN M., as also ANDR. CÆSAR. *in Apocalyps.*: Λέλεκται δὲ τῷ μακαρίῳ Ἰουστίνῳ τῷ φιλοσόφῳ καὶ μάρτυρι, μετὰ τὴν τοῦ Χριστοῦ παρουσίαν καὶ τὴν κατ' αὐτοῦ ἐν γεέννῃ ἀπόφασιν βλάσφημον μάλιστα γεγονέναι τὸν διάβολον· καίπερ μὴ πρότερον οὕτως ἀναιδῶς τὸν Θεὸν βλασφημήσαντα. Ὁ μέγας δὲ Ἰουστῖνός φησιν, ἐν τῇ τοῦ Χριστοῦ παρουσίᾳ πρώτως γνῶναι τὸν διάβολον, ὅτι καταδεδίκασται εἰς τὴν ἄβυσσον καὶ εἰς τὴν τοῦ πυρὸς γέενναν. c. 60.

[7] AR. omits *est*.

κατ' ἰδίαν γνώμην ἀποστάντι τοῦ Θεοῦ, καὶ πᾶσι τοῖς ἀμετανοήτως παραμείνασι ἐν τῇ ἀποστασίᾳ, διὰ τῶν τοιούτων ἀνθρώπων βλασφημεῖ τὸν τὴν κρίσιν ἐπάγοντα Κύριον, ὡς ἤδη κατακεκριμένος, καὶ τὴν ἁμαρτίαν τῆς ἰδίας ἀποστασίας τῷ ἐκτικότι αὐτὸν ἀποκαλεῖ, ἀλλ' οὐ τῇ ἰδίᾳ αὐθαιρέτῳ γνώμῃ· ὡς καὶ οἱ παραβαίνοντες τοὺς νόμους, ἔπειτα δίκας διδόντες, αἰτιῶνται τοὺς νομοθέτας, ἀλλ' οὐχ ἑαυτούς[1].

LIB. V. xxvi. 3. GR. V. xxvi. MASS. V. xxvi. 2.

niam ignis æternus ei præparatus est ex sua voluntate abscedenti a Deo, et omnibus qui sine pœnitentia perseverant in apostasia: per hujusmodi homines blasphemat eum [2]Deum, qui judicium [3]importat, quasi jam condemnatus, et peccatum suæ apostasiæ conditori suo imputat, et non suæ voluntati et sententiæ: quemadmodum et qui supergrediuntur leges, et postea pœnas dant, queruntur de legislatoribus, sed non de semetipsis. Sic autem et [4]hi diabolico spiritu pleni, innumeras accusationes inferunt factori nostro, [4]qui et Spiritum vitæ nobis donaverit, et legem omnibus aptam posuerit; et nolunt justum esse judicium Dei. Quapropter et alterum quendam excogitant patrem, neque curantem, neque providentem
G. 442. M. 325. eorum quæ sunt erga nos, aut etiam [5]consentientem omnibus peccatis. Si enim non judicat pater, aut non pertinet ad eum, aut consentit his quæ fiunt omnibus: et [6]si non judicat, omnes in æquo erunt, et in eodem dinumerabuntur statu. Supervacuus ergo erit adventus Christi, et contrarius, in eo quod non judicet.

CAP. XXVII.

De futuro judicio per Christum, communione et separatione divina, atque infidelium pœnis æternis.

1. *Venit enim dividere hominem adversus patrem suum, et* Matt. x. 35.
filiam adversus matrem, et nurum adversus socrum: et cum duo Luc. xvii. 34, 35.
sint in eodem lecto, unum assumere, et alterum relinquere: et duabus molentibus in mola, alteram assumere, et alteram relinquere: ad finem jubere messoribus colligere primum zizania, et Matt. xiii. 30.

[1] The quotation continues in the Catena—*διὰ τοῦτο ὡς λέων περιπατεῖ, ὠρυόμενος, πάντας φιλονεικῶν ἑλκύσαι πρὸς τὴν ἰδίαν ἀπώλειαν.*

[2] *Deum.* f. l. *Dñm.* *κύριον.*

[3] Ar. *importet.*

[4] *hi.* Ar. *in*, and omits *qui*.

[5] Ar. faultily, *consentientibus.*

[6] Ar. loses *si.*

LIB. V. xxvii. 1. GR. V. xxvii. MASS. V. xxvii. 1.

fasciculos alligare, et comburere igni inexstinguibili; triticum autem colligere in horreum: et agnos quidem vocare in præparatum regnum; hædos autem in æternum ignem mittere, qui præparatus est [1]a Patre ejus diabolo et angelis ejus. Et quid enim? Verbum venit in ruinam et in resurrectionem multorum? In ruinam quidem non credentium ei, quibus et majorem damnationem, quam Sodomorum et Gomorrhæ in judicio comminatus est: in resurrectionem autem credentium, et facientium voluntatem Patris ejus qui est in cœlis. Si ergo adventus Filii super omnes quidem similiter advenit, judicialis [2]est autem, et discretor credentium et non credentium, quoniam ex sua sententia credentes [2]faciunt ejus voluntatem, et ex sua sententia [3]indicto audientes non accedunt ad ejus doctrinam: manifestum, quoniam et Pater ejus omnes quidem similiter fecit, propriam sententiam unumquemque habentem, et sensum [4]liberum; respicit autem omnia, et providet omnibus, *Solem suum oriri faciens super malos et bonos, et pluens super justos et injustos.*

(Matt. iii. 12. Matt. xxv. 33, 34, 41. Luc. ii. 34. Luc. x. 12. Matt. v. 45.)

(J. Damasc. Parall. Halloix. v. Iren.)

2. ...[5]Ὅσα τὴν πρὸς Θεὸν τηρεῖ φιλίαν, τούτοις τὴν ἰδίαν παρέχει κοινωνίαν. Κοινωνία δὲ Θεοῦ, ζωὴ καὶ φῶς, καὶ ἀπόλαυσις τῶν [6]παρ' αὐτοῦ ἀγαθῶν. Ὅσοι ... ἀφίστανται κατὰ τὴν γνώμην αὐτῶν τοῦ Θεοῦ, τούτοις τὸν ἀπ' αὐτοῦ χωρισμὸν ἐπάγει. Χωρισμὸς δὲ τοῦ Θεοῦ θάνατος· καὶ χωρισμὸς φωτὸς σκότος· καὶ χωρισμὸς Θεοῦ ἀποβολὴ πάντων τῶν [6]παρ' αὐτοῦ ἀγαθῶν. Οἱ οὖν διὰ τῆς ἀποστασίας ἀπο-

2. Et quicunque erga eum custodiunt dilectionem, suam his præstat communionem. Communio autem Dei, vita et lumen, et fruitio eorum quæ sunt apud eum bonorum. Quicunque autem absistunt secundum sententiam suam ab eo, his eam quæ electa est ab ipsis separationem inducit. Separatio autem Dei, mors; et separatio lucis, tenebræ; et separatio Dei, amissio omnium quæ

[1] AR., VOSS., MERC. II. *quod præparatum est*, and the translator may have followed the Greek concord as elsewhere. *a Patre*, see I. 268, 2.

[2] AR. omits *est*, and it would have no equivalent in the Greek—εἰ ἄρα ἡ τοῦ Υἱοῦ ἔλευσις ἐπὶ πᾶσι μὲν ὁμοίως ἐγένετο, κριτικὴ δὲ, καὶ διακρίνουσα κ.τ.λ. *ex sua sent.* αὐθαιρέτως. AR. *faciat.*

[3] AR., MERC. II., OTHOB., but VOSS. *inobedientes.* See 149, 4.

[4] For *liberum* AR. has *similiter.*

[5] *Græca quæ sequuntur, a Damasceno in Parallelis sub diversis titulis allegata, et ab Halloixio in Vita Irenæi edita, combinavi.* GRABE.

[6] STIEREN considers the author to have written here, and in the next sen-

βαλόντες τὰ προειρημένα, ἅτε ἐστερημένοι πάντων τῶν ἀγαθῶν, ἐν πάσῃ κολάσει καταγίνονται· τοῦ Θεοῦ μὲν προηγητικῶς μὴ κολάζοντος, ἐπακολουθούσης δὲ [1] ἐκείνης τῆς κολάσεως, διὰ τὸ ἐστερῆσθαι πάντων τῶν ἀγαθῶν. Αἰώνια δὲ καὶ ἀτελεύτητα παρὰ Θεοῦ τὰ ἀγαθά· καὶ διὰ τοῦτο καὶ ἡ στέρησις αὐτῶν αἰώνιος καὶ ἀτελεύτητος· ὡς διηνεκοῦς τοῦ φωτὸς ὄντος, οἱ τυφλώσαντες ἑαυτοὺς, ἢ καὶ ὑπὸ ἄλλων τυφλωθέντες, διηνεκῶς ἀποστεροῦνται τῆς τοῦ φωτὸς ἀπολαύσεως, οὐ τοῦ φωτὸς ἐπιφέροντος αὐτοῖς τὴν ἐν τυφλώσει τιμωρίαν.

LIB. V. xxvii. 2. GR. V. xxvii. MASS. V. xxvii. 2.

sunt [2] apud eum bonorum. Qui ergo per apostasiam amiserunt quæ prædicta sunt, quippe desolati ab omnibus bonis, in omni pœna conversantur; Deo quidem principaliter non a semetipso eos puniente, prosequente autem eos pœna, quoniam sint desolati ab [2] omnibus bonis. Æterna autem et sine fine sunt a Deo bona: et propter hoc et amissio eorum æterna et sine fine est: quemadmodum in immenso lumine, qui excæcaverunt semetipsos, vel ab aliis excæcati sunt, semper privati sunt jucunditate luminis; non
G. 443. quod lumen pœnam eis inferat cæcitatis, sed quod ipsa cæcitas superinducat eis calamitatem. Et propter hoc Dominus dicebat: *Qui credit in me, non judicatur*, id est, non separatur a Deo: adunitus est enim per fidem Deo. *Qui autem non credit*, ait, *jam judicatus est, quoniam non* [3] *credidit in nomine unigeniti Filii Dei*, id est, separavit semetipsum a Deo voluntaria sententia. *Hoc est enim judicium, quoniam lumen venit in hunc mundum, et dilexerunt homines magis tenebras, quam* [4] *lumen. Omnis enim qui male agit, odit lumen, et non venit ad lumen, ne traducantur opera ejus. Qui autem facit veritatem, venit ad lumen, ut manifestentur opera ejus, quoniam in Deo* [5] *est operatus.* Joh. iii. 18—21.

tence, παρ' αὐτοῦ, because he says, ἀτελεύτητα παρὰ Θεοῦ τὰ ἀγαθά. But then in the next section he speaks of τῶν ἐν αὐτῷ ἀγαθῶν. The translator's reading, παρ' αὐτὸν, may have been correct.

[1] l. ἐκείνοις.

[2] Ar. *apud Deum*, and *ab omni bono*.

[3] Ar. *crediderit*.

[4] *lucem*, Ar.

[5] G. T. ἐστιν εἰργασμένα.

LIB. V. xxviii. 1. GR. V. xxviii. MASS. V. xxviii. 1.

Κεφ. κη'.

De piorum et impiorum discrimine, apostasia futura sub Antichristo, atque mundi consummatione.

J. Damasc. Parall. Halloix. v. Iren. I. ’ΕΠΕΙ οὖν ἐν τῷ αἰῶνι τούτῳ, οἱ μὲν προστρέχουσι τῷ φωτὶ, καὶ διὰ τῆς πίστεως ἑνοῦσιν ἑαυτοὺς τῷ Θεῷ· οἱ δὲ ἀφίστανται τοῦ φωτὸς, καὶ ἀφορίζουσιν ἑαυτοὺς τοῦ Θεοῦ· [1]ἐκδέχεται ὁ λόγος τοῦ Θεοῦ, τοῖς πᾶσιν ἁρμόζουσαν οἴκησιν ἐπάγων· [2]τοῖς μὲν ἐν τῷ φωτὶ, πρὸς τὸ ἀπολαύειν αὐτοὺς τῶν ἐν αὐτῷ ἀγαθῶν· τοῖς δὲ ἐν τῷ σκότει, πρὸς τὸ μετέχειν αὐτοὺς τῆς ἐν αὐτῷ μοχθηρίας. Διὰ τοῦτό φησι, τοὺς μὲν ἐκ δεξιῶν ἀνακαλέσασθαι εἰς τὴν τῶν οὐρανῶν βασιλείαν· τοὺς δὲ ἐξ ἀριστερῶν εἰς τὸ αἰώνιον πῦρ πέμψειν. Ἑαυτοὺς γὰρ πάντων ἐστέρησαν τῶν ἀγαθῶν. M. 326.

CAP. XXVIII.

1. Quoniam igitur in hoc mundo quidam quidem accurrunt lumini, et per fidem [3]uniunt se Deo; alii autem absistunt a lumine, et separant [3]seipsos a Deo: venit Verbum Dei, omnibus aptam habitationem inferens; his quidem qui in lumine sunt, ut fruantur eo, et his quæ in eo sunt bonis: his autem qui in tenebris sunt, ut participentur [4]eas calamitates quæ in eis [4]sunt. Et propter hoc Matt. xxv. 34, et 41. ait, hos quidem qui sunt ad dexteram vocari in regnum Patris: illos autem qui sunt [5]a sinistra in æternum ignem missurum. Semetipsos enim omnibus privaverunt bonis.

2 Thess. ii. 10—12. 2. Et propter hoc Apostolus ait: *Pro eo quod dilectionem* [6]*Dei non receperunt, ut salvi fierent, et ideo* [7]*mittet eis Deus operationem erroris, ut credant mendacio, ut judicentur omnes qui non*

[1] Int. ἔρχεται, and as Grabe observes, the reading harmonises with *Lumen venit in mundum.*

[2] τοῖς μὲν, is an indispensable correction, edd. τοὺς μέν.

[3] Arund. *muniunt,* incorporating the final letter preceding. Ib. *semetipsos.*

[4] Ar. *eos* and *est* for *sunt;* suggesting as a close copy of the Greek construction, *ut participentur ejus calamitatis quæ in eis est.* Vet., Voss. as in the text. al. *ut participetur eis calamitas, quæ in eis est.*

[5] *a sinistra,* Ar. is closer to the Greek than *ad sinistram,* Vet., Voss., but cf. *ad dextram.*

[6] l. *veritatis.* Cf. p. 392.

[7] *mittet.* See p. 247 and 392, 7. Vet., Voss. *eos in operationem.*

crediderunt veritati, sed consenserunt iniquitati: illo enim veniente, LIB. V. xxviii. 2.
et sua sententia apostasiam recapitulante in semetipsum, et [1]sua GR. V. xxviii. MASS. V.
voluntate et arbitrio operante quæcunque operabitur, et in templo xxviii. 2.
Dei sedente, ut sicut Christum adorent illum qui [1]seducentur ab illo; quapropter et juste *in stagnum* [1]*projicietur ignis;* Deo autem Apoc. xix. 20.
secundum suam providentiam præsciente omnia, et apto tempore eum qui talis futurus erat immittente, *ut credant falso,* [2]*ut judicentur omnes qui non crediderunt veritati, sed consenserunt iniquitati.* Cujus adventum Johannes in Apocalypsi significavit ita: *Et bestia* Cap. xiii. 2—10.
quam videram, similis erat pardo, et pedes ejus quasi ursi, [3]*et os ejus quasi os leonis; et dedit ei draco virtutem suam, et thronum suum, et potestatem magnam; et unum ex capitibus ejus quasi oc-*
G. 444. *cisum in mortem, et plaga mortis ejus curata est, et admirata est universa terra post bestiam: et adoraverunt draconem,* [4]*quoniam dedit potestatem bestiæ; et adoraverunt bestiam dicentes: Quis similis bestiæ illi, et quis potest pugnare cum ipsa? Et datum est ei os loquens magna et blasphemiam, et data est ei potestas* [5]*mensibus* XL. *et* [6]*duobus. Et aperuit os suum ad blasphemium adversus Deum, blasphemare nomen ejus, et tabernaculum ejus, et eos qui in cœlo habitant. Et data est ei potestas super omnem tribum, et populum, et linguam, et gentem. Et adoraverunt eum omnes qui* [7]*habitant super terram, cujus non est scriptum nomen in libro vitæ Agni occisi a constitutione mundi. Si quis habet aures, audiat. Si quis in captivitatem duxerit, in captivitatem ibit. Si quis gladio occiderit, oportet eum* [7]*in gladio occidi. Hic est sustinentia et fides sanctorum.* Post deinde et de armigero ejus, quem et pseudoprophetam vocat: *Loquebatur,* inquit, *quasi draco, et potestatem primæ* Apoc. xiii. 11—14.
bestiæ omnem faciebat in conspectu ejus: et facit terram, et qui habitant in ea, ut adorarent bestiam primam, cujus curata est plaga mortis ejus. Et faciet signa magna, [8]*ut et ignem faciat de cœlo descendere in terram in conspectu hominum; et seducet inhabitantes super terram.* [8]Hæc ne quis eum divina virtute putet signa facere, sed

[1] AR. inserts *cum;* ib. *seducuntur,* and cf. πλανᾷ, Rev. xiii. 14. Ib. *projicientur.*

[2] *ut,* AR.; al. *et.*

[3] *et,* VOSS.; omitted in AR.

[4] *quoniam.* G. T. ὃς ἔδωκεν, and very possibly *qui* has been read as *q̄m.*

[5] *i.e. a time, and times, and dividing of times;* three years of twelve months, and a half year.

[6] AR. *duo,* perhaps from the numeral letter β'.

[7] AR. *inhabitant,* and *in* omitted.

[8] *ut et,* ita AR. et VOSS. Juxta S. Johannis textum ἵνα καί. GR. But the sequence is varied in the first MS., as in MERC. II., and the sense spoiled by *et ut.* AR. *hoc.*

LIB. V. xxviii. 2. GR. V. xxviii. MASS. V. xxviii. 2.

magica operatione. Et non est mirandum, si dæmoniis et apostaticis spiritibus ministrantibus ei, per eos faciat signa, in quibus seducat habitantes super terram. *Et imaginem*, ait, [1]*jubebit fieri* (Apoc. xiii. 14–18.) *bestiæ, et spiritum dabit imagini, uti et loquatur imago, et eos qui non adoraverint eam faciet occidi. Et characterem autem*, ait, *in fronte, et in manu dextra faciet dari*, [2]*ne possit aliquis emere vel vendere, nisi qui habet characterem nominis bestiæ, vel numerum nominis ejus: et esse numerum* [3]*sexcentos sexaginta sex, quod est, sexies centeni, et deni sexies, et singulares sex;* in recapitulationem universæ apostasiæ ejus, quæ facta est in sex millibus annorum. M. 327.

Coteler. not. in Ep. S. Barnab. 15.

3. [4]Ὅσαις ... ἡμέραις ἐγένετο ὁ κόσμος, τοσαύταις χιλιοντάσι συντελεῖται. Καὶ διὰ τοῦτό φησιν ἡ γραφή· καὶ συνετελέσθησαν ὁ οὐρανὸς καὶ ἡ γῆ, καὶ πᾶς ὁ κόσμος αὐτῶν. Καὶ συνετέλεσεν ὁ Θεὸς τῇ ἡμέρᾳ τῇ ϛ′ τὰ ἔργα αὐτοῦ ἃ ἐποίησε, καὶ κατέπαυσεν ὁ Θεὸς ἐν τῇ ἡμέρᾳ τῇ ζ′ ἀπὸ πάντων τῶν ἔργων αὐτοῦ. Τοῦτο δ' ἔστι τῶν προγεγονότων

3. Quotquot enim diebus hic factus est mundus, tot et millenis annis consummatur. Et propter hoc ait Scriptura Geneseos:
Gen. ii. 1, 2. *Et consummata sunt cœlum et terra, et omnis ornatus eorum. Et* G. 445. *consummavit Deus die sexto omnia opera sua quæ fecit, et requievit in die septimo ab omnibus operibus suis quæ fecit.* Hoc autem est et antefactorum narratio, quemadmodum facta sunt, et futurorum

[1] AR. ait *fieri bestiæ videbit.*

[2] VET., VOSS. *ut non.*

[3] The Hebrew word סרות, *ἀποστασίαι*, sums 666, and it is offered as another solution of this *crux theologica.* The idea involved is so suitable to the context that FABER, though accepting the term Λατεῖνος, has also educed the required number from the word ἀποστάτης, but he makes the unfortunate mistake of reading the abbreviate symbol ϛ′, as the *episemon βαῦ*, computing it as 6; whereas, the letters, as written by S. John, could only sum 500. It is certainly a remarkable coincidence, that the Λατεῖνος of IRENÆUS and the Rabbinical רומיית should alike sum 666. But no Scripture is of private interpretation, and the Word of God written for every country, and every age, is not to be limited in its application to any one empire or isolated branch of the Church Catholic. For this reason the term סרות, as being of universal application, is preferred. It is very evident that the primitive Church was without any certain solution of the difficulty, and the only resource from the earliest days has been conjecture. One more is added to this not very satisfactory stock. The author evidently applies the number to apostasy and wickedness, of whatever age, whether *ante* or *post-diluvian.* See end of cap. XXIX.

[4] *Græcum Irenæi textum e Codice* 2215 *Regiæ Bibliothecæ Parisiis descriptum erudito orbi communicavit* Cotelerius *in notis ad Epist. S. Barnabæ.*

διήγησις, καὶ τῶν ἐσομένων προφητεία. Ἡ γὰρ ἡμέρα Κυρίου ὡς ͵α ἔτη· ἐν ἓξ οὖν ἡμέραις [1]συντετελέσται τὰ γεγονότα· φανερὸν οὖν, ὅτι ἡ συντέλεια αὐτῶν τὸ ͵ϛ ἔτος ἐστίν[2]. LIB. V. xxviii. 3. GR. V. xxviii. MASS. V. xxviii. 3.

prophetia. [3]Etenim dies Domini quasi mille anni; in sex autem diebus consummata sunt quæ facta sunt: [4]manifestum est quoniam consummatio ipsorum sextus millesimus annus est. Et propter hoc in omni tempore, plasmatus initio homo per [5]manus Dei, id est, Filii et Spiritus, fit secundum imaginem et similitudinem Dei, paleis quidem abjectis, quæ sunt apostasia; frumento autem in horreum assumto, quod est hi qui ad Deum fide fructificant. Et propterea tribulatio necessaria est his qui salvantur, [6]ut quodammodo contriti, [6]et attenuati, et [7]conspersi per patientiam Verbo Dei, [7]et igniti, apti sint ad convivium Regis. Quemadmo- 2 Pet. iii. 8.

[8]ὡς εἶπέ τις τῶν ἡμετέρων, διὰ τὴν πρὸς Θεὸν μαρτυρίαν κατακριθεὶς πρὸς θηρία· ὅτι σῖτός εἰμι Θεοῦ, καὶ δι' ὀδόντων θηρίων ἀλήθομαι, ἵνα καθαρὸς ἄρτος [9]εὑρεθῶ. S. Ign. ad Rom. iv.

dum quidam de nostris dixit, propter martyrium in Deum adjudicatus ad bestias: Quoniam frumentum sum Christi, et per dentes bestiarum molor, ut mundus panis Dei inveniar.

1 Grabe συντετελέσθαι.

2 *In MS. Regio Codice sequuntur:* Καὶ τῇ ζ' κρίνει τὴν οἰκουμένην· καὶ τῇ η' ἥτις ἐστὶν ὁ μέλλων αἰὼν, τοὺς μὲν παραδίδωσιν εἰς κόλασιν αἰώνιον, τοὺς δὲ εἰς ζωήν. Διὰ τοῦτο εἴρηνται οἱ ψαλμοὶ ὑπὲρ τῆς η'. *Sed hæc non sunt ipsius Irenæi.* Gr.

3 Ar. as above. Voss. *si enim,* which Stieren adopts. Vet. *si etenim,* as in Massuet.

4 The Greek text requires the addition of *ergo.*

5 See p. 213, 5; 317; 333, 2.

6 *ut, et,* both omitted in the Ar.

7 *conspersi...igniti.* πεφυραμένοι δι' ὑπομονῆς λόγου τοῦ Θεοῦ καὶ πυριώμενοι κ.τ.λ.

8 *Eadem verba habentur in Græcis Actis S. Ignatii MS. in Bibliotheca Bodleiana, ubi pro* πρὸς Θεὸν, *legitur* εἰς Θεὸν, *perinde ut in Latino,* in Deum. Gr.

9 In the text of the epistle we read τοῦ Χριστοῦ. The latter word having been lost to the translator, the article seems to have been read as Θεοῦ, and expressed by *Dei.* Eusebius quotes the same words of the venerable martyr, *H. E.* iii. 36, but as above.

LIB. V. xxix. 1. GR. V. xxix. MASS. V. xxix. 1.

CAP. XXIX.

Universa ad utilitatem hominum facta esse: et de Antichristi dolis, nequitia, vi apostatica a diluvio, et deinceps in Ananiæ, Azariæ et Misaelis persecutione, præfigurata.

1. **Causas autem reddidimus in his qui sunt ante hunc libris, propter quas passus [1]est Deus hæc ita fieri: [1]et ostendimus quoniam omnia quæ sunt talia, pro eo qui salvatur homine facta sunt, illud quod est sui arbitrii et suæ potestatis maturans ad immortalitatem, et aptabiliorem eum ad æternam subjectionem Deo præparans. Et propter hoc conditio insumitur homini: non enim homo propter illam, sed conditio facta est propter hominem. Gentes autem quæ et ipsæ non allevaverunt oculos [2]ad cœlum, neque gratias egerunt factori suo, neque lumen veritatis videre voluerunt, sed sicut mures cæci absconditi in profundo insipientiæ,**
Esai. xl. 15. **[3]juste sermo *ut stillicidium de cado, et sicut momentum stateræ*, et** G. 446.
Esai. xl. 17. ***sicut nihil* deputavit; in tantum utiles et aptabiles justis, quantum utilitatis præstat stipula ad tritici augmentum; et [4]palea ejus in ustionem, ad operationem auri. Et propterea cum in fine repente**
Matt. xxiv. 21. **hinc Ecclesia [5]assumetur: *Erit*, inquit, *tribulatio qualis non est facta ab initio, neque fiet*. Novissimus enim agon [5]hic justorum, in quo vincentes coronantur incorruptela.**

E Parall. J. Damasc. Halloix. v. Iren.

2. . . . *ἀνακεφαλαίωσις γίνεται πάσης ἀδικίας καὶ παντὸς δόλου, ἵνα ἐν αὐτῷ συῤῥεύσασα καὶ συγκλεισθεῖσα πᾶσα δύναμις ἀποστατικὴ κατὰ τὴν κάμινον ὀλισθῇ τοῦ πυρός. Καταλλήλως οὖν καὶ τὸ ὄνομα αὐτοῦ*

2. Et propter hoc in bestia veniente recapitulatio fit universæ
Apoc. xix. 20. **iniquitatis et omnis doli, ut in ea confluens et conclusa omnis virtus apostatica, in caminum mittatur ignis. Congruenter autem et nomen**

[1] AR. omits *est*, and has *ostendimusque*, an unusual form with the translator, which may have arisen by mistaking *q̄m.* for *que*.

[2] *suos*, inserted by MASS. and STIEREN from the VOSS. MS., is not required, and the AR. omits it.

[3] AR. strangely divides the word into *ejus te*, the first vowel being taken from the final syllable preceding.

[4] *palea... in.* AR. *paleas...ad.*

[5] AR. *assumitur*, and omits *hic*.

ἕξει τὸν ἀριθμὸν χξϛʹ. Ἀνακεφαλαιούμενος ἐν αὐτῷ τὴν LIB. V. xxix. 2.
M. 328. πρὸ τοῦ κατακλυσμοῦ πᾶσαν κακίαν· ...... Νῶε γὰρ ἐτῶν GR. V. xxix.
ἑξακοσίων, καὶ κατακλυσμὸς ἐπῆλθε τῇ γῇ εἰς ἐξάλειψιν τῆς MASS. V. xxix. 2.
ἁμαρτίας, ... Ἀνακεφαλαιούμενος δὲ καὶ τὴν ἀπὸ τοῦ κατακλυσμοῦ πᾶσαν εἰδωλολατρείαν, ... μέχρις οὗ ἡ τοῦ Ναβουχοδονόσωρ ἀνασταθεῖσα εἰκὼν, ἥτις ὕψος μὲν εἶχε πηχῶν ἑξήκοντα, εὖρος δὲ πηχῶν ϛʹ. ......Ὅλη γὰρ ἡ εἰκὼν ἐκείνη προτύπωσις ἦν τῆς τοῦ ἀντιχρίστου παρουσίας. ...... Τὰ οὖν χʹ ἔτη τοῦ Νῶε, ἐφ' οὗ ὁ κατακλυσμὸς ἐγένετο διὰ τὴν ἀποστασίαν, καὶ ὁ πηχισμὸς τῆς εἰκόνος, ... τὸν ἀριθμὸν, ὡς εἴρηται, σημαίνουσι τοῦ ὀνόματος, εἰς ὃν συγκεφαλαιοῦται τῶν ͵ϛ ἐτῶν πᾶσα ἀποστασία, καὶ ἀδικία, καὶ πονηρία, ...

ejus habebit numerum, sexcentos sexaginta sex, recapitulans in semetipso omnem quæ fuit ante diluvium malitiæ commixtionem, quæ facta est ex [1]angelica apostasia. Noe enim fuit annorum sexcentorum, et diluvium advenit terræ, delens [2]inresurrectionem terræ propter nequissimam generationem, quæ fuit temporibus Noe. Recapitulans autem et omnem qui fuit [3]a diluvio errorem [4]commentatorem idolorum, et prophetarum interfectionem et succensionem justorum. Illa enim quæ fuit a Nabuchodonosor [4]instituta imago, altitudinem quidem habuit cubitorum sexaginta, latitudinem autem [5]cubitorum sex: propter [5]quam et Ananias, et Azarias, et Misael, non adorantes eam, in caminum missi sunt ignis, per id, quod eis evenit, prophetantes eam quæ in finem futura est justorum succensio. Universa enim imago illa præfiguratio fuit hujus adventus, ab omnibus omnino hominibus ipsum solum decernens adorari. Sexcenti itaque anni Noe, sub quo fuit diluvium propter aposta-
G. 447. siam, et numerus cubitorum imaginis, propter quam justi in caminum ignis missi sunt, numerum nominis significat illius, in quem recapitulatur sex millium annorum omnis apostasia, et injustitia, et nequitia, et pseudoprophetia, et dolus: propter quæ et [6]diluvium superveniet ignis.

[1] See I. 95, 2; II. 190, 5.

[2] *Nisi me omnia fallunt, Irenæus scripsit,* ἐπανάστασιν τῆς γῆς, insolentiam, *sive* rebellionem terræ. *Interpres vero aut male ex una voce fecit duas,* ἐπ' ἀνάστασιν, *aut illam barbare vertit,* inresurrectionem, *pro* insurrectionem.

[3] AR. *ante diluvium.*

[4] l. *commentitorum,* τὴν τῶν εἰδώλων πλάνην συνεψευσμένων. AR. *constituta.*

[5] AR. omits *cubitorum,* and has *quæ.*

[6] τὸ κατάκλυσμα ὑπερβήσεται πῦρ.

LIB. V. xxx. 1. GR. V. xxx. MASS. V. xxx. 1.

Κεφ. λʹ.

Certus quidem est numerus nominis Antichristi; sed de hoc nihil temere affirmandum, quum multis nominibus is aptari queat: et cur aperte a Spiritu S. explicatum non fuerit: ac de regno morteque illius.

Eus. H. E. v. 8.

1. [1]ΤΟΥΤΩΝ δὲ οὕτως ἐχόντων, καὶ ἐν πᾶσι τοῖς σπουδαίοις καὶ ἀρχαίοις ἀντιγράφοις τοῦ ἀριθμοῦ τούτου κειμένου, καὶ μαρτυρούντων αὐτῶν ἐκείνων τῶν κατ᾽ ὄψιν τὸν Ἰωάννην ἑωρακότων, καὶ τοῦ λόγου διδάσκοντος ἡμᾶς, ὅτι ὁ ἀριθμὸς τοῦ ὀνόματος τοῦ θηρίου κατὰ τὴν τῶν Ἑλλήνων ψῆφον διὰ τῶν ἐν αὐτῷ γραμμάτων...... Οὐκ οἶδα πῶς ἐσφάλησάν τινες ἐπακολουθήσαντες ἰδιωτισμῷ, καὶ τὸν μέσον

CAP. XXX.

1. His autem sic se habentibus, et in omnibus antiquis et probatissimis et veteribus scripturis numero hoc posito, et testimonium perhibentibus his, qui facie ad faciem Johannem viderunt, et ratione docente [2]nos, quoniam numerus nominis bestiæ secundum Græcorum computationem per literas quæ in eo sunt, sexcentos habebit, et sexaginta, et sex; hoc est, decadas æquales [3]hecatontasin, et hecatontadas æquales monasin; Numerus enim qui [4]digitus sex, similiter custoditus, recapitulationes ostendit universæ apostasiæ ejus quæ initio, et quæ [5]in mediis temporibus, et quæ in fine erit; ignoro quomodo erraverunt quidam sequentes idiotis-

i.e. in its effects, for it shall annihilate the world, not simply overwhelm it.

[1] *Hæc Græca Irenæi allegavit Euseb. lib.* v. *Hist. Eccles. cap.* 8, *et ex eo Nicephorus lib.* IV. *cap.* 14, *atque Damasc. una cum pluribus sequentibus verbis.*

[2] AR. *docentes*, and omits *nos.*

[3] AR. *exatontasin et hexatontadas, et*, upon which I add MASSUET's note, *perperam mutata litera Græca*, κ, *in Latinam. Porro* hecatontasin *et* monasin *dativos esse Græcorum, nemo non videt; alterum ab* ἑκατοντὰς ... άδος, centenarius numerus, *alterum a* μονὰς ... άδος, unitas, *pro eo quod Latine diceretur*, centenariis *et* unitatibus, *vel* hecatontatibus et monadibus. *Sensus igitur Irenæi est, in numero* 666. *tot decadas occurrere, quot centenarios, nempe* 6, *et tot centenarios, quot unitates: adeo ut senarii numeri nota ubique reperiatur.*

[4] GRAB. *pro* digitus *legendum vult* dicitur... *Sane haud meminit* digitum *numerum arithmeticis dici eum, qui denario minor est; quod denario convenit.* The Greek equivalent perhaps being ψ στιγλὰ ϛʹ. f. l. *cui.* AR. *digitos.*

[5] AR. omits *in.*

ἠθέτησαν ἀριθμὸν τοῦ ὀνόματος, ν' ψήφισμα ὑφελόντες, καὶ ἀντὶ τῶν ἓξ δεκάδων μίαν δεκάδα βουλόμενοι εἶναι. Ἄλλοι δὲ ἀνεξετάστως τοῦτον λαβόντες, οἱ μὲν ἁπλῶς καὶ [1]ἀκαίρως ἐπετήδευσαν· οἱ δὲ κατὰ ἀπειροκαλίαν ἐτόλμησαν καὶ ὄνομα ἀναζητεῖν ἔχον τὸν ἐσφαλμένον καὶ διημαρτημένον ἀριθμόν. Ἀλλὰ τοῖς μὲν ἁπλῶς καὶ ἀκάκως τοῦτο ποιήσασιν, εἰκὸς καὶ συγγνώμην ἔσεσθαι παρὰ Θεοῦ. Ὅσοι δὲ κατὰ κενοδοξίαν ὁρίζουσιν ὀνόματα διημαρτημένου ἀριθμοῦ νενομοτεθῆσθαι, καὶ τὸ ὑπ' αὐτῶν ἐπινοηθὲν ὄνομα ὁρίζονται... οὐκ ἀναίτιοι οὗτοι ἐξελεύσονται, ἔτι καὶ αὐτοὺς, καὶ τοὺς ἐμπιστεύσαντας αὐτοῖς ἐξαπατήσαντες. Καὶ πρῶτον μὲν ζημία ἐν τῷ ἀποτυχεῖν τῆς ἀληθείας, καὶ τὸ μὴ ὂν ὡς ὂν ὑπολαβεῖν· ἔπειτα δὲ τοῦ προσθέντος ἢ ἀφελόντος τι τῆς γραφῆς, ἐπιτιμίαν οὐ τὴν τυχοῦσαν ἔχοντος, εἰς αὐτὴν ἐμπεσεῖν ἀνάγκη τὸν τοιοῦτον. Ἐπακολουθήσει δὲ καὶ ἕτερος οὐχ ὁ τυχὼν κίνδυνος τοῖς ψευδῶς προειληφόσιν εἰδέναι τὸ τοῦ ἀντιχρίστου

LIB. V. XXX. 1. GR. V. XXX. MASS. V. XXX. 1.

mum, et medium frustrantes numerum nominis, quinquaginta numeros deducentes, pro sex [2]decadis unam decadem volentes esse. [Hoc autem arbitror scriptorum peccatum fuisse, ut solet fieri, quoniam et per literas numeri ponuntur, facile literam Græcam, quæ
M. 329. sexaginta enuntiat numerum, in iota Græcorum literam [3]expansam;] post deinde quidam sine exquisitione hoc acceperunt; alii
G. 448. quidem simpliciter et idiotice usurpaverunt denarium numerum: quidam autem per ignorantiam ausi sunt et nomina exquirere, habentia falsum erroris numerum. Sed his quidem qui simpliciter et sine malitia hoc fecerunt, arbitramur veniam dari a Deo. Quotquot autem secundum inanem gloriam statuunt nomina continentia falsum numerum, et quod a se fuerit adinventum nomen, definierunt esse illius qui venturus est; non sine damno tales exient, quippe qui et semetipsos, et credentes sibi seduxerunt. Et primum quidem damnum est excidere a veritate, [4]et quod non sit, quasi arbitrari: post deinde, apponenti vel auferenti de Scriptura pœnam non modicam fore, in quam incidere necesse est eum qui sit talis. Subsequetur autem et aliud non quodlibet periculum

[1] f. l. ἀκυρῶς, *nulla auctoritate.*

[2] f. l. *decadib⁹*, i. e. *decadibus.*

[3] *i.e.* Ξ into EI. Compare Λατεῖνος, p. 409, 3, and Χρεῖστος, 146, 1. The brackets mark an evident interpolation.

[4] AR. *et quod non sint arbitri*, f. l. *et quod non sit, sit quasi arbitrari.*

LIB. V. xxx. 1. GR. V. xxx. MASS. V. xxx. 1.

ὄνομα. Εἰ γὰρ ἄλλο μὲν οὗτοι δοκοῦσιν, ἄλλο δὲ ἐκεῖνος ἔχων ἐλεύσεται, ῥᾳδίως ἐξαπατηθήσονται παρ' αὐτοῦ· ὡς μηδέπου παρόντος ἐκείνου, ὃν φυλάσσεσθαι προσήκει.

[1]eos, qui falso præsumunt scire nomen ejus. Si enim aliud quidem [1]hi putant, aliud autem ille habens adveniet, facile seducentur ab eo, quasi necdum adsit ille, quem [2]cavere convenit.

2. Oportet itaque tales discere, et ad verum recurrere nominis numerum; ut non in pseudoprophetarum loco deputentur. Sed scientes firmum numerum qui a Scriptura annuntiatus est, id est, sexcentorum sexaginta sex, sustineant primum quidem divisionem regni in decem: post deinde illis regnantibus, et incipientibus corrigere sua negotia, et augere suum regnum, qui de improviso advenerit regnum sibi vindicans, et terrebit prædictos, habens nomen continens prædictum numerum, hunc vere cognoscere esse
1 Thess. v. 3. abominationem desolationis. Hoc et Apostolus ait: *Cum dixerint, Pax, et* [3]*munitio, tunc subitaneus illis superveniet interitus.* Hieremias autem non solum subitaneum ejus adventum, sed et tribum
Jer. viii. 16. ex qua veniet, [4]manifestavit dicens: *Ex Dan* [5]*audiemus vocem velocitatis equorum* [5]*ejus: a voce hinnitus decursionis* [5]*equorum ejus commovebitur tota terra: et veniet, et manducabit terram, et plenitudinem ejus,* [5]*et civitatem, et qui habitant in ea.* Et propter [5]hoc
Apoc. vii. 5, 6, 7. non annumeratur tribus hæc in Apocalypsi cum his quæ salvantur.

Parall. J. Damasc. Ἀσφαλέστερον οὖν καὶ ἀκινδυνότερον, τὸ περιμένειν τὴν ἔκβασιν τῆς προφητείας, ἢ τὸ καταστοχάζεσθαι καὶ καταμαντεύεσθαι ὀνόματος· τυχὸν δὲ ἐπὶ πολλῶν ὀνομάτων εὑρεθῆναι δυναμένου τοῦ αὐτοῦ [6]ἀριθμοῦ, ... εἰ γὰρ πολλά ἐστι τὰ

Certius ergo et sine periculo est, sustinere adimpletionem prophetiæ, quam suspicari et divinare nomina quælibet; quando multa nomina inveniri possunt habentia prædictum numerum; et nihilominus quidem erit hæc eadem quæstio. [7]Si enim multa sunt quæ

[1] AR. *eis*, and *imputant* for *hi p.*

[2] VET., VOSS. *cavere*, AR. *caveri*.

[3] G. T. ἀσφαλεία. AMBR. *firmitas*. Vers. It. *munitio*. Syr. ܘܫܝܢܐ, *et tranquillitas*, seems to have been read as ܘܚܘܣܢܐ, *et munitio*, the faint articulation ܚ having been easily lost in the particle.

[4] AR. omits *manifestavit*.

[5] AR. *audivimus voces*, and omits *ejus*, *equorum*, *et*, and *hoc*.

[6] DAMASC. adds, Ὡς τὸ Εὐανθὰς, καὶ Λατεῖνος, καὶ Παπίσκος, περὶ ὧν ἀνάγκη σφάλλεσθαι τῆς ἀληθείας τὸν περὶ ἐν αὐτῶν ἐρχόμενον.

[7] An interrogative clause. l. *quæretur?*

εὑρισκόμενα ὀνόματα, ἔχοντα τὸν αὐτὸν ἀριθμὸν, ποῖον ἐξ αὐτῶν φορέσει ὁ ἐρχόμενος, ζητηθήσεται; LIB. V. xxx. 2. GR. V. xxx. MASS. V. xxx. 2.

inveniuntur nomina, habentia numerum hunc, quod ex ipsis portabit qui veniet, quæritur?

3. Quoniam autem [1]non propter inopiam nominum habentium [1]numerum nominis ejus dicimus hæc, sed propter timorem erga G. 449. Deum, et zelum veritatis: [2]ΕΥΑΝΘΑΣ enim nomen habet numerum de quo quæritur: sed nihil de eo affirmamus. Sed et [3]ΛΑΤΕΙΝΟΣ nomen habet sexcentorum sexaginta sex numerum: et valde verisimile est, quoniam [4]novissimum regnum hoc habet vocabulum. Latini enim sunt qui nunc regnant: sed non in hoc nos gloriabimur. Sed et [4]ΤΕΙΤΑΝ, [prima syllaba per duas Græcas vocales ε et ι scripta,] omnium nominum quæ apud nos inveniuntur, magis fide dignum est. Etenim prædictum numerum habet in se, et literarum est sex, singulis syllabis ex ternis literis constantibus, et vetus et semotum; neque [5]enim eorum regum qui secundum nos sunt, aliquis vocatus est Titan, neque eorum [5]quæ publice adorantur idolorum apud Græcos et barbaros habet vocabulum [6]hoc: et divinum putatur apud multos esse hoc nomen, ut etiam M. 330. sol Titan vocetur ab his qui nunc tenent: et ostentationem quandam [6]continet ultionis, et vindictam inferentis, quod ille simulat se male tractatos vindicare. [7]Et alias autem et antiquum, et fide dignum, et regale, magis autem et tyrannicum nomen. Cum igitur [8]tantam suasionem habeat hoc nomen Titan, tantam habet

[1] *Primum nomen, quod hic ab Irenæo ponitur, est* ΕΥΑΝΘΑΣ, *cujus elementa sigillatim sumta, numerum ab Irenæo quæsitum faciunt. Secundum, quod cum Irenæo agnoscit et Arethas Cappadox, est* ΛΑΤΕΙΝΟΣ. *Tertium Aret. Capp. Com. in* 13 *Apoc. sicut Irenæo placet, nempe* ΤΕΙΤΑΝ. *Quartum constituit post Hippolytum M. Primasius:* ΑΡΝΟΥΜΑΙ, nego. *Quintum tradit Aret. Capp.* ΛΑΜΠΕΤΙΣ. *Sextum eodem Aret. auctore, esse poterit* Ο ΝΙΚΗΤΗΣ: i.e. Victor. *Septimum apud eundem Aret. est* ΚΑΚΟΣ ΟΔΗΓΟΣ, Malus dux. *Octavum eodem auctore* ΑΛΗΘΗΣ ΒΛΑΒΕΡΟΣ, Vere nocens. *Nonum idem subjicit,* ΠΑΛΑΙ ΒΑΣΚΑΝΟΣ, Jam olim invidus. *Decimum postremo addit,* ΑΜΝΟΣ ΑΔΙΚΟΣ, Agnus nocens. *Undecimum habet Primasius ex Ticonio,* ΑΝΤΕΜΟΣ. *Duodecimum enumerat Rupertus,* ΓΕΝΣΗΡΙΚΟΣ. FEUARD.

The AR. has *in numerum*, suggesting for the Greek original, *οὐ διὰ χρείαν ὀνομάτων ἠχούντων ἰσάριθμον* [Int. *ἐχόντων εἰς ἀριθμὸν*] *τοῦ ὀνόματος τούτου.*

[2] AR. *Euan.* VOSS. as above.

[3] AR., MERC. II. defectively *Latinos.*

[4] AR. *verissimum* and *Titan.* The brackets mark an interpolation.

[5] *enim,* VOSS., MERC. II., which AR. omits. Ib. *qui.*

[6] AR. omits *hoc,* ib. *continent.*

[7] *et alias,* VOSS.; *talias,* AR., MERC. II.; *Titas,* MERC. I.

[8] AR., MERC. II., but VET. *tacitam.*

LIB. V. xxx. 3. GR. V. xxx. MASS. V. xxx. 3.

verisimilitudinem, ut ex multis colligamus ne forte Titan vocetur, qui veniet; nos tamen non periclitabimur in eo, nec asseverantes

Eus. H. E. v. 8.

Ἡμεῖς οὖν οὐκ [1]ἀποκινδυνεύομεν περὶ τοῦ ὀνόματος τοῦ Ἀντιχρίστου ἀποφαινόμενοι βεβαιωτικῶς· εἰ γὰρ ἔδει ἀναφανδὸν τῷ νῦν καιρῷ κηρύττεσθαι τοὔνομα αὐτοῦ, δι' ἐκείνου ἂν ἐῤῥέθη τοῦ καὶ τὴν Ἀποκάλυψιν ἑωρακότος. [2]Οὐδὲ γὰρ πρὸ πολλοῦ χρόνου ἑωράθη, ἀλλὰ σχεδὸν ἐπὶ τῆς ἡμετέρας γενεᾶς, πρὸς τῷ τέλει τῆς Δομετιανοῦ ἀρχῆς.

pronuntiabimus hoc eum nomen habiturum: scientes, quoniam si oporteret manifeste præsenti tempore præconari nomen ejus, per ipsum utique editum fuisset, qui et Apocalypsim viderat. Neque enim ante multum temporis visum est, sed pene sub nostro sæculo, ad finem Domitiani imperii.

4. Nunc autem numerum nominis ostendit, ut caveamus illum venientem, scientes quis est: nomen autem ejus tacuit, quoniam dignum non est præconari a Spiritu sancto. Si enim præconatum ab eo fuisset, fortassis et in multum permaneret. Nunc autem G. 450.
Apoc. xvii. 8. quoniam *fuit, et non est, et [3]ascendet ab abysso, et in perditionem vadit*, quasi qui non sit; sic nec nomen ejus præconatum est: ejus enim quod non est, nomen non præconatur. Cum autem [3]vastaverit Antichristus hic omnia in hoc mundo, [4]regnabit annis tribus et mensibus sex, et [4]sedebit in templo Hierosolymis; tunc veniet Dominus de cœlis in nubibus, in gloria Patris, illum quidem, et obedientes ei in stagnum ignis mittens; adducens autem justis regni tempora, hoc est requietionem, septimam diem sanctificatam; et restituens Abrahæ promissionem hæreditatis:
Matt. viii. 11. in quo regno ait Dominus, multos ab oriente et occidente venientes, recumbere cum Abraham, Isaac, et Jacob.

VOSS. *tantam suasionum.* GR., MASS., STIEREN *tantum suasionum.* There is a marginal appearance about the words *tantam habet* (AR. *habeat*) *verisimilitudinem;* reading *et* therefore for *ut*, the passage may represent the following Greek words. *ὅσην οὖν ἂν ἔχῃ πιθανότητα τὸ ὄνομα Τειτὰν, καὶ ἐκ πόλλων ἂν συλλογισώμεθα, μὴ Τειτὰν καλεσῆται ὁ ἐρχόμενος, ἀλλ' ἡμεῖς οὐκ κ.τ.λ. μὴ* having the force of *num;* and *οὖν* would naturally be substituted for *ἀλλὰ* in the commencement of a quotation. Cf. *tamen.*

[1] l. *ἀποκινδυνεύσομεν.*

[2] *Hæc allegavit* Maximus *in* Dion. Areop. *Ep.* X. GRABE.

[3] AR. *et ascendit abysso.* VOSS. *devastaverit.*

[4] AR. *regnavit.* GR. *regnans.* AR. *sederit*, which is followed by GRABE. The readings in the text are those of VET., VOSS.

LIB. V. xxxi. 1. GR. V. xxxi. MASS. V. xxxi. 1.

CAP. XXXI.

Confirmatur reservatio corporum nostrorum morte resurrectione et ascensione Christi: animæ sanctorum interea tempus illud exspectant, ut perfectam consummatamque gloriam percipiant.

1. QUONIAM autem quidam ex his qui putantur recte credidisse, supergrediuntur ordinem promotionis justorum, et [1]modos meditationis ad incorruptelam ignorant, hæreticos sensus in se habentes: hæretici enim despicientes plasmationem Dei, et non suscipientes salutem carnis suæ, contemnentes autem et repromissionem Dei, et totum supergredientes Deum sensu, simul atque mortui fuerint, dicunt se supergredi cœlos et Demiurgum, et ire ad matrem, vel
G. 451. ad eum qui ab ipsis affingitur, patrem. Qui ergo universam reprobant resurrectionem, et quantum in ipsis est auferunt eam de medio, quid mirum est, si nec ordinem resurrectionis sciunt, nolentes intelligere, quoniam si hæc ita essent, quemadmodum dicunt, ipse utique Dominus, in quem se dicunt credere, non in tertia die fecisset resurrectionem; sed super crucem exspirans, confestim utique abiisset sursum, relinquens corpus terræ? Nunc autem [2]tribus diebus conversatus est ubi erant mortui, quemadmodum propheta ait de eo: [3]*Commemoratus est Dominus sanctorum mortuorum suorum, eorum qui ante dormierunt in terra*
M. 361. [4]*sepelitionis, et descendit ad eos, extrahere eos, et salvare eos.* Et ipse autem Dominus: *Quemadmodum*, ait, *Jonas in ventre ceti* Matt. xii. 40.

[1] *modos*, AR., GRAB., is preferred to *motus*, VET., VOSS., MASS., STIEREN. The Benedictine says, that *promotionis* suggests the reading *motus*, but in the Greek the similarity would disappear; the original seems to have been, καὶ ὑπερβαίνουσι τὴν τάξιν τῆς τῶν δικαίων προκοπῆς, καὶ τοὺς τρόπους τῆς μελέτης τῆς ἐπὶ τὴν ἀφθαρσίαν ἀγνοοῦσι. See 219, 3.

[2] *Christum in corde terræ triduum mortis legimus expunctum, id est, in recessu intimo et interno, et in ipsa terra operto, et intra ipsam cavato, et inferioribus adhuc abyssis superstructo. Quod si Christus Deus, quia et homo, mortuus secundum Scripturas, et sepultus secundum easdem, huic quoque legi satisfecit, forma humanæ mortis apud inferos functus; nec ante adscendit in sublimiora cœlorum, quam descendit in inferiora terrarum, ut illic Patriarchas et Prophetas compotes sui faceret; habes et regionem inferum subterraneam credere, et illos cubito pellere, qui satis superbe non putent animas fidelium inferis dignas: servi super dominum, et discipuli super magistrum, aspernati, si forte in Abrahæ sinu, expectandæ resurrectionis solatium capere.* TERT. *de An.* 55.

[3] See p. 108, 6, and *Creeds*, p. 333.

[4] *sepelitionis*, VET.; *stipulationis*, VOSS.

LIB. V. xxxi. 1. GR. V. xxxi. MASS. V. xxxi. 1. *tres dies, et tres noctes mansit, sic erit* [1]*et Filius Hominis in corde terræ.* Sed et Apostolus ait: *Ascendit autem, quid est, nisi quia et descendit* [2]*in inferiora terræ?* Hoc et David in eum pro-
Eph. iv. 9. Ps. lxxxv. 13. phetans dixit: *Et eripuisti animam meam ex inferno inferiori.*
Resurgens autem tertia die, et Mariæ quæ se prima vidit et
Joh. xx. 17. adoravit dicebat: [3]*Noli me tangere, nondum enim ascendi ad Patrem, sed vade ad discipulos, et dic eis: Ascendo ad Patrem meum, et Patrem vestrum.*

2. Si ergo [3]Dominus legem mortuorum servavit, ut fieret primogenitus a mortuis, et commoratus usque [4]in tertiam diem in infe-
Joh. xx. 20 et 27. rioribus terræ, post deinde surgens in carne, ut etiam [5]fixuras clavorum ostenderet discipulis, sic ascendit ad Patrem, quomodo non confundantur, qui dicunt [6]inferos quidem esse hunc mundum, qui sit secundum nos; interiorem autem hominem ipsorum derelinquentem hic corpus, in supercœlestem ascendere locum? Cum
Ps. xxii. 4. enim Dominus *in medio umbræ mortis abierit*, ubi animæ mortuorum erant, post deinde corporaliter resurrexit, et post resurrectionem assumtus est: manifestum est quia et discipulorum ejus, propter quos et hæc operatus est Dominus, animæ abibunt in

Ex Parall. J. Damasc. ed. Halloix. v. Iren. 504. Αἱ ψυχαὶ ἀπέρχονται εἰς τὸν ... [7]τόπον τὸν ὡρισμένον αὐταῖς ἀπὸ τοῦ Θεοῦ, κἀκεῖ μέχρι τῆς ἀναστάσεως φοιτῶσι, περιμένουσαι τὴν ἀνάστασιν· ἔπειτα ἀπολαβοῦσαι τὰ σώματα,

invisibilem locum, definitum eis a Deo, et ibi usque ad resurrectionem commorabuntur, sustinentes resurrectionem: post recipientes corpora, et perfecte resurgentes, hoc est corporaliter, G. 452.

[1] *et*, AR., VOSS.

[2] A text generally quoted by the Fathers in proof of the Descent into Hell; but the words τὰ κατώτερα μέρη τῆς γῆς considered critically, are in evident apposition with those in the next verse, ὑπεράνω πάντων τῶν οὐρανῶν, the one phrase is the correlative of the other; *this lower earth*, of, *the heaven of heavens*. See *Creeds*, 343.

[3] Cf. *Creeds*, 530. AR. omits *Dominus*.

[4] *in*, so the MSS. GR. *ad*.

[5] So the AR., VET. and MERC. II., but the VOSS. *figuras*; τύπους would suit either word, and the VOSS. reading may have been a marginal note suggested by collation with the Greek text.

[6] Heresiarchs, of the Gnostic type, very generally adopted the notion of ancient philosophy, still current among the Brahmins, that the body is the prison of the soul, and that this life, even in its brightest aspect, is a penal state. Compare *Prelim. Rem.* p. xlv. 1.

[7] ἀόρατον must be supplied; the transcriber's eye having passed from the article to the final syllable of the missing word.

καὶ ὁλοκλήρως ἀναστᾶσαι, τουτέστι σωματικῶς, καθὼς καὶ ὁ Κύριος ἀνέστη, οὕτως ἐλεύσονται εἰς τὴν ὄψιν τοῦ Θεοῦ. LIB. V. xxxi. 2. GR. V. xxxi. MASS. V. xxxi. 2.

quemadmodum et Dominus resurrexit, sic venient ad conspectum Dei. *Nemo enim est discipulus super magistrum: perfectus autem* Luc. vi. 40. *omnis, erit* [1] *sicut magister ejus.* Quomodo ergo magister noster non statim [2]evolans abiit, sed sustinens definitum a Patre resurrectionis suæ tempus, quod et per Jonam manifestatum est, post triduum resurgens assumtus est; sic et nos sustinere debemus definitum a Deo resurrectionis nostræ tempus, [3]prænuntiatum a prophetis, et sic resurgentes assumi, quotquot Dominus ad hoc dignos habuerit[4]. Cf. I. 212; II. 54, 86, 90, 98, 99. Cod. Arund. explicit.

CAP. XXXII.

In ea carne, qua Sancti multas hic ærumnas pertulerunt, laborum suorum fructus percipient; maxime cum id omnis creatura exspectet, ac Deus Abrahæ et semini ejus promittat.

1. [5]QUONIAM igitur transferuntur quorundam sententiæ ab hæreticis sermonibus, et sunt ignorantes dispositiones Dei, et mysterium justorum resurrectionis et regni, quod est principium incorruptelæ, per quod regnum qui digni fuerint paulatim assuescunt capere Deum: necessarium est autem dicere de illis, quoniam oportet justos [6]primos in conditione hac quæ renovatur, ad apparitionem Dei resurgentes recipere promissionem hæreditatis, quam Deus

[1] AR. inserts *si sit* from the VULG.

[2] The reader will correct a hasty note at p. 54, 4, where ἀποστήσαντα is in error for ἀποστάντα. GRABE's conjecture is justified by *evolans*. Cf. also pp. 86, 90, 98, 5; 99.

[3] AR., MERC. II. *prædnuntiatum.*

[4] AR. MS. ends here, but with a blank column, shewing antecedent mutilation.

[5] *Hæc posteriora quinque capita in iis, quibus* Erasmus *usus est, Codicibus, ac proinde etiam in ejus ac* Galasii *editt. omissa, ex Veteri Cod. primus eruit* Feuardentius: *qui insuper præmissa præfatione Irenæo ista recte vindicat, eaque ob defensionem Regni millenarii a pluribus sublata fuisse, candide suspicatur... Ex nostris MSS. solus* VOSS. *Codex dicta quinque capita habet.* GR. *Cod.* VOSS. *cum editis accuratissime contuli. In marg. a recentiore manu hæc scripta sunt;* Quæ inde sequuntur omnia ad calcem usque, hactenus desiderata fuerant in omnibus exemplaribus. STIEREN. See Syr. and Arm. extracts, 417, 426, 427.

[6] MASS. notes, *legendum videtur* primum *aut* prius; but προτέρους may have been in the original. Cf. LXX. Ex. xxiii. 28, καὶ ἀποστελῶ τὰς σφηκίας προτέρας σου.

LIB. V. xxxii. 1. GR. V. xxxii. MASS. V. xxxii. 1.

promisit patribus, et regnare in ea: post deinde fieri judicium. In qua enim conditione laboraverunt, [1]sive afflicti sunt, omnibus modis probati per sufferentiam, justum est in ipsa recipere eos fructus sufferentiæ: et qua conditione interfecti sunt propter Dei dilectionem, in ipsa vivificari: et in qua conditione servitutem sustinuerunt, in ipsa regnare eos. Dives enim in omnibus Deus, et omnia sunt ejus. Oportet ergo et ipsam conditionem reintegratam ad pristinum, [2]sine prohibitione servire justis: et hoc Apostolus fecit manifestum in ea quæ est ad Romanos, sic dicens: (Rom. viii. 19, 20, 21.) *Nam exspectatio creaturæ revelationem filiorum Dei exspectat. Vanitati enim creatura subjecta est, non volens, sed propter eum qui subjecit in spe: quoniam et ipsa creatura liberabitur a servitute corruptelæ, in libertatem gloriæ filiorum Dei.*

2. Sic ergo et promissio Dei, quam promisit Abrahæ, firma perseverat. (Gen. xiii. 14, 15.) Dixit enim: *Respice sursum oculis, et vide a loco hoc ubi nunc tu es, ad Aquilonem, et Africum, et Orientem, et Mare, quoniam omnem terram, quam tu vides, tibi dabo et semini tuo usque in sempiternum.* (Gen. xiii. 17.) Et iterum ait: *Surgens ingredere terram in longitudinem ejus, et in latitudinem, quoniam tibi dabo eam:* (Act. vii. 5. Heb. xi. 13.) et non accepit in illa hæreditatem, nec vestigium pedis, sed semper peregrinus et advena in ea fuit. Et quando mortua est (Gen. xxiii. 11 seq.) Sara uxor ejus, volentibus Ethæis gratuito locum dare ei, ut sepeliret eam, noluit accipere, sed emit monumentum, [3]quadringentas dans didrachmas argenti, ab Effron filio Seor Ethæo, sus- (M. 332. G. 453.) tinens promissionem Dei, et nolens videri accipere ab hominibus, (Gen. xv. 18.) quod ei promiserat dare Deus, dicens ei iterum sic: *Semini tuo dabo terram hanc, a flumine Ægypti, usque ad flumen magnum Euphratem.* Si ergo huic promisit Deus hæreditatem terræ, non accepit autem in omni suo incolatu, oportet eum accipere cum semine suo, hoc est, qui timent Deum et credunt in eum, in resurrectione justorum. Semen autem ejus Ecclesia per [4]Dominum adoptionem quæ est ad Deum accipiens, sicut dicebat Johannes (Luc. iii. 8.) Baptista: *Quoniam potens est Deus de lapidibus suscitare filios*

[1] *sive afflicti sunt*, a marginal gloss upon *laboraverunt*, ἐκοπιῶντο.

[2] *sine prohibitione*, ἀκωλύτως.

[3] *Expunximus* quadraginta, *et* quadringentas *reposuimus. Vulgata enim editio Latina habet*, quadringentos siclos argenti. *Et Septuaginta, quos sequitur Auctor*, τετρακόσια δίδραχμα ἀργυρίου, quadringentas didrachmas argenti, &c. FEUARD.

[4] GRABE *Domini*, but corrected by MASS., the VOSS. having, as STIEREN says, *D̄m*, which however expresses *Deum*.

Abrahæ. Sed et Apostolus ait in ea quæ est ad Galatas: *Vos autem, fratres, secundum Isaac repromissionis filii* [1] *estis.* Et iterum manifeste in eadem ait, eos qui in Christo crediderunt percipere Christum, Abrahæ promissionem, sic dicens: *Abrahæ dictæ sunt promissiones, et semini ejus. Et non dicit, et seminibus, quasi de multis, sed quasi de uno, et semini tuo, quod est Christus.* Et iterum confirmans quæ dicta sunt, ait: *Quemadmodum Abraham credidit Deo, et deputatum est ei ad justitiam. Cognoscitis ergo, quoniam quidem qui ex fide sunt, ii sunt filii Abrahæ. Providens autem Scriptura, quia ex fide justificat gentes Deus, prænuntiavit Abrahæ, quia benedicentur in te omnes gentes. Itaque qui ex fide sunt, benedicentur cum fideli Abraham.* Sic ergo qui sunt ex fide, benedicentur cum fideli Abraham, et hi sunt filii Abraham. Repromisit autem Deus hæreditatem terræ Abrahæ et semini ejus: et neque Abraham neque semen ejus, hoc est qui ex fide justificantur, nunc sumunt in ea hæreditatem: accipient autem eam in resurrectione justorum. Verus enim et firmus Deus: et propter hoc *beatos* dicebat *mites, quoniam ipsi hæreditabunt terram.*

LIB. V. xxxii. 2. GR. V. xxxii. MASS. V. xxxii. 2.

Gal. iv. 28. Gal. iii. 16. Gal. iii. 6—9. Matt. v. 5.

CAP. XXXIII.

Propositum confirmat promissionibus iis, quibus Christus se de generatione vitis in regno Patris bibiturum esse [2]*recepit, simul et mercedem centuplam, et prandia promisit: quod et longe antea benedictio Jacob præsignaret; uti Papias et Seniores sunt interpretati.*

1. Propter hoc autem ad passionem veniens, ut evangelisaret Abrahæ, et iis qui cum eo, apertionem hæreditatis, cum gratias egisset tenens calicem, et bibisset ab eo, et dedisset discipulis, dicebat eis: *Bibite ex eo omnes. Hic est sanguis meus novi Testamenti, qui pro multis effundetur in remissionem peccatorum. Dico autem vobis, a modo non bibam* [3]*de generatione vitis hujus, usque in diem illum, quando illum bibam vobiscum novum in regno Patris mei.* Utique hæreditatem terræ ipse novabit, et reintegrabit

Matt. xxvi 27—29.

[1] G. T. ἡμεῖς ἐσμεν, as the Syr., but the Ital. as above; and some few Greek MSS. have ὑμεῖς.

[2] Πιόμενον ἀπεσχεν, for ὑπέσχετο.

[3] *Irenæus legit,* ἐκ τοῦ γεννήματος τῆς ἀμπέλου ταύτης, *perinde ut* Clem. *Pæd.* II. 2, p. 158. Grabe.

LIB. V. xxxiii. 1. GR. V. xxxiii. MASS. V. xxxiii. 1.

Ps. ciii. 30.

mysterium gloriæ filiorum; quemadmodum David ait: *Qui* [1]*renovavit faciem terræ.* Promisit bibere de generatione vitis cum suis discipulis, utrumque ostendens, et hæreditatem terræ in qua bibitur nova generatio vitis, et carnalem resurrectionem discipulorum ejus. Quæ enim nova resurgit caro, ipsa est quæ et novum percepit poculum. Neque autem sursum in supercœlesti loco constitutus cum suis, potest intelligi bibens vitis generationem; neque rursus sine carne sunt, qui bibunt illud: carnis enim proprium est et non spiritus, qui ex vite accipitur potus.

Luc. xiv. 12, 13.

2. Et propter hoc dicebat Dominus: [2]*Cum facis prandium, vel cœnam, noli vocare divites, neque amicos et vicinos et cognatos, ne ipsi invicem vocent te, et fiat retributio ab eis: sed voca claudos cæcos, mendicos, et beatus eris, quoniam non habent retribuere tibi: retribuetur enim tibi in resurrectione justorum.* Et iterum ait: G. 454.

Matt. xix 29, et Luc. xviii. 29, 30.

Quicunque dimiserit agros, aut domos, aut parentes, aut fratres, aut filios propter me, centuplum accipiet in hoc sæculo, et in futuro vitam æternam hæreditabit. [3]Quæ enim sunt in hoc sæculo centupla, et prandia exhibita pauperibus, et cœnæ quæ redduntur? Hæc sunt in Regni temporibus, hoc est in septima die, quæ est sanctificata, in qua requievit Deus ab omnibus operibus quæ fecit, quæ est verum justorum sabbatum, in qua non facient omne terrenum opus; sed adjacentem habebunt paratam mensam a Deo, pascentem eos epulis omnibus.

Gen. xxvii. 27.
Matt. xiii. 38
Gen. xxvii. 28, 29.

3. Quemadmodum et Isaac [4]continet benedictio, qua benedixit filium minorem Jacob: *Ecce*, dicens, *odor filii mei, quasi odor agri* [5]*pleni, quem benedixit Deus. Ager autem mundus est,* et propterea addidit: *Det tibi Deus de rore cœli, et a fertilitate terræ, multitudinem tritici, et vini. Et serviant tibi gentes, et*

[1] Καὶ ἀνακαινιεῖς τὸ πρόσωπον τῆς γῆς, *sunt verba Davidis. In quæ commentans Origenes, inter alias expositiones hanc quoque affert in dicta Catena MS.* Καὶ ἄλλως δὲ, ἡ γῆ ἀπαλλαγήσεται τῆς φθορᾶς, κατὰ 'Απόστολον. Et aliter autem, Terra liberabitur a corruptione, juxta Apostolum: *cujus verba Rom.* viii. 21, *Iren. capite præcedenti allegavit.* GR.

[2] Both this and the following quotation are loosely quoted from memory.

[3] *Hieronymus Comm. in Matth.* xix. *præsentem explicationem, nomine Irenæi tacito, ex hoc loco ita insectatur:* Ex occasione hujus sententiæ, quidam introducunt mille annos post resurrectionem, dicentes tunc nobis centuplum omnium rerum, quas dimisimus, et vitam æternam reddendam:... sensus ergo iste est: Qui carnalia pro Salvatore dimiserit, spiritualia recipiet, quæ comparatione et merito sui ita erunt, quasi si parvo numero centenarius numerus comparetur. Unde dicit Apostolus, qui unam tantum domum, et unius provinciæ parvos agros dimiserat, 2 Cor. vi. *Quasi nihil habentes, et omnia possidentes.* FEU.

[4] τοῦ Ἰσαὰκ κρατεῖ, i. e. *valet.*

[5] LXX. ὡς ὀσμὴ ἀγροῦ πλήρους.

adorent te principes, et esto dominus [1]*fratris tui, et adorabunt te filii* [2]*patris tui. Qui maledicet te, maledictus erit; et qui benedicet te, benedictus erit.* Hæc ergo si non quis accipiat ad præfinita Regni, in grandem contradictionem et contrarietatem incidet, quemadmodum Judæi incidentes in omni aporia constituuntur. Non solum enim in hac vita huic Jacob non servierunt gentes; sed et post benedictionem ipse profectus, servivit avunculo suo Laban Syro annos viginti: et non tantum non est factus dominus fratris sui, sed et ipse Esau adoravit fratrem suum, quando reversus est a Mesopotamia ad patrem, et munera multa obtulit ei.
M. 333. Multitudinem autem tritici et vini quomodo hæreditavit hic, qui propter famem factam in terra, in qua habitabat, in Ægyptum transmigravit, subjectus Pharaoni, qui tunc regnabat in Ægypto? Prædicta itaque benedictio ad tempora Regni sine contradictione pertinet, quando regnabunt justi surgentes a mortuis: *quando et creatura renovata, et liberata, multitudinem fructificabit universæ escæ, ex rore cœli, et ex fertilitate terræ: quemadmodum [3]Presbyteri meminerunt, qui Johannem discipulum Domini viderunt, audisse se ab eo, quemadmodum de temporibus illis docebat Dominus et dicebat: [4]"Venient dies, in quibus vineæ nascentur, singulæ decem millia palmitum habentes, et in uno palmite dena

LIB. V. xxxiii. 3. GR. V. xxxiii. MASS. V. xxxiii. 3.

Gen. xxxi. 41.

Gen. xxxiii. 3.

Gen. xlvi. 1 seq.

*Fragm. Armen. p. 448.

[1] LXX. *τοῦ ἀδελφοῦ σου*, אַחֶיךָ, rendered as the singular אָחִיךָ.

[2] LXX. *τοῦ πατρός σου.* Hebr. אִמֶּךָ, *matris tuæ.*

[3] We are indebted to PAPIAS, as IRENÆUS informs us, for this mythical relic; EUSEBIUS, *H. E.* III. 39, has characterised its preserver as *σφόδρα μικρὸς τὸν νοῦν*, see p. 2, n. 4, and who, professedly collecting the floating traditions of his age, forgot that critical *acumen*, as well as industry, was required in his work of piety. Very possibly singular forms, easily passing into the plural, may have been used. *e. g. ὡς ὁ πρεσβύτερος ἀνέμνησεν, ὁ τὸν 'Ι. βλεπόμενος, ἀκοηκέναι, κ.τ.λ.* The reader may compare, in the Appendix, the same passage in an Armenian form; and cf. the next note.

[4] Internal evidence indicates a Syriac original for this fragment; *vero palmite*, occurring where we should have expected *brachio*, is strongly suggestive of the Syriac noun ܫܪܘܪܐ, a *tender shoot*, easily mistaken in writing for ܫܪܝܪܐ *verum*, both nouns arising from the root ܫܪܪ. If, therefore, the false reading had been written in the text, naturally the correction would be either interlined, or written in the margin; and in either case, its incorporation in any translation of the passage made by PAPIAS would be easy. The Greek then would express *ἐν ἑνὶ κλάδῳ μυρίους ὄζους, καὶ ἐν ἑνὶ (ἀληθινῷ) ὄζῳ μύρια κλήματα, κ.τ.λ.*, where it may also be observed that the Syriac, ܚܕ, means either *ἕν*, or *ἓν ἕκαστον*, and that the translator having twice rendered it by the first word, afterwards expressed it by the second. Again, the Syriac and Chaldaic equivalent for a *branch*, suggests a play upon the words ܢܨܪ *surculus*, and ܢܨܪܝ *Nazarenus*.

LIB. V. xxxiii. 3. GR. V. xxxiii. MASS. V. xxxiii. 3.

millia brachiorum, et in uno vero palmite dena millia flagellorum, et in unoquoque flagello dena millia botruum, et in unoquoque botro dena millia acinorum, et unumquodque acinum expressum dabit [1] vigintiquinque metretas vini. Et cum eorum apprehenderit aliquis sanctorum botrum, alius clamabit: 'Botrus ego melior sum, me sume, per me Dominum benedic.' Similiter et granum tritici decem millia spicarum generaturum, et unamquamque spicam habituram decem millia granorum, et unumquodque granum quinque bilibres [2] similæ claræ mundæ: et reliqua autem poma, et semina, et herbam secundum congruentiam iis consequentem: et omnia animalia iis cibis utentia quæ a terra accipiuntur, pacifica et consentanea invicem fieri, subjecta hominibus cum omni subjectione *." G. 455.

*Hactenus Armen.

Euseb. H. E. III. 39.

4. *Ταῦτα δὲ καὶ Παπίας Ἰωάννου μὲν ἀκουστὴς, Πολυκάρπου δὲ ἑταῖρος γεγονὼς, ἀρχαῖος ἀνὴρ, ἐγγράφως ἐπιμαρτυρεῖ ἐν τῇ τετάρτῃ τῶν αὐτοῦ βιβλίων· ἔστι γὰρ αὐτῷ πέντε βιβλία συντεταγμένα.*

4. Hæc autem et Papias Johannis auditor, Polycarpi autem contubernalis, vetus homo, per scripturam testimonium perhibet, in quarto librorum suorum: sunt enim illi quinque libri [3] conscripti. Et adjecit, dicens: "Hæc autem credibilia sunt credentibus. Et Juda," inquit, "proditore non credente, et interrogante: Quomodo ergo tales genituræ a Domino perficientur?" dixisse Dominum: "Videbunt qui venient in illa." Hæc ergo tempora prophetans
Esai. xi. 6—9. Esaias ait: *Et compascetur lupus cum agno, et pardus conquiescet cum hædo, et vitulus et taurus et leo simul pascentur, et puer pusillus ducet eos. Et bos et ursus simul pascentur, et simul infantes eorum erunt: et leo* [4] *et bos manducabunt paleas. Et puer infans in cavernam aspidum, et in cubile filiorum aspidum manum mittet,*

[1] Compare the converse sentence of unproductiveness in *Is.* v. 10, where ten acres of vineyard should yield only a *bath* measure of wine; and the seed of an *homer* should give only a tithe of its bulk, or an *ephah*, in return.

[2] *similæ claræ mundæ:* there is room for both these qualifying terms in the text, though perhaps they have been transposed; the Greek having been *σιλίγνεως εἰλικρινοῦς*, where the term *σίλιγνις* means *pure flour*, as distinguished from *χονδρῖτις*, *coarse meal*, and as such might well be rendered by *simila munda*. So LAMPRIDIUS in AL. SEV. 37, 42, distinguishes *panis mundus*, from the *panis sequens*, which was made from *second flour*.

[3] Having for their title *τῶν λογίων κυριακῶν ἐξήγησις*... EUS. III. 39.

[4] f. l. *ut bos manducabit.*

et non male facient, nec poterunt perdere aliquem in monte sancto LIB. V. xxxiii. 4. GR. V. xxxiv. MASS. V. xxxiii. 4.
meo. Et iterum recapitulans ait: *Tunc lupi et agni pascentur simul, et leo quasi bos vescetur paleis, serpens autem terram quasi panem: et non nocebunt, neque vexabunt in monte sancto* Esai. lxv. 25.
meo, dicit Dominus. Non ignoro autem, quoniam quidam hæc in feros et ex diversis gentibus, et [1]variis operibus credentes, et cum crediderint consentientes justis, tentent transferre. [2]Sed etsi nunc hoc sit in quibusdam hominibus, ex variis gentibus in unam sententiam fidei venientibus, nihilominus in resurrectione justorum [2]super iis animalibus, quemadmodum dictum est: Dives enim in omnibus Deus. Et oportet [3]conditione revocata, obedire et subjecta esse omnia animalia homini, et ad primam a Deo datam reverti escam, [4](quemadmodum autem in obedientia subjecta erant Adæ,) fructum terræ. Alias autem et non est nunc ostendere leonem paleis vesci. Hoc autem significabat magnitudinem et pinguedinem fructuum. Si enim leo animal paleis vescitur; quale ipsum triticum erit, cujus palea ad escam congrua erit leonum?

CAP. XXXIV.

Sententiam suam de temporali et terreno sanctorum Regno a resurrectione claudit variis Esaiæ, Ezechielis, Hieremiæ, et Danielis testimoniis, atque parabola vigilantium servorum, quibus se ministraturum Dominus pollicetur.

M. 334. 1. IPSE autem Esaias manifeste annuntiavit tale gaudium in resurrectione justorum futurum, sic dicens: *Resurgent mortui, et surgent qui in monumentis sunt, et lætabuntur qui sunt in terra. Ros enim qui a te sanitas est eis.* Esai. xxvi. 19.
Hoc idem et Ezechiel ait; *Ecce ego aperiam monumenta vestra, et educam vos de monumentis vestris,* Ezek. xxxvii. 12—14.

[1] *καὶ ἐκ ... παντοδαπῶν ἔργων.*

[2] ἀλλὰ *κἄνπερ ᾖ τοῦτο ἐπὶ τίνων* (ἀληθὲς sc.)....*οὐδὲν ἧττον....ἐπὶ τούτων τῶν ζώων.*

[3] *τῆς κτίσεως ἀνακαλουμένης, instaurata,* may have been in the Greek, but it is more probable either that the author wrote *ἀνακαινουμένης*, or the translator *renovata*. See p. 425, n. 1.

[4] *quemadmodum....Adæ,* the natural position of this member is above, immediately before *et oportet,* which answers to it as the *apodosis. e. g.* ἀλλ' *ὥσπερ ἐν ὑπακοῇ τὰ πάντα τῷ* 'Ἀδὰμ.... *ὑποτέτακται, καὶ δεῖ ... ὑπακούειν καὶ ὑποταγῆναι ..... καὶ ἐπὶ τὸ πρῶτον βρῶμα...νοστῆσαι, τὸν τῆς γῆς καρπόν.*

LIB. V. xxxiv. 1. GR. V. xxxiv. MASS. V. xxxiv. 1.

in quo educam de sepulchris populum meum, et dabo spiritum in vobis et vivetis, et ponam vos super terram vestram, et cognoscetis quoniam ego sum Dominus. Et iterum idem sic ait: *Hæc dicit*
Ezek. xxviii. 25, 26. *Dominus: Colligam Israel ab omnibus gentibus, ubi dispersi sunt* G. 456.
illic, et sanctificabor in eis in conspectu filiorum gentium: et habitabunt super terram suam, quam dedi servo meo Jacob, et inhabitabunt super eam in spe, et ædificabunt domos, et plantabunt vineas, et inhabitabunt in spe, quando faciam judicium in omnibus qui inhonoraverunt eos, in iis qui in circuitu sunt eorum, et cognoscent quoniam ego sum Dominus Deus ipsorum, et Deus Patrum ipsorum. Ostendimus autem paulo ante, quoniam Ecclesia est semen Abrahæ: et propter hoc, ut sciamus quoniam in novo Testamento [1]a veteri, qui ex omnibus gentibus colliget eos qui salvabuntur, ex lapidibus suscitans filios Abrahæ, Jeremias ait:
Jer. xxiii. 7, 8. *Ecce dies veniunt, dicit Dominus, et non dicent adhuc, Vivit Dominus, qui eduxit filios Israel [2]ab Aquilone, et ab omni regione quo expulsi fuerant, restituet illos in terram ipsorum, quam dedit patribus ipsorum.*

2. Quoniam creatura omnis [3]secundum voluntatem ad incrementum et augmentum erit, ut tales afferat et nutriat fructus,
Esai. xxx. 25, 26. Esaias ait: *Et erit super omnem montem altum, et super omnem collem editum aqua pertransiens in die illa, quando perient multi, quando concident muri. Et erit lumen lunæ quasi lumen solis, septuplum diei, quando sanabit contritionem populi sui, et dolorem plagæ suæ sanabit.* Dolor autem plagæ est, per quam percussus est homo initio in Adam inobediens, hoc est, mors, quam sanabit Deus resuscitans nos a mortuis, et restituens in patrum hæredita-
Esai. lviii. 14. tem, quemadmodum iterum Esaias ait: *Et eris fidens in Domino, et faciet te ingredi [4]supra omnem terram, et cibabit te hæreditate*

[1] Ac *pro* a *habet Cod.* VOSS. *in quo etiam* quæ *pro* qui *exstat. Sed lectionem* a, *si pro* post *accipiatur, præfero; et tam* qui, *quam* quæ *abjiciendum puto.* MASSUET and STIEREN also adopt this solution, but the words return naturally enough into Greek; *καὶ διὰ τοῦτο, ἵνα γνῶμεν ὅτι ὁ ἐν τῇ καινῇ διαθήκῃ, ἐκ παλαιοῦ συνάγων τοὺς σωζομένους ἐκ πάντων τῶν ἐθνῶν, ἐκ λίθων ἐγείρων τέκνα τῷ Ἀβραάμ, Ἱερεμ. λέγει.* It is only an assertion of the often repeated truth, that God who is the author of the New Dispensation, decreed it from of old. See p. 157.

[2] Several words are here omitted owing to the recurrence of Israel;—*e terra Ægypti; sed, Vivit Dominus qui eduxit et adduxit semen domus Israel.*

[3] *κατὰ τὸ θέλημα* (*τοῦ Θεοῦ* sc.) *ἐπίδοσιν καὶ αὔξησιν ἕξεται*, in the translator's copy, *ἐπ' ἐπίδοσιν καὶ αὔξησιν ἔσσεται.*

[4] LXX. *ἐπὶ τὰ ἀγαθὰ τῆς γῆς.*

Jacob patris tui. Hoc est quod a Domino dictum est: *Beati* LIB. V. xxxiv. 2.
servi illi, quos veniens Dominus inveniet vigilantes. Amen dico GR. V. xxxiv. MASS. V.
vobis, quoniam præcingetur, et recumbere eos faciet, et transiens xxxiv. 2.
ministrabit eis. [1]*Et si venerit vespertina vigilia, et invenerit sic,* Luc. xii. 37, 38.
beati sunt, quoniam recumbere eos faciet, et ministrabit eis: licet
secunda, et licet tertia, beati sunt. Hoc autem idem et Johannes
in Apocalypsi ait: *Beatus et sanctus, qui habet partem in resur-* Apoc. xx. 6.
rectione prima. Et tempus autem annuntiavit Esaias in quo hæc
erunt: *Et dixi,* inquit, *Usquequo Domine? Quoadusque desolentur* Esai. vi. 11.
civitates [2]*ad non inhabitandum, et domus ut non sint homines, et*
terra derelinquetur deserta. Et post hæc longe nos faciet Deus
homines, et qui remanserint multiplicabuntur super terram. Sed
et Daniel hoc ipsum ait: *Et regnum et potestas et magnitudo* Dan. vii. 27.
eorum quæ sub cælo sunt, datum est sanctis altissimi Dei, et regnum
ejus sempiternum, et omnes principatus servient ei et obedient. Et
ne ad hoc tempus putetur dicta repromissio, dictum est prophetæ:
Et tu veni, et sta in sorte tua in consummatione dierum. Dan. xii. 13.

3. Quoniam autem repromissiones non solum prophetis et patribus, sed Ecclesiis ex gentibus coadunatis annuntiabantur, quas et insulas nuncupat Spiritus, et quod in medio turbulæ sint constitutæ, et tempestatem [3]blasphemiorum sufferant, et salutaris portus periclitantibus exsistant, et refugium sunt eorum, qui alti-
G. 457. tudinem ament: et Bythum, [4]id est profundum, erroris conantur
effugere, Jeremias ita ait: *Audite* [5]*verbum Domini gentes, et* Jer. xxxi. 10—15.
annuntiate insulis quæ longe sunt: dicite, [6]*Quia ventilabit Deus*
Israel, [7]*congregabit eum, et custodiet eum, sicut pascens gregem*

[1] Et si venerit in vespertina vigilia —ministrabit eis. *Hoc de vespertina vigilia colon cum Irenæo agnoscit Vulgatus Interpres, in quibusdam MSS. Codd. et ex eo Beda, aliique Latini, horumque antiquior Græcus Pater, Methodius in Convivio X. Virginum Orat.* 5; *p.* 92, *Auctarii novissimi Bibliothecæ Patrum Combefisii, ubi verba Lucæ quidem sine dicto colo recitantur, ast ex immediate sequentibus verbis colligitur, non ab ipso Methodio, sed a Scriba recentiori istud omissum esse. Hæc enim ibi subjungit:* Ἐπισκέψατε γὰρ, ὅτι τρεῖς ὑποθέμενος φυλακὰς νυκτὸς, ἑσπερινὴν, καὶ δευτέραν, καὶ τριτὴν, &c. GRABE.

[2] *Irenæus in utroque commate* πρὸς *legisse videtur, cum nostra exemplaria* τῶν ό, *utrobique* παρὰ *habeant.* GRABE.

[3] Cf. p. 401, *blasphemium.* ARUND., VOSS.

[4] *id est profundum,* a subsequent addition; unless indeed there was the play of words in the Greek, καὶ τὸν βυθὸν, τουτέστι τὸ βάθος τῆς πλάνης, κ.τ.λ.

[5] *verbum.* Hebrew דבר, but LXX. λόγους.

[6] LXX. indicates as the correct reading *qui ventilavit.*

[7] LXX. καί. *et* is possibly lost in *Israel,* but Cod. AL. also omits the copula.

LIB. V. xxxiv. 3. GR. V. xxxiv. MASS. V. xxxiv. 3.

ovium suarum: quoniam redemit Dominus Jacob, et eripuit eum de manu [1]*fortioris ejus. Et venient, et lætabuntur in monte Sion, et venient ad bona,* [2]*et in terram tritici et vini et fructuum, et animalium et ovium, et erit anima eorum sicut lignum fructiferum, et non esurient adhuc. Et tunc gaudebunt virgines in congregatione juvenum, et seniores gaudebunt, et convertam luctum eorum in gaudium, et faciam eos in exultatione, et magnificabo, et inebriabo animam sacerdotum filiorum Levi, et populus meus bonis meis adimplebitur.* Ostendimus autem in [3]superiori libro, quoniam Levitæ et sacerdotes sunt discipuli omnes Domini: qui et sabbatum in templo profanabant, et sine culpa sunt. Tales itaque promissiones manifestissime in regno justorum istius creaturæ epulationem significant, quam Deus repromittit ministraturum se.

4. Adhuc de Hierusalem, et de regnante in ea, Esaias ait: M. 335.

Esai xxxi. 9, xxxii. 1. *Hæc dicit Dominus: Beatus qui habet in Sion semen, et domesticos in Hierusalem. Ecce Rex justus regnabit, et principes cum judicio principabunt.* Et de præparatione, in qua reædificabitur, ait:

Esai. liv. 11—14. *Ecce ego præparabo tibi carbunculum lapidem, et fundamenta tua sapphirum, et ponam propugnacula tua jasphin, et portas tuas lapidem crystallum, et circumvallum tuum lapides electos, et omnes filios tuos docibiles Dei, et in multa pace filios tuos, et in justitia ædificaberis.*

Esai. lxv. 18—23. Et iterum idem ipse ait: *Ecce ego facio Hierusalem exultationem et plebem meam: etiam non audietur in ea vox fletus neque vox clamoris, etiam non fiet ibi immaturus et senior, qui non impleat tempus suum. Erit enim juvenis annorum centum: moriens autem peccator centum annorum, et maledictus erit. Et ædificabunt domus, et ipsi inhabitabunt: et plantabunt vineas, et ipsi manducabunt fructus earum, et vinum bibent. Et non ipsi ædificabunt, et alii inhabitabunt: neque ipsi pastinabunt, et alii comedent. Secundum enim dies ligni vitæ erunt dies plebis* [4]*in te: opera enim laborum eorum veterascent.*

[1] LXX. στερεωτέρων, but the singular is also used at p. 29.

[2] For κυρίου the translator read καί. LXX. ἀγαθὰ Κυρίου, ἐπὶ γῆν.

[3] See p. 168.

[4] *in te,* f. l. *meæ;* Gr. μου.

LIB. V. xxxv. 1. GR. V. xxxv. MASS. V. xxxv. 1.

CAP. XXXV.

G. 458. *Contendit superiora testimonia non posse per allegoriam de bonis tantum cœlestibus intelligi, sed implenda esse post adventum Antichristi, et resurrectionem in terrena Jerusalem; prioribusque prophetiis, ex Esaia, Hieremia, et Johannis Apocalypsi alias subjungit.*

1. Si autem quidam tentaverint allegorisare hæc quæ ejusmodi sunt, neque de omnibus poterunt consonantes sibimetipsis inveniri, et convincentur ab ipsis dictionibus disserentibus, quoniam *cum desolatæ fuerint civitates* gentium, *et quod non inhabitentur,* Esai. vi. 11.
et domus, eo quod non sint homines, et derelinquetur terra deserta; [1]*Ecce enim,* Esaias ait, *dies Domini insanabilis venit, furore et ira* Esai. xiii. 9.
plenus, ponere urbem terræ desertam, et peccatores perdere ex ea. Et iterum ait: *Tollatur, ut non videat gloriam Domini,* et cum hæc Esai. xxvi. 10.
facta fuerint, *elongabit,* inquit, *Deus homines, et derelicti multiplicabuntur in terra.* Esai. vi. 12. *Et ædificabunt domus, et ipsi inhabitabunt, et* Esai. lxv. 21.
pastinabunt vineas, et ipsi manducabunt. Hæc enim alia universa [2]in resurrectionem justorum sine controversia dicta sunt, quæ fit

[1] *Obviam iturus Irenæus iis, qui verba Esaiæ et Jeremiæ præcedenti capite recitata, de glorioso statu Ecclesiæ gentium, vel præsentis in terra, vel futuræ in cœlo interpretantur, ac omnes ejusmodi promissiones allegorice exponunt, objicit ipsa Prophetarum dicta hunc sensum non admittere, velut illud Esaiæ:* Cum desolatæ fuerint civitates, *scilicet Gentium,* eo quod non inhabitentur, &c. Et posthæc elongabit Deus homines, et derelicti multiplicabuntur super terram. *Istis enim verbis, terra et homines in ea adhuc superstites supponuntur; unde ad cœlestem statum haud quadrant: sed nec ad præsentem Ecclesiam Gentium, quia civitates cum terra tunc prorsus desolatæ dicuntur. Atque ne quis hæc de terra Judaica ejusque civitatibus accipienda putaret, alia Esaiæ loca de* orbe terræ deserto et tollendo *in parenthesi allegat, præcipue ex capite* xiii. *quod licet devastationem Babylonis Chaldæorum proxime prænuntiet, ad aliam tamen Babylonem urbem, orbemque terræ in fine mundi, itidem pertinere, S. Johannis Apocalypsis neminem dubitare sinit. Dices, unde vero constat, istum Esaiæ locum cap.* vi. *de ultimis temporibus, sive novissimo millennio, intelligendum esse? Ast Irenæum ita intellexisse, ac proinde connexionem textus ejus aliquantum obscuram dicto modo se habere, patet ex præcedenti...et ex iis, quæ hoc capite mox sequuntur:* Hæc enim—in resurrectione (*l.* resurrectionem) justorum sine controversia dicta sunt. GRABE.

[2] *Locum Esaiæ* vi. 11, 12, *de novissimis temporibus recte ab Irenæo acceptum esse, præcedentia de Judæorum occæcatione et reprobatione verba, ab omnibus S. Evangelistis, et Paulo Apostolo, ad præsentem eorum statum applicata, liquido ostendunt. Interroganti enim*

LIB. V. xxxv. 1. GR. V. xxxv. MASS. V. xxxv. 1.

post adventum Antichristi, et perditionem omnium gentium sub eo exsistentium, in qua regnabunt justi in terra, crescentes ex visione Domini, et per ipsum assuescent capere gloriam Dei Patris, et cum sanctis angelis conversationem et communionem, et unitatem spiritalium in regno capient: et illos quos Dominus in carne inveniet, exspectantes eum de cœlis, et perpessos tribulationem, qui et effugerint iniqui manus. Ipsi autem sunt de quibus ait propheta: *et derelicti multiplicabuntur in terra.* Et quotquot ex credentibus ad hoc præparavit Deus, ad derelictos multiplicandos in terra, et sub Regno Sanctorum fieri, et ministrare huic Hierusalem, et regnum in ea, significavit [1]Jeremias propheta: *Circumspice*, dicens, *ad Orientem Hierusalem, et vide* G. 459. *lætitiam quæ adventat tibi ab ipso Deo. Ecce venient filii tui quos emisisti, venient collecti ab Oriente usque ad Occidentem verbo illius sancti, gaudentes ea quæ a Deo tuo est claritate. Exuere Hierusalem habitum luctus et afflictionis tuæ, et induere decorem ejus quæ a Deo tuo est claritatis in æternum: circumdare amictum duplicem ejus quæ a Deo tuo est justitiæ, impone mitram super caput tuum gloriæ æternæ. Deus enim demonstrabit ei quæ sub cœlo est universæ tuum fulgorem. Vocabitur namque nomen tuum ab ipso Deo in æternum, pax justitiæ et [2]gloriæ colenti Deo. Surge Hierusalem, et sta in excelso, et circumspice ad Orientem, et vide collectos filios tuos a Solis ortu usque ad Occidentem verbo illius sancti, gaudentes ipsam Dei recordationem. Profecti sunt enim a te pedites, dum adducerentur ab inimicis. Introducet illos Deus ad te portatus cum gloria tanquam thronus regni. Decrevit enim Deus ut humilietur omnis mons excelsus, et congeries æternæ, et ut valles impleantur, ad redigendam planitiem terræ, ut ambulet Israel tute Dei gloria. Umbracula autem intexuerunt sylvæ, et omne lignum boni odoris ipsi Israel præcepto Dei. Præibit enim Deus cum lætitia lumine claritatis suæ, cum misericordia et justitia, quæ ab ipso est.*

Baruch iv. 36, ad finem, et v. totum.

Prophetæ, quamdiu ista populi pertinacia duratura esset, Deus respondit: Donec desolatæ fuerint civitates eo quod non inhabitentur—Et posthæc elongabit Deus homines &c. *Atqui cum* cæcitas, quæ Israeli obtigit, *duratura sit,* donec plenitudo gentium intraverit, Rom. xi. 25, *eousque et eorum quæ Propheta prædixit impletionem differendam esse patet.* MASSUET'S reading *resurrectionem* is adopted as indispensable; *in,* as he observes, represents περί.

[1] The quotation being from the Apocryphal book Baruch.

[2] LXX. καὶ δόξα θεοσεβείας.

2. Hæc autem talia universa non in supercœlestibus possunt LIB. V. xxxv. 2.
intelligi: *Deus enim*, ait, *demonstrabit ei quæ sub cœlo est, universæ* GR. V. xxxv. MASS. V. xxxv. 2.
tuum fulgorem; sed in Regni temporibus, [1]revocata terra a Christo, et reædificata Hierusalem, secundum characterem quæ sursum est Hierusalem, de qua ait propheta Esaias: *Ecce in* Esai. xlix. 16.
manibus meis depinxi muros tuos, et in conspectu meo es semper. Et Apostolus autem scribens ad Galatas similiter ait: *Illa autem* Gal. iv. 26.
quæ sursum est Hierusalem libera est, quæ est mater omnium
M. 336. *nostrum;* non ex cogitatione erratici Æonis dicens hoc, neque de virtute aliqua, quæ abscessit Pleromate, et Prunico; sed de Hierusalem quæ in manibus descripta est. Et ipsam descendentem in Apocalypsi vidit Johannes super terram, novam. Post Apoc. xxi. 2.
enim Regni tempora, *Vidi*, inquit, *thronum album magnum, et* Apoc. xx. 11.
sedentem in eo, cujus a facie fugit terra et cœlum, et locus non est eis. Et illa jam quæ sunt generalis resurrectionis et judicii exponit vidisse, dicens *mortuos magnos et minores. Dedit*, inquit, Apoc. xx. 12—14.
mare mortuos quos in se habuit, et mors et inferi dederunt mortuos quos apud se habuerunt: et libri adaperti sunt. Sed et vitæ, ait, *apertus est liber, et judicati sunt mortui ex iis quæ scripta erant in libris, secundum opera sua: et mors et inferi missi sunt in stagnum ignis, secundam mortem.* Hoc autem est quod vocatur Gehenna, quod Dominus dixit ignem æternum. *Et si quis*, inquit, *non est* Matt. xxv. 41.
inventus in libro vitæ scriptus, missus est in stagnum ignis. Et Apoc. xx. 15.
post hæc ait: *Vidi cœlum novum et terram novam: Primum enim* Apoc. xxi. 1—4.
cœlum et terra abierunt, etiam mare non est. Et civitatem sanctam Hierusalem novam vidi descendentem de cœlo, preparatam ut sponsam ornatam viro suo. Et audivi, inquit, *vocem magnam* [2]*de throno dicentem: Ecce tabernaculum Dei cum hominibus, et habitabit cum eis, et ipsi populi ejus erunt, et ipse Deus cum eis erit eorum Deus. Et delebit omnem lacrymam ab oculis eorum, et mors non erit amplius, non luctus non clamor neque dolor ulterius erit, quia prima abierunt.* Et Esaias autem hoc ipsum ait: *Erit enim* Esai. lxv. 17, 18.
cœlum novum et terra nova, et non erunt memores priorum, neque obveniet eis in cor; sed lætitiam et exultationem invenient in ea. Hoc autem est quod ab Apostolo dictum est: *Præterit enim* 1 Cor. vii. 31.
habitus hujus mundi. Similiter autem et Dominus ait: *Terra et cœlum transiet.* His itaque prætereuntibus super terram, novam

[1] GRABE proposes *renovata*, but see p. 419, n. 3.

[2] *Ita cum Irenæo Vulgatus Interpres et Codex Alexandrinus, aliique. Sed edita N. T. exemplaria habent* ἐκ τοῦ οὐρανοῦ. GR.

LIB. V. xxxv. 2. GR. V. xxxv. MASS. V. xxxv. 2.

superiorem Hierusalem ait Domini discipulus Johannes descendere, quemadmodum sponsam ornatam viro suo; et hoc esse tabernaculum Dei, in quo inhabitabit Deus cum hominibus. Hujus Hierusalem imago illa, quæ in priori terra Hierusalem, in qua justi [1] præmeditantur incorruptelam, et parantur in salutem. Et (G. 460.) hujus tabernaculi typum accepit Moyses in monte: (Exod. xxv. 40.) et nihil allegorisari potest, sed omnia firma et vera, et substantiam habentia, ad fruitionem hominum justorum a Deo facta. (Fragm. Syr. p. 451.) *Quomodo enim vere Deus est, qui resuscitat hominem; sic et vere resurgit homo a mortuis, et non allegorice, quemadmodum per tanta ostendimus.* Et sicut vere resurgit, sic et vere præmeditabitur incorruptelam, et augebitur, et vigebit in regni temporibus, ut fiat capax gloriæ Patris. (Fragm. Syr. pp. 451, 2.) *Deinde omnibus renovatis, vere in civitate habitabit Dei. (Apoc. xxi. 5, 6.) *Dixit*, enim inquit, *sedens super thronum: Ecce nova facio omnia. Et dicit Dominus; Omnia scribe, quomodo ii sermones fideles, et veri sunt. Et dixit mihi, Facta sunt.* Et secundum rationem.

CAP. XXXVI.

Homines vere suscitabuntur, mundusque non penitus exterminabitur: erunt autem variæ Sanctorum mansiones pro cujusque dignitate, et omnia subjicientur Deo Patri, sicque erit omnia in omnibus.

1. Cum sint enim veri homines, veram esse oportet et plantationem ipsorum, sed non excedere in ea quæ non sunt; sed in iis quæ sunt, proficere. Non enim substantia, neque materia conditionis

(Ex Parall. Joh. Damasc. ed. Halloix.) [2] Οὐ γὰρ ἡ ὑπόστασις, οὐδὲ ἡ οὐσία τῆς κτίσεως

[1] *præmeditantur*, προμελετῶνται, *are disciplined beforehand.* See note 3, p. 219. l. *in incorruptelam.*

[2] *Hæc Græca usque ad ista verba,* προσομιλῶν τῷ Θεῷ, *Joannes Damascenus in Parallelis allegavit, tanquam* ἁγίου Εἰρηναίου ἐκ τοῦ ε′ κατὰ αἱρέσεων, *atque exinde descripta edidit sæpe laudatus Halloixius in vita Irenæi p.* 486. *Sed fortunate accidit, ut jam ante Andreas Cæsariensis priorem horum partem bis citaverit in Commentar. ad Apocalypsin, nempe cap.* 18. *cum hac præfatione,* ὥς φησιν Εἰρηναῖος ἐν τῷ πέμπτῳ λόγῳ τοῦ ἐλέγχου τῆς ψευδωνύμου γνώσεως, *et iterum cap.* 64, *ubi plenius et accuratius Irenæi verba descripsit, adeo ut unum in Damasceno comma inde corrigere licuerit. Ex priori autem loco* οὐ γὰρ, *pro* οὐχ *Damasceni, et* οὐχὶ *cap.* 64. *Andreæ posui.* Grab. *Priorem partem usque ad verba* παράβασις γέγονεν *in Œcumenii et Arethæ Comm. in Apoc. reperiuntur, ed.* Cramer. *Oxon. cf. Cat. in Epp. Cath.*

ἐξαφανίζεται· (ἀληθὴς γὰρ καὶ βέβαιος [1] ὁ συστησάμενος αὐτήν·) ἀλλὰ τὸ σχῆμα παράγει τοῦ κόσμου τούτου, τουτέστιν ἐν οἷς παράβασις [2] γέγονεν, ὅτι ἐπαλαιώθη ὁ ἄνθρωπος ἐν αὐτοῖς. Καὶ διὰ τοῦτο τὸ σχῆμα [3] τοῦτο πρόσκαιρον ἐγένετο, προειδότος τὰ πάντα τοῦ Θεοῦ[4]. ...παρελθόντος δὲ τοῦ σχήματος τούτου, καὶ ἀνανεωθέντος τοῦ ἀνθρώπου, καὶ ἀκμάσαντος πρὸς τὴν ἀφθαρσίαν, ὥστε μηκέτι δύνασθαι πέρα παλαιωθῆναι, ἔσται ὁ οὐρανὸς καινὸς, καὶ ἡ γῆ καινή· [5] ἐν τοῖς καινοῖς ἀναμενεῖ ὁ ἄνθρωπος ἀεὶ καινὸς, καὶ προσομιλῶν τῷ Θεῷ·
M. 337. ...[6] φησὶν γὰρ Ἡσαΐας· ὃν τρόπον γὰρ ὁ οὐρανὸς καινὸς καὶ ἡ γῆ καινὴ, ἃ ἐγὼ ποιῶ, μένει ἐνώπιον ἐμοῦ, λέγει Κύριος, οὕτω
G. 461. στήσεται τὸ σπέρμα ὑμῶν καὶ τὸ ὄνομα ὑμων. [7] Ὡς οἱ πρεσβύ-

LIB. V. xxxvi. 1. GR. V. xxxvi. MASS. V. xxxvi. 1.

Append. ad Qu. 74 in S. Scr. S. Anastas.

exterminatur; (verus enim et firmus qui constituit illam:) sed *figura transit mundi hujus*, hoc est, in quibus transgressio facta est; quoniam veteratus est homo in ipsis. Et propter hoc figura hæc temporalis facta est, præsciente omnia Deo; quemadmodum ostendimus [8] in eo libro qui ante hunc est, et causam temporalium mundi fabricationis, [9] secundum quod potuit, ostendimus. Prætereunte autem figura hac, et renovato homine, et vigente ad incorruptelam, ut non possit jam veterascere, erit cœlum novum et terra nova, in quibus novus perseverabit homo, semper nova confabulans Deo. Et quoniam hæc semper perseverabunt sine fine, Esaias ait sic: *Quemadmodum enim cœlum novum et terra nova, quæ ego facio, perseverant in conspectu meo*, dicit Dominus, *sic stabit semen*

1 Cor. vii. 31.

Esai. lxvi 22.

p. 279. *Ibi fragmento Irenæi hæc præmittuntur*, ὡς φησιν Εἰρηναῖος ὁ Λουγδούνου ἐν πέμπτῳ λόγῳ τοῦ ἐλέγχου τῆς ψευδωνύμου γνώσεως ἐπὶ λέξεως. STIER.

[1] CRAMER, ὁ αὐτὴν συστάμενος.

[2] *Andreas utroque loco habet* ἐγένετο, *et priori quidem hic filum citationis abrupit, nisi quod addiderit*, ὡς οἱ πρεσβύτεροι λέγουσι, *quæ non multo post in Irenæo sequuntur.* GRAB.

[3] *Ita ex cap.* 64. *Andreæ posui, cum in Damasceno loco horum male exstet*, παράγει τοῦ κόσμου τούτου. *Cæterum* πρόσκαιρον, *facta una voce, legendum, Latina indicant.*

[4] ANDR. here ends his quotation. Int. ἐν οἷς καινὸς...καινά.

[6] *Græcum hoc fragmentum...ex Irenæo paucis immutatis transcripsit Anastasius vel alius quisquis auctor est Appendicis ad ejus quæstiones in S. Scr. Qu.* 74. *...at collatum tum a nobis cum MSS. Bibl. R.* 2910 *et Colb.* 1450, *tum a clariss.* GRABIO *cum al. MS. Cod.* 206, *Barocc. in Bibl. Bodl. emendatius prodit.* MASS.

[7] *Quatuor istas voces ex Andrea Cæsariensi, præced. not. citato, hic inserui, omissis aliquot Apocalypseos S. Joannis versibus, quos Irenæus præcedenti capite allegavit, Anastasius vero huc retulit.* GRABE.

[8] IV. v. vi.

[9] ὡς εἶχεν.

LIB. V. xxxvi. 1. GR. V. xxxvi. MASS. V. xxxvi. 1.

τεροι λέγουσι, τότε καὶ οἱ μὲν καταξιωθέντες τῆς ἐν οὐρανῷ διατριβῆς, ἐκεῖσε χωρήσουσιν, οἱ δὲ τῆς τοῦ παραδείσου τρυφῆς ἀπολαύσουσιν, οἱ δὲ [1] τὴν λαμπρότητα τῆς πόλεως καθέξουσιν· πανταχοῦ γὰρ ὁ [2] Σωτὴρ ὁραθήσεται, καθὼς ἄξιοι ἔσονται οἱ ὁρῶντες αὐτόν. Εἶναι δὲ τὴν διαστολὴν ταύτην τῆς οἰκήσεως τῶν τὰ ἑκατὸν καρποφορούντων, καὶ τῶν τὰ ἑξήκοντα, καὶ τῶν τὰ τριάκοντα· ὧν οἱ μὲν εἰς τοὺς οὐρανοὺς ἀναληφθήσονται, οἱ δὲ ἐν τῷ παραδείσῳ διατρίψωσιν, οἱ δὲ τὴν πόλιν κατοικήσουσιν· καὶ διὰ τοῦτο εἰρηκέναι τὸν Κύριον, ἐν τοῖς τοῦ πατρός μου μονὰς εἶναι πολλάς. Τὰ πάντα γὰρ τοῦ Θεοῦ, ὃς τοῖς πᾶσι τὴν ἁρμόζουσαν οἴκησιν παρέχει.

vestrum et nomen vestrum. Et quemadmodum Presbyteri dicunt, tunc qui digni fuerint cœlorum conversatione, illuc transibunt, id est, in cœlos; alii [3] tute Paradisi deliciis utentur; alii autem speciositatem civitatis possidebunt: ubique autem Deus videbitur, et quemadmodum digni erunt videntes eum. Esse autem [4] distan-

Matt. xiii. 8, et Marc. iv. 8.

tiam hanc habitationis eorum qui centum fructificaverunt, et eorum qui sexaginta, et eorum qui triginta: quorum quidam in cœlum assumentur, alii in paradiso conversabuntur, alii in civitate inhabi-

Joh. xiv. 2.

tabunt: et propter hoc dixisse Dominum, multas esse apud Patrem mansiones. Omnia enim Dei sunt, qui omnibus aptam habitationem præstat. Quemadmodum [5] Verbum ejus ait, omnibus divisum esse a Patre secundum quod quis est dignus, aut erit.

Matt. xxii. 2 seq.

Et hoc est triclinium, in quo recumbent ii, qui epulantur vocati ad nuptias. Hanc esse adordinationem et dispositionem eorum qui salvantur, dicunt Presbyteri Apostolorum discipuli, et per hujus-

[1] *In omnibus Græcis Anastasii exemplaribus præcedunt quatuor voces:* τὴν ἁγίαν γῆν καὶ, *et sequuntur aliæ decem:* σὺν πᾶσι τοῖς περὶ αὐτὴν ἀγαθοῖς, ἐπιχορηγουμένοις ὑπὸ τοῦ Θεοῦ. GRABE.

[2] Κύριος possibly was written *a prima manu,* but replaced by σωτήρ: *Dominus,* abbreviated as *Dns,* often passes into *Deus,* as in the translation.

[3] *tute* has no corresponding word in any of the Greek MSS., it probably arose from some transcriber commencing to write *utentur* out of its proper place.

[4] εἶναι δὲ ταύτην τὴν διαφοράν.

[5] *Intellige Verbum substantiale, sive Jesum Filium Dei. Ubi vero hæc protulisse legatur, me nescire fateor, ac suspicor, Irenæum ex traditione mox laudatorum Presbyterorum, qui Apostolorum discipuli fuere, istud Servatoris dictum accepisse. Quod enim* FEUARD. *signat locum Matth.* xx. 23, Sedere a dextris meis et sinistris meis non est meum dare, sed quibus paratum est a Patre meo, *non placet.* GRABE. MASS. imagines reference to be made either to the parable of the five talents, or of the ten.

modi gradus proficere, et per Spiritum quidem [1]ad Filium, per LIB. V. xxxvi.
Filium autem ascendere ad Patrem; Filio deinceps cedente Patri GR. V. xxxvi. MASS. V.
opus suum, quemadmodum et ab Apostolo dictum est: *Quoniam* xxxvi. 2.
oportet regnare eum, quoadusque ponat omnes inimicos sub pedibus 1 Cor. xv. 25, 26.
ejus. Novissima inimica destruetur mors. In temporibus enim Regni justus homo super terram exsistens, obliviscetur mori jam. *Quando autem dixerit*, inquit, *omnia subjecta sunt, scilicet absque* 1 Cor. xv. 27, 28.
eo qui subjecit omnia. Cum autem ei fuerint subdita omnia, tunc ipse Filius subjectus erit ei, qui sibi subjecit omnia, ut sit Deus omnia in omnibus. Diligenter ergo Johannes prævidit primam justorum resurrectionem, et in Regno terræ hæreditatem: consonanter autem et prophetæ prophetaverunt de ea. Hæc enim et
Dominus docuit, [2]mixtionem calicis novam in regno cum dis- Matt. xxvi. 29.
G. 462. cipulis habiturum se pollicitus. Et Apostolus autem liberam Rom. viii. 21.
futuram creaturam a servitute corruptelæ in libertatem gloriæ filiorum Dei confessus est. Et in omnibus iis et per omnia idem Deus Pater ostenditur, qui plasmavit hominem, et hæreditatem terræ promisit patribus, qui eduxit illam in resurrectione justorum, et promissiones adimplet [3]in Filii sui regnum: postea præstans
illa paternaliter, quæ neque oculus vidit, neque auris audivit, 1 Cor. ii. 9, ex Esai. lxiv. 4.
neque in cor hominis ascendit. Etenim unus Filius, qui voluntatem Patris perfecit; et unum genus humanum, in quo perficiuntur mysteria Dei, *quem concupiscunt angeli videre*, et non 1 Pet. i. 12.
prævalent investigare sapientiam Dei, per quam plasma ejus conformatum et concorporatum Filio perficitur: ut progenies ejus [4]primogenitus Verbum descendat in facturam, hoc est in plasma, et capiatur ab eo; et factura iterum capiat Verbum, et ascendat ad eum, supergrediens angelos, et [5]fiet secundum imaginem et similitudinem Dei.

Explic. libri beati [6]Irenæi Martyris numero quinque.

[1] GRABE suggests but does not insert *ad*. MASS. and STIEREN print it between brackets, which are here removed. Compare 162, 3; 164, 8.

[2] See pp. 415, 416.

[3] *in regnum*, εἰς βασιλείαν, an instance of the *constructio prægnans*; unless indeed *in regno* be the correct reading.

[4] *Verbum* has involved a *logical*, not a *formal* concord in many passages.

[5] l. *fiat* or *tunc fiet*.

[6] Cod. VOSS. *Hirenei*. Compare the preface by FLORUS, where the name is written *Hyrenæus;* the aspirate representing the Greek E. This MS. also adds the title of *Martyr*. GRABE'S idea is probably correct, that the work is defective, the conclusion having been lost.

E LIBRIS S. IRENÆI

FRAGMENTA QUÆDAM SYRIACE.

I.

ܐܝܬܝܗܘܢ[1] ܕܝܢ ܗܠܝܢ ܕܐܡܪܝܢ ܕܐܦܩ ܠܡܫܝܚܐ ܒܪܗ LIB. I. i. 13.
ܕܝܠܗ ܐܠܐ ܢܦܫܢܝܐ: ܘܡܢ[2] ܗܢܘ ܡܢ ܢܒ̈ܝܐ ܡܠܠ:
ܐܝܬܘܗܝ ܕܝܢ ܗܢܐ ܗܘ ܕܡܢ ܡܪܝܡ ܥܒܪ ܐܝܟܢܐ ܕܡܝܐ
ܡܢ ܨܢܘܪܐ ܥܒܪܝܢ.

I. Sunt autem qui dicunt emisisse eum Christum filium suum, I. 60.
sed et animalem: et *per hunc* [Int. de hoc] per Prophetas locutum esse. Esse autem hunc qui per Mariam transierit, quemadmodum aqua per tubum transit.

I. The following Syriac translations of portions of the Greek text of the work *c. Hær.* are from the Nitrian collection in the British Museum; duplicate and triplicate passages representing the same text are found; and their almost universal agreement, favours the notion that a Syriac Version existed formerly, and possibly may still come to light. The value of this unexpected testimony to the genuineness of the Latin Version, would be greater, if a doubtful cause needed support. The exact words of the old translation have been retained, and additions printed in *italics*. The MSS. from whence the following extracts have been taken are thus distinguished, as numbered in the collection of the British Museum:

12,154=A., written at four different periods, A.D. 714–716, 718 (*foll.* 272, 278, 284, 289), but dated according to the Greek computation (ܕܝܘ̈ܢܝܐ) 1025, 1026, &c.
12,155=B. 10th cent.
12,156=C. A.D. 562. Greek comp. 873.
12,157=D. 7th or 8th cent.
14,538=E. 11th or 12th cent.
14,612=F. 6th or 7th cent.
14,629=G. 6th to 10th cent.
17,191=H. 10th or 11th cent.
17,194=K. 10th or 11th cent.
17,200=L. 6th or 7th cent.
17,214=M. also 12, 158.

[1] from Cod. D. fol. 127. c. 4.
[2] Syr. and Int. indicate καί.

II.

I. i. 15. ܐܝܟܢܐ[1] ܓܝܪ ܕܐܢ ܐܢܫ ܠܨܘܪܬܐ ܕܡܠܟܐ ܕܡܬܩܢ[2] ܒܝܨܝܦܘܬ
ܡܢ ܦܘܣܦܣܐ ܛܒܐ ܡܢ ܐܘܡܢܐ ܚܟܝܡܐ [3]ܢܫܪܐ ܠܕܡܘܬܐ
ܕܒܪܢܫܐ ܗܝ ܕܨܝܪܐ ܬܚܬ ܐܝܟ [4]ܕܝܢ ܠܗܘܢ ܠܗܠܝܢ
ܦܘܣܦܣܐ ܘܢܫܚܠܦ [5]ܘܢܥܒܕ ܡܢܗܘܢ ܕܡܘܬܐ ܕܟܠܒܐ ܐܘ ܕܬܥܠܐ
[6]ܘܠܗܕܐ ܟܕ ܒܒܝܫܐܝܬ ܡܬܩܢܐ: ܒܬܪ ܟܢ ܢܫܪܪ ܘܢܐܡܪ
[6]ܕܗܢܐ ܐܝܬܘܗܝ ܗܘ ܨܘܪܬܐ ܫܦܝܪܐ ܕܡܠܟܐ ܗܘ ܕܐܘܡܢܐ
[7]ܗܘ ܚܟܝܡܐ ܨܒܬܗ̇ ܟܕ ܡܚܘܐ ܠܗܠܝܢ
ܦܘܣܦܣܐ ܐܠܝܢ ܕܫܦܝܪܐܝܬ [8]ܡܢ ܡܢ ܗܘܐ ܐܘܡܢܐ ܩܕܡܝܐ

I. 67. II. Quomodo *enim* si quis regis imaginem [Int. bonam] fabricatam diligenter ex gemmis pretiosis a sapiente artifice (*capiens*), *solvat* subjacentem hominis figuram, transferat *autem* gemmas illas, et *reformet et* faciat ex iis formam canis, vel vulpeculæ, et hanc male dispositam; dehinc confirmet et dicat, hanc esse regis illam imaginem bonam, quam sapiens artifex fabricavit, ostendens gemmas, quæ bene quidem a primo artifice in regis imaginem

II. [1] The extract is quoted in G. as ܡܢ ܐܝܪܢܝܘܣ (*sic*) ܡܢ ܡܐܡܪܐ ܩܕܡܝܐ ܕܡܟܣܢܘܬܐ ܘܡܒܛܠܢܘܬܐ ܕܝܕܥܬܐ ܕܟܕܒ ܫܡܗ̇. *From* IRENÆUS, *from the first Book of the Refutation and Extinction of Science falsely so called.* מכסנותא Ps. l. 17, and Prov. xv. 5, is the Chaldee for מוסר, LXX. παιδείαν, and תוכחות Ps. cxlix., LXX. ἐλεγμούς. Similarly in Prov. xv. 22, הפר is rendered in the Chaldee, בטולה, where the Hebrew verb is interpreted by Gesenius, as *einen Anschlag vereiteln, to frustrate a design.* ܒܛܠ in the *Pah.* has a similar force, Rom. iii. 3, but in 1 Cor. xiii. 11, and 2 Tim. i. 10, it means *to abolish.* This extract is cited by EPH. SYR. *Tr. de Virt.* 8.

The passage is found in the two MSS. D. fol. 199, and G. fol. 3. Both MSS. adopting the same translation.

[2] Syr. omits καλῆς, but, with the Latin, indicates the loss of ἐπιμελῶς in the Greek, *f. l.* ܒܐܝܠܦܘܬ.

[3] Gr. λύσας. The Syr. requires ܢܣܒ *capiens*, or some such verb.

[4] ܕܝܢ added from Cod. G.

[5] Syr. as in the Greek καὶ μεθαρμόσοι καὶ ποιήσει.

[6] ܘܗܕܐ G. *Ib.* ܗܝ omitting ܐܝܬܘܗܝ.

[7] G. omits ܗܘ.

[8] indicating μὲν in the Greek, as protasis, δὲ following.

ܠܕܘܡܝܗ ܕܡܠܟܐ ܡܬܩܢܝܢ ܗܘܘ [9]ܒܫܘܚܠܦܬ ܕܝܢ ܡܢ ܗܘ
ܐܚܪܝܬ ܠܕܡܘܬܐ ܕܟܠܒܐ [9]ܐܫܬܚܠܦܘ ܘܒܝܕ ܦܢܛܣܝܐ
ܕܟܐܦܘܢ ܕܡܘܩ̈ܪܬܐ [10]ܢܬܒܠ ܠܐܢܫܝܢ ܕܠܐ [11]ܡܕܪܫܝܢ [12]ܗܘܘ
ܕܢܘܣܒܐ ܕܡܠܟܐ ܠܐ ܩܢܝܢ ܘܢܦܝܣ ܐܢܘܢ ܕܕܡܘܬܐ ܗܕܐ
ܫܢܝܬܐ ܕܬܥܠܐ [13]ܗܘ ܐܝܬܘܗܝ ܗܘ ܨܠܡܐ ܫܦܝܪܐ
ܕܡܠܟܐ: ܗܢܘ ܕܝܢ [14]ܗܢܘ ܒܪܐ [14]ܘܗܠܝܢ ܡܬ̈ܠܬܐ ܕܣܒ̈ܬܐ
ܕܒܒܘ [15]ܒܬܪ ܕܝܢ ܦܬ̈ܓܡܐ ܘܡ̈ܠܬܐ ܘܡ̈ܬܠܐ ܕܐܚܝܕܝܢ ܡܢ ܐܟܐ
ܘ [16]ܡܫܬܘܫܝܢ ܕܢܣܡܟܘܢ ܨܒܝܢ ܠܡܬ̈ܠܝܗܘܢ ܠܡ̈ܠܘܗܝ
ܕܐܠܗܐ.

III.

[1]ܒܣܪܐ ܐܝܬܘܗܝ ܗܘ ܥܬܝܩܐ ܕܡܢ ܥܦܪܐ ܕܐܬܓܒܠ ܗܘܐ I. i. 20.
ܝܨܝܪܬܐ ܡܢ ܐܠܗܐ ܗܘ ܕܫܪܝܪܐܝܬ ܐܠܗܘܗܝ ܝܘܚܢܢ ܕܗܘܐ

compositæ erant, male vero a posteriore in canis figuram translatæ sunt, et per gemmarum phantasiam decipiat *inexpertos* [Int. idiotas], qui comprehensionem regalis formæ non habeant, et suadeat *eos* quoniam hæc turpis vulpeculæ figura illa est bona regis imago: eodem modo et hi anicularum fabulas *agglutinant* [Int. adsuentes], post deinde sermones, et dictiones, et parabolas hinc inde auferentes, adaptare volunt fabulis suis eloquia Dei.

III. Caro est [Int. autem] illa vetus de limo secundum Adam facta plasmatio a Deo, quam vere Johannes, quod fuerit Verbum I. 85.

[9] G. has ܒܪܢܫܐ *Ib.* ܘܫܠܚܘ.

[10] A word not found in the *Lexica*, it is the same as the Arabic verb, تبل, *dementavit.*

[11] G. ܡܕܪܫܝܢ, but D. exactly represents the Greek.

[12] *f. l.* ܕܦܫܝܢ *qui comprehensionem.*

[13] D. simply ܗܘ. G. ܗܘܝܘ, but it omits ܐܝܬܘܗܝ.

[14] G. omits the second ܗܢܘ and the copula in ܘܗܠܝܢ.

[15] Syr. ܕܒܒܘ *agglutinant.* G. ܡܬܒܙܝܢ.

[16] G. ܡܫܬܘܬܦܝܢ.

III. [1] This extract is obtained from D. fol. 200, col. 4, and G. fol. 4, in both of which it is introduced with the words, ܡܢ ܐܝܪܝܢܐܘܣ ܐܦܣܩܘܦܐ ܕܠܘܓܕܘܢ ܡܢ

ܡܛܠܬܐ ܕܐܠܗܐ: ܘܐܫܬܪܝܬ ܠܡܫܪܝܘܬܐ ܕܝܠܗܘܢ ܗܝ
ܩܕܡܝܬܐ ܘܒܘܟܪܝ ܬܡܝܢܝܬܐ: ܟܕ ܓܝܪ ܚܕ ܗܘܐ ܘܗܘ ܗܘ ܡܬܚܘܐ
ܡܠܬܐ ܘܝܚܝܕܝܐ ܘܚܝܐ ܘܢܘܗܪܐ ܘܦܪܘܩܐ ܘܡܫܝܚܐ ܘܒܪܗ[2]
ܕܐܠܗܐ ܘܗܘ[3] ܗܘ ܗܘ ܐܬܓܫܡ ܚܠܦܝܢ ܐܫܬܪܝܬ ܦܫܝܛܘܬ
[4]ܡܫܟܢܬܐ ܕܬܡܝܢܝܘܬܐ.

IV.

II. xxxix. 1. [1]ܡܛܪܐ ܗܟܝܠ ܐܝܟ ܕܐܡܪܢ ܕܟܕ ܡܕܡ ܠܐ ܝܕܥ ܐܢܫ
ܘܠܐ ܚܕܐ ܥܠܬܐ ܕܡܕܡ ܡܢ ܐܝܠܝܢ ܕܗܘܘ ܡܛܠ ܐܝܢܐ
ܥܠܬܐ ܗܘܘ[2] ܕܢܗܝܡܢ ܠܐܠܗܐ ܘܢܩܘܐ ܒܚܘܒܗ[3] ܐܘ ܕܟܕ

Dei, *commemoravit* [Int. manifestavit]. Et soluta est illorum prima et primogenita octonatio. Cum enim unus et idem ostenditur Logos et Monogenes, et Zoe et Phos, et Soter et Christus *et* Filius Dei, et hic idem incarnatus pro nobis, soluta est octonationis illorum *castrametata* compago.

I. 345. IV. Melius itaque est, sicuti *diximus*, [Int. prædixi,] nihil omnino scientem quempiam, ne quidem unam causam cujuslibet eorum quæ facta sunt, cur factum sit, credere Deo, et perseverare

ܒܡܐܡܪܐ ܠܒܪ [ܠܒܪ omitted A.]
ܩܕܡܝܐ ܕܡܟܣܢܘܬܐ ܘܕܒܘܛܠܐ
ܕܝܕܥܬܐ ܕܓܠܐ ܫܡܗ: ܐܡܪ
ܕܝܢ ܠܘܩܒܠ ܠܬܪܥܝܬܐ
ܪܫܝܥܬܐ ܕܦܢܛܣܝܐ ܗܝ
ܕܡܢ ܘܠܢܛܝܢܘܣ ܘܡܢ
ܗܠܝܢ ܕܡܢܗ ܐܝܟ ܕܒܟܬܒܐ
ܡܠܐܡܪ ܠܘܩܒܠ ܗܝ
ܕܡܬܩܪܝܐ ܡܢܗܘܢ ܬܡܝܢܝܘܬܐ.

From Irenæus, *Bishop of Lyons, from the first Book of the "Refutation and Extinction of Science falsely so called;" For he says, in answer to the impious opinion of the phantasy of* Valentinus, *and of his followers, also in the treatise entitled, "Against that which is called by them the Ogdoad."*

[2] Syr. shews the copula as in the Greek.

[3] Syr. as Int. read τοῦ αὐτοῦ.

[4] For σκηνοπηγία the Syr. has the two words ܡܫܟܢܬܐ ܡܟܬܫܬܐ implying an encampment of many tents.

IV. [1] This extract follows the preceding in Cod. D. fol. 200, with which it is connected by the words ܕܝܠܗ ܡܢ ܕܝܠܗ ܡܢ ܡܐܡܪܐ ܕܬܪܝܢ. *By the same, from the second Book.*

[2] The Cl. reading *sit* (*sint*) is confirmed by the Syr.; Ar. has *et*, but the reading was not of sufficient importance to demand notice *in loc.*

[3] Syr. omits *eos*, but requires *ejus*, suggesting the reading, *perseverare ejus in dilectione.*

ܡܬܢܦܚܝܢ ܒܗ ܚܟܡܬܐ ܕܕܐܝܟ ܗܕܐ ܢܦܠܘܢ ܡܢ ܚܘܒܐ
ܕܡܚܝܐ ܠܗ ܠܒܪܢܫܐ: ܘܕܠܐ ܢܒܥܐ ܡܕܡ ܐܚܪܢܐ ܠܡܕܥ ܐܠܐ
ܐܢ ܠܝܫܘܥ ܡܫܝܚܐ ܒܪܗ ܕܐܠܗܐ ܗܘ ܕܐܨܛܠܒ ܚܠܦܝܢ
ܐܘ ܕܒܝܕ ܥܘܡܩܐ ܕܒܥܝܬܐ[4] ܘܩܛܝܢܘܬܐ ܕܡܠܠܐ ܒܗܘܢ
ܕܠܐ[5] ܐܠܗܘܬܐ ܢܦܠܘܢ.

V.

ܦܣܩܘܬܝܬ[1] ܕܝܢ[2] ܗܘܐ ܡܪܢ ܐܠܦ ܠܗ ܒܠܚܘܕ ܕܠܐ — II. lxv.

eos in dilectione, aut per hujusmodi scientiam inflatos excidere a dilectione, quæ hominem vivificat: nec aliud inquirere ad scientiam, nisi Jesum Christum Filium Dei, qui pro nobis crucifixus est, aut per quæstionum *profunditatem* [Int. subtilitates] et minutiloquium in *atheismum* [Int. impietatem] cadere.

V. Plenissime autem Dominus docuit non solum *non transgredi* — I. 381.

[4] ܕܒܥܝܬܐ *l.* ܕܒܥܘܬܐ *quæstionum.* The next terms confirm the Ar. reading *minutiloquium*, where the Cl., Voss., &c. have *multiloquium.*

[5] Syr. expresses the Greek, *εἰς τὴν ἀθεότητα.*

V. [1] This Syriac fragment is found in three MSS., B. fol. 45, E. (fol. 9 from end), and F. fol. 95. It is headed in E. with the words, ܕܐܪܢܘܣ (*sic*) ܐܦܣܩ ܕܠܘܓܕܘܢ ܡܢ ܡܐܡܪܐ ܕܬܪܝܢ shewing that it was taken from the second Book; while F. has, ܕܠܐ ܩܕܡܝ ܢܦܫܬܐ ܠܦܓܪܐ ܕܐܪܢܐܘܣ (*sic*) ܐܦܝܣܩܘܦܐ ܕܠܘܓܕܘܢ. *That souls are not antecedent to the body; by* Irenæus, *Bishop of Lyons.* The rubric heading in B. is particularly curious as exhibiting a subdivision of the work that not improbably proceeded from the venerable author himself. We there read: ܕܠܐ ܩܕܡܝ ܢܦܫܬܐ ܠܦܓܪܐ ܘܠܐ ܥܒܪܢ ܡܢ ܦܓܪܐ ܠܐܚܪ̈ܢܐ ܕܩܕܝܫܐ ܐܪܢܝܘܣ ܐܦܝܣܩܘܦܐ ܕܠܘܓܕܘܢ ܡܢ ܟܬܒܐ ܕܟܬܝܒ ܥܠܘܗܝ ܡܟܣܢܘܬܐ ܕܝܕܥܬܐ ܕܓܠ ܦܣܩܐ ܡܢ ܡܐܡܪܐ ܕܬܪ̈ܝܢ ܡܢ ܦܣܘܩܐ ܕܫܒܥܝܢ ܘܚܕ ܕܐܝܬܘܗܝ ܦܣܘܩܐ ܕܚܡܫ ܡܐܐ ܘܥܣܪܝܢ ܘܫܒܥܐ ܕܟܠܗ ܟܬܒܐ. i. e. *That souls are not antecedent to the body, and that they pass not from the body to others; by Saint* Irenæus, *Bishop of Lyons; from the work entitled, "A Refutation of Science falsely so called;" from the second Book, and seventy-first section; which is the five hundred and twenty-seventh of the entire work.* The bulk therefore was as considerable as at present.

[2] ܦܣܩܘܬܝܬ indicates *ἀρκούντως*

ܒܦܓܪܐ ܡܬܒܥܝܢ ³ܢܦܫ̈ܬܐ: ܐܠܐ ܘܢܛܪܘܢ ܪܘܫܡܗ ܕܦܓܪܐ ⁴ܗܘ
ܕܒܗ ⁵ܡܬܠܒ̈ܫܢ ܐܦ ܗܘ ܒܗ ܗܘ ܡܬܕܟܪܢ: ⁶ܘܕܥܒ̈ܕܝܗܘܢ ܗܘܦܟܝܗܘܢ
⁷ܕܥ̈ܒܕܝܢ ܠܝ ܗܘܘ ܗܪܟܐ ܕܫܠܡ ܒܬܫܥܝܬܐ ܕܫܠܘ ܒܥܬܝܪܐ
ܘܥܠ ⁸ܗܘ ܕܒܥܘܒܗ ܕܐܒܪܗܡ ܐܬܬܢܝܚ.

VI.

III. x. ¹ܡܛܠ ܕܝܢ ܐܡܪ ܕܡ̈ܓܘܫܐ ²ܗܢܘܢ ܕܐܬܘ ܡܢ ܡܕܢܚܐ
ܐܡܪܘ: ܚܙܝܢ ܓܝܪ ܟܘܟܒܗ ܒܡܕܢܚܐ ܘܐܬܝܢ ܠܡܣܓܕ ܠܗ:
ܟܕ ³ܕܝܢ ܐܬܕܒܪܘ ܡܢ ܟܘܟܒܐ ܠܒܝܬܗ ܕܝܥܩܘܒ ܥܡ
ܥܡܢܘܐܝܠ ܒܝܕ ܩܘܪ̈ܒܢܐ ܕܩܪܒܘ ܚܘܝܘ ܕܡܢܘ ܐܝܬܘܗܝ

perseverantes [Int. perseverare, non de corpore in corpus transgredientes] animas; sed et characterem corporis, in quo etiam adaptantur, custodire eundem; et meminisse eas operum quæ egerunt hic, et a quibus cessaverunt, in ea relatione [quæ scribitur] de Divite et de Lazaro eo, qui refrigerabat in sinu Abrahæ.

II. 32. VI. Matthæus autem Magos ab Oriente venientes ait dixisse:
Matt. ii. 2. *Vidimus enim stellam ejus in Oriente, et venimus adorare eum*: deductos[que] *igitur* a stella in domum Jacob ad Emmanuel, per ea quæ obtulerunt munera ostendisse, quis erat qui adora-

for the Greek; ܕܝܢ omitted in E., but found in the other two MSS., is the equivalent of δὲ in the Greek.

³ *de corpore in corpus*, not represented in the Syr.; but cf. heading of B.

⁴ Codd. B. F. repeat ܗܝ.

⁵ ܡܬܠܒ̈ܫܢ is restored as the undoubted reading, meaning *adaptantur*. B. and F. have ܡܬܠܒܫܢ and E. ܡܬܠܒ̈ܫܢ. *Ethtaph.*

⁶ The conjunctive ܕ is omitted in E. The other MSS. have ܘܥܒ̈ܕܝܗܘܢ.

⁷ B. C., but A. ܕܥܒܕܝܢ, C. omits the copula in ܘܗܘܘ.

⁸ E. ܘܗܘ, but B. F. omit the *copula*.

VI. ¹ This extract occurs in two MSS., D. fol. 200, and G. fol. 4; in D. it follows the extract III. above; in G. it comes after IV., and in either case it is introduced with the reference ܕܝܠܗ ܡܢ ܡܐܡܪܐ ܕܬܠܬܐ. *By the same, from the third Book.*

² Syr. *eos*, absorbed possibly in *Magos*.

³ Syr. indicates δὲ, Lat. τε.

ܗܘ ܕܡܫܬܘܕܥ: ܡܘܪܐ ܡܢ ܡܛܠ ܕܗܘ ܐܝܬܘܗܝ ܕܗܘܐ ܗܘ
ܕܢܡܘܬ ܐܢܫܘܬܐ ⁴ܡܝܘܬܐ ܡܛܠܬ ܘܡܬܩܒܪ: ܕܗܒܐ ܕܝܢ ܡܛܠ
ܕܡܠܟܐ ܐܝܬܘܗܝ ܗܘ ܕܠܡܠܟܘܬܗ ܫܘܠܡܐ ܠܐ ܗܘܐ: ܠܒܘܣܡܐ
ܕܝܢ ܡܛܠ ܕܐܠܗܐ ܗܘ ܘܗܘܐ ܝܕܝܥܐ ܒܝܗܘܕ ܘܐܬܓܠܝ
ܠܐܝܠܝܢ ܕܠܐ ܒܥܘܗܝ.

VII.

¹ܬܫ̈ܥܝܬܗܘܢ ܡܢ ܡܫܬ̈ܚܠܦܬܐ ²ܐܝܟ ܐܝܟܢܐ ܕܚܘܝܢ ܚܢܢ III. xvii. 6.
ܐܚܪܢܐ ܐܡ̈ܪܝܢ ܕܐܝܬܘܗܝ ܗܘ ܕܚܫ ܘܐܬܝܠܕ: ³ܘܕܗܢܐ ܐܝܬܘܗܝ
⁴ܝܫܘܥ: ܐܚܪܢܐ ܕܝܢ ܗܘ ܕܥܠܘܗܝ ܢܚܬ ܘܕܗܢܘ ܡܫܝܚܐ
ܗܘ ܕܐܦ ܣܠܩ ܬܘܒ: ܘܗܘ ܕܡܢ ⁵ܐܝܬܘܗܝ ܒܪܘܝܐ ܐܘ ܗܘ
ܕܡܢ ܡܕܒܪܢܘܬܐ ܐܘ ܗܘ ܕܡܢ ܝܘܣܦ ܗܘ ܕܐܦ ܚܫܘܫܐ

batur: *Myrrham* quidem, quod ipse erat, qui pro mortali humano genere moreretur et sepeliretur: *Aurum* vero, quoniam Rex, *cujus Regni finis non est;* *Thus* vero, quoniam Deus, qui et *notus in Judæa factus est*, et manifestus eis, qui non quærebant eum.

VII. Etenim *narrationes* [Int. argumenta] illorum varia, quemadmodum ostendimus, alterum *dicentes* [quidem] passum, et natum; *et* hunc esse [Christum][6] *Jesum; alterum autem qui in eum descendit et hunc esse Christum, qui etiam ascendit iterum; et eum qui a Demiurgo aut eum* [Int. alterum eorum [7]autem,] qui sit ex dispositione, vel eum qui sit ex Joseph, *hunc* [quem] II. 87.

⁴ Codd. *l.* ܡܝܘܬܬܐ.

VII. ¹ From Cod. L. fol. 36, where the passage is quoted with the words ܐܝܪܢܐܘܣ ܗܘ ܐܦܣܩܘܦܐ ܕܠܘܓܕܘܢ ܒܡܐܡܪܐ ܕܬܠܬܐ ܕܡܟܣܢܘܬܐ ܕܝܕܥܬܐ ܕܓܠܬܐ ܗܠܝܢ ܐܡܪ. Irenæus, *Bishop of Lyons says this in the third Book of the "Refutation of Science that is false."*

² *l.* ܐܝܬܘܗܝ.

³ Syr. inserts the copula.

⁴ The Syriac here supplies a remarkable lacuna in the Latin version; shewing that the clause, expressed above in *italics*, has been lost; the reader therefore will make due allowance for the impossible attempt at p. 87, 2.

⁵ The sense and Latin context alike require ܕܐܝܬܘܗܝ ܡܢ.

⁶ Syr. *Jesum*, which alone satisfies the sense.

⁷ *autem.* This perplexing word, that occurs in every MS., now resolves itself into *aut eum*, the equivalent of the Syriac ܐܘ ܗܘ. Altogether, the Syriac throws much light upon a confused passage.

ܗܦܟܝܢ ܠܗ: ܠܗܘ ܕܝܢ ܕܡܢ ܠܐ ܡܬܚܙܝܢܐ ܘܠܐ
ܡܫܬܡܗܢܐ ܢܚܬ ܠܗܘ ܕܠܐ ܡܬܕܪܟܢܐ ܘܠܐ ܡܬܚܙܝܢܐ ܘܠܐ
ܚܫܘܫܐ ܡܫܪܪܝܢ ܠܗ ܕܐܝܬܘܗܝ: [8]ܟܕ ܡܬܛܥܝܢ ܡܢ ܫܪܪܐ
ܡܛܠ ܕܪܚܝܩܐ ܬܪܥܝܬܗܘܢ ܡܢ ܐܠܗܐ ܗܘ ܕܐܝܬܘܗܝ.

VIII.

III. xvii. 6. [1]ܟܕ [2]ܛܥܘ ܡܢ ܫܪܪܐ ܡܛܠ [3]ܕܪܚܝܩܐ ܬܪܥܝܬܗܘܢ ܡܢ
ܗܘ ܕܐܝܬܘܗܝ ܐܠܗܐ ܘܠܐ ܝܕܥܝܢ ܡܠܬܐ ܝܚܝܕܝܐ ܕܗܢܐ ܗܘ
ܕܐܡܬܝܠ ܩܪܝܒ ܠܐܢܫܘܬܐ ܐܬܚܝܕ ܘܐܬܡܙܓ ܥܡ ܓܒܝܠܬܐ
ܕܝܠܗ ܐܝܟ ܨܒܝܢܗ ܕܐܒܐ ܘܗܘܐ ܒܣܪܐ ܗܘ ܐܝܬܘܗܝ
ܝܫܘܥ ܡܫܝܚܐ ܡܪܢ ܕܐܦ ܚܫ ܚܠܦܝܢ ܘܩܡ ܡܛܠܬܢ
ܘܬܘܒ ܐܬܐ ܒܫܘܒܚܗ ܕܐܒܘܗܝ ܕܢܩܝܡ ܠܟܠܗ ܒܣܪ

et passibilem argumentantur; *in hunc autem* [Int. alterum vero eorum] ab invisibilibus et *innominabilibus* [Int. in enarrabilibus] descendisse *illum*, quem et incomprehensibilem, invisibilem, [Int. *invers. ord.*] et impassibilem esse confirmant, *errantes a veritate, eo quod absistat sententia eorum ab eo qui est* [vere] *Deus*.

II. 87. VIII. *Errantes a veritate, eo quod absistat sententia eorum ab eo qui est* [vere] *Deus*, nescientes quoniam hujus Verbum unigenitus, qui semper humano generi adest, unitus et consparsus suo plasmati secundum placitum Patris, et caro factus, ipse est Jesus Christus Dominus noster, qui et passus est pro nobis, et surrexit propter nos, et rursus venturus est in gloria *sui* Patris, ad resus-

[8] Compare the commencement of the next fragment, and note 2 below.

VIII. [1] This extract is found in Cod. D. fol. 201, where it follows VI., the customary words intervening ܘܬܘܒ ܒܬܪ ܩܠܝܠ, *and again after a little*. The reader will observe that it is in continuation of VII., the closing words of which commence VIII.; the variations scarcely justify the notion that they are by different hands. The italics are used to mark identity.

[2] ܛܥܘ. Cod. L. ܡܬܛܥܝܢ.

Ib. ܕܪܚܝܩܐ, and in the same MS. the transposition of the word ܐܠܗܐ is a manifest error of the transcriber.

[3]ܠܚܘܝܘܬܐ ܕܦܘܪܩܢܐ [4]ܘܠܟܢܘܢܐ ܕܕܝܢܐ ܟܐܢܐ ܢܦܫܛܘܗܝ ܥܠ
ܟܠܗܘܢ ܐܝܠܝܢ ܕܐܬܒܪܝܘ ܡܢܗ.

IX.

[1]ܘܐܡܪ ܕܠܐ [2]ܡܐܡܪ: ܠܐܝܠܝܢ ܕܨܒܝܢ ܕܢܫܡܥܘܢ: ܠܐ ܬܛܥܘܢ III. xvii. 9.
ܚܕ ܗܘ ܓܝܪ ܗܘ ܐܝܬܘܗܝ ܝܫܘܥ ܡܫܝܚܐ [4]ܗܘ ܒܪܗ
ܕܐܠܗܐ ܕܒܝܕ ܚܫܗ ܪܥܝ ܠܢ ܠܐܠܗܐ ܘܩܡ ܡܢ ܒܝܬ
ܡܝܬܐ.

X.

[1]ܗܠܝܢ ܕܪܘܚܐ ܡܢ [2]ܡܒܛܠܝܢ ܕܐܚܪܢܐ ܕܝܢ ܐܝܬܘܗܝ III. xviii. 3.
ܡܫܝܚܐ ܘܐܚܪܢܐ ܝܫܘܥ ܡܣܬܟܠܝܢ ܘܠܘ [3]ܕܚܕ ܗܘ
ܡܫܝܚܐ ܐܠܐ ܕܣܓܝܐܐ ܗܘܘ ܡܠܦܝܢ: ܘܐܦ ܐܢ ܕܗܘܘ

citandam universam carnem, et ad ostensionem salutis, et regulam justi judicii [ostendere omnibus] *extendere in omnes* qui [sub] *ab* ipso facti sunt.

IX. Unum quod non exclamat ad eos qui volunt audire [quoniam] Nolite errare; unus et idem est [3]Jesus Christus Filius [4]*est* Dei, qui per passionem *suam* reconciliavit nos Deo, et resurrexit a mortuis. II. 91.

X. Qui Spiritum quidem [2]interimunt, alium autem *esse* Christum, et alium Jesum intelligunt, et non unum Christum, sed plures fuisse docent: et si unitos eos dixerint, iterum [4]*dividunt eos*, II. 96.

[3] *f. l.* ܘܠܚܘܝܘܬܐ.

[4] Syr. *κανόνα*.

IX. [1] This passage stands in Cod. D. immediately after the preceding, separated merely by the words ܘܒܬܪ ܩܠܝܠ *et post pauca*.

[2] Cod. ܠܡܐܡܪ ܐܡܪ, by an evident error of the transcriber.

[3] Syr. *Jesus Christus*.

[4] Cod. inserts ܗܘ.

X. [1] This extract follows VII. in Cod. L. being connected with the words, ܘܬܘܒ ܒܬܪ ܐܚܪܢܝܬܐ, *iterumque post alia*.

[2] ܡܒܛܠܝܢ. Int. *interimunt*, f. l. *exterminant*, ἀθετοῦσι.

[3] ܕܚܕ ܗܘ Int. *unum*. ἕνα *f. l.* ἕνα εἶναι.

[4] The words ܡܦܪܫܝܢ ܠܗܘܢ shew a lacuna in the Latin text filled up above in italics; *dividunt eos*, from some slight similarity, having been lost in *ostendunt eum*.

ܡܚܘܝܢ ܐܡܪܝܢ ܠܗܘܢ ܠܘܬ ܡܚܫܫܝܢ ܠܗܘܢ ܡܠܟܫܝܢ
ܓܝܪ[5] ܕܗܘ ܡܢ ܐܫܬܘܬܦ ܒܚ̈ܫܐ ܗܘ ܕܝܢ ܠܐ ܚܫܘܫܐ ܒܠܒܪ:
ܘܕܗܘ ܡܢ ܐܣܬܠܩ ܠܡܫܠܡܘܬܐ ܗܘ ܕܝܢ ܒܠܒܪ ܒܡܨܥܬܐ.

XI.

III. xix. 1. ܟܕ[1] ܐܬܚܘܝܬ ܕܝܢ ܓܠܝܐܝܬ ܕܡܠܬܐ ܗܘ ܕܒܪܫܝܬ
ܐܝܬܘܗܝ ܗܘܐ ܠܘܬ ܐܠܗܐ ܕܒܐܝܕܗ ܟܠ ܡܕܡ ܗܘܐ ܗܘ
ܕܐܦ ܐܡܝܢܐܝܬ ܩܪܝܒ ܠܓܢܣܐ ܕܒܢ̈ܝܢܫܐ ܗܢܐ ܕܒܙ̈ܒܢܐ
ܐܚܪ̈ܝܐ ܒܙܒܢܐ ܕܡܬܚܡ ܗܘܐ ܡܢ ܐܒܐ ܐܬܚܝܕ ܠܓܒܝܠܬܐ
ܕܝܠܗ ܟܕ ܕܗܘܐ ܒܪܢܫܐ ܚܫܘܫܐ: ܒܗܠܝܢ ܗܘ ܟܠܗ
ܚܪܝܢܐ ܕܗܢܘܢ ܕܐܡܪܝܢ: ܐܢ ܡܪܢ ܗܝܕܝܢ ܐܬܝܠܕ ܠܐ ܐܪܐ ܡܢ
ܩܕܡ ܐܝܬܘܗܝ ܗܘܐ ܡܫܝܚܐ: ܚܘܝܢ ܓܝܪ ܕܠܘ ܗܝܕܝܢ
ܫܪܝ ܕܢܗܘܐ ܒܪܗ ܕܐܠܗܐ ܐܝܬܘܗܝ ܡܢ ܒܪܫܝܬ ܠܘܬ
ܐܒܐ: ܐܠܐ ܕܗܝܕܝܢ ܐܬܓܫܡ ܘܗܘܐ ܒܪܢܫܐ ܟܕ ܠܫܘܡܠܝܐ

ostendunt *enim* eum quidem participasse passiones, hunc autem impassibilem perseverasse; et hunc quidem ascendisse in Pleroma, hunc autem in medietate remansisse.

II. 95. XI. Ostenso *autem* manifeste, quod in principio Verbum exsistens apud Deum, per quem omnia facta sunt, qui et semper aderat generi humano, hunc in novissimis temporibus secundum præfinitum tempus a Patre, unitum suo plasmati, *utpote* passibilem hominem factum; exclusa est omnis contradictio dicentium; Si *Dominus noster* [Int. ergo] tunc natus est, non erat ergo ante Christus. Ostendimus enim, quia non tunc cœpit Filius Dei, exsistens *a principio* [Int. semper] apud Patrem; sed quando

[5] Similarly, ܓܝܪ either shews that a particle was cancelled to round off the defective text, or that *enim* is absorbed in *eum*.

XI. [1] This also is found in Cod. D. fol. 201, where its position either marks a dislocation in the main work, or a similar irregularity in the Syriac MS. The former preserves a natural flow; this extract therefore may be considered to have preceded, and not followed XIII., which is the order in Cod. D. after the usual words, ܘܬܘܒ ܒܬܪ ܐܚܪ̈ܢܝܬܐ, *iterumque post alia.*

ܠܬܫܥܝܬܐ ܕܐܢܫܘܬܐ ܡܢ ܕܪܝܫ ܚܕܐ ܙܒܢ ܦܘܫܩܐ ܕܒܢܝܢܫܐ ܠܗ
ܗܘܐ ܐܚܕܐ ܕܗܘ ܡܕܡ ܕܐܘܒܕܢ ܒܐܕܡ ܠܗ ܕܒܨܠܡܐ
ܘܒܕܡܘܬܐ ܕܐܠܗܐ ܐܝܬܝܢ ܠܗܕܐ ܒܡܫܝܚܐ ܝܫܘܥ ܢܗܦܟܝܗ.

XII.

ܡܠܬܐ[1] ܗܘ ܕܐܠܗܐ ܡܢ ܐܒܐ ܕܟܠ[2] ܢܚܬ ܘܐܬܓܫܡ III. xix. 2.
ܘܥܕܡܐ ܠܡܘܬܐ ܢܚܬ ܘܡܕܒܪܢܘܬܐ ܡܫܡܠܐ ܕܦܘܪܩܢܐ
ܕܝܠܢ.

XIII.

ܐܠܐ[1] ܕܠܐ[2] ܗܘܐ ܠܡܚܫ ܐܠܐ ܕܦܪܚ[3] ܗܘܐ ܡܢ ܝܫܘܥ III. xix. 4.
ܠܡܢܐ ܡܦܝܣ ܗܘܐ ܠܗܘܢ ܠܬܠܡܝ̈ܕܐ ܕܢܫܩܠܘܢ ܙܩܝܦܐ

incarnatus est, et homo factus, longam hominum expositionem *denuo instauravit* [Int. [2]in seipso recapitulavit,] et in compendio nobis salutem præstans, ut quod perdideramus in Adam, id est, secundum imaginem et similitudinem esse Dei, hoc in Christo Jesu reciperemus.

XII. Verbum Dei exsistens, a Patre *omnium* descendens, et II. 95.
incarnatus, et usque ad mortem descendens, et dispensationem consummans salutis nostræ.

XIII. Si autem ipse non erat passurus, sed avolaret a Jesu, II. 98.
quid et adhortabatur discipulos tollere crucem, et sequi se, quam

[2] Syr. has nothing corresponding with *in seipso*.

XII. [1] This sentence follows IX. in Cod. D. but in disjointed order; the last word of IX. and the first of XII. being placed out of line at the foot of the column, as though copied from a defective MS., the top line of the next column then proceeds with the faulty reading, ܗܘ ܕܡܢ ܟܠܠ, for ܗܘ ܕܐܠܗܐ.

[2] Syr. *a Patre omnium.*

XIII. [1] This extract is from Cod. D. where it follows XII. and is introduced with the words, ܘܬܘܒ ܒܬܪ ܐܣܬܢܬܐ ܠܘܩܒܠ ܗܢܘܢ ܕܡܦܠܓܝܢ ܘܠܐ ܡܘܕܝܢ ܕܚܕ ܡܫܝܚܐ, i. e. *and again after a space, against those who divide Christ, and do not confess that he is one.*

[2] *l.* ܐܠ ܕܝܢ ܠܐ, *si autem non.*

[3] *avolaret*, Syr. ܦܪܚ, which gives authority to Grabe's proposed

ܘܐܝܠܝܢ ܗܠܢܘ ܗܘ ܕܗܘ ܠܐ ܫܩܠܗ ܐܝܟ ⁴ܡܬܠܬܗܘܢ ܕܗܢܘܢ
ܐܠܐ ܫܒܩܗ ܠܡܕܒܪܢܘܬܐ ܕܚܫܐ.

XIV.

III. xxxi. 2. ¹ܘܐܠܐ ܠܚܝܪܐ ܗܝ ²ܐܦ ܡܚܬܬܗ ܕܠܘܬ ܡܪܝܡ: ܠܡܢܐ
ܓܝܪ ²ܘܠܗ ܢܚܬ ܗܘܐ ܐܠܐ ܠܡܣܒ ܗܘܐ ܕܢܣܒ ܡܢܗ
ܡܕܡ: ³ܘܬܘܒ ܕܝܢ ܐܢ ܡܕܡ ܠܐ ܢܣܒ ܡܢ ܡܪܝܡ ܠܗ
ܣܝܒܪܬܐ ܕܡܢ ܐܪܥܐ ܢܣܒܢ ܗܘܝ ܡܩܒܠ ܗܘܐ ܕܒܐܝܕܝܗܝܢ
ܡܬܬܪܣܐ ܦܓܪܐ ܗܘ ܕܐܬܢܣܒ ܡܢ ܐܪܥܐ: ܘܐܦܠܐ ܒܝ ⁴ܗܠܝܢ
ܐܪܒܥܝܢ ܝܘܡܝܢ ܒܡܘܬ ܡܘܫܐ ܘܐܠܝܐ ܨܐܡ ܟܦܢ ܗܘܐ ⁵ܐܠܘ
ܠܐ ܦܓܪܗ ܒܥܐ ܗܘܐ ܣܝܒܪܬܐ ܕܝܠܗ: ܘܐܦܠܐ ܬܘܒ ܝܘܚܢܢ

ipse non tollebat secundum ipsos, sed relinquebat dispositionem passionis?

II. 122. **XIV.** Cæterum supervacua est *etiam* in Mariam descensio ejus. Quid enim *et* in eam descendebat, si nihil incipiebat sumere ab ea? *Et iterum autem* [Int. Aut] si nihil sumsisset ex Maria, nunquam *a terra sumtas* [Int. eas quæ a terra erant,] percepisset escas, per quas id quod a terra sumtum est nutritur corpus: nec quadraginta *illis* diebus, quemadmodum Moyses et Helias, jejunans esurisset, corpus ejus suam *nisi quæreret* [Int. quærens] escam *propriam:* sed nec *iterum* Johannes discipulus ejus de eo scri-

reading *ἀναπτήσαντα*, p. 54, 4. But cf. I. 212, *revolasse*, *ἀποστῆναι*, and *ἦρθαι*, 62, also the expression of EPIPHANIUS, *ἑστήκει κατάντικρυς*, I. 200, 5. At p. 54, n. 4, *ἀποστήσαντα* should have been printed *ἀποστάντα*. The Æon Christ having descended as a dove, was said consistently *ἀναπτῆναι*. Compare also p. 413, 2.

⁴ *f. l.* ܡܬܠܬܗܘܢ *secundum fabulam ipsorum.*

XIV. ¹ An extract from Cod. L. quire ܛ, fol. 7, citing also the name of the author.

² Syr. ܐܦ indicating *καὶ* in the Greek, which is omitted in the Latin translation. The same applies also to ܘܠܗ, *καὶ εἰς αὐτήν*, in the next sentence.

³ ܘܬܘܒ. Gr. *ἔτι τε*, but the Latin *aut*. Syr. read also, *δέ*.

⁴ Syr. supplies ܗܠܝܢ *illis*.

⁵ Syr. ܐܠܘ ܠܐ ܦܓܪܗ q. d. *εἰ μὴ τὸ σῶμα αὐτοῦ ἐπεζήτει.*

ܗܘ ܠܡܫܝܚܗ ܕܡ ܡܚܒܠܬ ܒܟܠܗܘܢ ܐܡܪ ܗܘܐ: ܗܘ ܕܝܢ
ܝܫܘܥ ܕܡ ܠܐܐ ܡܢ ܒܡܗܠܟܐ ܕܐܘܪܚܐ ܝܬܒ ܗܘܐ: ܘܠܐ
ܕܘܝܕ ܡܩܪܐ ܗܘܐ [6]ܘܐܡܪ ܒܠܗܘܢ ܕܐܘܣܦܘ ܥܠ ܟܐܒܐ
ܕܡܚ̈ܘܬܝ.

XV.

[1]ܘܡܛܠ ܗܢܐ [2]ܡܪܢ ܐܡܪ ܗܘܐ ܕܠܐ ܐܢܫ ܝܕܥ [2]ܠܐܒܐ ܐܠܐ ܐܢ IV. xi. 5.
ܒܪܐ ܘܠܐ ܠܒܪܐ ܐܠܐ ܐܢ ܐܒܐ ܘܐܝܠܝܢ ܕܒܪܐ ܢܓܠܐ ܠܗܘܢ:
ܗܘ ܓܝܪ [3]ܕܢܓܠܐ ܠܐ ܗܘܐ ܒܠܚܘܕ ܥܠ ܗܘ ܕܥܬܝܕ

bens dixisset, *Jesus autem fatigatus in itinere sedebat:* nec David præclamasset in eum, Et *super dolorem vulnerum meorum apposuerunt.*

XV. Et propter hoc Dominus [2] *noster* dicebat: *Nemo cognoscit Patrem nisi Filius: neque Filium nisi Pater, et quibuscunque Filius revelaverit. Revelaverit* enim, non solum in futurum II. 161, 162. Matt. xi. 27. Luc. x. 22.

[6] The MS. here is doubtful, ܘܐܡܪ shewing that the scribe began to write ܡܩܪ and then substituted ܐܡܪ. The Greek seems to require the stronger term ܡܟܪܙ ܗܘܐ *proclamavit.*

XV. [1] Cod. C. fol. 69. The quotation is headed with the words, ܕܐܝܪܝܢܐܘܣ ܐܦܝܣܩܘܦܐ ܕܠܘܓܕܘܢܘܣ ܗܘ ܕܩܪܝܒ ܗܘܐ ܠܫܠܝܚܐ ܡܢ ܟܬܒܐ ܕܐܪܒܥܐ ܕܡܬܩܪܐ ܕܠܘܩܒܠ ܕܛܥܝܘܬܐ ܘܫܘܪܝܐ ܕܐܝܕܥܬܐ ܡܛܠܗ (Cod. ܡܛܠܬ) ܫܡܐ ܕܫܡܗ ܕܓܠܐ ܡܢ ܬܡܢܝܐ ܕܠܡܟܬܒܢܐ. *Of* Irenæus, *Bishop of Lyons, who was near to the Apostles, from the fourth Book (of the work) entitled, "On the Refutation and Extinction of Science whose name is false," from the eighth chapter.* This ancient numbering of the chapters therefore exhibits a mean, between the chapters of the Benedictine and those of the present edition. Grabe's numbering is more wide of the mark.

[2] Syr. *Dominus noster,* and, *Nemo cognoscit Patrem nisi Filius; neque Filium nisi Pater.* It is remarkable that the Clerm., Ar., and other MSS. transpose the terms in the same way as the Syriac, (see p. 159, 2), although the context sufficiently marks the error; and the author shortly before had stated that the transposition was from the hand of heresy, 158, 5, that it might appear that the Father was wholly unknown before the Advent of Christ.

[3] ܕܢܓܠܐ. Compare the *recepta lectio* in the Peshito Version at p. 162, n. 1.

ܐܬܐܡܪܬ ܐܝܟ ܡܢ ⁴ܕܡܢ ܗܝܕܝܢ ܫܪܝ ܡܠܬܐ ܕܢܓܠܝܘܗܝ
ܠܐܒܐ ܡܢ ܟܕ ܡܢ ܡܪܝܡ ܐܬܝܠܕ ܐܠܐ ܓܘܢܐܝܬ ܥܠ ܟܠܗ
ܙܒܢܐ ܣܝܡܐ.

XVI.

IV. xxxiv. 8. [1] ܠܐ [2]ܓܝܪ ܒܠܚܘܕ ܒܡܠܬܐ ܡܬܢܒܝܢ ܗܘܘ ܢܒܝܐ ܐܠܐ
ܐܦ [3]ܒܚܙܘܐ ܘܒܕܘܒܪܐ ܘܒܥܒܕܐ ܐܝܠܝܢ ܕܐܝܟ [4]ܡܠܠܬܐ
ܥܒܕܝܢ ܗܘܘ ܕܪܘܚܐ: [5]ܒܡܠܠܬܐ [6]ܕܝܢ ܕܐܝܟ ܗܕܐ [6]ܠܠܐ ܡܬܚܙܝܢܐ
ܚܙܝܢ ܗܘܘ ܐܠܗܐ ܐܝܟ ܡܐ ܕܐܫܥܝܐ ܐܡܪ ܕܠܡܠܟܐ ܡܪܝܐ
ܨܒܐܘܬ ܚܙܝ [7]ܥܝܢܝ: ܟܕ ܡܫܘܕܥ ܕܥܬܝܕ ܒܥܝܢܘܗܝ [8]ܠܐܠܗܐ

dictum est, quasi [4]quidem tunc inceperit Verbum manifestare Patrem cum de Maria natus; sed communiter per totum tempus positum est.

II. 219. XVI. Non enim solum sermone prophetabant prophetæ, sed et visione, et conversatione, et actibus quos faciebant, secundum id quod suggerebat Spiritus. Secundum hanc igitur rationem
Esai. vi. 5. invisibilem videbant Deum, quemadmodum et Esaias ait: *Regem Dominum Sabaoth* [9]*viderunt oculi mei;* significans, quoniam videbit

[4] Syr. indicates *μὲν* in the Greek.

XVI. [1] From Codd. C. fol. 69, and D. fol. 201. In the former this extract follows XVI., giving the number of the chapter as 55. ܡܢ ܢܝܫܐ ܕܡܫܟܚܢ ܘܡܫܟܚܢܐ In the latter it follows XIII., and simply refers to the fourth book. ܠܘܬ ܟܬܒܐ ܕܐܪܒܥܐ These two extracts, from their variations, must be considered to be independent translations. Cod. C. is expressed in the text, though Cod. D. is in some respects closer to the Latin.

[2] Cod. C. ܗܘܐ in error for ܓܝܪ as read in Cod. D.

[3] Cod. D. ܐܠܐ ܒܚܙܘܐ.

[4] Cod. D. *melius*, ܒܡܠܠܬܐ ܕܪܘܚܐ ܥܒܕܝܢ ܗܘܘ.

[5] Cod. D. is more close ܒܡܠܠܬܐ ܕܝܢ ܕܐܝܟ ܗܕܐ ܠܐܠܗܐ ܠܐ ܡܬܚܙܝܢܐ ܚܙܝܢ ܗܘܘ ܐܠܗܐ ܕܐܡܪ ܐܫܥܝܐ.

[6] Cod. C. carelessly loses ܕܝܢ. *Ib.* ܒܡܠܠ *inter*, indicating *μετὰ λόγου*, and for ܠܠܐ it has ܐܠܐ.

[7] Cod. D. ܚܙܝܬ ܒܥܝܢܝ, and ܘܡܫܘܕܥ in error for ܟܕ ܡܫܘܕܥ.

[8] Cod. D. transposes ܠܐܠܗܐ and follows more grammatically with ܘܠܡܠܟܗ.

[9] LXX. *εἶδον τοῖς ὀφθαλμοῖς μου.* C. *οἱ ὀφθαλμοί.* Cf. 7.

ܒܪܢܫܐ ܘܩܠܗ ܢܫܡܥ: [10]ܐܝܟ ܗܕܐ ܟܝܬ ܡܠܬܐ ܐܦ ܠܒܪܗ
ܕܐܠܗܐ ܒܪܢܫܐ ܚܙܝܢ ܗܘܘ ܕܡܬܗܦܟ ܥܡ ܒܢܝ̈ܢܫܐ ܟܕ
ܗܝ ܕܥܬܝܕܐ ܗܘܬ ܡܬܢܒܝܢ ܗܘܘ [11]ܘܠܗܘ ܕܠܐ ܩܪܝܒܐ
ܩܪܝܒ [12]ܗܘܐ ܕܩܪܝܒ ܐܡܪܝܢ ܗܘܘ [13]ܘܠܕܠܐ ܚܫܘܫܐ
ܚܫܘܫܐ ܡܟܪܙܝܢ ܗܘܘ ܘܠܗܘ ܕܒܫܡܝܐ [14]ܕܠܫܝܘܠ ܕܡܘܬܐ
ܢܚܬ ܐܡܪܝܢ ܗܘܘ.

XVII.

[1]ܐܚܪܐ ܕܝܢ ܕܡܬܚܫܒܢܘܬܐ [2]ܐܟܣܢܝܬܐ ܘܡܠܦܢܘܬܐ ܚܕܬܐ IV. xxxviii. 2.
ܐܠܗܘ̈ܗܝܢ ܕܥܡ̈ܡܐ ܠܘ ܒܠܚܘܕ ܠܐ ܐܝܬܝܗܘܢ ܐܠܗ̈ܐ ܐܠܐ
[3]ܘܦܬܟܪ̈ܐ ܕܫ̈ܐܕܐ: ܚܕ ܕܝܢ ܐܝܬܘܗܝ ܐܠܗܐ ܗܘ [4]ܕܠܥܠ ܡܢ
ܟܠ ܪ̈ܫܘܬܐ ܘܫܘܠܛܢܐ ܘܡܪܘܬܐ ܘܟܠ ܫܡܐ ܕܡܫܬܡܗ:

oculis Deum homo, et vocem ejus audiet. Secundum hanc igitur rationem et Filium Dei hominem videbant conversatum cum hominibus, id quod futurum erat prophetantes, *et* eum qui nondum aderat, adesse dicentes, et impassibilem passibilem annuntiantes, et eum qui tunc in cœlis, in limum mortis descendisse dicentes.

XVII. Hic vero peregrina quædam eruditio, et nova doctrina, deos gentium, non solum non esse deos, sed [3]et idola esse dæmoniorum; esse autem unum Deum, qui est *super omnem principatum, et dominationem, et potestatem, et omne nomen quod* II. 232. Eph. i. 21.

[10] Cod. D. ܒܡܫܟܠܬܐ ܕܝܢ ܕܐܝܟ ܗܕܐ ܘܠܒܪܗ.

[11] Cod. D. ܘܠܗܘܢ *Ib.* ܩܪܝܒܐ ܠܐ.

[12] Cod. D. inserts ܗܘܐ but it is superfluous.

[13] Cod. D. ܘܠܗܘ ܠܐ.

[14] Cod. D. ܕܠܫܝܘܠܗ the affix being more legible than its *vehiculum*.

XVII. [1] This quotation follows the preceding in Cod. D. being connected simply with the words ܘܟܬܒ ܐܢܬܝܬܐ.

[2] ܐܟܣܢܝܬܐ from the Greek word *ξένος*.

[3] Syr. *et*, which AR. omits.

[4] Syr. ܕܠܥܠ ܡܢ ܟܠ Gr. *ὑπεράνω πάσης, κ.τ.λ.* Similarly the Peshito, only ܠܥܠ and plural nouns following. See 232, n. 7.

ܘܡܠܬܐ ܕܗܢܐ ܕܒܟܝܢܐ ܐܝܬܘܗܝ ܠܐ ܡܬܚܙܝܢܐ ܡܢ [5]ܡܬܓܫܫܢܐ
ܘܡܬܚܙܝܢܐ ܒܒܢܝ̈ܢܫܐ ܗܘܐ [6]ܥܕܡܐ ܠܡܘܬܐ ܢܚܬ ܡܘܬܐ ܕܝܢ
ܕܙܩܝܦܐ.

XVIII.

IV. lv. 2. [1]ܗܠܝܢ ܕܝܢ ܕܬܘܒ ܐܡܪܝܢ ܕܒܪܢܫܐ ܐܝܬܘܗܝ ܘܡܢܘ
ܢܕܥܝܘܗܝ: ܘܐܬܝܬ ܠܘܬ [2]ܢܒܝܬܐ ܘܝܠܕܬ ܒܪܐ ܘܡܬܩܪܐ ܫܡܗ
ܡܠܟܐ ܬܡܝܗܐ ܐܠܗܐ ܚܝܠܬܢܐ: ܘܠܗܘ ܕܡܢ ܒܬܘܠܬܐ
ܥܡܢܘܐܝܠ ܡܟܪܙܝܢ ܗܘܘ ܠܚܝܕܘܬܐ ܕܡܠܬܐ ܕܐܠܗܐ ܥܡ
ܦܠܐܣܡܐ ܕܝܠܗ ܡܘܕܥܝܢ ܗܘܘ: [3]ܕܡܠܬܐ ܒܣܪܐ ܗܘܐ ܘܒܪܗ
ܕܐܠܗܐ ܒܪܐ ܕܐܢܫܐ ܗܘ ܕܕܟܐ ܕܕܟܝܐܝܬ ܕܡܪܥܐ ܕܟܝܐ ܦܬܚ
ܗܘ ܕܐܘܠܕ ܡܬܚܕܬ ܠܒܢܝ̈ܢܫܐ ܠܐܠܗܐ ܗܘ ܕܗܘ ܠܒܪܗ
ܕܟܝܐ ܥܒܕܗ ܘܗܘܐ ܗܘ ܡܕܡ ܕܐܦ ܚܢܢ ܐܝܬܝܢ ܐܠܗܐ
ܚܝܠܬܢܐ ܐܝܬܘܗܝ ܘܕܪܐ ܐܝܬ ܠܗ ܗܘ ܕܠܐ ܐܢܫ ܡܫܬܥܐ
ܠܗ.

nominatur:. et hujus Verbum naturaliter [quidem] invisibilem,
Phil. ii. 8. palpabilem et visibilem in hominibus factum, [et] *usque ad mortem* descendisse, *mortem autem crucis.*

II. 266. XVIII. Qui *vero*, iterum dicentes; *Homo est, et quis cognoscet*
Esai. vii. 14. *eum?* et *Veni ad* [2]prophetissam [Int. *prophetam,*] *et peperit filium, vocatur nomen ejus Admirabilis, Consiliarius, Deus fortis;* et qui eum ex Virgine Emmanuel prædicabant, adunitionem Verbi Dei ad plasma ejus manifestabant; quoniam Verbum caro [3]erit, et Filius Dei Filius Hominis; purus pure puram aperiens vulvam eam quæ regenerat homines in Deum, quam ipse puram fecit et hoc factus, quod et nos, Deus fortis est, et inenarrabile habet genus.

[5] ܡܬܓܫܫܢܐ ψηλαφητὸν, according to the Latin, though κατάληπτον would be a better match for the Syriac.

[6] *l.* ܘܥܕܡܐ.

XVIII. [1] This extract follows the preceding again in Cod. D. fol. 201.

[2] Syr. *Prophetissam.*

[3] Syr. *Verbum ... est,* both of which the Ar. omits.

XIX.

ܣܪܝܩܐ[1] ܕܝܢ ܠܓܡܪ ܐܝܠܝܢ ܗܠܝܢ [2]ܕܠܟܠܗ ܡܕܒܪܢܘܬܐ V. ii. 1.
ܡܣܠܝܢ ܘܦܘܪܩܢܐ ܕܒܣܪܐ ܟܦܪܝܢ ܘܠܡܬܝܠܕܘܬܐ ܕܝܠܗ
ܕܡܬܪܣܝܢܘܬܐ [3]ܡܫܝܛܝܢ ܟܕ ܐܡܪܝܢ ܕܠܐ ܐܝܬܘܗܝ ܡܩܒܠܢܐ
ܕܠܐ ܡܬܚܒܠܢܘܬܐ: ܐܢ ܕܝܢ ܠܐ ܡܬܦܪܩ ܗܢܐ [4]ܡܟܝܢ ܠܐ
ܦܪܩ ܠܢ ܡܪܢ ܒܕܡܗ ܕܝܠܗ ܘܠܐ ܗܢܐ ܟܣܐ ܕܐܘܟܪܣܛܝܐ
ܫܘܬܦܘܬܐ ܕܕܡܐ ܕܝܠܗ ܐܝܬܘܗܝ ܘܠܐ ܠܚܡܐ ܗܘ ܕܩܨܝܢ
ܫܘܬܦܘܬܐ ܕܦܓܪܐ ܕܝܠܗ.

XX.

ܘܗܟܢ[1] [2]ܕܠܘܬ ܪ̈ܗܘܡܝܐ ܐܡܪ: [3]ܐܢ ܓܝܪ ܒܒܣܪ ܚܝܝܢ V. x. 3.
ܐܢܬܘܢ ܥܬܝܕܝܢ ܐܢܬܘܢ ܗܘ ܠܡܡܬ: ܟܕ [4]ܠܘ ܡܢ ܒܢܝܢܗܘܢ

XIX. Vani autem omnimodo, qui universam dispositionem II. 318.
[Dei] contemnunt, et carnis salutem negant, et regenerationem ejus spernunt, dicentes non eam capacem esse incorruptibilitatis. Si autem non salvetur hæc videlicet, nec Dominus sanguine suo redemit nos, neque calix Eucharistiæ communicatio sanguinis ejus est, neque panis quem frangimus communicatio corporis ejus est.

XX. Et in *ea* [epistola], quæ est ad Romanos ait: *Si* II. 347.
enim secundum carnem vivitis, incipietis mori: non conversa- Rom. viii. 13.

XIX. [1] From Cod. H. fol. 60, where the passage is introduced with the words ܕܩܕܝܫܐ ܐܝܪܢܐܘܣ ܐܦܝܣܩܘܦܐ ܕܠܘܓܕܘܢ ܕܓܠܝܐ ܡܢ ܡܐܡܪܐ ܕܚܡܫܐ ܕܠܘܩܒܠ ܗܪ̈ܣܝܣ. *Of Saint* IRENÆUS, *Bishop of Lyons in Gaul, from the fifth Book c. Hæreses.*

[2] Syr. *sunt ii,* but loses *Dei.*

[3] The letter ܓ however has perished in the MS.

[4] ܡܟܝܢ, δηλονότι, rendered by the translator *videlicet.*

XX. [1] From the same Codex, and following XIX. after the words ܘܬܘܒ ܕܝܠܗ *and again the same.*

[2] Syr. simply ܗܟܢ *sc.* ܐܝܟܢܐ with no indication of the AR. reading *sua.*

[3] ܐܢ is supplied from the N. T., but the word has perished in the MS. Syr. *enim,* as in G. T. and CLERM. &c., but AR. *autem,* which was not noted *in loc.* as unimportant.

ܐܘܟܝܠ ܕܥܘܡܪܗܘܢ ܕܒܒܣܪܐ ܡܫܬܐܠܢ[5]: ܐܦ ܓܝܪ ܗܘ ܟܕ
ܐܝܬܘܗܝ ܒܒܣܪܐ ܟܬܒ ܠܗܘܢ ܐܠܐ ܟܕ ܠܪ̈ܓܝܓܬܐ ܕܒܣܪܐ
ܗܠܝܢ ܕܡܡܝܬܢ ܠܒܪܢܫܐ ܦܣܩ: ܘܡܛܠ ܗܕܐ ܐܡܪ: ܐܢ
ܕܝܢ ܒܪܘܚܐ ܠܣܘܥܪ̈ܢܐ ܕܒܣܪܐ ܡܡܝܬܝܢ ܐܢܬܘܢ ܬܚܘܢ:
ܟܠܗܘܢ ܓܝܪ ܗܠܝܢ ܕܡܬܕܒܪܝܢ ܒܪܘܚܐ ܕܐܠܗܐ ܗܠܝܢ
ܒܢܝܐ ܕܐܠܗܐ ܐܢܘܢ.

XXI.

V. xxxiii. 3. [1]Յորժամ և արարածս ազատեալ և նորոգեալ, բազմութիւն ի վեր տուեալ բուսուցէ ամենազան կերակրոց ի ցաւղոյ երկնի և ի պարարտութենէ երկրի․ որպէս ծերունիքն յիշեն, որք զՅովհաննէս զաշակերտն տեառն տեսին, լսել ի նմանէ յաղագս

tionem *profecto eorum habitationis* quæ est *in* carne *deprecans* [Int. repellens ab eis]; etenim ipse in carne cum esset, scribebat eis: sed concupiscentias abscindens carnis, eas quæ mortificant hominem. Et propter hoc intulit: *Si autem spiritu opera carnis mortificatis, vivetis. Quicunque enim ducuntur Spiritu Dei, hi sunt filii Dei.*

XXI.

II. 417. Int. Vet. Quando et creatura renovata et liberata, multitudinem fructificabit universæ escæ, ex rore cœli, et ex fertilitate terræ: quemadmodum presbyteri meminerunt, qui Johannem discipulum Domini viderunt, audisse se ab eo, quemadmodum de

Int. Mech. Quum creatura hæc liberata [fuerit] et renovata, multitudinem escarum cujuscumque speciei germinabit de rore cœli et de pinguedine terræ: quemadmodum senes meminerunt, qui Johannem discipulum Domini viderunt, audivisse se

[4] Syr. indicates for the Greek, οὐ μὲν τὴν γ' αὐτῶν ὁμιλίαν τῆς ἐν σαρκὶ σκηνώσεως παραιτούμενος, and the omission of *eorum habitationis* in the Latin.

[5] ܡܫܬܐܠܢ clearly παραιτούμενος, which the Translator seems to have read as παρωθούμενος.

XXI. [1] This Armenian extract is from the *Spicil. Solesm.* I. p. 1, edited by M. Pitra, *Paris*, 1852, and was obtained

ժամանակացն այնոցիկ զոր ուսուցանէր Տէր, և ասէր. "Եկեսցեն աւուրք, յորս որթք բուսուսցեն ըստ միոյ միոյ բեւրս ուռս ունելով, և ի միում միում ուռս՝ բեւրս արմկունս, և յիւրաքանչիւր արմկան բեւրս շառաւիղս, և իւրաքանչիւր ոք ի շառաւեղացն բեւրս ողկոյզս, և իւրաքանչիւր ողկոյզ բեւրս պտուղս, և իւրաքանչիւր ոք պտուղ ճմլեալ՝ քսան և հինգ ճաշակս գինոյ։ Եւ զի բուռն հարեալ զսուրբ ողկուզէ ուրուք, այլ ողկոյզ գոչեսցէ. "Ես լաւագոյն եմ, զիս առ, ինեւ զտէր օրհնեա։" Նոյնպէս և հատն ցորենոյ բեւրս բուսուցանել

temporibus illis docebat Dominus et dicebat: "Venient dies in quibus vineæ nascentur, singulæ decem millia palmitum habentes; et in uno palmite dena millia brachiorum, et in uno vero palmite dena millia flagellorum; et in unoquoque flagello dena millia botruum; et in unoquoque botro dena millia acinorum; et unumquodque acinum expressum dabit viginti quinque metretas vini. Et cum eorum apprehenderit aliquis [2]sanctorum botrum, alius clamabit; *Botrus ego melior sum: me sume, per me Dominum benedic.* Similiter et granum tritici decem millia spicarum generatum; et unamquamque spicam habitu-

ab eo de temporibus illis de quibus docebat Dominus, et dicebat: "Venient dies in quibus vites germinabunt, singulæ decem millia palmitum habentes; atque in singulis palmitibus decem millia brachiorum; et in quovis brachio decem millia ramusculorum; et in unoquoque ramusculo decem millia racemorum; et in unoquoque racemo decem millia acinorum. Quilibet acinus expressus dabit viginti quinque cyathos vini. Si quis autem apprehenderit racemum sanctum, alius racemus clamabit: *Ego sum melior, me accipe, et per me Domino benedic.* Similiter et granum frumenti decem millia germina-

by him from an Armenian MS. *τῶν κυριακῶν ἐξηγήσεων,* Lib. IV. in the Mechitarist Library of S. Lazarus at Venice, and described as being of the twelfth century. The passage will be found at p. 417. In the Armenian Codex it is introduced simply with the words ԵՐԵՆԻՈՍԻ է ասացեալ. i. e. IRENÆI *est Sermo.*

[2] Armen. *βότρυν ἅγιον,* Lat. *βότρυν ἁγίων,* with which latter term M. PITRA compares the line,

Σωτῆρος δ' ἁγίων μελιήδεα λάμβανε βρῶσιν,
Ἔσθιε, πίνε, κ.τ.λ.—*Ep. Æduens.*

հասկս. և իւրաքանչիւր հասկ բեւրս ունելով հատս. և իւրա-քանչիւր հատ հինգ կապիճս նաշհի տալ մաքուրս: Եւ այլքն ամենայն պտղաբեր ծառք և սահմանք և բանջարք՝ ըստ համեմա-տութեան այսոցիկ կարգաբար. և ամենայն կենդանի անա-սունք՝ կերակրաւքս այսուիկ ի պէտս վարեցեալք որ յերկրէ առեալ լինին խաղաղականք առ միմեանս, և միաբանք և համ-բոյրք լինել, հնազանդեալք մարդկան ամենայն հնազանդու-թեամբ:"

XXII.

V. xviii. 1. ܕܗܘ[1] ܓܝܪ[2] ܡܠܬܐ ܕܐܠܗܐ ܡܢ ܐܬܓܫܡ ܐܙܕܩܦ[3] ܥܠ
ܩܝܣܐ ܡܢ ܣܓܝܐܬܐ ܚܘܝܢ.

ram decem millia granorum; et unumquodque granum quinque bilibres similæ claræ mundæ; et reliqua autem poma, et [3]semina, et herbam secundum congruentiam iis consequentem; et omnia animalia iis cibis utentia, quæ a terra accipiuntur, pacifica et consentanea invicem fieri, subjecta homini cum omni subjectione."

bit spicarum; et unaquæque spica decem millia habebit granorum; quodlibet autem granum, quinque modia [4]similæ mundæ; et omnes aliæ arbores fructiferæ, et semina et herbæ, juxta suam ipsorum ex [5]ordine rationem. Et quæcumque animalia, iis pasta cibis qui e terra sumuntur, ad invicem pacifica erunt, et concordia, et mitia, subjecta homini in omni obedientia."

II. 373. XXII. Quoniam enim ipsum Verbum Dei incarnatum suspensum est super lignum, per multa ostendimus.

[3] Obviam armeniaci textus literam si quæsieris, legeris, *սահմանք*, *regiones*, sed auctorem habemus R. P. GABRIEL AIVAZOUSKI Mechitaristam, apertum amanuensis *σφάλμα* corrigendum esse, ac legendum *սերմանք*, *semina*. PITR.

[4] The Armenian text is consistent with the critique *in loc.* p. 418, n. 2.

[5] Or, *per proportionem* congruam.

XXII. [1] This is found in the three Codd. A. fol. 13, C. fol. 69, and D. fol. 201. A. has the Rubric ܕܩܕܝܫܐ ܐܝܪܢܝܘܣ ܐܦܝܣܩܘܦܐ

XXIII.

ܐܝܟܢܐ[1] ܓܝܪ ܕܫܪܝܪܐܝܬ ܐܝܬܘܗܝ ܐܠܗܐ ܗܘ ܕܡܩܝܡ V. xxxv. 2.
ܠܒܪܢܫܐ ܗܟܢܐ ܘܫܪܝܪܐܝܬ ܒܪܢܫܐ ܢܩܘܡ ܡܢ ܒܝܬ ܡܝ̈ܬܐ
ܘܠܐ ܡܬܠܐܝܬ ܐܝܟܢܐ ܕܒܝܕ ܟܠܗܝܢ ܗܠܝܢ[2] ܚܘܝܢ.

XXIV.

ܒܬܪ[1] ܟܢ ܡܢ ܟܠ ܡܕܡ ܡܬܚܕܬ ܫܪܝܪܐܝܬ ܒܡܕܝܢܬܗ xxxv. 2.

XXIII. Quomodo enim vere Deus est qui resuscitat hominem, sic et vere Homo resurgit a mortuis, et non allegorice, quemadmodum per tanta ostendimus. II. 426.

XXIV. Deinde omnibus renovatis, vere in civitate *habitabunt* II. 426.

ܕܠܘܓܕܘܢ ܫܡܘܥܐ
ܕܦܘܠܘܩܪܦܘܣ ܐܦܝܣܩܘܦܐ
ܕܣܡܘܪܢܐ ܘܣܗܕܐ ܡܢ
ܡܐܡܪܐ ܕܚܡܫܐ ܕܡܟܣܢܘܬܐ
ܘܗܦܘܟܝܐ ܕܝܕܥܬܐ ܕܓܠܝܙ ܫܡܗ
i. e. *Of Saint* Irenæus, *Bishop of Lyons, the hearer of* Polycarp, *Bishop of Smyrna and Martyr, from the fifth Book of the "Refutation and Overthrow of Science falsely so called."* In C. the extract is in sequence with XV. and XVI. merely connected by the word ܘܬܘܒ, *and again,* and in D. it follows XVIII. with the words ܘܬܘܒ ܒܡܐܡܪܐ ܕܚܡܫܐ, i. e. *and again in the fifth Book.*

[2] For ܓܝܪ D. has ܕܝܢ and ܡܟܠܗ.

[3] A. and C. have ܐܬܓܫܡ, *ἐνεσωματώθη*, but it is not so probable a word.

XXIII. [1] From Cod. M. fol. 80, with the inscription, ܕܩܕܝܫܐ ܐܝܪܢܐܘܣ ܐܦܣܩܘܦܐ ܕܠܘܓܕܘܢ
ܕܓܠܝܐ ܡܢ ܡܐܡܪܐ ܕܚܡܫܐ
ܕܗܠܝܢ ܕܠܘܩܒܠ ܗܪ̈ܣܝܣ
i. e. *Of Saint* Irenæus, *Bishop of Lyons in Gaul, from the fifth Book of those (written by him) against Heresies.*

[2] δι' ὅσων τούτων.

XXIV. [1] This extract is found in triplicate, Cod. E., loose quires, and not numbered (past the middle), H. fol. 54, and M. fol. 80. The Cod. E. is in perished condition, the ink having eaten its way through the skin. It is a MS. of the eleventh or twelfth century. It introduces the quotation with the words,
ܕܩܕܝܫܐ ܐܝܪܢܐܘܣ ܕܠܘܓܕܘܢ
ܕܓܠܝܐ ܐܦܣܩܘܦܐ ܡܢ ܡܐ̄
ܕܚܡܫܐ ܕܠܘܩܒܠ ܗܪ̈ܣܝܣ
i. e. *From Saint* Irenæus *of Lyons in Gaul, Bishop, from the fifth Book against the Heresies.* In Cod. H. the passage has a similar heading, only with the *varia lectio* ܕܗܠܝܢ ܕܠܘܩܒܠ.

ܕܐܠܗܐ ²ܢܥܡܪܘܢ: ܐܡܪ ܠܡ ܓܝܪ ܐܡܪ ܗܘ ܕܝܬܒ ܥܠ
ܬܪܘܢܘܣ: ܗܐ ܐܢܐ ܥܒܕ ܐܢܐ ܚ̈ܕܬܐ ܟܠܗܘܢ: ܘܐܡܪ ³ܕܟܬܘܒ
ܡܛܠ ܕܗܠܝܢ ܡ̈ܠܐ ܡܗܝܡ̈ܢܬܐ ܐܝܬܝܗܘܢ ܘܫܪ̈ܝܪܬܐ: ܘܐܡܪ
V. xxxvi. 1. ܠܝ ܕܗ̈ܘܝ⁴: ܠܡܫܘܚܬܐ: ܟܕ ܓܝܪ ⁵ܫܪܝܪܐܝܬ ܐܝܬܝܗܘܢ
⁶ܒ̈ܢܝܢܫܐ ⁵ܫܪܝܪܐܝܬ ܘܙܕܩ ܕܢܗܘܐ ܐܝܬܘܗܝ ⁷ܘܚܘܕܬܐ ܕܝܠܗܘܢ
ܐܠܐ ܠܐ ⁸ܠܡܕܝܫ ܠܘܬ ܗܠܝܢ ܕܠܐ ܐܝܬܝܗܝܢ ܐܠܐ ܒܗܠܝܢ
ܕܐܝܬܝܗܝܢ ܢܐܬܐ ⁹ܠܩܕܡܝܢ: ܘܠܐ ܓܝܪ ܩܘܡܬܐ ܘܠܐ ܐܘܣܝܐ
ܕܒܪܝܬܐ ܡܬܚܒܠܐ: ܫܪܝܪ ܓܝܪ ܘܡܫܪܪ ܗܘ ܕܐܩܝܡܗ: ܐܠܐ
ܐܣܟܡܗ ܕܥܠܡܐ ܗܢܐ ¹⁰ܥܒܪ ܗܢܘ ܕܝܢ ܗܠܝܢ ¹¹ܕܥܒܪܝܢ ܦܘܩܕܢܐ
ܒܗܝܢ ܗܘܐ ܡܛܠ ܕܐܬܥܬܩ ܒܗܘܢ ܒܪܢܫܐ: ܘܡܛܠ ܗܢܐ ܗܘܐ

Apoc. ii. 5, 6. Dei. *Dixit*, enim inquit, *sedens super thronum: Ecce nova facio omnia. Et dicit [Dominus: Omnia] scribe, quomodo ii sermones fideles, et veri sunt. Et dixit mihi, Facta sunt.* [Et] secundum rationem. Cum sint enim veri homines, veram esse oportet et *renovationem* ipsorum, sed non excedere in ea quæ non sunt; sed in iis quæ sunt, proficere. Non. enim substantia, neque materia conditionis exterminatur; verus enim et firmus qui constituit illam: sed *figura transit mundi hujus*, hoc est, in quibus transgressio facta est; quoniam veteratus est homo in ipsis. Et propter hoc figura hæc temporalis facta est, præsciente omnia Deo; quemadmodum ostendi-

[2] Codd. H. M. *habitabunt*, ܢܥܡܪܘܢ. In Cod. E. the word is illegible.

[3] E. H. M. omit *Dominus;* but very possibly ܡܪܝܐ has been absorbed in ܐܡܪ. G. T. simply γράψον.

[4] Sic Codd. H. M. In Cod. E. the prefix ܕ alone is legible of ܕܗܘܝ in which word the copula following may have been lost. *l.* ܘܠܡܫܘܚܬܐ.

[5] For *veri*, MSS. and Edd., the Syr. MSS. indicate *vere*, and with an improvement of the sense; so also lower down, n. 17.

[6] Cod. M. ܒܢ̈ܝ ܐܢܫܐ.

[7] Syr. shews clearly that *plantationem* is a corrupt reading, and that the Translator wrote *recapitulationem* ܚܘܕܬܐ, which restores a good meaning.

[8] Syr. ܠܡܕܝܫ, which supplies a satisfactory correction; and for *excedere*, must certainly be read *excidere*, the equivalent of ἐκπίπτειν.

[9] ܢܐܬܐ ܠܩܕܡܝܢ προχωρεῖν.

[10] Cod. H. *male* ܥܒܪ.

[11] Syr. παράβασις τῆς ἐντολῆς.

ܐܫܟܚܢ ܒܟܬܒܐ ܗܘ ܕܡܢ ܩܕܡ [12]ܗܢܐ ܐܠܗܐ ܒܡܬܡܠܝܘ: ܐܝܟ
ܡܛܠ [13]ܕܢܦܩܢ ܒܒܪܝܬܐ ܗܘ ܕܩܕܡ ܗܢܐ [14]ܘܥ̈ܠܠܬܐ ܕܒܪܝܬܗ
ܘܒܢܝܬܐ [15]ܕܥܠܡܐ ܐܝܟ ܕܡܨܝܐ ܚܘܝܢ: ܡܢ ܕܝܢ ܒܬܪ ܟܠܗ
ܐܣܟܡܐ ܗܢܐ [16]ܘܒܪܢܫܐ ܐܬܚܕܬ ܘܚܝܠܬ ܠܐ ܡܬܚܒܠܢܘܬܐ ܗܟܢ
ܐܝܟܢܐ ܕܠܐ ܢܬܡܨܐ ܬܘܒ ܕܢܥܬܩ ܬܗܘܐ ܐܝܬܘܗܝ ܫܡܝܐ ܚܕܬܐ
ܘܐܪܥܐ ܚܕܬܐ ܗܘ ܕܒܗ [17]ܚܕܬܐܝܬ ܡܟܬܪ ܒܪܢܫܐ ܡܢ ܒܟܠܙܒܢ
[17]ܚܕܬܐܝܬ ܡܬܡܠܠ ܥܡ ܐܠܗܐ: ܘܡܛܠ ܕܒܟܠܙܒܢ ܡܩܘܝܢ
ܗܠܝܢ [18]ܠܐ ܡ̈ܝܘܬܬܐ· ܐܫܥܝܐ [19]ܗܟܢܐ ܐܡܪ: ܐܝܟܢܐ ܓܝܪ ܕܫܡܝܐ
ܚܕܬܐ [20]ܘܐܪܥܐ ܚܕܬܐ ܗܠܝܢ ܕܐܢܐ ܥܒܕ ܐܢܐ [21]ܕܩܝܡܝܢ ܩܕܡܝ
ܐܡܪ ܡܪܝܐ ܗܟܢܐ ܢܩܘܡ ܙܪܥܟܘܢ ܘܫܡܟܘܢ: ܐܝܟܢܐ ܕܩܫܝ̈ܫܐ
ܐܡܪܝܢ.

mus in eo libro qui ante hunc est, et causam [15]temporalium mundi fabricationis, secundum quod potuit, ostendimus. Prætereunte autem figura hac, et renovato homine, et vigente ad incorruptelam, ut non possit jam veterascere, erit cœlum novum et terra nova, in quibus [17]novus perseverabit homo, semper [17]nova confabulans Deo. Et quoniam hæc semper perseverabunt sine fine, Esaias *ita* ait: *Quemadmodum enim cœlum novum et terra nova, quæ ego facio, perseverant in conspectu meo*, dicit Dominus, *sic stabit semen vestrum et nomen vestrum*. Et quemadmodum Presbyteri dicunt.... Esai. lxvi. 22.

[12] Cod. E., but Cod. H. ܗܢܝܢ and M. ܗܢܝ.

[13] Cod. E. ܕܢܦܩܢ.

[14] Codd. H. M. *causas*. E. ܡ̈ܠܠܬܐ λόγον.

[15] Codd. *temporalis*, i.e. *fabricationis*.

[16] Cod. E. here inserts a superfluous ܗܕܐ.

[17] Syr. *nove*.

[18] Syr. *immortalia*. Gr. ἀτελεύτατα.

[19] Syr. marks *ita* to have been lost in *ait*.

[20] in Cod. E. the recurrence of the same word has caused the loss of ܘܐܪܥܐ ܚܕܬܐ.

[21] Cod. E. ܕܩܝ̈ܡܢ.

XXV.

¹ܐܝܟ ܗܟܝܠ ܡܬܚܘܝܢ ܠܫܢܐ ܒܝܕ ܡܢܝܢܐ ܫܒܥܝܢ ²ܘܡܢ
³ܕܘܝܕ ܠܚܕ ܠܫܢܐ ܐܬܟܢܫܘ ³ܐܠܟܝܘܐ ܕܠܗܠܝܢ ܗܘܝ ܗܟܢܐ
ܬܬܚܘܐ ܗܝ ܕܬܒܘܬܐ ܐܝܠܝܗ ܗܘܬ ܕܦܓܪܗ ܕܡܫܝܚܐ
ܘܕܟܝܐ ܘܕܠܐ ܡܘܡ ܐܝܠܝܗܝ: *ܐܝܟܢܐ ܓܝܪ ܕܗܝ ܗܟܢܐ
ܡܕܗܒܬܐ ܒܕܗܒܐ ܕܟܝܐ ⁴ܘܡܢ ܠܓܘ ܘܡܢ ܠܒܪ. ܐܝܠܝܗ
ܗܘܬ ܗܟܢܐ ܘܦܓܪܗ ܕܡܫܝܚܐ ܕܟܝܐ ⁵ܐܝܠܝܗܝ ܗܘܐ
ܘܡܙܗܪܐ ܕܡܢ ܠܓܘ ܡܢ ܒܥܠܬܐ ܡܙܕܗܪ ⁴ܗܘܐ ܡܢ ܠܒܪ

XXV. Quomodo igitur linguæ LXX. numero declarantur, et a dispersione in unum linguæ per interpretationem ipsarum colliguntur; ita arca illa typus declaratur corporis Christi, et puri, et immaculati; quemadmodum enim arca illa inaurata puro auro, et ab intra et ab extra, ita et corpus Christi purum est et splendidum,

XXV. [1] From Cod. D. 198, where it is written twice; in col. 1, from *, but fully in the second column, marked respectively α′ and β′. In the former case it is introduced with the rubric ܕܐܝܪܢܝܘܣ ܕܩܛܠܘܗܝ ܗܪ̈ܛܝܩܐ *Of* Irenæus *whom the heretics slew*, the only instance observed in these MSS., in which Irenæus is said to have suffered martyrdom. If he had died in the Arian age, his death might very possibly have been chargeable to heresy. But there is no trace of any violent outbreak among the Gnostics or Montanists of the third or preceding centuries, and this single statement of the rubricator can scarcely outweigh the negative argument, arising from the designation of Irenæus, simply as Bishop, in juxta-position with Polycarp, Justin, &c. who are as invariably termed Martyrs. The Bishop of Lyons was probably confounded with Irenæus of Sirmium, who suffered martyrdom in the general persecution under Diocletian, A.D. 304. The fuller form of this fragment in the second column is prefaced simply with the name of Irenæus ܕܐܝܪܢܝܘܣ.

[2] This almost hopelessly corrupt passage is printed faithfully from the MS., though the emendations expressed by the translation represent the following words, ܘܡܢ ܒܕܪܐ ܠܚܕ ܠܫܢܐ ܐܬܟܢܫܘ ܒܡܠܟܝܘܐ ܕܠܗܠܝܢ The reader of the Nitrian MSS. must often have recourse to the Chaldee; the words rendered *colliguntur, per interpretationem* are rendered as from the Chaldee vocabulary.

[3] ܕܘܝܕ *David*, can make no sense, and ܒܕܪܐ διασπορὰ is substituted, from the root ܒܕܪ. The prefix to ܡܠܟܝܘܐ is added, as required by the sense.

* From this point cf. Gr. Fr. VIII.

[4] In β′, ܘ is wanting; as also ܗܘܐ *infr.*

[5] In α′, this word is missing.

ܕܝܢ ܒܪܘܚܐ ܡܫܬܡܠܝܐ܆ ܡܬܚܘܝܐ ܕܡܢ ܬܪܝܗܘܢ ⁶ܫܘܒܚܬܗܘܢ
ܕܟܝ̈ܢܐ ܬܬܚܘܐ.

XXVI.

ܗܫܐ ܕܝܢ ܒܗܢ ܗܘܠܕܐ ܕܐܬܝܠܕ ܢܦܩܬ ܠܗ ܡܢ ܟܕܘ pp. 17, 194, 43. Cant. Cant.
ܡܠܬܐ ܦܘܫܩܗ: ܗܘ ܡܦܣܝܢܢ ܕܟܠܢ ܚܕ ܡܢ ܬܪܝܢ
ܒܢܝܢܫܐ. ܡܛܠ ܓܝܪ ܚܕ ܟܣܝܐ ܘܐܚܪܢܐ ܓܠܝܐ: ܚܕ
ܦܓܪܢܐ ܘܐܚܪܢܐ ܪܘܚܢܐ: ܗܘ ܐܝܠܝܢ ܡܘܠܕܐ ܕܬܪܝܗܘܢ ܬܐܡܐ.
ܐܝܟ ܚܕ ܓܝܪ ܓܠܘ ܬܪܝܗܘܢ ܠܥܠܡܐ ܠܐ ܓܝܪ ܢܦܫܐ
ܩܕܡܬ ܠܗ ܠܦܓܪܐ ܒܐܘܣܝܐ ܘܠܐ ܦܓܪܐ ܩܕܡ ܠܗ
ܒܓܒܝܠܬܗ ܐܠܐ ܩܢ̈ܝܢ ܚܕ ܙܒܢܐ ܐܝܟ ܬܪܝܗܘܢ ܬܪܣܝܬܗܘܢ
ܕܝܢ ܕܝܠܗܘܢ ܐܝܬܝܗ ܕܟܝܘܬܐ ܘܪܝܚܐ ܒܣܝܡܐ.

intus quidem Verbo ornatum, foris autem Spiritu communitum: ut ex ambobus naturarum splendor commonstraretur.

XXVI. Nunc ergo per hoc quod progenitum est jam pridem sortitum est Verbum interpretamentum. Persuasum habemus in singulis nobis binos inesse homines. Pro confesso enim alterum arcanum, alterum palam fit; alterum corporeum, alterum autem spiritale; generatio licet amborum (ad instar) gemellorum sit. Quasi unum enim ambo revelantur sæculo, non enim anima prius erat quam corpus in essentia ejus, neque corpus ante eam in plasmatione sua, verum unius temporis hi ambo; pabulum autem eorum puritas et suaveolentia.

[6] In β' ܕܗܪܐ ܫܘܒܚܬܗ.

XXVI. From Cod. K. fol. 43, prefaced with the words ܕܩܕܝܫܐ ܐܝܪܝܢܐܘܣ ܐܦܣܩ ܕܠܘܓܕܘܢܘܣ ܡܢ ܦܘܫܩܐ ܕܡܢ ܕܫܘܪܬܐ ܫܘܪܝ From the holy Irenæus, Bishop of Lyons, from the first (section) of his interpretation of the Song of Songs. Cf. Syr. Fr. V. n. 1.

XXVII.

ܗܳܝܕܶܝܢ[1] ܓܶܝܪ ܒܫܪܪܐ ܚܕܘܬܐ ܡܫܡܠܝܬܐ ܬܗܘܐ ܠܟܠܗܘܢ
ܡܗܝܡܢܐ ܕܠܚܝ̈ܐ ܐܝܟܢ ܕܢܬܚܝܒ ܠܟܠܢܫ ܘܚܕ ܐܢܫ
ܐܬܩܪܪ ܐܪܙܐ ܕܩܝܡܬܐ ܘܣܒܪܐ ܕܠܐ ܡܬܚܒܠܢܘܬܐ ܘܫܘܪܝܐ
ܕܡܠܟܘܬܐ ܕܠܥܠܡ ܟܕ ܡܪܝܐ ܢܒܛܠ ܠܡܘܬܐ [2]ܘܠܐܟܠܩܪܨܐ.
ܕܒܪܢܫܐ ܘܦܓܪܐ ܗܘ ܕܩܡ ܡܢ ܒܝܬ ܡܝ̈ܬܐ ܠܐ ܬܘܒ ܡܐܬ
ܐܠܐ ܕܟܕ ܐܬܚܠܦ ܠܠܐ ܡܬܚܒܠܢܘܬܐ ܘܐܬܕܡܝ ܠܪܘܚܐ ܟܕ
ܐܬܦܬܚܘ ܫܡܝ̈ܐ ܡܫܒܚܐ [3]ܩܪܒܗ ܠܐܒܐ.

XXVII. Tunc enim in veritate erit gaudium commune penitus consummatum iis omnibus qui in vitam credunt, et in unoquoque homine confirmabitur Resurrectionis mysterium, et spes incorruptionis, et inchoatio Regni æterni, quum mortem et diabolum deleverit Dominus. Homo enim ille et caro, qui resurrexit e mortuis, non amplius moriturus est, sed postquam in incorruptibilitatem fuerit conversa, et similis facta spiritui, quum apertum fuerit cœlum, gloria plenus hanc (*carnem* sc.) Patri obtulit.

XXVII. [1] From Cod. 12,158, fol. 41. The extract is introduced as follows: ܐܝܪܝܢܐܘܣ ܓܝܪ ܐܦܝܣܩܘܦܐ ܕܠܘܓܕܘܢ ܗܘ ܕܐܬܘܗܝ ܠܘܩܒܠ ܠܩܕܡܘܗܝ (*l.* ܠܘܩܕܡܘܗܝ) ܠܬܠܡܝܕܐ (*l.* ܕܫܠܝܚܐ) ܦܘܠܘܩܪܦܘܣ ܐܦܝܣܩܘܦܐ ܕܙܡܘܪܢܐ ܘܣܗܕܐ ܘܡܛܠ ܗܢܐ ܒܐܝܩܪܐ ܡܬܬܪܓܡ ܗܘܐ ܟܕ ܟܬܒ ܠܚܕ ܐܝܟ ܐܠܟܣܢܕܪܝܐ ܡܛܠ ܗܝ ܕܥܐܕܐ ܕܟܠܐ ܕܩܝܡܬܐ ܢܗܘܐ ܢܥܒܕܝܗ ܒܚܕ ܒܫܒܐ (*l.* ܒܫܒܬܐ) ܟܬܒ ܗܢܐ ܢܝܫܐ *For* IRENÆUS, *Bishop of Lyons, who was a contemporary of the disciple of the apostle,* POLYCARP, *Bishop of Smyrna and Martyr, and for this reason is held in just estimation, wrote to an Alexandrian to the effect, that it is right, with respect to the Feast of the Resurrection, that we should celebrate it upon the first day of the week. He wrote after the following manner.* These words mark the extract to have been made from the treatise π. τοῦ σχίσματος addressed to Blastus, EUS. *H. E.* v. 20, and if so the schismatic was from Alexandria; though, as THEODORET informs us, both he and Florinus were of the Roman clergy, εἰς τὸν τῶν ἐν Ῥώμῃ πρεσβυτέρων συντελοῦντες κατάλογον. *H. Fab.* I. 23.

[2] *l.* ܘܠܐܟܠܩܪܨܐ.

[3] The writer's doctrine evidently being, that the offering of Christ was made once for all.

XXVIII.

ܘܗܫܐ[1] ܡܛܠ ܕܟܒܪ ܛܫܝܢ ܠܟܘܢ ܡܟܬܒܢܘܬܗܘܢ [2]ܗܠܝܢ
ܕܐܦ ܠܘܬܢ ܡܛܝܘ [3]ܡܛܠܗܝܢ ܡܘܕܥ ܐܢܐ ܠܟܘܢ ܕܐܝܠܝܢ ܐܝܟ
ܫܘܝܘܬܐ ܕܝܠܟܘܢ ܬܫܕܘܢ ܡܢ ܡܨܥܬܐ ܟܬܒܐ ܐܝܠܝܢ
[4]ܕܝܗܒܝܢ ܡܢ · ܡܥܠܝܢ ܠܟܠܟܘܢ ܡܛܠ ܕܡܫܬܒܗܪ ܗܘ
ܡܟܬܒܢܐ ܕܚܕ ܡܢܟܘܢ ܐܝܬܘܗܝ: ܡܬܟܫܠܝܢ ܕܝܢ ܠܣܓܝܐܐ
ܦܫܝܛܐܝܬ ܘܕܠܐ ܒܘܨܝܐ ܡܩܒܠܝܢ ܐܝܟ ܕܡܢ ܩܫܝܫܐ
ܓܘܕܦܐ ܗܘ ܕܥܠ ܐܠܗܐ ܡܩܪܒܝܢ: [5]ܕܝܢ ܒܗܘ ܕܗܠܝܢ ܟܬܒ
ܕܥܒܕܢܘܗܝ ܠܗ ܒܠܚܘܕ ܠܐܝܠܝܢ ܕܩܪܝܒܝܢ ܡܬܟܫܠ
ܕܡܟܝܢ ܬܪܥܝܬܗܘܢ ܠܓܘܕܦܐ ܕܠܘܬ ܐܠܗܐ ܐܠܐ ܘܠܐܝܠܝܢ
ܕܝܠܢ ܡܬܟܫܠ ܕܒܝܕ ܡܟܬܒܢܘܬܗ ܡܫܪܝܢܘܬܐ ܕܓܠܬܐ
ܕܥܠ ܐܠܗܐ ܡܥܒܪ ܒܪܥܝܢܝܗܘܢ.

XXVIII. Nunc autem quia forte vos lateant libri eorum, qui etiam ad nos usque pervenerunt, notum facio vobis, ut pro vestra dignitate ejiciatis e medio scripta illa, opprobrium quidem afferentia in vos, quia scriptor jactaverit se unum esse e vobis. Offendiculo enim sunt multis, simpliciter et nulla facta quæstione recipientibus tamquam a presbytero blasphemiam qua Deum afficiunt. (Considerate) enim horum scriptorem, ut per ea non tantum asseclis noceat, mentem paratis in blasphemias adversus Deum, sed et nostris lædat, quia per libros ejus falsa dogmata de Deo in mentes eorum injicit.

XXVIII. [1]From the same Cod. fol. 48, prefaced by the words, ܘܐܝܪܢܐܘܣ ܐܦܝܣܩܘܦܐ ܕܠܘܓܕܘܢ ܠܒܝܩܛܘܪ ܐܦܝܣܩܘܦܐ ܕܪܗܘܡܐ ܡܛܠ ܦܠܘܪܝܢܘܣ ܩܫܝܫܐ ܕܢܣܒ ܗܘܐ ܒܬܪ ܛܘܥܝܝܬܐ (l. ܛܥܝܘܬܐ) ܕܘܠܢܛܝܢܘܣ ܘܐܦܩ ܟܬܒ ܡܟܬܒܢܘܬܐ ܡܣܠܝܬܐ ܟܬܒ ܗܟܢܐ *And* Irenæus, *Bishop of Lyons, to Victor, Bishop of Rome, concerning* Florinus *a presbyter, who was a partisan of the error of* Valentinus, *and published an abominable book, thus wrote.*

[2] *l.* ܕܗܠܝܢ.

[3] Cod. ܠܘܬܢ ܡܛܠܗܝܢ.

[4] *l.* ܕܝܗܒܐ.

[5] *Suppl.* ܐܬܒܩܘ *aut simile quid.*

XXIX.

ܟܬܒܐ[1] ܩܕܝܫܐ ܝܕܥܝܢ ܠܗ ܠܡܫܝܚܐ. ܕܐܝܟ ܡܐ
ܕܐܝܬܘܗܝ ܒܪ ܐܢܫܐ. [2]ܗܟܢܐ ܐܦ ܕܠܐ ܐܝܬܘܗܝ ܒܪܢܫܐ.
ܘܐܝܟ ܡܐ ܕܒܣܪܐ. ܗܟܢܐ ܐܦ [3]ܪܘܚܐ ܘܡܠܬܐ ܕܐܠܗܐ
ܘܐܠܗܐ. ܘܐܝܟ ܡܐ ܕܡܢ ܡܪܝܡ ܒܙܒܢܐ ܐܚܪܝܐ ܐܬܝܠܕ.
ܗܟܢܐ ܐܦ ܕܒܘܟܪܐ ܕܟܠܗ ܒܪܝܬܐ ܢܦܩ ܡܢ ܐܠܗܐ.
ܘܐܝܟ ܡܐ ܕܟܦܢ ܗܟܢܐ ܐܦ [4]ܕܣܒܥ. ܘܐܝܟ ܡܐ ܕܨܗܝ
ܗܟܢܐ ܐܦ ܕܐܫܩܝ ܗܘ ܩܕܝܡ ܠܝܗܘܕܝܐ ܓ ܐܝܬܘܗܝ
ܗܘܐ ܟܐܦܐ ܡܫܝܚܐ ܘܗܫܐ ܠܡܗܝܡܢܐ ܝܫܘܥ ܝܗܒ
ܕܢܫܬܘܢ ܡܝܐ ܪܘܚܢܝܐ ܕܢܒܥܝܢ ܠܚܝܐ ܕܠܥܠܡ. ܘܐܝܟ
ܡܐ ܕܒܪܗ ܕܕܘܝܕ. ܗܟܢܐ ܐܦ ܡܪܗ ܕܕܘܝܕ. ܘܐܝܟ ܡܐ ܕܡܢ
ܐܒܪܗܡ. ܗܟܢܐ ܐܦ ܡܢ ܩܕܡ ܐܒܪܗܡ. ܘܐܝܟ ܡܐ

XXIX. Libri sancti agnoscunt de Christo, quod sicut Filius Hominis est, [2]ita etiam idem non est homo; et sicut caro, ita etiam Spiritus, et Verbum Dei, et Deus [est]; et sicut ex Maria in temporibus novissimis natus est, ita etiam primogenitus omnis creaturæ egressus est ex Deo; et ut esuriit, sic et [4]saturavit; 1 Cor. x. 4. et ut sitivit, sic et bibere fecit olim Judæos, *Petra* enim ipse *erat Christus;* ita nunc credentibus Jesus dat ut bibant aquas spiritales, quæ scaturiunt in vitam æternam. Et sicut Filius David, ita et Dominus David. Et sicut ex Abrahamo, ita et ante Abrahamum. Et sicut servus Dei, ita etiam Filius Dei et

XXIX. [1] From Cod. C. fol. 1; and printed already by M. PITRA, in the first volume of the *Spicileg. Solesm.* p. 6, whose translation has generally been adopted.

[2] Similarity of terms has caused some confusion. For this clause read ܗܟܢܐ ܐܦ ܒܪܗ ܕܐܠܗܐ ܐܝܬܘܗܝ *ita etiam Filius Dei est;* or ܒܪܢܫܐ may be replaced with ܒܗ ܪܫܝܬܐ q. d. οὐκ ἔστιν αὐτῷ ἀρχή.

[3] *l.* ܕܪܘܚܐ.

[4] *qui saturavit*, but the Codex has ܕܣܒܥ *qui satiatus est.* The form *Aphel* however is evidently required, as afterwards ܕܐܫܩܝ.

ܕܒܪܐ ܕܐܠܗܐ. ܗܟܢܐ ܐܦ ܒܪܐ ܕܐܠܗܐ ܘܡܪܝܐ ܕܟܠ.
ܘܐܝܟ ܡܐ ܕܐܬܪܩܘ ܠܗ ܐܝܟ ܕܠܨܥܪܐ. ܗܟܢܐ ܐܦ ܢܦܚ
ܪܘܚܐ ܕܩܘܕܫܐ ܒܬܠܡܝܕܘܗܝ. ܘܐܝܟ ܡܐ ܕܐܬܟܪܝ. ܗܟܢܐ
ܐܦ ܝܗܒ ܚܕܘܬܐ ܠܥܡܗ. ܘܐܝܟ ܡܐ ܕܡܬܠܒܟܢܐ
ܘܡܬܡܫܫܢܐ. ܗܟܢܐ ܬܘܒ ܒܡܨܥܬܐ ܐܝܠܝܢ ܕܡܒܥܝܢ ܗܘܘ
ܠܗ ܒܥܝܢ ܗܘܐ ܥܒܪ ܠܐ ܡܬܠܒܟܢ. ܘܥܡ ܬܪ̈ܥܐ ܕܐܚܝܕܝܢ
ܥܐܠ ܗܘܐ ܘܠܐ ܡܬܟܠܐ. ܘܐܝܟ ܡܐ ܕܕܡܟ. ܗܟܢܐ ܐܦ
ܦܩܕ ܠܝܡܐ ܘܠܪ̈ܘܚܐ ܘܠܥܠܥܠܐ. ܘܐܝܟ ܡܐ ܕܚܫ.
ܗܟܢܐ ܐܦ ܕܚܝ ܘܡܚܐ ܘܡܐܣܐ ܡܢ ܟܠ ܟܘܪܗܢܢ. ܘܐܝܟ
ܡܐ ܕܡܝܬ ܗܟܢܐ ܐܦ ܕܩܝܡܬܐ ܕܡ̈ܝܬܐ ܐܝܬܘܗܝ. ܥܠ
ܐܪܥܐ ܡܨܥܪܐ. ܘܒܫܡܝܐ ܕܡܢ ܟܠܗ ܐܝܩܪܐ ܘܬܫܒܘܚܬܐ
ܡܥܠܝ. [5]ܕܐܙܕܩܦ ܡܢ ܡܢ ܡܚܝܠܘܬܐ. ܚܝܐ ܕܝܢ ܡܢ
ܚܝܠܐ ܕܐܠܗܐ. ܕܢܚܬ [6]ܠܬܚ̈ܬܝܬܗ ܕܐܪܥܐ. ܘܣܠܩ ܠܥܠ

Dominus universi. Et sicut consputus est in ignominiam, ita etiam insufflavit Spiritum sanctum in discipulos suos. Et sicut contristatus est, ita etiam dedit lætitiam populo suo. Et sicut apprehensibilis et palpabilis, ita rursus in medio eornm qui nocere ei quærebant, transibat non apprehensibilis, et per januas clausas intrabat, nec impediebatur. Et sicut dormivit, ita etiam imperavit mari, et ventis et turbinibus. Et sicut passus ést, ita etiam vivus, et vivificans, et sanans omnem nostram infirmitatem. Et sicut mortuus est, ita etiam est resurrectio mortuorum; super terram ignominiosus, et in cœlo omni gloria et laude sublimior; qui *crucifixus est quidem ex infirmitate, vivit vero ex virtute divina;* 2 Cor. xiii. 4.
qui descendit in [6]inferiora terræ, et qui ascendit super cœlos;

[5] Vers. *Pesh.* ܐܙܕܩܦ ܓܝܪ ܒܡܚܝܠܘܬܐ ܐܠܐ ܚܝ ܗܘ ܒܚܝܠܐ ܕܐܠܗܐ.

[6] *Spicileg. Solesm. in loca subterranea,* the learned editor not perceiving that the Syriac text is an application of Eph. iv. 9, 10, omitting however ܠܘܩܕܡ *prius,* after *descendit;* and ܠܟܠܗܘܢ *omnes,* before *cœlos.*

ܡܢ ܩܒܪܐ. ܕܣܦܩ ܠܗ ܐܘܪܝܐ ܘܕܡܠܐ ܟܠ. ܕܗܘܐ
ܡܝܬܐ. ܘܚܝ ܠܥܠܡ ܥܠܡܝܢ ܐܡܝܢ.

XXX.

[1]ܢܡܘܣܐ ܘܢܒܝܐ ܘܐܘܢܓܠܣܛܐ ܐܟܪܙܘ ܥܠ ܡܫܝܚܐ
ܕܐܬܝܠܕ ܡܢ ܒܬܘܠܬܐ. ܘܚܫ ܥܠ ܩܝܣܐ. ܘܕܐܬܚܙܝ
[2]ܡܢ ܒܝܬ ܡܝܬܐ. ܘܣܠܩ ܠܫܡܝܐ. ܘܡܢ ܐܒܐ ܡܫܬܒܚ.
ܘܕܐܝܬܘܗܝ ܡܠܟܐ ܠܥܠܡ ܘܕܗܢܐ ܐܝܬܘܗܝ [3]ܗܘܢܐ ܡܫܡܠܝܐ
ܡܠܬܐ ܕܐܠܗܐ ܗܘ ܕܡܢ ܩܕܡ ܢܘܗܪܐ ܐܬܝܠܕ. ܗܘ ܕܐܝܬܘܗܝ
[4]ܒܪܘܝܗ [5]ܕܒܪܘܝܐ ܕܟܠ. [6]ܝܚܘܬܐ ܕܟܠ ܐܢܫ. ܗܘ ܕܥܠܠ ܥܠ

cui suffecit præsepe, et qui implevit omnia; qui fuit mortuus, et qui vivit in sæcula sæculorum. Amen.

XXX. Lex et Prophetæ et Evangelistæ proclamaverunt de Christo, quod natus est ex virgine; et quod passus est super lignum; et quod apparuit [2]e mortuis; et quod ascendit ad cœlos; et quod a Patre glorificatus est; et quod est Rex in æternum; et quod Hic est intellectus perfectus, Verbum Dei,

XXX. [1] This extract is introduced in the same Cod. C. fol. 1, with the heading ܕܛܘܒܢܐ ܐܝܪܝܢܐܘܣ ܗܘ ܕܢܩܝܦ ܗܘܐ ܠܫܠܝܚܐ ܘܗܘܐ ܐܦܣܩܘܦܐ *Of Saint* IRENÆUS, *the follower of the Apostles and Bishop.* It does not profess therefore to have been taken from the work *c. Hæreses*, but the Armenian heading refers it to a treatise *de Resurr. Dom.*, which may perhaps be the same as that π. πάσχατος. Like the preceding, it is found in the *Spicilegium Solesmense*, edited by M. PITRA, I. 3.

[2] *Spicileg. Solesm. e domo mortuorum*, but ܡܢ ܒܝܬ ܡܝܬܐ is the usual periphrasis in Syriac for *e mortuis*. Cf. Armen. fragm. p. 462.

[3] The use of this term νοῦς τέλειος is significant of genuineness, as marking the words of one who had long opposed the Valentinian heresy. In this system Christ was not one of the original Æons, or τέλειοι αἰῶνες of the Pleroma; neither was Λόγος identical with νοῦς: with an eye therefore to contemporary error, the author of this fragment entitles Christ ὁ τέλειος Νοῦς, Λόγος τοῦ Θεοῦ.

[4] ܒܪܘܝܗ referring to ܢܘܗܪܐ seems out of place, and should follow ܕܥܡܗ q. d. *qui condidit omnia cum eo*, i. e. *created the Light*, which heresy deemed to be co-ordinate with the Deity, as well as every other substance. The Syriac here is more full than the Armenian (Fragm. XXXI.), which gives no assistance.

[5] ܕܒܪܘܝܐ no doubt representing Δημιουργὸς in the Greek.

ܗܘܐ. ܒܪܝܫ̈ܐ ܪܝܫ ܐܒܗ̈ܬܐ. ܒܢܡ̈ܘܣܐ ܢܡܘܣܐ.
ܒܟܘܡܪ̈ܐ ܪܝܫ ܟܘܡܪ̈ܐ. ܒܡܠ̈ܟܐ ܡܕܒܪܢܐ. ܒܢܒ̈ܝܐ ܢܒܝܐ.
ܒܡܠܐܟ̈ܐ ܡܠܐܟܐ. ܒܒܢ̈ܝܢܫܐ ܒܪ ܐܢܫܐ. ܒܐܒܐ ܒܪܐ. ܒܐܠܗܐ
ܐܠܗܐ. ܡܠܟܐ ܠܥܠܡ.

ܗܢܐ ܓܝܪ ܐܝܬܘܗܝ ܗܢܐ ܗܘ ܕܠܢܘܚ ܗܘܐ ܡܠܚܐ
ܘܠܐܒܪܗܡ ܕܒܪ. ܗܘ ܕܥܡ ܐܝܣܚܩ ܐܬܐܣܪ ܘܥܡ ܝܥܩܘܒ
ܗܘܐ [7]ܐܟܣܢܝܐ. [8]ܪܥܝܐ ܕܐܝܠܝܢ ܕܡܬܦܪܩܝܢ [9]ܘܚܬܢܐ
ܕܥܕܬܐ. ܘܡܕܒܪܢܐ ܕܟܪ̈ܘܒܐ. ܪܝܫ [10]ܚܝܠܐ ܕܡܠܐܟ̈ܐ. ܐܠܗܐ ܕܡܢ
ܐܠܗܐ. ܒܪܐ ܕܡܢ ܐܒܐ. ܝܫܘܥ ܡܫܝܚܐ ܡܠܟܐ ܕܠܥܠܡ
ܠܥܠܡܝܢ ܐܡܝܢ.

qui ante lucem genitus est: qui cum eo est conditor universi, fictor hominis; qui est in omnibus omnia: in patriarchis patriarcha, in legibus lex, in sacerdotibus princeps sacerdotum, in regibus gubernator, in prophetis propheta, in angelis angelus, in hominibus homo; in Patre Filius, in Deo Deus; Rex in æternum. Hic enim est qui Noemo fuit nauta, et Abrahamum duxit; qui cum Isaaco ligatus est, et cum Jacobo peregre fuit, [8]pastor eorum qui salvi sunt, et [9]sponsus Ecclesiæ; et dux Cherubim, princeps [10]exercitus angelorum; Deus ex Deo, Filius ex Patre; Jesus Christus, Rex, in sæcula sæculorum. Amen.

[6] ܓܒܘܠܐ *πλάστης*.

[7] ܐܟܣܢܝܐ as in Fr. XVIII. 2, the Greek term *ξενεύων*.

[8] Compare the lengthened extract that has either been interpolated in the Armenian Fr. XXXI. 3, or omitted here for conciseness by the Syrian scribe. The character of the passage, however, would have insured its transcription if it had existed in his copy; I am inclined to think, therefore, that it is not to be referred to Irenæus as a genuine extract; also the term in the Armenian, *a populo nec fide dignus habitus*, does not sound authentic, for *the common people heard him gladly*, Mark xii. 37, and wished to *take him by force, to make him a king*, John vi. 15.

[9] *Sponsus Ecclesiæ.* The Church is the Spouse of Christ, and not of the Valentinian angels.

[10] ܚܝܠܐ ܕܡܠܐܟ̈ܐ rendered by M. Pitra, *exercitus angelorum*, is more probably the representative of *δυνάμεων ἀγγελικῶν*.

XXXI.

[1]Օրէնք և Մարգարէք և Աւետարանք քարոզեցին Քրիստոս ծնեալ ի կուսէն և չարչարեալ ի խաչին, և յարուցեալ ի մեռելոց և վերացեալ յերկինս, և փառաւորեալ և թագաւորեալ յաւիտեան: Եւ զի ասէ կատարեալ միտք՝ Աստուծոյ Բանն, որ նախ վաղագոյն զգեղեցիկ ծնիցեալ ստեղծիչ մարդոյն, ընդ ամենայնի ամենայն, ի հայրապետսն հայրապետ, յաւրէնսն աւրէնք, ի քահանայս քահանայ, ի թագաւորս իշխան առաջնորդական, ի մարգարէսն մարգարէ, ի հրեշտակսն հրեշտակ, ի մարդկան մարդ, ի Հայր Որդի, յԱստուածումն Աստուած, յաւիտեանս արքայ:

Սա ինքն Նոյի ուղղեաց ի նաւի, ընդ Յովսեփայ վաճառեցաւ, ընդ Աբրահամու առաջնորդեաց, ընդ Սահակայ կապեցաւ, ընդ

XXXI. Lex et Prophetæ et Evangelia declaraverunt Christum natum ex virgine et in cruce passum; et suscitatum e mortuis, et in cœlum elevatum; et glorificatum, et regnantem in sæcula. Ille ipse dicitur perfectus intellectus, Dei verbum, quod primitus pulchre nati hominis [fuit] [2]conditor; in omnibus omnia; in patriarchis patriarcha; in lege lex; in sacerdotibus sacerdos; in regibus princeps ductor; in prophetis propheta; in angelis angelus; in hominibus homo; in Patre Filius, in Deo Deus, Rex in æternum. Ipsemet direxit Noemum in navi; [cum Josepho venumdatus est]; et Abrahamum conduxit; cum Isaaco ligatus;

XXXI. [1] *Spic. Sol.* I. 4, from a Cod. in the Mechitarist Library of S. Lazarus at Venice, and described by M. PITRA as written *manu recenti*. It represents the same original as the preceding Syriac fragment, with certain interpolations, that are bracketed in the translation. It also bears the heading, Սրբոյն ԵՐԱՆՈՍԻ եպիսկոպոսի հետեւողի առաքելոցն ի Յարութիւն Տեառն. i. e. *From Saint* IRENÆUS, *Bishop, Follower of the Apostles; On the Lord's Resurrection.*

[2] A considerable variation is observed between the Syriac and Armenian copy. The learned MECHITARIST who translated these extracts for M. PITRA, proposes the reading սա է, *hic est*, for ասէ, *dicit.* And QUATREMERE conjectures սա է . . . նախ վաղագոյն զգեղեցիկ ծնիցեալ, ստեղծիչ մարդոյն, *Hic est primus pulchre genitus, creator hominis.*

Յակոբայ աւտարակենցաղեաց, ընդ Մովսեսի զաւրավարեաց, ըստ ժողովրդեանն աւրինադրեաց, ի մարգարէսն քարոզեաց. ի կուսէն մարմնացեալ, ի Բեթղահէմ ծնեալ, ի Յովհաննէ ընկալեալ, և ի Յորդանան մկրտեալ. յանապատի փորձեալ, և Տէր գտեալ. զառաքեալսն հաւաքելով և զարքայութիւնն երկնից քարոզելով, զկոյրս լուսաւորելով, զմեռեալս յարուցանելով, ի տաճարին երեւեալ, ի ժողովրդենէն անհաւատացեալ, ի քահանայից ըմբռնեալ, և առաջի Հերովդի յառաջ ածեալ. առաջի Պիղատոսի դատեցեալ. ի մարմնի երեւեալ. ի փայտի կախեալ և ի մեռելոց յարուցեալ, առաքելոցն երեւեալ և յերկինս համբարձեալ, և ընդ աջմէ Հաւր նստեալ, և ի նմանէ փառաւորեալ՝ որպէս յարութիւն մեռելոց, և փրկութիւն կորուսելոց, լուսաւորութիւն խաւարելոց և փրկանք բացածնելոց, հովիւ ապրելոց և փեսայ եկեղեցւոյ երասանակալ քերովբէիւ և զաւրաւոր հրեշտակ. Աստուած Աստուծոց, Յիսուս Քրիստոս փրկիչ մեր:

cum Jacobo peregrinavit; [3][cum Moyse fuit dux, et, secundum populum, legislator; in prophetis prædicavit; de virgine incarnatus; in Bethleem natus; ab Johanne susceptus, et in Jordane baptisatus, in deserto tentatus, ac Dominus repertus. Ipse congregavit apostolos et cœlorum regnum prædicavit; illuminavit cæcos, et suscitavit mortuos; in templo visus, a populo nec fide dignus habitus; a sacerdotibus comprehensus, et coram Herode perductus; in conspectu Pilati judicatus; in corpore se manifestans, in ligno suspensus, et a mortuis suscitatus; apostolis monstratus, et, ad cœlos evectus, ad dexteram Patris sedet, et ab eo, uti mortuorum resurrectio, glorificatus; et salus perditorum, degentibus in tenebris lumen, et iis qui nati sunt redemptio]; salvatorum Pastor, et Ecclesiæ Sponsus; Cherubim auriga, et exercitus dux [4]angelorum; [5]Deus ex Deo; Jesus Christus Salvator noster.

[3] The Syrian transcriber would hardly have omitted this passage, if he had found it in his copy, much less would the theologian have abstained from citing the words. In the Syriac, the allusion to Jacob's ἀποδημία suggests the next term, *pastor eorum qui salvi sunt*, and the espousal of Rachel is reflected in a similar manner in *Sponsus Ecclesiæ*.

XXXII.

[1] Յայնժամ մերձեցաւ 'ի նա մայր որդւոցն Զեբեդեայ, հանդերձ որդւովք իւրովք, երկիր պագանելով հայցէր ինչ ի նմանէ:

Ոչ դատարկ են միտքս և ոչ վայրապար բանքս առաջի արկելոյ ասացուածոյս, որ և զառաջաբանի իմն ունի զկարգ, և զյարմարութիւն առաջին զկարգելոյն:

"Յայնժամ մատեաւ": Բազում անգամ սքանչանամք ընդ առաքինութիւնն, ոչ միայն յաւրինակէն, այլ և ի ժամանակէն·

Matt. xx. 20. XXXII. *Tunc accessit ad eum mater filiorum Zebedæi cum filiis suis, adorans et petens aliquid ab eo.*

Inanes quidem non sunt hi sensus, nec frustranea verba, eo loci proposita: præmissa proœmii instar, nonnullam habent cum prius expositis convenientiam:

Tunc accessit. Interdum virtus miranda nobis est, non solum ob exemplum, sed etiam attento tempore; qualem esse dicam,

[4] Suspicantur iterum prælaudati PP. Mechitaristæ menda nonnulla hic esse detergenda, nec per ipsos stat quin, parce mutata lectione quæ supra, pro his զաւրաւոր հրեշտակ, i. e. *fortis*, sive *Supremus Angelus*, rescribatur; զաւրաւոր հրեշտակաց, idemque eruatur sensus ac in Syriaca versione. PITR.

[5] *Deus ex Deo;* hæc iterum ad Syriacæ versionis normam iidem correxere, rati esse legendum Աստուած յԱստուծոյ, *Deus ex Deo.* Egregia hæc Nicæni Patres in Symbolo inseruerunt. *Ib.* The same theological expression is found in the ante-Nicene Creed of GREGORY, Bishop of Neo-Cæsarea, *Vind. Cath.* I. 532, also in the Cæsarean Creed submitted to the Council by EUSEBIUS, from whence in fact the term was adopted. *Ib.* 541. Compare also the ancient formula of Faith that bears the name of Lucian M. *Ib.* 533.

XXXII. [1] This extract from a Codex, fol. 37—45, in the library of the Mechitarist Convent at Vienna, is also printed in the *Spicil. Solesm.* I. 505, edited by M. PITRA, who, perhaps without reason, considers the fragment to be of very doubtful authority; it is not unworthy of our author, and for that reason is inserted among the other Irenæan fragments. It begins with the heading, ՃԱՌԸՆՏԻՐ Բ. Սրբոյն ԵՐԻԱՆՈՍԻ Հետեւողի առաքելոցն ասացեալ յաղագս Որդւոցն Զեբեդեայ: i. e. *From the second series of Homilies of Saint* IRENÆUS, *Follower of the Apostles; a Homily upon the Sons of Zebedee.* The translation is that of R. P. GABRIEL AIVAZOUSKI, whose Armenian criticisms are subjoined.

[2] Զհաւասարութիւնն *æqualitatem.* Sic Cod. Armen. cui si levis accesserit mutatio habebis զհասունութիւնն, *maturitatem.*

որպիսի ինչ ասեմ՝ զոր օրինակ յաղագս կանխահաս պտղոյ խաղողոյ, կամ թզոյ, կամ այլոյ ուրուք, ի սկզբանն զհաստատութիւնն [2]ոք ոչ խնդրէ, և ոչ զկատարելութիւն պտղոյն, այլ թէ և մասնաւորապէս [3]ինչ տեսցէ, զհասեալ զողկոյզն ոչ խոտէ իբրև զանպիտան, այլ իբրև զկանուխ իմն բերեալ զտեսութիւնն յափշտակէ, ոչ ստուգաբանելով թէ ունիցի ողկոյզն զկատարեալ հեշտութիւնն. այլ ընդունի վաղվաղակի, զի կանխաւ ժամանեալ քան զայլսն երևել: Նոյնպէս և Աստուած յորժամ տեսանէ զհաւատացեալս, թէպէտ և մասնաւորապէս ունիցին զիմաստութիւն, և սուղ ինչ զհաւատն, այլ ոչ յանկատարութիւն հայելով ի բաց մերժէ, այլ իբրև զկանխահաս պտուղ ողջունէ, և ընդունի և պատուէ զանձնն առաքինացեալ. թէպէտ և ոչ կատարելապէս ունիցի զառաքինութիւնն, ՛ներէ նմա, վասն զի ի

verbi gratia, præmaturum fructum uvæ, aut fici aut quodcumque pomum, a quo pubescente nemo maturitatem quærit aut integritatem; tametsi vero imperfectum nonnihil aliquis videat, acinum tamen decerptum non spernit, quasi inutilem; sed uti præmaturo tempore apparentem libenter arripit, nec attendit an acinus perfecta gaudeat jucunditate; immo voluptatem inde raptim accipit, eo quod prius ille quam cæteri appareat. Eodem modo et Deus, quum videt fideles sapientiam licet imperfectam habentes ac modicam fidem, minime hujusmodi respiciens defectum, ideo eos non rejicit; quin immo, uti præmaturos fructus, blande salutat et excipit, et honorat animam quamlibet, virtute, licet haud absoluta, insignitam. Indulget ei, utpote [4]in prodromis consistenti, eamque

[3] **Մասնաւորապէս** *particulariter*, sensu strictiori, quasi interpres Græce legerit, *μερικῶς*. Sic et infra, **Մասնաւորապէս զիմաստութիւն ունիցին** *sapientiam habeant particularem.*

[4] *In prodromis consistenti.* Πρόδρομος οἶνος dicitur vinum quod ex uvis nondum calcatis sua sponte defluit. Sed et aliud putem maxime respici nempe ficus quasdam, quæ *τῷ πεπαίνεσθαι* præcurrunt cætera; meminit eorum Plinius, H. N. XVI. 26, *fin.* *Ficus*, inquit, et præcoces *habet, quas Athenis prodromos vocant.* Hinc mox noster adducit Osee ix. 10, *infr.* Compare the general idea with 239—251.

նախաշաւիղն է, և սիրէ զի նախ քան զայլսն յափշտակեաց զբարէբանութիւնն :

Յաղագս այսորիկ Աբրահամ, Իսահակ և Յակոբ հարքն մեր առաւել քան զայլսն սքանչելիք են, իբրև ոչ եթէ այլ սուրբք նոյնպէս ոչ առաքինացան, այլ զի նոքա սկիզբն առաքինութեան ցուցին : Քանի՞ են վկայք իբրև զԴանիէլ, քանի՞ են վկայք իբրև զերիս մանկունսն 'ի Բաբելոնի. և սակայն ոչ այնպէս գրեցաւ յիշատակ նոցա իբրև զսոցա : Վասն զի նոքա սկիզբն և առաջին ճանապարհ եղեն պտղաբերութեանն. և Աստուած ետ զնոցա վարսն գրել՝ ի նախանձ զկնի եկելոցն :

Եւ զի այսպէս ընդունի Աստուած զառաքինութիւն իբրև զառաջնակս պտղոյն, լուր նմին իսկ որ ասէն, "Իբրև զխաղող յանապատի գտի զԻսրայէլ, և իբրև զթուզ կանխահաս զհարսն ձեր :" Արդ միմիայն երաներ զհաւատն Աբրահամու, զի հաւատաց նա. կամի՞ս զարմանալ ընդ Աբրահամու, զմտաւ ած զմի մարդն, յորժամ ամենայն բիւրք աշխարհի ըստգտեալք ի

diligit quia cæteris promtior, benedictionem sibi quasi præoccupavit.

Propterea Abraham, Isaac et Jacob, patres nostri, præ omnibus demirandi sunt, qui scilicet tum primum virtutis exempla dederunt. Quot sunt martyres Danieli similes? Quot, inquam, martyres æmuli trium Juvenum in Babylone, quorum tamen eadem ac illorum non est commendata memoria? illi siquidem primitiæ ac primordia fuerunt fructificationis. Hinc Deus jussit illorum vitam describi, a subsequentibus imitandam.

At sic apud Deum accipi virtutem, uti nempe fructuum primitias, audi ipsummet: *Uti uvam*, inquit, *in deserto inveni Israel, et sicut ficus præmaturas, patres vestros.* Itaque non solum beatam prædica fidem Abrahæ, quia credidit; visne Abraham mirari? Intuere quo pacto vir unus ille quandoquidem in mundo sexcenti errore contaminati erant, solus ille pietatem agnoverit. Visne te

Hos. ix. 10.

մոլորութեանն, միայն նա ծանեաւ զբարեպաշտութիւն։ Կամիս սքանչանալ ընդ Դանիէլ. զմտաւ ած զԲաբելոնն զուարճացեալ ամբարշտութեամբն, և ամենեքեան գերեալ ի մեղս. և նա ի վեր ելեալ ղաւղելովն, ի բաց թքանէր զդառնութիւն մեղացն և առ քաղցրըմպելի բարեպաշտութեանն ջուր ղաւղեալ փութայր։ Նոյնպէս և այժմ ընդ մայր որդւոցն Զեբեդեայ, մի միայն սքանչանար յորոց ասացն, այլ և ի ժամանակէն յորում զայն ասաց։ Յորժամ մերձեցաւ առ փրկիչն. ոչ զկնի յարութեան, և ոչ յետ քարոզելոյ անուան նորա, և ընդունելի եղելոյ թագաւորութեանն նորա, այլ զտեառնն ասել զբան, "Ահաւասիկ ելանեմք յԵրուսաղէմ, և որդի մարդոյ մատնի ի քահանայապետից և ի դպրաց, և սպանանիցեն զնա, և յերիր աւուր յարիցէ"։

Փրկիչն յաղագս չարչարանաց և խաչի պատմելով գուշակէր, և զչարչարանսն որ առ քահանայապետսն յաւէտ թշնամելի զեկուցեալ էր. եւ նորա ի մէջ այլոցն լուեալ յաղագս չարչարանացն

in stuporem Daniel rapiat? Intuere Babylon illam, flore fastuque impietatis superbientem, illicque omnes omnino peccato mancipatos. At ille ex imo emergens, salum exspuebat peccatorum, et in dulces pietatis aquas immergi gestiebat. Similiter et nunc circa illam filiorum Zebedæi matrem, noli duntaxat in ea mirari quæ locuta fuerit, sed et de tempore quo hæc dixerit. Quandonam accessit ad Redemtorem? Neque post resurrectionem, neque post prædicationem nominis ejus, neque post instaurationem regni ejus, sed Domino dicente: *Ecce ascendimus Hierosolymam,* Matt. xx. 18.
et Filius Hominis tradetur Pontificibus et scribis, et occident eum, et tertia die resurget.

Hæc Salvator de passione enarravit et cruce; his prædicebat passionem, nec eam per Pontifices futuram esse probrosissimam diffitebatur. At illa aliter audierat de passionum dispensatione.

անուրէնութեան · այլ փրկիչն զմահն քարոզէր, և նա զան-
մահութե զփառսն խնդրէր · տէրն զեկուցանէր՝ եթէ հանդերձեալ է յանդիման կալ անօրէն դատաւորացն · և նա ոչ իբրև առ դատեցեալ մերձենայր, այլ իբրև ի դատաւորէ հայցէր · «Տուր, ասէ, զի որդիքս իմ նստցին մի ընդ աջմէ քումմէ, և մի յահեկէ ի փառսն քում:» Չարչարանս ասէ, և արքայութիւն իմանի · յաղագս խաչին խաւսէր փրկիչն, և զանչարչարելի զփառսն նա տեսանէր: Արդ էր ընդ նա սքանչանալ, որպէս ասացի, ոչ յորոց խնդրեացն միայն, այլ և ի ժամանակէն յորում հայցեացն:

Եւ կրեաց զայն բարեպաշտն այն, ոչ միայն իբրև զբարեպաշտ, այլ իբրև զկին: Քանզի զմտաւ ած և հաւատաց նորա բանիցն, եթէ պարտ և արժան է փառաւք ծաղկեալ արքայութեանն Քրիստոսի, և յառաջադիմանալ բազմութեամբ յաշխարհի, և աճումն ընդունել բարեպաշտութեանն քարոզութիւն · իմացաւ որպէս եւ էրն, թէ մինչդեռ է խոնարհ դիմաւք, մատնեաց և յափշտակեաց զխոստումն: Խնդրեցից ի ժամանակի

Salvator mortem prænuntiabat; et illa immortalitatis gloriam postulabat. Asserebat Dominus sistendum esse sibi impiis coram judicibus; at illa judicii istius immemor, tamquam a judice re-
Matt. xx. 21. quirebat: *Da*, inquit, *ut filii mei isti sedeant*, *unus a dextris*, *et alter a sinistris*, *in gloria tua*. Passio hinc dicitur, illinc regnum intelligitur. De cruce loquebatur Salvator, et illa gloriam impassibilem contemplabatur. Hæc igitur, ut dixi, admiranda est, non solum de eo quod petit, sed etiam de tempore quo petit.

Passa quidem illa est, non solum uti pia, sed tamquam mulier. Etenim consideravit et credidit, ejus edocta verbis, fore ut in gloria Christi regnum floreat, et ambulet in latitudine per orbem, et pietatis præconio augeatur. Intellexit, uti erat, eum qui humilis videbatur, omnem tradidisse et accepisse promissionem. Quæram alias, quum de hac humilitate sermo erit, an Dominus

խոնարհութեանս , մի գուցէ փակիցէ զհայցուածսն , զխոստումն արքայութեանն · զմտաւ ած եթէ ոչ է ունելոց զնոյն համարձակութիւն ի հրեշտակացն երեւելն , և ի հրեշտակաց սպասաւորեալ , և յամենայն զաւրաց երկնաւորաց տանել նմա սպաս առնելով միայն զփրկիչն յառանձին տեղւոջ՝ խնդրէր հայցուած որ գերազանցէ քան զամենայն մարդկային բնութիւնս :

regni petitionem excludat. Illa autem cogitavit eandem sibi non affuturam fiduciam, quum in angelorum apparitione, ab angelis ministrandus est, et ab omni militia cœlesti famulatum accepturus. Assumens ergo seorsum, in loco remoto, Salvatorem, ea enixe petebat ab illo quæ omnem naturam humanam excedunt.

FRAGMENTA DEPERDITORUM OPERUM

SANCTI IRENÆI,

EPISCOPI LUGDUNENSIS.

I.

[1] Ὀρκίζω σε τὸν [2] μεταγραψόμενον τὸ βιβλίον τοῦτο, κατὰ τοῦ Κυρίου ἡμῶν Ἰησοῦ Χριστοῦ, καὶ κατὰ τῆς ἐνδόξου παρουσίας αὐτοῦ, ἧς ἔρχεται κρῖναι ζῶντας καὶ νεκρούς, ἵνα ἀντιβάλῃς ὃ μετεγράψω, καὶ κατορθώσῃς αὐτὸ πρὸς ἀντίγραφον τοῦτο, ὅθεν μετεγράψω, ἐπιμελῶς· καὶ τὸν ὅρκον τοῦτον ὁμοίως μεταγράψῃς, καὶ θήσεις ἐν τῷ ἀντιγράφῳ.

I. Adjuro te, qui transcripseris hunc librum, per Dominum nostrum Jesum Christum, et per gloriosum ejus adventum, quo veniet ad judicandum vivos et mortuos; ut conferas quod transcripseris, et diligenter illud emendes ad exemplar, ex quo transcripsisti: utque adjurationem istam similiter describas, et exemplari inseras.

I. [1] An extract preserved by EUSEBIUS, *H. E.* v. 20, who, after saying that IRENÆUS wrote various epistles, one to Blastus on *Schism*, and another to Florinus on the *Unity of the Deity*, (περὶ μοναρχίας), shewing *that God is not the author of evil*, adds, that he indited a second epistle to the same person after his lapse to Valentinianism; from which the next fragment is extracted. It was entitled *de Ogdoade*, and at the close the above solemn adjuration occurs; the historian adds, καὶ ταῦτα ὠφελίμως πρὸς ἐκείνου λελέχθω, ὑφ' ἡμῶν τε ἱστορείσθω, ὡς ἂν ἔχοιμεν ἄριστον σπουδαιοτάτης ἐπιμελείας, τοὺς ἀρχαίους ἐκείνους καὶ ὄντως ἱεροὺς ἄνδρας, ὑπόδειγμα. The reader may compare the Syriac Fr. XXVIII. as of cognate matter with these first two in Greek. It may be noted that EUSEBIUS adopts the same formula of adjuration in the opening of his *Chron.*

[2] NICEPH. μεταγραψάμενον.

II.

[1] Ταῦτα τὰ δόγματα, Φλωρῖνε, ἵνα πεφεισμένως εἴπω, οὐκ ἔστιν ὑγιοῦς γνώμης· ταῦτα τὰ δόγματα ἀσύμφωνά ἐστι τῇ [2] ἐκκλησίᾳ, εἰς [3] τὴν μεγίστην ἀσέβειαν περιβάλλοντα τοὺς πειθομένους αὐτοῖς· ταῦτα τὰ δόγματα οὐδὲ οἱ ἔξω τῆς ἐκκλησίας αἱρετικοὶ ἐτόλμησαν ἀποφήνασθαί ποτε· ταῦτα τὰ δόγματα οἱ πρὸ ἡμῶν πρεσβύτεροι, οἱ καὶ τοῖς ἀποστόλοις συμφοιτήσαντες, οὐ παρέδωκάν σοι. Εἶδον γάρ σε παῖς ὢν ἔτι, ἐν τῇ κάτω Ἀσίᾳ παρὰ τῷ Πολυκάρπῳ, [4] λαμπρῶς πράττοντα ἐν τῇ βασιλικῇ αὐλῇ, καὶ πειρώμενον εὐδοκιμεῖν παρ' αὐτῷ. Μᾶλλον γὰρ τὰ τότε διαμνημονεύω τῶν [5] ἔναγχος γινομένων, (αἱ γὰρ ἐκ παίδων μαθήσεις συναύξουσαι τῇ ψυχῇ

II. Hæc dogmata, Florine, ut parcissime (*sive* lenissime) dicam, non sunt sanæ doctrinæ: hæc dogmata Ecclesiæ non sunt consona, et in maximam impietatem eos conjiciunt qui illis assentiuntur: hæc dogmata ne quidem hæretici extra Ecclesiam positi proferre unquam ausi sunt; hæc dogmata hi, qui ante nos exstitere Presbyteri, quique Apostolorum discipuli fuere, minime tibi tradiderunt. Vidi enim te, cum adhuc puer essem, in inferiore Asia apud Polycarpum, cum in imperatoria aula splendide ageres, et illi te probare conareris. Nam ea quæ tunc gesta sunt, melius memoria teneo, quam quæ nuper acciderunt: (quippe quæ pueri

II. [1] From the epistle to Florinus or treatise π. τῆς ὀγδοάδος, in which the author claims, as EUSEBIUS states, to be only once removed, in point of succession, from the Apostles. The words of EUSEBIUS cited above, continue in reference to the present passage, *ἐν ᾗ γε μὴν προειρήκαμεν πρὸς τὸν Φλωρῖνον ὁ Εἰρηναῖος ἐπιστολῇ αὖθις τῆς ἅμα Πολυκάρπῳ συνουσίας αὐτοῦ μνημονεύει λέγων, κ.τ.λ.*

[2] *ἐκκλησίᾳ . . . οἱ ἔξω τῆς ἐκκλησίας,* shewing that the offender was still within the pale of the Church; which is stated in express terms in the epistle to the Roman Bishop Victor. See Syr. Fr. XXVIII. The two fragments exhibit an interesting picture of the tone and bearing of a Christian Bishop, conveying his pastoral admonition to a flagrant defaulter from orthodox doctrine on the one hand, if still it might have any effect; and on the other, indicating the offence to be purged away by his brother Bishop, if severity should be needed.

[3] NICEPH. omits *τὴν* and *αὐτοῖς.*

[4] Christianity therefore had obtained a hold at court in the early part of the second century. Compare II. 248, 4.

[5] The great age of the venerable Bishop of Lyons explains the tone of authority perceptible in his epistle to Victor, see p. 457.

ἑνοῦνται αὐτῇ), ὥστε με δύνασθαι εἰπεῖν καὶ τὸν τόπον, ἐν ᾧ καθεζόμενος διελέγετο ὁ μακάριος Πολύκαρπος, καὶ τὰς [6]προόδους αὐτοῦ καὶ τὰς εἰσόδους, καὶ τὸν χαρακτῆρα τοῦ βίου, καὶ τὴν τοῦ σώματος ἰδέαν, καὶ τὰς διαλέξεις ἃς ἐποιεῖτο πρὸς τὸ πλῆθος, καὶ τὴν μετὰ Ἰωάννου [7]συναναστροφὴν ὡς ἀπήγγελλε, καὶ τὴν μετὰ τῶν λοιπῶν τῶν ἑωρακότων τὸν Κύριον, καὶ ὡς ἀπεμνημόνευε τοὺς λόγους αὐτῶν· καὶ περὶ τοῦ Κυρίου τίνα ἦν ἃ παρ' ἐκείνων ἀκηκόει, καὶ περὶ τῶν δυνάμεων αὐτοῦ, καὶ περὶ τῆς διδασκαλίας, ὡς παρὰ τῶν αὐτοπτῶν τῆς ζωῆς τοῦ λόγου παρειληφὼς ὁ Πολύκαρπος, [7]ἀπήγγελλε πάντα σύμφωνα ταῖς γραφαῖς. Ταῦτα καὶ τότε διὰ τὸ ἔλεος τοῦ Θεοῦ τὸ ἐπ' ἐμοὶ γεγονὸς σπουδαίως ἤκουον, ὑπομνηματιζόμενος αὐτὰ, οὐκ ἐν χάρτῃ, ἀλλ' ἐν τῇ ἐμῇ καρδίᾳ· καὶ ἀεὶ διὰ τὴν χάριν τοῦ Θεοῦ γνησίως αὐτὰ ἀναμαρυκῶμαι. Καὶ δύναμαι διαμαρτύρασθαι ἔμπροσθεν τοῦ Θεοῦ, ὅτι εἴτι τοιοῦτον ἀκηκόει ἐκεῖνος ὁ μακάριος καὶ ἀποστολικὸς πρεσβύτερος, ἀνακράξας ἂν καὶ [8]ἐμφράξας τὰ ὦτα αὐτοῦ, καὶ [9]κατὰ τὸ σύνηθες εἰπὼν, Ὦ καλὲ

discimus, simul cum animo ipso coalescunt, eique penitus inhærent); adeo ut et locum dicere possim, in quo sedens beatus Polycarpus disserebat, processus quoque ejus et ingressus, vitæque modum et corporis speciem, sermones denique quos ad multitudinem habebat; et familiarem consuetudinem, quæ illi cum Johanne, ac reliquis qui Dominum viderant, intercessit, ut narrabat, et qualiter dicta eorum commemorabat: quæque de Domino ex ipsis audiverat, de miraculis illius etiam ac de doctrina, quæ ab iis, qui Verbum vitæ ipsi conspexerant, acceperat Polycarpus, qualiter referebat, cuncta Scripturis consona. Hæc jam tunc temporis per Dei clementiam, quæ mihi obtigit, studiose audiebam, non in charta, sed in corde meo ea consignans, et semper per Dei gratiam exacte ea mente revolvo. Atque in conspectu Dei contestari possum, beatum illum et apostolicum Presbyterum, si tale quid audivisset, exclamaturum sane, ac obturatis auribus suis, pro

[6] VALESIUS retains *παρόδους* on the authority of MSS., but renders the word as *προόδους*, which reading has been adopted above. The term perhaps is applicable to missionary exertions.

[7] NICEPH. *ἀναστροφὴν*, and lower down *ἀπήγγειλε*.

[8] A mark of detestation and horror

Θεέ, εἰς οἵους με καιροὺς τετήρηκας, ἵνα τούτων ἀνέχωμαι, πεφεύγοι ἂν καὶ τὸν τόπον, ἐν ᾧ καθεζόμενος ἢ ἑστὼς [10] τῶν τοιούτων ἀκηκόει λόγων. Καὶ ἐκ τῶν ἐπιστολῶν δὲ αὐτοῦ, ὧν ἐπέστειλεν ἤτοι ταῖς γειτνιώσαις ἐκκλησίαις, ἐπιστηρίζων αὐτὰς, ἢ τῶν ἀδελφῶν τισι, νουθετῶν αὐτοὺς καὶ προτρεπόμενος, δύναται φανερωθῆναι.

III.

[1] Οὐ γὰρ μόνον περὶ τῆς [2] ἡμέρας ἐστιν ἡ ἀμφισβήτησις, ἀλλὰ καὶ περὶ τοῦ εἴδους αὐτοῦ τῆς [3] νηστείας. Οἱ μὲν γὰρ

more dicturum fuisse: *Deus bone, quæ me in tempora reservasti, ut hæc sustinerem!* atque ex loco ipso effugiturum, in quo sedens vel stans, ejusmodi sermones audivisset. Sed et ex epistolis ejus id liquido probari potest, quas sive ad vicinas ecclesias misit, eas confirmans, sive ad quosdam fratres, admonens illos atque exhortans.

III. Neque enim de die solum controversia est, sed etiam de forma ipsa jejunii. Quidam enim unico die sibi jejunandum esse

derived from the Jews, Acts vii. 57, *συνέσχον τὰ ὦτα αὐτῶν*. The reader may consult the note of VALESIUS, giving several patristical instances of this expression *læsæ pietatis*. Compare pp. 16, 17.

[9] NICEPH. *κατὰ τὸ σύνηθες αὐτῷ.*

[10] *Ib. τὸν τοιοῦτον λόγον.*

III. [1] We are indebted again to EUSEBIUS for this valuable fragment from the epistle of IRENÆUS to Victor, *H. E.* v. 24, copied also by NICEPHORUS, IV. 39. It appears to have been a synodical epistle to the head of the Roman Church, the historian saying that it was written by IRENÆUS, *ἐκ προσώπου ὧν ἡγεῖτο κατὰ τὴν Γαλλίαν ἀδελφῶν*. Neither are these expressions to be limited to the Church at Lyons, for the same authority records that it was the testimony, *τῶν κατὰ Γαλλίαν παροικιῶν, ὧν Εἰρηναῖος ἐπεσκόπει.* v. 23.

[2] The Paschal controversy that divided the Primitive Church, resolved itself into two heads, (*a*) as regards the precise day on which our Lord's Resurrection should be commemorated; (*b*) as regards the custom of the preceding Fast; both Feast and Fast in any case being celebrated, as being in accordance with Apostolical tradition.

[3] Upon the ancient mode of fasting, see the note of VALESIUS upon this passage. EPIPHANIUS also, *Hær.* III. 23, convinces the mind that the custom was regulated by no very stringent rule in the Primitive Church. Compare AUG. *Ep.* 118, *ad Januar.* 2—5, *Vind. Cath.* III. 448, 449; CYR. AL. *Hom. Pasch.*, *Ib.* II. 199; SYNOD. LAOD. *Can.* 50, *Ib.* I. 474. DIONYSIUS, Bishop of Alexandria, seems to have had these words

οἴονται [4]μίαν ἡμέραν δεῖν αὐτοὺς νηστεύειν· [5]οἱ δὲ δύο, οἱ δὲ καὶ πλείονας, οἱ δὲ τεσσαράκοντα· [6]ὥρας ἡμερινάς τε καὶ νυκτερινὰς συμμετροῦσι τὴν [7]ἡμέραν αὐτῶν. Καὶ τοιαύτη μὲν ποικιλία τῶν ἐπιτηρούντων, οὐ νῦν ἐφ' ἡμῶν γεγονυῖα, ἀλλὰ καὶ πολὺ πρότερον ἐπὶ τῶν πρὸ ἡμῶν, τῶν παρὰ τὸ ἀκριβὲς, ὡς εἰκὸς, κρατούντων, τὴν καθ' ἁπλότητα καὶ ἰδιωτισμὸν

existimant: alii duobus, alii insuper pluribus; alii vero quadraginta; horis diurnis pariter ac nocturnis computatis, diem suum metiuntur. Atque ejusmodi quidem eorum, qui hæc observant, discrepantia non nunc nostra demum ætate nata est; verum etiam longe ante apud majores nostros: iis qui minus accurate jejunium observarunt, uti verisimile est, consuetudinem ex simplicitate et

of IRENÆUS in his mind, when he wrote *ad Basilid.* ἐπεὶ μηδὲ τὰς ἓξ τῶν νηστειῶν ἡμέρας ἴσως, μηδὲ ὁμοίως πάντες διαμένουσι· ἀλλ' οἱ μὲν καὶ πάσας ὑπερτιθέασιν ἄσιτοι διατελοῦντες, οἱ δὲ δύο οἱ δὲ τρεῖς, οἱ δὲ οὐδεμίαν, κ.τ.λ. The term ὑπερτιθέναι, *unde* ὑπέρθεσις, has a technical meaning, as contrasted with νηστεία, which meant simply a fast that was resolved by some slight food in the evening; whereas the former involved the idea of greater austerity, and described the fasting that was continued day and night till the dawn of Easter.

[4] μίαν ἡμέραν. The question referring to the Fast of the Holy Week, this must mean the day of our Lord's Passion, the *Parasceue* or *Good Friday;* for with regard to this day, at least, the custom of abstinence was Catholic. ἀπηγορεύεται γὰρ σήμερον διαίτης ἐπιμνησθῆναι τὸ σύνολον. METHOD. *Conviv. Or.* III. Cf. AUG. *ubi supr.* It was called the Paschal Fast. BELLARMINE, *Controv. de Bon. Op.* II. 14, considers that one day in every week through Lent is meant; but there is nothing to shew that this was the author's intention; although it is most certain that Lent was marked by the exercise of strict fasting as prescribed by the Church. *Const. Apost.* 68; CONC. NIC. *Can.* 5; CONC. LAOD. *Can.* 50. Compare also the other authorities, (so far as genuine), quoted by BELLARMINE.

[5] οἱ δὲ δύο, i. e. the two days during which our Lord lay in the tomb.

[6] The reasons assigned by VALESIUS for his punctuation, and accepted by GRABE, also by BINGHAM (*q. vid. Ant.* XXI. i. 2), scarcely appear valid; BELLARMINE also adopts the same method of division, *de Bon. Op.* II. 14; but MASSUET (followed also by STIEREN), adopts the view of RUFFINUS, *nonnulli autem quadraginta; ita ut horas diurnas nocturnasque computantes, diem statuant.* This punctuation is followed in the text; but I imagine οἱ δὲ to have been lost here, read by RUFFINUS as ὥστε, and applying to the single-day fast. The forty hours implied by removing the stop from τεσσαράκοντα would extend from the sixth hour of the sixth day of the week, to the dawn of Easter morn; *The time that Christ the Bridegroom was taken from his Disciples between his Passion and his Resurrection* (BINGH. XXI. i. 2, from TERT. *de Jej.* 2), representing also symbolically the forty days and forty nights, during which our Lord continued his fast in the wilderness.

συνήθειαν εἰς τὸ μετέπειτα πεποιηκότων· καὶ οὐδὲν ἔλαττον πάντες οὗτοι εἰρήνευσάν τε, καὶ εἰρηνεύομεν πρὸς ἀλλήλους· καὶ ἡ διαφωνία τῆς νηστείας τὴν [8] ὁμόνοιαν τῆς πίστεως συνίστησι. ... [9] Καὶ οἱ πρὸ Σωτῆρος πρεσβύτεροι οἱ προστάντες τῆς ἐκκλησίας, [9] ἧς νῦν ἀφηγῇ, Ἀνίκητον λέγομεν καὶ Πίον, Ὑγῖνόν τε καὶ Τελεσφόρον, καὶ Ξύστον, οὔτε αὐτοὶ ἐτήρησαν, οὔτε τοῖς [10] μετ' αὐτοὺς ἐπέτρεπον. Καὶ οὐδὲν ἔλαττον αὐτοὶ μὴ τηροῦντες, εἰρήνευον τοῖς ἀπὸ τῶν παροικιῶν ἐν αἷς ἐτηρεῖτο, ἐρχομένοις πρὸς αὐτούς, καίτοι μᾶλλον ἐναντίον ἦν τὸ τηρεῖν [10] τοῖς μὴ τηροῦσι· καὶ οὐδέποτε διὰ τὸ εἶδος τοῦτο [11] ἀπεβλήθησάν τινες. Ἀλλ' αὐτοὶ μὴ τηροῦντες οἱ πρὸ σοῦ πρεσβύτεροι τοῖς ἀπὸ τῶν παροικιῶν τηροῦσιν [12] ἔπεμπον εὐχα-

ignorantia ortam sequiori ætati tradentibus. Atque nihilominus omnes isti pacem inter se coluerunt, et nos etiam eam retinemus: sicque discrepans jejunii ratio concordiam fidei commendat. ... Et Presbyteri ante Soterem, qui Ecclesiam, cui jam præes, gubernarunt, Anicetum dico et Pium, Hyginum et Telesphorum, atque Sixtum, neque ipsi observarunt, neque aliis, qui cum ipsis erant, observare permiserunt. Nihilominus tamen ipsi non observantes cum Episcopis illarum Ecclesiarum, in quibus ita observabatur, ad se accedentibus pacem retinuerunt, quamvis observantia ista valde adversa esset non observantibus: ac nulli unquam propter hanc rem fuere ab Ecclesia ejecti. Sed Presbyteri illi, qui te anteiverunt, quamvis minime illud observarent, his tamen Episcopis, qui obser-

[7] VALES. imagines *ἡμέραν* to be a corruption for *νηστείαν*, still there is no authority for any change.

[8] The observance of *a* day, though not everywhere the same, shewed unity, so far as faith in the Lord's Resurrection was concerned.

[9] NICEPH. *ἐν οἷς καὶ οἱ πρ. Σ.* *Ib.* *ἧς σὺ νῦν ἀφηγῇ.*

[10] RUFFIN. read *μετ' αὐτῶν*, *cum ipsis*, a reading noted in the margin by TURNEB. and MORÆUS, who in the same way indicate *ἐν τοῖς μὴ τηροῦσι*, i. e. *diversity of practice becomes more glaring when in juxta-position with its opposite.*

[11] *ἀπεβλήθησάν τινες.* RUFFIN. *Nunquam tamen ob hoc repulsi sunt ab ecclesiæ societate, aut venientes ab illis partibus non sunt suscepti.* The Greek verb conveying the complex idea of *rejection* from the communion of the Church, and the *ejection* of unsound members.

[12] This custom was open to abuse, and notwithstanding the sanction of primitive practice, it was forbidden by the 14th canon of the Laodicean Council, *περὶ τοῦ μὴ τὰ ἅγια εἰς λόγον εὐλογιῶν, κατὰ τὴν ἑορτὴν τοῦ πάσχα, εἰς ἑτέρας παροικίας διαπέμπεσθαι.* Compare JUST. *Apol.* I. p. 98, *ed. Thirlb.* *καὶ ἡ*

ριστίαν. Καὶ τοῦ μακαρίου Πολυκάρπου ἐπιδημήσαντος [13] ἐν τῇ Ῥώμῃ ἐπὶ Ἀνικήτου, καὶ περὶ ἄλλων τινῶν μικρὰ σχόντες πρὸς ἀλλήλους, εὐθὺς εἰρήνευσαν, περὶ τούτου τοῦ κεφαλαίου μὴ φιλεριστήσαντες [14] ἑαυτούς. Οὔτε γὰρ ὁ Ἀνίκητος τὸν Πολύκαρπον πεῖσαι ἐδύνατο μὴ τηρεῖν, ἅτε μετὰ Ἰωάννου τοῦ μαθητοῦ Κυρίου ἡμῶν, καὶ λοιπῶν ἀποστόλων οἷς συνδιέτριψεν, ἀεὶ τετηρηκότα· οὔτε μὴν ὁ Πολύκαρπος τὸν Ἀνίκητον ἔπεισε τηρεῖν, λέγοντα τὴν συνήθειαν [15] τῶν πρὸ αὐτοῦ πρεσβυτέρων ὀφείλειν κατέχειν. Καὶ τούτων οὕτως ἐχόντων, ἐκοινώνησαν ἑαυτοῖς· καὶ ἐν τῇ ἐκκλησίᾳ [16] παρεχώρησεν ὁ Ἀνίκητος τὴν εὐχαριστίαν τῷ Πολυκάρπῳ, κατ' ἐντροπὴν δηλονότι, καὶ μετ' εἰρήνης ἀπ' ἀλλήλων ἀπηλλάγησαν, πάσης

vabant, Eucharistiam miserunt. Atque cum beatus Polycarpus, Aniceti tempore Romam venisset, et modica aliis de rebus inter eos esset controversia, confestim pax fuit inter eos conciliata, nec de hoc capite inter se acriter contendere voluerunt. Neque enim Anicetus Polycarpo poterat persuadere, ut observare desisteret; quippe cum Johanne discipulo Domini nostri, et cum reliquis Apostolis, quibuscum multum versatus fuerat, semper observarat: neque item Polycarpus Aniceto persuasit, ut idem observaret; quippe qui morem Presbyterorum, qui illum antecesserant, sibi retinendum assereret. Quæ cum ita se haberent, communicabant inter se mutuo: et in ecclesia Eucharistiæ celebrandæ munus Polycarpo, ob reverentiam videlicet, concessit Anicetus, atque tandem cum pace a se invicem discesserunt; tam iis qui observa-

μετάληψις ἀπὸ τῶν εὐχαριστηθέντων ἑκάστῳ γίνεται, καὶ τοῖς οὐ παροῦσι διὰ διακόνων πέμπεται. Vind. Cath. III. 169. The Council therefore rescinded a custom, that had already been limited to one solemnity by general consent.

[13] *ἐν τῇ Ῥώμῃ*, the reading of NICEPHORUS. The preposition, as STIEREN says, is found in the best copies of EUSEB. *τῇ Ῥώμῃ*, GR., MASS.

[14] NICEPH. *πρὸς ἑαυτούς*.

[15] NICEPH. *τὴν πρὸ ἡμῶν πρεσβ.* The words of S. AUG. are in point, as shewing that the spirit of Catholic Unity was never identified, by the wisest and best members of the Christian Church, with a mere formal unity of custom. He says, *Ep.* LXXXVI. *ad Casulan: Sic ergo una Fides universæ quæ ubique dilatatur Ecclesiæ, tamquam intus in membris, etiamsi ipsa fidei unitas quibusdam diversis observationibus celebratur, quibus nullo modo quod in fide verum est impeditur.*

[16] VALESIUS observes, that the first Council of Arles directs by its 20th Canon, that the Consecration of the Holy Eucharist should be performed preferentially by any foreign Bishop present at its celebration.

τῆς ἐκκλησίας εἰρήνην ἐχόντων, καὶ τῶν τηρούντων, καὶ τῶν μὴ τηρούντων.

IV.

[1] Ἐν ᾧ ἄν τις [2] δύναιτο εὖ ποιεῖν [2] τοῖς πλησίον, καὶ [3] οὐ ποιεῖ, ἀλλότριος τῆς ἀγάπης [4] τοῦ Κυρίου νομισθήσεται.

V.

Θέλησις καὶ ἐνέργεια Θεοῦ ἐστὶν ἡ παντὸς χρόνου καὶ τόπου καὶ αἰῶνος, καὶ πάσης φύσεως ποιητική τε καὶ προνοητικὴ αἰτία. Θέλησίς ἐστι τῆς νοερᾶς ψυχῆς ὁ ἐφ' ἡμῖν

bant, quam illis qui minime observabant, pacem cum omni Ecclesia colentibus.

IV. Quamdiu quis in facultate habet, ut proximis benefaciat, nec facit, alienus a Domini dilectione æstimabitur.

V. Voluntas et operatio Dei effectrix est et providens causa omnis temporis loci et sæculi, itemque naturæ omnis. Voluntas est animi intellectualis ratio in nobis sita; quippe cum sit facultas

IV. [1] This fragment is quoted (A.) by MAXIMUS, *Serm.* VII. *de Eleemos.* as an extract ἐκ τῆς πρὸς Βίκτωρα ἐπιστολῆς, in which it followed no doubt the Syriac fragment from the same epistle, Fr. xxvii. GRABE found (B.) the same sentence in Cod. 143, BAROCC. of the Bodleian Library; (C.) again it is in Cod. 238 of the Imperial collection at Vienna. HALLOIX. also printed it (D.) from the CLERMONT copy of the *Parall.* of J. DAMASC. and STIEREN shews that (E.) it exists in Cod. 429, fol. 7, of the Munich Collection. I add that it occurs again (F.) in a Codex of Miscellaneous extracts in the Cambridge University Collection marked Ll. 5. 2, fol. 28, which also designates it as from an Ep. to VICTOR, Bishop of Rome.

[2] E. F. δύναται and τούς.

[3] E. μή. F. μὴ ποίῃ.

[4] E. Κυρίου simply. F. τοῦ Θεοῦ.

V. This fragment again is quoted by MAXIMUS, *Op.* II. 152, with the prefatory words, τοῦ ἁγίου Εἰρηναίου ἐπισκόπου Λουγδούνων, μαθητοῦ τοῦ ἁγίου Ἰωάννου τοῦ Ἀποστόλου καὶ Εὐαγγελιστοῦ, ἐκ τῶν πρὸς Δημήτριον, διάκονον Βιαίνης, περὶ πίστεως λόγων, οὗ ἡ ἀρχή· Ζητῶν τὸν Θεόν, ἄκουε τοῦ Δαβὶδ λέγοντος. Where it may be observed that it is more likely that the recurrence of the words, μαθητοῦ τοῦ ἁγίου, should have caused some scribe to omit the clause, Πολυκάρπου ἐπισκόπου τῆς Σμυρνῆς, μαθητοῦ τοῦ ἁγίου, than that MAXIMUS should have made the mistake of bringing IRENÆUS into contact with S. John.

λόγος, ὡς αὐτεξούσιος αὐτῆς ὑπάρχουσα δύναμις. Θέλησίς ἐστι νοῦς ὀρεκτικὸς, καὶ διανοητικὴ ὄρεξις, πρὸς τὸ θεληθὲν ἐπινεύουσα.

VI. Immensus cum sit Deus, et mundi opifex, atque omnipotens, immensa et mundi opifice atque omnipotenti voluntate, et effectu novo, potenter et efficaciter fecit, ut omnis plenitudo eorum quæ nata sunt in ortum venirent, cum antea non essent, quicquid scilicet sub aspectum non cadit, et quicquid oculis subjicitur. Atque adeo continet singula, et ad proprium perducit exitum, ob quem excitata sunt et nata, nullo modo in aliud quam prius natura fuerat, transmutatum. Nam proprium hoc est operationis Dei, non in infinitatem sensus tantum progredi, aut mentem etiam transgredi, rationem et orationem, tempus et locum et omne ævum; verum etiam excedere substantiam et plenitudinem seu perfectionem.

VII.

[1] *Τὸ δὲ ἐν κυριακῇ μὴ κλίνειν γόνυ, σύμβολόν ἐστι τῆς ἀναστάσεως, δι' ἧς τῇ τοῦ Χριστοῦ χάριτι, τῶν τε ἁμαρτημάτων, καὶ τοῦ ἐπ' αὐτῶν [2] τεθανατωμένου θανάτου ἠλευθερώθημεν. Ἐκ τῶν ἀποστολικῶν δὲ χρόνων ἡ τοιαύτη συνήθεια*

ejus libera potestate prædita. Voluntas est mens appetendi vim habens, et appetitus rationem sequens, in id quod expetitur tendens.

VII. Non flectere autem genu Dominico die, resurrectionis est significatio, qua per Christi gratiam et a peccatis, et a morte,
1 Cor. xv. 6. quæ in illo interfecta est, liberati sumus. Hæc autem consuetudo
2 Tim. i. 1 ab Apostolorum temporibus cœpit, quemadmodum ait beatus

VI. Neither this nor the preceding fragment were considered to have any very great weight of authority by GRABE; they were first printed by FEUARDENT, who obtained them from Faber; no reference, however, being given as regards the source from whence this Latin version was derived. See Introd. clxviii.

VII. [1] *Qu. et Resp. ad Orth.* 115, JUST. M. This citation has its value, though it may not preserve the *ipsissima verba* of IRENÆUS. Κυριακὴ, here *Easter Sunday*, κατ' ἐξοχήν.

[2] The MSS. shew the marginal reading τετραμμένου. GRABE proposes αὐτῷ for αὐτῶν. MASS. ἐπ' αὐτοῦ referring to Christ; the Translator read ἐν αὐτῷ. f. l. ὑπ' αὐτοῦ, and compare a similar statement in Syr. Fr. xxiv.

ἔλαβε τὴν ἀρχὴν, καθώς φησιν ὁ μακάριος Εἰρηναῖος, ὁ μάρτυρ καὶ ἐπίσκοπος Λουγδούνου, ἐν τῷ περὶ τοῦ Πάσχα λόγῳ, ἐν ᾧ μέμνηται καὶ περὶ τῆς Πεντηκοστῆς, ἐν ᾗ οὐ κλίνομεν γόνυ, ἐπειδὴ ἰσοδυναμεῖ τῇ ἡμέρᾳ τῆς κυριακῆς, κατὰ τὴν ῥηθεῖσαν περὶ αὐτῆς αἰτίαν.

VIII.

[1] Ὥσπερ γὰρ ἡ κιβωτὸς κεχρυσωμένη ἔσωθεν καὶ ἔξωθε χρυσίῳ καθαρῷ ἦν· οὕτω καὶ τὸ [2] τοῦ Χριστοῦ σῶμα καθαρὸν ἦν καὶ διαυγές· ἔσωθεν μὲν τῷ Λόγῳ κοσμούμενον, ἔξωθεν δὲ τῷ Πνεύματι φρουρούμενον· ἵνα [3] ἐξ ἀμφοτέρων τὸ περιφανὲς τῶν φύσεων [4] παραδειχθῇ.

Irenæus Martyr, et Lugdunensis Episcopus, in libro de Pascha: in quo mentionem etiam Pentecostes facit, in qua genu non flectimus, quod eodem loco habenda sit quo Dominicus dies, ob eam causam quam de eo diximus.

VIII. Nam sicut arca (*V. Testamenti*) inaurata intus et foris auro puro erat: ita et Christi corpus purum erat ac splendidum; intus quidem Verbo ornatum, foris autem Spiritu communitum: ut ex ambobus naturarum splendor commonstraretur.

VIII. [1] First printed (A.) by Halloix. in his Life of S. Irenæus, p. 507, from Leontius, who cites the passage as being, τοῦ ἁγίου Εἰρηναίου ἐπισκόπου Λουγδούνων, but without naming the treatise from whence it was taken. (B.) Cod. 2951 of the Imperial Collection at Paris, contains the same fragment, with a similar designation, adding however τῆς Γαλλίας κατὰ Βαλεντίνου. The same extract is read in Syriac, *Fr.* xxv., where it is also assigned to S. Irenæus, but without specifying the work from whence it is taken. The probability therefore is considerably strengthened, that we have in this a genuine fragment of the Bishop of Lyons, although the precise treatise in which it occurs may still remain in obscurity. Mass. conjectures from the rubric in the Paris MS. that the Ep. to Florinus π. ὀγδοάδος is indicated. C. Stieren adds, *Idem fragmentum Græcum* J. C. Wolfius *in apparatum ad novum Tomum Anecdotorum Græcorum recepit, qui MS*[tum]. *in Bibliotheca Hamburgensi adservatur, uti me certiorem fecit v. clariss.* Petersen *qui fragmentum, e collectione Wolfiana exscriptum, mecum communicavit.* Wolfius *pro ὥσπερ καὶ, legit ὥσπερ γὰρ*, and this reading is retained as agreeing with the Syr. ܓܝܪ.

[2] Cod. B. ὁ Χριστός.

[3] ἐξ ἀμφοτέρων, the material of which the ark was made, and the gold that overlaid it. Cod. C. τὸ ἐπιφανές.

[4] B. C. ἐπιδειχθῇ.

IX.

Εὖ μὲν λέγοντες ἀεὶ τοὺς ἀξίους, κακῶς δὲ οὐδέποτε τοὺς ἀναξίους, τευξόμεθα καὶ ἡμεῖς τῆς τοῦ Θεοῦ δόξης καὶ βασιλείας.

X.

Ἴδιον καὶ πρεπῶδες ὡς ἀληθῶς τῷ Θεῷ, τὸ ἱλάσκεσθαι, τὸ ἐλεεῖν, τὸ τὰ ἔργα σώζειν ἑαυτοῦ, κᾂν εἰς κίνδυνον διαφθορᾶς καταφέρηται· Παρ᾽ αὐτῷ γάρ, φησιν, ὁ ἱλασμός ἐστιν.

XI.

Τὸ ἔργον τοῦ Χριστιανοῦ οὐδὲν ἄλλο ἐστὶν, ἢ μελετᾷν ἀποθνήσκειν.

IX. Benedicentes quidem semper iis qui digni sunt, indignis autem nunquam maledicentes, *ita demum* nos quoque gloriam et regnum Dei consequemur.

X. Deo proprium revera ac congruens est, propitium se præbere, misereri, et salutem afferre operibus (*creaturis*) suis, etiamsi
Ps. cxxix. 4. ad interitus periculum ferantur. *Apud eum enim*, inquit, *est propitiatio.*

XI. Christiani munus nullum aliud est, quam mortem meditari.

IX. This fragment and the next three are from the *Parallela* of JOH. DAMASC., and were first printed by HALLOIX. *Vit. Iren.;* ix. at p. 501. With the exception of xi. they may be referred to the treatise *de Resurr.* I. clxviii.

X. HALLOIX. *Vit. Iren.* as before.

XI. Hæc iterum edidit HALLOIXIUS in *Vita Irenæi* p. 504 eruta ex MS. Parallelorum Damasceni Cod. Claromontano, ubi citata dicit sub nomine *τοῦ ἁγίου Εἰρηναίου ἐκ τοῦ Δ ἐλέγχου.* At in utroque Parallelorum Damasceni Cod. Claromontano videlicet et Vaticano, cujus apographum quam accurate descriptum, pro sua singulari humanitate mecum communicavit R. P. MICHAEL LEQUIEN, Ordinis Prædicatorum, exaratum distincte legitur: *τοῦ ἁγίου Εἰρηναίου ἐκ τῶν Δλέξεων*, (sic scribitur), id est, *ἐκ τῶν διαλέξεων.*

XII.

[1] Ἡμεῖς οὖν καὶ σώματα ἀνίστασθαι πεπιστεύκαμεν. Εἰ γὰρ καὶ φθείρεται, ἀλλ' οὐκ ἀπόλλυται· τούτων γὰρ τὰ λείψανα γῆ ὑποδεξαμένη τηρεῖ, δίκην σπόρου πιαινομένου καὶ τῷ γῆς λιπαρωτέρῳ συμπλεκομένου. Αὖθις ὥσπερ κόκκος γυμνὸς σπείρεται, καὶ κελεύσματι τοῦ δημιουργήσαντος Θεοῦ θάλλων, ἠμφιεσμένος καὶ ἔνδοξος ἐγείρεται, οὐ πρότερον εἰ μὴ ἀποθανὼν λυθῇ, καὶ γῇ συμμιγῇ· ὥστε τὴν ἀνάστασιν τοῦ σώματος οὐ μάτην πεπιστεύκαμεν· Ἀλλ' εἰ καὶ λύεται πρὸς καιρὸν, διὰ τὴν ἀπ' ἀρχῆς γενομένην παρακοὴν, ὡς εἰς χωνευτήριον τῆς γῆς καθίσταται, πάλιν ἀναπλασθησόμενον, οὐ τοιοῦτον φθειρόμενον, ἀλλὰ καθαρὸν, καὶ μηκέτι φθειρόμενον· ὡς ἑκάστῳ σώματι ἡ ἰδία ψυχὴ ἀποδοθήσεται, καὶ τοῦτο ἐνδυσαμένη οὐκ ἀνιαθήσεται, ἀλλὰ χαρήσεται, καθαρὰ παραμείνασα, [2] νυμφίῳ δικαίῳ συνοδεύσασα, καὶ μὴ

XII. Nos igitur et corpora resurgere credidimus. Etsi enim corrumpuntur, at non pereunt: terra enim eorum exceptas reliquias servat, instar opimi seminis cum opimiore terra commisti. Rursus uti nudum granum seritur, et Dei, qui creavit, jussu germinans, vestitum ac splendidum resurgit: sed haud prius quam mortuum resolutum sit, ac terræ commistum; ita resurrectionem corporis non temere credidimus; verum etsi resolvitur ad tempus, propter illam quæ a principio fuit inobedientiam, in terræ velut conflatorio constituitur, denuo reformandum; non hoc corruptibile sed purum, nec amplius corruptibile: sicut sua unicuique corpori anima restituetur, et illo induta minime lugebit, sed lætabitur pura permanens, sponsum justum et non inimicum comitans, in omnibus habens

Scripsit enim IRENÆUS libellum διαλέξεων διαφόρων, cujus meminere EUSEB. *H. E.* v. 26, et HIERON. *in Catal.*, ex quo desumi potuerunt quæ hic referuntur; non certe e Lib. IV. *Detectionis*, in quo non exstant. MASS.

XII. [1] HALLOIX. *Vit. Iren.* p. 486.

[2] A bearing is observable upon the Valentinian notion, that the soul in its future condition is destined to be the bride of some angelic power. Here union with its *own body* is asserted, which heresy denied. See the note to Fr. ix.

ἐπιβούλῳ· ἐν πᾶσιν ἔχουσα [3]μετὰ πάσης ... ἀπολήψεται, οὐκ ἀλλοιωθέντα, οὐδὲ πάθους ἢ νόσου μεταστάντα, οὐδὲ ἔνδοξα ἀπολήψεται τὰ σώματα, ἀλλ' ὡς ἐν ἁμαρτήμασιν ἢ κατορθώμασιν ἐτελεύτων· καὶ ὁποῖα ἦν, τοιαῦτα ἀναβιώσαντα ἐπενδύσονται, καὶ ὁποῖα ἐν ἀπιστίᾳ γίνωνται, τοιαῦτα πιστῶς κριθήσονται.

XIII.

Χριστιανῶν γὰρ κατηχουμένων δούλους Ἕλληνες συλλαβόντες, εἶτα μαθεῖν τὶ παρὰ τούτων δῆθεν ἀπόρρητον περὶ Χριστιανῶν ἀναγκάζοντες, οἱ δοῦλοι οὗτοι, μὴ ἔχοντες πῶς τὸ τοῖς ἀναγκάζουσι καθ' ἡδονὴν ἐρεῖν, παρόσον ἤκουον τῶν δεσποτῶν, τὴν θείαν μετάληψιν αἷμα καὶ σῶμα εἶναι

quæ sunt ejus, eadem omnino recipiet; non demutata, neque ab affectione aut morbo liberata, neque item gloriosa recipiet corpora; sed uti in peccatis aut recte factis obierint; et qualia fuerint, talia in resurrectione induent: et sicut in infidelitate fuerint sic fideliter judicabuntur.

XIII. Cum enim Græci servos Christianorum in divinis mysteriis edoctorum apprehendissent, deinde vim inferrent, ut videlicet arcanum quippiam ab his de Christianis discerent, servi illi non habentes quomodo vim inferentibus ad placitum loquerentur, præterquam quod a dominis audierant, divinam communionem esse

[3] *ἐν πᾶσιν ἔχουσα τὰ αὐτοῦ μετὰ πάσης ταυτότητος ἀπολήψεται.*

Cf. Syr. Fr.v. Post hæc HALLOIX.: Aliquid deest; et sequentia instar alterius seu diversæ IRENÆI sententiæ protulit. Sed perperam, uti me monuit sæpe laudatus R. P. LEQUIEN, hac de re per litteras certiorem me faciens sequentibus verbis: HALLOIXIUS fragmentum IRENÆI, quod exstat in Parallelis, lit. A. cap. 71, perperam divisit in duo. Nam ab his verbis, *ἡμεῖς οὖν καὶ τὰ σώματα*, usque ad *πιστῶς κριθήσονται*, unicus est contextus: vocis tantummodo cujusdam, quæ excidit, locus vacuus apparet inter *μετὰ πάσης*, et *ἀπολήψεται*. GRABIUS.

XIII. This extract is found in ŒCUMENIUS upon I PET. c. 3, p. 198, and the words used by him indicate, as GRABE has justly observed, that he only condensed a longer passage. The commentator introduces the quotation as follows: *τῷν Εἰρηναίῳ τῷ Λουγδούνου τῆς Κελτικῆς ἐπισκόπῳ περὶ Σάγκτου καὶ Βλανδίνης τῶν μαρτύρων γραφέντων*, and adds, *ὡς δὲ διὰ βραχέων παραθέσθαι, ἔστι ταῦτα*, and *v.* MASS. *Diss.* II. 50.

Χριστοῦ, αὐτοὶ νομίσαντες τῷ ὄντι αἷμα καὶ σάρκα εἶναι, τοῦτο ἐξεῖπον τοῖς ἐκζητοῦσι. Οἱ δὲ λαβόντες ὡς αὐτόχρημα τοῦτο τελεῖσθαι Χριστιανοῖς, καὶ δὴ τοῦτο τοῖς ἄλλοις Ἕλλησιν ἐξεπόμπευον, καὶ τοὺς μάρτυρας Σάγκτον καὶ Βλανδίναν ὁμολογῆσαι διὰ βασάνων ἠνάγκαζον. Οἷς εὐστόχως Βλανδίνα ἐπαῤῥησιάσατο, Πῶς ἄν, εἰποῦσα, τούτων ἀνάσχοιντο οἱ μηδὲ τῶν ἐφειμένων κρεῶν δι' ἄσκησιν ἀπολαύοντες;

XIV.

[1] Πῶς δυνατὸν τὸν φύσει ἄλογον καὶ ἄνουν ὑπὸ Θεοῦ γενόμενον ὄφιν, λογικὸν καὶ λαλητὸν εἰπεῖν; Εἰ μὲν

sanguinem et corpus Christi; existimantes ipsi, quod vere sanguis et caro esset, hoc responderunt inquirentibus. Illi vero id ita accipientes, ac si reipsa hoc perageretur a Christianis, hoc aliis quoque manifestabant Græcis, et Martyres Sanctum et Blandinam id fateri tormentis cogebant. Quibus scite ac libere Blandina respondit, dicens: *Quomodo hæc ferrent, qui ob sacram exercitationem ne concessis quidem carnibus vescuntur?*

XIV. Qui fieri potest, ut serpentem natura mutum et rationis expertem a Deo creatum, et ratione et loquendi facultate

XIV. [1] From the *Contemplationes Anagogicæ* upon the *Hexaëmeron*, ascribed to ANASTASIUS SINAITA, first printed by MASS. from Cod. 2253 of the COLBERT *Coll.* The writer introduces the passage as follows, καὶ εἶπεν ὁ ὄφις τῇ γυναικί· τί ὅτι εἶπεν ὁ Θεὸς, οὐ μὴ φάγητε ἀπὸ παντὸς ξύλου τοῦ ἐν τῷ παραδείσῳ; καὶ εἶπεν ἡ γυνὴ τῷ ὄφει· ἀπὸ παντὸς ξύλου καὶ τ. λ. καὶ ἔσεσθε ὡς θεοὶ γινώσκοντες καλὸν καὶ πονηρόν· ὅτι μὲν πέλαγος ἡμῖν ἐνταῦθα καὶ βυθὸς ἀφανὴς, ὑπὲρ τοὺς ἤδη διαπεραιωθέντας, πρόκειται νοημάτων, οὐχ ἡμῶν τὸ λέγειν· αὐτόθι γὰρ ἡ λέξις ἡ προκειμένη τοῦτο βοᾷ. Ἣν οἱ ἱστορικῶς καὶ μὴ μᾶλλον πνευματικῶς ἐκλαμβάνοντες, ἀλλὰ λεξιτηροῦντες, οὐκ οἶδα ὅπως τὰς ὑπὸ Εἰρηναίου πρὸς αὐτοὺς προτάσεις ἐπιλύονται. Φάσκει γὰρ κατὰ τῆς τῶν μιαρῶν Ὀφιτῶν αἱρεσιαρχίας ὁπλιζόμενος. It must be confessed that there is very little in the fragment to remind the reader of IRENÆUS, who treats the plain statements of Scripture with a tenderer touch, even where the letter, in his opinion, veils an allegory. Neither does it appear, from anything that we meet with in IRENÆUS or HIPPOLYTUS, that the Ophites exhibited any exact converse to the *rationalising* notions here advanced (cf. I. pp. 234, 235); in fact there is reason for supposing that the name was derived rather from philosophical than from theological opinion; the serpent meaning in this system the protarchal element of water, and not the Tempter. See *Prelim. Obs.* p. lxxix. It may be added,

αὐτουργικῶς ἑαυτῷ τὸν λόγον καὶ τὴν διάκρισιν καὶ τὴν σύνεσιν καὶ ἀπόκρισιν τῶν ὑπὸ τῆς γυναικὸς λεγομένων [2]*ἐχρήσατο, ἄρα οὖν καὶ πᾶς ὄφις τοῦτο ποιεῖν οὐ κεκώλυτο. Εἰ δὲ πάλιν φήσουσι κατὰ θείαν βουλὴν καὶ οἰκονομίαν ἀνθρωπίνῃ φωνῇ τῇ Εὔᾳ τοῦτον προσφθέγγεσθαι, τὸν Θεὸν ἱστῶσι τῆς ἁμαρτίας αἴτιον. Ἀλλ' οὐδὲ τῷ πονηρῷ δαίμονι ἐξὸν ἐκ τοῦ μὴ ὄντος εἰς τὸ εἶναι ἀλόγῳ φύσει λόγον χαρίσασθαι· ἐπεὶ οὐκ ἂν ἐπαύσατό ποτε πρὸς ἀπάτην δι' ὄφεων καὶ θηρίων καὶ πετεινῶν τοῖς ἀνθρώποις διαλεγόμενος καὶ πλανῶν. Πόθεν δὲ καὶ θηρίον ὤν, ἤκουσε τῆς ἐντολῆς τῆς ὑπὸ Θεοῦ τῷ ἀνθρώπῳ, καὶ μόνῳ, μυστικῶς δοθείσης, μηδ' αὐτῆς τῆς γυναικὸς τοῦτο μαθούσης; Διὰ τί μὴ μᾶλλον τῷ ἀνθρώπῳ, καὶ οὐ τῇ γυναικὶ προσέβαλε;* [3]*Κἂν μὴ εἴπῃς, ὡς ἀσθενεστέρας ταύτης κατέδραμε· τοὐναντίον ἀνδρειοτέρα, ὡς βοηθὸς τοῦ ἀνθρώπου ἐφάνη ἐν τῇ παραβάσει τῆς ἐντολῆς. Αὕτη γὰρ καὶ ἀνταίρει μόνη τῷ ὄφει, καὶ μετά τινος στάσεως καὶ φιλονεικίας καταπανουργηθεῖσα, τοῦ ξύλου ἔφαγεν·*

præditum dicamus? Si quidem a se ipso vim habuit loquendi, discernendi, intelligendi et respondendi iis quæ a muliere dicebantur: nihil ergo prohibuisset, quominus serpens quilibet hoc ipsum ageret. Si autem responderint, Dei voluntate et dispensatione hunc humana voce Evam fuisse allocutum: jam Deum constituunt auctorem peccati. Sed neque possibile erat malo dæmoni, ei loquelam impertiri, qui natura mutus erat, ut id esset quod antea non erat: alioqui non desiisset, ut homines in errorem induceret, opera serpentum et ferarum et volucrum cum iis habere sermonem, eosque circumscribere. Unde vero qui fera erat, audivit præceptum homini, eique soli secreto datum, ne ipsa quidem conscia muliere? Cur non hominem potius aggressus est, quam mulierem? Si dixeris mihi, hanc tanquam imbecilliorem oppugnatam: quin immo fortior, utpote auxiliatrix hominis, apparuit in transgressione præcepti. Hæc enim sola restitit serpenti; et ubi aliquamdiu restitisset, contendissetque, dolo circumventa e ligni

that the reader will look in vain for any counterpart to this fragment in the observations of HIPPOLYTUS upon the Ophite or Naassene sect of Gnosticism.

[2] *ἐχρήσατο, fortasse ἐχαρίσατο.* MASS. *ἐχωρήσατο* is preferable.

[3] *lege, κἂν μοι.* MASS. *κἂν δὴ* would be less harsh. Cf. p. 381.

ὁ δὲ Ἀδὰμ οὐδὲν ὅλως μαχεσάμενος, ἢ ἀντιλέξας, τοῦ καρποῦ μετειλήφει δοθέντος παρὰ τῆς γυναικός· ὅπερ ἀσθενείας παντελοῦς καὶ νοὸς ἀνάνδρου ἐστὶν ἀπόδειξις. Ἡ μὲν γὰρ γυνὴ ὑπὸ δαίμονος καταπαλαισθεῖσα, συγγνωστὴ ὑπάρχει· ὁ δὲ Ἀδὰμ, ὡς ὑπὸ γυναικὸς ἡττηθεὶς ἀσύγγνωστος ἔσται, ὡς αὐτοπροσώπως τὴν ἐντολὴν αὐτὸς ὑπὸ Θεοῦ κομισάμενος· ἡ μὲν γὰρ γυνὴ, καὶ παρ' αὐτοῦ Ἀδὰμ τῆς ἐντολῆς ἀκούσασα, εὐκαταφρονήτως διέκειτο, ἢ ὡς μὴ ἀξιωθεῖσα τὸν Θεὸν καὶ ταύτῃ λαλῆσαι, ἢ καὶ ὡς διστάζουσα, ἴσως καὶ νομίζουσα οἴκοθεν τὸν [l. τοῦ] Ἀδὰμ τὴν ἐντολὴν αὐτῇ δοθῆναι. Πρὸς ἑαυτὴν ἰδιάζουσαν εὗρεν ὁ ὄφις, ἵνα δυνηθῇ κατ' ἰδίαν αὐτῇ προσομιλῆσαι. Ἐσθίουσαν δὲ αὐτὴν ἐκ τῶν ξύλων ἰδὼν, προσέβαλλε τὴν βρῶσιν τοῦ ξύλου, ἢ μὴ ἐσθίουσαν. Καὶ εἰ μὲν ἐσθίουσαν, πρόδηλον, ὅτι καὶ ἐν φθαρτῷ σώματι οὖσαν. Πᾶν γὰρ τὸ εἰς τὸ στόμα εἰσερχόμενον, εἰς ἀφεδρῶνα χωρεῖ. Εἰ οὖν φθαρτὴ, πρόδηλον ὅτι καὶ θνητή. Εἰ δὲ θνητὴ, οὐκέτι κατάρα, οὐδὲ ἀπόφασις ἦν ἐκείνη, ἡ φάσκουσα πρὸς τὸν ἄνθρωπον φωνὴ Θεοῦ, ὅτι γῆ εἶ, καὶ εἰς γῆν ἀπελεύσῃ, καθὰ ἔχει ἡ τῶν πραγμάτων ἀλήθεια. Εἰ δὲ πάλιν οὐκ ἐσθίουσαν ὁ ὄφις τὴν γυναῖκα ἐθεάσατο, πῶς εἰς βρῶσιν μετήγαγε τὴν

fructu comedit: Adam vero nullo prorsus inito certamine, haud repugnanter porrectum a muliere fructum accepit; quod summæ imbecillitatis et animi imbellis argumentum est. Et certe mulier a dæmone prostrata, venia digna fuit; nulla vero dignus Adam, ut qui a muliere superatus sit. Ipsemet enim præceptum a Deo acceperat: mulier autem mandatum audiens ab Adamo, contemsit, vel quod indignum habuisset, quod in ipso loqueretur Deus; vel quod dubitaret, immo forte existimaret proprio Adami motu præceptum sibi imponi. Quumque sola seorsum ageret, hanc serpens invenit, ita ut posset privatim cum ea confabulari. Porro vel e lignorum fructibus comedentem videns, ligni (*vetiti*) fructum objecit, vel non comedentem. Et si quidem comedentem, haud dubium quin etiam corruptioni obnoxii corporis participem: *Omne* Matt. xv. 17.
enim quod in os ingreditur, in secessum abit. Si ergo corruptioni obnoxia, manifestum quia et morti. Si vero morti obnoxia, jam non exsecratio, nec sententia erat vox illa Dei, qua dixit homini:
Terra es, et in terram reverteris; ut se habet veritas rerum. Quod Gen. iii. 19.

οὐδέποτε φαγοῦσαν; Τίς δὲ ὁ μηνύσας καὶ τούτῳ τῷ φονευτῇ παλαμναίῳ ὄφει, ὡς οὐκ εἰς πέρας ἔλθῃ ἡ πρὸς αὐτοὺς ἐκ Θεοῦ περὶ θανάτου ἀπόφασις, εἰπόντος, ᾗ δ᾽ ἂν ἡμέρᾳ φάγητε, θανάτῳ ἀποθανεῖσθε. Καὶ οὐ μόνον, ἀλλ᾽ ὅτι σὺν τῇ [4]*ἀθρηξίᾳ καὶ τούτων διανοιχθήσονται οἱ ὀφθαλμοὶ, οἱ τὸ πρὶν ἀβλεποῦντες; Τῇ δὲ λεγομένῃ διανοίξει τὴν εἴσοδον τῷ θανάτῳ ποιήσαντες.*

XV.

[1]*Ταῦτα πάλαι διὰ παραβολῶν λαλῶν ὁ Βαλαὰμ οὐκ ἐγινώσκετο· καὶ νῦν ὁ Χριστὸς παρὼν, καὶ ταῦτα πληρῶν, οὐκ ἐπιστεύετο· ὅθεν προβλέπων καὶ θαυμάζων λέγει· ὦ, ὦ, τίς ζήσεται, ὅταν θῇ ταῦτα* [2]*Θεός;*

si rursus non comedentem mulierem vidit serpens, quomodo ad comedendum induxit, quæ nunquam comederat? Quis autem indicavit huic homicidæ scelerato serpenti, exitum non habituram
Gen. ii. 17. eam, quam in eos tulerat, mortis sententiam Deus, dicens: *Qua die manducaveritis, morte moriemini?* Nec id duntaxat, sed etiam quod immortales facti, eorum aperiendi essent oculi, qui prius non videbant? Dicta vero oculorum apertione aditum morti fecerunt.

XV. Hæc olim per parabolas loquens Balaam non agnoscebatur: et nunc Christus præsens et ea implens fidem non obtinuit.
Num. xxiv. 23. Unde prævidens et admirans dicit: *Heu, heu, quis vivet, quando posuerit ista Deus?*

[4] *ἀθρηξίᾳ, barbara vox, quam sola peperisse videtur scribarum imperitia. Legendum ἀθανασίᾳ. Quidpiam simile legisse videtur in suo Codice is qui hos Anastasii libros in Latinum sermonem transtulit; vertit enim* cum eo quod morte carebunt. MASS. But *ἀπληξίᾳ impunitate* may have been the word originally written. It was not the fruit of the tree of *life*, but of *knowledge*, that was eaten; *ἀθανασίᾳ* therefore is unsuitable; but death was not the immediate consequence of disobedience, and *ἀπληξίᾳ* would be a legitimate coinage to express the idea of the writer.

XV. [1] This and the next eight fragments are printed by SISMONDI and by COMBEFIS, also by HALLOIX. *Vit. Iren.* 506; they occur in the three MSS. in the Imperial Collection at Paris, A. 1825, B. 1872, C. 1888, on the Pentateuch, Josh. Judges and Ruth. The present fragment is in A. fol. 429, also in the more modern paper Codex, C. fol. 378. The first four passages XV.—XVIII. are found, as STIEREN observes, in a Catena, p. 1348, upon the Octateuch and the Books of Kings, printed at Leipsic 1771, entitled, *Σειρὰ ἑνὸς καὶ πεντήκοντα ὑπομνηματιστῶν εἰς τὸν ὀκτάτευχον καὶ τὰ τῶν βασιλείων.* They may be referred to the *διαλέξεις διαφ.* Cf. XI.

XVI.

[1] Ἄνωθεν τὸν νόμον τῇ μετὰ τοὺς ᾐρημένους ἐν τῇ ἐρήμῳ γενεᾷ ἐπεξηγούμενος, ἐκδιδάσκει τὸ Δευτερονόμιον· οὐχ ὡς ἕτερον νόμον διδοὺς, παρὰ τὸν πάλαι τοῖς πατράσιν αὐτῶν ὡρισμένον· ἀλλ' αὐτὸν τοῦτον ἀνακεφαλαιούμενος· ἵνα ἀκούσαντες τὰ συμβάντα τοῖς πατράσιν αὐτῶν, ἐξ ὅλης [2] τῆς καρδίας φοβηθῶσι [2] τὸν Θεόν.

XVII.

[1] Ἐξ ὧν ὁ Χριστὸς προετυπώθη, καὶ ἐπεγνώσθη, καὶ ἐγεννήθη· ἐν μὲν [2] γὰρ τῷ Ἰωσὴφ προετυπώθη· ἐκ δὲ τοῦ Λευὶ καὶ τοῦ Ἰούδα τὸ κατὰ σάρκα, ὡς βασιλεὺς καὶ ἱερεὺς, ἐγεννήθη· διὰ δὲ τοῦ Συμεὼν ἐν τῷ ναῷ ἐπεγνώσθη· διὰ τοῦ Ζαβουλὼν ἐν τοῖς ἔθνεσιν ἐπιστεύθη, [3] (ὥς φησιν ὁ προφήτης· γῆ Ζαβουλών·) διὰ δὲ τοῦ Βενιαμὶν, [3] (τοῦ Παύλου), εἰς πάντα τὸν κόσμον κηρυχθεὶς ἐδοξάσθη.

XVI. Legem denuo exponens generationi illi, quæ cæsos in eremo consecuta est, Deuteronomium edit *Moyses;* non quasi legem alteram, præter eam quæ olim ipsorum patribus constituta erat, afferens, sed illam ipsam recapitulans; ut ipsi, auditis quæ suis patribus contigerunt, ex toto corde timeant Dominum.

XVII. A quibus Christus præfiguratus est et agnitus, et genitus: in Joseph quidem præfiguratus est; e Levi autem et Juda secundum carnem, ut Rex et Sacerdos, genitus est: a Symeone autem in templo est agnitus: per Zabulon porro in gentibus fides in eum habita est, sicuti Propheta dicit: *Terra Zabulon:* per Benjamin (*i.e.*) Paulum denique prædicatus toto orbe glorificatus est. Esai. ix. 1.

[a] Σειρὰ has ὁ Θεὸς ταῦτα.

XVI. [1] Cod. A. fol. 451, B. fol. 246, C. fol. 409. Also in the Σειρὰ, p. 1422, which latter has ἀνῃρημένους, and the article τῆς is added by STIEREN from the same source.

[2] Codd. A. B., but C. has τὸν Κύριον. Σειρὰ also, τὸν Θεόν. ST.

XVII. [1] Cod. A. fol. 502, B. fol. 304, C. fol. 451. STIEREN adds Σειρὰ, p. 1587, where it is designated as Εἰρηναίου ἐπισκόπου Λουγδούνων.

[2] STIEREN adds γὰρ from the printed *Catena*.

[3] The brackets read like glosses from the margin.

XVIII.

[1] Καὶ τοῦτο οὐκ ἀργῶς, ἀλλ' ἵνα διὰ τοῦ ἀριθμοῦ τῶν [2] δέκα ἄνδρων, Ἰησοῦν μεθ' ἑαυτοῦ ἔχων φάνῃ βοηθὸν, [3] οἷα καὶ ἀπὸ συμφώνου αὐτοῖς γεγονότος. Καὶ μὴ βουληθέντος ἐπικοινωνῆσαι οἷς ἔπραττον εἰδωλολατροῦντες, ἐπ' αὐτὸν τὴν αἰτίαν ἀναφέρουσιν· ὅτι Ἱεροβάαλ δικαστήριον τοῦ Βάαλ λέγεται.

XIX.

[1] Λαβὲ πρὸς σεαυτὸν τὸν Ἰησοῦν υἱὸν Ναυῆ. Ἔδει γὰρ ἐξ Αἰγύπτου Μωϋσῆν τὸν λαὸν ἐξαγαγεῖν, τὸν δὲ Ἰησοῦν εἰς τὴν κληροδοσίαν εἰσαγαγεῖν· καὶ τὸν μὲν Μωϋσῆν ὡς νόμον ἀνάπαυλαν λαμβάνειν, Ἰησοῦν δὲ ὡς λόγον, καὶ τοῦ ἐνυποστάτου Λόγου τύπον ἀψευδῆ, τῷ λαῷ δημηγορεῖν· καὶ τὸν μὲν Μωϋσῆν τὸ μάννα τοῖς πατράσι τροφὴν διδόναι, τὸν

Jud. vi. 27. XVIII. Atque hoc non frustra; sed ut ex numero decem virorum pateret, quod Jesum secum habeat adjutorem, utpote ex pacto cum ipsis inito. Et non volente eo commune quid habere eorum, quæ agebant idolis immolantes, in ipsum culpam transferunt: Hierobaal enim tribunal Baali dicitur.

Num. xxvii. 18. XIX. *Sume ad te Jesum filium Nave.* Decebat enim ut Moyses populum ex Ægypto educeret; Jesus vero in hæreditatem introduceret: ac Moyses quidem, haud secus ac Lex, inducias haberet atque cessaret; Jesus vero, ut Verbum, veraque Verbi subsistentis figura, populi concionator esset: ac Moyses quidem

XVIII. [1] Cod. A. fol. 577, B. fol. 385, C. fol. 516.

[2] Quæ relatio sit inter decem commilitones Gideonis et Christum, non video, nisi orta sit allegoria Irenæi ex prima nominis Jesu littera, apud Græcos numerum decennalem indicante: ita quoque apud Justinum M. e numero 318 servorum Abrahami elementa vocis σταυρὸς eliciuntur. MUENTER. Compare also the Marcosian Cabbalistic trifling, I. 146, and the Valent. symbol, I. 26.

[3] From this point STIEREN carries on the quotation from MUENTER's *Fragm. Patr. Gr.*, whose words he quotes, *Sunt hæc ex commentario in Jud.* vi. 27. *verba enim sunt de Gideone, cum decem servis templum Baali dirimente.*

XIX. [1] A. fol. 435, C. fol. 382, Σειρά, p. 1364.

δὲ Ἰησοῦν [2]τὸν σῖτον, [3]ἄρτι τὴν ἀπαρχὴν τῆς ζωῆς, τύπον τοῦ σώματος τοῦ Χριστοῦ, καθά φησι καὶ ἡ γραφὴ, ὅτι τότε ἐπαύσατο τὸ μάννα Κυρίου, μετὰ τὸ φαγεῖν τὸν [4]σῖτον λαὸν ἀπὸ τῆς γῆς.

XX.

[1]Οὐ πορεύσῃ μετ' αὐτῶν, οὐδὲ καταράσῃ τὸν λαόν. Οὐ περὶ τοῦ λαοῦ αἰνίττεται, πάντες γὰρ κατεστρώθησαν· ἀλλὰ διὰ τὸ προδηλούμενον τοῦ Χριστοῦ μυστήριον. Ἐπειδὴ γὰρ ἔμελλεν ἐκ τῶν πατέρων κατὰ σάρκα γεννᾶσθαι, προδιδάσκει τὸ πνεῦμα τὸν ἄνδρα, μήποτε κατὰ ἄγνοιαν πορευθεὶς καταράσηται τὸν λαόν. [2]Οὐχ ὡς ἀρὰν ἰσχύουσαν παρὰ τὴν τοῦ Θεοῦ βούλησιν, ἀλλ' εἰς ἔνδειξιν τῆς τοῦ Θεοῦ προνοίας, ἧς εἶχε διὰ τοὺς προπάτορας εἰς αὐτούς.

manna patribus cibum daret; Jesus autem frumentum, vitæ tamquam primitias, figuram Christi corporis, uti etiam ait Scriptura, tunc cessasse manna Domini, ubi populus de terræ frugibus ac frumento comedisset.

XX. *Non ibis cum eis, neque maledices populo.* Non de populo insinuatur; nam omnes prostrati sunt; sed propter præsignatum Christi mysterium. Quia enim Christus ex patribus secundum carnem nasciturus erat, Spiritus præmonet virum, ne quando per ignorantiam vadens, diris devoveat populum. Non perinde ac valeat maledictio contra voluntatem Dei, sed in demonstrationem providentiæ Dei, qua propter generis auctores eos curavit. Num. xxii. 12.

[2] A. τὸν νέον, (*scriptum videtur*, MASS.) C. is illegible, and the reading τὸν σῖτον appears to be conjectural. Σειρὰ in text τὸν σῖτον with the *var. lect.* τὸν νέον. Perhaps both words are admissible, e.g. τὸν νέον σῖτον, allusion being made to the *wave-sheaf* of the new corn offered in the temple on the morning of Christ's Resurrection. See II. 197, 3.

[3] ἄρτι added by MASS. from Cod. A. and confirmed by the Σειρά. f. l. ἄτε.

[4] Codd. A. C. as in text; but COMBEFIS, τὸν λαὸν ἀπὸ τοῦ σίτου τῆς γῆς. STIEREN adds the reading of the printed *Catena*, σῖτον τὸν λαὸν ἀπὸ τῆς γῆς.

XX. [1] Cod. A. fol. 421, B. fol. 212, C. fol. 388, Σειρ. I. 1322.

[2] MUENTER, *Fragm. Patr. Gr.* p. 50, first published the concluding member, but in an inadmissible form. He read in his copy οὐχ ὡς ὁρᾷς ἰχνούσης, making no sense, and he corrected it to οὐκ εἰς ἀρὰν ἰχνοῦσην, which is no improvement in any point of view. STIEREN is not more happy in proposing λαὸν, οὐχ ὡς ὁρᾷς ἰχνεῦσαν τὸ μέλλον παρὰ τὴν κ.τ.λ. interpreted by him as, *non investigans*

XXI.

[1]Καὶ οὗτος ἐπεβεβήκει ἐπὶ τῆς ὄνου αὐτοῦ. Ἡ μὲν ὄνος τύπον [2]εἶχε σώματος Χριστοῦ· ἐφ' ὃν πάντες οἱ ἄνθρωποι [3]ἐκ καμάτων ἀναπαυόμενοι, ὡς ὑπὸ ὀχήματος βαστάζονται. Τὸ γὰρ φορτίον τῶν ἡμετέρων ἁμαρτημάτων [4]ὁ Σωτὴρ ἀνεδέξατο. Ὁ δὲ ἄγγελος ὀφθεὶς τῷ Βαλαὰμ, αὐτὸς ὁ Λόγος ἦν· εἶχε δὲ ἐν τῇ χειρὶ μάχαιραν, δηλονότι, [5]ἣν εἶχεν ἄνωθεν ἐξουσίαν.

XXII.

Οὐχ ὡς ἄνθρωπος ὁ Θεός. Δείκνυσιν, ὡς πάντες μὲν ἄνθρωποι ψεύδονται μεταφερόμενοι· ὁ δὲ Θεὸς οὐχ οὕτως· ἀεὶ γὰρ μένει ἀληθὴς, ἐπιτελῶν ὅσα βούλεται.

Num. xxii. 22, 23. XXI. *Et hic sedit super asinam suam.* Asina figura erat corporis Christi; in quo, omnes homines a laboribus quiescentes, velut curru gestantur. Nam Salvator in se onus recepit nostrorum peccatorum. Quem autem Balaam vidit Angelum, ipsum Verbum erat; manuque gladium tenebat, quam nimirum cœlitus potestatem habebat.

Num. xxiii. 19. XXII. *Non est Deus ut homo.* Ostendit omne hominum genus mendax, qui ex alio in aliud ferantur; non sic autem Deum: semper enim verus manet, omnia implens quæcunque velit.

res futuras præter voluntatem Dei, which is too intelligible to represent the Greek. There is no resource therefore but to propose some other emendation of a manifestly corrupt passage, which has accordingly been attempted in the text. STIEREN retains MUENTER'S translation, *Non in imprecationem investigantem futurum.*

XXI. [1] Cod. A. fol. 425, B. fol. 217, C. fol. 371, Σειρὰ, I. 1324.

[2] Σειρ. περιεῖχε.

[3] ἐκ καμάτων, so the printed *Cat.*: the necessity for this reading is manifest; καυμάτων therefore is discharged from the text, as in STIEREN'S edition.

[4] ἐν τῷ ἰδίῳ σώματι, inserted by STIEREN from Σειρ.

[5] Σειρ. has, ἣν δὲ εἶχεν ἐν τῇ χειρὶ μάχαιραν, ἣν εἶχεν ἄνωθεν ἐξουσίαν.

XXII. Cod. A. fol. 425, B. fol. 391, C. fol. 217, Σειρ. I. p. 1335.

XXIII.

[1]Ἀποδοῦναι ἐκδίκησιν παρὰ Κυρίου τῇ Μαδιάμ. Ὁ γὰρ μηκέτι ἐν πνεύματι Θεοῦ λαλῶν, ἀλλὰ κατέναντι [2]νόμου Θεοῦ, ἕτερον πορνείας νόμον ἱστάνων, οὗτος οὐκέτι ὡς προφήτης, ἀλλ' ὡς μάντις λογισθήσεται· μὴ ἐμμείνας γὰρ τῇ τοῦ Θεοῦ ἐντολῇ, ἄξιον τῆς αὐτοῦ κακομηχανίας ἀντελάβετο μισθόν.

XXIV.

Ἴσθι ὅτι πᾶς ἄνθρωπος ἢ κενός ἐστιν, ἢ πλήρης· εἰ μὲν γὰρ οὐκ ἔχει ἅγιον Πνεῦμα, οὐκ ἔχει γνῶσιν τοῦ κτίσαντος, οὐ παρεδέξατο τὴν ζωὴν Ἰησοῦν τὸν Χριστὸν, οὐκ οἶδε τὸν Πατέρα τὸν ἐν τοῖς οὐρανοῖς· εἰ οὐ βιοῖ κατὰ τὸν λόγον, κατὰ νόμον τὸν οὐράνιον, οὐ σωφρονεῖ, οὐ δικαιοπραγεῖ· ὁ τοιοῦτος κενός ἐστιν· εἰ δὲ κεχώρηκε τὸν εἰπόντα Θεὸν, ἐνοικήσω ἐν αὐτοῖς καὶ ἐμπεριπατήσω, καὶ ἔσομαι αὐτοῖς Θεὸς, οὗτος οὐκ ἔστι κενὸς, ἀλλὰ πλήρης.

XXIII. *Reddere ultionem a Domino Madian.* Qui enim Num. xxxi. 3.
non in Dei Spiritu loquitur, sed contra legem Dei, aliam scortationis legem instituens, hic non jam ut propheta, sed ut hariolus reputabitur. Qui enim in Dei mandato non perseveravit, dignam pravi consilii sui mercedem recepit.

XXIV. Scito omnem hominem aut vacuum aut plenum esse. Nam si Spiritum sanctum non habet, non habet Creatoris notitiam, non recepit Jesum Christum vitam, nescit Patrem qui in cœlis est; si ex ratione non vivit, ex legis cœlestis norma, non temperans est, justitiam non colit: talis vacuus est. Sin autem Deum capit, qui ait, *Inhabitabo in eis et inambulabo, et ero illis Deus;* hic non vacuus est, sed plenus.

XXIII. [1]Cod. A. fol. 440, B. fol. 395. [2]νόμου Cod. A. νόμων Cod. B:

XXIV. It does not appear from whence COMBEFIS obtained this fragment. It may be referred to the treatise π. ἐπιστήμης. Int. p. clxvi.

XXV.

[1]Τὸ μὲν οὖν παιδάριον τὸ χειραγωγοῦν τὸν Σαμψὼν προτυπωθήσεται εἰς Ἰωάννην τὸν Βαπτιστὴν, ἐπιδεικνύντα τῷ λαῷ τὴν εἰς Χριστὸν πίστιν. Ὁ δὲ οἶκος, [2]εἰς ὃν ἦσαν συνηγμένοι, σημαίνεται εἶναι ὁ κόσμος, ἐν ᾧ κατῴκει τὰ ἀλλόφυλα ἔθνη καὶ ἄπιστα, θυσιάζοντα τοῖς εἰδώλοις αὐτῶν· οἱ δὲ δύο στῦλοι, αἱ δύο διαθῆκαι. Τὸ οὖν ἐπαναπαυθῆναι τὸν Σαμψὼν ἐπὶ τοὺς στύλους, [3]τὸ τὸν διδαχθέντα λαὸν ἐπιγνῶναι τὸ τοῦ Χριστοῦ μυστήριον.

XXVI.

[1]Καὶ εἶπεν ὁ ἄνθρωπος τοῦ Θεοῦ· Ποῦ ἔπεσε; καὶ ἔδειξεν αὐτῷ τὸν τύπον· καὶ ἀπέκνισε ξύλον, καὶ ἔρριψεν ἐκεῖ, καὶ ἐπεπόλασε τὸ σιδήριον. Ὅπερ ἦν σημεῖον ἀναγωγῆς ψυχῶν διὰ ξύλου, ἐφ' οὗ πέπονθεν ὁ ψυχὰς ἀνάγειν δυνάμενος, ἀκολουθούσας ἀνόδῳ τῇ ἑαυτοῦ. Οὗ καὶ ἐκεῖνο γνώρισμα, τὸ ἀναβῆναι ψυχὰς πολλὰς καὶ ἐν τοῖς σώμασιν ὀφθῆναι, ἅμα

Jud. xvi. 26. XXV. Puer itaque, qui manu regebat Samsonem, præsignificabit Johannem Baptistam, qui populo fidem in Christum ostendit. Domus autem, in quam convenerant, mundum significat, in quo habitabant alienigenæ et infideles gentes, quæ idolis suis sacrificabant: duæ vero columnæ, duo testamenta sunt. Quod ergo Samson columnis adniteretur, argumentum est populum edoctum agnovisse Christi mysterium.

2 Reg. vi. 6. XXVI. *Dixit autem homo Dei, Ubi cecidit? At ille monstravit ei locum. Præcidit ergo lignum, et misit illuc, natavitque ferrum.* Quod signum erat, animas in sublime latum iri per lignum, super quod passus est is, qui sursum ferre potest animas ascensum ejus sequentes. Cujus etiam rei argumentum fuit, quod

XXV. [1] From Cod. C. fol. 528, and Σειρ. II. 230, from which latter source STIEREN adds the article τό.

[2] Σειρ. has ἐν ᾧ.

[3] τὸ added by STIEREN from Σειρ.

XXVI. From Cod. 2443, fol. 149, of the Paris Collection. Also Σειρ. II. 851. Compare V. xvii. 4, p. 371.

τῇ καθόδῳ τῆς ἁγίας ψυχῆς Χριστοῦ. Ὡς γὰρ τὸ κουφότατον ξύλον ὑποβρύχιον γέγονεν, ὁ δὲ βαρύτατος ἐπεπόλασε σίδηρος· οὕτω τοῦ Θεοῦ λόγου ἑνώσει, τῇ καθ' ὑπόστασιν φυσικῇ, ἑνωθέντος τῇ σαρκὶ, τὸ βαρὺ καὶ γεῶδες ὑπὸ τῆς θείας φύσεως εἰς οὐρανοὺς ἀνελήφθη μετὰ τὴν ἀνάστασιν ἀφθαρτισθέν.

XXVII.

Τὸ κατὰ Ματθαῖον Εὐαγγέλιον πρὸς Ἰουδαίους ἐγράφη· οὗτοι γὰρ ἐπεθύμουν πάνυ σφόδρα ἐκ σπέρματος Δαβὶδ Χριστόν. Ὁ δὲ Ματθαῖος, καὶ ἔτι μᾶλλον σφοδροτέραν ἔχων τὴν τοιαύτην ἐπιθυμίαν, παντοίως ἔσπευδε πληροφορίαν παρέχειν αὐτοῖς, ὡς εἴη ἐκ σπέρματος Δαβὶδ ὁ Χριστός· διὸ καὶ ἀπὸ τῆς γενέσεως αὐτοῦ ἤρξατο.

XXVIII.

Ἡ ἀξίνη πρὸς τὴν ῥίζαν, φησί· διεγείρων πρὸς ἐπίγνωσιν

regrediente sancta Christi anima, animæ plures simul ascenderint et in corporibus visæ sint. Quemadmodum enim lignum, quod levius est, demersum est; ferrum vero, quod gravius est, supernatavit: sic ea unitione hypostatica atque physica, qua Verbum Dei carni conjunctum est; quod grave et terrenum erat, a divina natura in cœlos assumtum, immortalitatem post resurrectionem consecutum est.

XXVII. Evangelium secundum Matthæum ad Judæos scriptum est. Hi enim majorem in modum cupiebant ex semine David Christum ostendi. Matthæus vero qui eadem, nec remissiori quam ipsi, cupiditate teneretur, omni ratione contendit plenam ipsis fidem facere, quod Christus sit e semine Davidis: propterea a Christi genealogia initium duxit.

XXVIII. *Securis ad radicem*, ait; excitans ad cognitionem Matt. iii. 10.

XXVII. Edited by P. Possin. in a *Catena Patrum* on S. Matthew i. iii. pp. 3, 39. Cf. pp. 48, 49, of this volume.

XXVIII. From the same source. Compare v. xvii. 4, p. 371.

τῆς ἀληθείας, καὶ τῷ φόβῳ καθαίρων, καὶ παρασκευάζων καρπὸν ὥριμον φέρειν.

XXIX.

Ἴδε κόκκος σινάπεως διὰ παραβολῆς δεικνύμενος, καὶ λόγον ἐνουράνιον, σπέρματος δίκην ἐν κόσμῳ, ὡς ἐν ἀγρῷ, σπειρόμενον, ἔχοντος ἐν ἑαυτῷ τὸ πυῤῥακὲς καὶ αὐστηρὸν τῆς δυνάμεως. Κριτὴς γὰρ τοῦ παντὸς κόσμου ἐκηρύσσετο· οὗτος ἐν τῇ καρδίᾳ τῆς γῆς, ἐν χώματι κρυβεὶς, καὶ τριημέρῳ μέγιστον δένδρον γεννηθεὶς, ἐξέτεινε τοὺς ἑαυτοῦ κλάδους εἰς τὰ πέρατα τῆς γῆς. Ἐκ τούτου προκύψαντες οἱ δώδεκα Ἀπόστολοι, κλάδοι ὡραῖοι καὶ εὐθαλεῖς γενηθέντες, σκέπη ἐγενήθησαν τοῖς ἔθνεσιν, ὡς πετεινοῖς οὐρανοῦ, ὑφ᾽ ὧν κλάδων σκεπασθέντες οἱ πάντες, ὡς ὄρνεα ὑπὸ καλιὰν συνελθόντα, μετέλαβον τῆς ἐξ αὐτῶν προερχομένης ἐδωδίμου καὶ ἐπουρανίου τροφῆς.

veritatis, et metu incusso purgans, paransque ad ferendum fructum tempestivum.

Luc. xiii. 19. **XXIX. Vide autem per granum sinapeos in parabola significari et cœlestem doctrinam, in hoc mundo, tanquam in agro, instar seminis satam, vim igneam atque austeram in se habentis. Totius enim mundi judex annuntiatur: qui in corde terræ in tumulo occultatus tridui spatio, in maximam arborem excrevit, ramos suos ad extremos terræ fines protendens. Ex illo propullulantes duodecim Apostoli, rami floridi atque uberes facti, gentibus, non secus ac volucribus cœli, tegmen præbuere: quibus ramis omnes obumbrati, tanquam volucres in nidum congregati, ejus, quæ ab illis promanabat, lautæ ac cœlestis alimoniæ participes sunt facti.**

XXIX. First edited in Latin by CORDER, afterwards in Greek by GRABE from Cod. 1879, fol. 139, Paris Coll., and also by Dr CRAMER in his *Catena* on S. Luke.

XXX.

Νῦν δὲ ὥσπερ διὰ τῆς παρακοῆς τοῦ ἑνὸς ἀνθρώπου, τοῦ πρώτως ἐκ γῆς ἀνεργάστου πεπλασμένου, ἁμαρτωλοὶ κατέστησαν οἱ πολλοὶ, καὶ ἀπέβαλον τὴν ζωήν: οὕτως ἔδει καὶ δι' ὑπακοῆς ἑνὸς ἀνθρώπου, τοῦ πρώτως ἐκ παρθένου γεγεννημένου, δικαιωθῆναι πολλοὺς, καὶ ἀπολαβεῖν τὴν σωτηρίαν.

XXXI.

Ἰωσηπός φησιν, ὅτι ἡνίκα ἐν βασιλείοις ἐτρέφετο Μωϋσῆς, στρατηγὸς χειροτονηθεὶς κατὰ τῶν Αἰθιόπων, καὶ νικήσας, ἠγάγετο τὴν τοῦ βασιλέως ἐκείνου θυγατέρα· ἐπείπερ πόθῳ τῷ πρὸς αὐτὸν προδίδωσιν αὐτῷ τὴν πόλιν.

Τί δήποτε τῶν δύο λοιδορησάντων, ἐκείνη δίκας ᾐτήθη μόνη; πρῶτον, ἐπειδὴ μεῖζον ἦν τῆς γυναικὸς τὸ πλημμέλημα· τῷ ἄῤῥενι γὰρ καὶ ἡ φύσις καὶ ὁ νόμος ὑποτάττει τὸ θῆλυ· ἤτε εἶχέ τινα μετρίαν συγγνώμην ὁ Ἀαρὼν, ὡς τῷ χρόνῳ

XXX. Jam vero *sicut per inobedientiam unius hominis*, Rom. v. 19.
qui primum ex rudi terra formatus est, *peccatores constituti sunt multi*, et vitam amiserunt: *sic* oportebat et *per obeditionem unius hominis*, qui primum ex virgine genitus est, *justos constitui multos*, et accipere salutem.

XXXI. Josephus ait, quod quando in regali aula educabatur Antiq. II. 5.
Moses, dux exercitus contra Æthiopes electus, et victor evadens, filiam regis illius uxorem duxerit: siquidem ex amore erga ipsum civitatem ei tradiderat.

Cur demum, cum ambo (*Aaron et Maria*) probro affecissent Num. xii. 1.
(*Mosen*,) hæc sola pœnas dedit? Primum, quia majus erat mulieris delictum: quippe et natura et lex fœminam mari subjicit. Aut faciliorem veniam accipiebat Aaron, velut ætate

XXX. From Cod. 2440, fol. 30, Paris Coll. This Fr. is from the work *c. Hær.* III. xix. 6, p. 101; and has been reprinted inadvertently from MASSUET.

XXXI. First edited by GRABE from Cod. 64. *Theol.* of the Vienna Collection. It also exists in Cod. Ll. 5. 2, fol. 27, of the Cambridge University Collection; which only varies upon GRABE's text in having three corrupt readings ᾐτήσθη, ἐμέλησεν, and προσηνέβηκεν.

πρεσβύτερος, καὶ ὡς ἀρχιερωσύνης ἠξιωμένος. Πρὸς δὲ τούτοις ἐπεὶ ἀκάθαρτος ὁ λεπρὸς ἐδόκει εἶναι κατὰ τὸν νόμον, ῥίζα δὲ τῶν ἱερέων καὶ κρηπὶς ἦν ὁ Ἀαρὼν, ἵνα μὴ εἰς ἅπαν διαβῇ τὸ γένος τὸ ὄνειδος, τὴν ἴσην οὐκ ἐπήγαγεν αὐτῷ τιμωρίαν, ἀλλὰ διὰ τῆς ἀδελφῆς ἐφόβησεν ὁμοῦ τε καὶ ἐπαίδευσεν. Οὕτω γὰρ αὐτὸν τὸ πάθος ἠνίασεν, ὅτι πρώτης τοῦτο δεξαμένης, αὐτὸς τὸν ἠδικημένον ἱκέτευσε λῦσαι τῇ πρεσβείᾳ τὴν συμφοράν. Ὁ δὲ οὐκ ἠμέλησεν, ἀλλ' αὐτίκα τὴν ἱκετηρίαν προσήνεγκεν. Εἶτα ὁ φιλάνθρωπος Κύριος ἐδίδαξεν, ὡς οὐ καταδικαστικῶς αὐτὴν, ἀλλὰ πατρικῶς ἐπαίδευσεν· ἔφη γὰρ, Εἰ ὁ πατὴρ αὐτῆς ἐμπαίων ἐνέπαισεν εἰς τὸ πρόσωπον αὐτῆς, οὐκ ἐντραπήσεται; ἑπτὰ ἡμέρας ἀφορισθήσεται ἔξω τῆς παρεμβολῆς, καὶ μετὰ ταῦτα εἰσελεύσεται.

XXXII.

Ἐπειδὴ τινὲς οὐκ οἶδ' ὁπόθεν κινηθέντες, δι' ἡμισείας τὸ δημιουργικὸν τοῦ Θεοῦ παραιροῦνται, μόνου τοῦ ποιοῦ τοῦ περὶ ὕλην αἴτιον αὐτὸν λέγοντες, ἀγέννητον αὐτὴν τὴν ὕλην

provectior, et pontificali dignitate ornatus. Præter hæc, quandoquidem leprosus juxta legem pro immundo habebatur, in Aarone autem radix et fundamentum sacerdotii situm erat, ne probrum istud in omne *sacerdotum* genus transiret, illum haud simili affecit pœna, sed per sororem eum perterrefecit pariter ac castigavit. Ita enim de pœna (*Mariæ*) doluit: siquidem, cum primum ea affligeretur, ipse injuria affectum rogabat (*Mosen*), ut sua intercessione malum pelleret. Ipse vero non neglexit, sed statim supplicationes fudit. Unde Dominus hominum amans declaravit, quod non severi judicis sed patris instar eam castigaverit. Ait
Num. xii. 14. enim: *Si pater ejus spuisset in faciem ejus, nonne revereretur? septem diebus separetur extra castra, et postea introeat.*

XXXII. Quandoquidem aliqui, nescio qua ratione moti, ex dimidia parte Deo vim opificem mundi adimunt, eum solius qualitatis, quæ materiæ inest, causam asserentes, ipsam vero materiam

XXXII. Edited by GRABE from Cod. 3011 of the Bodleian Collection, *fol. ult.* It bears the epigraph, ἐξ ἑτέρου βιβλίου Εἰρηναίου συγγράφεως, π. τοῦ μὴ εἶναι ἀγέννητον τὴν ὕλην. Photius seems to allude to the treatise. *Introd.* clxx.

εἰπόντες, φέρε πυθώμεθα αὐτῶν, τί ποτε καὶ... ἀμετάβλητον· ἀμετάβλητος ἄρα ἡ ὕλη· εἰ ἀμετάβλητος ἡ ὕλη, τὸ δὲ ἀμετάβλητον οὐ τρέπεται κατὰ ποιότητα, οὐ κοσμοποιεῖται. Δι' οὗ παρέλκον αὐτοῖς φαίνεται, τὸν Θεὸν ἐπιβάλλειν ποιότητας τῇ ὕλῃ, ὅλως τῆς ὕλης οὐκ ἐπιδεχομένης τροπὴν, ἀγεννήτου κατ' αὐτὴν τυγχανούσης. Ἔτι εἰ ἀγέννητος ἡ ὕλη, πάντως κατά τινα ποιότητα πεποίηται, καὶ ταύτην ἄτρεπτον, οὐκ ἂν εἴη πλειόνων ποιοτήτων δεκτική· οὐδ' ἂν κοσμοποιοῖτο· μὴ κοσμοποιουμένη δὲ, ἐκτὸς ποιεῖ τὸν Θεὸν δι' ὅλων τοῦ δημιουργεῖν.

XXXIII.

Καὶ ἐβαπτίσατό, φησιν, ἐν τῷ Ἰορδάνῃ ἑπτάκις. Οὐ μάτην πάλαι Ναιμὰν λεπρὸς ὢν βαπτισθεὶς ἐκαθαίρετο, ἀλλ' εἰς ἔνδειξιν ἡμετέραν· οἳ λεπροὶ ὄντες ἐν ταῖς ἁμαρτίαις διὰ τοῦ ἁγίου ὕδατος καὶ τῆς τοῦ Κυρίου ἐπικλήσεως καθαριζόμεθα τῶν παλαιῶν παραπτωμάτων, ὡς παιδία νεόγονα

ingenitam dicentes; agedum inquiramus, quid .... immutabile. Immutabilis itaque est materia. Sin immutabilis est materia, immutabile autem non alteratur secundum qualitatem, mundus ex ea non conditur. Quapropter supervacaneum eis videtur, Deum qualitates materiæ imprimere; siquidem materia omnino mutationem haud admittit, quod per se sit ingenita. Ulterius si materia est ingenita, utique cum quadam qualitate, eaque immutabili facta est; neque etiam mundus ex ea conditur. Mundo autem inde non condito, Deum a creatione mundi prorsus alienum facit.

XXXIII. *Atque baptisabat seipsum*, ait, *in Jordane septies.* 2 Reg. v. 14.
Neque frustra olim Naaman lepra laborans, quum baptisatus esset, in corporis puritatem restitutus est, sed ut viam salutis nobis ostenderet: qui quidem peccatis commissis leprosi facti, per aquam sacram et invocationem Domini a prioribus vitiis

XXXIII. This and the next fragment first appeared in the Benedictine edition reprinted at Venice, 1734. They were taken from a MS. *Catena* on the Books of Kings in the Coislin Collection; possibly the Syriac notice, Gr. Fr. XXXIX. 1, refers to the same Exposition of IRENÆUS.

πνευματικῶς ἀναγεννώμενοι, καθὼς καὶ ὁ Κύριος ἔφη· ἐὰν μή τις ἀναγεννηθῇ δι' ὕδατος καὶ πνεύματος, οὐ μὴ εἰσελεύσεται εἰς τὴν βασιλείαν τῶν οὐρανῶν.

XXXIV.

Εἰ τὸ Ἐλισσαίου σῶμα νεκρωθὲν νεκρὸν ἤγειρε, πόσῳ μᾶλλον ὁ Θεὸς ὁ τὰ νεκρὰ σώματα τῶν ἀνθρώπων ζωοποιήσας ἄξει ἐπὶ τὴν κρίσιν;

XXXV.

[1]*Ἔστι μὲν οὖν ἡ* [2]*γνῶσις ἡ ἀληθινὴ ἡ κατὰ Χριστὸν σύνεσις, ἣν ὁ Παῦλος καλεῖ τὴν* [3]*σοφίαν Θεοῦ ἐν μυστηρίῳ τὴν ἀποκεκρυμμένην, ἣν ὁ ψυχικὸς ἄνθρωπος οὐ δέχεται, ὁ λόγος τοῦ σταυροῦ, οὗ ἐάνπερ τις γεύσηται, οὐ μὴ ἂν προσελεύσεται ταῖς παραδιατριβαῖς καὶ λογομαχίαις τῶν τετυ-*

libertatem nanciscimur, sicuti infantes recens nati spiritaliter
Joh. iii. 5. regenerati, uti Dominus dixit: nisi quis per aquam et spiritum denuo natus fuerit, in divinum regnum non est intraturus.

2 Reg. xiii. 21. XXXIV. Siquis mortuus, quum in Elisæ sepulchrum objectus ossa ejus tetigisset, revixit: quanto magis Deus mortua hominum corpora resuscitata in judicium est ducturus?

XXXV. Est vero cognitio vera ea quæ secundum Christum est scientia, quam Paulus appellat sapientiam Dei in mysterio absconditam, quam animalis homo non capit, sermo de cruce, quem si quis gustaverit, non sane accedet ad disputationes et quæstiones de vocibus superborum et inflatorum, ea ingredien-

XXXV. [1] This passage and the next three were first published with copious notes by CH. M. PFAFF, from originals in the R. Library at Turin; the present simply bearing the epigraph of *τοῦ Εἰρηναίου*. It is impossible to say from which works or treatises they may have come down to us, when so little is known of our author's genuine writings beyond the greak work *c. Hær.* PFAFF however names either the *διαλέξεις διάφοραι*, mentioned by S. JEROME, or the *ποικίλαι ὁμιλίαι*, instanced by SOPHRONIUS, or the *Λόγος εἰς ἐπίδειξιν τοῦ ἀποστολικοῦ κηρύγματος*. It has been suggested in the Introduction, clxvi. 5, that this fragment may have been taken from the work *π. ἐπιστήμης*. See also the History of these Fr. I. clxx.

[2] Compare the definition of a true *γνῶσις*, p. 262.

φωμένων καὶ φυσιουμένων, τῶν ἃ μὴ ἑωράκασιν ἐμβατευόντων. Ἀσχημάτιστος γὰρ ἡ ἀλήθεια καὶ ἐγγύς σου τὸ ῥῆμά ἐστιν ἐν τῷ στόματί σου καὶ ἐν τῇ καρδίᾳ σου, ὡς ὁ αὐτὸς ἀπόστολος λέγει, [4]εὐμ ... τοῖς πειθομένοις. Ὁμοίους γὰρ Χριστῷ ἡμᾶς ποιεῖ, εἰ τὴν δύναμιν τῆς ἀναστάσεως αὐτοῦ καὶ τὴν κοινωνίαν τῶν αὐτοῦ παθημάτων γνῶμεν. Αὕτη γάρ ἐστιν ἡ [5]ἐπιλογὴ τῆς [6]ἀποστολικῆς διδασκαλίας καὶ τῆς ἁγιωτάτης πίστεως τῆς ἡμῖν παραδοθείσης, ἣν οἱ [7]ἰδιῶται δέχονται καὶ οἱ ὀλιγομαθεῖς ἐδίδαξαν, οἱ ταῖς γενεαλογίαις ταῖς ἀπεράντοις οὐ προσέχοντες, ἀλλὰ μᾶλλον περὶ τὴν τοῦ βίου ἐπανόρθωσιν σπουδάζοντες, ἵνα μὴ τοῦ θείου πνεύματος ἀποστερηθέντες ἀποτύχωσι τῆς βασιλείας τῶν οὐρανῶν. Τὸ γὰρ πρῶτον μέν ἐστι τὸ ἀπαρνῆσαι σεαυτὸν καὶ τὸ ἀκολουθῆσαι τῷ Χριστῷ,

tium, quæ non viderunt. Veritas enim figura caret et propinquum tibi verbum est in ore tuo et in corde tuo, uti idem apostolus dicit, quod facile disci potest ab obedientibus; nam similes Christo nos reddit, si virtutem resurrectionis ejus et communionem passionum ejus noverimus. Hoc enim est compendium doctrinæ apostolicæ et sanctissimæ fidei nobis traditæ, quam illitterati capiunt et indocti didicerunt, genealogiis, quæ finem non habent, non attendentes sed magis correctioni vitæ studentes, ne divino spiritu privati amittant regnum cœlorum. Nam primum quidem est seipsum abnegare et Christum sequi, et qui hæc faciunt, ad

[3] A wisdom not confined by IRENÆUS, as PFAFF says, to the *χαρίσματα* of prophesying, tongues, &c. (see 333–336), but extending in the widest sense to the good gifts of grace to the heart, as well as of light to the intellect. Cf. also I. 351.

[4] The end of the word having perished, PFAFF proposes to fill it in as *εὐμαθὲς*, but the formation of Christ within the soul rather indicates *ἐμμενές*. Cf. Joh. v. 38.

[5] PFAFF proposes to substitute *ἐπιτομὴ*, or *ἐκλογὴ*, though it is difficult to see how fellowship with the sufferings of Christ can be said to be either a *compendium*, or a *selection*, with respect to Apostolical doctrine; but it is eminently the bond, that shews unity with the faith of the Apostles, and for this reason perhaps *ἐπιπλοκὴ* may be preferable, i. e. *affinitas*.

[6] It is needless to follow PFAFF in his lengthened disquisition upon some apocryphal production under this title; the expression meaning no more than the sum and substance of Apostolical preaching; compare I. 90–93, II. 2, and Introd. clxviii. 1.

[7] *ἰδιῶται* with its derivatives is rather a *φίλη λέξις* of IRENÆUS, meaning *unlearned, simple*. See I. 6, 2; 345; II. 379, 2; 406; as also in S. Paul's Epistles. Vid. *Lexic.*

καὶ οἱ ταῦτα ποιοῦντες εἰς τελειότητα φέρονται, πᾶν τὸ θέλημα τοῦ διδασκάλου πεπληρωκότες, υἱοὶ Θεοῦ διὰ τῆς παλιγγενεσίας τῆς πνευματικῆς γινόμενοι καὶ τῆς βασιλείας τῶν οὐρανῶν κληρονόμοι, ἣν πρῶτον ζητοῦντες οὐκ ἀφεθήσονται.

XXXVI.

[1]Οἱ ταῖς [2]δευτέραις τῶν ἀποστόλων διατάξεσι παρηκολουθηκότες ἴσασι, τὸν Κύριον [3]νέαν προσφορὰν ἐν τῇ καινῇ διαθήκῃ καθεστηκέναι, κατὰ τὸ Μαλαχίου τοῦ προφήτου· Διότι ἀπὸ ἀνατολῶν ἡλίου καὶ ἕως δυσμῶν τὸ ὄνομά μου δεδόξασται ἐν τοῖς ἔθνεσι, καὶ ἐν παντὶ τόπῳ θυμίαμα προσάγεται τῷ

perfectionem feruntur, omnem doctoris voluntatem implentes, Filii Dei per regenerationem spiritalem evadentes et regni cœlestis heredes, quod qui primum quærunt, non deserentur.

XXXVI. Qui ultimas apostolorum constitutiones assecuti sunt, ii norunt, Dominum in novo Testamento novam instituisse
Mal. i. 11. oblationem secundum dictum Malachiæ prophetæ. Propterea *ab ortu solis, et usque ad occasum, nomen meum glorificatum est in gen-*

XXXVI. [1] See note 1, preceding. It has been conjectured, Introd. clxvii. 2, that this extract is taken from the treatise *de Prædicatione Apostolica*, in all probability a catechetical, though perhaps not formal, exposition of the primitive Creed.

[2] δευτέραις, possibly referring to the preceding context; but taken absolutely it conveys a good sense, as implying the formal constitution, which the Apostles, II. 1. 7, 4. 8. 9, acting under the impulse of the Spirit, though still in a secondary capacity, gave to the Church; and as S. IRENÆUS says, many Churches were established antecedently to the publication of the Holy Scriptures; barbarians evidently could only be instructed traditionally *viva voce*. II. 16.

[3] *New*, as being the *pure offering* mentioned by the prophet, destined to replace the old offerings of the Sanctuary; and as such, the Eucharistic Offering is mentioned in connexion with this same text of Scripture in the work *c. Hær.* See pp. 199, 200. (Cf. Fragm. II.) The same may be observed of the application of this same text of Scripture in the *Const. Apost.* VII. 30, a work written when the Holy Eucharist was celebrated at least weekly. (Cf. S. AUG. *Ep. ad Januar.* 2, *Vind. Cath.* III. 448; S. JUST. M. *Apol.* 67, *Ib.* p. 169.) The interpretation therefore must not be limited to the act of congregational worship. JUSTIN M. applies the text in the same manner, and with a precision that precludes all mistake upon the subject; for the writer adds, περὶ δὲ τῶν ἐν παντὶ τόπῳ ὑφ' ἡμῶν τῶν ἐθνῶν προσφερομένων αὐτῷ θυσιῶν, τουτέστι τοῦ ἄρτου τῆς εὐχαριστίας, καὶ τοῦ ποτηρίου ὁμοίως τῆς εὐχαριστίας, προλέγει, κ.τ.λ. *Dial. c. Tr. Jud.* § 41. Afterwards again he

ὀνόματί μου καὶ θυσία καθαρά· ὥσπερ καὶ ὁ Ἰωάννης ἐν τῇ Ἀποκαλύψει λέγει· [4]Τὰ θυμιάματά εἰσιν αἱ προσευχαὶ τῶν ἁγίων· καὶ ὁ [5]Παῦλος παρακαλεῖ ἡμᾶς παραστῆσαι τὰ σώματα ἡμῶν θυσίαν ζῶσαν, ἁγίαν, εὐάρεστον τῷ Θεῷ, τὴν λογικὴν λατρείαν ἡμῶν. Καὶ πάλιν· ἀναφέρωμεν θυσίαν αἰνέσεως τουτέστι καρπὸν [6]χειλέων. Αὗται μὲν αἱ προσφοραὶ οὐ κατὰ τὸν νόμον εἰσὶν, οὗ τὸ χειρόγραφον ἐξαλείψας ὁ

tibus et in omni loco suffitus offertur nomini meo et victima munda,
uti et Johannes in Apocalypsi dicit: *suffitus sunt preces sanctorum,* Apoc. v. 8.
et Paulus hortatur, ut *sistamus corpora nostra victimam viventem,* Rom. xii. 1.
sanctam, beneplacitam Deo, rationalem cultum nostrum. Et rursus:
offeramus victimam laudis, hoc est fructum labiorum. Nam hæ Esai. lvii. 18, 19.
oblationes non secundum legem sunt, cujus chirographum delens Hos. xiv. 3. Heb. xiii. 15.

connects the fulfilment of this prophecy with the prayers and praises of Christians, but they are prayers and praises that are accompanied with the offering of the Eucharist; *διὰ τοῦ ὀνόματος τούτου, θυσίας, ἃς παρέδωκεν Ἰησοῦς ὁ Χριστὸς γίνεσθαι, τουτέστιν ἐπὶ τῇ εὐχαριστίᾳ τοῦ ἄρτου καὶ τοῦ ποτηρίου τὰς ἐν παντὶ τόπῳ τῆς γῆς γινομένας ὑπὸ τῶν Χριστιανῶν, προλαβὼν ὁ Θεός... ὅτι μὲν οὖν καὶ εὐχαὶ καὶ εὐχαριστίαι ὑπὸ τῶν ἀξίων γινόμεναι, τέλειαι μόναι καὶ εὐάρεστοί εἰσι τῷ Θεῷ θυσίαι, καὶ αὐτός φημι· ταῦτα γὰρ μόνοι καὶ Χριστιανοὶ παρέλαβον ποιεῖν, καὶ ἐπ' ἀναμνήσει δὲ τῆς τροφῆς αὐτῶν ξηρᾶς τε καὶ ὑγρᾶς, ἐν ᾗ καὶ τοῦ πάθους, ὁ πέπονθε δι' αὐτοὺς ὁ Υἱὸς τοῦ Θεοῦ, μέμνηται.* § 117.

[4] This text from the Apocalypse is similarly found, in juxta-position with the words of Malachi, in the work *c. Hær.* p. 200.

[5] The testimony of a foreigner to the excellence of our Liturgy may be noted. PFAFF says, *Apprime mihi placuere quæ hanc in rem in Liturgia Ecclesiæ Anglicanæ exstant, juxta quam omnes illi, qui Eucharistiæ fiunt participes, Deo totos cum anima et corpore se consecrant piis precibus, atque ad verba Pauli ad Rom.* xii. 1, *conceptis.* The following Patristical quotations to the same point are added; *ἥττημαι ταῦτα οὖν εἰδὼς ἐγὼ καὶ ὅτι μηδεὶς ἄξιος τοῦ μεγάλου καὶ Θεοῦ καὶ θύματος καὶ ἀρχιερέως, ὅστις μὴ πρότερον ἑαυτὸν παρέστησε τῷ Θεῷ θυσίαν ζῶσαν, ἁγίαν.* GREG. NAZ. *Apol.* *ἔτι προσφέρομέν σοι τὴν λογικὴν ταύτην καὶ ἀναίμακτον λατρείαν καὶ παρακαλοῦμεν καὶ δεόμεθα καὶ ἱκετεύομεν, κατάπεμψον τὸ Πνεῦμά σου τὸ ἅγιον ἐφ' ἡμᾶς καὶ ἐπὶ τὰ προκείμενα δῶρα ταῦτα.* *Lit.* S. JOH. CHRYS. The same writer also explains the term λογικὴ, Rom. xii. 1, *λογικὴ λατρεία, ἡ πνευματικὴ διακονία, ἡ πολιτεία ἡ κατὰ Χριστὸν, οὐδὲν ἔχουσα σωματικὸν, οὐδὲν αἰσθητόν.* Cf. also *Hom.* XI. *in Heb.* ἠθικ.

[6] The LXX. Vers. Hos. xiv. 3, for פָּרִים שְׂפָתֵינוּ *The calves,* i.e. *the sacrifice of our lips,* read פְּרִי *fruit;* and this is followed by the sacred writer, Heb. xiii. 15. But the Chaldee Paraphrast read and interpreted the verse as the E. V. ויהוין מלי ספותנא מתקבלין קדמך כתורין לרעוא על מדבחא *And the words of our lips shall be accepted by thee, as bullocks gratefully upon the altar.*

Κύριος ἐκ τοῦ μέσου ἦρεν, ἀλλὰ κατὰ πνεῦμα, ἐν πνεύματι γὰρ καὶ ἀληθείᾳ δεῖ προσκυνεῖν τὸν Θεόν. Διότι καὶ ἡ προσφορὰ τῆς [7]εὐχαριστίας οὐκ ἔστι σαρκικὴ, ἀλλὰ πνευματικὴ καὶ ἐν τούτῳ καθαρά. [8]Προσφέρομεν γὰρ τῷ Θεῷ τὸν ἄρτον καὶ τὸ ποτήριον τῆς εὐλογίας, [9]εὐχαριστοῦντες αὐτῷ ὅτι τῇ γῇ ἐκέλευσεν ἐκφῦσαι τοὺς καρποὺς τούτους εἰς τροφὴν ἡμετέραν, καὶ ἐνταῦθα τὴν προσφορὰν [10]τελέσαντες [11]ἐκκαλοῦμεν τὸ Πνεῦμα τὸ ἅγιον, ὅπως [12]ἀποφήνῃ [13]τὴν θυσίαν ταύ-

Dominus e medio sustulit, sed secundum spiritum; nam in spiritu et veritate oportet adorare Deum. Quapropter oblatio eucharistiæ etiam non carnalis sed spiritalis est et in hoc munda. Offerimus enim Deo panem et poculum benedictionis, gratias agentes ipsi, quod terræ mandaverit progignere hos fructus ad nostrum nutrimentum, et postea finita oblatione, invocamus S. Spiritum, ut

[7] Compare IV. xxxi. xxxii., where the spiritual character of the Eucharistic offering is introduced in the same manner.

[8] The offering is not simply the act of consecration by the priest, as PFAFF says; but the thank-offering of the whole Church to God for the creatures that he has given, εἰς τροφὴν ἡμετέραν. It should also be observed that no mention is made of any *Hostia;* that which is offered the author still calls τὸν ἄρτον καὶ τὸ ποτήριον τῆς εὐλογίας. It is only after the Eucharistic offering has been made to God, that the prayer is added, that He will vouchsafe that Sacrifice to be, the Bread the Body, and the Cup the Blood of Christ; and accordingly the benefit is declared to consist in a true reception of our Lord's Body and Blood, set forth in the Bread and Wine, now rendered by the energy of the Holy Spirit, the Body and Blood of Christ. It may be added that PFAFF's notes require some caution; they exhibit, not the Primitive Doctrine of the Eucharist, but the Lutheran teaching of *Consubstantiation.*

[9] Compare *Const. Apost.* VIII. 40. The similarity of ideas caused PFAFF to remark, *Si ex* διδασκαλίαις *virorum Apostolicorum confectæ sint Constitutiones Apostolicæ, hæc ex* διδασκαλίᾳ IRENÆI *petita esse arbitror.* Cf. n. 12.

[10] τελεῖν may mean either *to consecrate* or *to complete;* the latter is more in keeping with the words of JUSTIN M. a rather earlier writer than IRENÆUS; he uses the compound συντελεῖν, as IRENÆUS uses τελεῖν, in speaking of the completion of one principal member of the Liturgical Service; οὗ συντελέσαντος τὰς εὐχὰς καὶ τὴν εὐχαριστίαν, πᾶς ὁ παρὼν λαὸς ἐπευφημεῖ λέγων· Ἀμήν. *Apol.* II. 97. And it should be observed that in the former *Apology,* § 67, it is stated, that *after* the prayers and the *Amen,* the congregation communicated. *Vind. Cath.* III. 169.

[11] The use of the term ἐκκαλοῦμεν confirms perhaps the reading ἔκκλησιν at p. 205, and the reader will qualify for himself the opinion there stated in the note. Still ἐπικαλοῦμεν, even here, would be more in keeping with the theological language of the Greek Church.

την καὶ τὸν ἄρτον σῶμα τοῦ Χριστοῦ, καὶ τὸ ποτήριον τὸ αἷμα τοῦ Χριστοῦ, ἵνα οἱ [14]μεταλαβόντες τούτων τῶν

exhibeat hoc sacrificium et panem corpus Christi, et poculum sanguinem Christi, ut, qui hæc antitypa accipiunt, remissionem

[12] The *Const. Ap.* again reflect faithfully the language of IRENÆUS, of which it is an amplification (see note 14); the case being, not as STIEREN has suggested, that the words in the *Const. Ap.* were taken from IRENÆUS, but that they both expressed the same Liturgical *formulæ*. Cf. note 9.

[13] *τὴν θυσίαν.* The reader is referred to the note of C. M. PFAFF, with respect to the "Unbloody Sacrifice," and the symbolical ritual acts of the Greek Church.

[14] As in the Anglican Liturgy, so in the Primitive, the Church prays, that by a true reception of the Body and Blood of Christ, we may receive *Remission of sins, and all other benefits of His Passion; ἵνα γένηται πᾶσι τοῖς ἐξ αὐτῶν μεταλαμβάνουσιν εἰς ἄφεσιν ἁμαρτιῶν καὶ εἰς ζωὴν αἰώνιον, εἰς ἁγιασμὸν ψυχῶν καὶ σωμάτων, εἰς καρποφορίαν ἔργων ἀγαθῶν. Lit.* JACOB. *Ἵνα γένωνται πᾶσιν ἡμῖν τοῖς ἐξ αὐτῶν μεταλαμβάνουσιν εἰς πίστιν, εἰς νῆψιν, εἰς ἴασιν, εἰς σωφροσύνην, εἰς ἁγιασμὸν, εἰς ἐπανανέωσιν ψυχῆς, σώματος, καὶ πνεύματος, εἰς κοινωνίαν μακαριότητος ζωῆς αἰωνίου καὶ ἀφθαρσίας, εἰς δοξολογίαν τοῦ παναγίου σοῦ ὀνόματος, εἰς ἄφεσιν ἁμαρτιῶν. Lit.* MARC. *Καὶ σε παρακαλοῦμεν . . . ἡμᾶς δὲ πάντας τοὺς ἐκ τοῦ ἑνὸς ἄρτου καὶ ποτηρίου μετέχοντας ἑνῶσαι ἀλλήλους εἰς ἑνὸς Πνεύματος ἁγίου κοινωνίαν, καὶ μηδένα ἡμῶν εἰς κρίμα ἢ εἰς κατάκριμα ποιῆσαι μετασχεῖν τοῦ ἁγίου σώματος καὶ αἵματος τοῦ Χριστοῦ σου. Lit.* BASIL. *ὥστε γενέσθαι τοῖς μεταλαμβάνουσιν εἰς νῆψιν ψυχῆς, εἰς ἄφεσιν ἁμαρτιῶν, εἰς κοινωνίαν τοῦ ἁγίου Πνεύματος, εἰς βασιλείας οὐρανῶν πλήρωμα κ.τ.λ. Lit.* CHRYSOST. The following manifestly supplied the original idea of important portions of our service. In the so-called *διάταξις Ἰακώβου*, the service begins with the Blessing pronounced by the priest, and the congregational response, *Καὶ μετὰ τοῦ πνεύματός σου. Καὶ ὁ ἀρχιερεύς· Ἄνω τὸν νοῦν· καὶ πάντες· Ἔχομεν πρὸς τὸν Κύριον. Καὶ ὁ ἀρχιερεὺς, Εὐχαριστῶμεν τῷ Κυρίῳ· καὶ πάντες· Ἄξιον καὶ δίκαιον. Καὶ ὁ ἀρχιερεὺς εἰπάτω· Ἄξιον ὡς ἀληθῶς καὶ δίκαιον, πρὸ πάντων ἀνυμνεῖν σε τὸν ὄντως ὄντα Θεόν, κ.τ.λ. Const. Ap.* VIII. 12. Similarly the Bread and Wine are consecrated, in terms that are closely similar to those of our Liturgy; *ἐν ᾗ γὰρ νυκτὶ παρεδίδοτο λαβὼν ἄρτον καὶ ἀναβλέψας . . . καὶ κλάσας, ἔδωκε τοῖς μαθηταῖς, εἰπών . . . ὡσαύτως καὶ τὸ ποτήριον κεράσας ἐξ οἴνου καὶ ὕδατος, καὶ ἁγιάσας ἐπέδωκεν αὐτοῖς λέγων· Πίετε ἐξ αὐτοῦ πάντες, κ. τ. λ.* The sacred elements, as in our Liturgy, are Bread and Wine, but they are the very Body and Blood of Christ to every faithful soul, and none but the faithful are supposed to be present at those Holy Mysteries. We pray, that we receiving these creatures of Bread and Wine, according to our Lord's most holy institution, in remembrance of His Death and Passion, may be partakers of His most blessed Body and Blood; and the primitive Liturgy expressed the same prayer in very much the same terms, *προσφέρομέν σοι τῷ βασιλεῖ καὶ Θεῷ, κατὰ τὴν αὐτοῦ διάταξιν, τὸν ἄρτον τοῦτον καὶ τὸ ποτήριον τοῦτο . . . καὶ ἀξιοῦμέν σε ὅπως εὐμενῶς ἐπιβλέψῃς ἐπὶ τὰ προκείμενα δῶρα ταῦτα ἐνώπιόν σου . . . καὶ καταπέμψῃς τὸ ἅγιόν σου Πνεῦμα ἐπὶ τὴν θυσίαν ταύτην . . . ὅπως ἀποφήνῃ* (sc. *τὸ Πν. τὸ ἅγιον*) *τὸν ἄρτον τοῦτον σῶμα τοῦ Χριστοῦ σου, καὶ τὸ ποτήριον τοῦτο αἷμα τοῦ Χριστοῦ σου, ἵνα οἱ*

[9]ἀντιτύπων, τῆς ἀφέσεως τῶν ἁμαρτιῶν καὶ τῆς ζωῆς αἰωνίου τύχωσιν. Οἱ οὖν ταύτας τὰς προσφορὰς ἐν τῇ ἀναμνήσει

peccatorum et vitam æternam consequantur. Illi itaque, qui has

μεταλαβόντες αὐτοῦ βεβαιωθῶσι πρὸς εὐσέβειαν, ἀφέσεως ἁμαρτημάτων τύχωσι, τοῦ διαβόλου καὶ τῆς πλάνης αὐτοῦ ῥυσθῶσι, Πνεύματος ἁγίου πληρωθῶσιν, ἄξιοι τοῦ Χριστοῦ σου γένωνται, ζωῆς αἰωνίου τύχωσι, σοῦ καταλλαγέντος αὐτοῖς, δέσποτα παντοκράτορ. Const. Apost. VIII. 12. Passages easily identified with our Prayer for the Church Militant then followed, which were concluded with the congregational Amen; and the Bishop having added *ἡ εἰρήνη τοῦ Θεοῦ εἴη μετὰ πάντων ὑμῶν*, the suffrage responded, *καὶ μετὰ τοῦ πνεύματός σου.*

[9] *ἀντιτύπων*, i. e. the Body and Blood of Christ which can alone convey remission of sins. Whatever the sacramental elements may be by way of heavenly mystery, *by the senses* we know them to be only bread and wine; but they are to us in body, soul and spirit, as the glorified Body of our Lord; and the earthly substance is a type or counterpart to us of the Heavenly, not because it is a mere symbol or figurative representation of the Lord's Body, that was born into the world and died upon the Cross for us, but because the words of Truth, "This is my Body," and, "This is my Blood," make those earthly elements to be to us the very Body and Blood of Christ, though without change of substance; and through eating that Bread and drinking that Cup, the Glorified Body, that we cannot touch or see or taste or handle, is brought into communion, and so to speak assimilated by our mortal nature, to the cleansing and purifying of the entire man, in body, soul and spirit. As therefore the express image and character of the mould or die is represented in the cast or copy, and as the Son, the Divine Word, is the express image of the Father, so is the Son, as God and Man, present and received as the true antitypal counterpart in the Holy Sacrament of the Lord's Supper. That which Christ has pronounced to be His Body, we may be sure IS His Body, and it were a manifest irreverence to suppose it any thing else. There is an expression used with reference to the Basilidian heavens, that illustrates the use of this term. It is said that the creator angels of the second heaven were, *antitypi eis qui super eos essent*, in the original evidently, *ἀντίτυποι τῶν ὑπὲρ αὐτούς*. Similarly the heaven they created, according to Theodoret, was a close copy of the first, *προσόμοιον*, p. 199, n. 3. Now in agreement with the Platonic theory, these angels were one with the heaven they created, the heaven was intellectual as the angels. The two terms therefore *ἀντίτυπον* and *προσόμοιον*, being relative to the same subject, express the same degree of affinity; and *ἀντίτυπον* is seen to mean an exact counterpart. But in things create there may be resemblance without identity. Not so in the only Uncreate. The Body of Christ is the Body of the Word, and having been taken into God, is affected with all the properties of the Uncreate; and as *χαρακτὴρ τῆς ὑποστάσεως τοῦ Πατρός*, applied to the Son, can only mean identity of substance with the Father, so *ἀντίτυπος* here conveys the idea of identity between the Body of Christ, and the consecrated Bread. The two are not co-existent as distinct substances, *consubstantially*, but the Bread, through the energy of the Word, IS the Lord's Body. The reader is referred to an useful note of PFAFF upon this passage, containing important deductions from patristical authorities, and in which his Lutheran consubstantiation does not crop out. Cf. *ἀντίτυπον*, I. 51.

τοῦ Κυρίου ἄγοντες, οὐ [15]τοῖς τῶν Ἰουδαίων δόγμασι προσέρχονται, ἀλλὰ πνευματικῶς λειτουργοῦντες τῆς σοφίας υἱοὶ κληθήσονται.

XXXVII.

[1]Ἔταξαν οἱ Ἀπόστολοι, μὴ δεῖναι ἡμᾶς κρίνειν τινὰ ἐν βρώσει καὶ ἐν πόσει καὶ ἐν μέρει ἑορτῆς ἢ νεομηνίας ἢ σαββάτων. Πόθεν οὖν αὗται αἱ μάχαι, πόθεν τὰ [2]σχίσματα; ἑορτάζομεν, ἀλλ' ἐν ζύμῃ κακίας καὶ πονηρίας, τὴν ἐκκλησίαν τοῦ Θεοῦ διαῤῥίπτοντες, καὶ [3]τὰ ἐκτὸς τηροῦμεν,

oblationes in recordatione Domini agunt, non sane Judæorum institutis accedunt, sed spiritaliter sacra facientes sapientiæ filii vocabuntur.

XXXVII. Ordinaverunt Apostoli, non oportere nos judicare quemquam in esca vel potu vel parte festi aut neomeniæ aut sabbatorum. Unde igitur hæ disceptationes? Unde schismata? Feriamur, sed in fermento malitiæ et malignitatis, ecclesiam Dei

[15] Cf. *Judæi autem non offerunt, &c.* p. 203.

XXXVII. [1] Copied by CHR. M. PFAFF from the Collection in the Royal Library at Turin; but, as in the case of the two preceding extracts, the volume from whence it was taken has *disappeared.* The fate of the copy of the *Philosophumena* mentioned by PFAFF is also a mystery, "*Quæsivi in catalogo (impresso sc.) inter alia quædam Origenis* (l. *Hippolyti*) *Philosophumena, sed non inveni notatum Codicem, ex quo collectas variantes lectiones misi olim ad cel. Wolfium.*" The copy contained no more than the single book edited by WOLF.

[2] The subject of this fragment refers apparently to the Epistle *ad Blastum, de Schismate;* the individual addressed was a friend of FLORINUS; but points of schismatical observance, rather than heresy, caused the letter to be written. Upon the precise nature of the difference, see *Introd.* p. clix. It should be remembered that the letter of IRENÆUS to Victor upon the same subject, was not written in consequence of any variance between the two Bishops, but in mitigation of the extreme severity, with which the Roman Bishop wished to visit offenders against Catholic Unity. It may be observed that this extract may also have been made from the treatise π. τοῦ πάσχα, mentioned by JUST. M. *Qu.* 115 *ad Orthod.* PFAFF compares the somewhat similar passage, IV. liii. p. 261.

[3] τὰ ἐκτὸς τηροῦμεν. Quod suo jam tempore reprehendit IRENÆUS, id ad hoc, quod vivimus, sæculum egregie quadrat. Scilicet ea est perniciosissima, quæ unquam excogitari potuit, hæresis, qua creditur, religionem in externis saltem ritibus cærimoniisque consistere, quas qui servaverit, de salute sua securus esse possit. Adeo hæc labes pervasit omnes sectas, ut nulla fere amplius medela queat adhiberi. Aliter omnino

ἵνα τὰ κρείττονα, τὴν πίστιν καὶ ἀγάπην ἀποβάλλωμεν. Ταύτας οὖν ἑορτὰς καὶ νηστείας ἀπαρέσκειν τῷ Κυρίῳ ἐκ τῶν προφητικῶν λόγων ἠκούσαμεν.

XXXVIII.

[1]Χριστὸς ὁ [2]πρὸ αἰώνων κληθεὶς Θεοῦ Υἱὸς ἐν τῷ πληρώματι τοῦ καιροῦ ὤφθη, ἵνα ἡμᾶς, τοὺς ὑπὸ τῆς ἁμαρτίας ὄντας, διὰ τοῦ αἵματος αὐτοῦ καθαρίσῃ, ἀγνοὺς τῷ πατρὶ υἱοὺς παραστήσας, εἰ τῇ παιδείᾳ τοῦ πνεύματος εὐπειθεῖς ἡμᾶς παρέχωμεν. Καὶ ἐν τῷ τέλει τῶν καιρῶν μέλλει ἔρχεσθαι εἰς τὸ [3]καταργῆσαι πᾶν τὸ κακὸν, καὶ εἰς τὸ [4]ἀποκαταλλάξαι τὰ πάντα, ἵνα ᾖ πάντων τῶν μιασμάτων τὸ τέλος.

scindentes, et externa servamus, ut meliora, fidem et caritatem abjiciamus. Has igitur ferias et jejunia displicere Domino ex sermonibus propheticis audivimus.

XXXVIII. Christus ante secula vocatus Dei Filius in complemento temporis apparuit, ut nos, qui sub jugo peccati eramus, per sanguinem suum purificet, inculpatos Patri filios sistens, si castigationi spiritus obedientes nos præstemus. Et in fine temporum venturus est, ad destruendum omne malum et ad reconcilianda universa, ut omnium impuritatum sit finis.

optimus Salvator: οὐκ ἔρχεται ἡ βασιλεία τοῦ Θεοῦ μετὰ παρατηρήσεως, οὐδὲ ἐροῦσιν· ἰδοὺ ὧδε, ἤ, ἰδοὺ ἐκεῖ· ἰδοὺ γὰρ, ἡ βασιλεία τοῦ Θεοῦ ἐντὸς ὑμῶν ἐστίν. Luc. xvii. 20, 21. PFAFF.

XXXVIII. [1] From the same collection at Turin. See Fr. XXXV. n. 1. The passage seems to be of cognate matter with the treatise *de Resurrec.* I. lxviii. PFAFF referred it either to the διαλέξεις διάφοροι, or to the ἐπίδειξις ἀποστολικοῦ κηρύγματος.

[2] The eternal ὁμοουσία and προΰπαρξις of the Son or Word of God, is clearly stated by IRENÆUS, as BULL has carefully noted among his other primitive authorities, *Def. Fid. Nic.* I. i. § 4; II. v.; III. iv.; IV. iii. § 6. Cf. also MASS. *Diss.* III. § 5.

[3] Upon the opinion of IRENÆUS respecting the duration of future punishment, compare the passages noted in Index, v. *Punishment.*

[4] Compare II. 101, 362, 380.

XXXIX.

Καὶ εὗρε σιαγόνα ὄνου· Σημειωτέον, ὅτι οὐκέτι ἡ θεία γραφὴ μετὰ τὴν πορνείαν τοῖς παρ' αὐτοῦ κατωρθωμένοις ἐφθέγξατο τὸ, Ἥλατο ἐπ' αὐτὸν πνεῦμα Κυρίου· οὕτω γὰρ τὸ τῆς πορνείας ἁμάρτημα πρὸς τὸ σῶμα, ὡς περὶ Θεοῦ ναὸν ἁμαρτάνεται, κατὰ τὸν θεῖον Ἀπόστολον.

XL.

[1] Τοῦτο σημαίνει [2] τὸν διωγμὸν τὸν κατὰ τῆς ἐκκλησίας παρὰ τῶν ἔτι μενόντων ἐν τῇ ἀπιστίᾳ ἐθνῶν. Ἀλλ' ἤλπισεν ὁ ταῦτα πάσχων, ὡς ἔσται ἐκδίκησις κατὰ τῶν

XXXIX. *Et invenit maxillam asini.*[3] Notandum quod non Jud. xv. 15.
amplius post fornicationem sacra scriptura de rebus ab eo fortiter
et feliciter gestis locuta est: *impulit eum Spiritus Domini.* Ita Jud. xiv. 6, 19;
enim peccatum fornicationis contra corpus, quemadmodum contra xv. 14.
templum Domini, committitur secundum divum Apostolum.

XL. Hoc significat persecutionem ecclesiæ a gentibus in infidelitate adhuc permanentibus. Sed ille, qui talia passus est, speravit ultionem de gerentibus bellum. Per quod vero ultio?

XXXIX. This and the next four fragments are printed by MUENTER in his *Fragmenta Patr. Gr.* from MSS. in the Vatican. They appear to have been derived from the same homiletical expositions of the historical books, as several of the fragments previously edited by HALLOIX. It may be also added that the Nitrian Codex 12,157, fol. 198, notices a treatise of some kind by IRENÆUS on the history of Elkanah and Samuel, ܕܐܝܟ ܗܘܐ ܕܐܝܪܢܝܘܣ "ܥܠ ܟܬܒܐ ܩܕܡܝܐ ܕܡܠܟܘܬܐ ܗܠܝܢ ܕܥܠ ܐܠܩܢܐ ܘܫܡܘܐܝܠ" also referrible to this series.

XL. [1] See previous note. This fragment is printed in the Catena II. 219, mentioned Gr. Fragm. XV. 1, and without variation. STIEREN not perceiving this has printed it again as XLVII. In the Catena there is the note appended, *οὐδὲ τοῦτο, οὐδὲ τὸ ἑξῆς τοῦ Εἰρηναίου ἐν τοῖς τοῦ Λουγδούνων ἐκδεδομ. εὕρηται.*

[2] This expression shews that the fragment was written in an age of persecution, and so far agrees with the idea that it proceeds from our author; but it is manifestly useless to inquire whether reference is made to any particular persecution.

[3] MUENTER considers that IRENÆUS in a former fragment XXV. p. 492, had made Samson a type of the Redeemer,

πολεμούντων. Διὰ τίνος δὲ ἡ ἐκδίκησις; Πρῶτον μὲν διὰ τοῦ καταφυγεῖν ἐπὶ τὴν [4]νοητὴν πέτραν, δεύτερον δὲ διὰ τοῦ εὑρεῖν σιαγόνα ὄνου. Τύπος δὲ τῆς σιαγόνος τὸ σῶμα τοῦ [5]Χριστοῦ.

XLI.

Εὖ μὲν λέγοντες ἀεὶ τοὺς ἀξίους, κακῶς δὲ οὐδέποτε τοὺς ἀναξίους, τευξόμεθα καὶ ἡμεῖς τῆς τοῦ Θεοῦ δόξης καὶ βασιλείας.

Primo quidem per fugam ad petram, quæ sensibus non percipitur (spiritalem); dein vero per inventionem maxillæ asini. Typus vero maxillæ corpus Christi.

XLI. Benedicentes semper iis, qui digni sunt, indignis autem nunquam maledicentes, ita nos quoque gloriam et regnum Dei consequemur.

whereas the race of the redeemed was there represented by the scripture character. Here also the Church under persecution is as the hero of the tribe of Dan; she betakes herself to the spiritual rock, Jud. xv. 11; and though bound for a season by her oppressors, is able to break "their bands asunder, and cast away their cords from" her; and afterwards when weary she drinks of the spiritual rock in Lehi, Jud. xv. 9, 19, and is refreshed. The name Lehi, both meaning a locality and a jaw-bone, is the mean term that MUENTER despaired to find, when he said, *cujus comparationis medium terminum frustra quæres.* By understanding Samson to allegorise the Church militant amidst her enemies, both of these fragments are brought under the same exegetical idea.

[4] *νοητὴν* need not be altered to *τὴν* *'Ητὰμ*, much less to *νοητὸν*, as MUENTER proposes (see p. 895, n. 4, STIEREN.) The reference is clearly to the *spiritual rock*, Christ.

[5] The Catena has the note, *οὐκ ὀρθὸν δὲ τὸ ἐν τῷ τέλει, εἰ μὴ ἐκφρασθείη οὕτω· Τύπος δὲ ἡ σιαγὼν τοῦ σώματος τοῦ Χριστοῦ.*

XLI. Obtained by MUENTER from the same source as before; in the Codex it is inscribed, *τοῦ ἁγίου Εἰρηναίου ἐκ τῶν διατάξεων.* The editor says upon this: *Morem fuisse antiquissimorum ecclesiæ Patrum constat, ut ea, quæ sive ab apostolis sive a discipulis apostolorum, τῆς πρώτης διαδοχῆς, acceperant, quo se melius falsis, quæ sæculo jam secundo circumferebantur, institutionibus opponerent, in opusculis διδαχαὶ vel διδασκαλίαι dictis, discipulis posteritatique traderent. Tales quidem διδαχὰς, a plurimis Patribus conscriptas, dein Epiphanii tempore in* Constitutiones Apostolorum *ex iis conflatas transiisse, censuerunt viri in antiquitatibus ecclesiasticis facile principes, inter quos Dodwellum, Pearsonium, Grabiumque nominasse sat erit. Ejusmodi porro διδασκαλίαν in secunda, quæ vulgo dicitur, Clementis Romani epistola ad Corinthios*

XLII.

Προφητείᾳ ἐν αὐτοῖς ἐσημαίνετο, ὡς παραβάτης γενόμενος ὁ λαὸς σειραῖς τῶν ἑαυτοῦ ἁμαρτιῶν σφιγγίσεται. Τὸ δὲ λυθῆναι αὐτοῦ αὐτομάτως τὰ δεσμὰ σημαίνει, ὡς μετανοήσας πάλιν λυθήσεται ἐκ τῶν τῆς ἁμαρτίας δεσμῶν.

XLIII.

Οὐκ εὐχερὲς ὑπὸ πλάνης κατεχομένην μεταπεῖσαι ψυχήν.

XLIV.

Καὶ τὸν Βαλαὰμ υἱὸν Βεὼρ ἀπέκτειναν ἐν ῥομφαίᾳ. Ὁ γὰρ μηκέτι ἐν πνεύματι Θεοῦ λαλῶν, ἀλλὰ κατέναντι νόμου Θεοῦ ἕτερον πορνείας νόμον ἱστάνων, οὗτος οὐκέτι ὡς προφήτης, ἀλλ' ὡς μάντις λογισθήσεται. Μὴ ἐμμείνας γὰρ τῇ τοῦ Θεοῦ ἐντολῇ, ἄξιον τῆς αὐτοῦ κακομηχανίας ἀντελάβετο μισθόν.

XLII. Vaticinio in illis indicabatur, quod populus transgressor factus vinculis propriorum peccatorum coerceretur. Spontanea vero vinculorum solutio indicat, quod pœnitentia facta, iterum vinculis peccati liberaretur.

XLIII. Non est facile quid, animæ ab errore occupatæ aliam sententiam persuadere.

XLIV. *Atque Balaamum Beoris filium ferro trucidarunt.* Num. xxxi. 8.
Etenim non loquens amplius ex spiritu Dei, sed adversus legem divinam proferens alteram adulterinam legem, hic ne diutius quidem propheta, sed vates habebitur. Non obtemperans enim Dei imperio, dignas pravarum ipsius artium pœnas luit.

superstitem esse, asseritur. Hippolyti similiter in bibliotheca Cæsarea Vindobonensi ineditam exstare, docuit Lambesius Comment. VIII. 429. *De aliorum Patrum* διδαχαῖς, *Ignatii nimirum, Polycarpi, Hermæ et Barnabæ testantur nonnulla verba Stichometriæ Nicephori Patriarchæ a Dodwello in Diss.* I. *Irenaica laudata.* PFAFF.

XLII. Again from the same source, and, as MUENTER says, most probably from a Homily upon the third and fourth chapters of Ezekiel. This fragment is repeated by STIEREN as XLVIII. from the Σειρὰ, ii. 220.

XLIII. Perhaps from the Tr. π. ὀγδοάδος.

XLIV. Reprinted and translated by STIEREN from the Σειρὰ, I. 1381, mentioned at p. 486.

XLV.

Θεὸς αἰῶνος, ὀνομασθεὶς Θεὸς τοῖς ἀπίστοις, τουτέστιν ὁ Σατανᾶς.

XLVI.

[1] Λύει τῷ Ζαχαρίᾳ τὴν σιωπὴν γεννηθεὶς ὁ Ἰωάννης. Καὶ γὰρ οὐκ ἐπράϋνε [2] [l. ἐβάρυνε] τὸν πατέρα, τῆς φωνῆς [3] σιωπᾶν προελθούσης· ἀλλ' ὥσπερ ἀπιστηθεῖσα τὴν γλῶσσαν ἔδησεν, οὕτω [4] φανερωθεῖσαν δοῦναι τῷ πατρὶ τὴν ἐλευθερίαν· ᾧ καὶ εὐηγγελίσθη καὶ ἐγεννήθη. Φωνὴ δὲ καὶ [5] λύχνος λόγου καὶ φωτὸς πρόδρομος.

XLVII.

Εἰς τί δὲ καὶ τὸ ἐν πόλει Δαβὶδ πρόσκειται, εἰ μὴ ἵνα διὰ τὴν ὑπὸ Θεοῦ γεγενημένην τῷ Δαβὶδ ὑπόσχεσιν, ὅτι

XLV. Deus hujus sæculi, iis, qui fidem non habent, nominatus Deus, id est Satanas.

XLVI. Solvit Zechariæ silentium natus Johannes. Neque enim gravavit patrem, voce ex silentio egrediente, sed perinde ac linguam ejus vinxerit, cum non fidem haberet ille, ita palam facta [vox] patri libertatem reddidit; cui et nuntiata est et nata. Vox autem et lux, verbi et luminis præcursor.

Luc. ii. 11. XLVII. Quem in finem autem et illud *in urbe Davidis* additum est, nisi ut id, quod a Deo Davidi promissum erat, ex

XLV. From the *Catena* on S. Paul's *Epp. ad Cor.*, edited by Dr Cramer, and reprinted by Stieren.

XLVI. [1] *Hoc fragmentum et quod sequitur e Codice Theol. Græc., qui in bibliotheca Vindobonensi adservatur et numerum* LXXI. *et folia* 424 *habet, exscripta mecum communicavit Henr. Ernest. Pöschl, cui maximas ago gratias.*

The fragment has been correctly printed by Stieren, as the editor is informed by the Curator of the Palatine Library at Vienna, Dr J. G. v. Karajan. But the text is very corrupt, and the following emendations are represented in the translation.

[2] The word is abbreviated in the MS. as ἐπράϋνε.

[3] *adj.*, ἐκ τοῦ. Allusion is made to the designation of the Baptist, as *The voice of one crying in the wilderness*, &c.

[4] l. οὕτω φανερωθεῖσα ἀνέδωκε.

[5] Cf. ἐκεῖνος ἦν ὁ λύχνος ὁ καιόμενος. Joh. v. 35.

XLVII. This is printed as an independent fragment by Stieren, who seems to have overlooked the fact that he had already inserted it in its proper

ἐκ καρποῦ τῆς κοιλίας αὐτοῦ αἰώνιος ἔσται βασιλεὺς, πεπληρωμένην εὐαγγελίσηται.

fructu ejus ventris æternum regem progressurum esse, perfectum annuntiaret.

place, (see p. 37 of this vol.); and with the Benedictine variation of readings from the MS. in the Imperial Collection at Paris, numbered 2440; where it occurs in the two places, fol. 61, and 76. These *variæ lectiones* were carelessly omitted in loc. they are therefore now added. It will beseen that the Cambridge MS. agrees with the Parisian.

It may be observed that STIEREN'S edition numbers li. Greek Fragments. Of these XX. and XXI., commencing respectively in GRABE'S edition, Καὶ ἐπέθηκε, and Δίδωσι, are cancelled as belonging to Apollinarius; XLVII. and XLVIII. also are merely repetitions, from inadvertence, of the Fragments numbered XL. and XLII. in this edition. XXX. is also a superfluous repetition, *q. v.*

INDEX

LOCORUM SCRIPTURÆ.

EVANG. S. MARCI.

EVANG. S. LUCÆ.

EVANG. S. JOHAN.

ACTA APOST.

EPIST. AD ROM.

INDEX OF WORDS.

INDEX VERBORUM LATINORUM.

Proprie possidere, ἰδιόκτητον ἔχειν, 57
Prorogavimus, ii. 137
Prosecutor, comes, παράπομπος, ii. 75
Protoplastus, ii. 120
Provectus, προκοπῆς, ii. 107 n. 3
ut Provenit, τυχὸν, 301, 346
Providentes, ii. 145
Providentia, προμήθεια, 21; πρόνοια, ii. 133 n. 2
Provisa, 358
Prudens facta, 323
Psychicus, 42, 43
Pusillum tempus, 308 n. 2
Putative, δοκήσει, ii. 315, 316

Quadriformis, τετράμορφος, ii. 47, 50
Quadripertitus, τετραπλασιασθεὶς, 138
Quadruplicatus, τετραπλασιασθεὶς, 144
Quæcunque evenerint omnia, τὰ τυχόντα πάντα, 119
Qualitas, ποιότης, 37
Quam, *plus quam*, ii. 194
Quamlibet, τυχοῦσαν, ii. 288. Cf. ii. 407. *lin. ult.*
Quanta, *qualia*, 363 n. 3; 369 n. 2
Quanti, 348
Quanto magis, pro quanto minus, 254 n. 1
Quaslibet causas, τυχούσας αἰτίας, ii. 261
Quassum, ii. 254 n. 9
Quatenus, ἐπεὶ, 1
Quaternatio, τετρακτὺς, 9; τετρὰς, 146
Quaternio, τετρακτὺς, 661
Quies, ἠρέμια, 8
Quoadusque, ὁπόταν, 3

Recapitulare, ἀνακεφαλαιοῦσθαι, 29, 83; ii. 121, 122, 304, 316; Recapitulans, ἀνακεφαλαιούμενος, ii. 120, 121, 293, 405; Recapitulatio, ἀνακεφαλαίωσις, ii. 404
Recaptivatus, ἀναδουλωθεὶς, ii. 125 n. 3
Recirculatio, ii. 124 n. 1
Recitans, ἀναγορεύσας, ii. 114
Recludere, *concludere*, ii. 160
Recommemorare, ii. 228, 256, 367
Reconciliati sumus, ἀποκατηλλάγημεν, ii. 369
Recumbere, ἀνακεῖσθαι, ii. 228, 253
Recurrens, ἀπανελθὼν, ii. 351
Recurrere, ἀναδραμεῖν, 32; Qui recurrit sursum, ἀναδραμὼν, 101; ἀναδραμὼν ἄνω, 150
Recusans, παραιτησάμενος, 186
Redditio, *collatio*, episemi, 335
Redemptio, λύτρωσις, 184, 186, 157; *scenæ*, ἀπολύτρωσις, 44, l. ἀπόλυσις, *Marcosiorum*, 123, 180, 181, 182, &c.
Redhibitus, *instauratus*, ii. 363
Redigi illuc quocunque declinaverit, ἐκεῖσε χωρεῖν ὅπου ἂν καὶ τὴν πρόσκλισιν ποιήσεται, 52
Referri id in illos, τὴν ἀναφορὰν εἰς ἐκείνους εἶναι, 25. Relatio, ἀναφορὰ, 176
Refrigerare, ἀναπαύεσθαι, 59 n. 6; 65 *sæp.*
Refrigerium, 81; ii. 244
Refutantes, παραπεμπόμενοι, 1; ii. 76 n. 7; 78 n. 2; 325 n. 7
Regeneratio, ἀναγέννησις, 140, 181 n. 1; 182; ii. 266 n. 1
Regnari sub aliquo, *v. lect.* ii. 266 n. 1; 389 n. 10
Regredi, ἀναδραμεῖν, 17, 100
Regressio, ἐπιστροφὴ, 17
Regula, ὑπόθεσις, 180, 267
Relevatio, διΰλισμὸς, 143
Reliqua, τὰ ὅλα, *universa*, 101
Rememorare, ἀνατάξασθαι, 238; ii. 114, 267
Reminisci (*meminisse*) ἐπιμιμνήσκεσθαι, 30
Remitto, ἀντιπέμπω, ii. 303
Remitto, *dimitto*, 71, 74, 82
Remitti, ὑποβάλλεσθαι, 181 n. 2
Renuntiare, ἀποτάξασθαι, 71
Repercutiant, *repellant*, ii. 389
Reponat, ἀποκαταστήσει, 75
Repræsentavit, ἀποκατέστησεν, 284
Reprehendere, καταγνῶναι, 188
Reprobatio, ἀποβολὴ, ii. 287
Requies, ἀνάπαυσις, 22
Resolutio, ἔκλυσις, 144
Restauratio, ἀποκατάστασις, 184
Resticulas nectere, σχοινία πλέκειν, 66
Restruere, *instaurare*, ii. 271 n. 3
Retardare, f. l. *retundere*, ii. 342
Retorquens, ἀνακλάσας, ii. 333
Retractare, *ambigere*, ii. 347 n. 4
Reverita, ἐντραπεῖσα, 39
Reversio, ἐπιστροφὴ, 16
Reverti, ἐπιστρέφειν, 370; Reversus in semetipsum, ἐπιστρέψας εἰς ἑαυτὸν, 16
Revocare, ἀνάγειν, ii. 325
Revolvere, ἀναπτύσσειν, 96
Rhodanenses regiones, 126
Rhythmisari, Rhythmisatio, 304
Rogasse una, συνδεηθῆναι, 17
Rudior, ἀπειρότερος, 3
Rudis, ἀκεραίως (ἀκέραιος), 4
Rudis terra, γῆ ἀνέργαστος, ii. 101 n. 5

INDEX VERBORUM GRÆCORUM.

Ἀβράξας, 203 n. 6
Ἀγάπη, *Charitas*, Æon, 11
Ἀγαπητός, ii. 157 n. 1
Ἀγήρατος, *Insenescibilis*, Æon, 11
Ἅγιον πνεῦμα, Valentinianorum, 21; *Mater Achamoth*, 46
ἀγώγιμα, *adlectantia*, 121, 194, 206
ἀγών, *agonia*, 24
ἀγωνία, 37; τὸ ἀδρανές, *imbecillitas*, 120, 197
Ἀείνους, *Ainos*, Æon, 11
ἀθετεῖν, frustrari, ii. 158 n. 2
ἀθήλυντον, *masculo-fœminam*, 18; l. ἀρρενόθηλυν.
ἀθρηξία, *immortalitas*, barbara vox, Gr. Fr. xiv. f. l. ἀπληξία.
αἰτιλογίαν, *contradictionem*, 220, cf. n. 3
αἰχμαλωτίζουσιν ἀπὸ τῆς ἀληθείας, *in captivitatem ducunt a veritate*, 31
Αἰών, 8; Αἰῶνες, 12
Ἀκατάληπτος, 16 n. 2; ii. 172 n. 1
ἀκατάρτιστος, *imperfectus*, 294
ἀκινδυνότερον, *tutius*, ii. 408
Ἀκίνητος, *Acinetos*, Æon, 11
ἀκράτητος, *incomprehensibilis*, 61 n. 3; 123, 181
ἀκρατήτως, *inapprehensibiliter*, 59
Ἀλήθεια, *Veritas*, Æon, 9, 100, 112
ἀλλόκοτον, non stans, *absurdum*, 5
ἐξ ἄμμου σχοινία, *operam ludere*, 66 n. 4
ἀναβλυσθεῖσαν, *superebulliit*, 228
ἀναδεῖξαι, *facere*, ii. 292
ἀναδραμεῖν, *recurrere*, 32, 196
ἀνακεφαλαιώσασθαι, *renovare*, 91, ii. 122; cf. Syr. Fr. xi.
ἀνακεχωρηκότα, *separata* (*a communi hominum notitia*), 36
ἀνακοινώσασθαι, *participare*, impertire, 13
ἀνάληψις τοῦ Κυρίου, ii. 58; ἔνσαρκος, 90
ἀναπλασάμενοι ὑπόθεσιν, *confingentes hypothesin*, 85
ἀναπτύσσειν, *revolvere*, 96
ἀναστήσαντα, ii. 54
ἀνείδεος, *informis*, 20, 32, 154
ἀνεκλάλητος, 137
Ἀνεννόητος, *Anennoetus*, Æon, 103, 107; *insensibilis*, 186
ἀνεξήγητος, *inenarrabilis*, 217
Ἄνθρωπος, Æon, 10, 113, 149 n. 2; 151 n. 2; 228
ἀνονόμαστος, *innominabilis*, 57, 99
ἀνούσιος, *insubstantivus*, 129, 131
ἀντεπεζεύχθη, *e contrario superjunctum est*, 165 n. 2
ἀντεπερωτήσει, *contraria interrogatione*, 179
ἀντιλογία, *ambiguitas*, ii. 235; f. l. ἀμφιλογία.
ἀντίτυπον, 151, 199; Gr. Fr. xxxvi.
ἀνυπόστατον, *insubstantivum*, 89
ἀνωφερῶν, *sursum advolantium*, 43
ἀόρατον, 8, 40 n. 3; 61
ἀπαλλαγήν, *separationem*, 32
ἀπάνθισμα, *flosculum*, 5 n. 4
ἀπανούργων, *simplicium*, 87
Ἀπάτωρ, *Apator*, *i. e. carens patre*, Demiurgus, 42
ἀπειρία, 168 n. 2
ἀπειροκαλία, *ignorantia*, ii. 407
εἰς ἄπειρον ἐκπίπτει τὸ πλῆθος, *in immensum decidit multitudo*, 133
ἀπέσκηψε, 14 n. 2
ἀπέσχησθαι, 16 n. 1
ἀπηγήοχεν, *abstraxit*, 117
ἀπηρυθριασμένως βλασφημῶν, *impudorate blasphemans*, 216
ἀπιθάνως, 2
ἀποβάλλειν, v. *ejicere*, v. *non admittere*, Gr. Fr. iii.
ἀπόγονος, *postgenitus*, *i. e. proles*, 113
ἀποκυῆσαι, *generare*, 225.
ἀπολύτρωσις, 89 n. 1; 180
ἀπορῆσαι αὐτούς, *consternasse eos*, 179
ἀπορίαν παθεῖν, *consternationem pati*, 34, 70; ἀπορία, *inconstantia*, 306
ἀπόρρητα μυστήρια, 12
ἀποστασία, *abscessio*, ii. 126 n. 6; 264 n. 2
ἀποσταυροῦν, *crucifigere*, v. vallo cingere, 20 n. 1
ἀποστῆναι, l. ἀποπτῆναι, 212.
ἀποτάξασθαι, *renuntiare*, valedicere, 71
ἀποτελεστικός, 352 n. 4; ἀποτελεσθείς, ii. 380 n. 1
ἀριστερά, *sinistra*, quæ ex materia, 42, 51

Cantabrigiæ: typis Academicis.

Ingram Content Group UK Ltd.
Milton Keynes UK
UKHW022011160523
421870UK00005B/36